胡塞尔文集

倪梁康 主编

现象学的心理学
1925年夏季学期讲稿

游淙祺 译

商务印书馆
创于1897　The Commercial Press

Edmund Husserl
PHÄNOMENOLOGISCHE PSYCHOLOGIE
VORLESUNGEN SOMMERSEMESTER. 1925
Edited by Walter Biemel
The Hague，Netherlands：Martinus Nijhoff，1968

本书根据荷兰海牙马尔梯努斯·奈伊霍夫出版社
1962年德文考证版译出

国家社会科学基金重大项目成果

《胡塞尔文集》总序

随着胡塞尔1900年发表《逻辑研究》以来,现象学自始创至今已百年有余。"面对实事本身"的治学态度、本质直观的方法原则以及"工作哲学"的操作方法赋予了胡塞尔的现象学以一种特殊的气质。"现象学"不应当仅仅被理解为二十世纪欧洲哲学的一个重要流派或思潮的称号,由胡塞尔首创,而后扩展至以德法哲学为代表的欧陆哲学,进而再遍及整个世界哲学领域;而是应当在留意作为哲学流派的"现象学"的同时也关注"现象学"的一个更为根本的含义:作为思维方式的现象学。胡塞尔的现象学如今已经成为历史的经典。但由于他的研究所涉及的领域极为广泛,而且也因为他所给出的意识现象学的研究结果极为丰富,所以当代人仍然在不断地向他的思想回溯,一再地尝试从中获得新的启示。

胡塞尔著作等身,除生前出版的著作外,由于他长期的研究中始终以笔思维,以速记稿的方式几乎记下了他毕生所思,因此他去世后留下了四万页的速记手稿。出于对当时纳粹统治者的担心,这些手稿随后被人秘密带至比利时鲁汶隐藏起来,二次大战后才由设在比利时鲁汶大学的胡塞尔文库陆续编辑整理,作为考证版《胡塞尔全集》(*Husserliana*)于1950年出版了第一卷,现已刊行四十多卷。而另一包含十卷本《胡塞尔书信集》以及《胡塞尔年谱》

等文献在内的《胡塞尔全集-文献编》(Husserliana-Dokumente)至此也已出版十多卷。此外,胡塞尔的另外一些讲稿和手稿还被收到《胡塞尔全集-资料编》(Husserliana-Materialien)中,这个系列目前也已出版了八卷。如今还有多卷胡塞尔的文稿正在编辑之中。伽达默尔认为:"正是这一系列伟大著作的出版使得人们对胡塞尔思想的哲学兴趣经久不衰。"可以预见,胡塞尔研究在今后的很长时间里都会成为国际-国内哲学界所关注的一个课题。

汉语领域对胡塞尔思想的介绍由来已久,尤其是自八十年代以来,在大陆和台湾陆续出版了一批胡塞尔的译著和关于胡塞尔思想的研究著作。近几年已经有相当数量的关于胡塞尔现象学的博士论文和硕士论文完成和发表,而且许多迹象表明,这方面的研究方兴未艾。对此,胡塞尔文字的中译已经提供了并且还应当进一步提供基础性的支持。

2012年,由中山大学现象学研究所组织实施、由笔者担任首席专家的"《胡塞尔文集》中译"项目被立为国家社科基金重大项目。这里陆续出版的胡塞尔主要著作集便是这个重大项目的阶段性成果。

相信并祝愿这些著作的出版可以对汉语学界的现象学研究起到实实在在的推进作用!

倪梁康
2016年5月3日

目　　录

编者引论…………………………………………………… 1

1925年夏季学期讲稿

导　论 …………………………………………………… 21

　§1　近代心理学的发展；狄尔泰关键性的批判（解释的与描述的心理学）…………………………………………… 21

　§2　狄尔泰对于他同时代的人影响有限的原因：其理解的不尽充分与理论起点所受的限制 ………………………… 29

　§3　《逻辑研究》的任务与意义 ………………………… 39

　　a) 对心理主义的批判；非实在（观念的）对象及非实在（观念的）真理的本质 ……………………………………… 39

　　b) 关联性研究：观念对象-心理体验（意义构成）在反思态度中本质描述的媒介 ……………………………………… 43

　　c) 对现象学来说具有决定性的反思之进一步说明（反思的阶段性执行）……………………………………… 47

　　d) 布伦塔诺作为有关内部经验研究的开拓者，发现作为心理之物的基本特质——意向性 ………………………… 49

　　e) 《逻辑研究》中对意向性思想之进一步发展·意识的成就特质·从纯粹描述的心理学到先天"本质-直观"心理学以及它对于认识论的意义 ………………………… 54

f)《逻辑研究》提问之扩充与深化・透过超越论的现象学之对
　　　　于先天科学的认识论奠基之必然性的揭露——关于超越论
　　　　的主体性之科学的揭露……………………………………61
　§4　新的心理学之总括性特征…………………………………65

系统部分……………………………………………………………71

　§5　现象学心理学的范围：跟其他精神科学与自然科学的区别・
　　　对自然与精神概念的质疑……………………………………71
　§6　回到前科学经验世界以及经验活动的必要性，在经验活动当
　　　中，前科学的经验世界是被给予的（经验的一致性）…………74
　§7　顾及经验世界的科学区分・科学的系统脉络建立在经验世
　　　界的结构脉络之中；一个作为普全世界结构的科学以及那
　　　些把经验对象的个别形态当作主题的具体科学・空洞的视
　　　域的意义………………………………………………………85
　§8　作为先天科学的普遍世界结构的科学………………………91
　§9　本质直观作为掌握先天性的真正方法………………………94
　　　a) 变异性作为透过想象从事实性脱离的决定性步骤——埃
　　　　多思作为非变异项……………………………………………95
　　　b) 变异与变化…………………………………………………97
　　　c) 观念化的环节：从举例（范例）出发去显示变异项的开放
　　　　无限性（变异项之构成的程序之随意性）；一个综合整体
　　　　性的建议变异项之上层掩盖；相符者的掌握作为埃多思
　　　　的掌握…………………………………………………………99
　　　d) 区别经验的普遍化以及观念化……………………………101
　　　e) 透过观念的变异而取得种类的阶段序列并获得最高种类——

         　　　不从经验出发的观念直观 …………………… 104
         　f) 本质直观的总结标示 ……………………………… 108
§ 10　直觉普遍化与观念化的方法作为获得一般世界普遍结构
　　　的工具,从经验世界出发("自然的世界概念")·世界科学
　　　划分的可能性以及精神科学之意涵的建立 …………… 111
§ 11　自然世界概念的科学之标示,与康德的经验概念有所区隔
　　　的经验概念·空间与时间作为世界的最普遍结构 …… 117
§ 12　从个别经验出发的必要性,在此经验中被动综合形成统
　　　一性 ………………………………………………………… 122
§ 13　关于独立与非独立的真实物的研究·根据因果性确定真
　　　实的整体 …………………………………………………… 124
§ 14　世界中的真实物之次序 ………………………………… 128
§ 15　标示经验世界的心理生理真实物·相较于心灵而言具备
　　　比较高自主性的身体 …………………………………… 130
§ 16　出现在经验世界中的精神性之形态·文化物的特性,文化
　　　物的存在是透过主体相关性而被确定的 ……………… 136
§ 17　化约到作为完全只是真实特性的基底之纯粹实在·对于
　　　非真实的文化意义之排除 ……………………………… 146
§ 18　在自然科学家的态度中主体与客体的对比 …………… 148
§ 19　在己的真正世界本身作为必要的假定 ………………… 153
§ 20　在交互主体的一致性中可证实的客观性·正常与不正常
　　　……………………………………………………………… 156
§ 21　心灵的阶段性构成 ……………………………………… 159
§ 22　作为因果性质的稳定实体之物理实在概念 …………… 163

§23 作为归纳的物理因果性·心理交织性的特质 …………… 164

§24 心灵的统一性 ……………………………………………… 170

§25 普遍自然科学的理念·自然主义偏见的危险 …………… 173

§26 将在世界中的主体性当作客观的主题 …………………… 175

§27 困难所在：透过排除主体性而构成的客观科学但所有主体性自身属于世界 ……………………………………… 179

§28 执行朝向主体性的反思目光·在反思执态中关于物理之物的感知 ……………………………………………… 182

§29 感知场域——感知空间 …………………………………… 194

§30 空间的原现前 ……………………………………………… 197

§31 感性——作为对意向作用而言的材料的感性素材 ……… 200

§32 作为对象的自我被给予模式的觉察性的被给予者 ……… 201

§33 客观的时间性与流程的时间性 …………………………… 203

§34 内在与超越的区分，感知中的实项与非实项·作为非实项之极的客体 ………………………………………… 205

§35 底基的极以及特质的极·空洞意向性的积极意义 ……… 215

§36 感知的意向对象 …………………………………………… 218

§37 作为揭示内在性方法的现象学还原 ……………………… 223

§38 从外部感知出发进入纯粹主体性 ………………………… 228

§39 就感知者自身而言的感知分析 …………………………… 232

§40 时间性的问题：当下化——持存以及前摄（感知的设定性与拟设定性的改变及其对于实践生活的意义）………… 236

§41 朝向于所思态度中的对象极之反思与朝向作为对象极之基础的自我极的反思·自我极的普全综合·作为主动与

习性之极的自我 ··· 243

§42 原创建与后创建的自我·在信念的贯彻中自我的同一性·自我的独特性在其基于信念而来的决断中表现出来 ········ 250

§43 作为单子之主体的整体-单子的静态与发生研究·从孤立的单子到单子全体之过渡 ································ 254

§44 现象学心理学既是心理的自然研究也是对于人格及相关科学的基础 ·· 255

§45 回顾性的自我省思 ······································· 261

补 编

A. 文 章 ··· 277
 大英百科全书条目 ······································· 277
  第一份手稿 ··· 277
   I. 作为"纯粹"心理学的心理学现象学 ············· 277
   II. 相对于心理学现象学的超越论现象学 ·········· 288
  第二份手稿 ··· 298
   导论：现象学理念回溯意识 ··························· 298
   I. 纯粹心理学的理念 ································· 300
   II. 现象学心理学和超越论现象学 ··················· 306
 "现象学"最终版本（1927） ································ 321
   I. 纯粹心理学，其经验领域、方法与作用 ·········· 321
   II. 现象学心理学和超越论现象学 ··················· 330
   III. 超越论现象学和绝对建立起来的作为普遍科学的哲学 ·· 340

阿姆斯特丹讲稿：现象学心理学 ………………………… 346
I. 纯粹现象学心理学其经验场域、方法与功能 …………… 346
　§1 作为心理学现象学与超越论现象学双重意义的现象学
　　　……………………………………………………… 346
　§2 纯粹的自然科学与纯粹的心理学 ………………… 347
　§3 纯粹心理学的方法（直观与反思），意向性作为心理之
　　　物的根本特质 ……………………………………… 350
　§4 纯粹性概念的含义 ………………………………… 352
　§5 自身经验与社群经验的纯粹心理性：意向性体验的普
　　　遍描述 ……………………………………………… 355
　§6 现象学还原与真正的内部经验 …………………… 356
　§7 自我极作为自我活动的中心・意识的综合特性 …… 360
　§8 本质还原与作为本质科学的现象学心理学 ……… 366
　§9 纯粹现象学心理学对于严格经验心理学的原则上的
　　　功用 ………………………………………………… 370
II. 现象学心理学与超越论问题 …………………………… 374
　§10 笛卡尔的超越论转向及洛克的心理主义 ………… 374
　§11 超越论问题 ………………………………………… 377
　§12 超越论问题的心理学解决 ………………………… 381
　§13 超越论现象学还原与双重性的超越论假象 ……… 383
　§14 现象学心理学与超越论现象学的平行关系 ……… 390
　§15 纯粹心理学作为超越论现象学的入门 …………… 391
　§16 超越论哲学之建构 ………………………………… 394

B. 附 录 ·· 397

附录 I （关于§1）：〈关于近代心理学的发展〉·············· 397

附录 II （关于§2）：〈关于狄尔泰的讨论〉··················· 403

附录 III （关于§2）：〈人格心理学的问题〉··················· 411

附录 IV （关于§3）：〈作为科学理论的激进逻辑〉··········· 416

附录 V （关于§5）：〈现象学作为绝对的精神科学〉········· 432

附录 VI （关于§11）：〈自然性经验的本有特质〉············ 437

附录 VII （关于§§15, 36）：〈胶囊式的心灵之误区以及透过意向性加以排除〉··· 445

附录 VIII （关于§15）：〈关于客观世界的身体感知结构〉····· 452

附录 IX （关于§16）：〈语音的结构以及奠基在其中的双重研究方向的可能性〉··· 460

附录 X （关于§§16, 28）：〈实事的以及不同的主观（反思）的兴趣方向〉··· 468

附录 XI （关于§24）：〈活动、意向、兴趣及拥有〉········· 481

附录 XII （关于§§24, 40, 41）：〈关于心灵的统整性〉······· 486

附录 XIII （关于§25）：〈自然科学-抽象；人格科学-具体〉··· 492

附录 XIV （关于§28）：〈关于意向性综合之意义〉··········· 495

附录 XV （关于§28）：〈论意向性〉························· 505

附录 XVI （关于§34）：〈真正的与意向的对象〉············· 509

附录 XVII （关于§36）：〈关于意向性的学说〉··············· 512

附录 XVIII （关于§37）：〈透过现象学还原获得纯粹自身经验的场域〉··· 520

附录 XIX （关于§37）：〈关于原本经验领域的系统性描述〉·········· 529

附录 XX （关于§37）：〈关于原本经验的问题〉 ………… 532

附录 XXI （关于§37）：〈心理学的还原与超越论的还原〉 ……… 536

附录 XXII （关于§37）：〈经验的与理性的心理学作为获得超越论现象学的起点〉 …………… 544

附录 XXIII （关于§40）：〈自我与时间〉 ………… 572

附录 XXIV （关于§41）：〈关于自我主题化的功能〉 ………… 577

附录 XXV （关于§§41，43）：〈关于单子的本质〉 ………… 582

附录 XXVI （关于§43）：〈关于单子〉 ………… 588

附录 XXVII （关于§44）：〈主体性与自然的世界概念〉 ……… 590

附录 XXVIII （关于§45）：〈关于"意向性"心理学演讲的综合回顾〉 …………… 620

附录 XXIX （关于第278页）：〈《大英百科全书条目》的第三个文本之导论〉 …………… 633

附录 XXX （关于第296页）：〈从《大英百科全书条目》的第三个文本的结语部分而来〉 …………… 636

附录 XXXI （关于《阿姆斯特丹讲稿》）：〈现象学心理学与超越论现象学〉 …………… 646

附录 XXXII （关于《阿姆斯特丹讲稿》）：〈个人心理学与交互主体心理学〉 …………… 655

概念译名索引 ………… 665
人名译名索引 ………… 671
译后记 ………… 673

编者引论

XIII

既然《胡塞尔全集》的出版顺序并非采取纪年的方式,每一部著作的形成时间于是都有说明的必要。就目前的情况而言,时间上的精确化尤其显得重要,因为我们可以看到胡塞尔关于心理学与现象学之间关系的看法如何从《数的概念》[1]到《危机》[2]产生变化。目前这部著作正涉及20世纪20年代,特别是1925—1928年之间的看法。由鲁道夫·勃姆(Rudolf Boehm)所出版的《第一哲学》(1923—1924)[3]已经为我们提供新的材料,有助于了解胡塞尔在20世纪20年代的前半期如何以最广泛的方式说明还原的理论;而该书有关于观念史的部分则为我们提供了胡塞尔对于哲学历史的解释之全貌(某些1920以前的文稿已被收录)。胡塞尔本人于1929年在《哲学与现象学研究年刊》第十卷曾经发表了《形式与超越论的逻辑》。史蒂芬·史特拉斯(Stephan Strasser)在《胡塞尔全集》的系列中已经出版了于1929年公开演讲的《笛卡尔沉思与巴黎讲稿》[4],进而打算计划出版与这段时间密切相关的《超

---

[1] 《关于数的概念》,教授升等论文,哈勒,1887年。
[2] 《欧洲科学危机与超越论的现象学》,《胡塞尔全集》第六卷。
[3] 《胡塞尔全集》第七、八卷。
[4] 《胡塞尔全集》第一卷。

越论的感性论》一书。如此一来我们对于20世纪20年代胡塞尔思想的轮廓越发清楚。当然,仍不明确的是,形成于20年代初期的伦理学讲座何时可以完成编辑工作。

XIV　　这本著作试图让特定时间中的特定问题变得可接近。这个问题无非是现象学与心理学究竟如何相关。明确地说,这涉及心理学如何立足于现象学的规定性的问题。在此现象学尝试被应用在一个特定领域当中。该被展示的是,假如引入现象学观点的话,一门科学如何开始发生转变。

心理学应该从现象学得到开展。现象学自身则应该尝试重新燃起心理学这门科学,导入新的轨道,以新的视线打开这个现象领域。

但有一项至今在所有已出版的胡塞尔著作中仍未出现的尝试至少仍不尽然明确。跟这项尝试最为接近的是出现在《纯粹现象学与现象学哲学的观念》第二卷①以及《欧洲科学危机与超越论的现象学》(B部分的第三项)②两本书之中的研究。这不该被理解为,仿佛那些方法论的、原则的展示或历史性的及系统性地展开在基于这些研究的考虑之下被压抑,因为这么一来胡塞尔将被认为不够敬业。但这项工作的本有特质必须被指明,胡塞尔在一个具体的情况下想要表现,现象学的提出如何可以产生效用。所以透过对该主题的限定其意义的丰富性也跟着明显可见,现象学如何在被设定的限制中进行自我尝试(Sich-erproben)。

胡塞尔在这些年如何致力于现象学与心理学的研究,显示于

---

① 《胡塞尔全集》第四卷,由玛丽·比梅尔(Marly Biemel)编辑出版。
② 《胡塞尔全集》第六卷。

他在1925年的夏季学期所做的课堂演讲（标号为ＦⅠ36）中。在1926年到1927年冬季学期他处理了意向性心理学的可能性问题（标号为ＦⅠ33）。在1928年的夏季学期演讲的标题则是"意向性心理学"（标号为ＦⅠ44）。

出版者的最初构想是将1925年及1928年的两份讲稿一起出版，但未能如愿，因为二者的重叠性太高，光从题目来看就够明显了。结果是只有1925年的演讲被完整重新整理出来。两个演讲稿（ＦⅠ33及ＦⅠ44）的部分内容以附录的形式被选取到这一册来，毕竟依据《胡塞尔全集》出版的原则，1925年讲稿的原始过程不应该被改变。在本册的结尾处，从原初页数的比较性综观来看，可以清楚得知，哪一些附录是从两份手稿得出的。

为了尽可能提供一个完整的图像，胡塞尔从1925年至1928年这一期间所完成的《大英百科全书条目》（标题 M Ⅲ 10 Ⅰ 1-6）以及《阿姆斯特丹讲稿》（ＦⅡ1）都被放进来。《大英百科全书条目》列出许多不同版本，以便提供其形式的历史。这篇文章由于涉及胡塞尔与海德格尔唯一的合作作品，因此引起特殊兴趣（参考德文本第590页及其后的文本形构）。[①] 在此特别感谢马丁·海德格尔同意让我们出版他写的脚注以及在1927年10月22日写给胡塞尔的信（参考第600页及其后）。

这些《大英百科全书条目》的不同版本形成于1927年下半年。由萨尔蒙（Salmon）随性翻译出来的版本则出现在1928年2月。

《阿姆斯特丹讲稿》可被视为《大英百科全书条目》的进一步版

[①] 在《哲学杂志》，鲁汶，1950年，第12期，编号2，编者曾经试图针对这篇文稿以及海德格尔的评论进行分析。

本，根据胡塞尔自己的说法，完成于1928年4月7日到17日之间，地点是哥廷根。

与全集其他各册的情形相同，本册也是借由源自其他手稿的附录来补充主要的文本。研究者可以很容易从已发表的文本延伸到其他手稿去，以获得完整的掌握，无论它是存于鲁汶、科隆、费城或是弗莱堡。

* * *

本讲座开始于对狄尔泰的讨论。这之所以合理，原因不在于胡塞尔是透过狄尔泰找到了通向心理学的途径，在这方面布伦塔诺和斯图姆普夫更有贡献。[①] 当我们看到胡塞尔将《逻辑研究》一书献给卡尔·斯图姆普夫之时，它并不只是表面功夫而已。从本册的讲稿我们甚至得知，胡塞尔原本是未曾阅读过狄尔泰的著作的，这是受到埃宾豪斯的负面批评的结果。但狄尔泰本人却主动与胡塞尔有所联系，因为在狄尔泰看来，胡塞尔同样在他所追求的精神科学奠基工作方面下了功夫。所以从历史的回顾来看，该重视的是狄尔泰，而非斯图姆普夫，胡塞尔总结说，狄尔泰曾在对抗实证论上面做出巨大贡献，尤其是就将心理学视作精神科学点来看，贡献更是显著。

就胡塞尔与狄尔泰的接触这件事来说，一些尚未公开的书信往返值得被提及，这显示了对胡塞尔这边的理解何其不易。当然我们

[①] 参见施皮格伯格的《现象学运动》第一卷，1960年，《现象学丛书》第五册，马尔梯努斯·奈伊霍夫出版社，海牙。

必须附带指出,胡塞尔在现象学的构造阶段特别重视自己的工作不同于其他人,尤其是他自己认为比较接近的人。《哲学作为严格的科学》①这篇发表在《逻各斯》上的论文是胡塞尔的一篇论战文章,这是哲学家在找到自己的路线之后批判别人的路线为错误。这对于"现象学与心理学"这个主题来说尤其意义重大。在第一部分自然主义的心理学特别被强烈批评。这项批判将胡塞尔与狄尔泰联系起来,胡塞尔在此采取的立场十分接近狄尔泰。可以这么说,要是没有狄尔泰做好预备,胡塞尔的这项批判几乎不会出现。

但是在论文的第二部分,针对历史主义以及世界观哲学进行攻击时,狄尔泰则受到批评。让我们引用一段话:"狄尔泰同样拒绝历史怀疑论;但我不能理解的是,基于他对世界观的结构与类型之丰富的分析,他如何相信能够找到反对怀疑论的关键性理由。……实际情况是,这也似乎存在于他的思想中,假如那个相关于经验性理解的经验态度与现象学的本质态度相互混淆。"(第326页的脚注)与这个脚注相关的主要文本甚至更加激烈:"想要从事实建立观念或反驳观念,这是妄想……"

狄尔泰会写出如下的回应,并不令人惊讶,姑且让我们引用几段(1911年6月29日的信函):

"你将我的立场诠释为终究导致怀疑论的历史主义,只能令我惊讶不已。我一生的工作致力于能够为精神科学带来整体内在脉络的稳固基础之普遍有效科学。这也曾是我在《论精神科学》第一次表明的首要任务之原初构想。我们彼此都同意,概括来看,存在

---

① 《逻各斯》第一卷,1910—1911年,第3册,莫尔出版社,图宾根,第189—341页。

着一个关于知识的普遍有效理论。此外我们也都同意,要达到此目的只有透过对于称号的意义之研究才行,该研究首先需要一个这样的理论,此外对于哲学的所有部分而言也是必要的。但在后续的哲学发展中我们分道扬镳。在我看来,那种试图以有效的方式并透过概念的相关性而说出世界的相关性之形而上学是不可能的。"(《类型》①,第6页)

"假如我对你的历史主义定义理解无误的话(第323页),则这个立场根本不能被当作历史主义。而且就一般语言的使用来说,假如怀疑论完全否定认识的可能性,我更不可以被称为怀疑论者,或就任何情况来说接近怀疑论的立场。"

稍后又说:"我既非直观哲学家,更非历史主义者,遑论怀疑论者,我并且认为,您的论文中的论证无法证实(第324—328页),那些命题(第6页及其后)可以导出这样的结果来。"

"您得出结论(第324—325页),并非只有世界观才是被历史决定的,才是受制于变化的,而是严格的科学也不免于此;人们必须把受限于历史的情况与有效性区隔开来:假如科学之受限于历史条件这个事实会使它扬弃有效性,则知识的理念本身也不免丧失掉其效力……我完全同意这一点。我当然也认可下列想法,人们可以同样从世界观领域出发去研究其有效性,如同一项科学性的研究。……但假如您继续……从知识的理念之一般效力出发去推断一种认定有效的宗教或艺术的可能性,而且如果您认为在有效的宗教与历史性的宗教之间存在观念与虚假的显现形式之关

---

① 《世界观的类型》,见《世界观》合辑,柏林,叶赫尔出版社,1911年。

系,则我相信,就我的哲学思想之被展示的论证脉络而言,利用世界观、宗教、艺术、形而上学以及人类精神的发展等历史分析的方法,这个方法一方面揭示那些概念之为不可能,另一方面则解消了世界观的真理内涵之问题。"

让我们先引用胡塞尔在1911年7月5日到6日的回复,在其中他说他的批评并非针对狄尔泰而发。"您必须确信,您所认定的预设并不适用:仿佛我的论辩是针对您所发出那样。我也同时要公开我在《逻各斯》的一小段话,以避免更多误会。"他接着说:"基于对我的论文的太过简略的诠释而受到限制,我现在走向您的尝试,直到我们的哲学直观能够一同前进,以便从这里开始有所区别。"

"仔细考虑过之后,我宁可不承认这条界线,对我而言,它显得很随意,毕竟我们之间并不存在真正的歧异。我坚信,一个深入的对话将有助于完整的相互理解。所有客观的有效性莫不指向理念的,因而是绝对的(在某个意义底下是'绝对的')原则去指向了先天性,它不能受限于人类学和历史性的事实性,这点也适用于宗教和艺术等。同样地,客观有效性的相应种类之意义也都适用,只要是那个被存在论及特殊的现象视为重大任务的先天性所及之范围。但这并不排除相对性。所以——先天地说——躯体性的自然之整个领域是一个相对性的领域。躯体性的存在是一种位于无数的相对之物的脉络中的存在。但只要它是一种'存在',也就是经验有效性的相关物,它便处于理念法则的管辖范围,而这些法则又环绕着作为原则上是相对之物但却处在关系中的同一之物的存在意义(或是自然科学真理的意义)。所有在后天之中的客观有效性无不具有其先天的原则……"

"现象学有关自然的理论之任务在于,所有的构造自然的意识根据其形构与相关性而放入本质的研究里,直到那些在自然意义底下的存在都先天地归属的原则都最终被证明,所有和存在及意识有关的领域相关的问题皆可被化解。同样的情况出现在宗教的理论(宗教现象学)的任务上,这是相关于可能的宗教一般性,而在相应的意义下去探讨构造宗教的意识。('可能的'宗教是就康德意义下的'可能的'自然来说的,其本质是纯粹的自然科学所要揭示的。)关于宗教的现象学理论要求着,就其主要部分来说,正如其所总要求的那样,回溯那个内在生命,首先透过对于内在动机的后体验(Nacherleben),到真正的理解而回到该生命形式中。这个后体验和理解是最为具体的、直觉的意识,在此我们汲取作为理想统一体的宗教。……任何历史而事实存在之物都只能是例证,假如我们的目标是放在纯粹理念上的话。但我们是就有效性来评判历史的事实,故在其中存在着:这个事实上的宗教行为因为其一般性是正确的,基于理念上的理由而使得一个具有这般动机形态内容的宗教行为是相应于这般有效的默认形态,因而是言之有理的。"

还有一段可以揭示胡塞尔的形而上学观点的话,这段话同时有助于说明他对现象学本质的看法;它存在于信函的第二部分中:

"每一个定在的科学(Daseinswissenschaft),例如,每一个关于物理自然的科学、关于人类精神的科学等都理当如此地会转变成形而上学(根据我的概念),同样地也会跟现象学的本质研究相关,并由此源泉获得最终的意义解释,亦即经历了某真理内涵的最终规定性。此一这般所获得者,例如在最终意义底下的自然科学真理,尽管它从另一个角度来看是多么受限而相对,乃是'形而上学'真理的一个情状，它的形而上学式的认识，也就是最终的此在认识。在此意义底下它原则上需要一个形而上学，相对于它才有近代发展起来的自然与精神科学，这项事实的根据存在于，有着一个层级或相关的一个双重的认识态度奠定在认识的本质当中：其中一个纯粹朝向着被认为是合乎意识的存在，因而是被思想或是合乎显现地被给予，另一个则是朝向存在与意识之间的谜一般的本质关系。所有自然的定在的认识（Daseinserkenntnis），所有内在于第一个态度之中的认识都使问题的维度保持开放，那个最终有效的存在意义规定以'自然的'（首先的）态度中已被获得的真理之最终评价无不取决于它。我相信可以洞察到，在那个最完备的，亦即在带有相关的存在问题的意识中的存在之'构造'后面，不会再有任何富有意义之物能被给予，也就是在被现象学所扩充的以及奠基的普全的定在科学（此一科学在其工作之中关联于所有自然的定在科学）之后不存在任何其他科学了，或者，若还有其他原则上不可认识的存在可说，这种想法肯定是荒谬的。"

　　这些段落或许不仅显示胡塞尔在狄尔泰面前如何自我辩护，也显示一门有关意识的科学对于现象学有多么重要，更显示心理学和现象学之间如何互相关联，假如容许我们就意识的知识而言将这个科学称号引进来的话。

　　演讲的前两节专注于讨论狄尔泰，将它视为心理学或精神科学一般的真正革新者，同时也揭示，为何狄尔泰得不到他希望获得的成果。胡塞尔为狄尔泰所做的辩护比在《逻各斯》论文中所做的来得更多。

　　接下来胡塞尔将自己在《逻辑研究》中的立场重新做了解释。

这是第 3 节的内容。在他的著作中,对自己曾提出的观点做解释不算常见。

但这些跟心理学有什么关系？这里仅仅是对现象学的形成作历史性的标示吗？一点也不。胡塞尔想做的是,现象学的研究自身建立在一项新类型的心理学之上,所以在现象学的分析中出现了一个新类型的心理学。"从历史观点来看,一门独立于传统的经验心理学的逻辑,数学研究方式带来了心理学在方法论上面的改革,使得认识论和心理学之间的关系重新被塑造。但此一具体被执行的认识论的逻辑的研究却不可避免地必须采纳心理学的分析,也就是一门新类型的、先天的心理学。"(第 41 页)

在此一方面显示,现象学的分析如何需要一种特殊的心理学研究,另一方面则显示,如何透过现象学与心理学的共构激励新的心理学产生。"一个从纯粹内在化的直观而来的有关心灵之物的先天科学,如同在此所开启的那种,对于一个严格科学意义下的经验心理学不能说全然毫无意义……"(同上)

现象学的研究在此是针对心理学的环节而被进行的,这有其必要性。内含于现象学之中的心理学是透过两个看似相互矛盾的环节标示出来：1)描述,2)先天性。有可能将这两项对立的命题加以整合吗？

描述预设了只能透过经验被触及的被给予之物。先天性则应包含经验的可能性条件。这些条件可能不单纯只在经验的分析中被触及。对心理学所要求的是,它必须放弃其经验特质而转变为先天的心理学。但这不可被理解为,以现象学构造论的心理学来取代经验性的心理学；因为这么一来将使得胡塞尔所在意的"科学"特质

荡然无存。新的心理学应该既是描述的,又是先天的。这些先天的环节不应该被演绎或被构造,而是应该在本质直观中被触及:

"先天性这个标题意味着:此一心理学首先是指向本质的普遍性以及必然性,朝向那些心理学的存在及生命一般不可或缺之物……"

"直觉或描述的标题则为我们标示了先天性的源泉。"

"纯粹从内在直观以及被直观之物的分析出发,以及在一个达到一般必然性的直觉性奋起之中那个作为本质性探查的探查将被获得。它们将不会是被揣度、被设想的本质必然性而已,而是那些必然性以及有效性的无条件的普遍性自身会成为被直观之物。"(第46页及其后)

我们于是看到,先天性与描述二者如何不互相排斥,而是必然地相互隶属。那些实实在在满足在一个心理活动中不可或缺的元素之功能者,便是先天性。谈先天性可以以直觉的方式被我们所触及,也就是可被给予的。所以我们才可能谈内容上的先天性。

我们没必要进一步谈的是,心理生活如何在这种考察的方式中自我显示为意向性的意识生活,而研究的双重性又是如何隶属于它,亦即作为关于构造的成就与被成就之物的研究,它是如何透过成就而成为客观之物。

从以上这些说明我们可以得知,本质研究如何具有方法论上的重大意义(第9节)。(同时要指出的是,这些说明同时被兰德布雷格[Landgrebe]收录在《经验与判断》一书里①;参考文本构造说

---

① 胡塞尔,《经验与判断》,由兰德布雷格所重新编辑并出版,第二版,克拉森与高维茨,汉堡,1948年。

明,第544页及其后。为了保留演讲过程的原本形式,尽管已经被《经验与判断》所收入,我们不可放弃关于本质直观的说明。)

在此出现如下的问题。要是基于以上所说,假如现象学心理学是以作为关于意识的描述及先天的科学之面貌出现,那它不就是取代了现象学的位置吗?胡塞尔之关注心理学的问题,从一开始不就表明现象学最终走向心理学?

现象学心理学与现象学之间就意义该如何区分?假如现象学根本不转向超越论的态度,假如它从不曾离开自然态度呢?"所有科学认识的努力以及所有人类实践都是要回溯到那个带有被预设的世界之经验真实性的自然态度"(第48页)。

严格说来,人们必须在自然态度之中再次区别前科学或外科学的态度以及科学的态度。而科学态度中又再区分经验与本质的科学。胡塞尔想指出的只是,对于所有的科学来说,世界被当作被给予的,而在超越论的现象学态度中,世界的存在则落在悬搁之中。

当然可能有人会反驳,在纯粹的几何学以及纯粹的数学中世界并未被预设。"它们处理的是理想性之物,在理想上可能的量,理想上可能的物,等等。"——而胡塞尔接着说——"同样,心理之物与精神之物的理想上可能形态是我们以先天性为导向的心理学。"(同上)

事出并非偶然,假如胡塞尔拿纯粹心理学和几何学、算术、计量学等来作比较,则在这些学科之中诸门科学的先天性格却都格外明显。但在这些就严格意义而言不再是自然之物的学科,那个自然态度的印记还有多显著呢?"这些先天的科学在以对世界的

认识为目标以及建立其手段的情况下可说是与世界相关的。"(第48页及其后)

但就其认识的功能而言则全然不能贬低其价值。它攸关"最高认识等级的认识"(第49页)——因为在纯粹的自然科学中有自然的法则性被掌握或该被掌握,而在先天的心理学中则是精神的本质法则性。

下一个步骤在于,"去获得那些在先天性之外还规定着以及约束着事实性的认识"。胡塞尔在演讲中并没有处理该步骤,他非常明确表示:"无论如何我们都不把任务放在建立经验心理学自身的观念上,而是透过对纯粹先天的内在心理学的观念之纯然构造,以便能够为这门作为在己封闭科学的心理学做好准备,得以从本质上就对精神活动进行一般原则上的理解……这种本质上的理解,在己与为己地,乃是科学研究所追求的最高目标之一。"(第50页)

以上是关于演讲的第一部分,也就是导论的内容。关于系统的部分应该只需要指出几项要点即可。胡塞尔主张在研究的过程当中,科学研究领域对自然与精神的区分有必要回到前理论的世界被给予性去做讨论。他之所以如此主张,我们之所以必须赋予这个回溯过程以特殊的意义,原因何在?(参考第6节)

马上可以指出的是:我们在此发现一项与《危机》[①]一书有关的观点,作为生活世界的前形式的观点。胡塞尔在《危机》一书指出,自然科学对于自然的掌握一点都不是理所当然的,而是透过对

[①] 胡塞尔,《欧洲科学危机与超越论的现象学》,《胡塞尔全集》第六卷。

于直接被给予的世界（生活世界）的特殊改变而造就出来的（特别参考《危机》第9节）。往往被忽略的是，那个透过数学被掌握的世界一点也不原初。"……现在最需要注意的是，伽利略已经将观念的数学基础世界当作唯一的真实世界，它是那个真实合乎感知而被给予，那个被经验而可经验的世界——我们的日常生活世界之基础所在。"（同上，第48页及其后）。对我们来说，似乎意义重大的是，胡塞尔在1925年的演讲中已经意有所指地点出："近代自然科学产生自单方面的兴趣方向以及方法，它在自然这个标题底下并非只是从原初的经验出发而得出一个可被经验的被给予性所证明的领域，而是着眼于方法的人工产物，它并非一个事先已被经验的自然，反倒是一个透过理论而被实现的观念。"（第54页）

这个过程可放在精神科学的构造这个意图之脉络来看。自然科学过去必须把精神之物最终排除在物质之物亦即物理运动之物的架构之外。但现在，当心理学试图掌握精神时，却"并不厘清具体世界中的精神之物的统一体脉络，更不厘清它的不同的原始形态及后来的形态，在这些不同的形态中那个被经验的具体世界仍经历了精神化的情况，而且总是经历了新的形态。自然科学的方法为了获得自然的观念，往往割舍了精神性的散落的碎片（disjecta membra），它必须再一次地在其原初脉络中被带回来，换句话说，它必须重新思考那个自然科学的抽象过程，而对此抽象性再一次做扬弃的动作"（第54页及其后）。

当人们想要去掌握自然科学所放弃之物时（这种放弃就其自身立场来看并非没道理），自然科学的考察本身却被当作一种模式，因而回归原初被经验的世界之要求，在尚未被称作生活世界之前,被胡塞尔称为经验世界。①

胡塞尔因此提出要去揭示这个经验世界的普遍结构,因为这个结构并不是事实之物,而是先天必然之物。为了强调它具有直接被给予性的特质,这个也被胡塞尔称作感知世界的经验世界,乃是一切之得以产生出来的根本基础。在《现象学的心理学》这本书中,胡塞尔必须把经验世界当作探讨的主题,这项宣称一点都不算是理所当然。

经验世界的概念之所以会成为现象学心理学讨论的重点,原因在于澄清那个不同于人格态度的自然态度如何透过经验世界的转换而成为可能。经验的世界无论对于自然科学或精神科学来说都是共同的基础。但必须说明的是,我们要如何从经验世界出发而达到这些特定的科学,而这些科学的成就是在那儿被预设的。对于存在物的自然科学考察之争论本身不是目的所在,而是必须被纳入这些原则性的框架去才行。同时变得明确的是,心理之物如何在为它奠基的态度中不以其自身特质而能被掌握。心理之物与身体的密切结合可能导致人们从自然科学所理解的身体出发去理解心理之物,而不免走上死胡同。

这项争辩帮助我们从现象学去掌握心理之物做好准备。真正的心理学研究从第 28 节开始展开(执行朝向主体性的反思性目光转移)。这项研究将会落实于感知中的物体被给予性,对胡塞尔来

---

① 胡塞尔,《欧洲科学危机与超越论的现象学》,《胡塞尔全集》第六卷,第 55 页:"假如我们完全回到世界的原初具体性去的话,如同我们在素朴的原初性中每一时刻所经历的那样,而且假如人们在执行方法论的抽象当中从未忘记这个作为原初场域的具体直观的话,则自然主义的心理学以及精神科学的错乱将不至于发生。"

说这是他的分析的最喜爱的起始点（参考 1907 年有关物的讲座，F I 13）。从这里出发自我的本质上的结构环节将被提出来。此外值得一提的是，胡塞尔特别留意这些研究的一项准备工作，或说得更周延一些，其道路清理工作，因为道路清理对他来说扮演了提供基础的角色。只要我们一旦获得基础，坚持着要进行的工作虽然也颇费劲，但并不像寻找正确的途径那么困难。因此几乎在胡塞尔的所有工作中我们总是看到它不断寻找适当管道的努力。最后他甚至说："我过去只是提供了这项构想，把一门纯粹的内在心理学当作精神学的基础科学……"（第 234 页）。

　　从这些研究我们明显看到了狄尔泰的影响——在自然科学态度与精神科学态度的持续争论中。但只要他追问了这项研究的预设及基础所在，那么他可能就超越狄尔泰了。胡塞尔并不满足于将这两种态度或研究方式加以并列而已，他进一步指出，两者如何必须作为态度而被经验，而在此我们必须回头探问作为成就之源头的主体。事情并非出于偶然，假如胡塞尔告诉我们说："在演讲中所做的提示之切实执行将会衔接上整个构造学说。"（第 233 页）这句话不仅仅是个提示而已，在这项努力当中现象学不单是作为一项蓝图，自身更是作为一项成就，对于眼尖的读者而言，这一点是不容忽视的。

＊　　＊　　＊

　　随着出版这本书的完成，我在胡塞尔档案馆的工作也告一段落，在这里我总共工作了十五年之久，所以我想借此机会向凡・布列达神父教授（Pater Van Breba）致谢。他从1945年起就雇请我内人和我一起在鲁汶当助理。同时也让我向鲁汶及科隆胡塞尔档案馆的工作同仁致谢。这段时间我们在一起工作，我尤其要感谢福莱雪博士女士（Fleischer）以及鲁道夫·勃姆的协助，祝他们万事如意。

在校对工作方面我则想要向艾雷博士（Eley）、马绪克博士（Maschke）以及克雷斯葛先生（Claesges）道谢，同时感谢哈马赫尔博士（Hammacher）在人名索引的工作上面所提供的协助。我的内人也值得由衷地感谢，因为她负责排版工作，并且从一开始就不断提出建议，帮了不少忙。

瓦尔特·比梅尔
1961年3月，科隆

第二版

第二版未做任何更动。我们感谢阿伦·顾维奇教授（Aron Gurwitsch）指出一些造成困扰的印刷错误，这些已经被排除。事后有一些疏忽也被弥补了，让我们向谷敦·佛耶密欧-迪姆（Gudrun Vuillemiu-Diem）在编辑工作上的帮助致谢。

W. B.
1968年1月，亚琛

1925 年夏季学期讲稿

1925年度参考资料

导　　论

§1　近代心理学的发展；狄尔泰关键性的批判（解释的与描述的心理学）①

　　心理学称得上是最古老的学科之一。如同逻辑学、伦理学、政治学及形而上学，它早在柏拉图时期就已奠定基础，而由亚里士多德系统性地加以扩充并表达。之后它从不缺人们辛勤的照顾，尤其是近代哲学开始以后。自然科学新奠定的尝试首度被进行以来，心理学便亦步亦趋跟着发展。17世纪初，当活跃的精确科学因开普勒、伽利略与笛卡尔等人的终身奉献而在方法论上有所创新并取得前所未见的重大成就时，心理学以及具体的精神科学（人文社会科学）也不免受影响。在这些学科中人们热切致力于改良和突破心理学的方法，以便成为奠定在基本法则上的精确解释性科学。

　　在此，无论是笛卡尔、霍布斯式的唯物论或者斯宾诺莎的形而上学一元论，甚至于洛克所带动奠定在内部经验的经验心理学，都

---

① 参见附录 I。

不能够导出想要的成果，不能导向持续向上发展之形态与力量的心理学，不能导向稳固地被确定、自我持续扩充的理论及方法的统整性之方向去。

如果我们回想起17、18世纪数学及物理学中的理论成果，我们将不免惊叹不已。它在每一个发展阶段都透过自身持续改善的方法之自明性以及可被应用的广度而充满说服力。然而在心理学方面人们却无法取得类似的成就，首先从17世纪到19世纪来看是如此，虽然他们的研究者在精神上当然并未落后于那些伟大的自然科学家。

直到我们的时代为止，那些深层隐藏起来的困难依然阻碍了相似于自然科学的繁荣发展。从一开始心理学就未能抗拒自然主义的诱惑，那个对于自然科学典范的外在模仿。就在新的自然科学一旦被带到正确的方法路径上时从来不会遇到障碍，而在一个几乎是令人惊讶的向上发展中前进之时——我们发现，心理学无论带有多大的意愿去追求那个充满希望的开始，也从未能来到一个确切的起点，并从此确实展开向前迈进的脚步。

在19世纪，心理学获得了一个全新、巨大而且了不起的发展动力。该动力是从德国卓越的生理学家及物理学家，例如穆勒、韦伯、福尔克曼、赫尔姆霍茨、赫林、费希纳等人，此外冯特的组织力量也有所贡献。当时发展出一种与自然科学特别是与生理学内在地联系的心理学，就其方法种类而言该心理学忠实地与生理学相适应着。那个在笛卡尔与霍布斯的时代就已经被构想的自然化的心理学基本上以新的形态透过底下的方式而实现，人们带着生理学高度发展的实验技术首先处理感官心理学，或者更恰当地说，感官心理生理学的心理生理问题。那个心理生理的、生理学的、实验的心理学事实上已经把心理学带到国际的效力上，国际上同类的机构及工作方法，获得确切的一致性，而此确切的一致性似乎有时候并未落后于那些比较不精确的生物自然科学学科。毫无疑问这种心理学获得不少前所未见且值得注意的事实，实际上也是心理学的事实，即便那些生理学家往往也把这些人当中的许多人看作与他们同伙的。尽管对于这些事实的理论解释的一致性也落后于那些精确的自然科学学科甚多，在某个观点底下它却不失为一个完美的学科，亦即就于被追求理论的方法风格这点而言时。无论如何，人们在新的心理学的国际研究圈中充分相信，这是一个迄今仍颠扑不破的信念，也就是那一个真的和真正的心理学总算被创立了，它是一门严格的科学，凡是所有生理心理问题、所有属于个别及文化精神性的整体性无不必须被带到这门学问的道路上。它所需要的只是耐心的自我克制以及一个全然谨慎小心的步伐，正如同每一个奠定在基础构造以及从基础性的法则而来的解释所被构想的经验科学那样；人们不可以仓促地抓住那些问题，抓住那些在科学工作上还不够成熟的问题，对于这些问题还没有事实基础可被提供，并且还没有必要的经验概念可被创造，新的心理学透过一个生理技术成功的创造，获得了一个不小且带有内在确定性的成长。这么一来心理学看来似乎真的和精确物理学具有同等地位。它甚至做到如同物理学和化学那样，以便让它的心理学知识在技术上成为可行的。

但可能发生的是，这个在某个方式底下算是相当成功的心理学却遭到极端的怀疑，这是在精确的自然科学中不曾发生的。这项怀疑年复一年不断加深而且表现为不同的形式。在此我们只对最极端的怀疑感兴趣,这是从狄尔泰并且从新的现象学而来的一种反应。这个怀疑性的批判所针对的无非是该心理学的整个方法论,只要该心理学提出一种要求,实质地去解释精神生命的事实。在其后来成熟的形态中,这样的怀疑论将矛头指向把心理的事实确立为心理学的事实之方法类型,这表示:不仅仅把经验的事实当作事实去阐明,而且是在明晰的内部经验中去阐述,以便把它带到概念底下,而这些概念正是把事实的结构本质当作心理学的事实去加以表述。这同时相应于一种极端的批评。该心理学被指责,它对于心灵生命的真正本质形态全然无知,对于作为意向地确定的精神构成体的精神性之特殊本质形式全然无知,同样地也对于构成的主体之精神共同体无知。所以他完全无力于达成那些所谓精确而解释性的科学所能普遍达成者;因为所有的解释都是从本质概念而来的认识,而且是基于奠定在其中的本质必然性的导引线索。

在1894年,这是人们对于新的心理学充满高度盼望的时期,也是人们把精神科学的精确奠基、逻辑、认识理论以及所有特殊的哲学学科的改革寄托在心理学上的时期,出现了狄尔泰的《关于一个描述性及分解性的心理学之观念》(柏林学院讲座报告)——作为针对该自然主义心理学的首次抨击;一个真正的,就算不是完整的工作,它在心理学的历史中也是一项不会被忘记的工作。狄尔泰完全植根于精神科学的研究,并且无疑是19世纪的一位伟大的精神科学家,毋宁是一位带有真正整体直观能力且带有分析及抽象理论的人。基本经验分析能力、逻辑精确、在精确概念中的思考能力,如数学的自然科学中被学习及被操作的那些能力完全不是他的长处所在。无可比拟的是他的下列能力:去综观个别的以及社会-历史的,在其鲜活的具体性中到处呈现的具体精神生命,直观地去掌握其典型形态、改变形式、动机脉络,去贯彻在其中伟大而可见的解释,这些解释让我们得以理解在具体的必然性中的历史精神性之真正存在与变化。

狄尔泰起初非常敏感,近代哲学对于精神科学的用处极少,而所有比较新的逻辑与理性批判的所有改革努力,无论是回到康德或英国经验论,都太过于片面地受到自然科学的规定。从很早开始他就致力于在精神科学中发挥理性"批判"的作用,以及致力于在认识论上澄清,那些作为新的精神科学而展现的伟大成就之本质及可能性究竟为何。在此他马上遇到一个问题,究竟那个新的生理的以及实验的心理学在多大程度上可以有助于这些精神的科学,究竟它们如何认定在多大程度上可谓言之有理,意即关于对具体精神性的解释之理论基本科学的认定。他得到了一个决定性的负面结果。

透过全面性的阐释,他努力显示人们需要一门"描述而分析"的心理学,它不同于"解释性"或"建构性"的心理学,狄尔泰在针对当时盛行的实验心理学所做的批评中细密地构想了前一种心理学的理念。他说,实验心理学追随精确自然科学的脚步,特别是近代的**原子式**物理学。正如自然界的表象,这门心理学也借助于一些有限数量的特定元素把心灵生活的表象纳入因果脉络中。如同物理学那样,这门心理学也借由超越经验的直观以及假设性与建构性的过程来进行研究。也就是说，这门心理学基于经验构思了假设性的次级构造以及与之相关的法则假设。**然而，这整个过程都极为不适用于心理之物**。这是自然科学概念扩充到心灵生活领域及历史领域而来的结果，而且是不恰当的扩充。① 就自然科学而言，这项过程自有其意义与必然性；因为它奠定于外部经验之上，该经验提供给我们的是作为空间外在之物的自然，这个纯然外在地在因果关系中客观地相互连结之物并未在直观中一起直接被给予。但心理学以及随之而来的所有精神科学都是相关于**透过内部经验而彻底被给予的精神脉络**。内在经验不具备纯然的外在相关性，它不认可独立元素之间相互分离的情况。它唯一所知者无非是**内在**相互交织着的情状，彼此融合在普遍脉络的整体性之中，而该脉络又是在内在直观中必然一同被给予。无论我们是否朝向其突出环节，就个别的感知、回忆、感觉、意欲等看去，或无论我们是否将注意力放在其交织性、其相互过渡及相互产生之上，它就是全部，而且是**体验**的**一个脉络**。鲜活的生命持续向前流动，它不仅仅**是存在**而已，它还**被体验着**，而且随时可以朝向留意、省思、评价等而去。但这些不过是该生命的脉动，非外在地，而是作为自身的一项环节，作为出现在生命当中的体验而显现，在不可分割的生命及体验之整体性中个别地朝向醒目的生命而去。

心灵生命②并非只是外在地被给予，而是在其脉络中被给予，透过自我认识、内部经验等而被给予，该事实显示了心理学认识不同于自然认识（Erkenntnis der Natur）之处。在此之中，也可以看

---

① 参见《狄尔泰全集》第五卷，第 195 页。
② 新演讲的开始。

出精神科学如何不同于自然科学。后者只能假设性地、建构性地从事解释工作,前者的本质则在于去进行理解或是进行使得可理解(verständlich zu machen)的工作。

严格说来,其真正的任务在于透过整体直观的产生,并回顾内部可经验的精神脉络之情况下(包括自身的与他人、个别主体及群体主体的)去使得精神生命、精神效用、成果、创造的整体成为可理解的,简言之:自然科学的解释对立于精神科学的理解。但该理解并非已经透过纯然整体直观的产生而完成,在此直观中那些具体的脉络再度被体验。每一首诗作的表达也都如此。但是那些谈了很多的伟大诗人及作家的心理学实际上并非心理学,它不是科学,毋宁它需要一种科学的、奠定在纯粹直观基础上的自我执行的分析、概念建构以及系统描述。这项任务不仅涉及个别心灵材料类型之描述说明,而且也涉及脉络的类型,关于这一点事后会再详细说明。个别性(Einzelheit)在心灵中纯然是抽象的。一个感觉、一个情绪、一个念头、一个浮现的希望等,所有这些从来都不是孤立的体验,就其自身来说是在心灵的氛围中,在其交织性、动机、指明等,这些都是与脉络、心灵功用不可分割而一同被体验的环节。所以重大的课题在于针对那些多面的交织性(它是在结构脉络的每一整体中统一起来)系统性地加以拆解,并在其类型中加以描述。结构表示那个复杂的交织性,而此一交织性隶属于流动的心灵生活之每一个具体阶段。那个提供给生命流程的接续整体之阶段顺序也具有其类型。心灵的脉络是一个效用的脉络、一个发展的脉络,而此心灵脉络是被一个分析可证明的内在目的性所宰制。一个朝向价值、幸福与满足,整体追求之专注性(无论是直觉性的或有意识而做出的)贯穿了生命。有时是直觉的,有时却是有意识而做出的,新的形态总是从精神的形态中产生了;主体的心灵活动及个别主体的成就都结合到共同的活动及成就中;那些所有阶段的创造性的精神活动直到较高的艺术、科学、宗教的构成物也都是主题所在;它们都必须理解地被解释,透过基本而系统性被提高到描述理解的分析而被带出来。

狄尔泰的论述之重大意义首先在于他针对作为一个体验整体的心灵生命之整体提出正面说明,并在于提出一个纯然直观创造的描述心理学之相关的要求:也就是一个应该能够高度地解释自己的种类的心理学,尽管只是从事"纯然"的描述而已,也就是那一种狄尔泰所谓的理解。因为正如历史学家所言,人们不能在绝佳的意义下说:理解一个历史的脉络就是对它进行独一无二充满意义的解释。

狄尔泰充分认识到奠定在外部经验基础上的科学描述以及奠定在内部经验(纯然精神性的经验)上的科学描述基本上标示着不同的成就。他了解到精神领域本身已经带有一个完全解释成果,尤其是借由可后设体验的以及所有的精神交织性与动机的所有交织性。纯粹而充分的进一步分析与描述解释甚至充分令人满意地解释了那个具体的、历史的精神科学所追问的对象,因为在此解释活动所具有的意义无非在于基于精神理由而使得精神变化、精神诞生的内在必然性变得清晰可见,精神性自身且纯粹在其自身便带着一种因果性,动机的因果性。而这本身正是隶属于体验的状态,也就是对于纯然的直观及描述是直接可及的。精神科学地去理解一项艺术作品的生成并非去从事生理心理学研究,也就是并非追问艺术家心灵生活与物理自然之间的因果性,意即心理生理的因果性,而是深入体会艺术家的生命及渴望,把它带到一个相应且充满活力的直观去,并且从它的动机出发去理解目的设定的系统以及实现的行动。一旦全面地完成了这项工作,便不会再有什么富有意义的艺术史的问题了。

§2 狄尔泰对于他同时代的人影响有限的原因:其理解的不尽充分与理论起点所受的限制①

首先,对于接受这样的想法,时机并不成熟。那些站在主流心理学的自然主义态度轨道上的人无力深入了解狄尔泰所提出的问题。虽然说狄尔泰不只透过我们熟悉的学院论文,并且已经透过就某一方面来说非常强烈,也就是透过其早期作品在方法论上指出并且原则上标示出自然科学及精神科学之间不可跨越的个别特质。当时精神科学自然主义式的解释到那时候为止具有的主宰性的素朴性同样也被突破了。人们可以说,上个世纪相对于自然科学的历史以及历史的精神科学的种类及方法的大量文献都回溯到狄尔泰。② 所有那些多少具有价值的思想主题他都有所触及。然而最充满意义的想法却未得到任何回响,这些想法是他在回溯不同于主流的自然科学式的心理学之纯粹直观、描述分析心理学的

---

① 参见附录 II 及附录 III。
② 这方面已经说了很多了。

问题时所获得的。当然，必须承认的是，狄尔泰的批判原则上缺乏一种足够的尖锐性。尽管他在批评自然主义的心理学之精神科学带着自负这点上面提出了启发性的想法，问题是他却不能够达到其真正意义原则上的清楚性以及穿透其可能成就的界线，实际上在心理学事实以及事实规则的巨大群体当中已经展现这样的成就，此一事实及事实规则首先产生并且只归纳在其实验方法中可被产生，另一方面，就纯粹的描述内在心理学来说，充满价值的实证方法及问题范围之演练所带有的说服力是不充分的、不够具有说服力的。在例证性的展示中尤其缺乏说服力，只要该心理学不能够说服人们从直观的个别性及一个与之联系的描述如何能产生一门心理学，一门解释性的根本而基本的科学。在历史精神科学中①该精神科学与历史中被给予的个别精神有关，与国家及法律就其每一个别的类型有关，与民族的状态和历史变化有关，与历史而现实地被给予的艺术潮流、艺术家与艺术作品、科学构成物等有关，既然它无处不与个别的人有关，也无处不与直观而描述的分析之个别的解释成果有关，这些方面我们都已经谈过了。一个艺术作品的创造性生成会被个别理解，找到一个纯然个别的"解释"，当我们可以设想进入科学家、其精神生命、那个精神地触动他的周遭世界去，当然基于对历史材料的解释之理由。艺术家的动机如何确立？关于这个问题的思考会把我们从内在性当中带到有关于他渴望、意求、实现以及那个作品本身被他有创意地感受到何种原初意义的一种理解。历史的描述及解释下的艺术也就是全然依附

---

① 狄尔泰区分历史与系统性的精神科学，后者犹如自然科学以普遍概念及法则作为出发点（《狄尔泰全集》第五卷，第258页）。

于个人。同样在每一个精神科学也是如此。但心理学并不想要成为这样的科学,也就是在其个别的脉络中展示个人及历史的现实性并且使得该现实性在个人脉络动机中变得个别可理解的那种科学。而是它应该作为一门科学,这门科学认识心灵生活的法则,而且根据这些法则群体精神性及文化诞生了。我们应该有能力从这些法则去解释,也就是对于精神科学来说在超乎个人解释的情况下带出一种法则性的解释成果。

然而狄尔泰在这方面却缺乏一个令人满意的说法。究竟在只是内部经验或者只是对他人精神生命及群体生命的阐明的基础上如何能够产生一个比个人的理解更多的描述?他如何能够导向普遍的心理学法则,如何能够超过模糊的经验普遍化?他是否必须透过一个归纳的形态学类型(morphologische Typik),透过一个只是历史精神形态的自然历史就够了呢?它或许有其价值。但这就是全部吗?每一个形态学(Morphologie)、每一个自然历史不都要求一个根据法则的理性解释吗?你们稍后将学到狄尔泰的描述心理学所包含的极大缺陷。在此我只略微提示:他仍未见到基于直观,但也是本质直观的理由而来的一般本质描述之类的存在,犹如他也还没看到底下的事实,那个构成心理生活的极端本质——与意识对象的关系——乃是系统性的心灵分析(由其作为本质的分析)之本有而无尽丰富的主题。

由于不幸中断之缘故①,我们与之前两次演讲的延续性不幸给松散掉了,因此,让我回顾一下先前所提过的。我不仅仅重复而

---

① 新演讲的开始。

已,而是也想勾起一些想法,适合用来说明狄尔泰的心理学意图之类型,并且让我先前总结过的那些批判性说法变得更好理解。

14　　相对于以自然科学为榜样的"解释"的心理学,他要求一个"描述—分析"的心理学。① 前者在一个从被设定的心灵元素,例如在感知素材和感觉素材的假设性建构过程中去寻求建构一个自身不可被经验的因果脉络,并且如同物理的自然科学（并且在心理生理学中与它相混合）透过因果法则进行"解释"。狄尔泰在某些方面表现出对这种心理学,也就是近代自然主义式的实验心理学抱持怀疑的态度。它无力为精神科学提供基础。为达到此目的,显然更需要一个纯粹直观（并且不是假设—建构的）过程的、描述的、分析的心理学。这是关于（我几乎是逐字引用）在每一个被发展的人类心灵生活中,那个以相同形式出现的组成部分与脉络的描写。自然主义的心理学忽视了心灵脉络是被体验的,这些体验都是在一个唯一的脉络中被结合起来,也就是向前推进的心灵生活的整体脉络。脉络并非假设地被增添、开展的,而是作为在纯粹内部经验中被体验,并能够直接被分析及描述。心理学无非就是作为这个内在被给予的生命本身的脉络的描述与分析,特别是如狄尔泰所认为的,他无处不与发展成熟的"典型人物"的生命脉络有关。我们解释自然,但却理解心灵和精神生命:进行理解乃是所有历史与系统精神科学之任务,这些精神科学因此正是可回溯到那个描

---

① 在演讲中我们已经做了进一步的说明,并且为了说明"解释"性认识的涵义我们也已经使用了亚里士多德的用词"自明的"（apodiktisch）。——从 a) 纯粹先天与 b) 与之相关的数学物理学之经验规律性的自明形式。这些用词在后面的演讲中都会（口语地）被使用到。

述的，即分析的心理学去而作为理解的基本科学。那种实验的、自然科学式的心理学之假设性次结构只会令他们混淆并且让他们陷入毫无用处的假设中。那种放弃在精神现象的基础，意即精神生命的可理解脉络之心理学必然是贫瘠的。例如宗教是一个精神文化的领域，当我们谈论它时，必然触及感觉、意识、依赖性、自由、动机等普遍概念。但明确的是，这一类的概念只能在普遍有规律的心灵脉络中被解释，如同它是在内部经验中纯粹而直观的被给予一般。由此出发，我们必须创造一项理解，例如神的意识如何形成并获得力量。同样的情况出现在法律中，当法律的普遍精神事实成为主题时，我们将回到诸如规范、法则、责任能力的基本概念去。我们如何以别的方式解释这些概念，又如何弄明白在法律中哪一些目的是有作用的并且那些个别的意志是如何委身于法则底下——倘若我们不回到人的心灵生活内在性中的那些有规律的脉络去。在国家学理念也是如此，在此学问中如群体、支配、依赖性等概念都将我们引回内在的心理事实；在精神科学中同样自然而然的是，去寻求给予文学及艺术的理论。清楚的是，凡是对于所有精神科学都是有效者正是都与文化系统或者人类社会的外在组织有关，例如家庭、小区、教会及国家，等等。凡是从人的心灵之活生生脉络产生出来者只能从它们自身去理解。只是因为在心灵生活中存在着同一形式的规律性，它们才可以作为超越个别者的力量并且使得对于所有个别者的相同秩序都成为可能。与认识理论的融合更是别具意义。

　　就算相对于精神科学来说，认识论企求自身的位置，但就如狄尔泰详细说明的那样，它的效力是相同的。认识这个标题，随其特

15

殊形态,终究回溯到作为所有认识过程之基础的心灵脉络的整体去。只要它不带着一个偶然产生的心理学传统的模糊概念去操作,则认识论也被带回到作为基础的一个描述性的分析的心理学去。

最后我已经批判性地暗示,无论狄尔泰的解说带有多深刻的启发,以及显示出多少精辟的洞见,依然令人感觉到有极大的缺失。它对于自然主义式的外在取向的心理学以及描述式的内在取向的心理学的对比,并没有被带到最终的明晰性与原则性的源头去。让我提醒你们一个重点,这个重点虽然在当代的反面批判当中没有特别的重要性,却是潜在地产生作用。无论如何该重点是有决定性的,为何我们在对狄尔泰的洞见感到惊喜的情况下依然不能停留在他的观念中,并且对于他所推荐的方法一点也不建议去仿效。

回到内部经验以及在其纯粹内在直观去执行的描述分析使得一个个别的理解得以可能,这是一个对于在体验脉络中所出现的个别精神活动及被构成物的理解;这是从个别触发性的理由而来的理解。对于具体的触发动机之重新建构使得那个必然性变得一目了然,例如为何一个政治家正好必须做出这个决定的必然性或者一个研究者正好必须达到这个理论的思考过程的必然性。这是一种有关于个别的解释效力的种类。然而心理学应该从一般的见解去解释,它应该是一门法则科学,它应该获得一项普遍的理论法则基础,该法则能够具有类似于数学理论以及对于自然科学来说的理论物理学那样的效力(如果狄尔泰有正确的理解,对知识论也是如此)。但我们如何能够获致那种纯粹立足于心灵生命的内部经验与描述，并且达至法则普遍性的心理学呢？或者这些在此并不可能的并且法则性解释的心理学只有作为心理生理的心理学才是可能的？看起来是，根据狄尔泰的看法一个描述的分析的心理学无非就是不应该并且不能多于一个有关人类心灵的生活，也就是有关"发展成熟的典型的人"的描述性自然历史——如同狄尔泰强调的那样。但这些我们透过基本的分析而回溯到感觉、感官的感觉、感受、回忆、期待等的心灵生活的类型就是判断认识、评价、欲求、意愿行为的多样类型吗？——我要问，这个类型就好比是一个纯然的自然历史的类型吗？当我们深入了解那个类型的人格形式时，我们不是来到一个最古老形式的单纯比较性的经验的心理学吗？此一心理学带给我们人格、性格、性情、社团的典型形态的多样性，但从不能带给我们一些有关普遍的必然性，也就是有助于从法则而来的认识所做的解释。所有自然科学的解释成果，都建立在下面这点之上，意即自然也就是所谓外部经验的领域都有一个所谓的（先天）结构。在此所谓的自然科学解释效力乃是在物理学这个科目底下所产生的，而该效力正常来说乃是作为自然认识的无条件任务。严格说来，在被给予的自然之所有经验类型之上总有个必然而精确的普遍性之领域，如同在自然历史的学科当中被系统地探究以及在描述性的类型概念中被展示的那样。在所有物理性的物体之特殊经验形态的提问之前存在着一个事实，总是有物体存在着，在所有变化中它保存理想的规范，一个我们称之为数学本质的形式。一旦它可以一致而又交互主体的被指认，也应该能够证实自身为相同的物体，则在所有的经验领域便有着就时间来说持续存在的、空间扩延着的物质。但那些在事实主观经验中被掌握者却是原则上并非固定者,而是在"直观"的变动中带有作为理想性自身的数学特性,就这个理念来说经验之物乃是逼近者。

当人们已经提到"时空扩延物",则人们暗示了一个对于超越经验的必然性之巨大标题,空间性的数学正是根据公理及定理致力于发展该巨大标题:这是一个理想法则的无限领域,每一个作为如此的自然课题以及每一个作为邻近性的直观经验都绝对地被联结到这些法则上。① 将自然放在数量概念底下,仿佛只带有这样的必然性并非关键所在,反而自然具有一个普遍的形式以及普遍的法则框架,透过该框架所有自然物都带有无条件的必然性才是根本重要的。在此我们并不显示,回溯先天性如何使得一个物理学这类的理论上解释性的经验科学可能——只要你们看出来,这也是完全显而易见的,假如我们不去管这个先天性的框架,不去管在经验事实上每一次出现的被给予者对于处在无限性当中的观念之回溯,则只有一个普遍的自然历史是可能的,但不再是法则性的阐明,亦即出于必然性的阐明。

"内部"经验的领域,意即体验的脉络,这个体验脉络乃构成了我们内在流动的生命,或者这个脉络对于纯然具体的人来说以及对于直接的观看来说是可触及的,不是也应该带有一个形式的法则框架,也就是一个绝对颠扑不破的必然性或法则性的普遍形式,

---

① 要对作为表象的直观之物与观念上的数学之物之真正关系做简要之说明殊非易事。所谓数学之物乃是在表象之中显现者,并且可理解为趋近观念者。在精确科学的态度中物体及其性质自身是被看作数学方式的。精确性等于数学的观念性。

以便使得精神科学工作的解释性成就可以在方法上获得回溯？同样地对于个别人格的精神性之结合到群体的精神性的普遍结构形式不也是有效？假如先前所激起的批判性思考不停止下来，那我们也就面临了一个狄尔泰所未曾提及的吊诡。让个别的精神活动以及构成物变得可理解，这无非表示使它作为个别的必然性明显可见。透过具体的人格、其个别体验及能力脉络的直觉重构，我们看见了它的个别必然性，无非即是所谓理解。所谓体验和能力脉络乃是这些活动所在的脉络，而在此脉络中它们也是从交互主体的体验脉络之本有动机以那个被触动的方式产生出来，有可能是，我们在重构中被欺骗了，例如在对于俾斯麦人格的历史重构以及他之所以得到某些决定的动机。但如果重构在历史上是正确的并且实际上达到同一而完整的直观，则我们将明证地了解到俾斯麦当时的情境以及如此被触动的情况下为何必然做出如此的决定。就算假如重构是错误的，则全然可见的是，在其个人的必然性中有着：假若俾斯麦是那个人以及被触动着，则他必定会如此行动。理解所涉及的范围也就是动机分析与重构所涉及的范围。假如它不完整，则必然性也被厘清得不完整。吊诡存在于，在个人之中应该有着必然性，但却没有必然纯粹法则，此必然性表现出如同所有纯粹的法则那种假设的脉络，那个跟纯粹可能性相关的纯粹普遍性的脉络。狄尔泰似乎在个别的情况下尚未明确区分的严格必然性，意即解释性的理解，以及经验的普遍性和经验的归纳，否则这个吊诡必定会出现在其之上并导引着它。

狄尔泰有关于精神科学奠基以及认识批判的奠基两者平行的说法也是透过一个描述心理学得以阐明的。平行的吊诡实际上出现了并且还带有一种强度。简略地说：认识理论将会使得底下的事实变得一般，而且原则上可理解的，意即认识的动作在其心理内在性中可以如何带到客观有效性之中。但它何时得以完成这项任务，要是它立足于只带有自然历史的普遍性而非带有颠扑不破的直观洞察必然性的心理学经验之上。认识的原则却不可能从模糊的生物的类型普遍性出发而被解释。也就是在同样的方式底下：一个产生必然性的心理学是还处在出缺的状态。

20　　狄尔泰的理念未完全成熟之情况首先说明了为何实验心理学的阵营会自认为处于优势。1895年10月出刊的感官心理学与生理学期刊刊载了由实验记忆心理学的创始人埃宾豪斯所写的一篇令人注目的反驳文章。反批判的基本观点在一份私人书信的某些语句中显得最为明确，这封信是一年前已经写给狄尔泰（致米施的信函，《狄尔泰全集》第十卷，第423页）。埃宾豪斯解释说，他认为整个论述都充满缺失而且误导，并进一步说："对于底下这些我可是一点都没做好准备，也就是关于当前的心理学如何含藏了诸多不合理之处以及关于您向人们推荐他们早已在执行的想法这件事说明得不够清楚。"后者，亦即与本质最相关的部分毫无疑问并非正确，然而正确的是，许多狄尔泰的论述可做这样的诠释。一向纯然原则上的清晰性之缺乏也使得以下事实变得可理解，狄尔泰试图构思答案的许多努力并未成功，而之后也不再出现详尽的对立出版品。无论如何实验心理学阵营完全获得成功——在事不关己的哲学家眼中也成了狄尔泰最大的缺失，狄尔泰几乎怀疑他是否能向他的时代充分说明他透过完全充满意义的洞见在其绝妙的直观中所掌握到的那些内容。

§3 《逻辑研究》的任务与意义[①]

狄尔泰的内在同时很快也包括外在的处境在世纪交接之时有了全然的变化。1900—1901年，我的《逻辑研究》出版了，这本书是我十多年来致力于逻辑的纯粹理念之澄清的成果，该澄清是在回溯位于逻辑意识、逻辑思想的体验脉络当中自我实行的意义给予或者认识成就之情况下完成的。严格地说，在这本书的第二卷之若干研究中我处理了对于逻辑体验的直观之回溯，这些体验是在我们的思想过程当中的自我展现，假如我们是在自然的原初方式下执行思想的活动的话，这些体验却是我们所看不见的，不是在注意的目光中所拥有的。思想者全然不知其自身的思想体验，而只对于在他流动的思想中所产生的所思有所知。重要的是，将这个隐含性且显示性的思想生命透过后来的反思而带到我们的掌握中，并透过忠实的描述概念将他固定下来；更进一步地说，那个新产生的问题先加以解决也就是让底下的事实变得可理解，在内在的逻辑体验之成就中，所有那些精神性的构成物之形成是如何发生的，那些在表明的判断的思想中作为多样性的自我形成的概念、判断、结论等出现，并且那些在逻辑的基本概念与基本原理中发现其一般的表达、其普遍客观的精神铭刻。

a) 对心理主义的批判；非实在（观念的）对象及非实在（观念的）真理的本质

之前在《逻辑研究》当中有着一项重要的预备工作。它处理了

[①] 参见附录 IV。

对于这个被明说的意义形态自身之纯粹掌握,并对抗一种经验主义式或心理主义式的混淆情况:逻辑概念及定律自身被拿来与思维活动的心理内容混为一谈。例如那个在逻辑思想中作为结果而获得的被表达定律,就其意义自身作为意义构成物而言并不包含思维活动,这个情况就好比那些在计数的体验中被计算的数字就其意义内容而言并不包含计数的心理动作。数字、定律、真理、证明、在观念对象性中的理论,它们一起构成了一个自身封闭的对象领域——并非一般东西,并非如同石块或马匹之类的实在物,但同样是对象。就主要核心来说那个被亚里士多德系统性地奠定下来的形式逻辑乃是一个关于定律的理论,这个学科强调了可能判断定律的纯粹形式,它同时强调一般定律必须满足的形式法则——假如他们可能为真的话。整个"三段论式"都属于这个范围。让我们去看这个逻辑理论的最高基础概念,也就是定律的基础概念,并让我们维持在一个明说性的例子上面。

　　毕达哥拉斯的原理在定律的范围中是唯一的,无论我或任何其他人去思考或证明它;同样犹如四这个数字,无论在何时或被谁所思想都是计算地被带到依据意识而来的被给予性。一个定律、一个数字,一点也不是在世界整体中的真实发生,并非在这里或那里以个别的一次性显现,以此方式移动着或静止着并受到真实因果性的影响,这点只适用于被写出来的数字或于现在或另一时刻被说出来的定律。但是一个数字或一个定律的书写表达或者发出声音一点也不是那个毕达哥拉斯原理自身以及数字四自身,正如同莱布尼兹或更早之前经院学派已经看出来而由鲍尔查诺将他带到最合乎情理的效果去。同样地非实在或人们也会说,观念的对象就其数字-同一的独一性而言乃是真的或错误判断的根基,正如同那些真实的对象一般;反之在最普遍的逻辑意义下的对象无非等于说作为一个随意之物,它可被富有意义地合于真理中被说出。

让我这么强调吧,对我们的目的而言有帮助的是,质言之,在《逻辑研究》的第一卷的系统性—批判性的预备观察中有两个重点:1.反对逻辑的心理主义以确立刚才所说的非实在性和对象性,并支持这类对象的观念同一存有,好比概念、定律、结论、真理、真理的证明,等等。这包含了下列这点,上述对象乃是意义整体,为此在意义内容自身当中并不出现心理活动和其他的主观体验,这些体验构成了对象的变换意识,而他们一点也不连结于真实的人或其他的主体。如同其主体,心理活动自身也隶属于真实世界。2.与刚才所言关系很近的是:存在着纯粹观念真理,它属于观念对象,该真理并非关于世界,亦非关于实在物。所以在三段论式中的纯粹逻辑谈到了纯粹概念及纯粹定律,同样的纯粹数学谈到了有关于数字系列及纯粹数字之法则真理与理论,就其意义而言一点也不提及时空现实的世界。$2+3=5$ 这个真理就其自身来说是一个纯粹的真理,不管世界以及带有真实事物的世界是否存在着。就其意义来说一点都不含藏着真实的事实性。同样地,矛盾律的逻辑定律和同类之物皆如此。纯粹观念真理都是"先天的",并且在其普遍性的无条件必然性中被洞察为真理。普遍性是需要一些刻画描述。观念性的对象固然并非关联于现实的事实,但就其意义来说,却隐含地关联于可能的事实——关联于理念可能和理念可思想在纯粹算术中并不默认被计算的物体或现实的世界之过程;但每一个数字却有着一个普遍的范围。在三这个理念底下有着所有可被设想的杂多,凡是可被计算为三者,便都是可运作的。根据这点任何一个数字的命题和整个算术都是先天地应用在每一可设想并在后续发展中运用于实际出现的现实里。定律的逻辑学(亚里士多德的三段论式)同样也可以应用在所有可设想的情况里,在这些情况中,任何可设想的人或其他理性存有者都可做判断并在其判断中会说出作为被表达意义的相应定律。一个观念的范围可说不可分离地隶属于每一个观念的对象,所谓范围所指的无非是可设想的个别情况以及一个具有完全有效性的全体性观念,一个不束缚于现实个别性、现实事实之预设的普遍完全有效性。这正意味着无条件的普遍有效性。在事实与事实世界的被给予性之"前"我们可以(先天地)无条件地确认下列事实,我们作为逻辑学家、算术学家以及诸如此类的身份,必定可以适用于所有那些向我们迎面而来的事实真实性。

但只要作为带有可能相应的个别性之范围的观念对象可以自身再度与观念的对象相关联,则普遍性便可以延伸得更广一些。所以说数字不只是用在可能的真实物上,人们也可以再一次地数着纯粹数字自身;同样,逻辑的观念真理也犹如谈到命题一般。然而命题并非只是有关于大地、关于黑森林、关于我们所在的现实自然的命题而已;而也是关于观念物的命题;它随时可以谈论陈述句本身,正如同逻辑法则自身乃是有关于命题的命题。

犹如纯粹逻辑所谈的是任何一个自相矛盾的定律是错误的,任何一个不自相矛盾的定律是有可能的,所以那种在逻辑自身中被说出的定律也是有效的,在这些定律当中没有任何现实世界的东西被涉及的。让我们做个总结：毫无疑问地，存在着非真实的对象性以及隶属于它的非真实真理，带有一个观念的范围，透过该范围，它们终究关联到观念物，但也关联到可能的真实物，但更值得注意的是，关联到理想之可能的真实物，其现实存在并不被预设。相应而言，有着非真实物的科学、"先天的科学"也是存在的，一个封闭于自身的观念对象领域理论地宰制了这些观念。

b) 关联性研究：观念对象-心理体验（意义构成）在反思态度中本质描述的媒介

然而《逻辑研究》的最大主题并不在于"导论"中的这些论断，而是被限定在纯粹逻辑中有关于心理体验的描述性研究，在某些方式下这是与任何逻辑和数学的理想对象密不可分的体验。意即就观念对象的意义来说，除却必然存在的范围关系（透过此一范围关系每一个"数字"都可能和个别对象的群体，特别是可能的个别实在物具有关系）之外，所有的观念对象也必然与可能的真实之物，也就是心理的主体与活动有另一种关系，在逻辑中，正是这个关系在对抗心理主义时扮演重要的角色。在此对抗中，有害于观念性的杂质必须被排除在外，以便获得作为纯粹数学的平行物之纯粹形式的逻辑，这也必须应该是那个认识心理学的主题所在。

让我们进一步思考：一个定律可以针对石块、天体等各种实在物去言说。它是透过其意义去进行的。不管它说了什么，定律具有无穷多可能性，被我们或者被任何一个可设想的人在可能的判断活动中基于可能而主观感知、回忆、想象等体验在事实上被说出来。同样地，没有任何一个数数以及数数的体验是属于任何一个纯粹数字的意义或内涵。但实项地说，我们可以随便设想一个心理主体，一个被赋予实在性的人或一个被虚构的半人半马，这些存在者都有意识的计算着数字并且在计数的过程中意识到这些相关数字，我们甚至于被迫说出：那些数字在计数当中被产生了，在判断的动作中那些判断的定律被产生了。

因此，在观念对象上面我们遭遇到一个值得注意的实际情况，这些观念对象是逻辑学家所必须处理的。一方面，作为对象性它们具有一个为己存有、在己存有的自身方式，并且与此相关，我们有着与它们的为己与在己纯粹相关着的先天真理，亦即算术与纯粹逻辑的真理。此一在己意味着：无论是被数着、被想着、被判断着、被认识着或什么都没有，它们仍是其所是。所以每一个数学的定律或数字皆是如此。另一方面不可思议的是，这一类的观念对象在其相应之主体的心理体验和行动中不可能被意识到、更不可能被认知；甚至于我们被迫去说，同样的情况那个数字在数数活动中被产生了，那个相应的定律与真理在判断性的活动中主体地被建构了。

正是由于理想对象有时候对我们来说是在构成的体验以及动作作为主观的被构成物使得理想对象的心理化普遍被接受。就算理想对象自明地非出现在意识中不可，人们清楚地认识到它们有着自身存有与在己存有（Ansichsein），这里毕竟有着一个巨大而从未被严肃看待并立即着手处理的任务：也就是把那个在纯粹逻辑领域的理想对象以及作为构成性动作的主观心理体验之间的固有的相对应性当作研究主题。如果一个心理的主体，比方说我正在思想，在我的心理生活中执行了某些（并且当然并非任意的，而是完全有特别类型的)心理的动作,在其中进行着一项连续性的意义构成与产生,据此那个相关的数字构成体、真理、推论以及证明、理论等乃作为相续变成的结果而显现。让我"重复"一次相同的产生,让我再次练习相同的数数、描述、推论动作,则尽管这些动作都是心灵上新的事实,我却明显地认识到,那些最后成形者却是具有同一性的纯粹数字、真理等。在模糊而空洞的普遍性中去谈论它们还不能产生科学的知识。那些隐藏起来的心理体验究竟看起来如何,以便让主体可以具有意识以及明见地具有对于那些作为对象的理想性之物(Idealitäten)之认识性的意识。上述这些被隐藏的心理体验,必定与每一理想性之物处在相对的关系中,而且必定是在全然被规定的隶属性产物之方式当中流逝着。

《逻辑研究》以及在相应扩展中的现象学之真正课题因此乃被标示出来了。你们看到了此中原本的兴趣并非在于理想性之物,而此兴趣也不会在自身的领域中自我安抚与满足。算术是数学家的事情,它是关于数字以及其他纯粹数学构成物的先天科学。在传统逻辑学方面也是如此,只不过在此必须事先须进行一项净化,并指明,就形式逻辑来说有着一个平行的纯粹逻辑而理想的对象。在此正是显示了,这个关于纯粹定律与普遍真理的学科对于算术及整个形式数学分析来说是密不可分的,所以在普遍方法的前提下必定有一门唯一的科学被界定了,犹如莱布尼兹已经认识的那样,也是现在才被理解的。现在一般言之:人们正是可以作为数学家而演算数学,其课题正是那些纯粹为自己的数学理想性之物以及在其理想关系中的相互关联。作为数学家,人们持续地体验那些相对应的数学动作,但人们对他们全无所知;人们只有透过反思

27

才知道。无论如何，它们对于数学家来说并非科学的课题。但人们要是把理论的兴趣转移到主体活动的多样性去，也就是转移到主体生命的全体联系去，在此之中数学性（das Mathematisches）在数学家之中产生了，则一个相对应的研究方向乃确立了。明显地，在这样的研究方向中数学性也出现了，意即作为每一理想的构成物，正如它在构成性的并且此外被意识到的构作体验"出现"，并且参与了某种方式的时间性和真实性，然而本身却并非真实的，因此也并非在时间上作为个别对象的存在。

那个在具体被贯彻的个别研究中开始进行者，乃是一个逻辑-数学知识的理论，现在也可以说，一个与数学的知识内容（dem mathematisch Erkannten）合而为一的数学认识动作（dem mathematisch Erkennen）之科学的彻底研究，但整体来说，在心理学一步一步的反思中呈现那个相对应的内在发生，此一发生可以说在逻辑-数学知识之中使得数学性可以作为对象而出现，作为概念、原理脉络、理论以及整个科学，但也作为数、量，作为多样性原理的基础等。

你们现在了解为何《逻辑研究》所做的研究同样也被称为描述心理学。事实上只有它带有这个意图且必须拥有这个意图，此即对于思想者来说隐藏的思想体验之揭示性的内在直观的产生，以及一个在内在直观中移动着并与纯粹体验被给予性相关的本质描述。但另一方面也选用了现象学这个名称，以便去表明那个方法的新颖特质。事实上与心理之物周旋的方法之新颖之处获得突破。一方面来说这项任务或尝试是新的，也就是彻底而一贯地从相关的对象性之范畴出发回去追问那个肯定隶属于它们的意识方式、主体活动、活动结构、体验基础，在其中如此被归类的对象性被意识着而且高度地显示出明证的自我给予性。

一个全新的世界立刻就显现出来了。我们惊讶地观察到哪一些最内在生命中的差异的无法衡量的多样性是纯粹而直观地出现了，并成为严格科学工作中的可触及对象，假如人们完全只在一个被贯彻执行的内在直观中有勇气追问意识自身并且专注于它，去看这类对象性的被意识（das Bewußtwerden）是如何形成的，它作为有能力的意识之对象性在自身中看起来究竟如何。

但我必须补充，问题的扩充必须马上浮现。这一类在逻辑与数学理想性之物之中首先产生的问题，明显地，它必须依据认识在所有真实对象性中提出。除此之外，所有这些问题原本也能够从自身出发直接被提出来，它们在《逻辑研究》中已经被探讨过了。

c）对现象学来说具有决定性的反思之进一步说明（反思的阶段性执行）

为了阐明逻辑的任务形态与方法的本有种类，进而对其特质进行说明，我们在此将提出下列说明。从每一个对象性出发回去追问主观的体验以及对此对象性有所意识的主体的活动形态，从一开始就被某些引导性的意向所决定，该意向性仍未在我的反思明晰性中，亦即未在被厘清的思想与要求之形式中被表达出来。

因为有关于方法过程的意义之反思明晰性之最高阶段只在最后才被获得，正是透过那些在《逻辑研究》中曾经作为最深刻需求的反思，也是使得充实的效果有所可能的反思而被获得。

首先我们的目标在于纯粹的直观，而非根据自然科学类型的心理学而来的那些理论及假设建构。逻辑思想自身以及在其中被思考的思想，概念内容（该概念乃是从被直观者自身原初地产生出来的），作为其根基对象的对象，正如同它们在思想中被意识着，纯粹依据主观而变化者的方式，在此方式中"显现"，这些都应该被提出并且在忠实的描述中被描写。描述不仅仅意味着在概念中被直观者之纯粹表达而已，而是在其直观可展示的环节中，尽可能对先前被直观者的深入分析。例如为了说明下列事实：假如我下一个判断，或者确认，两点之间可决定一直线，我是体验着这项确认着的体验或动作（dieses feststellende Erleben oder Tun）；在某些方式下我意识到，但却没有判断地把注意力放在上面。全然自明的是，我可以特地回顾地注意它并提出一个反思性的说法。意即我不说"透过两点一条直线被决定了"，而是说："我判断，我坚信，我正好判断地思想着等说法"；我现在当然可以问，这个判断的体验，这个在如何之中被动地被前给予着、接近的判断活动看起来究竟如何，而这个问题可以继续展开，我在其中可以纯粹直观地确定什么？在任何情况下皆如此。我们必须进一步探讨思想体验中的普遍类型，尤其是在普遍而纯粹直观的描述中。这显然隶属于"内部经验"的心理学，该内部经验从18世纪以来，从洛克的"对人类知性的（心理学认识论的）尝试"以来，便是一项要求并且尝试性地在执行中。但基于深度的理由，他也从未达到系统性且纯粹的描述，既非对于经验的体验亦非对于评价、意志、行动的体验。对于它的合乎想象的以及中性的对立面亦然。部分而言，人们在心理学中太急于追求一个解释性的成果，尤其是根据自然科学解释的典范，因此很快忽略了纯粹直观、纯粹内部经验的被给予性之领域。

特别重要的是,人们很迟才认识到那所谓"内部"的反思经验有许多层次及深度面向,并且不易进行讨论,如果人们所追求的是超越表面的层次。起初人们对于这些深度以及间接性是完全无知的。人们看不到那个内部经验并非一个单纯的反思,该反思毫无困难地会导向每一内在性的具体性去,而是具体性自身可以在反思的许多层次中作为主题被掌握,那个内部经验乃是一个在不断更新的反思中成就揭示(Enthüllung)之过程。于是,在实验心理学的繁荣之后不久,人们便追求纯粹而系统地向前推进的描述,而该描述标示着一项困难的、对于哲学和心理学来说都是基本的巨大工作领域。该动机出现在逻辑学、伦理学与美学,即那些规范性的哲学科学中并出现在与它们相交错的理性批判中。人们首先必须在内部经验中认识那个认识体验自身,那个评价的、意志的生活自身,从内部经验中产生出清楚的概念,以便能够获得一个认识理论、评价理论以及意志理论。换句话说,重要的是从内在出发获得了一项清楚的理解,如同"真理"作为"理性"认识的成就,真正的价值作为"理性"的评价的成就,正确的意志中伦理的善作为主观的成就而发展起来。

d) 布伦塔诺作为有关内部经验研究的开拓者,发现作为心理之物的基本特质——意向性

特别在逻辑和认识论,同样在伦理学及美学各领域的改革努力已经浮上台面。布伦塔诺以他的方式参与这项改革,尤其在维也纳的讲课中他极力主张下列观点,所有那些好的改革都得回归

到内部经验，特别是内在感知中去，在此之中对逻辑与所有其他的意识被给予者进行纯粹的描述分析。从这里出发，它对作为收纳所有这类分析的普遍的心理学提出成为纯粹描述心理学的要求。此一纯粹描述乃是作为所有解释性的理论之基础，而该心理学他后来又称作心理认识论（Psychognosie）。

尽管布伦塔诺在他的时代受到强力抨击，他在这一方面却对德国、英国甚至在国际上带来普遍且极为强力的推动作用。就算是从内在直观产生而来的，其中对于心理学的描述具有特别普遍重要的观点：我们今天采用意向性这个字来标示它。如此一来所有心理生活的本质——意识是对某物的意识——乃首次被表明，特别是作为那个最普遍的，从内部经验的明证性而产生的心理生活之本有特质在描述中被凸显出来。

这项认识是人们所不能忽略的，意向性是心理生活的基本特质，此一特质是在所有理论之前完全直接而明证的被给予，假如我感知一栋房子，则或许我会先说在此展现的是外在的那栋房子，而在我之中则有感知的心理体验，譬如一个感知的图像，作为房子自身作用在我的心理与生理主体性的远距效果。但无论他是处在什么样的因果关系中，我们又可以反对他什么，明确的是在感知体验自身中就有着一个意识关联性，特别是关联到在他自身中的那个被感知的房子。有可能是，我事后亦有充分的理由确信，我不过是受到幻觉的愚弄。然而先前我却是纯然有着"房子在那儿"的意识，就描述而言，它一点也无法跟其他的感知有所分别。在此，所谓外在—内在的心理生理因果性当然是派不上用场，那个实时的体验自身一点都不是主体的体验而已，它正是关于这栋房子的感知。描述地说，那个对象关系（Objekt-Beziehung）乃是隶属于体验，无论对象真实存在与否。同样地，假如我为自己虚构一个半人半马，虚构的体验本身乃是关于那个半人半马的想象；在我们所称为回忆的体验中同样有着对于过去事件的关系，在爱情自身中有着对于被爱者的关系，在仇恨中对于被仇恨者，在意志中对于被欲求者，如此等等。

早在经院学派当时已经出现了意向性的概念；当时所做的区分是作为在己而为己存在的真切实在的对象以及作为内在于被意味者的意味、被经验者的经验、被判断者的判断等纯然意向对象之间。这里所表达的是，作为意识的心理生活，在己地具有关联于对象性的特质。但千万不可误认为布伦塔诺不过只是重新发现一项古老的经院学派的学说而已；他的伟大发现以及真正的原初性在于在描述心理学理念的导引之下，虽然他仍受制于自然主义，却想到了在自然科学方式底下的解释性心理学的根本基础——他追求区分生理性与心理之物的描述性原则，并且为此首度确立意向性乃是心理之物的可被描述且被掌握的本质特性。表面上看来这不过是经院学派的意向性学说的小小改变。但这表面上的微小改变却创造了历史，并且决定了科学的命运。此一描述的基本认定的成功而理所当然的效应是，心理学首先必须自我提升为关于心理生活的纯粹描述的科学，并且他无须自我限定为关于意向性的描述科学，关于意识乃是意识着某物的诸种形态，伴随着那些在意识之上而展现于内在直观的可区分形态。

尽管这项理论在心灵生活中具有明证的描述性基础，这项理论却仍然带有极大的困难和盲点：这样的意识究竟在具体内在的经验研究中应如何处理,究竟要如何进行意向"分析",在这个领域中,究竟有哪一类的普遍性是可能的并且可被追求,由此出发作为一个心理生理真实的心灵生活的事实科学的心理学要如何去奠定,由于皆处于模糊状态,以至于当红的心理学对它完完全全的加以排斥。尽管如此,人们却无法完全拒绝布伦塔诺所带来的推进作用。一些不带偏见的研究者依据布伦塔诺的指引不再忽略意向性乃是心理生活的根本特质,意向性乃是在所有理论之前于内部经验的明证性中完全直接被给予的。

一旦①人们对此有清楚的认识,意向性便不得不成为心理学的核心主题。所以从70年代以来我们便发现无论在德国或者稍后在德国以外,有一些知名的心理学家他们愿意把意向性描述性纳入考虑。同时那个作为心理学的基本学科的描述心理学之普遍要求也得到不同心理学家的支持。狄尔泰似乎并未被布伦塔诺所影响。他毋宁完全被他自己,特别是自己的精神科学兴趣领域所支配而来到对于纯粹描述的要求。意向性的核心意义在他身上完全起不了任何作用。

与此相反,《逻辑研究》却受到布伦塔诺不少的启发,这可算是我身为布伦塔诺入门弟子的一项必然结果。不过我在这些研究中却完成了一项新的转变,并且透过一个本质上新的方法而对于描述心理学的理念有着本质上的转型;这项转型或转变不被布伦塔诺本人承认为是他自己观念的一种深化;正如同他稍后在他自己的思想圈当中拒绝跟随这个新的发展前进,狄尔泰则不同,他以极

---

① 新演讲的开始。

大的喜悦接纳了《逻辑研究》，尽管《逻辑研究》是在与他自己的著作极不相关的情况下产生的，他却看到了他自己的"关于描述及分析心理学的理念"首度具体地展示在《逻辑研究》中。狄尔泰本身带出了这个关系，因为不幸的是我自己在埃宾豪斯的杰出反批判的影响之下把狄尔泰的伟大著作当作不相干的，尤有甚者，我在那些年当中丝毫不把狄尔泰的著作看作有任何的重要性。在我克服实证主义的内在搏斗中我必须强烈否定实证主义，而这点在狄尔泰较早期的著作《精神科学导论》中显示出来。我起初不免感到讶异，当我亲耳听到狄尔泰说，现象学，特别是《逻辑研究》的第二特定的现象学部分之描述分析与他自己的"理念"在精神上相呼应，并且可视为那个被他在成熟的方法中理想浮现的心理学的一个实际展示的基础。狄尔泰总是把重点放在我们的研究如何基于不同出发点，但却有所会合上面，并在其晚年带着年轻人的雀跃再度拾回他过去放弃掉的精神科学理论研究。其结果乃是那份与此相关的最后且最优异的文稿：出版于《柏林学术论文》当中的《历史世界的建构》(1910)。我本身越是扩充现象学的方法并且在精神生活的现象学分析中推进，则我越发认识到，狄尔泰的判断有其道理在，也就是那项起初让我感到陌生的论断：在现象学与描述-分析心理学之间有其内在一体性。他的文稿包含了现象学的一项真正的预览及前阶段。它们一点也不像古董，至今仍然对于在方法的深入而完整的问题上对全然不同的现象学工作具有极高价值的具体启迪。我极力推荐你们研读这拥有非凡的精神文稿。它们带来直观式的指引之真正的瑰宝并且在历史脉络中的描述，并且，在所有充满着对于真正直观的被给予性之忠实适应的纯粹描述中，现象学家有着一个已准备好并且收获丰富的工作基底。但是，一门纯粹向内看的心理学之构造却是无法从这份文稿获得的。狄尔泰虽曾真正地设想过这门心理学，这门心理学却仍然未被他带到严格科学的形态中，也就是未能带着严格的方法概念以及缺乏坚决被贯彻的断言。就算狄尔泰的晚期巨大影响力是多么令人喜悦，对他的类型所做的外在模仿却可能带来不利的影响，这点仍是有待留意。

所以，经过几个部分的说明之后，我所引入的并非带着狄尔泰印记的心理学，而是，如同我已经宣告的那样，一门现象学的心理学。

e)《逻辑研究》中对意向性思想之进一步发展・意识的成就特质・从纯粹描述的心理学到先天"本质-直观"心理学以及它对于认识论的意义

在导论里不太可能针对就《逻辑研究》中方法上新开显出来的每一方面去详加说明。在此我只能首先清楚地略加解释。布伦塔诺所完成的工作未曾超过针对意向体验所进行的外在分类-描述观察或者意识种类的同样工作。他从未认识到这项伟大的任务也未曾着手进行，从作为意识，特别是认识的意识的可能之对象基本类别出发，回头追问可能的意识方式之整个多样性，透过该意识方式，这样的对象性乃被我们所意识到并在原则上是可被意识到的，以便让理性的综合真理成就由此出发，进一步去解释这个意识方式的目的性功能。唯有透过该项提问（就算在《逻辑研究》自身中也都还缺乏不完美的形式）一项在意识与意识成就中的深刻洞见才是完全可能的；直到现在才显示，意识在多彩多姿的情况下不仅仅是空洞的，而且它是一个在多样性、可证明的形式及隶属性的综合中自我完成的成就，他四处意向地、有目标地、朝向真理的理念而去。我也可以说，唯有如此，一个超越论的意识理论才有所可能，并与之息息相关的是，我们才有可能内在地理解在心理学内在性中进行的所有范畴的对象之统觉，并进一步内在地去理解所有作为逻辑的、价值论的及实践成就的真理成就。

意识、意向性唯有在如此这般设立的工作中才揭示出它真正的本质类型。以往的心理学，以及现在整个受到自然科学所影响的心理学莫不对于心灵生活带着一种观点，这些心理学理所当然地把心灵生活看作物理自然现象的相似物，看作基本元素的不断更新的复合体。为此，人们所设定的任务在于将此复合物回溯基本元素及其基本的联结方式，回到相应的因果法则。相对而言，这整个观点证实为毫无意义，意识的综合全然不同于自然元素的外在链接，意识生活的本质在于它不是空间外在地、内在地而且相互穿透以及空间的整体性，而是一个意向性的交错存有、动机存有、含藏在自身的相互意味的决心存有，并在一个根据形式与原则的方式底下他都完全不是相似于物理的东西。在某个意义底下，布伦塔诺仍旧是一个自然主义者；他仍未看到诸如意向的意涵以及作为终究持续相互纠缠的意义给予的分析之意向分析。为此也显示了，是什么构成了每一个意向的内在心理学、每一个在真正意义上的描述-分析内在心理学的极端异类特质者。——它之为异类乃是指相对于所有那些实验的、心理生理的以及其他的外在心理学，此外在心理学只是涵盖了被客观化的心理存有的归纳外在领域。

然而我尚未标示出一个并且或许是心理学-现象学方法的最重要的及本质上新的种类，该种类同样首度出现在《逻辑研究》并且已经彻底规定了它的工作方式。换言之它很快自我显示，一个对于《逻辑研究》的新种类的目标设定的描述研究，无论是一个心理生理的或者是在自然意义底下描述的研究，都不具有纯然经验心理学研究的特质。《逻辑研究》唯一的主题乃是那个相应于每一被意味的对象性（特别是那个逻辑理念的）心理之物，也就是心理模式的多样性，在此之中那些在心理生活内在性中作为理念同一性的意义整体，而形构的概念、判断、理论，带着被意味或者明证的真实存有的每一模式。

千年以来的心理学总想要并在其历史的转换形态中成为有关于人类及动物心灵生活的经验科学，但假如人们从理念的对象性回到那个主观地建构他们的意识去，则人们马上会相信，那些内在的被动性与主动性，并非人类活动体验的经验偶然之物，那些仿佛可被设想为其他可能的偶然事实性。在内在被动性与主动性之中的那些观念性对象乃是主观地构成并明证地被给予，而透过方法的反思及现象学的分析则可以透过直观被揭示。毋宁说明证的是，假如像数字、数学的多样性、定律、理论等是来到主观的被给予性，在主观的体验中被意识到，则那些相关而必要的体验便必须具有其本质必然、到处都同一的结构。换言之，无论作为思想主体的我们是把自己当作人类，虚构为天使、魔鬼或者神等，无论是哪一种存有进行计数、演算、从事数学思考等——一旦逻辑数学之物被加以肯定，则那个计数、数学思考的内在活动与生命乃是在先天必然性之中，而其本质亦无处而不同。一个先天的心理种类乃是相应于纯粹逻辑与纯粹自身的先天性，也就是那个无条件必然而普遍真理的领域。心理乃是无条件必然而普遍的真理的一个领域，该真理是关联于那个数学体验、数学想象、思想、联结，也就是作为具有主体多样性的心理生命，只要它在纯粹的观念中作为这样而被思维着，只要它在已地对数学之物有所认识。倘若我们将逻辑数学的客观性掌握为具有必可交互主体认识的客观性，则我们也可以针对个别的主体去设定那个沟通的主体性以及其被社群化的生命。

　　但同样的情况也适用于所有关联于任何领域及范畴之对象的心理相关性研究，并且它不只适用于空洞的普遍性、与实事天差地远的意见及宣言，而是在于一个确定的、相应于特定对象的特殊性以及相关地隶属于它们的揭示性直观。正是为此缘故开展了一项心理学的崭新种类之理念，所谓崭新不仅仅在于透过被它具体而普遍掌握的对象-意识主体，而且也透过下列事实，它不是经验心理学，而是先天心理学。它是先天的，其意义的清楚程度相同于数学之为先天科学，而非经验科学，或者如同我们也说过的，一门本质科学，并在其中显示一项特质，它在所有先天认识的"理论"之前，也就是说他在所有认识理论的解释之前具有其明证性。这门心理学不处理属于这个地球和世界人类主体之事实，而是处理一个从事数学研究，更普遍来说，一个从事认识活动的一般主体性的理念本质，这是一个具有示范意义的而有待现象学去揭示的，但也是一个理念上可能的，一个在无条件的普遍性中可思想的主体性。相对而言，这并不表示，洛采已经在内在的感知性质之范围内注意到先天性并且逻辑在其能知—所知的解释之模糊性中已经有效地作为先天学科。人们在此之中仍未获得现象学先天心理学的那个唯一真正的开始，甚至未曾想象过它的可能性。这点也适用于布伦塔诺。

在从前，亦即在18世纪的莱布尼兹—沃尔夫学派那里，人们曾经多次论及先天心理学。这不幸被康德的批判给中止了。不过当时心理学是本体论形而上学的。它并非如我们今天所说的新的纯粹直观而描述的心理学，同时也是先天的心理学，这门心理学乃是从直观的具体性中出发跃升至直观的必然性与普遍性。此一新的特质将会在我们即将着手进行的系统而具体的阐述中，还会找到一项精确而得到完整的自明性的解释。该先天（本质-直观）心理学只有在意向分析的本有种类、意向性的意涵具体地被提出并且分向地被解说的情况下才是可能的；但首先在素朴的直观性，尤其是追问经验而先天含义的问题之前才有所可能。你们已经看到，该心理学提供给《逻辑研究》的描述心理分析一项本质上有别于狄尔泰在致力于处理历史及系统精神科学的情况下所要求的那种描述而分析的心理学的特质，它也有别于布伦塔诺的心理认识论。在心理学自身的兴趣中，《逻辑研究》固然也提供了描述分析的心理学，其雷同于狄尔泰之处在于，它同样是为理性的理论提供了基础。然而依据带有引导性崭新类型的出发点和目标设定，这个心理学本质上毕竟有其另外的面貌。从一开始，其目光就不是向着心理学的重新奠基而去。它完全是朝向纯粹的认识理论而去。相对于作为有关特定观念性对象的本质形态与本质法则的先天科学之形式逻辑，有那么一门科学乃被要求着，这门科学的任务在于针对主体思维活动进行系统性的解释，在此思维活动中那些带着特定理性活动的想法（Gedanken）乃形成了主观的构成。并且，在此理性活动中，这样的想法乃含摄了具有超越主体的有效性（übersubjektive Gültigkeit）之明证性的真理的规范形态。

换成另一种方式来表达，我会这么说，这是知识论首度具体进行的关于限定课题的尝试，其意图向着形式逻辑的理性领域而去因而有所限定，亦即本质地局限在形式数学的理性领域当中。首度变得明显可见的是，一个作为在思想着的主体中展演着的一个系统的理性成就的理性理论，不再透过模糊、远离实事的先天经验的讨论，如同向来所见的那样，也非透过一个纯然回到内部经验的基础上的经验描述心理学；毋宁说清楚的是，取代经验心理学的，必定是一门新种类的纯粹先天而却同时对于心理之物进行描述的科学。换言之，在无条件而具有洞见的必然性之中，这门科学会使我们明白下列这点，究竟心理生活，尤其是认识的生活在自身是如何进行的，并且根据它的先天本质种类而完成其意向性的成就，特别是理念有效性的类型之成就，这无非就是所谓的真正的存有和真理。

也就是说，尽管起先我未曾想过要对于现有的心理学进行改革，但我很快便体认到，一门新种类的心理学在此被开启了，特别是那个先天心理学之古老理念的重新构造——这情况类似于在《逻辑研究》第一卷的导言中和第二卷的第三和第四研究之中，那个古老的先天本体论的理念在新的非形而上学的形态中再次被唤起。

为此，心理学与认识论之间令人注目的历史关系的改变乃宣告开始。一方面自数百年以来在变动的形式底下一门经验的心理学（最终在实验心理学的成功类型底下）存在着，这门心理学总是提出掌握认识论或起码要求为认识论提供基础。另一方面，自康德以来却有一门超越论的知识论取得巨大的影响力及有效性，它强烈否定经验-心理学的奠基工作并且对抗了心理主义，相对于心理生理的心理学却未曾认识到其他先天的心理学也就是可以有效地作为必要之基础的心理学。在此心理学应该如同所有客观科学那样保有独立自存的权利。

从历史观点来看，一门独立于传统的经验心理学的逻辑，数学研究方式带来了心理学在方法论上面的改革，使得认识论和心理学之间的关系重新被塑造。但此一具体被执行的认识论的逻辑的研究却不可避免地必须采纳心理学的分析，也就是一门新类型的、先天的心理学。一个从纯粹内在化的直观而来的有关心灵之物的先天科学，如同在此所开启的那种，对于一个严格科学意义下的经验心理学不能说全然毫无意义，就好比一门先天的关于空间及关于自然的形式理念之科学，不可能对于关于自然的经验认识完全无关紧要那样。

布伦塔诺及狄尔泰都已经明白，传统的经验论及带有认识批判的心理主义自身拥有一项颠扑不破的道理，也就是说，一项认识论必须彻底地奠定在认识的直观分析中，并且一项伦理的理性学说同样必须奠定在伦理知识生命的直观分析中，也就是在描述的心理学中。然而只要这项分析被设想为经验的，便无法避免反心理主义者所提出的质疑，意即一个认识论，一门使得客观理性成就之可能性变得可理解的，关于先天原则的科学如何可以奠定在心理学也就是一门经验科学之上。如此一来，那个基础性的描述或者心理认识论的研究必然毫无成果可言，意即未能导致对于逻辑与伦理学的理解，因为它未能向真正的意向分析推进。倘若它是这样的一门学问，则真正的心理先天性必定能够轻易地获得突破，而这正是由那个理所当然对于建构之回溯所提供的。

f)《逻辑研究》提问之扩充与深化·透过超越论的现象学之对于先天科学的认识论奠基之必然性的揭露——关于超越论的主体性之科学的揭露

当然，一方面向着一个新的认识论及所有其他理性种类的理论，另一方面向着一门先天的心理学而开启的视域必须首先持续被进行下去，在一个对于未来关于理性理论及心理学研究的任务而言的完全清晰性成为可能之前。在《逻辑研究》中一点也未达到原则上清晰性的最高阶段。唯有在超越《逻辑研究》的有限问题领域之探究的进一步开展中，以及在对于同一个问题的一贯扩充中，意即包含所有可能对象及所有可能的意识活动，或者可能主体性一般的探究那个最终的原则性解说才得以产生。呈现在我们眼前的必定是，从先天与形式逻辑和数学向着先天科学的整个系统之理念而去的扩充。这是基于一种迫切的需要所进行的扩充，也就是从普遍方法的形式普遍性而来的一种需要，它要求从《逻辑研究》出发去进行一项普遍的扩充。所谓先天科学的整体系统理念乃是涵盖了任何可被设想的客观对象之范畴，也就是就最高程度而言，在形式数学之外提出对于一个可能世界的普遍先天性之要求，但另一方面，却相应地进行纯粹先天观察的扩充，意即将意识从"只专注于形式普遍性之认识活动"扩充为"有认识内容的活动"，于是意识乃相关于任何特殊种类的对象；由此出发最终必定产生一个在完整普遍性意义下的先天纯粹意识学说，该学说可以涵盖任何评价的、欲求的、意志的以及任何种类的一般意识，也就是掌握了在所有其意向性形态下的整个具体主观生命，并且开启了世界与包含个人及群体性的意识主体性的整体之构成的所有问题。

正如同那个发展于近代的先验哲学实际上想做而作为哲学也不得不做的那样，但在接下来的发展中，基于对彻底而最终原则之理性科学意义的考虑，我们被迫进行一项本质区分，意即将先天而描述的心理学之新的观念区分为两个平行的、只有透过原则上的不同态度而来的两个不同科学。其一乃是纯粹几何学及先天自然科学的具体之严格相似物，另一门则是在自然字面意义下的先天心理学。

我们将纯粹几何学、纯粹力学等学科纳入先天自然科学中。抽离于所有被给予自然的所有事实它们是根据作为这样的概念及法则而确定，少了这些概念及法则自然就无法被思考。与此相互平行，先天心理学乃努力去确定，那个对于作为心灵者是本质上必然的特性，要是没有这些本质特性，心灵及心灵生命一般便无法被思想甚至产生谬误。

但是所有这一类的先天科学都需要一门认识论、一门理性批判的阐明以及主观奠基，完全相似于在其普遍性中逾越他们的形式逻辑与数学有同样的需求那样。在此显示的是，没有一门心理学,就算是先天的心理学是这样的独立,以至于他有能力为己的同时提出认识理论的问题并加以解决。一门特殊的超越论的心理学(就此而言那个历史性的字眼心理学不再适用),毋宁必须与下列这门学问区别开来,意即作为主体的先天科学,这是所有的理性理论研究终究要回去的学问。换句话说,我们必须在所谓的超越论的主体与心理学的主体之间做出区分,并相应地在处于客观科学中的心理学以及一门超越论的现象学做出区分,后者不能与客观科学相提并论。根据它整个研究的态度,也就是从最极端的理由来说,这门学问乃是与所有其他自亚里士多德以来在我们欧洲文化中所发展出来的各种科学有所不同。相对于它的所有这些科学都可说是独断论的(实证的)或者自然-素朴的,然而那个新的种类的问题与所有那些在上述独断论科学中依旧如此严格被确定的真理相关,那些新的种类的问题传统上被称为理性理论性的,而如同我们将看到的,它们都是超越论—现象学的。

关于超越论的主体的普遍科学之方法①奠基,直言之在现象学的方法中,也就是在纯粹本质意向性与意向分析的基础之纯粹描述中被构思了,而其主要含义也已经在1913年的《纯粹现象学和现象学哲学的观念》中已经被揭示了。既然在此之中关系着哲学,意即关系着作为严格科学的哲学之彻底奠基,于是被严肃强调的是,这门现象学一点也不等同于被自然理解的先天心理学。并且,因为作为与世界相关的研究者之心理学家不需要去烦恼那一类哲学的本质研究,他比较舒适地停留在独断论思想的习惯性轨

---

① 新演讲的开始。

道中，而不具备现象学反思和本质直观之类费劲的练习。尤其是，如同先前我说过的，正如迄今为止，极为可能的情况是，独断论的科学没有回归到超越论提问去的必要。同时，超越论的现象学可将其本有(das Eigene)，亦即可将其每一项定律都转移到在自然意义之下的先天心理学去。同样未被看到的是，一个本质上相同种类的现象学方法也是从一开始便可以为自然-客观先天的心理学奠定基础，假若人们只是放弃那个态度的彻底改变，在此改变之中超越论本身正式成为课题，并且假若人们不让这些相关的方法论意向性与哲学的最终提问彼此之间互相影响。这里所谈到的提问可说完全不属于平常自然的科学范围。

唯有缓慢地并且在少数人身上才有此认识，那个在科学的心理学中的理论核心内容（个别心理学以及群体心理学，接下来还有每一个解释性的精神科学）乃是存在于有关心理之物的现象学及先天科学中。人们学习认识到，那个心理生理、实验和感性的内在心理学，如同他们同时极力要求的那样，是立基于内部经验上，然而却从来未曾导向一门真实而真正的心理学去，一门能够提供对于心灵与精神生命自身的洞见与理解的心理学。然而，只要那个奠基性的内部经验并非在现象学的方法中被揭示的内在直观，而内部经验分析又并不采取意向性意涵之开展形态的话，这样内在的洞见是不可能的。但如同所见那样，底下的情况产生了，也就是那个意识分析的系统性的相关性揭示之巨大内容，在相应的态度转变中必定被转移到心理学去。上述所谓的巨大内容乃是在出于超越论的兴趣及超越论的态度而被获得的。于是变得清晰明白的是，一门关于现象学的内在性，先天地严格封闭在自身而又无限的科学乃被界定清楚了,这门科学乃是对于所有的精神科学来说都是中心的科学,而对于心理生理实验心理学来说也是基础的科学。

§4 新的心理学之总括性特征

那些在导论中所该说的①,本质上来看我们都已说过了。你们都了解到就对普全性而言,虽然只是从基于历史性而来的预先解释(也就是如同从一个遥远的远方),那个新的而且必然被要求的心理学将会而且必须会如何。

(只是很少有必要针对几乎是理所当然的部分进行补充,以避免将我们的期待导到错误的方向去)

要是我们放眼去看那个新的心理学的根本特质,则会出现几个标语:先天性、本质性、直观纯粹描述、意向性以便为了去说:停留在自然而独断的态度而非停留在特殊哲学的,即超越论的态度。

1. 先天性这个标题意味着:此一心理学首先指向本质的普遍性以及必然性,朝向那些心理学的存在及生命一般不可或缺之物。唯有第二顺位它才指向心理学现实性的解释,指向理论、正是本质的解释,指向对我们来说自然而然是首要的兴趣之所在。

2. 直觉或描述的标题则为我们先天性的泉源。纯粹从内在直观以及被直观内容的分析以及在一个达到一般必然性的直觉性奋起之中那个作为本质性探查的探查将被获得。它们将不会是揣测的、被设想的本质必然性而已,而是那些必然性以及有效性的无

---

① 新演讲的开始。

条件的普遍性自身会成为被直观之物。

3. 此外,透过如此的过程,那个最普遍的心理存在及生命的根本特质会被提出来,即意向性。心理生命就是意识生命,意识是意识着某物。这个意识的普遍称号带有与之不可分离的"我"这个称号,人的性格一般与作为意识的对象性之对象性,所有的心理之物都存在其中,根据其本有本质而立基于内在直观所呈现者,要是如此去看,则意识生命的双重中心化乃在向前推进的过程中给予了任何内在心理学研究以本有的、目的性的中心化;而底下的任务也必然地产生了,亦即系统地去描述探究那些相关联的意识多样性,这些多样性合乎本质地隶属于合乎认识的成为意识(Bewußtwerden),或每一范畴的对象性之可成为意识(Bewußtwerdenkönnen)。每一可能对象性的范畴皆标示着对于可能心理生命的方法之合乎法则性之索引,而每一个可能的真实世界之范围也标示着对于可能交互主体心理生命的法则性之索引。

4. 在超越论的态度中,所有这样的研究都接纳哲学的基础研究之特质,并导向一个极端被奠基并终究普全的哲学。

然而作为心理学家的我们不愿是哲学家,也就是说,至少首先我们不愿意是,犹如数学家、物理学家、语言学家等也不愿意那样,这是我们之前说过的。在此我只是提示一下:从本质的理由来说没有任何人天生是哲学家。先天来说一个哲学的极端、系统性的奠基却是要求一个从自然的观点到哲学的观点之主体性,因此也是历史性的向上提升。

或许我们的心理学提供了一项先天可能的、自然的起点,可向上朝向一个超越论的现象学与哲学而去。从一个特殊的哲学兴趣来说,一个如此的内在心理学未尝不可以是作为一个有目标性的、有动机性的哲学(虽然一点不是作为其基本学科)之前阶段。然而就算这项兴趣是发挥作用的,而透过这门讲授课哲学的精神也充分准备好了,我们在此却不预设哲学,也不打算系统性地探索哲学。我们打算停留在自然态度之中,我们真的只想保持心理学家的身份,在自然的、人的方式底下朝向最为真实性的客观世界而去,并致力于研究这个客观世界,特别是它无非即是精神世界。但首先在此仍需要一些补充性的说明,有关于自然态度与作为这个态度的科学之独断性的科学的说法之意义。

这个世界乃是所有科学的普全主题,此科学相对于哲学被称为"自然态度的科学"。这个世界存在是理所当然地被设定着并总是被预设着,它的理所当然乃是从我们持续经验的一致性中产生出来的。

正是对于被经验的世界真实性之预设,以及所有科学认识的努力以及所有人类实践都是要回溯到那个带有被预设的世界之经验真实性的自然态度。

一个透过对于悬搁这些预设的另一种态度因此被提示出来了;但在此我们无须进一步处理它。就算是那些在历史中形成的先天科学,例如几何学以及其他纯粹数学的科学实际上都未曾脱离这个自然态度,尽管它们在其特殊的主题及奠基中丝毫不包含世界的事实也不预设这些事实。它们处理的是理想性之物,其理想上可能的空间与时间形态,理想上可能的量,理想上可能的物,等等;同样,心理之物与精神之物的理想之可能形态是我们以先天为导向的心理学。

48

只要这些先天科学在以对世界的认识为目标以及建立其手段的情况下可说是与世界相关的。间接地说先天的研究同时便是世界研究。例如在实际的自然中那些带有多样性的空间事实便相应于那个空间的先天性或几何学的先天性。作为空间性的被给予则必定需要满足每一可设想的空间、所有可设想的空间构成物之本质形式与本质法则。据此在其先天法则的无限性中的几何学乃同时并当然是关联于自然的认识、对于经验世界的一种认识，尽管由于它只关联到空间形式的部分，而造成片面不完整的认识。

5. 在相同的意义底下这个关于精神、个人的心理、群体及群体成就的心理的纯粹本质学说同时亦是就那个实际上贯彻这个世界的精神性来说对于世界的一种认识。

只要它是并且无异于自然的数学，甚至于是具有最高认识等级的认识，只要它在实际的空间中到处产生那些严格必然的法则结构。那个经验归纳的自然科学将在下列情况中向上提升到无可比较的较高认识阶段，意即当它收纳自然的数学，并认识到有关实际自然而与自然不可分的先天性之系统性建构将毫无疑问地生产出绝对必然法则的无限性。

同样的道理也适用于每一个经验科学。它必须是逾越模糊、归纳经验的阶段。假若它想成为严格的科学，首先便必须确立起本质法则，该法则先天地涵盖其领域，就是特别涵盖了对于偶然事实的所有考虑。在此心理学并无任何不同。要让心理学完全构造成严格科学关键点在于认识到所有偶然事实性都有着无限的本质法则，有待系统性的研究。

固然心理学主要是去认识那些在被给予的世界中依据经验而

显现的精神性,不过当然对于心理学来说要去获得那些在先天性之外还规定着以及约束着事实性的认识。先天性无所不在,无论在心理学或在自然科学中,它都是颠扑不破的形式范围。一旦它们欲成为可思考的与先天可能,在此范围中,那些经验的事实性便得以立足。①

至于根据先天的认识以及回溯到先天性那个有关经验的方法,特别是经验"法则"的研究要如何定形,则是一个新的问题。

无论如何我们都不把任务放在建立经验心理学自身的观念上,而是透过对纯粹先天的内在心理学的观念之纯然构造,以便能够为这门作为在己封闭科学的心理学做好准备,得以从本质上就对精神活动进行一般原则上的理解(以便在未来的详细执行中真实地获得),这种本质上的理解,在己与为己地,乃是科学研究所追求的最高目标之一。

6. 最后还有一点要提,以避免误解。

数学可说是最古老的学问,而在不久以前它还是唯一被建构起来的先天科学,既然我们已经构造了那个关于数学相关的先天科学的概念,则我们就概念这个层次来说,便倾向于将先天的一般科学看作好比数学那样的学问;先天的心理学可说是有如精神的数学(eine Mathematik des Geistes)。然而我们必须在此小心谨

---

① 普遍的自然因果性隶属于自然的先天性,就内容上来说,所有任何可能的自然事实无不隶属于事实法则。这些事实法则的规定性内容并非先天地可知,而是自身作为每一自然领域的事实。必须被探索的是,在普全精神性的先天性中,在一个真实的世界中,或在真实世界的可能性中,那个现实精神性(精神法则性)的精确或典型规则系统是在何种程度上预先被标示着。一旦我们先天地可洞察,一项经验的法则性对于自然以及对于精神性来说是如何必须存在时。

慎。数学的领域,无论是单数或复数的领域莫不要求一种方法以及科学的类型,该类形式是适应于这些领域的,而且这些类型一点也不隶属于任何一个先天性。

我在此所指出的,透过几何学显示的最为明确,如同几何学对其领域的要求,它建构了一个描述性的理论;这是一个让演绎认识的无限性理所当然地回到少数与具有直接明证性的"格准"或者是由它们演绎而来的一项理论。然而心理的领域却完全是另一种本质种类,就分析上来说总是成长着并且从来不可限定地是有关于直接本质洞见的多样性,除此之外,那个纯然的直接直观在此已经产生出一门完全无限的科学,一个直观而描述的先天性,而这对我们来说特别不成问题。就比较高的阶段来说,这门科学固然不缺那个间接的、推论的并且是演绎的过程并导向一个较高阶段的先天性,但这整个科学绝非数学的类型。

系统部分

§5 现象学心理学的范围:跟其他精神科学与自然科学的区别·对自然与精神概念的质疑[①]

在我们结束对现象学心理学的历史性导论之后[②],我们今天开始要谈它的系统发展自身。首先必须要做的是赋予心理学这个科学名称一个原初而清楚的意义,这是十分必要的工作。

一般的科学以及作为这样的科学都呈现出这样的系统性认识理念,也就是在终极的形式或绝对明见性的形式下,一劳永逸而又对每个人都说得通的方法。

要是这些在历史当中形成的科学,不能够完全满足这个理念,则将会有一些科学以明见的接近性的形态实现这个理念。"严格的"科学就是这样。没有人会认为一项彻底的翻转是可能的,借由这项翻转,物理学可以将它全部方法的形态,也就是说它的理论面

[①] 参见附录 V。
[②] 这是新演讲的开始,该演讲被胡塞尔称为"系统性的起点"。

貌彻底改变。就心理学而言,如同我们已经知道的情况并不一样。古代的心理学,例如亚里士多德的心理学有着完全不同于新的心理学之面貌,但这并非表示新的心理学,不论有多大的改变,就仿佛变成具有严格科学的方法论形态:洛克学派的经验心理学、霍布斯的唯物心理学、赫巴特的形而上学心理学等,以至于直到当代的实验心理学,不论它们之间的差别有多大。尽管受到国际的承认,如同我们所知,狄尔泰以及现象学的学派,他们的方法,他们的目标设定的终极性,却未受到承认。

面对这样的处境,科学有必要进行彻底的省思,唯有如此才明显有帮助。我们有必要回头看整个具体的脉络,于此当中,它的整个认识主题的领域将被提出来思考。我们必须弄清楚,这些相关的科学,它的本质的元素之所在,以及无论就内在或外在而言,首要的意义根源是从何处来的。也就是说,对于心理学,我们首先要问的是,它到底与什么有关,它的主题范围在哪里?自然而然地,人们会回答:不是物质性的自然,这是自然科学的领域。它和精神事实有关,和人们以及动物有关,只要他们是精神性的存在,也是精神、心理的发生过程之所在:作为普遍的心理学,跟到处都普遍有效者有关,作为心理学的人类学以及动物心理学,相对地则是限定在人的领域与动物的领域上面。

相关于社会历史事件的多样性科学也是跟精神事实有关的,这些科学处理民族、国家、法律、宗教等,亦即这些由个别的文化人所形构而成的历史整体性;同样地这些科学也处理不同客观精神结构体如同语言、文学、艺术等具有多样形态的作品结构体,看它们如何在历史整体当中不断轮番出现。心理学的人类学的概念,可以含括所有这些与人有关的学科。要是人们谈心理学的话，必然是这样的看法，它是一门关于精神事实的普遍形式与法则的科学，为此，它与在历史事实当中个别的具体科学相对：类似的情况存在于自然领域当中的物理学，它是作为抽象的法则性科学，而相对于其他的具体自然科学，也就是跟事物的个别形态，例如地球、太阳、星星，以及那些在这些个别的自然当中可显示的具体的类型的形态有关。法则性科学所进行的工作是去执行在不断变换的具体性中的解释性成就。

另一方面我们知道，在自然与精神的关系中，以及在隶属于这两者的科学之关系中，存在着许多的模糊性，这个模糊性是在我们意图进行这项工作之时所深刻感受到的。自然的和精神的对我们来说，并不是清楚而分离地出现，所以说光是指出这点就够了：在此是自然，精神则是作为全然的另一者（das total Andere）而在彼。毋宁说，首先自然而然显现出来的一种区别，它在经过仔细的思辨之后，却是模糊不清地相互纠缠着，也就是以很难理解的方式向前穿越行进。

近代自然科学产生自单方面的兴趣方向以及方法，它在自然这个标题底下并非只是从原初的经验出发而得出一个可被经验的被给予性所证明的领域，而是着眼于方法的人工产物，它并非一个事先已被经验的自然，反倒是一个透过理论而被实现的观念。

基本上，它的方法包括把终究属于"单纯主观"性质对事物的直接经验加以排除，这些都是从主体性而来的特质。在这样的方法中，对主体性也就是对精神性的去除，完完全全不是对精神性本身感兴趣，而正是对作为剩余者，也就是作为物理性或物质性而留下来的感兴趣。这样的单纯的物理性,乃是主题所在,而非精神性,后者犹如干扰因素而被抛弃掉。如此一来,主体性本身,在科学上就没有办法被掌握或被包含进去。

另外一方面,精神科学特别是那个应该要专注在精神性的极端而普遍的部分之心理学,却不能够造就那个必要的相应性,也就是说精神性必须要被当作整全的主题,它并不厘清具体世界中的精神之物的统一体脉络,更不厘清它的不同的原始形态及后来的形态,在这些不同的形态中那个被经验的具体世界仍经历了精神化的情况,而且总是经历了新的形态。自然科学的方法为了获得自然的观念,往往割舍了精神性的散落的碎片(disjecta membra),它必须再一次地在其原初脉络中被带回来,换句话说,它必须重新思考那个自然科学的抽象过程,而对此抽象性再一次做扬弃的动作。然而,被教育成带有抽象的象征-自然思考习惯的人,然而那个被教养成带有自然的与抽象的思想习惯的人,不再能够思及自然科学的自然概念里的原初意义,而且把这个自然看成好像它就是毫无疑问的在具体的觉知中所被给予者。

所以这两者——精神世界及自然——都同样不可理解,虽然它们想要研究的对象在自然科学方法的操作中毫无困难地可被理解。

§6 回到前科学经验世界以及经验活动的必要性,在经验活动当中,前科学的经验世界是被给予的(经验的一致性)

作为科学主题的自然与精神,并不是预先存在那里,反而是在一个理论性的兴趣以及一个在这项兴趣中所进行的理论工作中所形塑出来的,而这项工作是以自然的前理论的经验作为背景的。自然与精神以原初直观的相互渗透(Ineinander Miteinander)这种方式现身;我们必须从前科学的经验世界的具体觉知的整体出发,然后弄清楚它预先标示了哪一些理论的兴趣和思想方向,而且自然与精神如何可以在整体而整全的主题当中一直不断地相互关联着。

假如人们能够回到世界完整的原初具体性,如同它随时在素朴的原初性当中被经验着那样,又如果人们在进行方法的抽象活动当中从来不忘记那个作为原初场域的具体的直观世界,则发生在自然主义化的心理学和精神科学当中的错乱将不至于发生,人们不至于陷入这样的情况中,也就是把精神解释成只是物质性的身体的因果连结,或者是物理的物质性的一种平行的因果系列。人们不至于会把人和动物看成心理生理的机器,或者看成平行的双重机器。

如此一来,我们的下一个规划已经被预示,而它对我们的目的而言是有必要的。我们会从对我们来说作为科学领域的自然与精神概念,回到对所有的科学以及它们的领域的意向,回到存在于所有的科学与理论意向之前的世界,也就是作为前理论的直观的世界,也是作为当下生活的世界,在这里面经验着世界的生命以及理论着世界的生命,在这当中,这个生命被决定了。一般而言,所有的事实科学乃是关于世界的科学。假如世界不是透过经验原初地被给予,则没有一个世界的科学能够被开启,它们将得不到思维活动的基底。对我们而言,它总是持续不断地存在于那里,而且因为归功于持续不断行进而相互一致的经验。它随着被它感知的内容而流动,也就是被经验的事物,不管我们是否注意到这些事物,它显现了并且是作为存在着的事物而显现。

假设地说,我们停留在自然态度里面,这无非是说,当我们承受如其所是的依随经验的"存有",也就是作为具体的存在着的存有,而且整个自然的生活,是跟这个对我们而言,自然而然作为存在着的实在性而有效的世界相关联;我们朝着这个存在着的世界,我们的"周遭世界"去行动并加以创造;朝向它,我们提出所有的实践上以及理论上的问题,我们把我们的科学工作跟它关联起来。当然这个世界不断在改变其自身的面貌。不仅如此,我们把它经验为改变着的而且总是在改变着的世界,并且我们也改变我们的"立义",我们的整个从理论的或者是实践的活动而来的意见,为我们的经验或者说是它的意义加上新的意义层的外衣;对我们而言,那些在朴实的视线中作为被看见着、被听见着,作为以某种方式被经验着的被给予者,经过进一步的思虑,它带有先前的精神活动所遗留下来的痕迹,所以疑问在于我们如何能够发现一个在纯粹的经验中真实的前理论的世界,那个与先前的思想的意义奠基无关的世界。

在自然的说法里面,我们会说:我们看到那里有桌子、长板凳和文件夹,等等;很明显地,在一个意义的关联当中,这些字眼在表达这些被看到的事物,此意义关联,要是足够清晰,则将会把我们带回到自己的和他人的活动去。还有,当我们把所看到的星星当作天上的物体,或者是当作预测温度的经验表达的例子,则很明显地,事实上那些每一次被经验者大多已经被加上知识的刻痕,也就是那些从过去的思维活动而来的知识刻痕。这是毫无疑问的。但我们首先想要如其每次所示那样精确地处理被经验者,而且我们必须从这个随时可展示的对比开始,此对比是指下列两者之间的对比,其一是有可能作为直接被感知者而提供给我们的,作为被动的被经验者,作为鲜活的存在者,对此我们只能够朝它看去,然后把握,这就是其中一面,另一面是在那些被给予者上面所操作的思想,以及那些在其中建立起来关于这些事物的思想内容,这些思想内容是后来加在这些经验上面的,而且在后来的经验中,作为属于被经验自身而可能被给予。

引导着我们的是一个首要的经验与被经验的世界概念,也就是对于首要的思义必须要被建构的概念,或者在特别的被经验的个别实在物之中。保持着首要的回顾以及环视,我们则必须说:在任何时候都有一个世界被经验着,而且这个单一而且同一的世界(die eine und selbe welt)是持续不断地被经验着,在所有的立义的转换当中,而且在后来可能现身的思想之前,对于该世界我们可能给予各项陈述,并可能在其中寻得真理的认识。也就是说,所有关于真正存有的问题都预设了这个当然是根据立意而来的不断转变的经验世界:真的世界标示着一个比较高度的认识产物,它在每一经验被给予且流动着的整全当中有着它的原初的加工原料。或者说,这个首要的经验实在性乃是原初的场域,由此场域出发,真的世界可以经由科学的研究以及作为其成果被阐发。

这个首要意义的经验世界,在它所有主观的生命与活动当中,不断地改变其形态的主观性中,明见性地有着一个特定的普遍结构,如同我们展示着的——事实上这个结构将不是偶然的,而是先天必然的。

我们①在上一个演讲中是从一个极端的思义开始的：其目的在于回到所有我们的表象的原初所在，这些表象包括我们关于精神的，特别是关于心理的科学概念。所有客观事实科学的原初所在，或者同样地所有世界科学的原初所在都是同一而相同的。这个所有一切都有所关联的世界，是作为素朴的经验世界而原初地被给予，也就是说那个被我们在其当下直接而无距离地被感知之物，被当作已经被感知着，而且在其过去当中被回忆着。关于这个世界我们有着获取多样的知识及科学；但是我们之前说过一个世界必须是素朴地被经验，或者说事物、过程和相类似者必须被素朴地经验着，思想的活动以及关于事物的知识才可能被塑造成最高的科学理论，也就是针对真理的同一性所建构的理论。所有的思想内容的最后根基以及所有其他从精神活动当中产生出来理想性构成体，都是在于经验世界中。我们对它或者由它而来的对象性进行陈述，我们透过论证，透过理论，为这些陈述进行辩护，如此一来，我们为这些首先在前理论的素朴被经验者（或者可被经验者）创造了某一些带有特定方法形式的述词性的性质，而这一些述词性的性质都是理论的构成体，存在于非实在性的领域中。真理无非就是这般非真实构成体的一个出色的述词，它预设了相对的前理论之物，感知的世界及经验的世界。现在极为重要的是让我们仔细地看，我们是如何理解经验的世界以及对这个世界的经验的观念。在针对之前已经提到的部分所进行的下一步解说中还需要

---

① 新演讲的开始。

做更精确的确定。对我们而言，重要的是下面这些。在感知当中有着被感知者作为完全无距离地而且是作为自身当下存在着而被给予，在回忆当中作为自身曾是当下而被给予。不加上我们这边多余的动作，对象也可以在我们的实事场域现身而且它们本身对于我们来说就在那边，或者在我们不去注意它们的情况之下可能在那边。但对于我们的经验概念来说，也让我们容许某些活动存在，也就是透过这些活动而且也只有这些活动，感知转变为注意着的而且是在贴近的观察中注意着的感知，总之就是主动被完成着的感知。

这等于说：我们注意着感知领域中的这个或那个对象，掌握它们并在研究当中认识它们。我们更进一步地瞧着那些可见之物，在特定的感知中掌握它们，究竟在具体的情况下它们包含了哪些特质。另一方面，任意可进行命名、描述、理论的活动，如同其他包含在经验对象中的新种类意义都不在考虑之列。但如同现在所强调的，我们并不在意，究竟被我们所感知、经验者是否在真正被给予，其经验内容是否不必部分地依赖于先前的感官活动；在这方面我们都不提出根源性的问题。我们让所有那些被感知者、那些自身当下的定在者被认定为有效地被感知着、被经验着。

现在需要做比较高度的精确化。

一个持续不断的整体的经验世界贯穿了我们清醒的生活。固然我们无时无刻都有着新的感知，个别来看，总是有着新的被感知者；但是普遍而言，在我们不添加任何活动的情况下，所有这一切总是凑合成一个可被综观的经验整体，详言之，我们必须说一个世界出现在一个经验当中，在这个唯一的经验当中所有的感知及回忆都被统合在一个流动历程里,从这个世界出发总是有着新的领域来到当下的感知,以便之后停留在我们的回忆当中。

但是现在我们必须考虑到这个规则的例外情况,也就是那些本身属于普遍经验风格的例外情况。我曾经说过,一般而言,所有一切都聚合在感知与经验的整体性之中以及经验世界的整体性之中。个别来看,会出现这样的情况,也就是说,在平常是相互协调的整体性之中有着所谓的幻象、假象显现。可能的情况是,原先是依据感知实际地被给予的,也就是说在原初的有效性当中对于我们是作为存在的真实性显现给我们,后来却产生疑问;为此那个先前被正常感知者丧失了它的毫无疑问的存在的真实性,亦即,那个"真实存在者"被删除了。原先所有相呼应者,换言之,互相组成整全真实性的整体的真实性者,那个原先被当作真实性而被经验者,后来却显示为不相应的、不一致的。

在这里,只有经过经验的模态化,和谐性才会重新建立起来。这意味着:在此并非如同它原先所显示的那样,经由进一步察看,经过经验的推进将会显示出此处是不同于先前而有异的。

在经验世界这个名称底下,明显地我们所指的是,那个在我们的经验的不断推进当中,总是一再显现出整全真实性的相互一致的整体性状态。我们的经验,可以这么来看,不论它有偶尔不协调的个别情况,终究会回到相一致的和谐情况去,换言之,每一个在其位置上的假象都有一个真实的存有与之相应,这个真实的存有可以相一致地镶嵌在一块,而且可以透过经验被发现。

每一个清醒的经验生命的可综观段落,譬如说那个我们可以综观地看作到此为止我们的,也就是在那个作为整体性而被经验的整体对象或是整体世界当中，带有那些作为在"存在着的真实性"之有效特质而一致地镶嵌者；而且内在于这个经验段落之中被保存着，而这个经验段落是在每一个后来出现的价值否定之前。既然这整个经验总是在流动着，所以经验的真实性也是相对的，只要那个新的相互镶嵌的经验持续不断地在前进当中，则毫无疑问，存有可能会转变成假象，也就是说经验世界的内容在后来的整个经验中也跟着改变。

但另外还有一点需要仔细思考。你们或许会质疑：在每一个当下我们毕竟只是经验到某一些特定的物体和物体的复合体；我们总只有一个被限定的感知场域，也就是说，世界的一个微小的片段，在任何时候，这个世界对我们而言毕竟是无限延伸出去的。你或许会说，去谈一个只是被经验的世界并不正确；世界并非透过单纯的素朴经验被给予，而是经由一个与它结合在一起的思想。还有每一个持续不断的经验流动，例如我们到目前为止的生命之整体经验只具有一个被限定的经验场域，而它必须持续保持这样。

我首先用一个反问的方式来回答这个问题。就算事实上只有某个个别的物体被当作感知的对象，但在任何时候我们总是比对它事实上的感知要更多一些什么，难道不是这样吗？向前推进的经验可以获得延续下去的动力吗？我们不是说每一个被经验的物体都要比我们事实上对它的感知多一些什么，毕竟从它身上，我们总是还有可能经验一些什么新的。

实际上，当我们这样提问和反问的时候，早已脱离了我们所指出来的世界经验以及被经验的世界这两个相互隶属的概念所构成的底基。感知、回忆、综观的整体经验对我们来说标示着那个事物以及事物关联性,也就是一个世界的直接被前给予的方式,在这个世界中那个"被前给予"对我们来说是作为直接当下存在着的真实性、作为**原初**而鲜活地存在着或者曾经存在着。①

所有这一切对于我们的主动性活动来说都是以底下的方式被前给予的,尤其是特定思想的、理解性的、述词性的、理论性的行动。因此我们必须接受它们如其在每一时刻或曾经提供给我们的。在感知当中鲜活而当下地提供给我们者乃是一个物体,例如一栋房子、一匹马,等等。在我们进一步的个别观看中,也就是在特殊的感知中,假如我们进一步区分,那些在现在感知中作为特殊环节出现者,和还有在感知中出现者,这样的一个区分乃是属于感知的本有形态,特别是被感知的东西无非都是这样被给予的,而且也许在其严格的必然性之中。房子就是在那里,在鲜活的实在性中,而且我们还可以说,这栋房子只有它的种种性质中的某一部分呈现在特殊感知中。但我可以扩充我的经验范围进一步去观察,绕着它走,进到房子里面,如此一来总是进行着特殊的观看。

所以在被感知者当中,在所有这些过程当中,不只房子也就是作为一栋自身被直接经验到的房子属于其中,而且经验被给予性的主观方式,一个可能经验以及持续推进的经验所构成的开放视域也包含在其中,在这些经验中呈现出来的是属于房子自身的环节,这些环节被经验着或者可能被经验着。

现在在严格的意义底下,我们必须说并不单单只有个别的世界实在之物被经验而已,而是从一开始世界就是被经验的。虽然

---

① 对于我们任何人来说,不仅只是拥有经验而已,而是拥有一致性——我们必须进入交互主体的综合之中。

一个特殊的觉察和把握的感知对于这栋房子来说可能单纯有效，我们却把这栋房子放在一个更广阔的感知场域中，环绕着它的街道、花园等都是部分地进入这个场域而且真实地被看见。但是世界在此当中并没有尽头；每一个所看的场域还有瞥见的场域有着一个开放的外在视域，这个视域是和经验不可分离的。可能经验的推进也合乎意识地隶属于它，在这个经验推进当中看的场域衔接着看的场域，当下的经验场域衔接着经验的场域，互相组构成经验的整体，质言之，我们可以合理地说总是有一个自身的世界被经验着，但关于这个世界总是只有这个或者那个个别的领域在特殊性当中被"真实地"经验着；但我们可以不断前进，总是可以环视新的，而**无穷地**进行下去。甚至当我们并非主动进行下去时，经验本身也会自我扩充而在其整体性中获得新的什么。

如此一来，我们就描述了**自然的世界经验**或者说那个**被经验的世界**真正的原初概念，如同我们从现在出发或者从任何一个先前的现在出发可以回头发现的而且在任何一个未来的现在中可以预先发现的。这就是那个前理论，在所有的理论性问题之前的那个世界，在其相对性中它总是有着作为存在着的，被感知着的和被经验着的世界所不可怀疑的确定性。不可怀疑性并不意味着真理（Wahrheit），而是就字面意义来说，意味着那个不曾被破坏，本身隶属于每一个感知的直接直观存有和被把握或可把握之存有的类型之确定性（Gewißheit），纯然就其在感知中被给予的，或者是在经验自身中透过阐明式的本有意义的揭示而被追问的。我们的经验自身涵盖、环视并触及了世界自身，而且在确定性中原初地（originaliter）拥有世界。作为确定性之断裂的怀疑只有在个别情况中才以作为朝向新的、再一次的、不曾间断的确定性的突破而出现，而此确定性是在一个统合性的存有确定性之整全的框架中存在着。真理是真正的判断，是针对出现的问题的决断。在纯然经验的阶段当中，怀疑已经导向提问的另一个阶段，因此也就包含了决断的意向性。只要我们是自然地活在向前经验着的方式中，世界自身，也就是存有者"的"整全性，从来不会处于问题之中。所有的特殊问题总是在稳定的，以及在普遍的存有根基的普全经验之持续前进当中找到决断。现在就潜在意义而言的真理，在这个地方也就是我们的纯然素朴经验范围里面是没有位置的，也就是那种在掌握性的述词性的思想、提问、判断理论性的决断当中的真理。从另一方面来看，这个经验的世界乃是所有那些自然的，也就是与世界相关的问题之所以提出的对象，所有作为自然真理的判断，所有自然的事实科学都与此经验世界相关。

就其内容状态而言，总是活动着的经验世界允许我们去寻找以及获得一个世界真理，换言之，在我们普全的经验基础上有一个普全的理论的思想及其客观的终究的真理之目标确定性可以确立起来，一个这样的目标乃是具有理性的和实践上的意义，这就是我们全部的想法。这是客观科学的预设。但是这项如同所有从这当中产生出来的确实信念（Überzeugung）不再属于普全的经验自身。只有那个持续的视域假设属于它，经验总是不断地有新的部分产生，所有的视域都是开放的，所有一切最终都是相关而一致的，都必定导向一个和自身相互一致的世界的阐明。我们可以说，经验的终极世界之理念乃是在普遍的经验形态之中被揭示，对这个经验的世界而言，那个每一次事实上被经验的世界，它总是存在着被纠正的可能性;那个每一次事实上被经验的世界,有可能用一些假货币去支付,只是作为这样的情况,人们还没有认识到这是一个理念,而非如前所言纯然的经验。

§7 顾及经验世界的科学区分·科学的系统脉络建立在经验世界的结构脉络之中;一个作为普全世界结构的科学以及那些把经验对象的个别形态当作主题的具体科学·空洞的视域的意义

世界经验①以及被经验的世界构成了对于往后有趣的描写来说是一个很重要的主题。假如说,所有跟世界相关的科学的根源都在这里的话,则如同我们在更深入的清晰性当中所理解的,每一个科学的原初而清楚的区分都必须透过回到经验世界(在我们的界定底下)而发生,每一个特殊的科学领域对我们来说都必须回到原初的经验世界的领域去。在此我们看到一个被极端奠定的可能的各种科学的向外区分或向内区分的根源所在。首先,是一个一般性的考察。

假设说,显示出来的事实是前理论的经验世界具有一个一般的系统性的结构,它是作为一个一般性的形式系统,它贯穿了变化着的具体形态并且因此无处不在地属于经验世界,在这个经验世

---

① 可能是新演讲的开始。

界的经验段落当中,我们也可以去观察它,还有它特殊的经验对象,这么一来,这个结构将会事先地为所有可能的科学描绘出相应的系统性的形式,亦即,作为系统的一个脉络:如此一来也就必定有个普遍的科学产生,它是关联于普遍的世界结构,而且为它寻求理论性的真理。

相对而言也必须有着具体的科学,它把具体而个别经验对象的形态当作主题来探讨,并且想要在它们的理论性真理当中确定这些形态。

根据实事的本质来看,这些科学追随着结构性及普全性的一般科学,前者有赖于后者所获得的知识。因为普遍而言,每一个个别的对象都分受了作为这个世界的对象之一般对象,也就是分受了隶属于这个对象的普遍世界结构。

假设说这个世界的结构可以被细分为特殊的结构,也就是在所有的抽象性当中它都具有为己的普遍含义,则关于世界抽象的一般科学乃细分为系统性地相互关联的特殊科学。假如一个普遍的秩序形式也是属于世界的一般性,则这个秩序同时也提供给这些特殊的世界个别物,而且一同对这个秩序产生确定性,并且也提供给在最终科学的方法性工作的连结中,具体地处理了那些个别物。整体看来事实如此,你们当然有可能在谈论空间以及时间的形式的时候,并且也把隶属于这里的这些看作隶属于我们的经验世界的整全形式结构。关于这些以及许多其他的部分,我们将会面临这个问题:普遍就其整体观察来说,关于这个世界,我们可以说什么,纯粹作为素朴经验的世界,无论何时和何处,我们把经验看成是一个世界的经验。

我们在回答问题的时候所获得的,如同我们也可以说的,会为我们架构出关于自然的经验世界的充满内容的概念。经验的世界这个词,到目前为止都是在普遍的整全经验被描述的相应性当中出现,但也只具有空洞的意义,而今透过这个相应性的一个精确和描述性的观察,特别是只把焦点放在这个相应性的两端上面而获得了特定的内容。

描述是回溯了直觉。所以让我们现在完全直观地置换到世界-经验,而且朝向被经验的世界看去。我们看到了所有它的范例性形态,这些形态都是从我们经验性的生活而为我们所熟知,我们去追问它们的类型普遍性,特别是在我们每一次的世界经验中所发现的那些广泛的普遍性。

这里还要注意的是:就全体而言,只要作为整体的世界具有所有的一切,作为这样的存在而具有整体〈世界〉的特性,而不是偶然的部分或者个别性,则明显地这样的特性只能够在当我们直观到每一次的空洞视域时才可能出现。

精确地说,我们必须从事实上被确定的世界经验的例子出发,比如说,从那个对我们来说在一个作为经验世界的特定现在之中所显现者。但是我们必须接着从在此事实上被经验的有限的世界内容,向着空洞视域前进,这个空洞视域作为导向众多可能经验的指引是隶属于相关的现在:在这些我们有可能在当下此刻获得的可能的经验,无论是在被动性之中或者在主动性之中不断前进的任意的经验,在朝向它去看等的熟悉形式中。

就过去的段落以及对每一个过去的现在等各方面来说,这意味着:只要我们能够适当地导引真实的经验过程,而非任其自由发展，只要我们是向着可能的主动或被动的经验去思想，从先前的当下以及当时所见出发去期待可能所见者。这么一来我们便能在任何一个位置上小部分地遇上已经熟知的对象，也就是所有那些已经经历过后持续残留下来的经验，连同那些已经变得熟悉的对象以及对象脉络，从相关的当下现在出发去期待我们可能在相似的情况下极可能遭遇者，另一方面也有一些不熟悉的、非个别可被确定的对象，同样透过先前的期待，在不确定的普遍性中被预先标示着。在迄今为止的经验中发挥作用的风格（Stil）为每一个即将出现的可能经验带来不确定的普遍期待，也就是有相似的风格会被给予。而此视域的自我显示意味着，我们可以在"当下化"的想象中设想任何一个确定的前进方式，该方式的特质在于，对象总会这样或必定这样地显现。

假如我们弄清楚一个对于这个在可能经验中的实际经验之任意变换，那我们将会以这样的方式超出这个被掌握到的世界经验，亦即把它当作类型普遍者的单纯例子来看。换句话说，综观我们的所有到此为止的世界经验，我们正可以把那个普遍者（就其现有或总是已有而言）加以强调，它是透过其风格被标示出来作为一个醒目的驻留者：只要我们有着世界经验，它便维持驻留的状态，于是具有相同而普遍意义的经验世界，对我们来说，它创造了世界的概念，而作为这个经验的世界，它再一次地如同其总是运作着，个别地说，它是这样，但它具有四处皆相同的风格类型。

在此我们所获得的认识必须是：一方面来说，那个普遍的镶嵌形态，这个镶嵌形式在其所有的无限性（它本身已经是世界的一个形式确定性）中，从多样性到个别存在物的持续前进的无限性，构成了一个镶嵌着的整体,它是作为一个一致地被形成的整体,它具有一致的性质,这个性质本身不是部分的性质,而是整体的性质,但就每个部分以及每个个别的世界肢体(Weltglied)而言,总烙印着一个相应的形式,也就是整体的部分的这般形式。另一方面,普遍的观察但现在也是朝向构成着的个别存在物所做的观察显示,此个别存在物具有其特殊的,对于其特殊并就整个世界以及在所有在其之中相互隔离的领域事物复合体,相关的事物系统,有效类型:根据内容以及内在构成的类型而普遍有效的类型。

每一个特殊的整体都有它的形式,只有一些特定种类的内容才可以被镶嵌于其中;普全的整体,也就是世界全体,有着一个普遍的形式和就其内容来说又具有一个连结,透过此连结,那些部分,也就是具有特定内容的肢体能够被镶嵌到其整体形式中。

但这是一个第二层次的普遍者,只要这个特殊性应该是一个对于经验世界中的每一个可能真实物的普遍有效的形式。

这将部分地产生普遍的特质,每一个个别的真实物必须具有这些普遍的特质,这些特质是作为普遍的内在特质或是特质形式;部分地说,真实物的最普遍种类的区分,作为不同范畴的真实物,在世界之中相互依存,而且总是相互伴随出现,而这个世界乃是一个普遍的经验风格的世界,而这些真实物是我们任何时候都必须期待的,只要我们是把世界当作被经验的世界来加以思想的话。

对于经验世界整体风格的览视,会马上把我们带到作为普遍形式的空间和时间去,空间和时间必定是属于这个被经验的世界,不管我们如何思想前进着的经验,或者在任意的活动经验的干预中,世界是如何自身显现的。超乎这个区分的形式之上,我们马上便会碰见因果的普遍形式,也就是作为一个把所有的真实物联系起来的因果性,它是一个在作用和被作用当中的普遍的相互关联性。另一方面,在对于可能真实物的个别观察中,我们碰见构成的特质,也就是最普遍的和局部的,例如每一个真实物,作为时间对象和空间对象,有着它作为时间形态的时间流程;它有其特殊的空间形态,在其时间流程中改变着或不改变着。它有改变着的扩延的性质,此扩延性越过它的空间时间形态和越过一段时间流程;与之相关地(作为改变着的因果状态),它具有稳定性的因果特质,在它的可能因果性的稳定整体风格中,它具有真实的同一性,等等。我们过去把目光放在普遍形式的态度中才展示者,放在扩延之物上面,所以纯粹形式的先可被确定的普遍性的多样性专注于下列定律中:内在于世界的整个具体性中的每一个具体的个别真实物总是有着"物理的自然",尽管它仍有其他的特质,这些特质是在不同的意义底下,在精神上是超出于物理结构的。作为所有的个别真实物的普遍特质的例子——相对于它,在出现于被给予的经验世界的经验风格而出现的真实物之综观中,我们发现一个区域的类型,此类型是延伸到所有其他的经验类型的。我们的经验显示鸭嘴兽、狮子,等等。随着地球上文化不断扩张,这些动物都慢慢地绝迹。就经验世界的普遍风格来说,并没有太多改变。就算那些作为一个地方性的和可迁移的矿物学与地质学的类型也无非如此。另一方面,无论我们如何将经验当作持续而转变的,无生命的事物、自然性的组织、带有心灵生活的生物性存在等无不隶属于其普遍的经验风格。在此我们不再进一步地深入去谈。够了。

在此方式之下我们可以不断前进。在一个不断向前推进的关于在我们的世界经验中揭示的普遍风格之展现中,我们可以创造那个充满内容的世界概念,这个概念把普遍的世界结构形式带到科学的铸造去,这个世界是作为纯然从素朴经验而来的世界。而我再度想起我今天已经说过的:所有在其中内容丰富地被揭示的特殊形式,以及所有可能被奠定的世界科学必须跟这个结构形式相关,因为正是经验先行于所有的经验思想,因此使得经验世界必须证实为在普遍的意义特质中被经验者,必然必须效命于每一个关于世界科学的基础。

我们也可以说:既然关于世界的纯粹经验概念的研究及描述有效性自身是一个科学的成就,则一个首要的科学乃先行于所有的世界科学,也就是作为严格的被奠基者愿意获取它的最深基础的科学(愿意满足于,对它而言,在真正的科学性所要求的奠基的明晰性之中),正是作为纯粹经验世界和根据其一般性关于世界的描述性的科学。

§8 作为先天科学的普遍世界结构的科学

现在是把我们到目前为止所进行的工作加以批判地检验的时候了,并且得到如下的洞见,任何在经验的关联性中被执行者必须被排除。换言之,下面这个事实是不难看清楚的,作为如此这般的经验世界的普遍结构形式的首要世界科学,有着作为纯粹先天科学的纯粹形态。

所有我们的观察都是从我们的经验以及在其中被经验的世界这个事实出发的,而且也要只关联于这个事实。我们的经验世界,就其最普遍来看是什么样子？透过它，什么样的普遍类型会无所不在地出现？这些就是我们所提出的问题。当然我们是超越每一个个别的事实之上的，借由我们这样的考虑着什么是属于一个真实性，不管我们在什么地方和什么时候总是可能在世界中发现这个真实性。我们正是在**世界**中思考这些可能的个别真实物，而且我们把每一个类型的普遍者都掌握为从世界经验的事实的期待风格出发而加以要求。物体总是有着这个和那个的普遍特质。在属于经验的流动之中，对下一波但并非完全被确定的流程的前期待，在此之中显示的是，有着类似的也就是在这样普遍的特质中出现的物体会显现。

作为世界整体的普遍结构也莫非如此。过去世界永无止境的整个经验预示了其未来的类似风格。在其之中，如其事实上所示，我们可以思虑着即将到的事物以及它的样貌。

我们可能构思的无非是，在跟随经验的本己意义环节，在过去的普遍风格之中去设想不确定的未来世界。

但是引起我们注意的一点是：不论在事实上和假设地被设想的事实，不管相关联的期待（在最后的那个例子当中假设地被限制着）如何引导我们，我们也都感觉到一个严格的必然性，不论我们在具体的经验和其期待中如何发现不到这个必然性。在经验中，我们会期待狗会去追逐我们抛出去的骨头。但是这件事情不必然如此，它不具有严格的必然性。但是这个世界从来不可能不具有空间性，每一个物体都是跟它的一般结构联系着，对我们而言则是显现出必然性。每一个可被感觉到的必然性都是先天性的标志，此先天性乃是在无条件、所谓绝对必然并作为可被洞察的普遍性之意义下的先天性。指出它乃是一种尝试,究竟被感觉到的必然性是不是一个真正且绝对必然的,而不是一个与经验性的标题相混淆的必然性。

每一个尝试性得到这个特定意义(一个从直观性的洞见所穷尽的无条件的普遍性)的先天性的过渡,要求从事实脱离出来。就我们的例子而言,事实乃是那个带有那些实际物体的被我们真实地、实际地经验的世界。让我们把这个事实放在一边。

并非仿佛我们想要把我们所经验的事实以及在这些事实中一起被经验的世界之存在加以怀疑地否定、放弃。因此,我们的信念并未改变,我们完全没有那种动机,也没有可能性。但是没有任何一件事情可以阻挡我们去完全任意地转移事实,在此让想象自由开展,在任何方式底下根据事实的尺度去产生作为纯粹幻想的事物和世界的虚幻性。

我说的是,**纯粹**的幻想。我可以在幻想中想象咖啡色的长椅被漆成绿色,则它仍然是在这个演讲厅当中的一个个别存有物,只是被想成有所改变者。但我可以在自由的任意性中多多少少把每一个和任何在虚构性中的虚构物,就以眼前这张长椅来说,上面坐着一个女妖,把这件事构想成纯粹的虚构物,它不处在任何地点及任何时间,它完全脱离所有的实在的负担,跟实际的世界脱节。不把实际的世界放在优先地位,也就是不把事实上的有效性的基础看成我的根据;我也不把每一个就其与存在相关联这点来说将被设想成别种样子,这件事当作虚无的,也就是在它们的经验脉络中发现到矛盾性——我可以让每一个虚构的变幻都相同有效而且这个变幻只有在作为众多其他可能性之一的可能性而有效;在此,我离开了有效性的基底,也就是说将我的经验有效性弃之不顾。那么实际上的经验所提供给我的只不过是一个范例性的出发点,而且是自由幻想的风格之出发点,此一自由幻想在我没有把它当作有效性去加以利用的情况下,我进一步地去构作这个自由幻想。

把它当作典范去加以追随,我构作了多样被运作的后图像以作为它的具体相似的物和虚构物;我可以在此系统性地发挥我的自由意愿;我系统性地改变构作那个作为效力于经验或它的被经验者的出发点,不管它是根据一个个别环节或者所有的个别环节来说。

我在每一个而且在每一个可能的方式底下改变运作,例如我让那个实际上的形态自我延伸并且在自由的意愿中伸展开来,把颜色转换成另外的颜色,静态的变成动态的,动态的变成总是在新的动态中,等等。如果你们要问的话,这些到底在干什么?

我的回答是:如果正确操作下去的话,它的用途可大了。因为我描述的乃是一条所有的直觉本质必然性和本质法则、所有真正的直觉先天性可被获得的道路。

依此,让我们在此感兴趣的也就是那个涵盖一切的先天性,这个经验世界的先天性,因为它是绝对必然的普遍性而且是一般经验世界的必然性,亦即一个作为被经验的世界应该只能够被想象。

§9 本质直观作为掌握先天性的真正方法

让我暂且先不理会有关世界一般之本质的问题,以便去描述虚构的任意性一般如何导致那个巨大的成果之途径,也就是所谓对先天性的关照。

a）变异性作为透过想象从事实性脱离的决定性步骤——埃多思作为非变异项

让我们以作为对纯粹想象的系统形构之蓝本而言的一个事实为准开始说起。总是有着作为模仿的图像、想象的图像（这些图像都是原始图像的整个具体相似物）的新的相似图像产生出来。则透过模仿形构（Nachgestaltungen）的多样性便贯穿着一个整体，也就是那个奠定相似性之本质的整体。换句话说，我们遭遇这样的问题：在作为非变异项的原始图像或物体的这般自由变异中是什么留下来了，该变异项获得了必然的普遍形式，本质形式，少了他一个这类的物体，作为其种类一般的样本是无法想象的？

意即当我们自由而任意地进行变异时，我们产生了变异项，任何一个变异项都是在"任意"的主体体验模式中呈现，另一方面变异的过程本身也是如此。但现在我们在此可以随时进行目光转移，在所有的变异项中必然穿透着一个非变异项，这本身绝对是非变异的，正如我们可看到即可洞见那样。仔细地描述：我们可以看见并且在绝对的确信中，在任意的变异之操作中而且那个变异的变相是无关紧要的，甚至可说变异项的持续重叠维持着，并且作为那个在重叠之中必然维持不可变的什么或内容乃是一个普遍的本质。因此我们可以调整目光朝向那个在这般变异中必然不变异者而去，看到那个必然的非变异项，在"随意"被操作的模式中并且总是向前推进的变异。这个普遍的本质就是埃多思（Eidos），那个在柏拉图意义下的**"理型"**，但纯然被掌握者并且完全免除所有形而上学的解释；所以精确地说，如同在这样的道路上显现的观念直观中他是直接直观地被给予的。在此一个经验是作为起点被思考着。明显的、纯然的想象或者那个在想象中对象-直观的浮现者或许同样可以有帮助。

例如我们从一个声音作为开始去进行,我们现在可能现实地听到它或者只不过是"在想象中浮现"的声音。则我们便在此中获得那个在随意转换的变异项中的作为那个于此被掌握为必然共同者的声音埃多思。但现在让我们以别的声音显现作为起点,作为随意的变异项,则在那个新的样本上我们不是掌握到另一个声音埃多思,而是在对于新的以及先前的综观中我们看到了,他总是相同的,并且那个双面的变异项以及变异性统合到一个唯一的变异中,并且那些在这里或在那里的变异项都是在相同方式底下一个变异项的随意个别化。并且这甚至是自明的,在从一个变异到一个新的变异之推进中,我们再度可以给予那个向前推进与新的变异多样性的形成自身变异以一个任意的特质(den Charakter eines Beliebigen),并且在这个向前推进中在任意性的形式底下那个相同的埃多思必须"总是一再地出现":那个声音一般的同一个普遍本质。

一个纯粹的埃多思将在变异中获得的个别情况中的实际现实当成全然不相关的;现实被当作不同可能性中的可能性,尤其是当作随意的想象可能性。然而只有在与被前给予的现实之连结事实上以最谨慎的方式被排除时,埃多思才是真正纯粹的。我们进行自由的变异,然而暗地里却又坚持着,世界中总是应该有随意的声音,被地球上的人们可听见或已听见,则我们固然有着一个本质的普遍性或者埃多思,但却与我们现实中的真实世界相关联,并且与这个普遍的事实连结着。这是一个"暗地的",意即从概念的理由来说本身是一个会被留意的连结。

在普全的自然发展中,也就是随时都被统合的经验中被经验的世界是作为普全持存的存在基础而隶属于我们,并且作为所有我们活动的普全场域而隶属于我们。在所有我们的习惯中最稳固并最普全的部分中,世界对我们而言是有效的,无论我们追求何种兴趣对我们来说他都维持当下的有效性;犹如所有的兴趣本质认识的兴趣也是和他有关的,无论在任何的想象游戏或每一个想象变异中皆然。在指向观念直观的意向中世界是一同被设定的,每一个事实及每一个埃多思都是关联于实在的世界,多少隶属于世界;例如在自然态度中我们并未留意基于其普全性的缘故而隐藏着的世界设定与存在连结。唯有当我们意识到这项连结并有意识地将他排除,并因此也将变异项的最广之周遭视域从所有的连结及经验有效性中解除,则我们获得了完整的纯粹性。我们于是可说处在一个纯粹想象的世界中,一个纯粹绝对可能性的世界;每一个这样的可能性都因此可以是在随意性的模式中对于可能的纯粹变异而言是主要的肢干,并从每一个变异出发产生了一个绝对纯粹的埃多思,要说从每个其他变异出发都能得出相同结果的话,那是因为这些变异系列都在被描述的方式底下相互缠绕着。所以就颜色及声音来说分别产生不同的埃多思,他们是不同种类的,特别是就他们的纯粹种类来说。

b) 变异与变化

还有一点需要澄清。我们谈的是变异与变异项而非变化及变化阶段。这两者实际上是两种概念,尽管它们之间不乏本质上不同的一些脉络。变化是发生在真实物之上,普遍而言它被当作一个时间存在物、一个具有流程之物,它是在流程中持续存在着。每一个真实物都是可理解的并且只有在变化或不变化之中是可理解的。仔细来看，不变化在此只不过是变化的一个边缘情况。变化意味着持续的不同的存在或者变成不同并且就是在持续的变成不同之中维持相同的、个别相同-存在；例如一个颜色的变化。一个颜色的不变化原则上也意味着再持续变成不同之中的相同-存在，但在此也是在流程的每一阶段中持续维持-相同。就变化来说，变成不同意味着在每一个新的阶段中是不同存在，但同时也是自身-维持-不-相同。

当我们把目光放在真实物的流程阶段并且放在这些阶段所包含的内容时，我们便拥有多样性，总是不同之物，也就是许多的，并且依不同状况在不同的阶段中有着相同之物或不同之物。然而在别的目光朝向中，一个相对应的目光朝向中，我们经验到了整体性，那个自身变化又不变化的同一者，那个在多样性的河流中穿越地存在、向前持续推进。

这个整体性并非个别时间阶段的普遍者，如同它们并非变异项。它正是那个个别物。另一方面来说它是隶属于变化的，也就是不同阶段也可能被当作变异项（虽然是在被改变的态度中），并且因此显现出，并且要不是所有的变化阶段就种类来说是相互关联的话，变化是不可能的。一个颜色只能再度变成一个颜色而非一个声音。每一个可能的变化在一个最高阶的种类中进行，他不能有所逾越，稍后我们将会明白这点。

然而作为纯粹的埃多思种类只有在当我们不过问真实之物，不过问真实性，而是越过真实性而来到纯粹的可能性，就在自由随意的领域中的情况下才会显示给我们；但在那儿也显示了，自由的随意也是有着其独特的连结性,只要每一个变异都带有作为必然法则的埃多思。我们也可以说,那个在依据想象的随意中自我变异者是带有一个必然结构的,一个埃多思因此是一个必然性的法则(所谓的随意可能也是毫无关联的并且不会依据想象地组合成可想象真实物的整体)。

c) 观念化的环节:从举例(范例)出发去显示变异项的开放无限性(变异项之构成的程序之随意性);一个综合整体性的建议变异项之上层掩盖;相符者的掌握作为埃多思的掌握

在上一次的演讲中我们已经致力于描述①,特定种类的复杂精神活动,作为其最终结果,那个埃多思、柏拉图的理念、本质突变性乃呈现给我们:所以我们直接地拥有它们并且此后将他们保存为具有持续性的精神获得,正如作为任何被我们所认识的其他的对象性。我们将这些多样形态的精神活动称为观念直观或观念化。让我们扼要地重述一遍,在细分理念化的几个步骤或阶段之同时,我们提供了重要的补充说明。

所有其他所依赖的基本成就是任何一个变样的被经验或者被想象之对象性的形态;进入任何一个样本以及同时引导性的"范本"之形式的形构;正是对于一个变项而言的、简言之一个变样的开放无限多样性之结果的部分。这个开放的无限性当然并不意味着朝向无限性而去的实质向前推进,并非毫无意义的要求实际上

---

① 新演讲的开始。

产生所有可能的变项——就好比我们可以确定那个之后被掌握的埃多思实际上是依据所有可能性而来那样。毋宁说，作为构成变项构成自身之过程具有一个随意性，它在变项之随意持续构成的意识中被执行。即便我们中断下来，也仍然不是意指那个在直观中个别而相互过渡的变异项之实际上的多样性，亦即作为那些自身任意提供者及被引出者的实际序列，或纯粹被臆造的对象的实际序列，而是正如同所有个别存在物都有其范例那般，在变异的多样性中也总是还有着一个驻留者，无论我额外添加了什么，还是我是否仍牢牢掌握住"我可以一再如此"的意识，都是如此。任何关于变异多样性的意识本质上总是包含了奇特而极其重要的"可随意持续下去"的意识。唯有透过它，那个我们称之为一个"开放无限"多样性者才会被给予，并且明证地它是同样的，无论我们长期产生的，还是随意地过渡着以引出的方式向前推进，亦即扩充实际直观的系列或早已中断。

那个我们可以掌握为比较高阶者，可以作为埃多思而被本有地直观者是与这个多样性（或者构成多样性的变异开放过程之基础，带着在直观中实际出现的变项）相关的。那个我们在此使它醒目的那个新的变项乃并非只是从起始的范例，也就是成就所提供的而且是被称为典范的，总是往新的"仿造"而过渡，无论我们是借由无目标性的联想与被动想象的发想并且只是随意地将它们当作模板而占有它，还是我们透过出于我们原初的模板并透过依据想象的虚构之自身活动而获得它们。如前所言我们并非只是从模仿到模仿，从相似物到相似物而已。要紧的是，所有那些在出现的系列中的随意个别者都朝向互相**层层重叠**而去，并走向一个**综合的整体**，在此整体中所有一切都显示为相互的变换；而后在后续中作为个别物的随意序列，在此序列中那个作为埃多思的相同普遍者个别化。

只有在持续进行的重叠中一个相同者才会进行迭合，纯粹就自身而言这是可以被洞察的，当然从另一方面来说许多的差异总是在实际上的迭合当中有所关联，比如就 C 这个音的埃多思之同一性来说在随意出现的各种 C 这个音当中有各种强度和音色，他们并非迭合在一起，反而是互相争执着。但让我们稍后再谈这个问题。

总之在观念化的过程中包含了两方面，多样性以及在持续重叠中的统整性结合，此外还有第三项，也就是相对于差异性的那些迭合起来而凸显的同一化。

在此仍要注意，多样性必须作为这般，作为多数而被意识到并且从不能完全脱离精神的掌握，否则我们就无法获得作为观念同一者的埃多思，这埃多思只是作为那个在多样性上之存在者（ἓν ἐπί πολλῶν）。例如我们只专心处理一个物体的各种虚构性，或者在任意新的形构中的形构，则我们总是有着新的什么而且只是一个，正是那个最终被虚构者。只是当我们保留了先前的事实并因此保留了在开放过程中的多样性，并唯有当我们将目光转向迭合以及那个纯粹的同一者时我们获得了一个埃多思，在此我们当然不必事后再执行一个交错推移，毕竟这样持续的转变过程同时已在交错推移中产生了差异着以及迭合着。

d）区别经验的普遍化以及观念化

人们可能认为，我们有关观念直观的描述之任务太过艰巨并且以多此一举的方式操作着，也就是一方面着重于所谓根本的变异多样性以及另外一方面相关的想象功能。我们只需要说,一个在这里或那里的随意出现的红色,在经验中出现的红色物体之随意被给予的多样性或者其他的想象,都提供了我们直观红色埃多思的可能性。我们所要描述的,无非是在交错推移的重叠中之贯彻以及普遍性的洞察。此时需要注意的是,在这样的谈论中出现的随意者并非只是空谈或者可以意味着就我们这方面来说一个次要的行为,反而是他隶属于观念直观此一活动的根本特质,一个本有的成果必须隶属于他,就如我们所做的那样。

但在这样的谈论中有着这种意见,类似物体的特定多样性已经足够,透过比较性的重叠去获得普遍者,则可以说:我们对于在此处或在彼处的红色获得了一个两方面的同一者与普遍者。但只有一个普遍者,正是这个和那个红色。我们并非获得作为埃多思的那个纯粹红色。当然我们可能认识到第三个红色或者更多变得醒目的红色,而对两者而言的普遍者乃是作为复数当中的普遍者而同一并相同。但我们总是只获得与经验的领域相关的那些共同性与普遍性。就如同我们所说的,任何一个随意者,新的被挑选出来的相同之物必须产生相同者,但有时候说:红色埃多思乃是相对于可能的个别之物之无限性,该个别之物是隶属于这个或任何一个与之相关而重叠的红色,我们正是具有在我们意义下的基底的一个无限的变异。他提供给我们那个隶属于作为不可分的相关项的埃多思,埃多思的所谓范围,"纯粹概念本质"的范围,可能个别物的无限性,这些都是它的"个别化之物",用柏拉图的话来说,这些个别化之物都处在分受的关系中,作为个别之物相关于作为其本质的埃多思,无论他是如何分受了本质或其本质环节。一方面普遍者本身在相关性之中可被洞见,另一方面作为全体性的范围,但也包括任何一个个别者也都可被洞见。

所有那些属于观念化的相同产生脉络之概念和关系在它们的直观原初本己性之中是极容易厘清的。所以我想在此我想指向与分受有所不同的相同性。人们千万不可认为,埃多思的同一性只不过是多余的说法。透过交错推移那个在此处或在彼处的相同者或凸显于差异者之上。但是就如同在多样性、多数、具体的个别对象也都被分类,带出交错推移的重叠之精神的活动在这些对象上面并未对他产生任何改变,则那些变得令人瞩目的相同性环节以及同样地那些区分的环节也都被分类;每一个对象都有在其之上的环节例如红色,并且许多同样是红色的对象都有其个别自身的环节,但在相同性之中。

但人们必须了解相同性只是某个普遍者的同一性之对应相,该普遍者事实上可以作为一个并且是作为自身以及作为个别物的"相对投掷"(Gegenwurf)而可以被洞察。这个同一者以多元的方式被"个别化"并且可以在开放的无限中随意地被设想为个别化,所有这些个别化都透过与相同者的关系而相互产生关系并且被称为相同。以改写的方式称为这些具体的对象自身,作为在己的拥有本质的个别化"就红色来说"是相同的并且在非本真的意义下自身是普遍者的个别化。

同样清楚的是差异的理念在与同一共同者的相互纠缠中作为埃多思。差异乃是那个在多样性的交错推移中,它在变成可见的完全一致中并未达到完全一致的统整性,也就是在此未导致可见的埃多思之形成。它并未达成完全一致的一致性——也就是说,它是差异，在争执中交错推移的差异性。颜色是同一的，但一会儿是这个的颜色，另一会儿是那个的扩延性及形状的颜色。在交错推移中其中一个与另一个产生冲突并且会相互压制。

但另一方面也很清楚，要是完全没有共同性，争执是无法产生的，并不仅仅是同一的颜色是被预设为共同者；毋宁说当某个颜色是圆形的，另一个是方形的，则它们并不会产生冲突，假如它们两个都不是具有扩延性的形体的话。所以与其他作为与它争执着的差异者处在交错推移中的每一个差异性都指向了一个新的被洞察的普遍者，在此是形态，作为每一到达冲突的整体性，并相互重叠的差异者之中的普遍者。

e）透过观念的变异而取得种类的阶段序列并获得最高种类——不从经验出发的观念直观

从此出发完全是种类以及种类与类型的阶段序列之学说是从被厘清的观念化之原初泉源去奠定的。只有极少数在此会被触及而它也必须如此，因为要不然就会留下模糊性。从作为主要图像的相同例子我们可以到达不同的埃多思，当我们纯粹被自由的变异规定时。虽然我们已经说过，所有那些原初地出现埃多思而产生出来的变异多样性都与一个唯一的变异多样性相关联，并且多多少少只是一个在己的唯一性的面向。

但变异性系列与唯一者之间的连结有可能具有不同的意义，稍后会显示这一点。从一个随意的红色出发并且在变异的系列中向前推进，我获得了红色的埃多思。我们要是获得了另一个作为例子的红色，我们固然直观的获得另一个变异多样性，但也随即看出，这个新的变异多样性是隶属于如此这般等等的开放视域中，如同那个在视域中的这个。我们并且看到埃多思是单一而且同一的。当然同样地假如我不变异一个随意的红，变异一个随意的绿色，并且得到绿色的埃多思。另一方面也看到，尽管在某个方式底下，不同的变异系列意即产生红色以及产生绿色的变异系列，却都再次连结上一个更为涵盖性广的变异多样性——到这个不再产生红色或绿色的一个唯一的变异多样性，而是颜色埃多思一般。这该如何理解？

答案在于：假如我变异地来直观红色，则我必须中断红色的方向或者在一个方式底下借由变异的其他随兴而连接自己。意即：假设我开始进行变异的时候有一个相同的红色朝我发散过来，则我可以马上把握它并且除了设想并愿意设想为红色一般以外，不做其他想法，把它当作在这个共同的同一者的随意变异中所能产生的。要是我碰到的是绿色，则我不会把它看成隶属于其中，而是作为与被直观并且持续被意想的红色相争执。

但另一方面假如我的兴趣在于那个刚刚退却的绿色变样与红色变样相互冲突但却有共同之处，也就是一个重叠的点，则这个新的共同者现在可以被掌握为规定变异纯粹的埃多思；所以对于红色和绿色以至于黄色的变异多样性便共同隶属于现在可称为颜色的这个普遍者之下。

因此从一开始我就可以在毫无拘束的方式底下保持一种态度，对于那个凸出的普遍者进行变异并追求超越所有被洞察出来以及限制性的普遍性的普遍者，就我们的例子而言乃是超越红色、蓝色、黄色等这些普遍性而作为最高的普遍性者。这里所要求的是无论是哪一种变异的活动都持续向前推进，只要他是一般变异，也就是完全统合在一项与一个全然普遍者相重叠的综合当中。这就是朝向作为最高种类的最高本质普遍性的构成之路，尤其这个种类在当他是具体的种类时被称为区域（Region）。

现在明确的是，在这个普遍性之上再也没有更高的普遍性。而另一方面他同时也具有如下的特质，该普遍性在所有特殊的普遍性中都可以在整个变异中被践履，也就是作为理想的共同者而被包含着——因为他是隶属于被限制的变异领域自身。红色、绿色等的观念都理想地参与了颜色这个观念。我们明显地也可以说：观念、纯粹埃多思也可以自身在作为变异者而作用着，则从这些观念出发我们在比较高的阶段上又可以洞察出一个普遍者，一个从多数的观念而来的观念，从这一个单一的观念之范围中可构造多数的观念并且才可以间接地构造它们的理想上的个别性。

现在正是补充有关于观念化学说之重要扩充的适当时机。我们对于经验的世界以及经验的埃多思感兴趣，因此无论是出于别的理由它是好的及自然的，我们也都是从经验的被给予性或者从变异性出发，这些变异性的主要图像都是单纯的经验被给予性。只要埃多思的最初阶段出现了，也就是从素朴的经验中首次出现了，则将我们注意到，一个埃多思也是可变异的，换言之：观念直观自身也是素朴经验的一个模拟，只要经验是一个比较高并且是主动产生的意识，在此意识中一个新种类的对象性，也就是普遍者乃自身被给予。只要它带有相似性，也就是一个对象性的种类在其原初的自我性中呈现给我们的意识，则我们在观念化的标题底下从经验而来的便可被执行，那些从经验而来并且在观念化的标题底下可被我们执行着，也同样可被用在任何其他种类的意识上。

每一个观念化自身也都是如此被直观的观念在此被称作被直观，是因为它并非模糊、间接、透过空洞的符号或语词而被意味着或被谈论着而是因为它被直接而自身地被掌握。也就是说从提供给我们任何一种直观掌握与拥有的任意种类之基础出发。我们总是可以一再地演练观念化，本质上就同样的方法来说。

我们不仅仅能够变异经验中的物体（这是对所有可能的经验及比较高的行动之最后根底），就算是物体的概念也可以作为本质普遍性而被获得；而是我们也可以"经验"到数量、真正的事态、内在及外在的关系（对他们的洞察需要有一种关联性的活动），等等。我们因此也获得了集合的、关系的以及任何一种事态的纯粹而普遍的观念，只要我们构造变异的多样性并且洞察了本质的普遍者及必然者，正是对于所有这样的对象性并且从那些出现对象性的直观性的活动出发。

因此带有其名称的命名活动以及那个说出的动作和言说也都属于其中。这也正是可证明的、自身可被掌握的东西，而我们获得了普遍的本质概念，言说与言说意义、名称、相关性的论说及论说意义等的纯粹观念。于是我们在每一个阶段都将分配给我的埃多思变成我们自身的一部分，对它们加以命名，以陈述的方式确定它们，而一个普遍的陈述乃成为可能，也就是那个参与了本质洞见以及观念直观的本质必然性者，只要这个言说正是忠实于被直观的表述，并且他自身是一个本质的洞见，只要这个言说具有相同的言说意义，并且必然产生出被表述而且一再被直观的直观者。

最后还有一个一般性的说明。假如我们谈论普遍的本质以及本质认识（本质的），则我们并不指涉经验的普遍性，这些经验的普遍性固然有着相类似的起源,但却以下列的方式都有别于纯粹本质的普遍性,无论就比较领域的对象来说,或就那些对象被认为所隶属的整个领域来说都有一个本质的有效性被完成了。我们所拥有的乃是现实性以及真实的可能性,而非纯然、纯粹想象的可能性。

f) 本质直观的总结标示

复活节之前的最后一次演讲①我们谈到了观念化(或理念化)的方法;在此标题之下我们描述了某些纯粹精神活动并且于此之中仔细描述了精神成果的系列,其最终成果是让我们在纯粹的直观中看到埃多思。我们的理解是假如任何一个事实性的预设被取消的话,则我们将获得一个普遍者,好比红色的种类或者比较高的种类颜色一般,它也是作为一个纯粹的普遍者,它超越了经验事实,在定在的所有事实性之上。一个埃多思,一个本质普遍性,例如红色或颜色的种类乃是纯粹的普遍性。也就是说从所有任何事实上的定在之预设脱离出来,也就是从任何一个事实上的红色、有颜色的存在物脱离出来。

透过一个相类似,但也可说是非纯粹的普遍化方法可以获得一个普遍者,但它深陷于经验之中。好比当我们在一个对这里的红色和那里的红色经验性的比较中(两者都是事实上的定在),我们可洞察两者之中的共同处。

同样地假如我们几何学地标示作为一个圆锥曲线种类的圆形或者本质而洞见地掌握了它。相应地是一个纯粹本质的一般判

---

① 新演讲的开始,1925年6月15日。

断，如同那个几何学的或者那个理想地在其普遍性中超越了可能的颜色、声音等，也就是不跟任何被预设的现实打交道。在几何学中我们谈论可被设想的形状，在本质的颜色理论中谈论可被设想的颜色，这些都具有纯粹被洞察之普遍性的范围。

要注意的是：洞察在此并不意味要去谈论模糊被表象的实事以及其相似性或共同性，除此之外从模糊性中意味着任何东西，而是具有自身被经验、自身被看见的实事并且基于此一自身看见之缘故同样也具有在眼前的相似性：于是那个精神性的交错推移乃发生了，于此之中共同者、红色、形体"自身"出现了，自身被掌握了，被洞察。他当然不是感官的看。普遍的红色不是人们可看见的，不像人们可看见单独个别的那样；但无可避免的是那个对所谓看见之说法的扩充在一般的语言里面是常见的，这并非没有道理。所以有这样一种模拟的说法，就好比一个个别的存在物在感官经验中直接向我们呈现，所以随意出现的一些被看见的例子当中的共同者与普遍者，也在那个当然是复杂的洞察中呈现，它包含了主动的比较性的一些交错推移及融合。这对于任何一个对于共同性与普遍性的洞察性掌握都是同样有效力的。

普遍性的洞察有着一个特殊的方法形态，以便去洞察一个先天性，也就是纯粹的埃多思。例如这里并非关联于这个或那个现实颜色以及那些在这个教室这里甚至我们可能在地球上遇到的任何的颜色中的共同者；而是关联于那个纯粹理想种类的颜色，他是在不预设任何事实上现实预设的情况下共同于所有可被设想的任何颜色。意即：在观念化的精神方法中包含一项本性，该方法会将有助于说明事实性的那些主要的例子视作单纯而纯粹的可能性；换句话说，在一个自由的活动中将出现对于事实性的不关心，并借此将作为事实性的定在者多多少少转移到自由想象的领域去。那个在合乎意识的随意性之中进一步进行变异方法乃奠定在此基础上，也就是说个别变异项（每一个随意出现的例子都带有变异项的特质）的开放随意之变异多样性之构造基础上。于是这个多样性乃是"比较性"的交错推移以及对于纯粹普遍者"该普遍者是在随意的变异中例证地个别化"之深刻洞察的根基，依据这个方法论的根源作为埃多思及本质之物的普遍者乃完全不具有它所涵盖之事实的范围，而是纯粹可能性的范围。另一方面本质的普遍性随时都与出现的实事性有所关联。每一个事实上出现的颜色；就是说每一个颜色都可以当作一个例子来看并且转化成一个变异项。所有那些不可分别的隶属于作为纯粹普遍性颜色者，例如明亮度，都也必须隶属于任何事实上的颜色。那个我们只要经过分析就得知隶属于纯粹本质普遍性的普遍的真理就其有效性来说优先于就其问题来说的事实性以及其事实真理。所以说本质真理是先天的，就其有效性来说他是优先于所有的事实性、所有从经验而来的明确论断。

观念化（甚至包括经验普遍化的方法）方法的描述乃是一个某些纯粹精神活动的描述，从这个活动而来的是在具有明证地可理解性中的精神成就，对你们来说或许在理解上有些困难。这个方法自身提供了描述之本有种类的例子，这是一个朝向精神生命与实际效用（Wirken）自身的激进的心理学所提供的，这是一个描述的内在心理学，我们想要把它当作现象学的心理学来进一步认识，其难度在于，我们固然总是精神地活动着，但却必须费力地学习去反思这项活动，并将它变得可理解。只有在我们掌握性的目光中透过活动生命的过程才得出这些逐步的结果。

同样地对我们所有人来说洞察先天性，意即观念化的内在活动都不陌生，只要我们所有人起码都学过一点点数学并且因此已经透过自身活动获得了数学的洞见。然而我们却从未学过去探查这些数学活动的内在性，并深刻认识普遍性是如何在其中从必然性当中冒出来的。就这方面来说，起点总是困难的，但人们很快就会熟悉内在性的奇妙世界并且克服那个奇特的、变成内在的直观之艰难。

§10 直觉普遍化与观念化的方法作为获得一般世界普遍结构的工具，从经验世界出发（"自然的世界概念"）·世界科学划分的可能性以及精神科学之意涵的建立

我在引入对于观念化之方法的描述时并非将之视作新的心理学的首要例证，而是将它当作达到彻底划分科学的手段，或者说达到进入本质世界领域，一个区分世界激进概念的手段；正是如此一来，精神性必须在它所有的基础形态中凸显出来，在这些基本形态当中，精神性乃是世界的一个普遍而必然的结构元素；在此当中，可靠的导引线索也必须被获得，以便系统性地去设想所有的问题方向，这些问题方向就其不同的基本形态而言，是朝着全然充足的关于精神的科学（Wissenschaft vom Geist）而开放的。

只有这样极端地执行着，我们才能够从所有传统的偏见、片面

性、模糊性脱离开来，这些传统的偏见等往往导向许多新的心理学，却从来不曾导向那真正的心理学，一个从它清楚所掌握的题目而来的必然性、获得必要的方法以及对于有待解决的问题之必要的相关系统，正是为此缘故，它只能是**一个**。

关于这方面我们不需要再多知道些什么，关于观念化的方法之描述本身是一个心理学的描述。我们必须展示的是，因为就我们现前的目的而言，需要这个方法，而且一点也不能够因此满足于只像数学般的程序：作为纯粹本质-历史的，在大小和数量中成长起来，而且千年来仅局限于在上面运作，导致了一种根深蒂固的偏见，也就是说，一个如此这般先天的方法只能就其数学（还有跟它相关的形式逻辑）方面去运作。我们的描述充分显示，无论对象性在何地以及以何种程度在直观中原初地被给予我们，我们在上面操作观念化的方法和获得纯粹的直观的本质普遍性，这些本质普遍性将在往后的本质知识中可自我展开。

首先，可确立的是，那个作为只是狭隘地被局限而且带有未被澄清的视域而被经验的世界，那个世界我们应该如此这般去阐明它，亦即，我们让可能的经验被带进来，从可能的经验总是往前推进到新的可能经验，而后，一个整全的图像可以说被确立起来，亦即，一个事实上被澄清的，就算只是开放前进的**世界的整体直观**；换句话说，正如同它在所有一切当中可能也必须看起来的样子，假如我们用一致且相互融贯之经验的可能性去充实那个开放的、非确定的视域的话，不管是事实上经验着或者在任何一个经验中去思考着，并且同样自然地就开放的视域而言，这个视域也属于根据回忆而被再度唤醒的过去经验的每一个段落。

但我们也将会明白，这些视域所具备的不确定性是永无止境的；那个展示给我们的不可知或者未经验的世界，亦即作为在根据经验而可知者的框架之外的世界随时都只是显示为可能性，它随时可能被其他可能性所取代。但另一方面也很清楚的是，假如我们随意地把比较多这类的可能性与经由经验部分地被确认的真实性相结合完全弄清楚（而且作为向无限推进者），则那个类型上的共同者必定变为有效的。换句话说，清楚的是我们现在可以有意识地带进普遍化原初直觉的方法，而且我们将会获得一个必然的共同性，并且在所有可能性一般的所有变元中获得不变项，而这一切都是在随意明证的意识当中前进着、比较着、自由地变元着的情况下进行。所以那个环绕着真实经验领域所公开的、不确定的可能性的视域，本身是一个根据变元的可能性的领域，当然是透过它们本身作为真实的可能性而被结合起来。这是合乎经验地从已知朝向未知的推进，但是这里的未知透过经验多少有一些预示，而且有时候是作为不完全而确定的前预期。

所以说在直觉可普遍化的方法本身尚未巩固之前已经导向一个纯粹的观念化，导向作为绝对的洞见之必然性的结构普遍性，这里的必然性意味着：我固然不知道事物〈看起来〉如何，整个世界看起来如何，我实际上的观看未能达到者，但在某一种方式底下它必定总是呈现出某种样子，从被观看者出发，那个未被看见者的普遍风格必然已经有所预示了。在真实而可能的经验中的被观看者的每一个向前推进，特别是在一个一致性的向前推进中，虽然未确定，但是透过直觉的普遍化我们可以明证地认识到可能经验的领域，因此是整个世界具有这个和这个必然的结构形式。时间和空间显然也在其中。无论我对仍未经验的世界领域多么无知,也无论我如何可借由可能的经验对象任意地占有它,我所知者却是受限的,这些经验所及者都只是根据普遍性而言散布在空间中的持续客体而已(这是一种绝对明证的〈要求〉)。

让我们具体而有系统地操作这个方法,我们便获得了作为不变的结构之确定而一般的普遍性;但这么一来所获得的是确定而原初的结构概念,这个概念不是文字上的概念而是一种能够让我们洞察相应的观念本质之概念。它适用于所有结构,无论是自然的或精神的。所有模糊的文字概念实际上消失了,而透过原初而明证地被构作的观念以寻求替代物,而它们就是带有表达性的本质概念。总而言之你们现在将明白,一般在这个方法当中我们获得了可靠的导引,以便预先地划分可能的世界科学,它们是建立在经验世界的本质结构上面,它们借由最原初被获得的本质概念而进行装扮,但是对我们的目的而言〈可确定的是〉:就在根植于普遍而直觉的知识划分中,我们获得了那个精神科学的本质所在,而且获得在精神性本身之中去创造本质划分的可能性——我们去探索那个世界在其中产生运作的根本形态。一个完全充足的精神科学所必定要完成者将会主题地预先被勾画出来。一个真正的科学必须着眼于一个清楚而确定的主题,它必须引导普遍的目标和目标系统,并非作为模糊而空洞的概念,而是作为可被本质洞察的普遍者。

唯有这样彻底去进行,我们才能够在任何时候都从传统的偏见、片面、模糊性当中解放出来,以上这些偏见等在过去几个世纪以来一再导引出新的心理学,但从来没有导引出那个心理学,也就是那个唯一能够基于它的清楚主题的自身本有必然性而满足其适当方法的必然性，而且满足有待解决的问题以及学科的必要肢解。但为达此目的，我们还不只需要原初普遍化的洞察方法，而且是纯粹归纳的方法，这个方法一般乃是所有原则上洞察的方法，这点很快将会变得可理解。

我们整个过程以及原初直觉普遍化的方法之描述，还有归纳方法本身，这些都是在这个心理学之中的预先练习，我们致力于追求这项洞见，上述事实是针对任何一个可思考的认识种类之自身回溯，关于这点，我们稍后会再论及。

现在我把一项重要的说法连结到一项可能的质疑上。在我们的脉络中，仅仅提出那个最著名的先天科学的经验，也就是数学的经验，难道是不够的吗？那个作为先天方法的归纳过程的困难描述难道可以被省略吗？

无论如何让我这么说吧，被我们所引入的观念化的方法的描述好像带有那个目的性，也就是为了要澄清一个内在心理学的分析及描述的种类作为一个首先的范例。但正如你们回忆所及者，这一点都不是我们的主要目的。毋宁说这个方法对我们来说只是一个系统性道路之描述的辅助而已，唯有在这条道路上，一个清晰明辨及被必然性所照亮的作为精神性的普遍科学之心理学首要观念才得以产生，如同所要获得的心理学的每一个狭义概念那样。

这条道路通过世界诸科学的一个彻底肢解，或者说这条道路通过根据经验世界，最普遍最根本结构的一个极端，而同时全面涵盖的分析和描述：所得到的结果是那个相对于真实存在和在不同时间、空间、特殊脉络之中的发生过程之所有内容上的变化而维持不变的结构被加以肯定。实际上我们认为借由相应的方法过程而来且带有强制力的明证性将显示，一个全面涵盖性的不变的类型贯穿了经验世界的整全。精确地说：我们认为有一个明显可证明且不变的类型存在着，所有一切都必须置于此类型之下，亦即，在可能和实际经验当中的隶属于世界的真实事物，无论就其基本种类或就其整体关联的形式而言，更不用说那些包含一切的次序、关系或关联，这些次序等产生了世界的整全性。然后明显地在这个普全的类型当中必定存在着一个对于普全的世界科学，也就是作为经验世界的普全科学的一个系统性的主题。一个涵盖全面的、总是更加深入去进行的框架工作将会自身表达，它明显地对于所有可能的特殊科学来说预示了一个不可破除的规范，而且对它们来说也预示了它们的根本界线，也就是其领域、问题及问题复杂性的界线。

在对于理想方法的普遍者的回顾当中，我们可以说：任何对象都有其埃多思或者处于本质概念之下。在此让我们特别感兴趣的是每一个可能的经验对象，每一个个别存在者都有其本质，其整体观念，此观念会将其所有特质的各种观念都结合起来。一个观念性的对象本身就是一个本质，正是一个观念性的，一个埃多思，它有可能仍处于更高的埃多思之下，也就是更高的纯粹种类。但是一个本身"在那里的什么"，而非一个本质者，它却**具有**一个本质——我们可以朝向它去追求。对于观念化的方法的普遍描述本身明显地是一个在本质普遍性之中的描述；在自由变元之中，我们可以让每一个被操作的范例对象变成一个随意的对象，有如在数学意义底下的变量一般。这事实就是一个观念性方法可以到处被应用的科学。可应用不表示它已经被应用。那个我们对于一个特定的被给予的对象事先拥有的先天知识，一个本质和明确地说本质普遍性的多样性属于该知识,这个知识对于实践上的追求来说只是一项任务,只是提供目标。终究而言,目标可能是一个完全不着边际的,而在另一个情况之下它也可能很轻易而毫无困难地被达到。纯粹的本质概念例如颜色或声音,又如明亮,作为一个声音环节的音色都很容易被我们所掌握。但假如我们提及一个东西,在纯粹的普遍性,谈及身体的一般性、动物的本质、人的一般性,则这个纯粹的普遍性可能只是出现在文字的意义上,显得空洞而不可直观。但假如我们想要把这个空洞的意义充实起来以便解决摆在眼前的任务,则那个隶属性的埃多思,是否能够产生还存在着疑问,而实际上去产生它则将显示我们只能够很困难地前进。更深入的推进:每一个这一类的概念都要求需要更多的直观的维度,那个埃多思进一步的产生,例如自然物与人的一般性,以及它本质上的基本必然性的产生会要求一个完全无止境的科学。

但是说到底,每一个这样的科学都存在着主导性的前概念,此前概念指的就是,透过直觉而产生的最普遍的而且根据最普遍的本质结构而来的本质。对我们而言,这些都将是我们唯一的任务。

§11 自然世界概念的科学之标示,与康德的经验概念有所区隔的经验概念·空间与时间作为世界的最普遍结构①

在我们最后的说明里我们标示了"自然世界概念"的科学之理

---

① 参见附录 VI。

念①,这是一门关于预先被给予而且是每一个可能可经验的世界之不变本质的普全描述科学。如此一来,我们也标示了普全的框架,这个必须涵盖每一个可能的俗世科学的先天性的框架。所有这一类的科学表面上设定的可能目标,所有在它们当中每一被提出的问题都有一个先天的类型,它们被置于本质普遍的问题之下,它们必定都意识到相应的科学,以便在最终的清楚目标及方法中工作,并成为具最严格意义的科学。

当然,对我们来说,明确地勾勒这个宏伟的科学本身仍非任务所在。但我们至少可以在一些草图中继续探索这个理念,并有够多的收获,使我们得以获得精神的可能普遍科学的一个预先主导而根据本质的理念,作为一个必然嵌入那个世界科学的完整普全观念之观念。

根据先前所言,我们的起点必须是揭示经验世界,而它首先正是揭示了这个真实被经验的世界。正如同先前被预测的,这已经做完了;我们已经着手进行这项揭示。我们知道它意味着什么。世界是被经验着,在我们的觉醒的生命的每一刻,它对我们来说是具有"活生生的"存在的真实性。但"事实上"活生生的在那里,也就是直接被感知的只是一个狭窄的关于事实上被感知的真实物与脉络的感知场域。这个邻近的场域被是一个未被感知的可知性所环绕,与未被知者相混合,我们最终拥有那个开放的未被知者的遥远场域;每一个过去的点也都与此相似。但在真实经验的前进当中,那些随时被我们的真实经验所推动的可能经验也包含在内,许多未被经验者也随即向我们揭示了那个持续性的风格,也就是在

---

① 新演讲的开始,1925年6月18日。

可能性的图像当中，此一类型属于我们的经验世界，而且它的必然性已经指向了发现本质必然性的可能性。

这里还包括直觉地被执行的经验以及本质的普遍化，只要我们想要获得关于经验世界以及最终每一个可能的经验世界之风格的普遍描述认识。

但这里有必要再引进一个重要的方法，但也是实实在在即刻继续推进的说法，而最好是跟一个相邻近的责难衔接，这是从康德的先验哲学那里逼近而来的。我不会深入讨论那些在我们的问题当中与康德的《纯粹理性批判》相近的部分。我们不会被任何在先验哲学意义底下的哲学兴趣所带动。我们的兴趣虽不同于康德，则可能经验的世界之本质的明证结构与问题，和康德的先验感性论和分析论甚至辩证论的问题所具有的本质相关性是不会被误认的。

康德迫切地教导着，世界并非可能经验的对象——而我们却持续地将所有关于世界的严肃性（Ernstes）当作一个普全地被撑开以及有待撑开的经验之普全对象。

我不能认同康德的命题，无论经验的概念是如何形成的，也无论它如何有用。对我们而言真实的个体是被经验的，但世界也是被经验的，两者甚至于不可分离。就以我们所经验的某件事物来说，我们感知它，在回忆当中回顾它；我们在这些回忆的锁链中拥有一个包含许多个别经验的综合体，也就是作为对于同一者之经验的经验整体。此外：我所经验的也同样可以被另一个人所经验，并非只有我的经验会连结起来组成经验的整体，而是我和他人的经验也会组成关于相同者的经验。

只要一致性的经验朝向具有一致性的综合个体是可能的，那我们的经验概念也就足够了。作为经验的真实性，作为存在着的真实物,那个我们之后标示为真正而真实存在的世界的一环,只要以下这些对我们有效的:对我们来说也算是一个被经验者,只要它是作为透过总是新的、自己的、和他人的、真实的或者将要被实现的经验而具有一致性的被经验者,作为对我们来说是持续向前的证实者,或者终究而言那个最终可被证实者。在此我想起之前我们所提到的纯粹经验概念的基本特质。①

纯粹被经验的只有以下这些:被动地前给予我们的或者先给予我们的,而且是我们在掌握、"接受"之纯然活动中所能够化为己有的。任何一个被排除在外之特定思想的活动,无论它是如何奠基在经验上,那些在逻辑的构造物中创造新的对象性质便不再是纯然的经验对象性。例如一个述词构造物"黄金是黄色的"并未被经验,但是黄金以及黄色终究是被经验的。不再是如此:**黄色作为"黄金"这个主词的述词**,主词的形成以及述词的形成是由判断的、关联着的思想所执行的,只不过在此思想之中还有那个**是**,那个**是-状态**(Ist-Verhalt)都是从该"事态"冒出来的。

同样地,在这个意义底下,世界也是作为一个个别物而被经验,一个具有性质环节的个别物或者是在事物中的一环、一个运动的过程、一个因果的过程、一个脉络。②

当然,为了要掌握作为经验对象的世界,我们必须事先已经对世界的个别真实物有所掌握。就某个方式而言,个别物的经验是预先发生于世界经验的,也就是作为掌握者和确保者的世界经验。

---

① 参见第 57 页及其后。
② 特别要强调!只要一个经验只是经验,在它有效的时候是不被中断的。经验的世界是始终一贯的一致性之对应项,那个被排除而被删除的知觉等等只算是作为被删除或不存在者的经验,但不是作为世界的真实物的经验。

我们必须把我们的眼光从被经验之物移开而转向其真实的背景、那个作为可经验的视域而绝对地环绕该物的视域。

同样,在任何一个个别真实物被给予之时,它的周遭世界或是涵盖着它的世界也总是而且必然是一起被前给予了;世界是作为目光随时可以朝向者,正如同在注视的经验中目光可以转向任何一个被给予者那样。

就在个别物被掌握之时,它总是在世界中被掌握,虽然那个掌握的兴趣不见得会转移到普全者之上。相对地,当世界是被掌握时,个别物也必须被掌握,而且先从个别物的邻近领域出发。个别物的掌握必须事先发生而且必须是已经先拥有它们所未被掌握却事先被给予的视域。

在可能经验的进程中,以及不断获得开放的不熟悉的(但是据此作为预设者)预先可见的预先图像化的进程中,那个对于一个世界而言可能以及必然的揭示过程是一个纯粹经验综合的过程。在此终究活跃着的活动,并非产生所谓的范畴构成物,也就是一个在被动且流动的经验综合中从来不可见的构成物。

倘若我们否认世界是作为可被经验的世界,则我们也必定要否认每个各别物是如此。因为就它那方面而言它固然总是被感知着,就算不去理会它世界的周遭(weltliche Umgebung),它也总是在未知的视域中。每一个经验都带着开放性,从该真实物出发总是有新的事物可被经验。

清楚的是,据此我们已经获得一个最高而富有意义的,特别是对于可能的经验对象性的领域的最普遍的结构知识。每一个客观可经验者而且在一致性的经验中作为客观存在者,也就是交互主体可证实者,乃是只有作为在世界中存在才是可被思想者,它总是处于一个普遍且可能经验的框架中,其普全对象就是世界。亦可说:事实上,在一个被经验的世界周遭(Weltumgebung)之中,那个提供给我们的真实物只有在其邻近的被经验的世界中,作为在世界中的真实物,才是可被思想的。

现在我们也立刻了解作为形式的时间与空间的普遍必然性,这是每一个真实物都被安置于其中的形式。对于每一个真实物的世界周遭的必然性意味着一个特定的存有形式的必然性:世界并不是邻近地被确定的,世界必定是个别被经验的真实物所隶属的世界;它是在以下这些方式中可被经验的,也就是,作为在一个可揭示的视域以及在一个周遭世界的个别物的存有形式中,这是个别物必须要适应的,也是先天的。

假如这个世界的存在形式,如我们所揭示的那样,详细地说,只有作为空间与时间普遍形式的世界才是可思想的,则每一个真实物必然都是时间与空间的真实物。世界本身无非就是作为具体被充实的时间以及具体被充实的空间。而有待确定的是,在抽象的时间-空间结构之外还可提出一个世界的普全内容结构,每一个真实物都必须在其方式底下再度地参与此结构。

§12 从个别经验出发的必要性,在此经验中被动综合形成统一性

从个别真实物经验之优先于世界经验这点来看,在方法论上有如下的结果产生,每一个对于全体世界结构的经验描述(直到后

来每一个本质的）分析必须从例证性的真实个别物之观察出发，当然是在关于已被开启的或将被开启的视域，亦即在整个世界的持续性综观反思之下。

现在也清楚的是，每一个在例证性的个别性中所显现的那些为自己设定的最高的普遍化，对于普全世界结构的主题而言必须是已经非常重要的，例如，让我们从这里的这个人出发，在观看的变异中建立起最高的普遍的人或者生物的本质。个别物一点也不是真正孤立的存有物或可能物。个别物的最高普遍性明显地是一种形式，该形式必须与普遍的世界形式处于邻近的关系中。确定的是，每一个纯粹的臆想必须有一个真实物的纯粹可能性，也是我们所构想作为一个实在性的每一个一般之物，每一个纯粹埃多思的纯粹可能性，也就是不确定的视域。至于这样的种类真实物会被放到哪一个可能的世界去则是一个开放的问题。本质的观察首先并不追问这个问题，但如此一来该问题将到处呈现开放的状态。

在此要注意的是，那个我们所追求的，也就是对于纯粹被经验的世界所做的科学描述，其本身就创造了，而且也应该创造了一个逻辑的构成物，只不过它是这样的一个构成物，它只严格逻辑地提供给我们纯粹经验的被给予者的本质内容。去揭示从现在或从任何时候而来的经验世界，并非指：以认识的方式去接近这合乎经验的本质上是可被认识的或根据其普遍结构而言必然如此的。

在纯然的经验领域中，不乏作为同样被经验者的普遍性，这些就是17世纪的哲学家们借用"模糊经验"（experientia vaga）这个标题所显示的。假设我们纯粹经验地浏览许多树木，则每一个别的树木都被经验了，而群体化，作为一群的树木也被经验了；在浏览中最终被动地发生了感知被给予者的堆栈,每一个都被动地作为一个感官-被动的共同者的个别者而被意识着。但是只有比较、带向一致性、同一普遍者与差异者的区分的综合活动产生了综合被构成的普遍者以及逻辑的普遍概念。借由该项命名我们所拥有的不仅是模糊而普遍的字眼,而是普遍的术语,铸造着逻辑的普遍性。

就在我们持续地拥有作为根底的纯粹经验之时,我们也不断地进行着那个被动综合,在此之中那个经验的多样性正是产生了作为始终一贯存在者的经验对象的整体。被动综合本身在其不同形态中属于经验而且原则上是其单体性。被动综合对我们而言都是主动性活动之得以发生的根基,也就是那些构作关联性的、逻辑地普遍化的普遍概念和普遍命题的活动。但这发生在一个方式底下,也就是那些概念及那些普遍事态和事态脉络获得其逻辑直觉,也就是它变成了洞见式的认识。

§13 关于独立与非独立的真实物的研究·根据因果性确定真实的整体

让我们现在从一个结构上仍未熟知的世界当中综观真实的个别之物(Einzelheiten),我们可以朝它看去,让我们搜寻最普遍的甚至先天必然的区别,则作为优先且最根本的区别便呈现出来:

1) 在最广意义下的真实具体个别之物,

2) 个别的真实物的转变及模式,这些只是事物的转变,并非事物本身。

内在于可经验的真实个别者之中，有着带着所谓原真实在物（Urrealität）的形式者朝我们而来。它们具有如下的特征，它们以合乎自身的意义而可被感知及可被经验，而不必预设对别的真实个别者的经验，例如一栋房子、一个人或一座山在其经验中并不需要对别的真实物有先行经验。在此，经验是作为经验而独力运作。但是假如我们对于房子颜色、山的形状、某人表情变化的经验，也就是说作为这种对象性的颜色、形状等，则这些经验都是非独立的。无论这个对个别物的经验是多么瞬间即逝，只有当我先前感知地掌握到具有该颜色的具体个别物时，我才可能获得该颜色。这一类真实的个别者在其他经验中已经预设了其他的个别者。

这里我还得考虑到无论是哪种类型的群聚，为了要掌握林荫大道，我们固然不需要一棵树一棵树地去掌握它的连续个别性。但是当我们在第一次看到这一群聚的时候，也就是感知到此一大道时候，则在这个集体性的感知中总要包含了对个别树木的一种伴随性感知于其中。这里毕竟是存在着相对于先前例子的一种差别，只要这些例子预设了在完全朝向它的意义之下的对于奠基性的个别者之为已察觉，而非预设一项单纯的共同察觉。如果我们将两者放在一起，则底下这些是有所区别的，即，实际上在"事物"及事物模态中的真实存在者与事物的集合体，以及事物、事物群聚及类似者之形态及环节。因此我把事物及在确切意义底下的真实物都称为原真实物。

在前一次的演讲当中[①]，我们已经区别了独立或具体的真实物以及非独立真实物（在具体的真实物之上的单纯非独立环节）的概念，我们并致力于深入阐明在最明确字面意义下的关于物体

---

① 新演讲的开始。

及真实个别物的概念。① 之后似乎显示为如此，如同我前几年所提供的那些比较古老的性质以及因果性的概念，物体概念可说是不可免除的并且必须被当作焦点来看。我固守的想法主要是，光是只有形态，只有那个透过整体可见性而呈现的具体个别者的单纯多数，仍然不是物体，虽然就某个意义而言它们已经在独立可经验者的概念底下了。无论具体的对象是如何处于可综观经验的单体之中，它们仍经由自身而构造起一个可直观的整体，它们构造起一个"感官的"形态。但仅仅如此它们仍然不算是真实的单体。

我们现在的问题是究竟什么特性构成了真实的统一性，并且在事实的经验中是什么使得任何一个可经验者成为一个物体，一个在特殊意义底下的真实物，则最好的回答是：真实的统一性是一个这样的统一性，其可被经验的内在的特质不仅仅是在变动与不变动之中保持其统一性，而是在此特性的转变中保

---

① 世界是作为真实物全体的世界。在尝试引入真实物的正确概念之时我陷入了混乱，并且没有找到"改善"的出路。

我们有必要从一开始就透过在真实的与可能变化的多样性当中的因果性去澄清真实物的概念吗？

我们是否首先最好将作为个别存在着的个别性质之绝对基底的逻辑形式概念"实体"引进来，以作为那个单独被要求的开端？

真实的存在物是在己而为己地作为其自身，亦即它首先是个别之物，在时间上它是一个维度的，是对任何人永久有效的（可见、可奠基）的可能述词之底基（描述主词），但并非只是描述词而已。具体的个别物就是一个在其个别性质中的个别存在物。性质虽是个别的，却是奠定在基底上的性质，基底不再是性质，而且是作为可规定性质者。真实的世界乃是所有具体个别物的全体。世界并非一个个别之物，而是个别之物的全体，是普全单体（Alleinheit）——构成此单体者仍是开放的。无论如何，世界一方面是单体，另一方面却是所有个别真实物，每一个在己具体之物的全体之基本结构。人们是顺应于此的。

存了一个稳固的因果性；或者我们也可以说，在其随时间而变化的性质之中，它们在因果的状态底下，自我揭示为稳固的因果特性。物体，正如物质性的物体，具有例如运动的状态变化，但在这些状态中一些特定且机械性的特质自我揭示，它们拥有温度的或电性的、磁性的状态之改变状态，在这些状态当中稳固的特定的温度、电性或者磁性性质等皆自我揭示，这些性质都稳固地属于那些相关的物体，无论状态是如何变化着，重点在于物体的直接可经验的性质，也就是那些在其变化流程中，那些物质性在感官中被感知的性质，这些性质依赖于它们物质性的周遭或者是依赖于这些周遭物体的感官性质，反之亦然。这个依赖性将以自己的方式被经验；而每一个物体本身从一开始就是作为这样一个持续存在的个别物而被掌握，这个存在物具有众所皆知的因果表现的风格，该风格在其每一个物体的状态之中会呈现出来，诸如在光照、加温和降温、挤压和冲撞等，在状态真实物的感官可经验的性质之变化中，这些风格也会跟着改变。每一个物体有其物体性的周遭视域，更严格地说，它有其因果视域，它总是根据其性质持续地依赖其周遭环境，但这个依赖性也有其稳固的风格，它是明确地依赖于周遭的类型及其每一次的特性。它首先是以普遍科学经验的观察而呈现，而后是在因果法则中呈现。每一个物体不只是承载变动性质的单体而已，它亦处于作为法则的因果法则之中，根据这些法则，任何一种的物体都在其可能的周遭之中以确定而可预期的方式表现。法则当然并非直接被经验以及可经验，而是只有基于经验的理由透过思想而可认知。但也属于经验意义自身的是，那个被经验者有其因果风格和视域。去认识一个物体无非是说能够预期它将在因果性中如何自我表现,例如我们去经验和认识一个玻璃盘,意味着这个玻璃盘每一次都是以这样的方式被看见及认识,也就是它在大力的撞击或者抛掷之时会碎裂;同样,当一个有弹性的羽毛以寻常的方式被挤压的时候会扭转;当一颗被推动的滚动圆球被另一颗球撞击时,根据撞击的方向,它对于会被推动者产生运动的效果,等等。

在许多物体一起被给予的时候,它们并非作为具有感官形态之统一性的物体。唯有当它们产生一个整体时,它们才被聚合成一物(ein Ding),此物在法则性质当中是一个同一底基,它有着经由揭示性的经验而来的可认识之稳固风格,会在其存在的每一次状态下因果地自我表现。

就此意义而言,一块石头是一个真实物体(ein reales Ding),如太阳甚至于我们整个太阳系——还有这些因为如同每一个太阳系的成员本身都是一个真实物,所以系统本身也是一个真实的因果整体。同样地一个人也是一个真实物体,一个社团和民族也是如此。一个社团在其真实的社会周遭中是一个因果性的单体,正如一个民族在其民族周遭世界之中那样。

§14　世界中的真实物之次序

在纯粹经验的世界框架中之物体可区分为高阶与低阶。我们最终会来到最低阶的次序之物体,它们是单独的物体,本身不再作为物体系统,亦即作为许多个别物体的链接多数之物的整体;例如一个天体之物、一个人,等等。尚未确定的是在因果的过程中,一个物体碎裂成许多的个别物体以及一个单数的物体已经预先能够被设想为一个可分离的,也就是再分离为诸多物体,这点是有待确定的。

假如我们对于单纯经验的整个世界加以综观,则将清楚显示这个世界将可区分为诸多的个别物与真实物,这些物体又可以统合到作为高阶物体的真实物体丛。每一个在特定意义底下的真实物是一个因果的整体,它与真实的周遭具有因果关联性,而在这个交换因果变化的例子当中因果性质的基底是稳固的,也就是稳固地保存着其因果习性。

在这个持续进行、属于这个世界以及世界一般的形式结构之中呈现出了一个重大的区别。物体的真实性可区分为,有生命的,用日常语言的意义来说,如心灵的、心理生命的和本身活动着的物体,另外一方面则是在心理上无生命的物体。前一类的例子当然是人和动物,虽然我们也把植物称为有生命之物。只有当我们很认真地把它们经验为心理生活之物,把它们看作心理的主体,也就是能够感觉、感知、感受、追求,在心理上被触发或者在心理上进行活动,唯有如此我们才可以把它们看成心理的存在,把它们看成那一种具有主体而且作为主体生活着的物体。要不然它们就被当作非主体的,也就是像石头、山、房子、建筑物、任何一种类型的艺术作品、机器、书籍等没有心理生活的存在者。

一个邻近的,也就是已经在表面的观察中自我凸显的区别,带给我们作为经验世界中的结构环节的精神性。从那里出发我们必须试着向物理的和心理的以及一般而言精神的两者间的纯粹区分推进,并借此达到基本洞见,在纯粹经验的具体世界中,物理的自然和精神性处处都是不可分离地相互纠缠着,而一个作为封闭在自身的脉络本身纯然仍有必要进一步去探索。

§15 标示经验世界的心理生理真实物·相较于心灵而言具备比较高自主性的身体[①]

在主体与非主体的区分中所显示的，首先是物体种类的区分。透过一个积极的特征，主体只被定义为心灵的活动者，而其他物体则只是作为非主体，只是消极地被定义为缺乏心灵生命。关于心灵生命，我们之前已经举例做了说明，而这些例子还可以不断列举下去。就如同感官的感觉、感知和其他的经验、思想的活动；还有综合、比较、区分、普遍化、观念化、结论、证明，等等；此外被动地感觉到享乐和痛苦、主动地感觉到好感或反感、直觉地追求或主动地设定目标和向往或立定志向，但也包含付诸行动达成目标在内。

在这类例子的意义底下的心理之物将会透过相应地被设定为心理学的经验，在心理主体当中直接地被掌握，正是作为其心理生活。它表现为一个永不止息的和必然变换着的生命，犹如一个带有迅速起伏的波浪潮流。

但我们也同样用持续性的心理特质，也就是作为在心理动作(Tun)和体验的多样性转换中持续地表现出来的特质去经验着主体。所以从经验而来，我们认识到某个人是近视，另一个人是远视或视力正常；某个人是聋的，另一个人则是重听，再者另外一些人的音感特别好。这些人的视觉或听觉的感知生活的持续性的惯性特质因此表现出来。再者我们赋予人们一个正常的、虚弱的或者

[①] 参见附录 VII 和附录 VIII。

一个不平凡的记性,特别是一个数字或者人名的记性和诸如此类的记性,或者一个活跃的和丰富的想象、一个特定的性情,例如,忧郁的或暴躁的,这个和那个性格特质,一个坚决的意志,一个明确散发着多愁善感的气质,等等。所有这些都是那些主体的惯性特质,它们都不是短暂地体验和体验系列而已,而是表明一种经验单体(Erfahrungseinheit),此一经验整体表现在那些主体的每一次典型的心理生命的流程类型之中,也就是它们的感知生命、感觉生命、活跃着的思想及意志生命,等等。

现在清楚的是那些我们称为主体的物体真实性(Dingrealität)之特色在于有着心理生活以及在此生活中表现出一种持续性的心理惯性,它们不该被理解为这样,也就是仿佛主体除了上述心理特质以外就不再有其他的特质。主体、动物和人都是只有在我们把他们的那些心理特质和作为其基础的**外在于心理特质者**合在一起看的时候才是真实物体。

我们把人和动物经验为身体-心灵的存在,我们将他们的心灵生命及其心灵种类区别于他们的躯体的身体性,虽然后者并不是心灵主要的交涉对象,但却是实实地隶属于人和动物的。

在前一次演讲中[①],我们对于诸如人或动物这一类的具体真实物进行了经验分析。在这些对象上,我们根据经验轻易地区分了他们的心灵生命或者表明为心灵主体的习性特质之心灵生命以及另一方面其躯体的身体性。在这个对立关系中躯体性一点也不与心灵性有所交涉,但躯体性却扎扎实实地总是隶属于人和动物。

---

① 新演讲的开始。

普遍的经验显示着这些真实物随时在变动着,根据此一变动性真实物有可能从心理主体变成没有心理生活的物体,换句话说,它们可能死亡。每一个生物体都可能变成单纯的物体,也就是在形成的种类中显示出死亡躯体,即尸体。在经验中每一个生物体也被觉察为带有这个几乎是可预见的转变。

之后经验的分析显示这样的真实物是具有两面性的,它们是"心理生理"之物。它们的物质层面,如同其心理层面,都是在具体的整体(das konkrete Ganze)当中为己地可被抽象地观察,每一个都有其自身的变化流程,但彼此之间并非互相漠然以对。人和动物的每一个躯体性都带有其特殊风格。

不管在具体的人的经验或者马的经验当中,都存在着一些特殊而凸出的变化种类(它当然属于每一个别的经验视域,此一经验视域对于人的经验或者马的经验的意义而言都预示着其经验可能性),有一点是明确的:如果身体的衰败的可能性持续公开出现,如果一个带有统一性的有机体的可能性和形态向着一个有机的不带有统一性的凑合或甚至于向着纯然非有机的物质之形态转变,则心理的生命乃被毁灭了。毁灭性指的是不存在于世界的真实世界中,这是内在于物体及物体性的模态、过程及相同者的统一性地被经验或可经验的多样性中。

要是我们去追问普遍的经验以及基于经验的普遍的风格而对于心理经验有待思考的可能性,那它与躯体的经验将迥然不同。后者是作为不具心灵地被经验着。在躯体随时可能承受非有机之物的形态下,至少是有机地非单体的存在,躯体是欠缺心灵性的。反之,任何在心灵被经验及可经验之处,必然有着有机的身体性

(Leiblichkeit)作为其根基,在可能的经验中它的带有心灵的躯体已经预设了这样的身体性。

但实际情况还有待进一步阐述,假如我们指出,任何一个原初而合乎感知地将经验世界经验为其周遭世界的世界经验者(weltlich Erfahrender),他在此一周遭世界中他首先遭遇其自己的身体,该身体是作为他的躯体周遭世界中的核心,特别是作为他的表象的感知器官,唯有借此它才能够经验任何种类的物体以及在其中的其他人和动物。

自身的身体在此甚至也可说作为原身体(Urleib)而起作用,也就是只要自我身体的感知是作为最原初的身体经验而被凸显,则自身的身体是对于"他人身体"(fremder Leib)类型的任何可能经验来说乃是统觉的预设。正当自身的身体被感知为身体之时,它是带有心灵地而被感知,特别是在原初自身而自我被感知的心灵性之方式底下。我的身体对我来说,而且只有对我来说,是原初地被给予的,我的心灵生命是作为其中的主宰者。我的心灵生命对我而言完全是直接的,就其最严格的字面意义而言,而且是直接被感知着而言,并非在身体之旁,而是作为将身体心灵化的心灵生命。唯有在此我才原初而合乎感知地经验到身体与心灵的统一性(Einheit von Leib und Seele),这个身体与心灵发生的相互纠缠。所以对我来说这里乃是身体、心灵及心灵化的意义的最终泉源。清楚的是,唯有当我的身体具有其典型的形态,具有其在器官中的秩序,在其中我能够相应地进行支配:感知地、行动地、推动地等等,才可能有一个可经验的物体世界在存在着。这个物体世界只有在感知的活动当中才是可感知的,同样的情况发生在身体的活动、看的活动、触摸的活动等之上。

就他人身体与隶属于他人心灵生命而言，我们很容易看出，它只有在那个形态当中才是可经验的，也就是我感官地所经验的他人的身躯性（Leibkörperlichkeit）可以被我诠释，特别是借助于一项模拟，亦即单独被我原初感知的身体性与单独合乎感知而完成的心灵化的生命关系。

只要这项模拟不存在或者在其发挥作用之处遭到破坏，正如当他人的身躯失去了有机体的风格，正如我的身体所显示的那样——则在那边的那个身体将丧失一种能力，一种依据经验而获取隶属于它的心灵化的能力。他人的心灵生命原则上将不再是可经验的。对我而言，原则上不可经验者也不再属于我的经验世界，这类事物什么也不是，它不是在世界中的存在者。

一个客观的世界是一个交互主体地被经验而且是可被经验的世界，它预设了每一个主体都带有物体、动物、人们的经验世界，并合乎经验地存在着。透过交换性相互理解我们交换经验之可能性，并在此交换中产生一个易位经验的交互主体一致性。据此，客观世界已经被预设了，而客观世界的预设等于下列的预设：我们总是已经给予自身的身体性以心灵化生命的原居所（Urstätte）之意义，同样也给予他人的身体性以他人心灵生命的原居所，而他人的身体是在模拟的他人经验当中呈现的他人身体性，所谓的客观世界乃是我们作为自然人与科学研究者所在之处。无论我们可以如何在思想上改变被预设的经验世界，带着如何改变的特定内容在真实和可能的经验前进中——就这个事实而言清楚的是那个在统觉意义底下，心理作用着的自身以及他人身体性揭示的条件必须随时被满足。换句话说，无论自己或他人的心灵都是不可被经验到的，因为心灵是作为在其类型中与自身或他人的身体性紧密相连，任何一个已经被经验且被证实的心灵存有将会在底下这些条件下化为乌有，亦即当心灵经验的统觉预设被取消，也就是当身体性不再能够维持它的有机风格之时，此一有机风格乃是它富有心灵功能或者显示心灵特质的可能性条件。作为在世界中的真实事件之死亡并不具有这样的意涵，也就是心灵脱离身体而成为在世界中的一个真实物。就世界性而言，死亡乃是心灵的毁灭，特别值得注意之处在于作为世界中的心灵。不朽论必定保有一个完全不同的意义，假如不朽论不跟世界的意义相矛盾，即透过普遍的客观经验而被确立的意义，不朽论事实上可以拥有一个完全不同的意义，假如包含所有自然和世界告知生命及所有科学的自然世界观，而且事实上可以保有这个意义，只要以下的事实是真的，那个包含所有自然生命及所有科学的自然世界观察必须不得保有且或许可以保有最后的发言权。换句话说，假如我们能够显示这个整全的世界整体，亦即可能的客观经验的对象的全体，不可以被判定为在绝对的意义底下的存在者而有效，世界所预设的绝对者乃是精神，但它一点也不是被看作世界化的精神，更不可被看作心灵。

　　无论如何在无法进一步追问这些问题的情况下已经表明的是，真实的主体根据动物与人类真实主体具体而言乃是分为两个层次的，但这些层次不可以看作具有完全相同的价值。身体性具有比较高的独立性，只要它可以被当作完全独立之物，就算在其作为有机身体性的真实形态之转换下亦然，而心灵则从来不能够在世界中具体且独立地成为一个自身的真实物。

透过这些省思，我们已经探讨了经验的世界，就其普遍风格而言，所有可能经验都是在这些风格中被给出。如此一来我们已经发现了必然性，此必然性是结构性的，而且是作为穿越整个可能经验的整体。这些作为纯粹本质性的也就是作为绝对而自明的必然性究竟可先天地被洞察到何种地步，要对它加以说明乃是一项特别的任务，该任务将要求一个更为深入的对经验世界的结构性拆解，对此我们尚未完全做好准备。

§16 出现在经验世界中的精神性之形态·文化物的特性，文化物的存在是透过主体相关性而被确定的[①]

现在是针对我们所做过的结构性区分去做描述性的深入讨论的时候了，也就是纯粹依照经验去进行研究，究竟就哪一方面来说什么是构成了纯然躯体性的本质，此躯体性一部分作为无心理生命者而具有为己的真实性，也部分地作为心理基础的身体性而发挥作用。

这里的明显事实是，世界的所有躯体性都处于一个唯一的躯体脉络中，于此脉络它为己地被观看而且受制于普遍而封闭的物理因果性。

同样明显的是，空间性以及在卓越方式底下的空间性也是属于躯体性，而所有的心理之物只有间接地透过其躯体性及其空间

[①] 参见附录 IX、X。

时间性才同样地参与了客观的扩延。

根据另一个问题,也就是心灵层面的方向将会给出相应的描述问题:对于所有的心理描述根本特性的问题,关于其根本类型、其连接性的单体形式的问题,也就是关于究竟是什么必然使得一个心理的统一体纯粹作为心理的问题,以及就远一点来说多数的心灵如何在所有的具体特殊化之中透过纯粹的心理关系和连接可以获得统整性,并且人与动物之间的精神脉络,比较高阶的人的统一体变得可能。

但是进一步的观察将显示[①],我们对于物理及心理的结构性区别仍然不是完全纯粹的,它仍需要更深入的分析,以便可以获取纯粹而纯然的自然观念,看它如何变成近代自然科学的根基。

同样在相应的部分,纯粹心灵的精神性的观念将以平行的方式确定,在一个相应的纯粹化(Reinigung)之道路上。此一纯粹化是对某些"纯然主体"的排除。

对我们的目的而言,极为重要的是去考虑以下的问题:去观察主体的经验世界,究竟具有哪些意义?换个方式说,主体及精神性在可经验的世界中究竟以何种形态扮演其角色?在心理生活和生物主体的心理习性的形态之中的精神性是一个基础形式(Grundform),可说是原形式(Urform),在此之中精神性具有世界的定在(weltliches Dasein),无论是在个别的或是群体的形式底下。

但现在我们也必须注意无生命的物体,只要我们就它们被我们所经验的方式去看它们,它们便可以带有一种精神化,就某个意

---

① 新演讲的开始,6月26日。

义而言是精神的化身，就在它们依然是无生命之物体的情况下，亦即它们并非那个被精神之物所激活（Beseelung）的身体。我们生活世界当中的最大多数的物体可以被我们当作例子，例如书桌，其次像家具、房屋、田野、花园、工具、图画，等等。这个生活世界乃是持续地作为我们的经验世界而围绕着我们的世界。上述那些物体会被我们直接地经验为富有精神意义的物体；它们将不会只被看成是物质性的，而是在其感官被经验的形态中、在其空间的形式以及任何这类形式的转折变化中、在其任何其他的感官性环节中都表达出一个精神上的意义。通常在非常多元化的精神构成之中，这个精神意义有着其相反面，亦即在感官地被经验的躯体性之形成与分支的构成中，此一精神意义合乎表达地自我化身在此躯体性之中。这个被表达出来的意义并非在表达者之旁，而是两者具体合而为一地被经验着。在我们眼前又再一次地呈现出一个具有双面性的躯体—精神性的对象性（körperlich-geistige Gegenständlichkeit）。

对于这一类对象的经验方式可以与对于一个旁人的经验方式（亦即经验一个身体—心灵的整体的方式）可相模拟。在对于表情、姿态、被说出的语音等之经验流程中并不仅仅是物理性被经验而已，而是激活的物理性（beseeltes Physisches）；表达的方式也正是如此，也就是那个持续前进的也是肯定-证实的（stimmend-bestätigend）。作为这样的存在它当然不能够把心灵性的掌控带到合乎感知的被给予性来，就如同在我们自身的身体—心灵性的整体中的自我感知那样，但也是在一个原初且肯定的告知的方式中，作为在表达中的被表达者。

但是在文化的当前经验领域中，那个表达者并不是身体，而被表达者更非心灵生命，不是那个在心灵生命中表现出来的特质。一个工具或者一部艺术作品乃是一个物理性的物体，但不仅仅如此：在其中有着一个丰富的精神意义使它作为化身，它客观化为一个从主观的成就而来的被构成物。物体的多样性构造（Gliede-rung），例如一座哥特式的教堂绝非是随意的，而是富有意义的，其构造须在其意义中被掌握到。

每一个构造都有其特殊形式甚至于特殊的形式多样性，而把一个无论是透过文字或图像表达出来的精神性给隐藏起来，无论就整体来讲或就其形式元素来讲无不如此。它并非仅仅是外在的连结，而是内在地胶合在一起，以呈现处在其中及表达于其中的意义——我们甚至可以说"镌刻"（eingedrückt）出来的意义。

意义承载者与意义本身之间的分别虽然可能随时发生，但却是一项抽象的层次区分。在对一个文化作品的具体观看中，任何一个文化物，无论是工具、机具、建筑物、一段话和文字，于此之中我们都未曾经验到双重层次，而是其统一体，该统一体只有在事后才会抽象地被看到表达与被表达之意义，亦即文化上的意涵之双面性。

这一类被精神化的真实物之产生明显地可回溯一个带有创造力的主体之活动。这项意义回溯到一个构成意义的主体，而且回溯到作为这项意义的表达之表达，具体的作品（Werk）乃是这个目的形态的作品，亦即具有创造力的主体性之作品。

在此自明的是，任何在群体经验中作为这种精神的构成物（就被言说的语词之最广意义而言），也就是作为文化物而被给予者，总是不断地有助于新的目的性行为而能够取得新的文化意义。普遍来看,可以说并不存在不拥有目的特质的客观真实物,也就是完全没有被任何一个主体赋予一项意义的客观真实物,这个意义,也就是借由这个意义那个客观的实在物终究能够被经验为周遭世界的持续存在物,所谓的每个人是指隶属于一个人们能够以可能的方式互相理解的社群。无论人们本身是如何作为创造文化的主体,他们同时也互相把对方当作文化物。例如他们同时都是可教育的和被教育的,而教育是一种文化上的成就,人们会在人的身上分辨出好的或是坏的教育。科学的、艺术的、技术-实践的教育是一项文化上的成就,这项成就是提供给人们一项内化的意义形态。也就是说人们具有文化上的许多可能形态。他们具有内化的而且在其经验脉络中可经验的目的特质,例如作为政府官员、军官及其他的国家公务员,或者作为教会和其他社群的特质。

作为文化世界的经验世界具有一个不断在改变的历史面貌,而在这项改变中,它显然是理论兴趣的一个本有主题,也就是不同科学的主题,亦即在特定意义下的精神科学。这项研究有一个双重的方向,毕竟文化及创造文化的主体是不可分的相互关连着的。每一个文化物的任何经验,也就是合乎表达而带有一项精神意义的真实物都有其揭示意义的方式,它具有公开的视域性的方式,也就是那个虽然被表达出来但是毕竟首先只是不完全地被掌握到,所以具有只被提示的意义。这项揭示要求相应的直观,要求投入相应的目的活动追求,目的的特性以及目的满足之方式,例如在看到武器的同时便了解其普遍的目的,但也对其相应处境的特殊动作有所掌握,也就是它可以被纳入目的之完成中。明显地这总是会回溯那些相应的主体,武器锻造者、战士,在其时间环境的关系中，以及更宽广的目的系统中，武器的制造被归属于其中，其所指向的并非一个孤立的个人，而是指向人的社群，在其群体生活中所有时间的目的都根源于此。

就在作为被客观化的文化之精神性合乎原初地回溯人的精神性之时，我们就再一次依据该回溯而活在心灵生命之中。因为使得世间人之作为人的主体（personales Subjekt）者并非在于其生理性与躯体性，而是在于激活该躯体性。

让我们再进一步地观看揭示性的化为观看（Veranschaulichung），透过它我们将会对于"精神性"的真实面貌有进一步的认识。精神性乃是我们在精神意义的标题底下归属于"文化物"者；换言之，无论精神之物和心灵之物处于何种关系，此一心灵之物乃是我们标示为**原精神性者**（das Urgeistige），也就是精神性的原初居所。

无论是作为哪一种类型的被客观化精神性，文化意义总是如同我们一再强调的一方面客观地被经验着，也就是作为附加在物体之上，合乎表达地含藏其中而使得它们带有精神意味的意义而被经验。另一方面我们已经说过，表达的揭示性阐明毫无困难地引导我们朝向底下这项事实，任何被表达的意义以及完全带有意义的对象在揭示性的经验形态自身中回溯一个心理的主体，普遍而言：朝向一个人或者人的群体，从这些人当中产生出人的成就。主体构造的被构造物，也就是从意向、目的、目标及手段的设定、实现性的行动——最后是作为整体成就，也就是在最广的意义之下作为作品构成体（Werkgebilde）。所以成为原初创造性的，作为在成就性的作为之中的成就，对于成就性的主体来说只有它是具有原初的形态，亦即真实的原初性；它在其自身或从它的意向性及实现当中，在一个形态的阶段序列之中自我展开，而它每一个阶段的目的意义以及工作意义都是合乎感知地持续含藏其中，因此最终在完成的作品自身之中，它不仅仅是对于工作者（一般是某物），而且原初地在其工作形式中是可直观的，也就是有意为之的以及合乎目的所构成的。当然这个合乎作品的，也就是其目的意义并非在感官中被感知的及可感知的，例如当一支箭被削制之时有其箭的形态。物质性的形态是在感官中被经验的，是眼睛所看得见的、用手指所能触摸到的。但是其目的形式，也就是箭这个字所表达出来的乃是从意图和意志而非感官地产生出来的；但就在它当下目的明确的作用中，那个根据主导性目的而导出的感知形态同时正式被看出作为带有目的和作用；作为作品的作品在此有其最原初的被给予方式，在最广的意义底下合乎感知的被给予方式。

凡是经由过程形塑而成者，是可以一再地被经验亦可以随意地被许多主体所经验；但不再是在原初合乎感知的相同意义底下。严格说来一个个别物不可能被生产两次，只有一个相似的或同类的才可以被生产。但是个别物自身会被当作这个作品构成物，好比说这支箭可以一再地被经验而且终究可随意地被许多主体所经验。但不仅如此注视着制作者的观看者，并且融入制作者的目的活动之中，会对于这项作品有一种共同的经验：也就是在作品被形塑出来以后，该作品是普遍地可被经验。那个活现于作品诞生初期的目的及作品意义是持续留存于躯体之物当中的。相应的经验在此有其解释上的基本形态；箭会就其物理性被感官所感知，而与它同在的则是，如前所言，一支箭是根据其目的意义而被理解。在可能及真实的经验中它证实自身为一支箭,它是为此意义之目的而被生产以及相应地被直观地制造出来并被证明。在此方式之下,一个带有目的意义的对象、一个文化物一方面在人的生命中有其原初的实现性,此外,对于人的主体而言从原初的生产中有其本有感知的被给予方式。另一方面,就内在于相互理解社群之中对于任何其他的主体来说它具有多方位的可经验性,是在直观而且是经得起考验的诠释的形式中。

文化物自身或者其文化意义**在此并非一个根据真实的心理状态或者在表明性的真实心理特质当中的种类之心理实在物**。普遍来说一个物体性的真实物是变动的整体,它是一个穿透延展性可变化状态之流程的整体,此状态是作为处于因果规律之下的变化物体的一种。在此意义底下,一个物质性的物体是一个物体真实的统一体,例如一只动物、一个人——但一个定律、一段书写文字、一部文学作品、一个图画艺术的作品等就不算是物体真实的统一体。文化意义,只要它属于所谓的作品的躯体性身体(körperlicher Leib)而且它是持续地隶属于它,则在实在层次的种类当中它并不隶属于此躯体性的身体。显然就它自身来看,它当然具有有躯体性真实的统一体(Einheit körperlicher Realität)。

那个使得一物成为文化物的意义当然是时间相关的,就某方面而言我们也谈到一个流程。但我们在此还没发现超越流程而扩延和改变的状态性,还没有带有扩延性的时间充实,亦即就文化物的同一性来说,我们没有发现任何关于改变的事情,无论它是很快改变或者从不改变。正如同没有真正的改变,所以它们当然也没有发现真正的变化的因果性。作品的整体性、其同一性规立了其不改变的目的意义。

当一幅画因为色彩失去亮度或者颜料而出现斑驳等状况时，它本身不只在物理上有所变化，而且它的意义也随之不同，这并不是说作为这样的艺术品、这个美术品本身有所改变；而是现在被经验的乃是另外一幅图画。特别是当该经验是一个错误的、无法在一致性中被阐明的经验。

还有奠定在所有历史性的本质中，普遍对于过去的文化构成物之解释的变化并不是一个在真实性意义自身的变化，在此意义当中我们谈到一个物理性的物体或者人的变化；而是历史变化的序列，根据其变化，一个带有原初意义的原初作品逐步转向一个并非真实而是内在的作品的多样性，一个在同一性的特殊类型中展示的多样性也就是作为相同之物的互相争执的解释的多样性。

值得①我们注意的是不同的物体从来不可能具有完全相同的状态或真实的性质，每一个物体都有其个别而独特的特殊性。但是不同的文化构成物可能在真实分离的个别躯体性中具有相同的意义。就好比以德语客观地表达出的一个数学定律，因此也是一个德语的文化构成物，却完全可以在别的语言当中表达出相同的数学意义，而每个人则能够掌握到其同一性。

意义因此是躯体真实物之上的一个独特而非真实的阶层；透过它意义乃在真实的世界中拥有位置，时间之流的方式，空间连接性的方式，也就是如同空间的扩延；再一次地就如同世界中的效应，只要它如同从主体的成就所产生的那样，则在进行事后了解的

---

① 新演讲的开始，1925年6月28日。

主体性中也可以再一次地产生作用，也就是诱发新的、人的成就。

我们必须掌握可经验对象的特殊类型，就如同它们是被经验及可经验的那样，如同它们在揭示、经验与可能一致性经验的框架中被给予的那样，亦即最终证明自身为内在于世界的真实性那样。我们绝对不可将它们移到旁边去，因为它们并非自然真实物那样的物体真实之物（Dingrealitäten），也绝对不可为了它们的"主体性"的缘故直接地将它们看作心理对象。在回溯其原处所之情况下我们将它们当作人的产物，并根据其专属之意义确认它们并非心理之真实之物，而是就其意义而言乃交互主体可确认的实在之物，它们是在下列方式中可被经验，亦即诠释性的后理解以及终究在一个普遍的目的有效性中可被经验，而且是作为在普遍有效的目的系统中的合乎目的之物。它们的存在方式是丝毫不可动摇的。

倘若在己之真实之物是与主体无涉的话，那么文化物便是在某个方式底下与主体相关的，从主体产生并且另一方面向作为人之主体的主体喊话，提供给人们作为有用之物，作为对他们及任何人而言在任何适当的情况下都是有用的工具，作为美感品味的对象而被规定并适用于此，等等。它们具有客观性，这是主体与主体之间的客观性。主体之间的关系是隶属于这些文化物的本有本质的内容，文化物总是带着这些内容而被意指以及被经验。一个物理之物或者一个人在先天上固然有如任何对象般可与一个主体性相关，透过该主体性而可以被经验以及可被认识；但是一个物体在其经验内容自身中、在其对象性的意义自身中却不含藏任何与之相关的主体性。要是我们将一个物体拆开，则无论我们再怎么探索也只能遇见物体性的特质，从来也看不到任何依据目的的意义而进行创造的主体性,或者与基于目的、用处、美感等而被创造之物有所关联的主体性。此一涉及人的社群之关联性却是属于所有文化客体性(Kulturobjektivität)的本有意义。

如此一来那个客观的研究便部分地相关于文化自身以及它的作用形态,也部分地关联着带有多样性的真实人性,此一人性是文化意义所共同预设的,是该意义自身不断地指向着的。

§17 化约到作为完全只是真实特性的基底之纯粹实在・对于非真实的文化意义之排除

a) 在我们澄清这点之后,便认识到具体的经验世界容许净化的化约(Reduktion),透过此一化约我们获得一个普遍纯粹实在的封闭领域,也就是作为一个普遍的、透过化约而四处贯穿的结构。假如经验的世界几乎可能是到处都多样地带有文化意义,并且持续地带有文化意义,也就是从创造文化成就或者意义给予而来的,该成就或意义给予乃是我们作为个别的人或者作为或小或大的族群所完成的,这些将不会构成下列事实的阻碍,也就是我们从这些经验世界的描述词,也就是这些跟主体相关的非真实的特质抽离出来,而把目光完全放在被统合起来的纯粹的事物真实性之普全(das Universum)之中。我们在其具体真实的双层性当中理解作为纯粹物体的真实物人们及动物,也同样地在其全然的真实性质中理解其心理无生命的真实物(psychisch leblose Realität)。显然,这个相对于文化世界的物体世界乃是在己的早先存在者。文化预设了人们及动物，后者正是又预设了躯体性。

b) 一旦我们如此这般获得了纯粹的物体世界，那我们显然可以抽象地退回一步。换言之让我们在面对动物的真实物时将它们的心灵抽离掉，则原精神性随即被忽略，则到处所见只是作为绝对无精神的纯然躯体性。

就整个经验世界看来，我们将获得在最物理自然及最简洁意义下的自然，该自然乃是一个普遍而明显纯然在己的封闭的世界之核心结构。它完完全全是由躯体真实物所构造起来，从它的对象意义来说，透过我们抽离所有的心理之物，则所有的文化意涵都被排除了；也就是说任何一个被纯粹掌握的乃是作为一个物理对象性的整体及纯然物理性的因果性，而它乃是与在纯然物理-因果脉络之普全整体的相互性中纠缠着。这里就是原初的时间空间延展性的领域。笛卡尔把物理性的物体定义为扩延存有（res extensa）并不是没有原因的，虽然他事后难免因此而陷入迷途。这里无非就是空间与时间的位置，或者空间与时间作为位置的系统，作为那个个体化者或所有物理个别真实物的形式者乃有别于在其中被具体地点化的物体性**者**，亦即带有质量者。这就是作为同一可重复的普遍者，一直到其最后的特殊的差异性。只有在地点化当中它才成为个别及独一无二的**此物**。值得注意的是，借此我们并非表明纯粹的物理性是为己存在和可能存在的；仿佛一个世界可被设想成纯自然那样。

在此就这点而言不需要采取任何立场，我们只是必须执行一项抽离，借此抽离动作一个狭隘的而且本己地有待研究的脉络乃呈现了，此一脉络乃是作为一个普遍的，即使也许是作为世界核心的抽象而非独立的世界结构。正如同我们可能停留在纯然的物理层次中去经验事物,亦即我们总是可能感知地、阐明地、证实地让我们的眼光从任何一个精神层面远离,则我们也可能在这个无止境的经验层次中完完全全只进行研究而理论性的活动。

近代的自然科学正是从事这样的工作。相对于古代而构成其激进特质者,并且完全确定其方法者,正是在前述双重意义底下所被描写的对所有主体性的抽离。

唯有如此,那个普遍物理性的本己整体性脉络才作为一个朝向无限而自我封闭的物理性物体之时空因果脉络而呈现,为此一个关于此一纯粹自然的科学乃被奠定了,许多个别的科学正是由此引申出来的。

§18 在自然科学家的态度中主体与客体的对比

剥除主体性的方法,透过它,自然科学获得其普遍领域,透过以下的方法取得一项特殊的意义,**这个方法如何必然转向(且必须转向)自然科学工作本身的方法**。科学首先是透过经验视域的展开而被构成的,特别是透过突出具有一致性的真实可能性以及真实实在性,最后是透过在理论性的兴趣中被确认的真实经验之扩充,也就是透过在实验及观察中对于实在性视域的开启。

在此基础上也就是有关于被突出自然存在之真实性与可能性——在持续不断及一致的证实中被突出——正是理论的掌握性确定性思考自身在活动着。在此过程中那个进行确认以及确定的活动乃会朝向被经验之自然的纯粹客观性去看，而此一自然在其纯粹客观性（相对于主观性）之中乃会被充分研究并且理论性地、有生产性地被确定。

这个纯粹的客观性意味着什么，它与什么样的主体性相对比？后者如何持续地作为遮盖者而因此必须被剥除？

当然将心理之物从经验世界中抽象地加以排除本身已经涵盖了对于所有纯然主体性的排除，只要人们把心理之物真的从任何方面以及可能出现的位置都加以抽离的话。如此一来，所有的文化精神性也都从自身剥离了。因为当我们纯粹自然地采取态度而且所有的心理之物并非只在当下而且是在整个过去及未来的经验世界中被放弃，就如同自然科学家一再进行的那样，则整个经验世界从其发生面向来说自然而然也就丧失掉所有的文化意涵，更不用说那些所有可明说的文化述词了。这些剥离的动作都是从自然科学的理论领域自然而然地流露出来的。

这对于我们现在特别重视的那个主体性也具有相同的效应，而它在自然科学致力于追求纯粹客观性之中亦不失其重要角色。

在所有自然科学的方法中，最后在所有的经验中唯有经验世界是我们所谈论的对象（无论是具体的或是带有某种抽象性的），自然科学家以及一般的经验者及理论思考者总是理所当然地在那里。被经验者乃是经验的被经验者，而在此经验中被经验者是对于它而被给予的，用流行的语言来说，正如同对它来说每一次所看到的样子。而后在其思想中，如同它所进行的思考，如它在概念和判断中所提供给它的。

无论一般所说的关于根据相应主体的暂时特质而来所不断变

换的多样之主体性的直观、掌握、意见等可能具有何种不同的意义,更不用说关于不同的相互经验着及理论思考着的科学家的变换的掌握的说法——普遍而言,在模糊及遥远的观察中,那个被凸显的客观真正存有以及那个只是主观存有的区别是可理解的,那个主观存有指的是对于每一个主体在其每一次的主观态度中只是如此出现,只是被它意味着——那个只是主观的见解。

经验着的觉察者觉察到作为定在(Dasein)、作为当下在他面前存在或者依据回忆地作为对他而言曾经存在的那个对象,也就是自然科学的经验者经验到那个总是被观察到的物体。但是他如何能以别的方式经验它,也就是在作为主体的模态,例如在此或在彼、在近或在远、在左或在右、在上或在下,等等。在经验的前进之中方向性总是不断地变换着,然而那个被经验的物体并不因此就跟着改变,就算它真的发生,方向的变化也不等于物体的变化。

在交互主体的相互理解与共同合作之中,每一个人都有他对于物体方向的被给予性;但就在这些变动当中,相同物体的经验统一性一直都贯穿着,带有属于它本身的性质,这些性质是因主体的变化而改变,也就是时而以这个或那个方向的模式而展现。

当然这些主体的模式并非自然研究者的主题所在,虽然它可以只在这些模式中拥有它及可以拥有它,不论他在何处经验这些物体。就后者而言那个专注的目光可以随时朝它而去并且终究包含那个理论性的兴趣。不过所谓的朝向物体的**直接目光朝向**本身以及那个内在于该物体的性质以及隶属于该物体的与他物之关系就如其自身那样——却是另一种目光朝向;这种目光朝向乃是对于及自身的朝向,物体本身在不同的方向样态之流转中被经验为那个在自身如此这般具有一致性的被经验者。

很明显，一个如此被朝向的存有是可能的，就算那些相应的呈现方式并未主题地受到注意，虽然这些呈现方式必然存在于意识场域之中。总是有可能出现这个或另一个目光朝向（在平常的生活中这是时常发生的），我们还可以说，这个和另一个经验着的感知在综合当中出现：如同当我们对它加以注意并且因而说出这个相同的物体时而在邻近之处，时而在遥远之处，另一时候出现在我们目光场域的左方或右方，然后在后续发展中还有其他主观外貌的性质，例如视角的转移、缩减、拆解，等等。但所有这些主观的目光朝向及综合对于自然科学主题的构成都毫无瓜葛。固然这些目光朝向是自然研究者在其方法中所执行的，但是只是为了这个目的也就是要达到他自己的本有的主题并因此纯然有意地产生出来。朝向物体的主观被给予方式的目光朝向无助于把这些被给予方式带入理论的兴趣当中，反而是把它们排除在外，以便宣称，这些与我无关，在这些相关的问题上我没有任何描述及理论性的规定可说，亦不可能提出任何理论性的问题。

所以说客观研究者的客观化是"抽象地"在执行着，而当客观对象本身被掌握及研究时乃是一个抽象物。因为正当它于经验中被掌握时，它与被给予者的"如何"之主体性便无法脱离关系。以上所言不会因为底下事实而有所改变，那个主题的目标乃是作为具有同一性物体自身的客观对象，不仅仅就每一真实的经验而言，而且是就所有将来及所有可能的经验而言。

物体本身总是而且必然总是与主体相关，它是具有带着开放-无限多样性的同一极，这个多样性不只是我的经验，而且是所有其他主体的真实或可能主体的经验，这些人应该都可以跟我在可能的交换相互理解当中达成具有一致性及肯定性的综合。

但是自然研究者根本不去反省这一些。他的方式与他的意愿乃在于，直接朝向物体自身及自然自身的经验的执态中，以及与带有相同执态的科学社群的合作当中，根据存有及这般存有（So-sein），根据事实及最终而言根据埃多思去确定作为这般自然而言的真实之物（das Wahre）。客观对象乃是作为客观真实的经验主题和研究主题。在此我们还要指出纯然主体与纯然客体亦即客观真实与另一项的区分。

那个朝向客观对象的执态对我们来说产生了对象性自身，也就是自然自身。在此它是**真实地被给予**的，就其确切的意义而言被经验着，只要经验是在具有一致性的确定性经验中进行。只要对我或对我们而言它发生了，只要我们理所当然地说出，正是依据不断裂的经验确定性或定在的确定性：我们经验着这个和这个物体，我们经验着自然。一致性经验并不在时间之流中维持其一致性，这件事明显地时常出现，并且在延伸的经验之流总是本己地一再如此出现。

作为存在着及如此存在着而在这些客观性质中具有确定性而且持续地被肯定着的那些事物往往丧失其确定性、其素朴真实性的特质、其毫无疑问而带有一致性的被确定的定在。取而代之者是充满疑问的特质、那个不确定的矛盾、那个"有疑问的这般或那般"；最终单纯揣测者的特质或者在虚无性特质的负面裁决中，例如与毋宁说是这样而不是那样相联系当中的"并非如此"。

要是这样推而广之，则那个原初确定的真实性乃会被降格为证实是空洞无物的主观意见。但它同时在一个新的确定的真实性中有其相应者。如此一来,整全经验的同一性乃再度被产生,而新的真实性亦再度隶属于整体有效的整全真实性。

在此出现一项区别,一方面对于在主体的经验中作为客观真实性而有效者,但并非终究有效而被给予者,而是期待一个可能的修正;另一方面则是作为终极的真实性,只要它是在任何一个被进行的经验中免于被修正者。

这显然也涉及定在本身,包括它所有的生-而-存在,但也涉及单纯的个别性质,就在对象总是作为真实持续的存在者时它也是充满疑问的,而且作为这样的存在是必须被放弃和修正。

§19 在己的真正世界本身作为必要的假定

作为存在的真实性,在我们的经验中的被给予者是无所不在的,在修正的可能性中总是开放地作为可思想者,又无论经验的真实性多么时常需要被舍弃,在我们的自然生活中毕竟充满一种确定性,也就是无论如何总是有着一个客观、终极、真实的世界,**那个真正的世界**,如同我们直截了当说的那样。作为毫无疑问而存在的理所当然总是持续地对我们有效。仔细地看,此中存在着一个越出所有当下经验的一项假定。①

为在此所包含的是,每一在我们的整全经验中产生的一致性并非无限而且在所有自我呈现的真实性中事后证明为或可证明为

---

① 说得更好一些:在自然生命中一个实践真理的实践确定性;科学家的假定,也就是真理自身的假定。

假象，无穷尽的经验并不可以总是而且到处都以修正的形式而往前进。毋宁说无论在个别之物中可能有多少的修正，也无论事实上在我们的经验中不可能在这类事物上出现闪失，可确定的是，修正的辛苦之路至少是在不断前进的接近中朝向不再需要被修正的真实性之认识而去。必定有着一个终极的、真正的真实性（在其真实的真理中的**那个**世界）在经验的无穷尽过程中自我产生或至少总是更加纯粹而完整的产生。作为终极的真正真实性它是可以在理论上被确定的。被经验之真实性的所有确定性的破裂，所有朝向不确定性、怀疑、虚无化的假象的转变，所有的修正对我们来说都只是朝向终极真实性之领域纯然的认识桥梁。

这一个隶属于普遍经验的自然风格的假定在其从不被质疑的确定性中也掌控那些客观科学。透过观察实验以及理论的思考去深入探讨确切的真实性，也就是去构思对它们而言终极的真正述词及理论，此乃这些科学的目标，特别是所有的客观自然科学的意向。据此它们在针对纯粹的客观性进行科学上的活动，并把它当作对抗一个被经验而且只是被设想的真理的战斗，也是对抗所有"纯然主体"的假象之战斗，更是对抗所有的纯然主体被经验的矛盾、疑惑以及暂时的凭空设想之战斗。

不一致、假象以及这类的现象事实上都是主观的显像；在经验着的主体，无论是在个别或是群体工作着的意识领域当中出现。当然更不用说一致性或者被经验的真实性自身，正如同它们是在经验者之中作为这样或那样的显示整体的确定性而被意识到。当然自然科学家也都和这些主体性相关。但如同前述我们要再一次说明：主体并非其主题所在；那不是它们分内的工作，描述性地去研究一致性、非一致性、假象等，究竟在理论上要如何确定这一切。它的主题毋宁是直截了当被经验的自然，在其真正的真实性中，而那个穿过假象、疑惑等的步伐乃是被执行的方法，这是在主体中发生的而却不被它当成主题来看。所以，最终在所有科学当中都要做区分。如果一个数学家谈到数字、计算、标明、记录等，则数学家并不因此成为处理有关主体活动的科学，而是只处理关于数量数字等的问题而已。

还有一件事是值得注意的。一般而言，经验无非就是在正常的执态底下的经验，它是在未反思状态下的生活，亦即在持续往前推进的经验综合之执行中生活，或者是不连续的断裂经验与新的设定的经验相衔接的综合的生活。我所谓的"未反思"，是因为它是执态的一种转变，假如经验者从被经验的对象，回头转向经验以及那个经验的主体；它要是在一个综合的回顾之单体中活动的话，则它将会一方面把客体以及最终整个世界看作直接一致地被经验者而且是持续地被经验者，另一方面它同时也发现，这个在经验场域中未被留意的对象被意识者在之后以特别的方式于感知场域中被意识到。这里出现两个对于反思者而言彼此相关的真实性，而两者都是在有效性的单体中被给予：客观的、世界的真实性以及作为"在其主观场域中拥有或者获得客观性"的被经验者的真实性。

我们现在就拿假象作例子，在直截了当的目光朝向，在此目光朝向当中那个对于对象的经验者并不觉察到它自身及自身的经验，首先有着一个作为真实性的被经验者，但它事后被证实为虚无的假象；据此一个非存在之物乃现身了。假象在此是作为在一般情况下融入其真实性中不可怀疑的经验周遭世界而现身的。在其持久的确定性中,这个真实性是抗拒着假象并赋予该假象以虚无性。这也位于直接的目光朝向当中。反之如果现在又有一个朝向主观经验的目光回溯,则根据这方面将会再度有一个真实之物被给予,也就是那个真实的主体以及其真实的对于真实之物的掌握,正如作为虚无假象的这个真实物的真实删除。假象产生了,它不是客观的存有物,而是作为主观显像,此主观显像是在真实主体的意识场域中并且与不可怀疑的真实性之经验周遭世界相关。该主体是一个伪造对象的主体,此主体只有在涂销或者虚无化的形式中才具有有效性的种类。

  自然研究者在方法上把主体性加以排除,以便获得从任何一个"纯然主体"解放出来的纯粹自然。我们在讨论主体性的时候所涉及的忧虑当然有两方面的作用。一方面为了澄清自然研究者的观念并且把它明白揭示为一个纯然的抽象产物;另一方面,一步步地就其所有依据经验的形态去看清整个主体性。唯有如此我们才可能对于下列事实有原初的理解,就是一个普遍的主体性科学究竟可以有何意图,和相互关联但又相互区隔的那些相应于这个主体性的形态问题群组,又有哪些相互关联但又再次分隔的问题群组构成特定学科的基础,普遍地说亦即人文社会科学的学科。

§20 在交互主体的一致性中可证实的客观性・正常与不正常

  但就这方面而言我们也遇到了一些有关于纯然主体存在物的变形。我们必须区分那些对于个别的经验着的主体所完全确认的,以及那些在交互主体当中作为真实性而被确认的。两者不需要携手并进,那些在主体中被确认的真实性却有可能表明为在客观上无效的幻象。

另外,可能的是,众多的经验相互协调而使得我们获得并且说出一个相同的客观性,不过这却并非必然对所有的主体皆是如此。在此重要的特别区分是:正常的人类社群或者那个在交互主体中的经验或者被经验的正常世界的相互沟通,具有正常视觉者、具有正常听觉者的世界,等等;而另外一群在正常人的旁边则自身界定为非正常者,例如色盲者、天生目盲者、耳聋者、天生的聋子,等等。

日常生活的自然,显然是那个正常被经验的自然,但自然科学的自然则一点都不是这个自然、这个正常的自然(die Normalnatur),而是想要成为"实在地真正"(wirklich wahr)的自然。个别的主体可以对于如下的一致性感到满足,亦即对它而言在主体的真理中、或多或少在主体相关的客观性中而被给予的自然的一致性;在社群生活中的人们坚持与正常感官所经验到的自然,而非正常者则具有其自身的方式,例如用间接的模拟或其他方式而求助于正常人的领域。但并没有许多个自然,而是只有一个自然。

相对于主体的自然各不相同,但在交换的相互连结以及群体经验中一个共同的核心贯穿了所有这些相对于主体的自然,在所有主体的偏离当中所显现的多样性可以产生出这样一个共同性的核心,透过这个核心正是有一个对于所有被经验者而言相同的世界可被掌握,虽然这个世界对某人来说是如此"显现",而对另一人来说则是以别的方式显现。

相对于这些显象(Erscheinung),自然科学以追寻在理论上可确定为客观的自然而著称,所谓的显象可以说是对于主体而显现的自然,虽然该显像对特定主体来说不乏一致性。而自然科学所追求的客观自然是突出于所有事实上和可能的主观差异性。

但就这方面而言,还有一个进一步的主观性明显地出现了,所有在主观的模态中被经验者都与经验者的每一物理身体性有关系。关于失明者、失聪者以及这类的人之谈论会把我们引回到这一点上面。于是我们来到心理—生理的脉络及心理之物的身体化。例如正常人的眼睛与非正常人的眼睛有共同之处,它们都是作为心理生理的主体之发挥功能的感官。但就所有被相应主体所直接可经验的心理生理功能之共同性而言,正常人的眼睛以及不正常人的眼睛毕竟就其纯生理方面来看是有差异的,这些差异终究与其他在中枢神经系统上的生理差异可能相混。但只有那个纯然的生理性是自然科学的主题,而非那些心理生理的功能,同样,那个相混的心理之物自身也非其主题所在。从所有一切抽离出来的自然科学,就其首要意义而言,是一门有关于纯物理自然的科学。

以物理性为取向的自然研究者,他们只对于纯然扩延性存在的世界感兴趣,于是把任何形态的主观性都从其判断领域中加以排除。

完全就其字面意义而加以理解的精神科学家,他们正好是把主体性当作主题。在不同的形态中出现的所有各种主体性彼此相关,这是很清楚的,但是它们如何相关以及如何可以确定科学,则一点也不清楚。这里存在着几世纪以来人们所致力克服的难题。

§21 心灵的阶段性构成

自然研究者的认识方向乃是外在世界,那个物体的整全的,物体的"外在性",这些物体是在空间时间中被排列着,彼此有着外在的因果关系,它们是如此这般被经验着。如前所示,作为纯粹的物理学家,他也是在这个空间世界核心结构中行动,在空间世界中的物理性物体首要地乃是原初空间性的,唯有透过空间世界的核心结构中的所有一切,也就是那些被称为在空间中真实存在者获得空间中的位置,并因此参与了自然因果性。

假如让我们从生理性的自然前进去探索主体性,只要这个主体性是空间中的真实存在,也让我们思考一下所有其他的主体性和空间世界是如何有关系。

我们仍会从在一般的经验世界、也就是作为在空间中真实而表现在人和动物上面的心灵生活开始思考,并思考在此心灵生活中自我呈现及带有习惯性的心灵特质。

这么一来在我们先前的论述中已经暗示了一项基本的阶段区别以及层次区分,这项区分是我们现在想要进一步去澄清的,亦即在心灵的被动性和精神活动之间做区分。心灵的被动性是属于最低阶的心灵。而精神性的精神活动特别指的是在表现流动着的自我中心的活动的生命当中的活动,包含我掌握、我比较、我区分、我进行普遍化活动、我进行理论性活动,或者我采取行动的活动,也就是具有目的取向形态的活动,等等。同样那些朝向自我的感受也在其中,那是被某物刺激的感受以及相关的一些习性。这些都对于动物(至少是比较高等的动物)是如此,对于人也同样如此。

就人而言这些比较高的阶段涵盖了整个人的生命,从此而来的整个越过个别的人之社会-历史生命及成就。关于这点我们先前已经借由关于作为完全从人的活动产生的特定文化述词的来源之分析而加以深入说明了。

但我们在此缺乏一个关于人最宽广的概念,这是不可或缺的,它亦涵盖了比较高的动物生命以及只是标示着一个存在物,该存在物是在自我的自发性中活动的或者被触发的,而作为这样的一个自我,它具有持续性的自我特质。

与最低的被动阶段之心理生命有关者乃是无所不在的作为人(Personalität)的前提。光是接受性也就是任何一个从自我中心出发的"我感知、我掌握、我观察"已经预设了那个有待掌握者已经预先在进行掌握的自我之意识场域当中以非掌握的方式存在着,而我对这个有待掌握者形成触发、刺激,而会转向它给予注意。所以如同我们所见那样,在那些觉察性的经验之前已经有着一个未进行觉察的经验,也就是在任何自我参与之前的带有一致性以及终究非一致性的隶属性综合的经验。同样,一个与任何一个从自我中心散发的好感或嫌恶、乐于接受或排斥以及这一类的感受相对立的被动感觉也是如此。

最低阶段明显地隶属于生理身体性之最直接与最原初的激活。激活的身体性逐渐浮现之时,朝身体看去的自我也一步一步地定位于自身的身体中。

身体以及每一个特殊的身体过程及部分会以这样的方式被看待,也就是从它的双面性——同时就其生理的外在性及其激活的内在性被看待。只有在我们对于在每一个正常的身体经验中一同存在的内在性视而不见，才会获得那个纯粹的生理性的身体物。所以例如把脚看成一个物质性的空间躯体。但就作为我的脚而言，它虽在身体经验中，却包含了更多，毕竟那个碰触与抚摸的感受场域乃是位于脚上。作为身体的运动"我移动着脚"，与之相对者乃是纯粹机械性的被移动，所以移动脚这个动作具有双面性。它同时是在空间中的生理移动**也是**（因此也是在持续性的覆盖）脚的主体性动作，等等。

身体性之为身体性的经验也已经是心灵的或者毋宁说双面性的心理生理经验。这里有着最低阶的心灵性：那个身体动作的心灵，那个直接被身体化者、直接激活者以及作为与生理的被经验者合为一体者。

这项说法适用于整个身体以及身体的个别部分：作为感知的器官主观实现生理-客观事件的器官，好比撞击、挪动、搓揉、敲打、等等。

极明显地，所有比较高的精神性只间接地出现，以作为对这个生理性的身体激活的方式而被经验。这表示，所有的心理活动（心理活动的残余自身）固然是建立在直接被身体化的心理之物上面，也就是一个身体动作"感官的"底基上，所以总是如此这般地带有感官性，但它本身毕竟在真正的意义底下是不被定位（lokalisiert）的。只有作为与被定位者相混，以及作为从此出发在表达的方式之中指出，而且它们才是"在"身体性中一同被经验。愤怒还有那些激动的特质，高贵的意义以及诸如此类的都"被看见"，但并不真的以身体化的方式被看见。

明显地，人们也可以做这样的理解：就激活此一概念而言，有

132

两个相互隶属的层次有待说明。

1) 激活使得身体成为这样的身体，也就是由主体性的且与内在性紧密相关的诸器官所构成的系统；或者使得所有一切成为一个带有双面性的存在物，在此之中别的心灵性一步步地被身体化。

2) 较高阶的激活，作为这般它就这方面而言在一个比较高的意义之下使得这个具有双面性的身体本身成为被激活者（beseelt）。这个比较高的激活者首先乃是人的主体性，也就是那个在其身体中的自我行动以及透过身体而在其周遭世界中具有支配性的精神，以身体性的表达而言它是与身体并在的自我宣告。就第一点而言，生理的身躯是被激活着，而就在这样的激活中它称为身体，就第二点而言身体本身乃是透过支配性的自我主体而被激活着。

激活表示一种精神性如何在空间世界中获得位置的方式，或多或少意味着空间化的方式，并且在与躯体性的基础合一的状态下表示着**真实性**。

真实性换言之，只要那个处于共同被给予性中的精神物（das Geistige）不仅仅只是与生理的自然物伴随存在着，更是与它真实-因果地合一存在。

依生物经验的意义而言不是只有一个纯粹生理性的因果性存在着，或者那个生理的身体不只是因果特质的基底，并且不只是交织在因果的依赖性中，该依赖性使得它与所有其他的物理周遭世界相关联。因果性（这一点属于动物经验自身的本有意义）反而使得动物的自然与其心理相关联，或相反。

依此看来作为空间世界的那个客观经验世界就不仅仅是生理

因果性的整体，而是心理生理因果性的整体。心理的效用逾越到自然（die Physis）并因此进入整个自然世界（physische Welt）。

具体而言：在空间世界中出现的生命的及人的被激活的真实物，这些真实物实际上根据两方面作为因果特质的底基而作用着。该效用一部分纯然在生理的路径上，一部分则在心理的路径上往前推进，或者它们是两方面地在心理生理路径上往前推进，等等。

§22 作为因果性质的稳定实体之物理实在概念

但是因果性的概念与实在的概念两者在扩大的范围内是否无所区别当然是一个问题，而这个问题将导致重要的观察。让我们进一步就关联于作为空间世界的一环之具体的生命实在物之相关性来思考一下因果性的概念，特别是针对普遍共同性的思考以及另一方面相对于纯粹物理因果性的区别之思考。假如我们回想起先前所提到的根据最普遍关于这个概念就它与实在的概念之相关性而言，则因果性指的是个别变动的合乎经验的依赖性，也就是说个别的、相互关联的并且相互依赖的变化的对象，特别是作为一种确定意义的而在相应的对象之经验中自身揭露的依赖性。在透过自然研究者的抽象执态而结构性地被简化的空间时间世界的领域中，作为纯粹扩延存在物的世界，进一步来看可以表述如下：每一个这样的存在物都有一个稳定的存有，它有着稳固的自身特质，无论它在一个同样持续变化的物体的周遭世界中的持续变化是如何。一个物体的变化在其与周围物体变化之关系中是稳定在一个变化的风格中的,尤其是:在作为物体经验的经验之意义中从来就有着在变化中相互关联的物体之被确定存有,这个多多少少可预见的,正如物体在被给予的状况底下会如何表现,同样人们可以进一步研究那项假设并进一步认识物体的这个特质。

假如我们客观而概念地掌握位于随处在经验意义之中者,则我们认为:每一个作为实在的物体都有其稳定的因果特质,每一个关联到它的普遍可能物体的周围,每一个这样的特质则是一个在变化的依赖性中稳定的因果规律之索引。我们可以理所当然地将它转移到生命的及人的实在物之上,我们先前已经这么做了。它们都是在空间世界中的客观可认识的经验统合体,都是透过其生理性的身体,而此身体在己与为己地已经被看作实在物而与这个世界建立关系。但这些于激活中已非只是一个随意而漂浮的心理之物,而是一个与之交织、连结、非外在的衔接而已,而是在双面-一体实在性的特殊方式底下、作为动物、作为人而交织在一起。

一只动物、一个人在其变化的多样性中有其稳定的因果风格,不只是根据其纯粹的生理的身体性,而是如前所言,心理生理及心理的;就后者而言那个心理的整体特质,在精神意义底下的个别性。

§23 作为归纳的物理因果性・心理交织性的特质

现在这里有着相当重要的一点要思考,针对与任何一种类型的真实性相关的共同性而言,人究竟可要求什么,又不可要求什么?

在物理自然中的因果性无非就是作为一个共同存在与先后延续的稳固的经验法则，在客观的经验中总是以期待的确定性形式而被给予，作为合乎期待的"这必定发生"或者现在"这必定一同在那里"，亦即在这个与合乎经验的这个已经是如此或先前变得如此。

经验上必然的共同当下以及后续在此总仅仅是一个假设，它必须透过往后的经验去证实。这是物理因果性的类型，如同我们精确地说，它完完全全是归纳的因果性，它完全确定了物理物体的真实特性之本性。

假如人们停留在物理自然的纯粹执态中，则在心理特质的标题底下将合乎意义而言没有什么可继续研究的，作为在扩延的状态及状态变化中描述地自我展现者，进一步而言对真正实在物，也就是所谓的物质性，好比说生理的特质、归纳-因果的规律之深入研究中。所以在理论思考中那个描述的方法乃主导了所有的自然科学-经验的学科。

在生命存在者的领域中，同样与它们一起而迎向我们的心理之物之领域中，心灵究竟是如何处于空间世界中？它唯有透过一种并吞的方式才进入空间世界，它本身并非扩延的而是只有透过一个生理的身体性才获得间接地参与扩延性以及位置性的机会。

假如它现在具有一种真实的本质，带着具有特色的因果性，该因果性固然与归纳的因果性交错而且透过空间的客观化必定与归纳的因果性交错，然而，就算如此，那个感应的真实物对它而言多少也只是外在的，对于改变的统整性（Vereinheitlichung）之另一种原则是外在的，换言之，从精神特质到僵化的精神性质。所以事实上这就是如同一个透过历史的偏见而来的自以为纯净的观察所主张的那样。

其重点在于,心灵究竟以何种方式以及在多大范围之内可以或许在己绝对地根据封闭的自身的本质而可纯然在己并为己被观察。此一心灵在空间世界的观察中仅仅是物理界域的单纯层次。所以重点在于我们要从这个自身的本质去得知作为自我及生命流动的心灵表现出何种流动的整体性,在另一种不同的能力及习性之标题底下,在一个人格自我(作为这些能力即带有持续性的自我的特质的基底)的标题底下,它带有何种独特的较高的统合性;如此透过内在的分析得知,会获得何种心灵实在的独特概念。

只要那个心灵存有及生命的自身本质封闭的脉络是附身于空间-世界、自然的存有,而且作为身体—心灵的统合体具有在空间世界中的定在,则理所当然的一个感应的因果性之脉络必定超出纯然的自然,而感应地扩及心理之物。换句话说,整个空间世界只要它是作为一个外在被经验的世界之整体而被给予,必定是一个感应的单体,至于在它之中者究竟是否为空间化,则尚为其次。

我说这是不言而喻的。因为只有作为扩延物而原初地存在于空间中,一个物体才可能在空间中客观地被经验。它是原初地透过纯粹的外部感知而原初地被经验,它是在互相一致的视角显像的变化中达成带有一致性的定在确定性,同时达成活生生的展现的期待确定性,作为在感官显像中活生生而确定的显像者(Erscheinendes)。

但那个自身不是扩延物者,自身不是原初地在扩延性中可被感知者而是作为主体的、心灵的,这些只能作为依存有隶属于这样的扩延物,而透过这个隶属性成为空间性领域中的被并吞者的方式底下在空间领域中客观地可经验。它必定是带着某一种直接的扩延性，要么是共同地被感知，作为依存有隶属地共同被感知；就是它必定在一个比较间接的方式作为隶属地被指出，也就是在指号、表述或于合乎感知而被给予的物理性的共同定在的非物理之物的方式底下而被指出。

但现在清楚了，任何这般种类作为依存有而隶属于物理性的非物理之物的这般经验，无非就是作为归纳隶属性的相同经验。直接去感知非感官性的存有隶属性，这并非意味，只是在延续中去感知那个共同定在以及共同流动，而是说在对于物理存有物的感知或者在物理流动过程中同时指向那个在感知中作为共同存在并且共同流动而被给予的非物理之物：作为一个这样的必定共同定在与共同流动者。这无非又表示：一个指向性的期待之单体是从感官的定在朝向那个共同定在而去；这个期待自然地是在心理之物的依感知而共同被给予之中被满足。所以在对于我自身的身体性之感知当中，有着对于内在的"我移动"之隶属于外在被经验的生理性的手的移动之明证性，这无非就是，内在流动同时有着流动着的外在的手的移动的依期待之必定-共同-定在。但显然，这个依期待的"必定"是从作为一再重复的共同被感知冒出来的、作为共同定在，因此也是作为一个归纳性的"必定"的力量而显示自身。每一个期待都是"归纳"并且相应的是任何一个这类的存有共同隶属性都是归纳的共同隶属性。

这也就是心灵在空间性的领域中最原初的被给予方式，也就是我的身体提供给我的被给予方式或者说他的直接的身体心灵层次，一个感应的被给予方式，同样也是那个我的惯常的心灵生命所获得的隶属于我的身体之隶属性。

同样这一点就中介的方式而言,当然也是对于任何一个他人的心灵之隶属于他人的身体之被给予方式是有效的;在此情况下感应所导向的是一个不可被我感知的心灵,也就是就某方面而言作为一种"感应推论"(Induktionsschluss)。但这里所说的推论并非一般意义底下的思维活动。亦即作为逻辑的推论方式之归纳明显地只有在那一种经验领域之中才有其依据意义的有效领域,我们在此已经把这个推论方式标示为并描写为"归纳的",它以合乎联想及期待的方式构成的意义脉络。这里关联到纯然经验的结构或者纯粹作为这般可能经验之对象的结构脉络。但在其之上,也就是客观地说这个存有隶属性称为归纳的因果性。在自然中的扩延物之脉络,其状态以及状态变化的脉络是一个归纳-因果的脉络。而现在其脉络以及被兼并的心灵及心灵状态也是如此。兼并是归纳,身体-心灵-整体性是归纳-因果的。

就所有状态变动中保持其真实的整体性之个别物体之结构性环节而言,明显地在空间世界中心灵存有之肉身化从来不预设以下之事实,即一方面是生理-身体之物之状态的复杂性及状态的流动性,以及另一方面是相应的心灵性两者之间感应因果地依顺序排列并相互交错着。若纯然就其自身来看的话,心灵带有一项感应而有效用的类型。那些一般出现在一个心灵的心灵状态,以及那些普遍在心灵中先后流动者必须具有一个类型的规律性,它奠定了一个期待性的风格,也就是一个合乎感应期待而来的共同隶属性。要不然被要求肉身化的物体的规律的归纳隶属性将不会是可能的,该隶属性指的是隶属于有规律的物理过程,而这将无法感应-因果地清楚表明心灵生命。

但在此人们必须避免一项重大错误，这项错误长久以来扮演了一项灾难性的角色。感应地交错起来的真实的实在层次之空间客观实在性之单体所包含的生理身体及心灵两方面，若各就其自身来看，具有一项感应单体，甚至于有某些平行的结构形式，该结构形式才使得一个身体心灵结构的平行整体之统一性（Gesamteinheit）成为可能。这件事实一点也不表明，在躯体性的身体及心灵之标题底下形成一个动物存有的真实单体者，是真正贯彻地平行着，亦即真正地带有贯彻平行存有结构。严格来说：一个心灵自身肉身化为身躯的物理性物体，就其作为物理性的物体而言，无非就是从感应隶属性而来的一个单体，为己并在普遍物理性自然的脉络中只是从感应因果性而来的真实单体。那个隶属性心灵的平行论并不是说，心灵也只是从归纳因果性而来的真实整体。如果人们不深入地去探讨心灵存在自身的本有特质，而是如同自笛卡尔或霍布斯已经开始的那种心理学所做的那样，也就是受偏见所影响，则人们会认为新的自然科学乃是任何真正客观科学的原型，因此每一个具有相同风格的客观科学和相应地客观存有必须拥有每一个客观的空间实在，严格说来，就是物理性实在的本性。这个观点确立了斯宾诺莎的带有灾难性的平行论。根据此一学说，物理世界与心灵世界乃两个具有绝对同一结构形式、存有形式及法则形式的严格的平行世界，只不过它们是由完全不同的质料所构造出来的。

但严格看来，这简直就是荒谬至极。并不仅仅因为如前所言，心灵并非具有自身心灵的空间，这个空间具有其心灵的几何学，而也是因为根据此观点我们将可以说身体在平行的心灵空间中可以空间化,它必定可以在心灵中透过表达而自我呈现等,正如同心激活物理空间中肉身化而自身化身并表达为物理性的那样。这一切都是荒谬的,同样那个隐藏在背后的整个斯宾诺莎的形而上学本体论也都必须被否定。

如果我们继续往前推进,将可学着深入去了解那个真正的关系,只因为我们并非形而上学地构造,而是只能这样做,也就是去阐明那个在自然世界经验中自身揭示的意义,此意义乃是经验对象的意义及在此对象中作为激活而出现的心灵之意义。在我们眼中作为决定性的重点而有效者,并且预先被鲜明的描绘者乃是,心灵固然必定也在经验中具有感应的结构,但它不只是也不能只是作为一个在己并为己的纯然感应-因果而建构的单体而已。

§24 心灵的统一性①

根据上一次的说明②,我们只能承认心理学的自然主义到这个地步,并且能先天确定的情景在于:在动物性的一个观察方式中,也就是只针对它的生理身体性,从它的生理的模拟及其物理-化学的解释出发,然后当然活在纯然的归纳中并提升到对于心理及心理生理的观察,一个归纳研究的以及精神存在的归纳成分的丰富领域之展开必定是有所可能的。只不过就比较高的阶段而言,人们不该忽略那个归纳-因果性并非构成精神的真正本质,可

---

① 参见附录 XI 和 XII。
② 新演讲的开始。

以说归纳的研究自身必定是超越那个只是从归纳而言明显易懂。因为要是不对心灵自身做描述的话，我们就无法走的够远。但是人们如果认真对待它，也就是就精神性的本有特质去描述它，则人们必定很快地觉知到底下这一点，即就全然特有的本质概念而言，心灵乃是一个在己封闭的常设整体，要是我们不去管那个透过生理身体性的关连附于心灵以整体性者，也就是其具有整体性的激活的话。让我们深思：每个心灵都是一个流动着的心灵生命的单体，那个在其中作为心灵状态或是活动的流动者是完全处于这个流动性的全然特有的原则之下。那个奇特的流动着的变化之时间结构已经属于这里，也就是以带有"才刚过去"的流逝形式及另一方面"即将到来"的前摄形式的"总是新的现在"之形式底下。但是心灵并不仅仅是流动着的生命，还是一个这样的生命，在其中本有的新的整体、习性肯定无疑地自身构成着，亦即，被动与主动的能力、感知能力、感受能力、记忆能力、知性能力，等等。随着这些总是改变着的能力我们已经被引向那个作为基底之同一自我的本有隶属于心灵的单体，而此基底指的是对于特定的自我的能力特质以及对于不断改变，事实上从不停止而最终在断裂中完全改变着的人格特质，包括那个明确地所谓的性格特质；经历所有这一切，就算透过性格上的改变，而精神的个别性之单体性仍依旧维持住。

仅仅指向这样的特性以及其意义的深化，便使我们认识在心灵的本有特质当中呈现了多样性之整合的崭新原则。底下这些概念：真实的流动的状态（这里是指流逝的体验）、真实的性质、真实的过程、在真实变动的因果性当中的实存真实性都是获得了一种全新种类之意义的概念，这种意义首先与经验归纳的单体构成完全无所关连。特别也就是心灵的以及作为精神动机的因果性之特殊-人格因果性乃是完全不同于感应的因果性。

当然如同前述，感应性也在心灵领域扮演了它的角色，并且使得心灵领域肉身化，则在感应空间世界的统一性之中，躯体化才成为可能。

既然心灵体验在其种类中也是时间地被形成的，也就是说在流程的时间种类统一性中是流动着的经验数据，并在此具有共同存在与延续存在的规律性，它当然也自构成一个经验联想的同一化之场域，一个依期待、归纳脉络的场域。但这个感应的因果性促成在其种类中完全外在而依期待的单体，并不是首要的。在此把它们感应地结合起来的早已是内在地，从它的本有之根本原则结合起来的并且有其内在方式，总是能够创造新的及比较高的综合整体。感应的外在性——我指的是纯粹心灵内容的感应结合（也就是一个不能被理解为空间性的外在性）——在此显示为在内在性中的次要者。或许事后会表明，所有的外在性，以及整个感应自然、生理及心理生理的外在性，只是一个在交往的人的经验之整体中的构成着的外在性，也就是说仅仅是一个次要的，也就是说它需要一个回归到真正根本的内在性。但现在仍然不是谈这个问题的场合。

我们刚才完成的观察是有意义的，只要它排除了历史上的概念性与自然科学的偏见，此偏见宰制了新的、被自然科学的发展所引导的心理学。自然科学的方法论之思考习惯被转移到心理学去，那个被严肃地当作合乎事实的方法终究必定变成有害的阻挠。

人们一再地只想要在自然科学的方式底下往前推进，并且把所有对于实在的研究都简化为归纳的研究。归纳的科学以及经验的事实科学对许多人来讲曾经是等值的说法，至今依然如此。与之相关的是那个不清楚的也就是原则上在一般情况下是错误的移转，亦即把**自然科学**的理念放入精神存在及心灵自身的科学上去。

§25 普遍自然科学的理念·自然主义偏见的危险①

自然科学的理念之扩充有着一项合理性，亦即，那项统摄作为所有以及每一个空间世界中的实在物之普遍科学，在其作为唯一的整个世界之涵盖全面的整体，在普遍的空间-时间之世界形式的框架内**真实-因果地**衔接了所有的实在物。

在普遍的经验以及在对他而言自身的普遍假设中，那个在整体的空间时间形式中的**一个世界**被设定，而且是作为持续向前流动而总是有效的真实性，而此世界又被一个整体的因果性以这样的方式所涵盖，即此空间世界所有的个别物体都是从固定的因果性而来的单体。

而自然正是在扩充当中表达了完整的自然外在世界，其单纯结构乃是物体自然。但如此一来，该扩充却已暗示了那对我们这些向外看的现代人来说是一个如此自然的，从物理的自然到具体的空间世界研究的进步方向。究竟这个进步方向实际上是否是唯

---

① 参见附录 VIII。

一的可能,亦即必要的,以便将人格主体性加以主题化,这点我们还必须认真考虑。但这里有着一项必要性,正是在此出发并与此获得的习惯之中,如此这般地去掌握自然科学的概念,亦即在物理自然科学的基础上以及持续跨越其归纳-因果的存有领域之方式底下去研究那个与它有归纳-真实交错性关系的全体存有,并就其所有的感应-因果特质来看。

正是在此那个偏见被置入了,精确地说,整个空间世界实际上就是自然,即物理自然,关于心灵生命的诠释不免与这个物理自然有最密切的关联。对心灵生命的诠释是将它看作元素的一个本有领域,这些元素构成了在唯有其变动的归纳法则之下一个心理-真实的脉络,而此脉络就该方面来说乃是与物理性的自然或者生理性的身体性相互交错,并且是再次地在纯然到达一个实在-因果整体性归纳的自然因果性的方式底下。

不容否认,在此有许多部分是与物理自然紧密相关者,可纯粹地进行研究的探讨。生理学正是如此,这门学问大致说来乃是心理—生理的躯体学。

事实上我们掌握了躯体心灵的封闭的自然面向,只要那个感受与感觉感官性的这个躯体—心灵的感应脉络全然是与生理的身体性紧密联系着。然而具体而言全部的世界并非只有自然的风格而已。

那个自然主义的偏见必须被放弃。

只有基于这个偏见,那个在自然世界中机械化的决定论才会产生,该决定论使得世界成为一个原则上不可理解而无意义的持续前进之机器。这样的一个偏见同时使得自然主义者对于从人格的精神性以及文化而来的整个历史及普遍化的科学之本有成就茫然无知。

§26 将在世界中的主体性当作客观的主题

我们在先前提示的章节以及在原则性的主要教授内容当中所展示者①，将会获得其奠基性的内容以及具体的阐明。假如我们先将目光抛向尚未置入精神科学的角度，进一步去看的那些主体的呈现，这些呈现的内容被排除在自然科学处理自然现象的方法之外。

我必须在此提醒，这般将纯然主体性排除的方法在必要的情况下再次证明为必要的，一旦我们想要研究超越物理性自然之外（就其纯粹客观性）的动物—人的世界，无论它是否也作为最广义的自然之一，这是在片面注重归纳性的兴趣底下的结果。

先天地我们可以明证地说，任何对于我们是客观给予者以及可能应该被给予者，本身必须在主体地变换着的经验中并在变换着的主体模态中被给予。也许关于客观性以及对客观性之认识的论说有着一个良好的意义，即便空间世界并非问题所在。这一点也适用于整个情况。不论它如何对于所有在自然被给予的作为客观可经验者的经验世界的一切都有效，对于人及动物也有效，并非只就它们的生理身体性这方面来看而已。

一个人可以在许多方面透过经验而被给予，在取向及视角的显现方式之区别底下。让我们就字面意义来掌握这些字眼，则它

---

① 新演讲的开始。

们全然只相关于人及其自身的生理身体性,只要它正是有身体性的。即便具有别种内容,其心灵面向也是带着这样的区别,**也就是作为**就听觉以及整个心灵这方面来看的躯体性。所以我的身体对我来说会不同地被经验以及作为对于每一位其他人是可经验的,但客观来说它是相同的,并且相对于这样的主体的被给予的方式是相同地可认识;正如同这个特殊的身体—心灵,同样那个在变化着的"显现方式"中被给予较高的心灵也是如此,亦即随着被我原初地当作我自身的或透过表达被他人所经验的,终究甚至是间接的(好比有个人从窗户跳出去)。当然显现方式的概念在此基本上有着一个不同于作为就多样的生理显现方式而言的内容,在此显现方式中有着一个合乎感知而相同的生理性物体展现着。

当然在动物及人(并且不只是就其生理-身体及躯体的方面而言)的客观经验中,也有着一致性及在其被经验的存有确定性中的断裂情况,这里有着疑问、错误、预先掌握的纯然揣测,在虚无性的假象及纠正的形态中的主体性。但无论在此或任何地方,只要客观科学被认真对待着,与主体性的对抗便呈现为这样的形态。

之后也清楚了,在动物性、动物的心灵以及无论在何种主体性的标题底下被当作客观认识的主题者,必定有着方法论的区别及排除被提出,也就是在每一个客观性自身以及隶属于它的多样性,但并不内在属于它自身的那个"**纯然**主体性"。在方法论上这必须有意识地被排除,只要那个危害客观内容的可能性存在着。

随着这样的排除,对于物理的自然科学来说,它们并没有特别的困难连结到这样的排除上,原因在于它把所有主体性都排除了,只要主体性是**心灵**的化身。然而困难却马上产生,只要某种主体或带有主体者被当作主题,尤其是一般而言,当普遍的、物理的自然并非主题所在,而是整个具体的空间时间世界,连同动物及人,并进一步地连同人的社群及其文化。①

当然在此产生一些困难,那个总是被排除的纯然主体性,所有那个主体的导向模式、视角的显象变化、充满疑问的模式、虚无性、纠正等诸如此类者毕竟对于心灵生活而言并不陌生,它们必然属于心灵或人格的领域,正是那些它们所出现的领域;它们也就不那么容易从主题领域退出,不像从自然科学的原则上对主体陌生的主题领域那样。

所有被物理自然研究者所排除的主体模式,仍然是主体的显象(Erscheinung)或其同类,或动物的显象,作为一个客体的显象(或假象),在他的或其他人的心灵领域中所出现者。

在自然之中它们从来不在任何地方,但它们毕竟是在动物或人的"意识"领域之中。任何人只要他有主体模式就可以借由反思的目光转移,在自身中发现这些模式并且终究在其变化中描写其可掌握的特质。但如果我们并不只是想要当物理学家,而是心灵研究者,则我们当然不可能避免将所有那些主体性关联到我们的主题当中来;但并不仅仅是那个直接属于生理的被给予方式的主体性,而且也包含我们自身每次作为心理学家时为了要客观地掌握人的存在而加以排除的主体性。当然,假如我有一只猿猴的心灵,我以动物心理学家的身份拿这只猿猴做实验,则每一个他所提

---

① "纯粹心理学",我们的做法与自然科学正好相反:所有那些"客观的心理之物"都在排除之列。然而心理之物不是正好隐含在那个证实为观念的交互主体之心理脉络中?

供给我的主观的掌握方式都属于我的心灵领域，而非属于猿猴的心灵。然而，假如我要的是统包的心理学，并且是一个普遍的世界观（所有对于客观性的特殊观察及特殊科学都归属于它），则我不可以完全放掉所有这般主体性的任何一方面。每一方面都归属于某一个心灵的领域，同时终究归属于许多的心灵领域。所以一个并不一同处理所有及每个主体性的心理学是可能的，而不可预见的是，它对于所有想得到的主体性（该主体性可以在经验世界中向我们显现）之群体都有效。

但这只不过是让我们得以进入那个本有而艰深的困难之一项指引罢了。

147　　让我们关联于视角的显象及感官的假象来思考一下：在素朴的向外经验中我们并不知道主体的显象模式。对我们来说，这个或那个物体就是单纯地在那里，作为活生生的实在，当然是不完整的，在经验的向前推进中总是有新的特征，在鲜活的实际掌握中展现出来。所有那些被我们所使用的而具有主体意义的字眼，例如：对我们而言物体在那儿，我们的经验向前推进等，只是间接暗示地表达出**什么**已经被经验了。在素朴的物体经验自身中缺乏作为如此这般的每一主体性。我们的整个主体性就自身而言可以说停留在匿名状态。透过反思，这个匿名性乃丧失了。透过一项终究多样性的目光转移，也就是从被经验的物体以及其物体性质朝向相同物体的主观显象模式，并终究朝向我自身，朝向那个遭遇这个主体性的自我（das Ich），朝向那个一般地在此被操作着的自我，操作的例子如下：经验着这个物体，近距离观察它，将它与其他物体关联起来，对它进行评价，为了享受它而欲求它，等等。

§27 困难所在:透过排除主体性而构成的客观科学但所有主体性自身属于世界

我们①在上一次的演讲中专注于处理阶段性的观察,但一项转折已经呼之欲出。我们所有人都活在自然的经验世界之中,我们的所有施作与承受都与它相关,任何一个主题性的执态都跟它有关,在此执态中我们确立任何一个对象性,任何一个交互主体而一致的经验之被给予者的领域,以便在此进行理论性的工作,也就是最终创造科学,这些科学的真理是交互主体地证实的,对此我们可加以确认。世界整体自身涵盖了所有这样的客体性,所有及每一个可被经验的及可被认识者,亦即交互主体及一致性地作为实在性者。但每一个对我们的任何人来说都是主体地变化着而被给予。在主体之上的变化者将被排除了。为的是能够拣出及认出那个客观的同一客观性及真实性。

一般而言这已经导致一项困难,这一困难是在前一次演讲中应该在一般性中预先强调的。亦即:假若如前所言,世界整体涵盖了所有及一切在客观真理中者,那么该世界整体将与被排除在外的多样性主体的主体性如何相处?世界整体自身又再一次地把主体当作隶属于它的客体而加以掌握。我们可以把主体性以及所有属于主体者当作客体而加以挑出或认出,亦即在排除这个或那个主体的被给予方式之情况下而作为客体加以挑出和认出。客观的世界整体是不同于那个在一齐经验着的主体中而被带到经验的一

---

① 新演讲的开始。

致性中以及在对我们而言共同的假设（并且是一个自身在经验中可证实者）中的存在者，该假设指的是在终究必要的纠正情况下总是可以作为协调的一致性和被整体拣定者（在后续的情况中将在理论上可以被一致性地被认出）？所以在主体的氛围中，世界球体似乎在游泳，甚至自身位于其中并且只有在作为一个主体相关者才是可能的，它是在相结合的主体中作为被构造着①的单体构造物（Einheitsgebilde）。

另一方面，我们不是要从事一个关于主体性的客观科学吗？难道所有的主体性，以及那个总是经验着世界与认识着世界（同时被客观科学）所被排除掉的主体性自身，不正是要再一次地客观地加以描述并且将内在于世界中的主体当作科学主题来加以对待吗？主体性不也是属于世界的整体而作为其构成部分吗？

自然研究者在此感受不到任何困难。所有主体性都被他从主题给排除了，因而获得那个在自身封闭而有待研究的物理自然。但也是经由抽象的作用。只有在主观显象以及交互主体的共同认可即纠正的氛围中，他的自然才是被给予者或者是作为淬炼成一种主题。自然研究者在此没有任何担忧也不需要有任何担忧，只要他在其主观的氛围中，只想要跟随那个唯一的路线，也就是物理客观经验的路线。

然而假若一个心理学要被推展，而心理之物却只能和物理性空间-客观地合在一起，则我们会对底下情况感到不愉快，所有那些在此为了纯粹客观性的缘故而被排除的主体性，显然必须隶属

---

① 译者注：原文为 konstituierendes，原文该译为构造着的，译者疑有笔误，应为 konstituiertes 较为合理。

于某一些心理的主体领域，而我们预想到不清楚的部分在于：主体性应当如何可以透过对主体性的排除而变得客观？而此主体性自身必定再一次地在这样的客观性中获得其位置，也就是在任何一个心理的领域中。

我们在此将这个观察当作手段，仅仅为了对底下的事实更加敏感，亦即客体性与主体性的相对应标题带有非常深度的种类的模糊性，而事实并非如同那个素朴地朝向外在世界望去者首先所认定的那么简单，亦即根据底下这项图式：作为不言而喻存在着的物体整全之空间世界是预先地被给予的。而在其中区别出一方的物理性及另一方面的心理之物——衔接上无论如何作为一个第二度的完全不同种类的物理性，除此之外在所有被称为"主观的"领域中在己地加以掌握它。

对我们而言重点在于激进地去克服这样的模糊性。重点是让自身对于主体性更明了一些，它如何在前主题的阶段已经与客体性相关，它又如何变成主题以及客体，如何根本地融合成具体的整体，而该项研究又如何提出本有的封闭而普遍的任务。

对我们来说，重点在于去弄清楚所有空间世界地被客体化者或者未被客体化的主体性是如何根本地相互关连，最后在一个朝向最广义的自然、朝向扩延物及在扩延性中空间化者之自然态度中所有一切如何获得其位置，并且在空间真实性的角度中是如何可研究的；但另一方面，一个本质上新的执态及观察方式是如何可能的。在此执态中，那个作为精神的主体性以及再次根据所有纯粹主体的事件在一种方式底下被研究，在此方式中没有任何自然科学的问题，无论是狭义或广义，会被提出，不会有这种物理-自然科学种类的问题,不会有那种心理-物理科学的种类,就如相关而言,那些心灵真实事件还有人的行动或反之的物理-自然后果。总之,相对于着眼于空间物体的广义自然科学来说,精神科学的经验态度以及研究方式之本有特质必须被充分探讨。

最终一个不能够被框限的普遍、纯粹主体的观察方式之可能性必须被厘清,此一观察方式终究认识到所有那些在主体中被完成的成就都是主体的,这些成就包含那些借助于带着被成就的构成物之不可分的成就整体被客体化的,这样的一个观察方式乃是将所有的客体性(该客体性正是作为在主体性中有待架构的成就)摄入该终极涵括的主体性里头。

但这却要求放弃自然的立场,亦即关于一个预先被给予并预先有效的经验世界的研究理念之考察。这已经超出了我们这次演讲的任务,并且导向最终的哲学观看方式。

§28 执行朝向主体性的反思目光·在反思执态中关于物理之物的感知[①]

让我们从被每一个自然研究者当作起点的空间-世界的经验开始谈起[②],不仅指的是那个朝向纯然物理自然看去而狭义的自然研究者,更指广义的研究者,他主题地统摄了那个空间-时间-因果相互交错的全体实在性。在此,那个从较狭义到比较广义的自然的进步方向乃被预示了,所有作为全体自然的真实物之精神性

---

① 参见附录 X;附录 XIV、XV 也和接下来的章节有关。
② 参见第 155 页及其后。

都被带回到作为生理身体的激活之个别心灵上去。所有关于真实性的研究都必须相应地奠定在物理研究的基础上。

就让我们从物理学家的身份开始说起（在最广的字面意义底下）。

先前已经提到，物理学家是如何透过获得其**自然**的主题以及排除单纯主体性的进入方法，以便完全有意识地获得作为纯粹自然的自然。明显地那个**直直向前的经验**（Geradehin-erfahren），也就是那个未反思者，特别是那个对于扩延物的直直向前-感知这些东西占有优先地位。反思动作的功能无非是习惯性地将目光固定于在直接经验方向中的位于眼前之物，也就是固定在纯粹扩延物之上。

重点首先摆在自身的感知上，之后才摆在与他人的沟通上。在个别的主体中，经验及研究是为己地在直接性的首要形式中发生；沟通的研究预设了这个直接性。我们是这么做的，好比没有其他共同经验者在我们的场域中。要是那个纯粹朝向客观自然的人直直向前地感知着，则他把自然性就其自然的性质及关系直接地掌握为它自身。在此首先缺乏一项动机去区分单纯特定的感官性质以及真正的客观性。我们在此不需要特别留意这项区分，毕竟它只在一个高一点的阶段才出现，这点很容易了解。无论如何，如果我们直直向前地进行感知经验并且纯粹朝向空间中的存在物及这般存在物看过去，则所有那些被掌握者正是作为空间-物体而呈现，形态乃是物体的形态，那些在动和静，变与不变之中隶属于它的性质；同样地作为铺在空间形体上的颜色以及透过这点而使得它具有物体自身、在空间中的客观性之资格。这么一来，主体性完全不会出现在我们精神的视野里。也就是任何跟主体有关的被给予方式都不会出现,这是我们之前说过的,而这一点在充满差异的情况下毫无疑问地与纯粹的感知之物有关,也与其纯粹直观客观性有关,就算它在一个普遍的,特别是交互主体的经验自身当中作为一个仅仅是限定在主体而且并未产生最终的纯粹客观性。

我的感知是掌握性的觉察之连续性,它是对于此空间物的向前延伸的看、触摸,等等。这个连续性是多样性地变动着并在自身含藏多样的内容。当我在某个时刻从这个角度看这个物体,我甚至可以是持续地转变到另一个新的角度去,我总是对这个自身,直接觉察到,但很快地又对它要不从这个,就是从那个内在性得以自我展开的表面特征去觉察它——这些都可以被标志为被给予方式的主体模式,作为这般模式的封闭群组。在任何一个感知的阶段我都感知到这个物体,但更明确来说:从这个角度,这个物体带有这些特质。唯有在这个**如何**显现中它才是被感知并且可感知。

所以在此并非有一个不改变的同一性,而是一个多样性。但这是一个带有在流程中却以自身的方式在己地一个同一性的多样性;也就是说,这个直直向前朝向那个物体"本身"的"我"具有能觉察一个及相同者的意识。

在这个直直向前的执态中,我对此多样性一无所知。唯有透过反思我才在我的、新的目光方向中获得那个多样性。在此我也在我的掌握中获得了那个统一性,也就是那个穿透多样性的持续性之统一性,这个在自身中的真正迭合,一下子从这个,一下子从那个面向所给予的自身。

现在我可以在此反思的执态中也直接地掌握并看透在多样性的序列中,物体自身是不会作为一个为己的某物而被发现,而它总是只作为在此主体模式中展现者而被发现。假如我回头掌握那个（在所谓的持存）仍然被意识到，并且终究在重复地回忆当中再一次地被当下化的我先前被执行的直接感知体验（在此体验中我对于这些主体的模式无所觉察），则我必须以明证的方式说：所有这些主体的模式都曾依合乎体验性地在那儿，只不过并非以觉察-被掌握的存有的主体形式在那儿。那个纯粹的客体性、那个物体若先天地缺乏这些主体模式是无法被意识的。反思揭示了在它之前的主体模式为何，而在感知着的主体之体验领域中又有什么，那个客体性与其变换着的主体模式之不可分这个事实随时都出现在我们的认识中。

同样有效的是，假如我们引入空间的取向的被给予性的模式以及所有空间的客体性，则如同我们已经展示的，这里与那里的被给予方式、右跟左等的方向改变都不是物体的变化，毕竟同一个不改变而被感知的空间对象可以在其定向中变换着呈现。

我在直直向前的感知中对上述事实也一无所知，我只有在反思中才觉察到它；我再一次发现物体的统一性并不是在这些模式旁边作为隔离之物，或者是一个在它们当中隔离出来的实项块片（reelles Stück），而是再一次地作为那个在这个模式的变化中，以本有的综合方式而被意识到的形成中的显象单体。每一个主体的定向模式都再一次地在其方式中是这个物体的显象，那个过程及相同者的显象，每一个过程在其自身都有这些的主体形式，并在迭合中，在作为的显象的显象之本有综合中，相同的显现者乃凸显自身：多少作为在显象自身中的方向极，它们在作为诸方向的理想交错点之中相互重叠。当然这毕竟只是一个纯然的比喻。

我们必须再一次地说：在直接的感知中所有一切都已在那里

了。只是我们并未觉察地朝向它们。我们固然经历过这些显象，然而我们的注意性的觉察却透过它们只是完全放在那个极（Poll）上面，放在物体自身并因此放在其本有性质的极，放在物体的颜色与外形，等等。对于合乎回忆的未反思者之反思被给予性的回溯说明了其产生出来的综合。

相同的道理也再一次地适用于那个变换着的视角，在此视角中依定向被给予性的不同显示出物体的外形，并依据外形而显示颜色。

在对于映射性所呈现之依据与感知的流动的反思中，我们也可以探讨一个极的整体性构成是所谓如何作为自身确定者。而且，假如我们已经学到切入后续的意识流程，那我们也能够研究它是如何生成的，亦即针对这个对它们的值得注意的朝向无限的预先掌握之视域来说。

为了凸显某些点，我们把注意力转移到暂时固定的阶段以及在视域性的显象之流程中的块片中之体验整体的特殊方式上。并非只是有一个整体性的流程发生着，也并非必须满足一个这样的流程的整体条件。个别的显象（并且在流动中的每一个阶段已经是的显象并且也是每一个流程块片）必须要有一个特殊的整体性，一个"综合"，在此综合中，正是一个及相同的客体显现并且能够显现。显象必须作为这般而相互配合，人们不能随意地感觉它们是在一起的，人们甚至于将从不同对象的感知系列当中拣出的显象随意，凑合成一个感知的系列。

严格来看，那个隶属于对象以及一般说来的任意一个感知对象的视觉材料具有一个质料（hyletisch）的经验整体，那个隶属于一个封闭的感知场域形式者。同样地，那个随时准备作为对相同对象而言的呈现者的触觉材料，在触觉的场域，以及其他起作用的质料性的材料。但是，不同场域的数据彼此间并不具有质料性以及纯粹感官性的单体。

假如我们考虑到掌握的特质，并因此顾及视角的显象自身，情况将有所不同。综合乃是奠定在这个掌握与产生意向性的特质中，随着这个综合的出现所有这些分隔场域的不同材料的种类也获得了朝向相同对象、相同意向的极整体的意向性关联。视觉显象彼此之间，同样触觉显象彼此之间等在此形成综合性的结合；但所有这些显象序列彼此之间亦是如此，借此它们变成了在一个涵盖全部的综合中的单纯层级。

在每一个为己的层级中，例如视觉的层级，一个感知对象的层级或者毋宁说一个相同视觉的客观角度或者触觉角度，等等。但实际上，这些都不是物体自身的层级，好比这些本身客观地根据感官而崩裂成不同的层级。在所有根据感觉场域而区别的显象系列的**彼此间的综合**中，那个在其自我确定的前进中的一个对象乃构成了，作为在客观流程、客观空间中，具有客观性质等的对象。那个空间或者空间躯体就数量的同一而言是一，就客观流程而言是一；每一个空间及时间位置以及那个隶属于它的对象环节就数量-同一而言是一；无论那个展现是如何可能流动，无论是作为视觉的或触觉的，等等。我可以看和摸相同的物体外型并且假如我也不能触摸作为这样的颜色，则这个我在颜色的环节中借由看见而掌握的对象正是可以被看成是个别地隶属于客观的流程及空间形式和空间位置。但是，假如那个我可以同样向前触摸及向前看的空间-时间的某物是一个同一的共同之物，则每一个透过一项感官（例如在视觉中展现者）而被掌握者正必须隶属于别的领域，亦即那个透过它而客观被掌握者。在心理学上通常有一个视觉空间及触觉空间的说法：但严格说来这是一项歪曲事实的说法。被经验者乃是就数量而言的一个空间及一个时间。

所以并不存在视觉和触觉的对象，而是只有对象，这些对象带着它们的客观性质并通过视觉与触觉的显象而展现不同的样貌。

在我们先前的演讲中①，在我们关于经验世界，特别是关于进入方法（自然科学家透这个方法抽象出他的纯粹自然）的结构性特质的普遍考虑之脉络中，我们已经多次地触及这些主题，这些是我们在先前的演讲中已经开始着手的。这点不可以误导你们。

请你们注意我们的观看方式的新观点。现在，在我们已经基于客体性及主体性的所有省思及预先摸索而对于自然科学的理念有所限定之后，并且相对于它，我们体认到这项任务，亦即将在自然科学的执态中总是被排除的主体性加以主题化，于是重点不在于仅仅将主体只当作一项提示性的手段去处理而已，亦即透过这个手段可以就其纯粹性认识到另一个好比物理自然的主体。这个主体性自身现在反而应该是主题所在，而当下的任务正是对它进行严格的科学处理。

新的开始存在于，如同你们可能注意到我们现在不停留在自然及自然科学中，而是多多少少采取一个脱离它的目光方向。我们会透过底下的方式来运作，亦即我们现在将我们的理论兴趣转

---

① 新演讲的开始。

移到（并且在一个纯粹的孤立化中进行转移）它在物理学的自然研究中的低下而基本的阶段而作为纯然主体被排除者所具有的，作为不隶属于它们的注视或者会伤害它们者。对我们来说是一个自我封闭的领域者也就是一个对于隶属性的普遍科学而滋长着。对我们来说，究竟一个什么样的在己的封闭领域，而又一个什么样隶属性的普遍科学会滋长起来，我们仍然不知道，也不清楚它究竟与自然科学是如何相关。当然若从外于世界的经验观看来说，我们知道作为这样的主体自身是带有自然的肉身化。但是那个被自然科学家抛弃的段落而被我们带入理论兴趣中的主体性与心灵性，亦即那个在自然中肉身化的心灵性处在何种关系中，对此，于现在的执态中，我们仍然一无所知。我们的研究将导向何处（我们究竟如何从被我们优先直接掌握的主体性向前推进到新的主体性，这个圈子将如何结束，它又具有何种相反的圈子），这仍然有待展示。但是前一次演讲的首要掌握（无论它以另一种方式一再地接纳已被触及者）毕竟被想成一个严肃的、系统性向前推进的科学之开始，这个科学自身被确立为独立的科学。

所以这是从一种自然科学研究的标记种类开始的。一旦这是从纯自然主义经验出发，而且继续对自然之物进行真实而因果的描述，则在没有对于自然科学结果有任何兴趣的情况下，而且也在对它没有任何使用的情况之下我们开始回溯地去考察在自然科学开始之前的模样，亦即，什么是自然科学家在任何时候都会主观体验到的。我们曾说，最重要的是感知活动，而感知活动与感知内容有所分别，姑且不论及他与他和同胞之间的共同沟通是如何进行的。

现在就主体研究的这个首要科学主题而言，所谓"我感知空间之物"显得太过简略了，在其中我拥有我的被感知之物，个别的或多数的，一个合乎感知地被物体所充实的空间，等等。

我们的视线方向首先并不朝向自我以及自我的活动，而是朝向被感知之物，尤其是朝向这些物在主体的被给予方式。它并不涉及那些偶发的主体现象，而是涉及遍在而必然的主体之物，指出什么是原初合乎意识地被经验者。

我们既然已经将那个直接被感知之物自身纯粹当作这样地被感知之物，我们便不再继续描述它们。我们随即探讨那个可能的反思性目光转移以及它所产生的主体之物。从持续流逝的被感知之物自身去描述作为在其中的本有性质，这个情况有别于在不同意义之下显现方式多样性或其观看方式之多"面向"的显像方式。因为与之不可分离的是在一个新的反思方向中，那个作为每一个单独物体或者每一堆物体所在的整体而合乎意识的空间只能在导向中被给予，作为左边或右边，前面或后面而被给予，等等。或者我的自身身体作为一个零物体，作为这样的感知之物而运作着。

又一项新的重点则是每一个感知物体以及每一个它依据感知的特性的视角所被给予的方式，另一方面也涉及整个整体性的感知场域（空间整体感知的感知场域）的视角被给予性。视角的差异明显地和主观的定向及面向的被给予方式之差别是不可分离地相关着。让我们假设定向有所改变，则我们将能够有理由地说（虽然越出我们当下的执态）：我们在空间中带有身体地执行一项移动，或者我们保持不动，而让物体去动，或者两个一起动。但是不论这种说法可能具有何种经验的基础，假如我们纯粹注意到在我左右、之前或之后等的主观关系的主观显象，则清楚的是，事物从变化着的方向自我显示，并且，视角自身也在变换。正如一个立方体在定向的空间中自我转动时，其表面看起来完全不同而且总是一再地不同。在定向的空间中自我转动，这乃是真正现象地自我转动（das eigentlich phänomenale Sich-drehen），它一点也不是已经意味着在经验中的一个客观的自我转动。我也许客观地看到一个不动的立方体，假如它在转动的定向改变中显现，亦即假如我绕着它走动或者我知道自身带着身体环绕着它而挪动，或快速移动。

这个作为定向现象的主观的自我移动导致一个立方体表面的面向巨大而持续的改变。这些是视角的变换。假如我们留意颜色的变化，则它在其功能性的依赖性中，有其在相应的转变中的自身颜色视角。作为直接被感知的表面在客观的颜色变化中自身被给予，该颜色变化被我描述为稳定而一致（gleichmässig）的红色。但假如我留意那个平行于定向的转变而来的自身颜色变化的被给予方式，则如同在形态中的情况，总是有新的形态映射，我也有这一种新颜色的映射。同一个稳定而一致的红色随着每一主观的转动总是一再地显现为不同。作为视角的红色在视角的展示中我从来不会具有一个稳定而一致的红色，而是一个不稳定也不一致却总是在某个方式底下有层次的红色。如前所言，它是类似于外形的情况。正方形是在带有四个相同的直角而被看到。但是假如我在主观的转动中留意到正方形的视角，则我会看到在其之中透过不相同的角度而展示那个相同的角度；那个相同性自身在视角的多样性中自我扭曲。在不稳定一致者及不相同者之中那个相同者却自我展现，则直到一个卓越的被给予方式，在此之中那个正方形客观来说与正面处于平行之中。唯有在此视角的正方形被给予性才具有依据显现的相同角度。由此出发伴随着重叠的持续性,我看到了相同者如何在不相同者之中自我"扭曲"——这个直角扭曲成一个比较钝的角,而另一个直角扭曲成一个比较锐的角。当然在适度的调整之下,这一点适用于整个立方体,并且用在每一个物体上,每一个在空间中的内容被感知的物体的复杂性,特别是在纯粹依据感知的框架中。

要严厉注意的是在态度的转换中带有差异的相互对立者:作为同一空间的对象以及作为视角的显现方式的多样性。此外仍要注意的是,两者是不可分离的同在着,一方面是在其持续性的转变中的多样性以及另一方面在其中显现的、展现的统一性,它们两者都属于感知,就算假如感知者迷失在它的对象中,亦即因未进行任何反思之故,而对多样性无所察觉。

既然由此出发并执行其区分这样的目光转移是很容易的,则人们必须**首先在正确的方式下学习去看**,以便根据所有的本质环节去看并且在纯然的看之中去描述,究竟什么存在于不同的方向中,而什么具有相同对象的整体性关系。重点在于绝不超出作为这样的被感知者,而是纯粹作为这样,纯粹在其被给予性的主观如何之中去加以描述,但另一方面也不忽略那些对它而言是建构者的。则我们在此要确认并永远摆在眼前,那个客观的外形、客观的扩延自身是在映射的外形、一个相应的依据映射的共同扩延当中视角地展示着;但也如此,这些映射外形本身并非空间中的形状。它们也有一个扩展性,其扩延的种类,但那个空间物的视角的自我扩展并非在空间中的自我扩展。让我们把那个自我展示者称为感知的客体物(das Objektive)(不管它也在别的脉络中有理由再度被称为主体物），则它的主观的映射并非与之相关地在同一个空间中，但也并非在一个二度的、完全是摹本（abbildlich）的空间。那个本身属于感知的视角并非一个在涂板上的物体的侧影。涂板本身是客观地在空间中并且只有对它的主观视角才可被感知。所以它被画进涂板的侧影都只有透过视角才可被感知，而视角本身并非侧影。侧影乃是客体的客观摹本。相对地，一个客观空间物的视角正展示着这个主观而非空间者。

主观视角的多样性展示了一个相同的空间物，但有类似合格的相同客观外形。在视角的每一个区别自身，在其本有的扩展中，是自身再一次地对于一个客观外形的相应部分而展示着。反之，每一个部分都有隶属于它自身的视角展示的无限多样性。总是有着主观展示与被展示、显象与显象者之相关性。并且总是要区分：我们不可以把两者搅和在一起，那个在多样性的展示中的事物以及在多样性中展示的统一性。只有一个极端的情况会自我凸显，我想到的是那个立方体正方形的被偏好的显现方式。

即刻显现的是，这里存在着一个对于新成立的只是与描述的本有起点。但它首先仍要省略下来，以便在视角多样性及其统一性这个问题上去追寻其他者。假如我们首先在直直向空间物感知而去的执态中并且就其全体或实质上的被感知者自身，亦即那个在空间物之上者进行描述，就在感知变的可掌握之际，扩延自身乃作为基本结构而自我区分，尤其是作为扩延性空间形态，由此取得颜色、粗糙或平滑等性质。则我们执行了一项对于相应的而且必然隶属于视角展示的反思，对于每一个视角总是产生一个平行的结构：形态的视角相应于客观的形态，颜色的视角相应于客观的颜色，等等。但这情况就好比客观的颜色自身在客观的扩延中、在客观的形态中扩展并且形成，以模拟的方式来说每一个主观的颜色，也就是当颜色溢出时，作用为客观颜色的视角，皆在主观的形态中，这是在客观的形态片段中扩展。每一个物体视角的整个扩展之整体性的颜色变化在其凸显的部分扩展之上自我散布。就它那方面而言展示了，亦即一个依据空间物体扩展的部分相应的物体颜色变化的散布。

§29 感知场域——感知空间

假如我们跨过那个特别被感知的个别物，而专注在下列的事实上，个别物是如何呈现给觉察的，它如何依据感知地带有空间的背景，再度随着对直接感知与描述的提升，我们注意到一个整体的感知场域客观地涵盖了一个整体的物体场域。

作为感知的场域之场域是一个感知空间，此一感知空间涵盖了所有在其中的个别带有所有其空间外形的物体。个别外形在每一个依据感知的变动与运动中依然是属于物体，但它们是在这个空间中的外形，从这个空间中总是占据一个空间块片。或者说，感知的每一物体在感知空间中作为在其位置上充满它而给出自己，并且透过其外形作为在质量的被充满者。

底下这件事实是确定的，亦即感知空间被经验为无限开放的空间，在此空间中我们能够向着新的感知迈进。但假如我们保持在那个事实上依据感知的被给予者的话，则我们在实际被感知的空间整体之中有着每一物体的多样性，被感知的空间当然并非作为一个就其自身而言的被分离者而被感知，而是带着一个向外越出的空洞意向性。整个视域问题也都对于新的描述来说也必须是一个主题。

倘若我们现在再一次地从直接的执态转移到反思的执态，则相应于一个个别被感知物越出及于每一整个被感知者，则那个每一个别物体视角会将我们导向视角的整体并且作为这个个别持续展示的个别物体视角的多样性导向感知场域视角的整体多样性。

在此，我们注意到感知、物体及其环节性的整个视角的转换中保持着一个稳定的形式，作为空间的模拟，在此之中那个持续的、客观的形式，感知空间自身乃映射着，那个在感知的前进及其客观被给予性中总是作为相同者的空间保持着普遍形式。持续的整个视角的整个形式无非是作为视觉的整个场域、视觉的感知场域，这些场域都包含了所有视觉素材或者所有个别颜色素材主观的外形，颜色素材自身可以对于被感知物体颜色来说作为映射的展示而起作用。

感知物体的颜色随着物体自身而处在空间中：将它映射的颜色以及被主观形态化的颜色（这些颜色我们都在具体的视角中纯粹就其自身加以察看并凸显）都处在视觉感知场域的整体中。

同样地所有视角的形态（在其中客观的空间形态作为单纯的特殊形态而依据感知地展示着）都存在于涵盖这些特殊形态的一个视觉场域之中，例如所有那些因为视角而扭曲的正方形（在其中那个被感知的客观立体物之正方形展示着）都与所有其他客观形态的映射合为一体。但当然一个同一的客观空间、一个无限开放的、自身依据感知而持续开放的客观空间（特别是作为一个无限的、三维的空间,此空间总是作为新的及新的未知物体的形式——反之,视觉的整个场域与它完全有不同的表现,在此感知场域中空间展示为视觉—视角性的)的综合感知是在从一个感知到另一个感知场域的感知推进当中发生。它从来不曾扩展到无限;它总是透过新的特殊形态的合格及凸显而展示无限性。特殊形态总是取得作为**什么的**显象之体验方式的视角之新的主观作用。在此我们从来不越出一个二维的场域及一个无限封闭的场域。

但我们首先可能要忽略移动的感知这一部分,对它的结构性进行分析有着难度在。

在此我们已经同时获得两个对象领域之间高度值得注意的区分:客观的素材(它是直接在空间-物体感知中被感知)、回溯主观的素材、"材质素材"、纯粹的感知素材。这个在其自身特性中本身乃是某物,它们有自己的存有,一个非客观的存有。它们自身并非视角,而是透过我们也称为立义(Auffassung)才成为视角、正是我们给予它们主观的功用,亦即成为客体的显象。但我们可以随时直接把它们掌握为自身,而不去对底下事实感兴趣,随着它们某一个别物特别是一个客观-空间物显现出来。

我们可能也不去说,这一类的素材**必然**存在于展示的功能中,我们可以只是在以下的方式中合乎体验地拥有它——自身映射的空间物在其中并且完全以不同于自身的方式显现。但应该强调,它相反地是一个明证的必然性:假如一个空间-物体被看,则唯有可能透过底下事实才可能,材质-视觉的素材被感知并且这些素材是处于一个特定的主观功能中,亦即它在自身具有一个本有的抽象特质,该特质在其自身存有中完全不改变而正是给予它们那个

"意识特质":这个和那个的显象。

对于在感知中被指明的对象领域、一个纯粹主观的进一步特质而言,很重要的是,将视角的主观被给予模式与面的被给予性及定向的预先被差遣(den vorangeschickten)放在某个方式底下一起去看。被感知的,那个空间-物体纯粹作为被感知者而加以描述,我们在与之相对的主体物的领域当中提供了一个对照的概念。

§30 空间的原现前

在先前的演讲中①,我们已经对照了两个方面,一方面是直接针对空间-客观朝向的感知之感知被给予,另一方面是在反思的执态中呈现的视角之被给予性的模式,借此我们认识到那个每一环节的感知空间(原现前的感知场域)或者空间的现前(作为在此环节中被感知的对象之稳固的整体形式)自身在作为不可变的整体形式(所有的视觉映射形态都归属于其中)之视觉感知场域之中自我展示。

具体来说,我们在这方面具有带着感觉性质的视觉场域,这些感官性质透过相同者而扩展,并且在其中这些以及那个具体的特殊形态乃被建立起来,每一个具体作为被形构的性质。它们是视觉的感知素材。那个在感知素材的变化中维持稳定的视觉之场域形式乃是二维的,这点很容易就被看出来,而感知对象的空间乃是三维。

---

① 新演讲的开始。

假设客观空间在一个两维的空间中自我展示，犹如一个平面或者其他表面的话，那将是谬误的。一个空间是真实的、物体总类的对象，运动可能性也属于它的一个形式。但人们很容易看出，在感知场域中运动的概念并不具有意义。

当然，现在要在平行的范围中同样细心地去研究我们推向那个视觉领域者。相同之物同时可以被看见以及依据触觉地被感知。现在触觉的素材也作用为客观掌握的载体。要是物体只是在触觉中被感知，那个视觉的感知显象便滑落掉，而我们同样只有触觉的显象。在此之中，那个单纯的触觉素材乃作为核心的内容，作为"的显象"之特质的载体而起作用。

这里并非真正的视角。

所有的触觉感知素材都隶属于一个触觉场域的整体。同时有许多物体以触觉而合乎感知的方式而被给予，虽然我只能够注意其中一物。在我碰触一个物体时，另一只手正放在桌子上，这乃是：对我而言桌子是依据触觉的，虽然并非透过一个移动的触摸。借由多样的触摸感知，那些碰触着我的衣服乃被我意识到，等等。所以我有一个整体的感知场域，它具有基于触摸的展示性而来的整体，而且触摸的场域也作为封闭的感知场域而隶属于它。它是那个带有对于所有同时触摸地可感知物体而言的稳定场域形式的稳定场域。明显地，它是一个全然不同的场域，它从来不跟那个视觉的感知场域相混淆并且可以统合到一个场域。所有的统合在此都借由那个从感知素材（的显象）所构成的掌握功能而发生的。在此，当一个视觉的素材以及一个全然不同种类的触觉素材，可能透过它而具有整体，其中一个是在客观映射，特别是在作为视觉的映射之特质中被给予,另一个则同样作为相同对象的触觉映射而被给予。

但在此,我们还可能可以清楚区分,还可以纯粹针对感知素材而加以注意,一方面是视觉的,另一方面则是其他的,并且从显象的功能、从意识的特质(该特质将这些素材变成这个和那个的映射)而脱离出来。

仔细来看,我们可能不止一次地说,这一类的素材必须必然地存在于这般映射的功能中——素材的可能性将会已经在不具有映射功能的情况下将借由底下的事实向我们接近,我们可以很快地发现例子,例如在对于感知怀疑的观察中以及那个自身揭示的幻影,在此之中相同的感知素材改变其映射功能并且客观地展示不同者。

只有在相反的情况下它是自明的,亦即假如空间-客观物是合乎感知而显现,则它只能透过感知素材而显现,亦即透过底下事实,这类的素材具有映射的主观功能特质。

假如我们现在纯粹注意到那些素材(这些素材是这般映射功能的内容),而不去理会其功能,则我们将发现它们根本上是属于不同的种类。我们姑且把所有在此方式底下归属于映射功能的素材-总类都合起来看,以便获得感知素材的概念。

但我们仍然必须更加向前推进一步。首先必须预先指出的是,那个在视觉素材中或者在其他种类素材中作为主观特质者,对于一个普遍而奇异的世界来说只不过是一项特例,毕竟对我们而言并非只有这个素材是被给予的,而是在"与"并且多少"在"其身上展示的方式下一个客观物被经验者。换言之,在许多特殊的形态中,一个主观事件的更多种类将朝我们而来,而这些形态可用底下这些字眼来加以标示:一个纯然主体的素材或者主观素材的复合体乃是合乎感知地被给予,但该素材却是被它意识为对象上的不同样貌(无论是在客观映射功能的方式下或者其他的方式下),例如,假若一个素材,无论是视觉的或听觉的,回忆起另一个素材或者指向另一个素材,则在其中不仅展示那个其他者,并非在其中透过像映射而被带到感知;但却是透过回想起或者指向的主观作用而被带到意识。

§31 感性——作为对意向作用而言的材料的感性素材

某些纯然的主观素材,也就是那些本身不是被客观地感知者,而是透过其他素材的主观映射作用而被感知者,以及那些在其自身本质中它们是免除于所有个别意识特质者,都有着优越的位置,它们可以在多样的方式底下变成带有值得注意作用特质的核心内容,这些内容共同之处在于它们透过这些核心内容(他们几乎是带有精神性的)使得其他的对象性被意识到。

所有这些功能性的特质便称为**意向特质**,它是意识到某物的特质,但底下这些感知素材称为普遍感性素材,亦即那些作为纯粹主观被给予的核心内容,对于超出它们的意识方式的材料,并且其自身在关于这类意识特质的本质内容中不包含任何东西。感性素材乃是颜色素材、声音素材、嗅觉素材、疼痛素材等,纯粹就主观来看,在此不必去考虑身体的器官及心理生理的面向。

感性这个词指向核心-存有(对于意识功能存有的材料)。一个特殊的情况在于那种作用的方式,主观依据感知的素材在此方式中是映射的并且变成一个客观物的感知显象。

感性的普遍概念提供了对于从纯粹主观领域汲取而来的感知素材之概念最外在的扩展，并且排除所有带着"感知"这个字眼膨胀及多义性的混杂性。

借由这样的观察我们已经预先标示并且预先提出了一个在纯粹主体(我们在此主体中从事纯粹内在揭示的工作)中的根本结构。因为在感知领域自身中，到目前为止我们真正认识的只是意向性的一个首要形态，而此意向性自身带有作为其本质的客观感知。

假若我们再一次限定在这个范围内，则它可以透过我们在先前的演讲中所处理过的那些内容而在一个新的方式底下有助于澄清一项根本的认识，这项认识对于整个纯粹主观性来说同样被证明为有效的。预先标示地说，这将关联在其自身中所记载下来的内在性与超越性之间的根本区别。

在属于外部感知自身的可指示性的我们有限范围内，那个纯粹作为被感知者而描写的被感知空间物提供给我们一个明确的特定的对于所有与之相关而被标示为"主观者"的对照概念。

§32 作为对象的自我被给予模式的觉察性的被给予者

到目前为止所进行的分析显示，我们所称的关于空间物和在此意义底下客观物的感知者涵藏着可能感知方向自身的多样性，作为觉察的方向、领会的方向，我们甚至必须说，这里有着不同的感知混杂在一个单体中，假如我们区分觉察性的领会及感知，并且将底下这些只当作感知来看,亦即任何一物都被当作直接及自身而被给予,无论它具有或不具有感知性-被领会者的预先步骤。我在此注意到:关于觉察、注意的说法是一个自我的说法(ichliche Rede),但是自我及其注意在我们所从事的描述方向中是未被发现的。我们的描述涉及对象及其被给予的模式。我们同时留意,觉察性的被给予对象与非觉察性的被给予对象之间的区分是一个这样的被给予模式,该模式是在对象自身中作为其"向前跃出"而可显示,以作为其本有的优位。

此外,在我们的领域中现在具有许多被感知者(其中包括作为活生生的实在,作为直接存在而被领会者)。一方面是客体自身,并且假如我们直接客观地感知的话,唯有它是被感知的,例如在这里的这张桌子;另一方面是主观的模式,在其中相对于客体这个作为客体者乃是从侧边(Seite),也是在定向的空间中以及作为这样与那样的映射者(Abschattendes)而自身被给予的。

对象自身是作为时间延续的存在者,亦即透过一段时间延续(Dauer)而延伸着。它的时间延续是它的整个确定内容的形式,隶属于空间性以及空间性的合格性。那个在时间的伸展中自身被给予的时间延续会在感知中被意识到,特别是在持续性的感知中。我们是在反思的方向中领会到那个著名的被给予模式,也就是那个持续、主观且相互连接之视角的持续性向前流动。在此,那个觉察性的领会可以稳住任何一个这样的环节模式,并且在另一方面考察这个模式的被整体化而流动的连串,环节性的定向方式,视角以及其整体化的方式,以及所有那些在此展示者,是被感知者,作为存在者而被给予。我在此还可以执行不同的态度,透过这些态度那些不同的感知方向的被感知者乃依不同的情况而展示为交错着或在一个特定的重要方式底下分开着。

亦即：1）假如我首先从在其自然方式底下的直接对象-感知中反省地走向被给予的模式，则它们都是在其被感知、在主观的存有中被觉察。但是对象自身依旧是觉察地被感知着，尽管它并非如同在直接的被朝向存有中那样是唯一的被觉察者。我现在所领会的乃是作为在这个或那个显现的**如何**中作为显现者的对象；或反之显现的方式是作为主题而被偏好，但也是作为对象的显现方式，这可说能在进一步的掌握中并且保留在它之前被设定的现实性中。

2）但我们现在看到，从视角出发，我们注意到那个感性的素材并且可以将它们变成为己的主观对象，并且不去管使得它们成为映射者，也就是不具有对于那个自身展现的对象之主题兴趣。为何我不该在底下两个情况之下去探索那个纯粹主观显示系列的具体视角：不主题地朝向那个显现的对象的情况底下，不去将它当作存在者而加以掌握，并且不在我的实在场域中，甚至带有我的考虑而拥有它（正是作为在我的诸对象中的对象）。当然它总是如此显示。但假如它外在于我的经验性的兴趣的话，对我而言它不需要作为存在者而共同有效吗？因此在对象的感知中它的显示方式持续在那儿，但在这个纯粹客观的执态中它们是不在考虑之列。

§33 客观的时间性与流程的时间性

封闭在我的感知的统一性中，在此我已经有一个可明确区别的多重层级，并且在这种情况下任由我的感知在任何一个层级当中进行,完全纯粹停留在它们的脉络中。如同作为一个自身的感知领域,每一个层级因此可以被当作一个自身的实在领域。一方面是那个存在的对象或者被感知的空间场域之领域并且如同我也可以说,那个客观时间性的领域;另一方面是单纯主观显象及其时间性的领域,该时间性与客观的时间性截然有别。我们之前就已经区分了空间的被感知物之客观流程(Dauer)以及那个平行于它的这个显像模式的流动之主观流动或者流程片段。

这项根本的区别将会延伸到感知领域之外。甚至于在空间客观性的局限中已经预先表明,它可以不只是被感知者,而也可以是被回忆者、被期待者、被思考者、被评价者,等等。所以我们还有许多主观的方式,在此方式中对象可以被意识。双重的时间性延伸的更为广阔。

我们有着作为客观世界的形式(在此之中甚至客观空间存在着)的无限客观时间,以及作为对于所有在"流动着的存在物(在作为体验存在物的流动中)"之方式下的所有主观物之形式的主观时间。这是一个纯粹现象学分析的特殊问题,在流动的主观时间形式,特别是客观物的显象之流动中,它不仅仅去厘清依据空间与空间的形态以及数量的充实之客观内容是如何自我构成的,而且也去厘清那个流程的客观形式(die objective Form der Dauer)是如何合乎显象而自我构成。

人们不可以外在地说,显象的主观序列乃是显象,乃是如同客观的流程之内容的客观序列的映射展示之某物。事情没那么简单。

但对我们而言在此是足够的,我们已经严格区分两个不同的时间形式,以及依此而来的相应的在感知的框架中本质上不同的时间对象。我们也因此确立了一个特定的、纯粹在此框架中可证明的作为朝向客观空间-时间的感知之"外部"感知与作为纯粹主观物的内在感知之间的区别。

现在我们也可以说,内在感知是关于内在物的感知,外部感知是关于超越物的感知。内在性与超越性的相应区分将会变得清楚,只要它已经以底下的方式在我们的框架中展示了。①

§34 内在与超越的区分,感知中的实项与非实项·作为非实项之极的客体②

假如我们让自己纯粹停留在内部或内在的感知(这乃是在朝向在本属于它的内在时间之主体物的纯粹感知方向中),则那个我们在此个别指出以及被要求作为被感知者,个别物,那个具有其个别性、其在时间确定性中的仅此一次的特性并且作为个别或者时间性之存在物而有其实项的联系,或者作为实项的时间整体而有其实项部分和环节。主体物的流动,也就是在我们的领域中那个主观感知素材、视角、显象的流动乃是称为内在-时间性的对象之

---

① 这是一个不恰当的用词,同样不恰当的情况有如将内在与超越奠定在其之上。在下一个演讲中会改善。不恰当的情况在于,作为这般的非实项的意向对象,也就是作为这般的被知觉者,是被掌握为超越的,也就是说那个作为超越的对象意义之"超越"被确定下来,而非那个一般的被知觉对象,该一般的知觉对象的超越性存在于,它是一般的被相信者,该一般的被相信者不会在迄今为止所执行的知觉综合之中完全被规定,可以隔离地被给予。

② 参见附录 XVI。

流动，并且甚至共同合成一个时间对象的整体，还有体验流动。所有那些我们从作为个别内在的时间对象、作为**一项体验**的这个内在时间领域所得出的仅仅只是作为流动者的存有者。所以每一个感知的素材也包括每一个**的**显象以及意向体验一般。现在清楚的是：在此作为具体物、作为体验而呈现者是"适切的"被感知者，也就是说，它在觉察着的感知中并非在一个纯然的面向或在总是新的面向中被给予，而是那些在该体验的每一个感知阶段之中被掌握者，这正是就完整的内容来说在此阶段中的体验本身，并且不是一个该阶段的纯然面向，一个其内容的纯部分。

并且在感知中的体验向前流动，则它会一阶段一阶段地带着丰富的内容被意识为流动着的自我充实的时间片段。对于内在的感知对象而言，明显地不具有那个在每一个感知阶段"真正"被它们所感知者与那个只是非真正的作为那个有可能被感知者，或者将来只是在别的时间位置上仍有可能被感知者而被附带设定着之间的区分。内在者是被掌握着的，不对那个别的感知应该或可能给予者才可能给予者有任何预期。这里完全没有对于相同物的感知。相同者在此是无法想象的。在此并不存在那个只有透过主观显象才展示的客观物与那个自身展示的主观物之间的张力。主观物就**是**那个无非作为主观合乎感知者，并因此是流动者。

每一个在纯粹内在性中被掌握着的意向体验有其实项部分，例如那个包含在其中的感性素材、声音素材等，这些都是实项地包含在其中。但是客体物的映射特质也是一个实项部分，是在流动中的内在具体体验之一部分。

但现在我们遭遇了奇异的情况（das Wundersame），一个这样的纯粹主观物,例如一个意向体验并不在其**自身**中只**有**杂多,亦即所谓的实项部分,个别时间的环节,而是也有作为意向之物,比如一个在自身中展示的客体。

外部感知,那个向前推进的体验,在其自身涵藏了作为与它无法分离的那个作为这样的显现客体。空间物的感知无非就是作为在它之前的活生生的在此拥有(Da-haben),但每一个都是从这个或那个侧面(Seite)并且在一致性的前行中,在总是新的面向中相同的对象作为具有存在。假如我们现在有理由说,在感知中有被感知者(它是不可分离的隶属于感知并且它是明证地在感知中可看见),则这个意向对象并非内在于感知中。这是说:并非其实项部分,没有任何一个部分和环节在内在时间性中可被遇见。

当然那个显象的对象以及感知的每一阶段都是可遇见的。但是在从一个阶段到总是新的并且在时间上特殊的阶段之过渡中可能没有实项的环节是同一的,而那个显象的对象却是显现为穿透所有的阶段而明显地作为同一者,并且在不同的内容中显现。

并且,那些隶属于感性素材,彼此相互适应的特质(对某物的意识)是实项地内在的。在带有显象特质的感性素材之向前推进多样性之前行中,那个完全被掌握的显象有着一个实项的体验单体,并且有着一个特定特殊种类的互相关连性,亦即那个**称为**显象的综合者。在此之中首先有着:在具体的体验单体中,那个阶段即片段必定不只是一般的显象,而是显象彼此之间必定相互配合,以便能够组成一个统一性的意向体验。在此体验中,一个客观物乃可以显现。人们不可以拼凑任意外部感知的显象。仔细来看,那个隶属于一个感知物的视觉素材,在此具有一个内在的感性单体,它是属于封闭的"感官"场域形态。同样地,那个终究触觉及其他感性场域的平行感性素材也是如此。但是不同场域的素材彼此之间没有感官的,亦即感性的单体。但假如利益的特质也在考虑之列,也就是那个具体的显象被观察到,情况则有所不同。综合性是奠定在感性素材的意向特质上,透过该综合这些素材乃成为映射的来源。在此所完成乃是视觉显象及触觉显象彼此之间,但同时也包括视觉与其他之间的那个单体(Einheit),透过该方式在其中那一个对象乃持续地显现;并且在其中同时那个隶属于它而且变化着的(来到真正的感知并且再一次从它消失了)客体特质乃显现了。一个本有的综合,在其中作为本有隶属于它的一个感官对象的作为物体自身的面向层级显现,相应于每一个感官素材的同构型群组。透过视觉的素材及隶属于它的特殊的视觉立义特质(Auffassungscharaktere)乃有"视觉上显现出来的对象"的层级,等等。但是伴随其对象层级的显象系列又是综合地为一:对象是一,空间以及先前已经是客观流程也是数量-同一地为一,相同的时间及空间的位置以及那个在其中被个体化的对象环节乃是个体地为一。相同的物体形态可被我看见、触摸及两者同时进行,我可以看见相同的粗糙或平滑并可触摸它,但假如我不能触摸颜色,作为个别地属于客观流程与空间形态及空间位置的确定性的颜色,唯有在当它不仅仅是视觉的,并且隶属于每一个其他的被给予方式(它可以作为同一对象的感知而起作用)的情况下,它才是实在而客观的。有关于对相同对象的感知之说法(作为感知那个视觉的感知会将触觉等带到被给予性中),必然回溯这个被给予方式的单体综合,而此综合会将相同个别的对象同时视觉及触觉地或者在其他任何方式底下带到被给予性中。假如那个同一的感知对象应该是在真正的实在中的话，则它必定在往后的实在或可能经验中也自我证实。但这些证明当然超出了我们到目前为止所严肃考虑的那些范围。

但让我们坚持那些在流动的感知自身中自我指名并证明者，则我们看到了：那个在同一对象中的流动显象之综合一方面有惊奇的本性，也就是作为实项的综合，而另一方面在每一个阶段中，自身又带有那个非实项的什么；换句话说，明显地在分离的阶段中具有数量-同一的相同对象"在"其自身，这在此称为非实项，相对于内在的体验综合。在这个关系中也可能称为意项（ideell），因为自明地它是同一的相同者，而那个分离的体验阶段却不能实项地包含任何同一者。

再一次采取别的表达方式，我们也可以说，在外部感知的框架中以及纯粹被掌握为其被感知者的空间对象是与有关于它的那些显象之意向综合不可分离的，并且它是在这个综合中作为一个理念的同一极而被给予，此一极是带着作为其意向者的每一个阶段在其自身，而那些阶段又全带有这个极作为贯穿的同一者在其自身。在适当的调整之下，它对于每一个客观的特质，其颜色、其粗糙性、其物体外形是有效的。每一个都合乎显象地跃出，在不同的模式中显象地维持同一，只要它正是可看见的。但这些性质的极是非自足的。它们是作为总是同一物体自身、基底的极（它自身是透过它们而被确定）的确定性而跃出。这当然是意向分析的独有之处。

如同在主观领域的描述扩充中更进一步的显示，这一般来说就是那个方式，亦即多样性的"意识"以及其他的意向体验是如何在综合的单体中被意识为自身的方式；它也可能并非涉及那一个意向性，亦即那个称为客观物的感知以及特别是空间物的感知的意向性。那个总是被意识着并且在多样性的意识中作为自身而被意识者，纯粹说来，正如同它是被意识者，乃是那个在意向体验的内在性中实项地执行的综合之理念相关项。但是这个**某物**，这个意识对象，虽然到处都与这个作为在其自身中可指名（在某种广义之下在其中直接可见的什么）的综合不可分离，但作为一个相对于内在的非实项物或者如同我们也说的，一个相对于它的超越物（Transzendentes）。

在此必定有着一个特殊的超越物概念突出自身。也就是说每一个在最广字义底下的对象，也就是每一个纯然的主观物，都是关于它的可能多样意识的对象。亦即也有着多样的意识，它在实项内在的脉络中、在主观时间的脉络中能够使得同一纯粹的主观物被意识，例如更多对于一个早先、主观体验的回忆。则这个主观物相对于多样并关于它的综合统合的意识是超越的。在这个相对的说法中，内在与超越并非互相排斥，但无论这个相对的概念是多么重要，我们仍然最终并且明显地来到一项绝对的区别，这是时间空间的客观性之场域所显示给我们的。

那些原则上可感知者，亦即就其自身而言，只能以主观之物的显象单体之方式而被给予者，自身是先天地不能于内在领域中作为体验而出现，该物是绝对超越的，在本真意义下的超越。

要注意的是，这个绝对的超越者也是在相对于自然及自然科学研究的那个在纯粹主体中向我开展的那个领域当中移动。在体验流动之意义下的主观物是一个相对于客观物的关系概念，特别是作为超越者，原则上它并非在体验流动中作为实项者；但两者体验流动或内在性以及**一般的超越者**都是非自然的概念，它们隶属于纯粹精神的科学，只要我们把超越者纯然当作那个作为自意识中被意识者并且作为与它自身不可分离者来加以掌握。如此一来我们也可以说：所有终究被我们所建构的概念都是内在而超越，适切与不适切的感知可能也在别的意义底下被确定，正如同主观与客观的概念。所有那些我们所得出的乃是在此新的意义底下可称为主观物，所有适切的被感知者，所有的内在者。亦即：只要那个被感知的对象与对该对象的感知者是不可分离的，则它总是主观物，就算它也不是感知的实项环节。同样地，内在性这个字适用于感知对象，只不过是在一个相应的新意义之下。

我们先前称为超越者，乃是在体验流动的主观物中作为非实项的环节，它超越了实项的体验领域。另一方面经院学派的人并非毫无根据地把这个意识对象称为如此这样的内在对象，在它们（虽然没有深入而原则性的洞见）留意到于意识体验自身中对象被意识着，也就是隶属于它自身而作为被意识者。这项称谓方式的正当性当然与那个作为"主观"的正当性是相同的。假如我纯粹地坚守在意识流动中，则我发现那个在其中的被意识者，而它也是作为不可分离的理念极。

我们甚至可以谈论关于相对于那个实项体验之超越物的适切被给予性。亦即我们坚守在为己的显象之每一阶段并且描述那个纯粹作为这个阶段的显象者，则这项描述是适切的。要是我们从一个阶段到另一个阶段游动地进行描述，一个整体显象段落的显象描述性地显现出该显象者，如其持续逐渐地显现那样，则这项描述当然是适切的。在此它是作为合乎感知如此跃出并再次消失的特征之持续的同一基底而显现,并且在每一个位置上超越其自身而甚至意味着掌握一个完整的对象显然也属于那个适切地可掌握的内容。在此新的意义下,假如我们越出它的话,那项描述便不是适切的。则该对象自身是在每一个显象及显象片段中同一地被给予,但只要非适切地被给予,当它是在每一这样的片段中更多地,作为更多被意味为存在着,作为被它本真地感知着。

但现在要区分两方面:

1. 被感知对象及其作为这个对象的描述,这就是我作为感知者、实在者与带有身体者所经验者。

2. 纯粹作为感知相关项的被感知物,亦即作为感知在其自身(作为这个特定的实项体验)无法分离地拥有着,作为其实项、作为显现它并被意味着,亦如同它在此感知中,再一次地强调,是被意味者。假如在感知中有着一个理念物(ein Ideales)和向前推进的同一物被意味着,并且假如在每一阶段和在带着仍然本真地未被直观且有待直观的特征之预先掌握的情况中被意味为相同者,带着一个未熟知的"视域"——则这个视域(带着一个预先掌握意义的预先掌握)自身正是一同属于那个适切的领域。假如我们把在一个感知片段中只是预先地被意味者当作对象加以确定,并且愿意把它当作好比一个真实被给予者来加以对待的话,则它将会被跨越。

但既然空间客体自身并非那个关于它的感知实际上所拥有及显现的,而作为空间客体它毫无疑问是更多的,则空间客体自身从来未曾适切地被给予,而它自身也从来不作为个别感知的单纯对应项。它自身作为超越,对于感知而言是在不同于那个极的非实在性意义下而说的;而是在一个合乎感知的被给予者,在生动地被掌握的信念中,存在着那个未透过综合性的扩充的感知而可以完成者,该感知适切地在下列方式中产生对象,就其自身以完成的方式被给予并且不再预期任何可能的新的感知以及相应的证明,无论感知如何一致地向前推进,而对此一致性的信念是如何得到确定的。

在先前的演讲中我们已经对于意向体验做了一项根本的区别①,该意向体验是在客观物显现的感知领域迎向我们。让我们停留在反思的态度,并且在其向前的流动的个别存在中纯粹保持在体验中,则每一个体验都有其实项的部分与环结。一个体验实项地在己所拥有者乃是透过时间位置(在此主观流动中的位置)个别地被固定并丝毫不可同一地隶属于别的体验。此外,同一个体验的两个不同阶段不可以具有在数量-同一意义底下相同的任何一个实项环节。

但另一方面作为一个同一对象的显现之多样体验却共同具有一个同一之物(ein Identisches),并且这个共同性是在其自身中可见者,是与它们不可分离者。正是在这个作为于其中显现者的对一个和相同对象的显象,那个被感知的对象并非随意地从外在而与感知显象相关连,透过一个从外在而拉近并且与显象有所关联。视角的持续性会中止;这本身是说或者在其中具有:相关的物体持续显现着,在那里,并且视情况正是带着物体的这个或那个特征。所以我们可以有理由地说:某物和一个相同的或者以阶段方式而相同的特殊征候**在**所有这些显象中显现,但这个**在**并不表达任何实项的部分,既

---

① 新演讲的开始。

然实项地被特殊化的体验彼此之间就实项而言并不具有共同性。

所有在流动的显象方式以及在意向体验的变化中,成为显现者和被意识者是属于这些体验,作为一个非实项物而不可分离或者如同基于好的理由也可以说是一个意项物(dieses Ideelle)。

对象超越了那个体验之流的实项内容;"内在于"体验之流者仅仅是实项环节。

然而这个作为在内在性中被意识的对象的超越者之概念免不了带着许多巨大的困难,或鲜明地多义性而要求更多的思虑。这些将同时帮助你们对于那个令人惊奇的以及所有的传统**心理学**,比如认识理论涵藏着的意涵有所认识,这些意涵是涵藏在意向体验及已经在一个相对单纯的构造里面,如同它是一个外在的感知。要是没有将这些意涵加以松开并对它们做严格的描述,则不会有严肃的心理学,以及关于经验及理性的理论。

让我们再一次地连接上在实项中所包含的对象之意项存在。事情并非如此,亦即这个意项物是穿透所有的意向体验(意项物是在于其中并且是在于所有其阶段中)而作为如同一个在其中共同的僵固块片,而只是作为如此,亦即它并非与其他块片一同作为实项的块片。当然,在映射性的视角之流程中,这一个相同并且甚至于客观地僵固、不改变的桌子显现了;但是就在它作为同一之物而显现时,它却依然总是带着新的特征及面向而显现。那个持续地在每一个环节感知阶段的单体中显现者乃是那个我们称为特殊地显现的桌子侧面。然而进一步来看,在每一阶段中并非这个纯然的桌子侧面是那个在其中显现者,毋宁是那个被感知的桌子是**作为**从这个侧面特殊地被看到者。

同样在整个映射地显现之持续性中，并非那个特殊被感知的桌子侧面之序列，而是桌子自身在整个延续性中，该桌子有时从这个面向，有时从那个面向自身"特殊地"展现，那个涵藏在实项的映射之延续性中的意项物，在此意味着：感知对象如同我们所注意的是在其体验之流而非在一个共同凑合的方式底下，犹如那个构造的图像那样构造其自身的。我们马上补充：根据这个自身构造它有着其理念的构造，一个在构造中持续自我扩充的理念的结构。

§35 底基的极以及特质的极・空洞意向性的积极意义

让我们不去注意内在的自我构成的方式，而是注意那个构造、对象自身，则它会让自己作为同一之物，该物是从一开始以及在整个感知持续性的整个前行中显现，但作为同一之物，它总是在新的特征中自我确定。所以它是一个理念的极，它对于确定的特征（这些特征是接续地在特殊的显象中出现）而言带有底基的特质。这个具有基底特质的意项极带有持续向着特定显现方式挺进的规定性特质。如果缺乏这些不断变化的规定之物，则这个意项的基底极什么也不是，亦即，它是一个非独立的同一性之极。另一方面，每一个显现出来的特征本身是一个理想极，一个隶属于它的映射视角；例如同一的"棕色桌面"，该桌面出现在感知中并且是在视角的变化中作为同一的意项而被给予，直到它不可见为止。这个客观的特质就它那方面而言自身又是非独立的，它们是它们，只是作为在基底极上的特质。它们只是作为特定的极而有所可能。

但让我们仔细地去看,那个被感知的桌子,如同它在这个感知中,在它的映射持续性被感知者,作为鲜活的存在而被掌握着,在这个体验之流的每一个位置比那个出现在描述中者要来得多。它并非带有那个正是特殊地存在于视线中的特征极的那个纯然的基底极。否则我们必须说在每一个阶段都有一个被改变的对象被感知,而我们也说,如同我们所经验的:相同而会改变的桌子在那儿。

181 根据这点我们也**不**说,桌子获得特质并且丧失了这些特质,就看它们是变成特别可见的或不可见的。随着可被看见那个隶属于原初及认识的相应特质也随之而来,但是在变成不可见之时,它依然作为被获得的认识,在确定的掌握中依旧**维持隶属**于基底极。**另一方面**,并非只有不可见的成为者维持在掌握中并且视基底的确定者,而是在**预先**掌握到在那个位置上的对象-显现,对象可说是预先的确定对象,在它透过特殊的感知实际地确定其自身。它有着一个尚未熟知的空洞视域——只有透过未来的或者可能的方式才开始参与的显现流程、才被看见的特征。这个**空洞意向性**并非什么都不是,而是一个在基底极上的特质,一个在其之上合乎意识而呈现的空洞性并且是一个正特别隶属于它,作为这个感知的基底极。持续前进的感知带来适合于它的充实,虽然必是不整全的;因为就算根据新的特定的特征才变得可见,情境仍是相同的;那个空洞的视域总是在那儿,只是一个部分的空洞被充实。能够充实者并非随意的。根据感知的意义,每一个别的感知对象有着它自身的空洞视域。它的感知及它的显现持续性授予它那个感知意义。确定这张桌子者不可能确定一匹马。对我来说这个充实在一个感知中，桌子所具有的空洞视域的特殊感知不可能插入对马的观看活动中而进一步确定这匹马。

除此之外，那每一视域固然带有在基底上的可预见特质，如同它是主观的环节的感知极那般，但当然**并不**是作为客观地确定它而被给予，作为特征。仔细加以标示的话，它仍在缺乏特征的空洞视域而被给予。

依此，我们总是在朝向基底的观看方向中，有着一个在感知中的运动：那个作为中心极的同一基底固然持续地保持着，但总是带有确定着的性质的极的状态底下的运动，总是一个并非再一次僵固地留存着，而是运动着的像个新的阶段去形构的空洞视域，此视域是一个确定性在其中自我保持的框架，而这些确定性能够充实该空洞视域。这个视域乃是如同我们也说明的，这个视域也是在基底（就是每次确定它的那些特征的固守中心）上的一个不确定而普遍的预示，亦即向着新的确定的或者可能新的确定的特征的预示性的单体意向性；一个在其肯定地进入中自我充实的预示。从一开始，每一个事件的特征都是充实的；例如作为桌子的基底从一开始朝向正是对这个对象充实而加以确定的特征的一个系统的意向性，并且每一个被给予的特征在它确定之时也被充实。

在朝向意项（ideell）的侧面而去的运动之持续性中，有着在视域的意向性不确定而普遍的系统中的一条直线在本有的方式底下被实现了，亦即在那个现实地朝向未来而去的预示的形式底下，该预示被我们称为期待并且之后有着期待的充实。那个能够特别被感知到的认识，根据形态的颜色，它在这个运动中可以被期待为颜色与形态的下一个到来者，在变化着的确定性之程度中，那个实际到来者充实了这个期待。

这些考虑无非就是对于侧面被给予性的主观过程一个深入的阐释,在此,侧面被给予性中那个个别的感知对象根据其客观意义而定在地构造自身。

在确定我们先前已经陈述的情况下,它特别教导我们有关下列事实,带有客观本性的对象不仅是一个某物,它虽然作为一个非实在的块片,却作为完全的同一物而涵藏在主观体验的过程中。对象是作为感知的对象,要不是作为在这个移动的结构脉络中的话是不可想的,此结构脉络是不可分离的隶属于视角的体验流程;而这项运动也是一项流动,其时间性明显地正好与视角的体验亦步亦趋地相重叠。但那个流动并不属于对象自身。在向前流动中有着一个不被摧毁而稳定着的同一的基底极,这是作为这种特征的基底,这个基底预先掌握着但也空洞地撑开,如同那个在运动过程中所谓自我呈现,那个充实着。带着一个预先掌握(它从来不能自感知对象中加以去除)的视域之设定,这个设定提供给超越的概念自身一个特殊的意义,并且提供作为观念的对象标示以正当性。

一个感知掌握其作为活生生的定在并且是超越地攫取对象。

§36 感知的意向对象[①]

外在对象在感知中是被意味为存在者以及活生生的被把握者,但并非感知的一个完成的就算是观念地进驻的素材的方式之

---

① 参见附录Ⅶ、ⅩⅦ。

下。从一开始它就总是带着一个超越的意义、一个开放的意义视域。在其中有着：它并不只是被意味为对于这个或那个合乎感知而被实现的规定性的基底，并同时被意味为对于仍有待无限地加以实现者的存在基底。要是没有这个共同被意味的视域就不可能去思考那个超越的感知对象。

我们也可能说，那个在超越的感知中作为活生生存在的对象而被意识者，是作为被意识者本身而带有一项意义的意见，该意义是部分地可比较的，但在此预先掌握中，其自身带有一个预先掌握的确定性，就意义来说，对于那个未实现者而言无限持续的实现是保持开放的状态。一项意见可以意项地在自身中涵藏意见的无限性或者一项意义，意义的无限性；那个未被直观的、未被实现的、未被熟知的无限性首先完全是空洞的、未加以区分的。意义的无限性将会真正地产生那个确定着—实现着的意识的新的过程。相应的意见在其体验当下性中涵盖了意义的无限性，同样地，相应的意见然后在可揭示的预示方式中，在其自身意项地蕴涵了意义的无限性，但是作为在可能的个别意见中的可能进一步地规定。

未来的实现并非事实上在当下感知的每一阶段被预示，预示是多义性的一个系统，亦即感知自身容许被探问并且可发展出开放的可能性。所有那些产生出来者就是作为原初被意识的意见阐明而明证地可认知。外部感知的意向对象已作为存有的首要形态而显示给我们，也是第一次作为意向对象而显示给我们，如同一个意向性的对象，甚至于是一个感知的对象，无非就是作为意见、被意指的意义，而如同意见自身涵盖了新的意见，也就是作为可能性的相关意见之无限性，但又不是实项地在其自身中将新的意见当为块片而加以拥有。信念会朝向真实可能性的实现,例如它在不确定的普遍性中设定了无限可能性中的一个必定产生出来。感知对象透过在其动机中的显象系列执行的意义赋予,这就是作为意义赋予的意向性而获得其存在意义。但是作为这样的被意味意义自身是在一个相应的意义底下存有者"意见"的意向并且是部分地被充实,部分地超越着,超越了攫取充实性的意义。这个意向性乃是意义赋予的相应项。作为在感知中被意味的意见之感知对象在此可区分为两个环节:作为**定-在**者(Da-Seiendes),那个在感知中的对象是被意味者。感知的确定性正是作为这个存在者的素朴意识,可以转换为充满疑问的自身改变"模式"并且也转移到如幻见、虚无性的特质,而它却总是直观地被给予。

这明显地构成了以下两者的区别:一是作为抽象对象的感知之纯然对象意义,二是"真实在此"而曾在的特质,而此特质有可能转化为充满疑问的、不存在的等等之类。

但此对象的意义并不是那个作为纯然基底极的对象,这个极反而是作为那些被它所意味的规定性的基底,正如同这些规定性构成了它的熟知或未熟知的被意味的性质的什么。这些就是对存有者以及一般而言对于改变着的存有模式的特质来说,变化着的意义内容。它是根据其整体的意义内容或其他内容(Wasgehalt)而隶属于对象的意义,也就是它不只隶属于那个基底极的每一被实现的性质规定性或者隶属于那个作为自身在其中规定着的极。因为这些实现在一个折扣的方式底下实现了那整个对象的意义,或者那个在预先掌握的视域中一同被掌握、被意味,但却依旧未熟知的对象之性质的本质。

那个在自身中包含桌子的这个存有意指（"被感知的空间对象"）的无限性是借助于对象意义的这个统一性，如同将被认识到处在一个稳固的系统底下，在一个对于所有那些可能的感知而言的稳固普遍规律。那些可能的感知自身可能在单一而且同一的对象上贯彻执行之意识，该对象乃是在所有感知活动的进行中具有一致性的规定性之对象。

我们现在至少粗略地理解——因为比较大的问题将从我们的指示中展现出来——感知对象的超越论特性存在于何处，并且由此出发那个"超越"的严格概念必须相对于内在性而被把握。一个感性的素材（例如一个视觉的场域素材，并非作为一个对象的映射，而是纯粹在其自身存有中被掌握）是在将它加以把握出来以及原初地把握自身的每一个反思中的感知对象。这个反思的感知也有在对象，在相应的视觉素材，其感知意义中的一个意义内容，此意义内容是作为确定的存在（gewiss-seiend）而被给予。我们把这样的对象称为内在的，我们说它们的被给予性在内在时间中是相即的（adaequat），我们也可以说它们是实项的部分，这些部分是在内在时间中向前流动。

相即的被给予性存在于底下的情况中，亦即在每一个感知的阶段其意义是完全地被实现——在整个视觉素材的感知中，其意义是完整地被实现。那个感知的内在流动实项地包含了那个作为那个持续地在其中被感知的素材。在此，只有作为预先掌握的期待（但它自身是相即地充实着）的预先掌握。

另一方面：超越的对象是透过如此这般被标示的，亦即本质上它只是带有一个尚未完全被实现的对象意义而可感知，只要它的对象意义总是必然越过其感知性的实现并且在作为现实意义的预先掌握中是确定的，是作为在可能感知的无限向前实现的过程中而确定的。正是因此一个"观念"的概念也被澄清了，这个概念是处在那个可理解的对比中：内在的或相即的对象性乃是一个在其感知中的实项被给予性并且只有当它的感知是的时候它才是。超越的被给予性是一个观念，该观念只有原初地作为现实性，但必然只是单方面并且在一个超越的感知之预先掌握中才是被实现的，但它又并非与感知绑在一起。现实的或可能的一个无限性是准备好的，从此无限性出发，每一个被选出者同样都将可能被带到被给予性中。当然，假如主观的条件是外在于感知的范围而被充实，而这个条件可能为这种感知的产生提供保证，则作为观念的超越对象仍可能是现实的并且作为有效地存在着，就算完全没有感知被实现。则相对于对其自身的所有感知并且如同可知的，相对于对它的每一个额外意识而言，每一个空间物对象都是如此。首先在那个意义底下，例如菲尔德山假如没有感知系统的感知去实现它，但是从别的物体的其他视觉出发而可接近，并且在底下这个方式，也就是从它的对象出发朝向它以及朝向在主观的担保下的感知之经验道路是被预示的。我当下的感知及其对象有着一个宽广的经验视域，该视域在可能的感知中并且就字面意义来说，在熟知的道路上将会朝向它而去。

与这个超越对象的种种性质紧密相关的是那个带有绝对存有确定性的不可能性，也就是超越被感知的不存在并不如此存在的持续可能性。但在每一个相即的感知中，那个被感知者却是绝对确定的。

§37 作为揭示内在性方法的现象学还原[1]

在我们谈那些外部感知的超越性得以展开的大问题之前[2]，必须讨论一个根本的而先前只是匆忙带过的执态区别，透过这些执态我们在任何超越对象被感知的情况下都可获得那个隶属于这个感知的内在物并因此是纯粹主观物的整个情况。在任何属于这里的，也就是外在的、超越的感知之上我们演练——第一次使用**现象学还原**这项语词，正是作为还原到那个纯粹内在、纯粹主体性的方法操作。我们描述一个方法，也就是一个被我们当作运作着的自我主体而被执行的动作及其成就，也就是我们回归到那个运作着的自我。但要注意的是那个相应于在结果自身中的自我显现者。

直截了当地拥有被感知者乃是拥有作为存在者，而此"拥有"，从自我这方面来说，乃是执行了依据感知的存有有效性的意识，在感知着的确定存有中活着。在此，如同我们先前已曾经说过的，在此它也维持通常的状况。在转向反思之中（这个反思是自然的反思，也就是在这个自然的态度中，这个感知的执行方式中）我们超越了感知自身；我们的存有确定性在与感知相对的情况下相应于非实项的对象以及相关于那个我们在无限的新的感知中才会实现的无限性。

让我们执行朝向对象的被给予性模式的反思，也就是朝向流动着的主观显象并且自身朝向运作着的、感知着的自我，正如同它的察觉性以及阐述性的活动是朝向显现的对象而去的反思——则

---

[1] 参见附录 XVIII—XXII。
[2] 新演讲的开始。

那些朝向被给予的外部感知的部分之反思感知产生了，但透过那个超越对象的持续设定而越过外部感知。我们作为现象学家，亦即纯粹朝向主观、内在部分而去，是禁止任何对象以及任何一个超越对象的感知设定；我们把对象的感知纯粹当作我们的反思感知主题，也就是说，只有关于这个外部感知的感知以及特别是那些在内在部分中在己地被掌握者，才是被我们启动的有效性之媒介；或者我们只将那些在这个媒介中展现者设定为有效的。

对于整个现象学的理解都依赖于对此方法的理解，只有透过它我们才获得在现象学意义底下的现象；无论我们是聚焦于哲学-超越论现象学或者如同在这里的聚焦于心理学的现象学，就其具体的整体性来说后者该提供给我们纯粹在己的心理现象的封闭领域。该项禁止，也就是将空间物体感知对象、一个超越物一般的有效性都加以搁置，不意味着将它判为无效、对它加以怀疑或者去改变它的确定性。这完全不在我们的意愿之中。在疑问性、怀疑性等动机并不有效运作之处，在我们缺乏怀疑的"理由"之处，我们完全不可能只把被感知者当作确定-存在者而加以意识，最多我们可以随意地进入怀疑或者诸如此类的思想中，借此我们正一同设想、一同想象对于它的动机；则我们也可以假设性地设定怀疑-存有之间，不-存有之类的。但所有这一切都不该被认为如此。

在此关系到一个别的、同样提供给我们的意愿之存在者：地地道道感知着、觉察着、进一步地考察着我们都是对着被感知者，也就是作为确定、存在着以及如此存在着而显现的对象而感兴趣；对着它的存在及如此存在而感兴趣，这指的是对于存在者加以认识，确定地去获得归属于它的性质，将它作为持续地拥有而习惯性地化为己有。我们的经验主题正是那个在感知的自然态度中的世界。

为此，也可以根据我们有关于外部感知的分析而说：经验地对于客观世界的感兴趣，这是努力地朝向这个在感知信念中持续被设定而作为理念被预设的世界；换言之，作为一个在可能的感知实现中的系统性过程中去加以实现的信念目标而被默认。那个带有兴趣也就是在实践上的一个努力并且终究向着被相信者的实际实现而行动地朝向-存有，在向前推进的经验中，据此该经验是努力朝向目标。我们可以任意地改变对于外部感知及经验自然而然感兴趣的那个执态。

感知可以流逝，显象的持续性可以和谐一致地与所有在其中意向地统合者一同流动，也就是在我们对于存在的对象及其如在不感到兴趣的情况下；(以及假如感知是流动的，它就不需要在那个一度主题地被掌握者的依然握持的形式中——借此它持续成为存有的主题并持续有效地成为这样的兴趣)。这个兴趣-改变，这个不-当作-主题-拥有或者从主题的领域被排除，不加以考虑，乃是一种方式上的本质改变，究竟那个对象-意识，在执行中的感知是如何，并特别是，其信念是如何在执行中，其对象如何而对我们有效。现象学还原的极端兴趣改变导致感知的自身存有以及所有那些与它在实项及意项不可分离者成为唯一的主题或者在扩充中成为主体的唯一主题。现象学还原的极端主义存在于，每一个对于客观存有的兴趣终究都被剥夺。假如感知自身将其作为对于已实现以及仍未实现的规定性之基底的对象加以意识，被意识为一个超越意义的存在者，则这个超越物的被意识乃是一个隶属于它自身的本有性，一同隶属于其本有的本质；也就是说这个在朝向根据其纯粹主观存有,根据其自身本质的感知之兴趣执态中的本有性是主题。但人们必须留意,两个主题的对象领域或者明确判断的领域,透过现象学还原的极端主义而鲜明地分开。让我们用相反的次序深入地展示它:

1) 在一个态度中,我们完全活在对于主体的兴趣中,对于那个作为体验以及对与它自身不可分离者、内含于它的实项或意项地安居其中的内容的外部感知。隶属于它的还有那个外在的对象,但纯粹是作为那个在外部感知自身中的被意味者、作为其超越的意见。在现象学中我们说:对象是在括号或引号中的对象而非地道的对象。

在此只有产生关于主体物的主题明确判断,并且如果主题物自身含藏了作为其意见的超越意向性,则那个以及作为这样的意见之分析便一同进入主题中。在对于纯粹主观生命的兴趣中,这乃是:意指地以及努力地完全在反思的意识中并且最后活在反思的感知中,在此感知中主观物根据存有及如-在是主观地被实现。现象学还原是如何关心着这个唯独性(Ausschliesslichkeit)。就在它们从这个唯独性的明白要求而来的引导当中,有意愿地切断对于客观存有的兴趣;有意愿地阻止那个经验以及任何一个经验所预设的意识之自然执行方式。打个比方说:每一个经验及其存有对象都获得了括号。

2) 在另一个态度中,此态度在自然生活中是比较早的并且也是在已必然地必须先行,有着对于客观存在物的兴趣。这就是,我们活在对客观性的信念中:就如同完全通常而总是的那样,对我们来说一个客观的世界是完全不言而喻并且预先在那儿的。活在此信念之中或者对于被我们在其中当作确实存在着的世界"感兴趣"，这是努力地并且主动地在向前推进的感知中朝向客观物，在俗见中预先而总是有效之物俗常的实现（doxische Verwirklichung）。正是这个朝向存有的努力在现象学中是不被允许的。

正当在此外、在感知及其在实际执行中的存有信念是在当下执行中，并且对于那个朝向信念目标的实现性努力是一项媒介，在相反的态度，亦即现象学的态度中反思的感知，亦即内在的感知，例如对于外部感知的反思感知才是在这样的执行中。

自然的态度或者兴趣的方向开启了每一个客观认识、每一个客观科学的道路，还有每一个客观地进入世界发挥作用的实践。在客观-世界的肯定判断之道路的方向中，存有信念的模式化呈现为一种遏止，该模式化将存有信念的确定性转变为怀疑、纯然揣测以及否定。这将导向次要肯定判断之必然性的可能性或不可能性、揣测性或者似可性、虚无性以及取而代之的真理性；但总是关系到客观世界。在现象学的态度中，该态度纯然地不沾染所有客观世界的兴趣，所有那一类、正是客观朝向的肯定判断都凋零了。

它开启了朝向一个完全不同的科学、朝向那个纯粹的主体性，在其中唯独体验、意识的方式是被主题地谈论着，并且在其客观性中被意指者，但唯独作为被意指者。总是有个重点要一再注意：一个感知感知到超越物，感知并且在其信念确定性中依据存有地设定其对象并且带着一个这样和那样的结构之超越意义而做设定。这是真理的一个类型，该真理就若纯然现象学地加以掌握，并非关于地道地超越世界（该世界掌握存在的世界自身）的最低限度意见。

在此要注意，每一个朝向那个朝向自然经验基础，例如那个客观观察的解释，含有概念的攫取、描述、理论化以及每一个其他在自然态度中完成的意识成就的规定性之过程，这个过程事后可以经验那个还原方法的改变，也就是改变为其纯粹主观物、现象学之物。不让我自身持续停留在世界的基础上并且完全在客观物及客观世界（这些是我素朴地获得、掌握及忍受的）的基础上，不让我自身停留在这样的基础上，于是我可以将那些经验确定性（在此基础上我并且透过它而拥有这个基础）的执行事后弃之不顾。我因此事后改变我的主题兴趣并且现在注视这整个主观的过程。我唯独将此当作主题：只有那个对它来说拥有存在的反思经验才是有效的。只有这个纯粹反思才提供给我得以稳固停留并思考的基础，这是纯粹主体性的基础。在此我发现带着其实项及意项内容之纯粹体验流动。我现在更近地看，它自身是如何经验地、思想地或者以其他方式成就了什么，它如何构作其意见，它如何实现它，又如何预期新的意见。

§38 从外部感知出发进入纯粹主体性

你们现在认识到在先前的系列演讲中我们所做的所有纯粹描述——只不过我们仍尚未在科学上加以厘清——都是在现象学的还原中完成的。先前我们总是谈到主体性以及主体性如何在意向性的形态中可被掌握为客观性；潜在意义中的自然，但还包括客观世界的较广含义以及隶属于它的世界科学都被我们事先排除，以便转向内在，但纯粹反思地我们首先想确认的无非是究竟在感知自身中，我们可实项及意向性地直观到什么？但是只有那个还原地执行以及有关于其意义的澄清在此才使得感知成为可能。唯有透过它们，我们才能避免自然地滑落到自然态度去并且将相应的判断方向给窄化了。

至今为止①，关于我们对纯粹主体性的认识，是透过外部感知而得到的，同时也是透过现象学还原的唯一使之可能的方法之科学的有意练习而得到的。外部感知就某程度而言是纯粹主体性的首要而直接可掌握的末梢，并且由此出发，我们应该可以朝向整个主体性前进，朝向他的个别类型以及结构脉络之无限多样性。你们将会生动地感受到，现象学地说在这个末梢上面、在这一个纯粹主体被给予性的类型上面已经有多少东西可看并且可被描述，人们在此必须如何学会去看，这个纯粹内在性的世界对于我们毕竟采取自然态度的人来说是如何陌生的。你们当然也已经感受到那个极为特殊的困难，就算只是去进行现象学的描述并且如何在堆积如山的区别中找到方向。

这种麻烦可是无法免除的，不仅是你们，任何人都一样。只要是想从事纯粹心理学，也就是作为揭示纯粹内在性的科学首先便认识到，在外在性的态度中含藏着内在性，并且他需要一个完全新的态度，一个完全被改变的感知以及思想类型，以便在无穷尽的努力中阐明所有认识之"母"，这是就精神的眼光来说所有显现的客观性之"母"。所谓对于观看的眼睛指的是：并非设立有关于"心灵的内在本质"之臆测，更非想出"形而上学"的次结构，而我们要做的是将作为经验科学的心理学带出来。如此一来，作为本质的科

---

① 新演讲的开始。

学心理学也在必然性以及基于直观的泉源而建立起来。

但经验最终回溯地导向感知,导向一个观看着的自我掌握;并且所有其他的直观仅仅只是感知的一个模态变形,就如他是作为本质洞见的根源产生的基础那样。心理学是精神的自我认识,首先在被遮掩的自我存在与自我生命之现象学地被纯化而原初的自我直观的形式底下,接着则在奠基于这一经验的严格科学之形式底下。所有迈向真正心理学的困难,也就是获得真正而纯粹的自我认识的困难无不存在于精神的固有本质:在其主观生命中,在其主观而被动的体验流程以及主动活动中去执行客观化成就,以及将自身天真地首先只是经验为在一个客观世界中的被客体化的精神;这个世界是由作为客体化的纯粹精神在己地依据认识将自身作为观念及生命主题而加以创造。那个纯粹进行客体化的主体性却是借由现象学的还原及透过它而可能的纯粹心理学才得到揭示。当然它是非常费劲的,历史性地从这个隐藏着的、为其自身并合乎意识地构造所有客体性的主体性的初期的预感到始终一贯遵循的方法去彻底研究,在此方法中该主体性能够被揭示。因为到处都是如此,在主体的成就中只有那些对象性的成就在主观的行动中作为内在的行动,只有在那个客观的行动过程才是可见的。此外,他还需要一个人工的纯粹反思的方法,以便看见一般地看见那个纯粹内在性。要是人们有限地去看它们,则它们完全是令人感到陌生的。毕竟人的眼睛只习惯于客观之物。只有客观之物是从整个感知生命来说是熟悉的,无论就其经验的类型或根据客观性质而构造的类型来说皆如此。唯有透过现象学还原之练习内在性才得以被获得、被揭示,一个被人熟悉的内在性可说是一个经验类型化的内在世界必须透过这项练习才能被创造。一旦你们确实认识到内在被给予性及其分析的种类，那些实项分析、意向性阐明及在我们的感知分析的情况之上的意义开展（在强大的内在抗拒底下）之种类，则你们便不会认为，这个情况对于感知领域来说是完成的，那个对你们来说通常显得过于微细的区分实际上已经是特别的微细，事实上迫切地朝向最深的深处。——我们过去所处理的是涉及首要而实际上完全是粗略的解说以及只是片面的，从一个完全细微并且很难掌握的整体交错而来的片面环节。就算我们在这方面想的再少，也就是实际去进行对于外部感知的补充性分析，但毕竟朝向它们的开端以及预习却是足够的，也就是让你们去提出在视野中的反面以及相应的任务。所以我设想带领着你们向前进，使得你们可以将纯粹主体性的普遍脉络认识为一个本己领域，作为一个在己封闭的世界以及作为心理学的任务场域。

我们停留在外部感知，并只将注意力放在感知中流动的表象系列以及表象、与表象者及未在其中的客观意见之相互交错。我们并不留意，所以也不进一步考虑那些表象流程可能取得的风格之变动，当感知不再是具有一个一致性的，也就是在持续向前推进的存在确定性中的意义下的感知，取而代之的是怀疑、否定，也就是那个合乎感知的此在转向怀疑的存在、揣测的存在、虚无的存在，等等。那个与不同的立义相类似的事件起争执的两面性重叠以及显象的交换性变化是处在问题之中。就算是在一个一致性的感知中的范围内针对被实现的特征之进一步规定的形式以及对于这样进一步规定与终究不同的规定的持续开放可能性都必须严格地被描述，例如一个物体被看见的颜色在进一步观看时总是更严格地被确定,那个同构型的颜色实际上并非同质,它不需如此而是可能作为有污点的颜色,那个在进一步观看中显现的污点将会获得新的内容。简言之,相对于感知的外视域,每一个充实地被给予的特征已经有其内视域。

但仍有许多空缺着。我们在一些感知中还要深入探讨,除了它被感知的部分之外也要加上外视域,外视域乃是被感知者所具有的未知而可感知的性质之范围,但并不在比较广泛的外视域中,也就是在周遭给予的物体世界之意义项。所以我们并不探讨也完全不注意那个因果关系,而是注意那个在多样性中,在综合的关联中互相交错而出现的感知,这项感知区别了纯然感性的幻象以及作为实在物而被经验的空间对象,此外该感知也是赋予那些对象极以作为因果性质的真实基底的意义规定性。在普全的对于自然与自然科学所进行的预先思考中,也就是为了全然别的目的,我们遇到上述那些情况以及许多其他的情况。但现在它必须在纯粹主体态度中变成"构成"分析的主题,它必须阐明,哪一个真实物体的表象之意向性的层级,对于真实性及因果性的意义给予是必须出现的。上述之物体必须放在合乎视域而一起被掌握的可能周遭之其他物体的表象关联性中。

§39 就感知者自身而言的感知分析

但现在有必要去说明这些讨论中,巨大并且无比巨大的所有片面性。过去我们所研究的都是在一个确定简明意义下的感知,也就是作为对象以及终究在我们的考虑中与其他客体物的关系的表象之过程。拥有感知即是：拥有表象并且透过这些表象而拥有表象者以及感知的被意味者。然而我们却不是拥有从天上坠落的感知，我们却是透过感知活动而拥有感知，而该感知活动，无论在一个被我任意执行或非任意执行的形式中，自身都拥有其特质，也就是在其必要的对于拥有事物表象之功能中让我们可以去探讨它。这里关联到视觉地在观者中对物体表象加以感知，触觉地在触摸者中对物体表象加以感知等，唯有透过这些，我们才有这个或那个显象。在此，我们于这个例证性的事实中，我们遭遇到那个对我们来说很快便指向本质必然性的必然性。

对于我们感知的意向内在分析来说，我们的身体乃是作为感知器官的整体而出现在主题的观看中，关于事物成为合乎感知的被给予性之意向性之研究，要是没有感知功能本有身体相应的意向性是绝无可能运行的。然而，我的身体对我而言却是作为物体而被给予，因此难道我们不是在循环之中？只不过从我们先于心理学的思考已经知道身体同时既是物体，亦是功能和特殊的身体——现在关系到一项有关于两方面互相关联的意向性的负有责任之科学的卷起。在此只需要一种新类型的意向分析，该分析关联于下列情况，也就是手的运动、头的运动、行走的运动等动觉系统意向地自我构成并相互组合成整全系统的单体。此外当然还关联于对于作为主体之"我运动"的动觉过程，关于就作为客观空间运动与作为动觉的空间运动之运动的每一个身体器官之双面性的说明，以及最终当然还有关于身体的整个本有种类的意向说明。身体同时既是空间外在性的也是主体内在性，同时是空间物体、身躯（Leibkörper）也是内在身体性的，它是器官，也是主体功能的习惯系统,它总是随时准备转换成当下的、主体的功能运作。随之而来的是一个分析的巨大维度被关联到主体研究的主题,该研究乃是紧密关联于在先前意义下的外部感知领域之意向分析,其成果为本质上丰富新的结果,该结果对于空间世界-被给予性的现象学是绝对不可或缺的。

随着被经验为隶属于客观世界的身体之出现,一项新的客观因果性种类也出现在现象学的构成研究之中。除此之外,身体也被经验为在所有外部经验中具有感知功能者,它也被经验为刺入空间世界中,滑动着等,作为在自然流程中客观而改变的侵入者,它简直就是在一个特殊意义下的器官并再次作为身体的统治者的我的器官,作为如同任意思想者等那样的任意行动者:但是那个我们总是一再遭遇的**我这边**首先却总是留在背景之中。

值得注意的是,在将身体这个巨大主题关联进来之后,那整个研究便在现象学还原的方法中展现为纯粹主体性的研究。还原完全可模拟于在纯粹作为这样的空间物体之感知的简明意义下的外部感知之研究。身体也是这样,只不过还更多一些。身体若是作为生理学的主题,则它完全被设定为自然物体的存在。生理学是在自然经验的基础上。就现象学来说感知、身体的经验乃是主题,而身体自身则是纯粹作为在其中被经验者,作为感知的意见。

新意在于这个感知虽然也有空间-物体感知的形式,却提供了完全新的种类并因此提供了一个全新种类的感知类型,好比相应地说,那个超越的被意味者及设定者,也就是被称为身体者乃是一个根本上全新的种类。以现象学的方式来说,意向性从特殊的身体感知来看是怎么回事,在身体感知中,作为被感知者,身体呈现为具有一致性的自身被给予者，纯粹在反思的感知中，也就是在纯粹主体的场域中，而作为这样的被感知身体的主体模态看起来又是如何？作为客观实在物的身体将不会在任何时候都被要求为存在着并且理论地被处理。到处皆如此。

那个作为这样隶属于可经验之身体性的本质之正常与非正常的区分也在这个扩大的研究领域中具有极高的意义。在动觉的本有种类之学说中已经出现了不受拘束以及在此意义下的自由与动觉受拘束过程的区分，光是拘束的意义已经带有非正常的意味，那个著名且非常引人注目的整个感知世界的变动，我们也称之为感知器官的疾病、非正常的改变，这些经验也出现在其中；疾病的种类，对我来说所有视觉上的表象可能产生自我变化，假如我的眼睛有所变化等，人们将会很快体认到，那个我们在正常情况下经验为世界者，也就是赋予世界意义者实际上在其正常的运作中依赖于正常身体性的预设。这项预设并未被说明白，同样在我们感知朝向物体时也很少考虑到我们在此必要地一同运作的感知器官，同样很少想到这些也时会变得不正常——虽然我们从经验出发多少知道一些。正如同这类的经验会出现，那个在身体性的正常运作中被构成的世界意义（截至目前都是"存在的世界"）获得了一个新的意义层级；世界于此不再是那个正常被经验的，而是那个正常被经验的世界是出现在与正常的身体性之关系中，也是在众多非正常出现世界之系列中，后者与正常性的身体变化相关联。但所有这些世界，无论它们看起来可能有多么不同，都是同一世界的不同"外观"，正是那个每一"依据身体性的氛围"而有不同外观的世界。明显地，那乃是在其最终的意义形构中的朝向物理自然之路，就如同自然研究者尝试思想地去规定它那样,那个自然本身不是感官的,也就是排除了所有感官特征,但它在感官的特征以及在正常直观的完全感官世界中,却具有其"表象"方式。为此产生了一个表象的新概念以及客观性的新概念。

透过与生理的物体性之现象学相纠缠的身体性的现象学,自然的现象学的基础乃被确立,但也只是基础而已。所谓生理的物体性之现象学乃包含生理物理学观点底下的器官。这是对于作为在己自然的主体之合乎经验的现象学阐明,亦即作为经验意义与经验原理或者作为构造自由可及性的系统的主体性之现象学阐明。

§40 时间性的问题:当下化——持存以及前摄(感知的设定性与拟设定性的改变及其对于实践生活的意义)[①]

甚至人们只要把感知看作空间的对象性,便足以开展出许多巨大的主题。现象学地研究在实项及意项中的外部感知意味着已经超越了纯然的外部感知。人们可以透过回溯反思得到这点,而我们自身已经完成这一点。一旦我们进入一项新的感知类型,进入反思、朝向内在的感知,在其作为现象学被还原以及作为自然反思的双重性中的感知。身体性的感知是一个新的感知类型,而它也并不结束这个系列。于是一个普遍的主题,也就是感知一般乃从特殊种类的感知中作为特殊主题而凸显出来。一旦人们也看

[①] 参见附录XII、XXIII。

到,感知(无论是关于哪一种特殊种类或对象性种类)在别的经验种类中具有变化,首先在作为持存以及作为回忆中,以及另外一方面在同样是变化着的形态中之预期。

但人们并非只在感知的领域中遇到上述情况,而是亦透过每一个具体的感知自身之内在结构的明显极必要的研究。作为一个持续流动着以及只是在存在之持续体验的流动的形式中,那个感知的具体单体乃是一个综合的构造,或者它是在一个观念分析的观看中作为这样而被看。流动是一个带有作为形式的内在时间段落的过程,这个段落可能被我们看成是由在部分段落即时间阶段,多少是时间点所构成的(在此我们不能将它看成是数学的观念点)。我们很快便遭遇到原初时间意识的困难问题。当我们在反思态度中注意流动着的感知时,便可以将我们的注意力专注在一个在内容上突出的暂时阶段,比如那个透过刺耳杂音的介入而凸显的小提琴声音段落——所以我们可以进行奇特的观察。一旦我们掌握住这个阶段,便不会将它真实地掌握为感知。因为只要它已经是刚刚过去的一个新的声音阶段因此而在那儿,该声音阶段便被标示为生动的感知阶段,作为新的声音-现在。但这个刚过去的阶段是如何被意识的?而那个更往后退的阶段又是如何被意识的?一个段落总必须在每一个当下的现在中一同被意识到。除了当下那个声音-现在之外究竟还有什么更多是被给予的?我们如何可能对于那个透过时间段落而延续的声音有所意识?当下的现在并非段落;很明显地在与对于原初出现的声音阶段的当下意识中,我们具有对于刚刚过去、作为朝向过去的"沉落"的意识。

与每一个在现在的形式中新浮现的声音阶段一起的,是那个刚刚还是作为现在的被给予的过去阶段在一个新的模式中被给予，在那个过去的、持存的模式中；并不只是它不是以被感知持存而被意识，它总是在新的方式中被意识到，作为总是一再过去而就先天而言从不止息的过程，那个总是出现新的现在的前进中。每一个过去者转变为一个多数的过去者，这个有时候，等等。该过程的意向澄清或者种类的澄清，一个时间段落、一个流动着的过程是如何被意识的，只是可以被意识，乃是与关于纯粹主体性之学说的最重要主题紧密相关的。它到处都是而且也只有在流动者的生命之形态中。

我们在此遭遇到作为时间性的被给予性模式之多样性，遭遇到现在、过去、过去的过去之被给予模式：不同于它自身的即将到来的模态中的。

而我们借此遭遇到时间性定向的描述以及时间角度的描述，也就是遭遇到作为关于什么的表象之时间表象之本有种类：遭遇到意向性的特殊种类及层级，透过它时间性在内在性中乃对我们显现为这样。

在此显示着：作为关于时间延伸之对象性的原初意识（原初被给予性）的具体感知是作为关于当下感知（那个所谓的原初印象）的一个自身流动系统而内在地被构成。但每一个这样的当下感知乃是持续性的核心阶段，从一方面来说，是自身渐次变化当下持存的连续性，而另一方面则是即将到来者的视域："前摄的"一个视域，此前摄在作为一个在即将到来的渐次变化之延续性的揭示中被标示出来。这个隶属于每一个原初印象的当下，对于持存与前摄的持续性在原初印象的消退中经历了一个难以描述的变化。无论如何，那个直线时间段落的表象多样性是多维度的。

只要我们接着往下看,便可确认每一个具体的感知,比如对持续流动声音的感知,通常具有或肯定可以具有那种形态;一个会结束的感知,而在结束之后它便什么都不是。它自我转化为具体的持存,变成刚刚消失的声音之具体体验。但这也是可以再度被唤醒,持存可以过渡到一个直观上的回忆:这固然不是实际上被重复的感知,但却是一个实实在在的意识。在此之中,它仿佛再一次被我们听到,而且是持续着以及向前持续着而被构成。"那个"声音:它不只是想象中的声音,该声音是在信念的确定性中再一次地产生,作为再一次被唤起,作为对我们来说曾经是的,作为被感知的曾经是的声音。对于回忆的意向性分析又是一个新的重大问题。传统的心理学以及认识论对于该问题的潜在深度一无所知,直到现象学的出现才为我们敞开大门。

回忆乃是再次当下化。与它相对的感知乃是当下化,特别是原初的当下化,也就是只要它使得一个当下合乎存在地被意识为原初流动者。假定我们具体地去看当下化,则当下在此也是具体而原初被给予的当下,例如那个流动的声音,该声音是在流动着的流程中正式作为这个当下流动者而原初被给予的。所以每个其他的原初作为流动而被给予的对象性也无非如此。另一方面,一个再次当下化同样地使得一个当下作为其被当下化者,例如作为对于一个流动声音的回忆而被意识到并将它直观地带到当下。

在前一次演讲的结尾我提到感知一般体验类型的不同变样①,提到作为那个对于合乎感知而刚刚过去的当下的仍然-拥

---

① 新演讲的开始。

有意识的持存，亦即在刚刚过去的模式之意识拥有，提到作为那个对于预告了"即将-到来"原初遇见之前摄。我们更提到了作为同样再次感知、关于过去的直观再次当下化的回忆。所有这般形式皆在己地回溯相应的直观，并因而称为其感知的变样、模态。似乎同样属于同一系列的是那个被再造的想象以及感知的图像意识。好比说当我们幻想进入童话世界或者假如我们同样感知地进入一张依据感知的画家所画的图。但在进一步的分析中，我们将看到这些想象，作为纯粹想象来说，是将我们引至一个变样的新领域。被感知者、被回忆者、被期待者都是被标示为存在者：当下的存在者、过去的存在者等，这个存在者可以被模态化，除了确定存在着以外还有可能的、极可能的、可疑的、虚无的。但它总是维持着存在着，从主体来说，在无论何种相信的模态中，它总是真实地被相信着。但所有这些都是相对于一个变样：并非进入一项信念的想象之真实相信，据此那个感知地或重构地被想象者只不过是漂浮着，仿佛它是以存在被给予的方式而被感知等，仿佛它有过去也有未来那样。相信并非实在地，而只是一个拟-相信。既然每个在纯粹主体性中的体验只是作为合乎感知的被意识者，就算不是被觉察者，在理想上也是有着一个具有相同内容可能的相应的想象。还有每个想象也都甚至会转变为想象中的想象，以至无穷。感知地说，我们具有"单纯的图像"意向性，"图像的图像"，以至无穷。

这两个从感知而来的变样系列被称为带有现前信念与信念模态的设定变样以及拟-设定变样，也就是仿佛在信念引人注意的特质中。它们全部都具有在纯粹主体性中的普遍意义。它们在经验着的生活中已经扮演了稳定性的角色。我们并非只是透过流动的感知而有稳定的经验世界。尽管下列事实，也就是在其具体性自身中它是感知的抽象环节，持存与前摄的混合，我们却要指出，在每个持续的感知中衔接着一个具体的持存，此外一个具体的前摄使得我们可期待新的具体之物。进一步言之：在那个缺乏活力的过去深处之已沉落者，也就是不再是活生生持存地被掌握者，却可再度作为直观地作为被回忆而浮现。透过再度被回忆的综合，一个向着不同方向而去的过去被构成了，也就是一个被充实的时间之一体，借由随时可建立的与感知之融合以及透过那个朝向未来的前摄被构成了。

唯有透过回忆及预期，对我们来说一个世界才是存在着，并且此世界是作为一个透过感知而可获得并持续地已获得之认识储存，此世界亦作为对象的一体化之多样性，此一世界，人们可一再地回去，而人们也总是具有或者仍可获得通往世界之路，此世界是人们可以再次当下化，正如同它曾是并在未来的感知中，终究向前持续着那样可以指望并可转换的。

正当综合连接中的感知设定性之变样使得下列事项出现之际，亦即我们可能获得对于在纯粹主体的持续存在真实性的意识，并可能拥有作为可证明的经验整体那样，想象却为我们塑造多种可能性，也就是在与设定领域的真实性之连接中，存在其他的可想象性，犹如当我们将一个灰色的对象虚拟地转换成红色的对象那样。但这却是对于转换形态之实践的预设。被想出来的红色对我来说要比灰色更受到喜爱，而我现在也许发现实践之路，得以将虚构的可能性实现出来。

（这期间存在一个情况，被想象的可能性是作为一个实践的可能性而可被认识，也就是作为在实践的"我能"的领域中：但这已经属于另外一条线索。）

假如人们以这种方式总是在现象学还原的框架中从不同种类的感知过渡到其设定与拟-设定的变样去，则人们将会在研究中扩展它的视域范围到一个纯粹的主体脉络，在此脉络中，每一个新的形态都具有只是主体的所有基本特质，也就是意向性的基本特质。一旦我们首先具有作为这样的外在被感知者，也就是纯粹作为在感知流程中的表象者，透过自身的身体动觉而被启动者由此出发，事先预示了对于纯粹主体分析的不同方向，那么我们便在变样中发现了完全模拟之物，只不过在一种更为复杂的方式下。回忆给我们显示了所有那些感知所显示给我们的，只不过是变样为被回忆者，但可说不仅仅在一个新的颜色中的相同之物。因为新的令人惊叹的特质即将出现，例如从被回忆的对象出发有着两种反思的可能性，其一朝向回忆，其二朝向进入回忆；前者朝向当下的回忆体验，后者朝向对象的过去感知，以至于回忆自身包含了那个已被感知者。正如同当下的自我是属于现在的回忆，则过去的自我便属于过去的感知。

一旦我们不去谈回忆而是谈感知的想象模式，那我们便会再次发现这个双重反思。它不仅仅朝向那个被当下化而进行想象的自我，而且也朝向在想象中的自我，那个作为一同被虚构的自我，特别是那个作为拟-感知者而被虚构的自我，也就是作为拟-体验者的表象流程。在此便包含了被虚构的表象、被虚构的综合、被虚构的相信活动。

§41 朝向于所思态度中的对象极之反思与朝向作为对象极之基础的自我极的反思・自我极的普全综合・作为主动与习性之极的自我[①]

透过现象学的还原，我们便与实际纯粹主体性合一，这是与被还原的对象性、其表象、其相信模态合一。不仅与相关的自我及自我活动合一，也相关于带着相应的被虚构脉络中被虚构的纯粹主体性。

但所有这些被虚构的状态以及被虚构的主体性于此都是在现前的真实纯粹的主体性中被虚构的。我们在直接的关于体验与体验综合的直接显示中来进行考察，而不总是设定自然态度中的经验世界。我们总是与作为关于在其中而作为这种意识的意识有所关联，与关于在其中显现者的感知表象有所关联，并且作为那个并如同它在其中被回忆者的回忆表象有关，与对于在其中被回忆者等的回忆表象有所关联。所有在自然态度中一般存在的对象性，在此都被放入括号并且只有作为意味的被意味者，经验的被经验者，想象的被想象者等而被设定。这些可以个别地或在综合的脉络中被观察。而假如自然态度在其经验信念中预先掌握可能经验的潜在无限性，则它是现象学的观察，该观察在不素朴地站在经验基础上之情况下揭示了作为纯粹主体的无限性，并借此向

[①] 参见附录 XII、XXIV、XXV。

我们揭示那些朴素的经验于意向性中包含在自身的"一般存在着的世界"。

我们已经在预示的描述中优先肯定一种描述的方向，这在现象学中称为所思的方向。我们已经在一开始将目光放在对象性上面，这是犹如它是根据对象的意义、根据存在的模态以及根据主体的模式而自身主体地被给予，在这当中它是存在着。由此出发，它回到在一个新的意义下位于比较深层的表象，在此意义中这个对象性以及如何在主体对象性中显现，例如视角的观看或者相应的时间视角，在此之中时间性是作为这样而被构成。但我们总是一再触及自我。

值得一提的是，更进一步看反思首先可以不从对象到对象的表象来看，是直接朝向作为自我的自我而去，自我进行活动并具有对象，透过表象而具有对象。

在反思的态度中（并在与之相关联的朝向多样性之视线中，在此多样性中对象乃是在其主观的什么与如何之中自我构成）于存在的对象之标题底下，首先在向前推进的感知与经验的其他模式之综合单体中，纯粹就它作为经验对象来说，有着一个主体发生的极化。一个作为单体极的一个相聚合的多样性之经验世界乃是穿过纯粹的主体性，穿过综合成一体的体验之复杂内容的河流。就在我们回到内在体验自身的流动之时，它也是一个极的系统，亦即关联于原初时间对象的构成的现象，并终究整个内在生命是作为极的系统而为己自身地被构成着。

然而此一极化有其在自我-极化当中令人注目之对应项。从每一个直接作为对象而被给予者出发，反思不仅回到构造的体验，在此体验中对象是作为极而自身构成,而是在任何时候一项反思总是可能回到同一性的自我去:此一自我乃是所有体验的主体,而且是对于作为其意向性活动的整体极的所有其对象的主题;但它自身却非一项体验。我们之前认识到:作为在体验的多样性中出现并被认为存在的对象相对于这些体验而言是非实项的,它并非这些体验的实项环节,因为它在内在时间分离的体验当中是同一的对象。另一方面自我在体验的实项流动中也不可被发现,既非作为体验,亦非作为体验的部分,即实项环节。那个我现在感知到并执行这个感知者的自我乃是同一地相同者,它是我在回忆中所发现的,作为那个感知到过去者的自我。我在反思中认识到绝对的同一性。所有我的体验都是关联着作为相同自我(Ich)的自我(mich),但透过我的体验,所有那些在体验中被构造的对象也都是作为对象极。每一个跟自我相关的反思,每一个反思的综合以及在此反思中我发现自己固然是同一的,自身是体验而且使得自我被对象化——对我而言的对象化。①

但这个独特的标示是清楚的,该标示存在于,透过体验的流动,即透过所有在其中作为固定存在者而自我综合地构成的存在的一项普全的综合,乃透过该综合而贯穿我在未反思的情况下总是已经作为同一极,所有其他的对象都是相关联于它。② 假如我反思自我,则我是作为运作反思之自我的主体,另一方面作为反思对象的客体,我将此标示为我(mich)。在所有可以成为对象者之上是我那个作为对于所有对象的理想同一极的自我。

---

① 康德的先验的自我(Kants transzendentales Ich)。
② 先验统觉的综合(Synthesis der transzendentalen Apperzeption)。

但人们在此必须注意,该自我并非世间人(Mensch),虽然我习惯这么说,但这在自然态度以及空间的统觉中"我,这个人"如同每一个空间对象,这个被我认定为我的身体的身体,也是我的表象之整体,我是作为所有这些我的体验的纯粹自我,并且对于这个自我而言,那个经验整体的身体乃被构造着。

但这个纯粹自我并非一个死板的同一极——康德明显地已经对此有所认识,就在他将自我称为先验统觉之时。

当自我是在体验的流动中并因此而有其生命之时,它是带有情感与行动的自我,一方面因为它在这些作为意向性的意向中操作,也就是朝向着其意向的对象性并与它们周旋,另一方面也是由于他被这些对象性所刺激,被它们所触动朝它们靠近,因它们而采取行动。只要他是这样,它便是"清醒的"并且在其中特别是对于这个或那个对象,又在不同的方式底下"清醒着"。但他有可能是迟钝的、昏睡的自我。这是说:不论是内在或超越他都没有自我凸显,一切都是无所区别的相互交错着。则自我自身也正是在其方式底下并非突出的自我极,意即它并非在变换着的自我功能中的运作极,被特殊的情感所影响并僵硬地朝向他靠近,则随着移动并在当下的注意中以及回应着自我活动。那个带有其特质的睡着了的自我当然只能从清醒着的自我并透过一个特殊的回顾性的反思而自我揭示。仔细看的话,睡眠只有在与清醒相关的情况下才有意义可言并带着醒过来的潜在性。

让我去看自我的活动。作为清醒的自我乃是操作着特殊意义下的活动。例如:我感知地觉察到,我"观察"它,我回忆着过去,掌握它,操作观察性的当下化,我阐明对象,我将它规定为具有隶属于它的基底，我将他关联于其他对象，进行比较与区分，我将之评价为美的或丑的，我想它是别的和更美好的，我希望它就是别的，"我可以"把它设想为别的，渴望并实现它。我在这般纯粹内在可证明的事件中总是在此——并非作为空洞的字眼而是作为一个直接可证明的中间点，作为一个极。

每一个活动都具有一个从自我极而来的特质，并非被动产生，而是在特殊主动的方式中从它产生出来的。但每一个这样的本我我思都是连接着下列的预设，先前自我被触发，这是说，先前一个被动的意向性，在此意向性中自我还没有主动权，已经在己地构造了一个对象，从它出发那个自我极被触发并导致行动。另一方面，每一个行动都好比是从自我所带出来的，由自我所产生，于是那些被动的体验都马上隶属于一个体验，而这个体验又融入相同的体验之流。

但这会导致对象世界的丰富化，一旦这个对象世界被构造起来，便可以一再的影响自我并触发新的行动，借此总是有新特定被自我产生的对象自我构成并嵌入自我的周遭世界。也就是说，自我并非仅仅只是被动地注意到被给予者，而且他也不只是感知的自我而已。而是如当他构造了相同性，就在他标示性而规定性地进行连接时，他便构造了对象性的关系、事态、性质的状态、关系状态；同样有着价值状态、实践状态、行动、为目的服务的手段，等等。这样的对象性也有着它们的原初被给予方式，将会在一个字面比较宽广而最宽广的意义下被感知。但他们的原初性是基于任何一个被动的前给予性并从自我活动的行动而来的原初性。对自我而言只有作为从自我的动作产生而来且已产生者，它才是在那儿。

一旦在那儿,它便保持其形态而成为一个某物,我在任何时候都可以在一个目光朝向中回到它上面去,事后我总是可以带着感受回顾它,对它进行再次的当下化,将它对象性地同一化,将它与相关的行动衔接起来并可以在其他状况底下加以处置。①

对于作为所有产生物、所有逻辑的、价值学的以及实践的产生物及证明,作为那些出于我的精神之构造物的源头的自我,我们可说已经获得认识:但对于这些比较高的对象性周遭世界(该世界是透过自我的精神构造而来的)我们不仅仅是感兴趣而已,我们更感兴趣的是那个相应的真正变化,这是与自我自身一起进展的变化。那个纯粹的自我极在数量上以及同一性上来说是相同的,该同一极是整个纯粹主体性唯一的中心点,这个主体性可以被我们从出发点开始便不断认识到;每个人都可以从它的外部感知以及经验出发做到这一点。但就如同一个对象极在数量上及同一性上是相同的(无论它如何从一些表象前进到另外一些新的一致的综合衔接起来表象),但在此总是作为透过总是新的对象内涵而规定为新的,并因而从此持续带有这些性质的印记,同样的情况也适用于自我。只不过那个纯粹自我当然并非仅仅是物体对象,那个作为表象之整体而自我构造的对象,并作为实事特征规定性的基底而构造着。自我毕竟执行着活动。它并非一个空洞的意项上的极点,亦非只是被规定为从他流动出来的活动以及那些被前给予的活动

---

① 那张这里的桌子是棕色的事态是作为一个我的作用形态(Wirkgestalt)之事态,并且唯有作为这般该事态才进入对象性的范围中,该对象性自此以往乃至对我而言才在那里。在它们仍未合乎知觉地在那里时,它们也是在那里,亦即,在其原初的产生与被产生之中在那里。它们是基于持存(Retention)而来的背景对象,或者是在当下未被意识的现存领域中的对象,不过却透过唤醒而被带到回忆之中而再度被活化。

两者之间的衔接点而已；而是许多相应的习性的极。这些习性在他身上并非如同那些依据感知而被给予并可被揭示的质性之实事对象，而是一种在他身上从发生、从事实而来的，它总是从每一行动而来，发展并只有在历史性的回顾中才隶属于它。带着原初的决断，自我乃原初地变成那个如此这般地被决断者。它可以马上这样地观看自己并事后作为这样而观看自己，作为相同却又总是这般地被决断着。自我具有其历史并从他的历史中塑造了一个属于他的习惯性并作为相同自我的持续存在着。

例如，假使我透过个别的观察而认识一个空间的对象并首次获得一个关于它的"单体的想象""一个概念"，我便在将它当作带有可知特征的基底之情况下而获得它，这便是一个越过被动性的一个活动成果，并因而得出这个"概念"。

假如我事后再看一次该对象，则它对我来说便不再像新的一般，而是不言而喻地作为那个被掌握着。假设我们回到那个原初活动的以及事后一再进行认识活动的自我去，则底下这点便十分清楚。在原初的活动中我获得了一项认识，但并非活动的当下认识而已，对我来说而是作为一项持续存在的信念之认识。事后的执行固然是相同活动的执行，只要内容有可能是相同的，但并不只是这项活动在其中被改变了，它唤起了之前的活动，就对象的内容来说取得了熟知的性质；并且不仅仅是在重新建立回忆的情况下我可以对自己说：我现在相信相同的并且看到相同的，那些我在以前所发现的；而是我必须说，我先前已经获得了认识，而这项作为信念的认识也是保留下来。这就是我的信念，而那个被更新的看也证实了这个信念，该信念在这期间总是我的。

假如我们接受一项我在隐含的活动中首次所执行的证明。假设我之后在思想中回到这项证明去,则它不仅仅是一项对于之前被证明者以及一个从当下而来新的对于之前已被证明者的正在执行的共同信念的回忆,而是我的信念,让我说吧,自身并未改变,我仍然拥有作为在当时于证明中被创建的信念。并且我说,我还是同一个人——我作为这个拥有该信念的人是相同的一个人。只要我总是具有这个信念。我操作一项确认以及获得一些信念、一些设定性的成果,这件事实对我来说有着一个未来的向度。随着该信念的创建我自身便发展出一个如在(Sosein),作为一个持续存在者,并非一个经验的期待,如同我事后会如何行为。

§42 原创建与后创建的自我・在信念的贯彻中自我的同一性・自我的独特性在其基于信念而来的决断中表现出来

自我不拥有实事的性质,而仅仅拥有作为自我创建的信念之主体的如在。

那个执行原创建的自我并且因此而在相应的意义下作为自我创建原初信念的自我而自我创建,将会在群体中也会变成自我,对那个在其自身中的陌生自我及其原初创建的动作进行后理解(nachversteht),并透过"赞同",透过在自身的生命整体中对于他人以及他人信念的适应,也就是说,在这个后创建、后追随、共同相信、共同评价等之中而加以执行。那些在自我中被创建的信念并不是从自我本身诞生的,他并不是自身构成的,并非在其自我原初性中创建的。他追随着、他以别人为榜样、他认可其信念及动机。他思想着、评价着、行动着但并非作为他自身从他自身而来，而是遵从别人的建议，他活在别人之中，进入别人之中并与他共同生活，并一同喝彩、一同行动、采取作为共同立场而采取立场。现在就两方面来说我们有着两方面的立场可采取：

1) 采取立场、决断、信念纯粹从理性动机，在此动机中"被看见"，被洞见，观看地被获得。

2) 出于"盲目"的动机，这些动机虽然透过揭示而被了解并且随着可理解性也具有一种间接的理性成分，却不带有知晓，缺乏这样的必然性。它的理性成分必定受到限制。从对于未被知晓的预期者之知晓领域出发，有着联想性统觉转移的场域，这是基于与先前被知晓的法则之模拟并透过未知晓的保证基础之缘故。

但现在也可以区分：理性的动机与另外的动机（那些心理的因果性，也就是被动而且自我-因果性），这些动机促使我去涉入理性的一般道理，将我带到下列情境中，也就是在跟随被动情感的情况下我能知晓而且必须知晓。倘若我追随他人，则可能的情况是我可以将他的洞见在我之中加以确认并这么去做。于此情况下我是以理性的方式追随着它，并且根据它的理性而自我决断，同时也是根据自己的理性，毕竟在模仿之中它的理性是可变成我的。

我的决断是事后建立的决断，但我却是在自由的理性中进行决断。我可以对自己有充分的交代。另一方面尚未改变的是，它并非从我而来，我不是作者，我只不过追随他人的权威，但却同时是出于自身的理性。最终我据有洞见并追随我自己的洞见，但别人却不具有它，所以我并非事后地追随他人的洞见。

因此我们也必须区分：那个"被动"的同行以及那个出于自由的斟

酌考虑而对他人之决断加以赞同的决断,差别在于:从理性(终究纯粹出于理性)而来或者出于不具有充分理由之动机。所以我具有:

1) 被建议的信念并且不过如此;

2) 自由地追随他人,主动同意的信念;

3) 出于自身的理性之赞同而来的信念(终究追随它的洞见之路以及它的洞见自身)。我是从我自身原初地创建着,我是那个透过他人而自由启动的主体,并且是在事后创建中带有信念的主体。

每一个信念之改变都是一个自我的改变[①];我之具有信念并非有如飘忽而过的体验,而是我已作为自我特质而拥有它们,这些特质是我基于自身原初创建的活动而拥有的或者从自身、别的自我以及其决断而自由追随的决断,但这些决断我最终是透过别的活动并透过它们以必然被启动的方式而丧失。只要我不放弃这个信念,对我来说这个信念便是有效的。作为我的这个我就是现在,如同我是,是这样从原初自身的决断而来的带有信念者。自我一点也不具有其他的特质。许多都跟自我的这个基本特质关联在一起。例如那个我们称之为自我保存者,尤其是作为纯粹关联于自我者。最后有一项朝向在信念的多样性中的整体以及一致的努力穿透了自我的生命,如此一来自我乃愿意变成这样,亦即忠实于自身或者能够忠实于自身,只要它不再倾向于放弃其信念,并且根本相关的是,变成不幸。这当然是个理想,但它却标示在其理想性中的自我保存之意义。

同样地在任何一个纯粹强烈规定着语言的自我意义中,人格性、性格以及个别性这些概念乃是关联于从自我的而来所建构的并自我地规定它的信念之场域上。

---

① 1925 年 7 月 30 日,最后一讲。

自我有着作为在其活动，还有其信念、其决断之转换的向前流动之自我的时间延伸之种类。但它并非只有在相同于这样转换的空洞舞台的方式下向前流动，或者说得更好一些，在这个转换的纯然基底的方式下。毋宁，我们在真实的意义下称为自我者（姑且不去管相关于你或我们的沟通关系）意味着一个人格的个别性。在此概念中，存在着一个位于决断之转换中的构造性与同一性地固持着的单体。该整体与相对于物体的状态性之转换的实在物体之整体不可相模拟。在下列方式中，自我让自己在与周遭世界相关之情况下产生一些变换着的决断，并因此在其决断自身与其脉络的特殊性之方式中，自我保存了一个个别而可认出的风格。自我极并非只具有其变换着的痕迹，而是透过其变换而具有一个在此风格中被构造的整体。自我具有其个别性，其个别的整体性格，该性格同一地贯穿所有决断及被决断；作为个别的特质，它拥有特殊性、被称为性格特质的特殊性质。

在决断中统觉而依据认识的这个或那个性格特质与个别性一般乃彰显自身，好比这些决断是在被掌握的脉络中已经熟知的自我决断而逐渐形成那样。

但在此要补充的是：在联想及归纳的经验中期待乃自我形成，正如根据至今为止的行为那个相关的人（或对我自身的我的自我——在其中经验乃是我自己加在我本身上面的经验）将会自我行为。

但这个自身建构的经验及归纳整体，那个期待方向的基底在此是一个内在的、事后可理解的、完全理解地被揭示的整体的索引。在我自身的决断中存在着一个对于未来决断的预先结果，而这是可理解性的一个领域；但当然在许多方面来说，仍只是一个有待澄清的可理解性。

§43 作为单子之主体的整体-单子的静态与发生研究·从孤立的单子到单子全体之过渡[1]

我们之前所说过的足以为你们提供有关在己封闭、四处都无法分离地相关联着的纯粹主体的介绍。就其具体完整的脉络来说,这个主体性正构成了我们可称之为具体的纯粹主体性或单子;此处的单子并非形而上学概念,而是透过现象学还原所进行的研究分析,并带有直接的直观的主体性之整体。

此处的分析研究首先是静态的,这样的研究针对每一时刻来说相对地封闭、凸显的脉络进行分析并且针对所有本质的关联性考察,所有那些内在的实项与意项。但发生的研究也是必然的,也就是关于发生的研究探索,既包括被动也包括主动的发生,在这些发生中单子乃开展着并发展着,在这些发生中那些内在于单子中的单子式自我乃获得其人格性的整体并成为一个周遭世界的主体,一个对他来说是部分地被给予、部分地被他自身主动所塑造的周遭世界,并因此最终成为历史的主体。

仍有巨大的一步有待提及,这一步在此只能够用几个字来加以介绍:在现象学的还原中,该研究将首先并自然地被这样地进行,正如我们所做的那样,也就是作为针对那个纯粹主体性所进行的研究,这个主体是研究者在首次的原初性中遇见,也就是作为自我、生命、显现的周遭世界的纯粹主体性,就最简单的方式而言他

---

[1] 参见附录XXV、XXVI。

是抽象地作为孤立的自我，但事实也向我显示，现象学的还原乃是向着超越孤独自我的领域延伸出去，或者说延伸到对我来说，对于研究自我来说在外部经验中显示（并且在自然态度，所谓作为"世界之子"而显现）的他人主体。所以一个纯粹交互主体性的现象学于焉诞生，延伸到单子的全体，这是在我的、对我来说在纯粹自身经验中被给予的，自我透过移情而揭示着。

倘若现象学也是作为纯粹本质科学而被操作，则它是有关本质特性与本质脉络的一门科学，该本质特性与本质脉络的科学不仅仅属于一个单子，而是一个沟通性的单子全体。

§44 现象学心理学既是心理的自然研究也是对于人格及相关科学的基础①

让我们现在转到最终的观察。作为一个相关于纯粹主体性的科学之纯粹现象学，当然也可以被称为心理学，在一个完全特定意义下的纯粹心理学。就算名为心理学的各种科学比比皆是，但所有都是内在地相关联着，所有都是根据本质地回归到我们的纯粹心理学来。

让我们再一次回到自然世界的基础上，这个提供给我们经验的自然过程之世界。自从近代的自然科学被建立以来，在纯然物理自然的主题之抽象提出的基础上便产生了一个对于科学家来说被偏好的有关世界研究的提升方向：这个从物体自然到心理生理

---

① 参见附录XXVII。

自然，到将心灵当作物理身体的因果连结之探索，在此心激活物理自然中被空间化以及客观地被时间化。换言之，一个关于动物及人的空间-时间实在物之探索乃产生了。这项探索是针对归纳研究的方式所得到的特性去进行，这些特性乃是物质有机身体性、特殊的动觉并且因此关联于心灵之特性。在此已经显示，只要目光从归纳的外在性深入到心灵的内在性去，也就是一个本质上自我决定的心灵存在很快便产生了，它被所有的心理学归纳所预设着，也就是并非纯然可归纳地加以掌握。

假如人们在此认真地认识心灵的本有本质，并首先在其纯粹自我经验中加以认识，如同它在所有的物理之抽象中并可直观——则人们自然必须在正确的方式以及在严谨的结论中贯彻执行这项抽象作用。换句话说：假如归纳的外在心理学获得关于内在性的心理生理的、实验的与科学的概念，而非带着前科学生活的关于心灵内在性的粗糙想象去操作并借此建立实验的归纳，则它便必须引入现象学还原的方法。它需要一门属于自己的有关纯粹主体性的科学，正如我们所建立的那样。这门学问将很快地展现为真正核心的，并提供所有真正的心理学认识的科学，也是最具有概括性的科学。①归纳性是不容忽视的，透过它，我们从外在获得了关于经由被指示的心灵脉络之身体性之实践性判断的规则。同时它也让我们认识到心灵与物质身体之间的经验性协同配合之规则。

---

① 心理学家的错误尝试，也就是意图透过心理之物去构造描述性的概念，这样的尝试奠定在他们未能看见意向性的本有种类并依此种类去加以处理。意识的脉络乃是一个意向性的脉络，意识的单体乃是在逻辑的归纳中所有归纳性统觉的预设，并且必须在此之前被探讨，也就是在其单体性中以及塑造单体性的内在法则性中被探讨。

另外一种研究的方向或许需要一种特殊的操作方式，也就是多多少少相对于那些从物理自然与自然科学而来的那种研究方向；这个方向在我们之前的演讲中已加以预示，但可惜还不能获得完全的展示，以便不去缩短纯粹内在性的中间心理学。从物理自然向着下一步的前进方向，推展到自然科学的理念。但狭义或广义下的所有自然科学学科无不相对于精神科学。这些是关于人格性与人格构成物的科学。

我们在之前的两篇演讲中所提到的有关于在现象学还原中涉及作为特殊自我活动的结果之自我、人格性与人格构造物，将使得我们容易去了解，在自然经验的基础上，一个纯粹人格的研究是可能的。因此也很容易对下列事实有所理解，相对于自然科学的近代精神科学具有何种本有特质。

现在让我们再一次思考那个主题方向。让我们假定对于纯然自然的兴趣方向是被选定在单方面的、颠扑不破的后果中，该兴趣是朝向那些纯粹为己本-在的扩延实在物，并且朝向一项完全不理会与个别的个人及人群相关的相对性的真理。也就是说，在任何一个偶然的特殊性之中，不去理会那些事实上从事相关经验与思想的群体或者人们。所有"纯然主观"的不同意义因此被去除，毕竟它们会混杂主题的后果。这就是自然科学之路。一旦精神性自身变成主题并坚持将物理自然当作奠基性的主题，则一个广义底下朝向动物性与人类性的自然科学乃成长起来。

不过人们却可以针对精神性的主题采取一个完全不同的方向来处理。而人们也确实这么做了，只要人们追随着那个前理论的不带有一贯性的、主题式的方向去走。只要前理论的兴趣，例如好奇的兴趣，是朝向纯然的物质性物体及其性质而去，则人们便往往会遭遇到人格性。① 而这往往也会变成带有一贯性的理论兴趣。固然我们是生活在向前推进之经验的普全性中，而在其一致性的向前推进中所出现的并且在实在的模式中，它自然是持续存在，如同它就存在于那边，维持如此状态，就算暂时不被执行，却总有效用。现象学的还原在此并未发生。同样地，那个人格兴趣可以一贯地存在并在其一贯性中将我向前推进，使我所遭遇者皆为人格。我的兴趣完全朝向人格而去，这是说，人是作为人而自我行为并相互行为，如同他们是自我规定并规定他人那样，如同他们建立友谊、缔结婚姻、建立社群等，如同他们与周遭的事物相周旋那样，将它们拿来当作工具使用并构造其效用上的精神意义，符号的意义、标志的意义、被刻画的语词、奖杯、论文或图画艺术品、宗教信仰的象征、政府部门的建筑物、带有目的性的大型活动，等等。一旦我这么做，所有一切便从来不是作为自然的自然，既非物理性的亦非心理生理性的是我的主题所在。自然而然那些物体、物质世界总是仍在那里，带着物质性的身体及作为动觉整体的动物与人们也都在那里。但在人格性的兴趣方向中，人或是集合起来之人之多样性才是主题所在，空间物体在其中只是作为隶属于人格周遭世界之主题。周遭世界是带有人格意义的字眼。自然却是去除所有人格意义的字眼——两个概念都是关于一个主题内涵的概念，而此内涵是由理性的态度所限定的。在人格性的朝向自我自身的目光中，我就是那个经验着的我，而在这般经验流程中，空间物体以

---

① 人的兴趣实际上在经验及理论中总是可以始终一贯地停留在一个纯粹人的脉络中，这件事自身乃是包含在普遍的经验世界中，这与自然的结构事实是相平行的。

及我的整个物体世界都在其中重现，就如同他们正对我重现，并对我来说是有效的那样。

假如我为了省思，我该选定哪一条人生道路的目的而进行反思，或者执行一项伦理学的思考，则在自然研究者之意义下的自然对我而言便只是在那儿，只要我可以从我的表象相应性出发去设立一项自然研究的目光；但在这样的态度中我却完全无法赞同。同样地，假如我朝着作为这样的其他人而去或者人格的群体而去，则我的兴趣便属于那个纯粹显现的并有效的周遭世界，那个在快乐或痛苦中规定着人们的物理或人格之周遭世界。

只要我人格性地与它们关联着，我便判断了其周遭世界，特别是基于我自己所执行的有效性之理由：但我绝非因此进行了自然科学的判断。接下来，始终一贯地，我们可说人格的科学纯粹是朝向人及其周遭世界，更是朝向共通于他们的人格世界而去，该周遭世界隶属于群体，而那个人格的研究者自身则连接于该群体。①

既然事实上在所有精神科学中的精神，也就是人格主体性的整个领域及其构造物都是唯一的主题所在，那它们都隶属在那个广义的心理学标题之下——假如我们能对它做这么广义的理解，也就是所有主题地朝向任何意义下的主体性之研究因此都被包含在内。在整个近代中，现象学是作为理论地解释性的自然科学之平行而被追求。

---

① 未曾触及的问题乃是：如何去理解"精神"乃是一个精神的"世界"，是一个可以成为普遍科学的封闭领域，相应的平行问题在于：如何去理解自然可以成为这般的主题？自然经验（natural Erfahrung）的封闭性，同样地精神经验（geistige Erfahrung）的封闭性该如何被理解。

为了在这方面赋予心理学以一项特殊任务，只有下列这点还未触及，也就是去区分两种不同形态的研究，一是普遍地相关于人格性的本质及其构造物，另一种研究则是针对特殊的以及个别的（与典型普遍的之人格性及相应的特殊构造物）。

于是一项相对于描述性并终而持续到向前追求的具体精神科学之解释的有关心理之物之本质性的本质科学乃被开创；完全相似于一个普遍的，无论是经验的或本质的自然本质学说（物理学、化学、生物学）乃相对于具体的自然科学。这个心理学无非就是精神科学的基础科学，也就是那个在普遍的方式底下提出了所有解释性的原理与理论的科学，对于这项科学来说，在纯然的描述之外它还有在特殊的精神科学中可执行的解释。但这个心理学从来未成形，完全是因为它在近代中受制于自然主义式的心理学也就是作为自然科学的心理学，并且因为它自身从未过渡到对他来说十分有必要的那个纯粹内在心理学去发展。虽然人们可以说，洛克的心理学已经对于这样的内在心理学已经有促进的作用，但这却是一个不幸的促进作用，洛克从这里开始完全不能够执行那个必要的区分，而对于意向性的本质与问题也一无所知。但这却是一个后续的重点。任何不能看到意向性的本质所在并且看不到那个隶属于它的特殊方法的人，自然也看不到人格性与人格的成就之本质所在。

所以我们认识到，现象学的心理学乃是整体性的解释性的基础，无论对于精神的自然研究或是对于精神科学的人格研究都如此。在接下来的部分也对于那个仍然可能的学科，这些学科都是从人格以及自然的态度之转换中成长起来的，我指的是那些所谓社会精神性的心理生理学，例如作为种族研究，作为在物质与精神的国族性格的经验平行研究。

所有那些在历史意义中以及在那个不言而喻地衔接着的改良式意义下的所有心理学都相关于前被给予的世界并隶属于世界科学。我们在透过执行超越论-哲学还原而进一步去进行普全的世界观察，并且我们从一个最终的立场出发，将世界以及所有那些自然的世界观察当作主题来处理，那个最终的立场会将我们导向超越论的精神性。如此一来基础科学便成了超越论的现象学，一个在最高等级与新的意义下的心理学，该心理学将所有的理性批判以及所有真正的哲学问题都加以涵摄。

§45 回顾性的自我省思①

到目前为止，本讲演处理了自然世界概念的开展以及可能的经验科学（特别是专注在心理学以及精神科学上面）和关于世界的可能的本质科学的任务，也就是关于任何一个可能的世界。

在我们的省思当中，潜在被预设的是有一个世界对我而言和对我们来说是事先被给予的②，审慎思考着我们进行普遍的描述，就如其普遍地呈现给我们那样，也就是说，我们在普遍被给予者当中获得适当的普遍概念和普遍判断，洞察其真理并可以执行作为科学思想的一般省思。在这样的省思当中，我们产生了一个关于

---

① 在1925年7月26日以前最后一次的演讲；参见附录XXVIII。

② 对于一个经验世界的执态，此一执态包含了所有的执态——自然科学的以及精神科学的。

作为被经验者的被经验世界之普遍结构的科学。

我们于是持续地把它当作理所当然的加以预设,也就是说,基于这样普遍被经验的世界之缘故以及关联那个在普遍性中科学地被认识的结构,也就是关联作为如此这般的经验世界的构造,关于这个世界的经验科学可以被推导出来。更清楚地说:从那个每一次的当下在任何一个经验中被经验到的世界出发,我们转移到一个作为如此的经验世界的普遍关照去。这表示:我们这样揭露"经验"世界,亦即我们拓展我们的真实经验并且进入回忆、期待和可能的经验中,并省思我们基于以下的理由可以对世界进行说明,也就是被扩展的而且一再被扩展的当下真实、过去和合乎期待而来的经验,但还有可能的经验。一旦我们理论地对真实的世界感兴趣,我们便产生了对这个被经验的世界去进行理论的透彻研究的任务。

关于普遍的经验所提供给我们的,在对象类型和交错形态上面的**普全-类型**的普遍省思,是关于世界的科学可能的主题,特别是根据可能的普遍领域和根据可能的朝向世界的脉络之研究。于是下面这一点便显得清楚了,作为这般本身的经验世界的普遍结构理论提供了世界科学的一个块片,虽然是一个有待审慎思考的块片。

现在人们会说:要是我去研究经验世界,并且对从经验而来的那个普遍性质本身做确定,则我在概念与科学上要做什么,一个这样子持续下去的科学应该会带来什么,在持续的后果当中会有一个本质的科学吗?

首先:经验,采取经验着的认识,并非思想着的确认。被经验者是无限的经验主题。但是,被经验者也可以成为理论性的确定认识的目标。当科学理论地认识到经验的对象并且在其领域中以普遍的方式认识到一般对象，则也因此意味着获得稳固的认识，是这样子的，它是基于这样的事实上被完成的不完整经验的缘故而允许去确证真实和可能的经验的程序或者在那儿确定对象者，而不必在经验的每个情况之下都无限地继续前进。

在此被预设的是：1）经验是不完整的，而是有一个无限不断地朝向获取经验的认识的动力。2）仅仅是配合经验且追随经验的描述和概念性的掌握，是令人不满意的，只要有更多的可能性存在，也就是说，一项经验的认识在先天上就包含了经验在事实上是不断前进的。这个"先天"是一个"预先"能够认识的一个普遍假设。3）虽然可能不是一次就完全的成功，但有可能在阶段以及逼近当中不断地向前。以如下的方式，在一个不断地进行的过程中，在对于被经验者的确认之下，实际上的经验的封闭而有限的状态能够提供理论的根基，这个根基容许建造可能经验的无限性，虽然不是全部。这个被理论所建造者可能只是具有一个相对的权力，只要它们仅仅是逼近的，被不完整性所困住，其改善必须在接下来的经验大道以及接下来的理论（而且终究是根据别的但混杂在一起的经验和理论化的方向）大道上的进步才能获得。无论如何，总是会有一个**终究的进步**出现，而且**透过一个"先天"**，一个对于可经验者的逼近掌控，这项掌控在其逼近的相对性中可以阶段性地以及相对性地满足理论和实践的兴趣，另一方面，也满足了处于朝向一个终极的真理的理念之大道上。**这个在其未被阐明的无限性的普遍经验本身带有一个"先天"而且一个无限的逼近先天性规则的阶段层级。**

这就是在封闭的信念的自然生活中的**预设**，预先意味，一个持续构造，亦即，人们可以理性地认识到超越当下的经验之外，这样的理性认识并允许了"预先"建构未来的和可能的经验及其被给予性的道路。基于经验有着可获得的和依据说明可掌握的"知识"，这项知识是超出实际的经验。所有的生活的经验知识都是透过每一次的特别的生活实践而被联系，此一生活实践预示了预先可被确定的确定性的如何-范围；理论性的兴趣和科学都是实践地"无兴趣"，透过它毫无限制地普遍地被执态着。

科学必然默认，其普遍的主题即对它而言世界领域是作为主题而预先被给予的，同样地，一个最普全的世界科学也预设了世界的前被给予性。关于世界经验的普全结构的根本省思给予了作为可能主题以及作为可能理论目标的领域的普全性。

正如同认识创造理论，什么是最近的理论，如同在主观的工作中有道理的自我形塑者，这些都不再做进一步思考。我们不进行科学理论的讨论。

但是我们要省思的是：普遍的经验世界看起来是如何，当我们以经验着的方式去探索它，在一致性的经验中去揭示它，如此一来，作为被意味的经验，它普遍地还留下什么？而且之后以作为被给予的内容而存在着的稳定意义，不管是特殊的内容、具体的内容是如何自我形塑，也就是世界的不变性（das Invariante），不论它在现实的特殊性中是什么样子的。这导向自然经验世界的本质学（Eidetik der natuerlichen Erfahrungswelt），也就是导向其本质性的先天。

只要我们不默认作为普遍科学理论的逻辑，那么，该过程就是素朴的。我们的过程是科学的,但是我们不愿意知道任何有关于"科学性"的事情。我们所依循的是"明证性",这是指:我们说我们所"洞察的",精确地说,我们自身事实上就其普遍性来说所掌握到的,我们可以直接确信其真正的存有并创造信念(作为在普遍的陈述中之获致),我们在任何时候都能够确信其作为可证实的正确性的真理,只要我们正是在未被压抑的自由状态底下坚持地在思维中继续前进。但我们正是把它当作一个实践的可理解者,我们是这么认为,如同我们从生活本身去认识它那样。无论如何,我们都在省思的普遍性中去证实它,此一普遍性正是我们一再加以证成的。假如我们在关于科学的局限性世界领域和脉络方面持续地谈论,这些科学在其自身中具有其主题的目标,则科学的标题本身就是朴素地被使用。这个领域正是被设想为一个纯然朝向它的认识兴趣的目标,精确地说,是一个在终极的、越出经验的认识这个理念之下的"思想性的"兴趣。基本上,所有我们的科学都是素朴的,虽然它们创造了技术性的方法并且不断地去反省这些方法,以便去创造及改良(既然总是已经有方法被预设着以便能够建造方法)。① 它们在认识的建构中遵循着明证性的方法而尚未察觉到还有更多需要被质问,也就是关于认识成就本身的明证性。所以我们也可以普遍地看到科学的工作方式及其典型的成就,在典型地产生出来的道路上所具有的目标设定及目标达成之类型,而我们在此不需要进一步去思考。

---

① 方法意味着以可理解的洞察的方式去追求某个目标,这个方式有助于引向目标。我们还可以说得更好一些:朝向目的性的行动表明了它是带有阶段性这个附带产品这条路,这是行动者在行动察看之际所走的一条路。

在明证的省思中，我们可以纯然地朝向作为被经验及可能被经验的世界的不变性看去，我们可以在明证性中为我们确定此一不变性而后追问：对于经验世界及其规定性的认识还有多少特殊之处是值得追求的，对它不加以理会的话代表什么涵义，而这样的不予理会又必定先行发生了什么？我们普遍地描述那个被经验的世界，而且其不变性在一个描述中是可被证实的。

描述地可被证实着，在经验世界中，主体的和相对于它的非主体的两者相互交融着，而且当我们说，在自然科学意义之下的"自然"是在去除主体的情况之下所产生的，那我们将在真理中描述地显示一个纯然不理性的自然并借由抽象而产生出来的一体性。在比较广的意义底下的自然正是如此。作为身体的心灵之心灵，人的动物的归纳之特质以及在关于心灵自身的自身本质脉络问题的必要性：这些都导向一个新的揭示方法，现象学的还原。

先前的演讲所欠缺的是：我描述性地指出，在完全从自然出发的方式之中观看世界，使得一个第二度的可能的观看开放着，也就是人格的观看，前一种观看的方式把人看作自然具有心灵的身体，作为归纳性的整体（但是那个在心灵中的归纳性回头关联着一个自身本质的整体根底）。当自然随时都在"那里"，当作为自我中心的心灵生命的主体随时在那里，当作为充满心灵的心灵，自然（物理的和心理生理的）不需要依据施行地被设定着——也就是说作为主题及终极的经验目标和理论的认识目标。

也就是说，人们可以不必主题地（在这个意义底下）朝向在其人格的脉络或者人的周遭世界之中的人之人格（die menschlichen personen）。当我们在谈一般事物（空间世界、空间事件、因果等，主题地朝向它们,把它当作它自身而且"终究地")的时候有一项差别——也就是作为客观的自然,另一方面主题朝向地朝向作为一个人的周遭世界中的事物,作为被人所熟知的,被他们所经验的思考的,等等。这么一来,它们就是人格生命中或者人格的意向关联项,它们并非对象一般,而是"在与这个特定的人的关联中被设定着",但这都还是非常不清楚的表达。因为在此它们还没有作为对象,作为自然被设定(以及主题),而且作为跟人有关者被设定着,它们完全不是在自然对象的方式底下并且以这样的方式作为主题,主题乃是人以及所有的人格的,与它们无法分离以及跟人无法分离者是其周遭世界,就算这个周遭世界有可能包含鬼魅、神灵之物以及同类事物。

当然,这里从一开始就产生两方面的主题:1)对于人的周遭世界之描述,也就是那个在提问当中的人格,人的社群,纯然作为如其所意向的假想中的他自己的;2)另一方面,从人格性的研究者来说,该研究者亦是人格的,而且他自我意识到这个人格是在一个特定的人的关联性当中——他必然是一个与其他人在一起的人的整体人性的一员,他对于这个周遭世界之对象的真正存有的被执行的见解;但在相同的方式底下,在社群中的人如何与其共同的周遭世界中的对象相应或不相应,在个别经验中变换着特性,相互争执,从真理转移到非真理。终究地,他也把其他人视为被其认定为对象的主体,这些对象隶属于这些主体的周遭世界,这些对象"在实质上并不存在",而是虚幻的,等等。

人本身还有与人的周遭世界相关的那些人的生命、工作、创造等乃是主题所在。就算自然研究者是其主题,作为人,他们对自然深感兴趣,对自然进行研究,对他们而言自然固然是周遭世界的一部分,自然却是其工作的对象及其主题,自然本身乃是首要的对象。一个人虽然是作为身体的存在在那里,而我本身,当我把自己看作人的时候,当我在说我的时候并且把别人称呼为你的时候——我拥有我的身体而且对我来说是一个身体性的存在。但我在人格的态度框架中,对我而言并非作为自然的对象而被设定,如同其他人也不是作为物理的自然物,而且不是作为在他的心理生理真实物的空间中——而是我的身体现在对我而言乃是其余周遭世界的周遭世界的被给予中心,作为具有身体的特质的周遭世界的空间-事物,在此之中我支配着,而且特别是作为借由如此我对其余的周遭世界进行支配,等等。而且其他人也同样如此。人的态度把自我(das Ich)当作主题,作为他拥有的自我,作为自我活动的自我,特别是随时具有预先被给予的拥有以及其周遭世界——在内容上一再地总是新的,虽然对他而言是在持续前进当中,在整体当中,被认同为相同的环绕的空间世界,在这当中那些事物等与他主体地相对应,主体地在这样或那样的显示出的面向,在这样或那样的导向,这些都是人的主观模式,改变的形式也隶属于这些模式,此外还要把那些清楚的或不清楚的显现也归纳进去,注意力的所识的模式,还有其他的观看角度,只要这些存有的对象是经由它们,也就是在人格的,在人的周遭世界当中拥有其"如何"(Wie),此一"如何"是偶尔出现在它们面前。同样的情况发生在远方的巨大显象,近方的渺小,黑暗中的(变模糊),日照中的变明确和变清楚。人是工作着的以及活动着的我,此一我具有其心灵的基础,带有肉身及心灵的身体性,此一自我支配着身体性,而外在于其身体的周遭世界乃是其工作与承受（Leiden）的世界。

一般而言，人格态度就其最广义而言是被经验为、思想地被意识为、被评价为等，作为这样变换着的被前给予，他是属于人的活动或者情感的根底，而他在思想着的行动，在狭义的实践活动之中被启动。

假如我是以人格的态度而非以自然主义态度面对他人（der Andere），则此时他人当然是作为眼前的空间存在物，他是带有身体的并且在被我所看到的身体当中透过移情和表达来显示自己。然而，我并非在自然主义的观看和主题之下，把他的心灵看作和身躯真实结合在一起的心灵，对我来说，这个整体是如何被"构成"的，相反地对我而言，他的身体乃是身躯，此一躯体乃是具有主体模式的身躯，而且他本身是我的周遭世界的身体的一个肢体，而他自身同时被我设定为具有作为周遭世界中心的身体，被我设定为经验着这个充满物的周遭世界，他与这个周遭世界相关也跟一个更广的周遭世界相关，事实上他具有未被经验的这个或那个想法、评价、目标追求，等等。假如我是一个人文社会科学家，那么这就是我的实践的以及终究而言我的理论的兴趣，我的理论性的。而且，在我的领域之中，那整个文化对象性（Kulturgegenständlichkeit）乃是属于我的领域。文化并非在自然对象当中被看作心灵的本质层次，而是附着于周遭世界对象的心灵，这些对象若依自然真理的观点去加以研究则当然是自然对象，这么一来他们只具有自然的特质。

自然主义的态度从人文社会科学家的面向来看是人格的（Personal），自然研究者是一种特殊的人格类型，他并不对人感兴趣而是对自然感兴趣，换句话说在去除所有仅仅是主体的（人格的)情况下追求"客观性"。

从人的角度来看,世界是自然研究者的自然,那些对于自然感兴趣的所有人格类型;从人文社会科学的态度来看自然是人格的主题,而且被当作自然科学家的对应项。一个普全的人的科学乃是历史,是人的以及因此是普全地来说的事实性的科学。在一个从人来看也就是历史的世界整体性中,本质学乃是关于人格的理念可能形态的普全科学。本质学本身只有作为一个历史世界中的事实才可能是人格的,才可能就他那方面来说自然又是人格的,在此所有的可能性,乃是回头导向历史的普全事实,就在于他可能再一次可以跟可能性相关。

但不就是那一个经验世界吗?只不过这两个世界:自然与精神世界(人格的世界,人的—历史的和动物的世界)两者如何互相调和?确然是一个唯一的经验世界。但这意味着什么?首先在于:我这个经验者,我们这些经验者,活在一个人格的生命之整体中(不管我们是否对他进行反省)而且是持续地经验着。但是经验着我们可以对自然带有一种执态,这就是:自然经验是一个对于一个主题的实践且贯彻的意向性来说的氛围,也就是主题。但也有可能是把眼光放在人格性以及人格的上面,于是人格的经验而非空间-事物的经验会提供氛围。不同的经验的类型都是可以一同被执行,因为他们所有正是都属于具体的生命——假如都可以被执行的话。

但是最后的阐明产生了纯粹的现象学执态,作为一个"纯粹的"人格的,"纯粹的"历史的。

当然在这里会发现一个新的困难。作为精神科学家我是"纯粹的"带有人格的执态。只要我主题地朝向自然，我就离开了我的主题，那个封闭在其自身的主题。（还有什么是必须被执行的。）现象学的还原还该有什么用途？

历史学家把他的主题兴趣延伸到一个整体的经验界域，此一界域涵盖了所有对他来说在人性的整体之中与问题相关的人格及社群，他本身也属于这个人性的整体。这个人性是在世界空间和空间时间世界本身当中的人性，当然，此一世界对他来说只作为人格的周遭世界才显现。一般的精神科学家是关联于那个对他来说以及对我们所有人以至于所有动物来说共同的周遭世界，不论这个精神科学家是否研究人的人格及其人格的构成物或是"动物的生命"，此一动物是作为在其动物周遭世界中的人格主体。每一个研究者自觉地隶属于他的科学研究社群，此一社群是一个历史性的社群，并且在时间当中不断地发展，随着这个特殊的社群，他自觉地遁入一般科学家的社群而且是在"地球上"的一般人性，在其历史的整体中。一个共同的空间世界位于其界域中，所有人格的一切都被安排进此一空间世界中。空间的和空间时间的透过个别人格的身体，这是人格所隶属的，这些身体在一般的空间-事物世界中有着空间-事物的普全-界域。这个世界含藏了在自然研究当中有待探索的自然真理以作为其"客观性的"——正是在研究自然者的自然主义态度去加以探究。这个世界当然也含藏了身体的真理以及归纳的心理的真理，亦即所有在自然主义的兴趣的确证之中，而且在对于所有借由归纳被认识的精神性之兴趣的持续中——也就是说心灵的以及种族的等的自然主义的特质，此一特质是作为归纳的相应的研究而持存，终究而言，与人格的事实和认识相互纠缠着，只要他为了其物理的平行性而寻求这个特质。这所有一切都处于精神研究者的界域中，只有从此世界界域出发才有人格作为主题这回事，而且因此普全的世界自身只是作为周遭世界，作为预先被预设的（也就是说根据事先给予的持续一致性经验）一致性的真实世界，与该世界相关所有让精神科学家主题地感兴趣的周遭世界都是其人格的面向，如同之前所言的。但正是其作为理论主题的真理对他而言并不是一个问题。

让作为理论主题的全体自然自身纯粹地被追查及被孤立，这是自然科学所要显示的，而根据其可能性也是现象学所要显示的，但是人格的研究也是作为纯粹人格的研究可被执行，正如同在真正的精神科学所显现的那样，并且一再地被（透过悬搁所有的自然主义的理论）明证化。但是准确来看并不是一般自然被放在括号中，自然作为被经验者，以及根据经验的存在者，以及在其经验性中前理论地可证明者，总是一再地被预设着。只是他不是一个终究的经验主体，换句话说，在那个会与经验理论会合的终究性。在每一个与其周遭世界相关联的人格关系当中都有着世界信念，在此之中物理性的自然之存在；每一个人或者一个对他来说进入社群化的人将会朝向"真正的自然"去研究。但是精神科学家对于人格，对于人格的生命、工作、创造，以及对于据此而产生出来的文化世界的兴趣排除了这个研究方向，除非作为在一个特殊的主题，在一个科学的人格的研究和作为人格的构成物当中而存在者。

事实是，整体的经验世界持续地具有跟保留从经验而来的有效性，为此缘故，它是自然科学以及精神科学的世界性普全场域（das weltliche Universum）。自然研究者也不执行一个关于精神的"还原",虽然他把精神性排除在他的主题之外,对他而言,此一世界总是持续在那儿,它保持着持续的存在性,假如他对自己有正确的理解。同样地,精神科学家也不执行关于自然的现象学还原,亦即,排除于主题之外并不是说把被经验的自然判为无效,如同现象学的悬搁所言那样。

这一个经验的世界总是被构成着,总是在自然经验的持续普遍有效性中被前给予,它是所有科学的根底和基础。虽然每一个科学都有其主题上的限制,就我们的情况而言只有下列是具有特别的意义,亦即,自然研究和精神研究互相分离,个别作为"纯粹"的研究。当然另一方面,如同我必须详细地陈述那样,也必须让它们合在一起来看,只要一个被结合起来的归纳的观察是可能的,在归纳的平行的隶属性中,去探讨人格的内容和身体有机体构成。

事物乃是自然的事物,人格乃又是"在"自然中的人格,只要他们是"具有"身体,真正的自然身体,这些身体是自然,只要人格本身具有自然的平行特质。或者事物、自然对象、以自然来看的心灵和人格——纯粹就人格来看而且就纯粹封闭性来看的精神世界——所有这些都处在于一个经验世界中。而这个整体,也就是在自然的—世界的定在(dasein)的人格精神性都被现象学的悬搁所搁置。此一悬搁把所有一切都还原到他的现象性,此一悬搁不在世界中取得其位置,而是在主体性中,世界对此一主体而言,是被经验者;此一悬搁并不是发生在人格的主体,不是那个被经验为作为在世界中的存在者,也不是那个同时周遭世界地具有世界,而是在那一个主体中,此一主体是持续地经验着人格性而且在那不是客观的人格的生命中,而是主观的涵括这一个自身表现为主体性的人格。纯粹主体性的揭示：在先前的演讲中已经提及的暗示将会包含整个关于构成的学说，但是依赖他们并逐渐取而代之的，将是一个普遍的个别主体以及交互主体的结构学说。

这将会是一项大工程。我只能够勾勒其大要，即便如此也已经太多。首先被构思的是一种素朴的研究，此一研究所探讨的无非是那些可直接证实在排除掉"我"的经验之后的那个客观世界。但是就背景而言可有一个目的性在：

1）我是归纳性的心理学家，但是想知道心灵从"内在"来看是如何。当然我会从事"平行"及一般的归纳研究。并且会想到这里有一个巨大而非归纳的、外在相关的而是内在的心灵科学产生出来，它属于作为内在性的归纳法本身。

2）同样地，我可以是人格的研究者并且对于人格的内在性感兴趣。在此我将特别思考，人格性以及人的作为、人的构成物之创造以何种方式在自然经验的目光中出现。无论如何，那个人格的自我有着一个有待揭示的"内在"生命而且他本身有一种人格的发展性。而且我再度来到纯粹主体性的深度研究的要求，而这将导致如同上面的结果。于是我能够提出那个单纯的构想，揭示一个作为所有精神科学——但也是对于一个自然的心理学研究的基础科学的纯粹内在心理学。在此，那个对于交互主体性的纯粹主体观察（演讲 10.II.）便从心理学的还原走向超越论现象学的还原。

补编

A. 文　章

大英百科全书条目

第一份手稿

现象学是诞生于我们这个世纪之初的哲学运动,它致力于科学性的哲学以及为所有科学进行新的激进奠基工作。但现象学也标示着服务于这项目的一门新的基本科学,它可分为心理学以及超越论的现象学。

I. 作为"纯粹"心理学的心理学现象学

1. 在我们意识地与对象打交道的任何经验以及其他的方式中,明见地允许我们进行"现象学的转移",这是向着"现象学经验"过程的转移。在直接的感知中我们朝着被感知之物、在回忆中朝着被回忆之物而去,同样地在思想中朝着被思想之物、在评价中朝向价值、在意愿中朝向目标及道路,等等。任何这样的打交道都有其"主题"。我们随时可以执行态度的转换,将我们聚焦的目光从那些事物、思想、价值、目的等转移到那些带有多样性而变化着的这些事物等"显现"的"主观方式",去看它们是如何被意识着。例如当我们感知到一个固定不变的骰子时看到它的形体,而这个形体穿透个别的平面、边角、直角,同样地穿透其颜色、光彩以及其他的空间物规定性并且使我们认识骰子自身。但假使我们不继续这么做,我们可以采取现象学的方式注意到,例如在何种多样而变化着的"角度"中这个**未曾改变被经验到的骰子**是如何自我呈现的,它如何有时作为"近物",有时却作为"远物"而显现,它如何在方向变换中呈现出不同的显现方式,并且每一个个别的规定性也都在感知过程中作为隶属于这个骰子的各种不同显现方式之一而自我呈现的。并非持续被感知之物,并非作为在其之上的规定性而被感知,这些都不是,回到反思经验,它所教导我们的乃是,在不同显现方式的多样性之中的感知,其显现的是持续地作为同一及自身被给予并且被掌握。在未反思而持续向前的感知中只有这个统一体,只有物体自身位于掌握性的目光中,而那个作用着的体验流程是不在主题之内,它不被掌握,而保持着潜在的状态。感知并非**空洞地拥有**被感知之物,而是带着主观显现的流动体验,在同一意识之中借由统合着的综合感知这样或那样的存在物。"显现方式"在此要做最广义的解释。如此一来相同于感知的是对于骰子的回忆之显现模式或者对于完全相同之物在想象中的显现方式,但所有这些在某个方式底下都是变形的,也就是作为合乎回忆或者合乎想象的。接着我们可以去看清楚的回忆与隐晦的回忆之间的差别以及两者之间清楚的逐步性,而那个相对的规定性与非规定性也是如此,亦即关于"呈现方式"的差异。时间角度的差异、注意力的差异也莫非如此。

完全可比拟的是在思想、评价、意志等已潜在运作着的显现方式的统一体之相对应体验中的那些思想内容、价值决定，等等。例如具有相同主词与描述词的判断在思想中以变换着的模式而被意识着，有时明见地，有时则非明见地；在后一种情况中有时作为在逐步活动中明确地被判断着，有时并非明确化，例如作为模糊的回忆，在此从一个到另一个模式之过渡中，那个偶尔以这样或那样的模式被意指的相同判断之同一化意识出现了。对于判断或甚至一项证明、一整套理论的整体有效者，也对于每一个主题性的元素、概念、判断形式等而有效。主题的统一体也是在被隐藏的"现象"之多样性的综合中无处不被构成了，该现象是透过现象学的反思、分析、描述随时可被揭示的。

这里存在着一项普遍任务的理念：不再是自然态度中作为所谓世界之子而直接活"入"世界中，也就是说，不活在潜藏运作着的意识生活中并为此拥有世界或只把世界当作我们的存有领域——作为对我们来说定在（从感知而来），作为曾在（从记忆而来），将在（从期待而来）——不是去判断、评价这个经验的世界，不是理论地或实践地将世界当作构想的领域，而是让我们试着对于整个前理论、理论以及其他的生活进行一种普遍的现象学反思。我们试图系统性地去揭示它并借此理解其统一体成就（Einheitsleistung）之方式，意即去理解在这个"关于某物的意识"的生命多样性的类型形式中该生命是如何综合地构成了被意识的统一体，也就是在何种形式中这些被动性与发生主动性的综合如何行进，特别是统一体如何构成作为客观存在者或非存在者以及诸如此类而自我构成；最后一点，具有统整性的世界经验活动及世界认识活动是如何在其最熟悉的属世的类型(ontische Typik)中在此对我们有效。要是被经验之物只能在经验中,思想内容只能在思想中,可洞见的真理只能在洞见中被给予并成为可能,则对我们来说那些既存的具有科学洞见有效之关于世界的具体全面研究便也要求①意识多样性的普遍现象学研究,在此意识多样性的综合转变(synthetischer Wandel)当中世界对我们而言是主观地有效并终究被洞见且自我形构。该项任务乃朝向整体的、美学的以及其他价值性以及实践性的生命而扩展,透过该生命具体的生活世界乃随其变换着的内容对我们来说也总是作为一个价值的世界以及一个实践的世界而自我形构。

2. 这样的工作任务会导向一门新的科学吗？会存在那么一个相对于普遍的世界经验的封闭经验领域并据此而作为一门封闭科学的基础吗？而该领域又会相应于一个普遍并最终朝向"主体现象"的经验之理念吗？人们首先会说,一门新的科学并非必要的,因为所有单纯主观的现象、所有关于显现者的所有显现方式自然而然都已经隶属于作为心理之物的科学之心理学中了。

这是毫无疑问的。但不明确的却是,在此有一门在己纯粹封闭的心理学学科被要求了,它类似于在关于运动以及运动力(作为自然的纯然结构)的理论研究中有着一门机械论。让我们进一步思考。究竟心理学的普遍主题是什么？心灵的存在之物以及心灵生活,那些在世界中作为属于人类及一般动物而出现者。心理学就此而言乃是具体人类学或动物学的旁支。有生命的实在之物分

---

① 〈海德格尔的评论：〉为何如此？首先纯粹只在存在论的揭示中才存在着可当作它后盾的场域(im Rückenliegendes Feld)。

为两个层次，首先是根据生理实在物的基础层次。如同所有的实在物它们也都是空间—时间的并且容许一个导向纯粹"扩延物"的最终抽象经验态度去，这样化约到纯粹物理性的做法将我们误导至生理自然的封闭脉络去，也就是归类到作为单纯躯体的生物性身体去。针对它们所进行的科学研究是以自然科学的普遍统一体（universale Einheit）为依归，尤其是作为在纯粹生理经验中的器官之普遍科学的生理生物学。但生命之物并非纯然是自然；他们是作为一个"心理生活"，一个经验着、感受着、思想着、追求着的"主体"。假如我们在朝向别处的抽象态度中的最终纯粹性中确定了那个全然新种类的心理经验（作为心理学的经验，该经验显然是心理学的特殊泉源），则对我们而言便存在着在其纯粹本有本质性中的心理之物，并且在这般目光转向的坚持中总是从纯粹的心理之物转向纯粹的心理之物。在态度的变换中我们把这两方面的经验种类加以混合，便产生了组合起来的心理生理经验，在此经验中那个朝向生理身体性的心理之物真实相关性会被主题化。由此出发一个纯粹心理学意义与必然性乃轻而易举地可被洞察。所有特殊的心理学概念显然都是从纯粹心理经验而来，正如同所有特殊的自然（自然科学）概念是从纯粹自然的经验而来那样。任何科学的心理学都是建立在位于纯粹心理经验场域中的科学概念建构之上。假如在这样的概念中存在着于朝向纯粹心理之物之态度时所获得的自我前行（sich bewegende）的绝对必然洞见，则它们必须作为"纯粹心理学之物"（rein psychologische）而先行于所有的心理生理知识。在作为具体实在物之个人的自然统觉当中已经存在着它的心理的主体性，那个作为超越身体自然而带有多样性的心理之物，作为一个在己而封闭的经验统整性及全体性。假如"心灵"（在这个经验意义下）具有一个普遍的本质结构，一个依据纯粹心理综合的心理状态、活动及形式的构造类型，则首先，作为"纯粹"心理学的心理学之根本任务便是系统地研究这些类型。无论心理生理的研究领域总是有多大，无论它带来多少有关于心理的知识，它在纯粹心理学上所能完成的仅仅是点出心理之物与自然的真正关系。所有在此有关于心理之物的可能间接指示皆预设了有关于纯粹心理之物与对其本质结构之知识的科学经验。据此而论所有那些所谓的心理学的基本概念、心理学理论的基本元素都是纯粹心理学上最优先的，它们都先行于心理生理以及所有心理学概念一般。

经验知识一般最终奠定在**原初的经验**之上、在感知以及那些从感知而来的根源性当下化的变样之上。要是没有根源性的直观范本便没有那些根源性的普遍化、概念构成。这里也是如此。所有纯粹心理学的基本概念——那些先行于所有其他心理学概念的所有心理学的最终理论元素——都必须从作为这般心理之物的根源性直观而来。它有着三个相互奠基的阶段：自身经验、交互主体经验以及作为这样的群体经验。那个自身被列为原初性而以自我感知及其变样（自我回忆、自我想象）的形式发生者，它提供了心理学家以只关于它本身（当下的、过去的等）心理之物的根源性心理学直观。明显地在有关于他人"内在性"每一交互主体经验之意义中存在着该内在性是我自身内在性的一项模拟变样，以至于作为个别的心灵它也是在同样地并且不是其他的基本概念底下，也就是从我的自身经验中原初地获得说明。但那些奠定在自身经验以及他人经验之上的有关于人的群体及群体生活之经验也产生了新的概念,这些概念同样地也都预设了那些自身经验的概念。

假如我们现在问,实际的与可能的**自身经验**首先根源性地提供给直观的是什么?则那个笛卡尔的古典模式,本我我思,将提供唯一的可能答案,只要我们不涉及那些所有超越论哲学地规定着他的兴趣。换句话说,我们所遭遇的无非即**自我**、**意识**以及**作为这样的被意识者**。在纯粹经验中的心理之物无非就是那个所谓特定自我的(das sozusagen spezifisch Ichliche):意识生命以及作为在这样的生命中的存在。假如人们在有关于人类群体的观察中坚持纯粹心理之物的态度,则超越纯粹个别主体(心灵)之外乃产生了交互主体性的将个别心灵心理地纯粹联系起来之意识方式,"社会活动"(将我的注意力转向其他人、与他约定、掌控其意志等)也包含其中,同样与之相关的是在不同阶段中的人格群体之纯粹人格的留存的人际紧密关系。

3. 作为在其纯粹本有性中的有关心理之物之根源性直观的一个**纯粹现象学反思之正确执行**有其巨大的困难,对于该困难的认识以及克服乃决定了一门纯粹心理学,也就是一般的心理学是否可能。"现象学还原"的方法乃是建造现象学—心理学场域的基本方法,唯有透过该方法"纯粹心理学"才变得可能。例如假定任何一个外感知,好比有关于这棵树的外感知是被掌握为并描写为纯粹心理的材料(Datum),则自然地那棵位于花园中的树本身并不隶属于心理材料,而是隶属于心理之外的自然。同样地,感知是心理的,作为感知,它是关于这棵树的感知,根据其本有本质的心理状态,要是没有此一"关于这个那个"的话,感知是无法被描述的。这些环节的不可分离性显示在其中：就算它自身证明为幻觉也是停留在感知当中。无论那个自然物体实际上存在与否，那个作为关于它的感知以及作为这样在现象学的反思中对我而言乃是被给予的。对于感知种类的我思纯粹心理之物的掌握一方面要求着，心理学家要将每一个有关于被感知之物（所思）的真实存在之态度放一边去，就这方面而言它运作了悬搁并紧接着不做任何自然的感知判断，也就是客观存在或不存在的宣称不在考虑之列。另一方面，不能被忽略的**最关键的一件事**在于，那个经过理性的悬搁之后的感知依旧是有关于这栋房子的感知并且带着"真实存在着"的有效性而被感知。换句话说，那个感知对象是隶属于我的感知之纯粹状态，但也被意味为依据感知地，特别是作为感知信念的意义内容（感知意义）。但这个在悬搁中（那个"被放入括号"，如同人们所说的）"被感知的房子"并非作为固定不变的环节而隶属于现象学的状态，它反而是作为在显示方式的浮动多样性之中鲜活地构成着的整体。上述所谓的显现方式具有"关于某物的显示"的特质（例如什么的视角什么的远距显示等）并且在相互隶属的显示之留存中综合地产生了关于单一而且同一之物的意识。明显地它也适用于任何的我思，任何的"我经验""我思想""我感受、欲求"等等。在回到作为纯粹心理之物的现象学的还原无处不要求着，对于自然客观的态度的方法上的阻止，并且不仅仅是任何一个态度，而也包括关于在自然进行的我思当中对于主体而言一般有效的价值、资产等的每一态度。四处皆有这项任务，首先去考察不容忽视的多种模式，在此之中每一"意向对象性"（作为这样的被感知者，作为这样的被记忆者、被思考者，作为这样的被评价者）阶段性地作为意识的多样性之综合统整性而自我"构成",去揭示综合的多种形式,透过该形式意识乃成为意识的统整性。但与作为"对某物的意识"不同——总是集中在相同的自我之同一极——在此并未被发现。每一个心理的材料自身都只能作为统整性而得以显示,该统整性是回溯着构成的多样性。纯粹心理学(因此也是一般心理学)必须从真实经验的被给予者开始,也就是从作为关于某物的感知、关于某物的回忆以及诸如此类的我的纯粹自我体验开始,而非从下层结构以及抽象之物开始,只要它们是感官的材料及诸如此类,等等。

4. 首先作为在己并完全封闭的现象学的或纯粹的心理学,与自然科学亦明显有所区别的心理学学科,从深层的理由来看,不是一门有待奠基的事实科学,而是一门纯粹理性的("先天的""本质的")科学。就此而言它是任何一个有关于心灵的严格经验法则科学的必然基础,好比那些关于自然的纯粹理性学科,纯粹几何学、运动学、年代学、机械学乃是对于每一可能的"精确"经验自然科学的基础那样。就好比说,为了奠基的目的它需要对于自然的本质形式进行系统性的揭示,要是没有这项揭示,自然,更确切地说,空间与时间的形态,运动、变化、物理的基础性以及因果性便无法想象,因此我们可说为了一门科学的"精确"心理学之缘故,它也需要揭示先天类型,要是没有这些类型,自我(或者我们)意识、意识对象性以及随之而来的心灵生活便完全无法想象,带着所有那些差异以及关于综合的本质可能形式,这些差异以及本质可能形式都是与个人心灵与群体心灵的整体性之理念无法分离的。

据此，伴随着现象学还原的方法而来的乃是作为**埃多思**式的心理学本质研究方法：也就是不仅所有那些越过纯粹意识生活的所有判断（并且随之而来的乃是那些所有自然而实证的科学）被排除，就是那些所有纯粹心理学的现实部分（Faktizität）也在排除之列。这些不仅是模板地有助于作为自由可能变异的基础，而且断言的目标乃是在变异中作为冒出的**不变项**，意即那个**必然的形式风格**，它是可思性所系者。所以例如关于空间物的感知之现象学并非一门有关于在现实中出现的或在经验中被期待的外部的感知之学说，而是揭示（Herausstellung）必然的结构系统，少了这个结构系统，那个作为一个或相同的物体之感知的多样感知综合乃无法想象。在那些重要而有待研究的心理学-现象学综合当中，**证明的综合性**（die Synthese der Bewährung）乃是其中之一，例如意识自身如何在外感知中以一致性以及对于明见的存在信念（Seinsglaube）之预期的充实形式揭示自身为关于产生出来的物体之意识。相对应地，关于模态、可疑性、纯然猜测性的研究以及终究作为一致性的综合之相反形式的明证虚无性——以及这般在所有的活动类型中（理性的纯粹心理学）。①

5. 先前所描述的第一个现象学乃是自我学的，而现象学首先也是指原初专属于直观自我的本质可能性的现象学（**自我学的现象学**）。但是移情的现象学以及该移情如何作为我的心灵现象之综合一致而证明地前行的方式，并且可以在一贯的证明中（in konsequenter Bewährung）将他人的主体性列人之现象学会导致

---

① 〈海德格尔针对最后十行的注记：〉超越论的问题！

现象学还原之扩大，也就是使之作为**回溯纯粹交互主体性的还原**。有关纯粹心理被构成之群体的本质学说乃作为完整的纯粹现象学心理学而产生出来。在那些群体中交互主体地相互纠缠的活动（群体生活的活动）中"客观"的世界（对于每一个人的世界作为"客观"的自然、作为文化世界以及"客观"存在的群体的世界而构成了）。

6. 一个纯粹，一个并非心理生理而是纯粹从心理经验而来的心理学的理念就历史而言可回到**洛克**的值得一提的基本著作去，而洛克的出发点之发展与影响乃以由他所开启的经验主义运动而自我开展。这项运动在休谟绝妙的《人性论》中达到巅峰，人们可以把它看作在被贯彻的纯粹心理学（虽然只是一个自我学的）的纯粹后果中的第一个尝试；并且也可被当作现象学超越论哲学的首度尝试。因为两个有待区分的倾向已经在洛克那里融和起来，也就是那个实证的心理学与超越论哲学。尽管有不少深刻的先见之明，该项运动却走向失败，并且就两方面来说。他缺乏了对于一个纯粹心理学的目标及其可能性之激进省思，他更欠缺了现象学还原的根本方法。对于作为关于什么的意识（对于"意向性"）的意识之无知也意味着对于从此产生的任务及特殊方法之无知。最终看来经验主义也缺乏了对于有关纯粹心理领域的理性本质学说的必然性之洞见。所有这些也使得在接下来的时代里面不可能去为纯粹心理学进行激进的奠基。并因此使得严格科学的心理学变得不可能。直到布伦塔诺才提供了一项重要的进展（《心理学》I，1874），也就是透过它的巨大创见，将经院学派意向性概念改造成"心理现象"的本质特征。但是受限于自然主义的偏见，他也未能看见综合以及意向构成的问题，未能发现导向一个在我们现象学意义底下纯粹而本质心理学的奠基之道路。但只有透过他的创见于本世纪之初现象学运动才变得可能：这门纯粹、先天的心理学与纯粹、先天的自然科学（例如几何学）之间的平行关系，让我们了解到，在它之中不是关系着空洞玄想的先天性，而是关系着一个在具体的心理学直观的框架中所执行的关于纯粹心理概念的系统形构之严格科学工作，而隶属性的在其明见本质法则之必然有效性中以及在无限而系统的阶段序列中。另一方面在此也不可预设那个对我们而言十分熟悉的先天科学之科学特质：那个相应于心理之物的不同种类之先天系统与整个方法的根本不同种类。

II. 相对于心理学现象学的超越论现象学

1. 起初，新的现象学并非作为纯粹心理学而展开，也就是并非基于一门严格科学经验心理学的奠基①之兴趣而产生；它毋宁是作为"**超越论的现象学**"，其兴趣主要在于改造哲学成为一门严格科学。就其根本上具有不同的意义而言，超越论的以及心理学的现象学，必须以最鲜明的方式被区分开来。其中一个虽可透过态度的转换而过渡到另一个去，但两者却都代表"同一"的现象与本质洞见，两者可说是带着不同的符号，而该符号原则上改变了它们个别的意义。洛克的兴趣也不在于为纯粹心理学奠定基础，而只是将它当作手段来寻求"**知性**"-**问题**的普遍解答。其首要的主题乃是作为知识及科学而被执行的知性成就在主体性中的奥秘，

---

① 〈海德格尔关于奠基的注记：〉理性心理学！

该知性成就要求着客观的有效性。一言以蔽之,洛克的《人类知性论》想要勾勒出一门认识理论、超越论的哲学。有关于"心理主义"的批评适用于他及其学派。假如在超越论问题之意义下,一个在纯粹主体性的内在性中,变得被意识并且在主观奠基过程中可能被证明的客观性之意义与正当性被质疑了,则这个问题乃以相同的方式关联着所有每一个客观之物。在笛卡尔的沉思录(并且正因为如此他是超越论的问题之划时代的催生者)已经有着下列的洞见,我们通常称作存在之物以及这般存在之物(Soseiendes),也就是最终而言整个世界全体,乃是对于认识的自我而言只作为在主体的相信活动中的被相信者的存在之物以及作为带着表象、被思者等的意义之这般存在之物。于是在纯粹内在性的主体的意识生活乃是所有意义给予以及存在设定、存在证明的处所。在此我们需要一个系统而纯粹的认识者的自身理解,一个纯粹从"内部经验"而来的思想者的生命之揭示,以便澄清,那个在隐含的内在性中的主体性可以成就什么并且已成就了什么。虽然洛克已经被这项伟大的洞见所引导,然而他却错过原则上的纯粹性以及坠入心理主义的错误中。自相矛盾的是,假如客观真实的经验及认识完全就超越论而言被认为有问题,去预设任何一个客观的经验以及认识,仿佛其客观有效性的意义与效力本身不成为问题。一门心理学不可能成为超越论哲学的根基。就算那门在现象学意义下的纯粹心理学,透过心理学-现象学还原而主题地被划出轮廓,却依旧是实证科学,世界仍被它当作前给予的基础而预设着。纯粹心灵以及心灵群体都是那个被预设的,只不过不被注意但留存下来的那个在自然界中的躯体的心灵。如同所有的实证科学这门纯粹的心理学①自身就超越论而言仍是大有问题的。但为了超越论哲学的目的它仍然需要一项被扩充而完全普遍的现象学的还原（超越论的），该还原满足了问题的普遍性，而就整个经验世界以及建立在它上面的那些实证认识以及科学而言它都演练了悬搁，将所有一切都转化成现象——超越论的现象。笛卡尔已经触及了这项还原，只要他将整个经验世界的存在（根据其方法论的原则，就所有可能被怀疑的对象而言的悬搁）排除在外的话；他已经认识到，作为那个纯粹主体性的全体领域的那个自我我思是参与运作着，并且这个不是我的这个人②乃是那个存在者，他在其内在有效性中于所有的实证认识中都被预设着，也就是相对而言他是在己首要的。让我们将洛克对于必然性的伟大认识，那个具体的认识者的生命，根据所有其基本种类与阶段去加以描述，加上布伦塔诺在其新的评价中的意向性之发现，最后是先天方法的必然性之认识，则当前的超越论现象学的主题和方法便诞生了。我们不仅仅进行回溯到纯粹心灵主体（那个处在世界中的人之纯粹心灵性）的还原，而且透过有关于真实世界以及同样也包括所有观念的客观性（数字-"世界"以及其他）的悬搁方法而还原到超越论的主体。只有那个"超越论的纯粹主体性"的全体领域才保留着有效性，在其中所有客观之物的真实的与可能的现象都包含在内，所有这一切都关联于显现的方式、意识模态等。唯有透过这般带着激进的方法超越论的现象学才避免了认识理论的循环的矛盾：特别是预设

---

① 〈海德格尔的评论：〉作为经验的。
② 〈海德格尔对于"这个人"的评论：〉然而作为"人性"。〈这个人性被理解为人的本质。〉

了(仿佛它是不成问题的)那些在超越论问题的普遍意义中自身被共同包含者。如同人们当下显而易见的那样,于此之外那个心理主义的诱惑也变得可理解。纯粹心理学的现象学实际上就某种方式而言与超越论的现象学是重叠的,一句接一句,只不过在现象学的纯粹性之说法中一方面谈的是作为在自然有效世界中的存在层级之心灵性,另一方面所谈的则是世界的意义与存在有效性之得以产生的超越论的主体。超越论的还原使得一个完全新的种类而被推展的经验,意即超越论的经验得以获得释放。透过此一还原那个原本无处不以遮蔽的方式而运作之绝对主体性,带着其超越论的生命,乃被揭示了,在该生命的意向性综合中所有带着正面存在有效性的真实及观念的对象乃被构成着,它提供了一个绝对现象学科学的主题范围,他被称作超越论的,因为他将所有超越论的或理性理论的提问都纳入其中。另一方面这个理性的超越论理论只是在起始的提问中与现象学心理学有所区分,毕竟这般理论的运作预设了整个超越论主体性的普遍研究。它是一个而且相同的先天科学。

2. 从超越论的观点来看,所有的实证科学都是带有素朴性的科学。它们虽然做研究但却因为片面的态度(那个超越论地构成经验以及认识的真实统整性的生命被遮蔽着)而不明白,那些唯有透过我们的还原才能够纯粹被看见者,所有这般根据其本有的认识意义才是它们之所是的统一体,也就是作为超越论地构成着的多样性之统整性。唯有超越论的现象学(无非存在着其超越论的观念论)才使得关于整个具体性的科学成为可能,全面性的,同时是自明的并带有正当性的科学。其主题关系着每一个可能的主体性，在其意识生活中，在其构成性的经验与认识中一个可能的客观世界乃被意识着。

那个在现实经验中被经验的世界乃是实证事实科学之被完整思考的系统之主题。基于有关于经验世界的现实经验之自由意项（idell）的变异一个作为可能世界的可能经验之观念乃产生了，并且为此经验科学之可能系统的观念也产生了。上述经验科学乃是先天地隶属于一个可能世界的统整性。意即一方面一个系统地研究那些本质必然地隶属于一个可能世界的结构的先天本体论乃出现了，要是少了它的话，一个作为这样的世界就现实而言是不可想象的。但另一方面，那个可能的世界以及其存在者结构（ontische Struktur）在现象学的相应关系研究中都根据可能的意义给予及存在奠基（Seinsbegründung）（作为可能经验的世界）之面向而被研究，少了这个现象学的相关性，该项研究同样是无法想象的。在此方式底下一个被执行的超越现象学乃涵盖了一个广义的普遍本体论，一个完全的、全面的、具体的，在此本体论中所有相应的本体论概念都是从超越论的原初性而产生，它让所有的意义及有效性问题，无论就任何方面来看都无所遁形。历史上所有那些被构成的先天的科学一点都未曾实现一个实证的本体论之完整理念。它仅仅触及了（就这方面而言也是不完整的）每一可能世界的逻辑形式（形式上的普遍方法）以及一个可能物理自然的本质形式。它依然停留在超越论的素朴性当中并因此囚禁在缺乏奠基的情况中，这乃是它们的必然结果。在这个素朴的形态中它是作为那个相应的"精确"事实科学之方法工具而运作着，严格说来，它导致了将事实领域给理性化，并透过与一个可能世界事实的本质结构关联而赋予现实之物以必然性的一般方法（Methexis）并且因此将它放入只是归纳规则的法则之下。所有实证科学的"基本概念"，也就是那些所有有关于世界真实之物的概念之得以建立的"基本概念"，同时都是相应理性科学的基本概念。一旦它缺少原初的清晰性并因此也缺少其真正与必然意义的认识，则该模糊性便会向整个实证科学的理论状态传递而去。近代以来，所有的实证、经验以及先天科学无不陷入基础危机，该危机关乎吊诡的挣扎，也关乎数学、编年史等传统的基本观念或原则的挣扎，这些都一再说明所有实证科学如何不够完美。根据其整个方法的类型而言它们再也不能有效地作为真正的科学，作为那种能够彻底进行理解以及正常并在各方面都预示了其稳固道路的科学。只有透过现象学的改革，近代的科学才能够脱离这个令人无法忍受的形式中。根据以上的说法超越论的现象学具有如下的使命，去实现隐藏在其中的普遍的本体论的潜在理念，而该本体论是透过向上提升至超越论并走向具体的全面性而被带出的，也就是一个有关作为这般的每一可能认识世界之本质形式以及那个意向性构成的相对应形式之系统的科学之理念。据此现象学乃是在原初的真实性中被构成，并且在现象学的产生中从所有的模糊性打从一开始就解脱出来的所有先天科学（作为一门本体论的旁支）之基本概念的元处所，并因此是我们的现实世界之所有相应的经验科学的元处所。在系统性的发展中那个现象学的本体论乃为所有至今仍未被奠定基础的先天科学以及朝"精确"（理性化的事实科学的建构）的理性化的科学去发展的所有事实科学建构做好准备。其中至关重要的一步在于，一门先天纯粹心理学对于经验心理学的奠基所具有的功能类似于先天几何学等，对于经验物理学所具有的功能。包含其中的一项巨大任务在于关于历史以及普遍"意义"的现象学解释，该普遍"意义"包含于历史的独特性中。

3. 情绪以及意志生命的现象学，带着专属于它的意向性是奠定在自然经验与认识的现象学之上，此一现象学依据其必然以及可能的本质形态以及相应的先天性涵盖了整个文化，而该先天性乃是隶属于社会性的本质形态。每一规范的学科以及每一在特殊意义下的哲学学科理所当然皆隶属于现象学的范围，正如同就历史而言哲学的现象学是从针对纯粹逻辑以及形式价值论和实践论之理念的解释而成长的。现象学是反形而上学的，它拒斥任何在空洞而形式的次结构中自我运动着的形而上学。① 然而正如同所有真正的哲学问题那样，所有的形而上学问题也都必须再度回到现象学的基础上并在此发现其真正从直观而来的超越论的形态与方法。除此之外，现象学绝非仅仅是传统形态的系统哲学。它毋宁是一门在系统而具体的研究中自我前进的科学。在最初阶段它就已经具备一个有关具体研究工作的巨大领域，其研究成果对于所有的哲学（及心理学）都是基础性的。上述所谓的初阶段是针对一个超越论的纯粹主体性（作为单子的一个自我）的结构所进行之纯粹描述性本质分析。在系统性的现象学工作中那个古老传统遗留下来的哲学立场之多重矛盾性将得以化解，例如理性主义（柏拉图主义）与经验主义、主观主义与客观主义、观念论与实在论、本

---

① 〈海德格尔的评论：〉或者正是人们将形而上学理解为在自然态度中被执行的世界图像的展示，而且在生命特定的历史情境中——在他的事实上的认知可能性之情境中人们总是只迁就于这个世界图像。

体论与超越论、心理论与反心理论、实证论与形而上学、神学与因果论的世界观点,上述工作乃是从直观的被给予性朝抽象的高度发展前进的工作,而且它不曾利用任何论证性的辩证技术或是意图达成妥协的薄弱努力。无处不存在着可被证成的动机,但四处却也都存在着半吊子或不可信的只是相对而抽象被证成的片面性之绝对化。主观主义只能透过最普遍的以及最有效力的主观主义(超越论的)而被克服。在此形态下,它同时也是客观主义,只要它透过一致性的经验而具备客观的正当性,但它当然也为其完整而真正的意义而带来效力,于此之中那个所谓的实在论的客观主义乃在它对于超越论构成的理解中犯下错误。再者要说的是:经验论只能透过最普遍和最具效力的经验论而被克服,这种新的经验论为那些经验主义者受限的"经验"提供了必然最广义的经验概念,这个原初给予的直观,该直观在其形态(埃多思的直观、绝对必然的明见性、现象学的本质直观等)中是透过现象学的阐明而获得其正当性的种类与形式。另一方面作为本质论的现象学乃是理性主义的,它透过最普遍的与超越论的主体性、自我意识与被意识的对象性一致地有所关联的本质研究克服了那些受到局限的独断的理性主义。同样地就其他相互交织在一起的矛盾来说亦然。在发生的教义中所处理的是有关于联想的本质学说,它首先由休谟所发现、纯化及证成,并指向了下列事实,超越论主体性的本质以及其本质法则性完完全全是目的论的。它超越论的观念论完全隐藏了自然的实在论,但并非透过疑难的论证,而透过现象学工作自身而自我证明。现象学与康德站在同一阵线去对抗概念分析的空洞本体论,然而它自身却是本体论,只不过这样的本体论是从超越论的经验而来。现象学摒弃所有哲学的复兴,作为最具原初性及普遍性的自我省思之哲学,它是朝着自身被领会的概念、问题与洞见而去,并因此接受了从以往的大师们而来的激荡,它们的前直观肯定了上述概念、问题与洞见,但也将它们转移到具体有益的有效的研究基础上。现象学要求现象学家们扬弃自己固执的哲学之理想,而成为在群体中一个谦虚的工作者,与其他人一起为永恒的哲学而存活。

参考文献

1. Allgemeines und Grundwerke: *Organ der phänomenologischen Bewegung:* Jahrbuch für Philosophie und phänomenologische Forschung, h. g. von E. Husserl, u. A., Halle 1913 ff., bisher 8 Bände (im folgenden abgekürzt Jb.). E. Husserl, *Log. Untersuchungen*, 2 Bde, 1900/01, in den neuen Auflagen 3 Bde (das Durchbruchswerk). – *Philosophie als strenge Wissenschaft*, Logos Bd. I, 1913. – *Ideen zu einer reinen Phänomenologie und phänomenologischen Philosophie*, I. 1913 (s. a. Jb. I) (Methode und Problematik). M. Scheler, *Abhandlungen und Aufsätze*, Leipzig 1915, in neuer Auflage unter dem Titel "Vom Umsturz der Werte", 1918. – *Die Wissensformen und die Gesellschaft*, Leipzig 1926. A. Reinach, *Gesammelte Schriften*, Halle 1922. M. Heidegger, *Sein und Zeit*, Halle 1927 (s. a. Jb. VIII).

O. Mahnke, *Eine neue Monadologie, Kantstudien*. Ergheft 39, 1917. Zum großen Teil phänomenologisch orientiert der "Philos. Anzeiger", Bonn 1925ff. In engl. Sprache Chr. Salmon Hume's Philosophie.

2. Logik und formale Ontologie: A. Pfänder, *Logik*, Halle 1921 (s. a. Jb. IV). M. Heidegger: *Die Kategorien- und Bedeutungslehre des Duns Scotus*, Tübingen 1916. R. Ingarden, *Essenziale Fragen*, Jb. VII, 1925.

3. Psychologie: A. Pfänder, *Psychologie der Gesinnungen*, Jb. I. 1913. W. Schapp, *Beiträge zur Phänomenologie der Wahrnehmung*, Halle 1910.

4. Ethik: M. Scheler, *Der Formalismus in der Ethik und die materiale Wertethik*, Halle 1913f. (s. a. Jb. I, II).

5. Ästhetik: M. Geiger, *Beiträge zur Phänomenologie des ästhetischen Genusses*, Halle 1913. R. Odebrecht, *Grundlegung einer ästhetischen Werttheorie*, Berlin 1927.

6. Philosophie der Mathematik und Naturphilosophie: O. Becker, *Beiträge zur phänom. Begründung der Geometrie*, Jb. VI, 1923. - *Mathematische Existenz*, Halle 1927 (s. a. Jb. VIII). H. Conrad-Martius, *Realontologie* I. Jb. VI, 1922/23.

7. Religionsphilosophie: M. Scheler, *Vom Ewigen im Menschen*, Leipzig 1921. K. Stavenhagen, *Absolute Stellungnahmen*, Erlangen 1925. Jean Hering, *Phénoménologie et philosophie religieuse*, Strasbourg 1925.

8. Rechtsphilosophie und Soziologie: A. Reinach, *Die apriorischen Grundlagen des bürgerlichen Rechtes*, Jb. I 1913. F. Kaufmann, *Logik und Rechtswissenschaft*, Tübingen 1922. F. Schreier, *Grundbegriffe und Grundformen des Rechts*, Wien 1924. Gerh. Husserl, *Rechtskraft und Rechtsgeltung* I. Berlin 1925. M. Scheler, *Wesen und Formen der Sympathie*, Bonn 1923. Th. Litt, *Individuum und Gemeinschaft*, Leipzig 1924. E. Stein, *Eine Untersuchung über den Staat*, Jb. VII. 1925.

第二份手稿

导论：现象学理念回溯意识①

存在者的全体乃是自然、历史与空间等实证科学之所以获得其对象领域的场域。这些科学在其整体性中针对所有存在之物进行研究，率直地朝向存在物而去。如此一来哲学便似乎显得不再拥有可研究的场域，虽然自古以来哲学被当作基础科学。然而希腊哲学从其决定性源头开始不就已经将"存在物"当作对象来提问题吗？固然并非针对这个或那个存在物去加以规定，而是针对**作为存在物**的存在物，亦即针对其存在去进行理解。提问本身以及答案却长期以来陷入模糊状态。尽管如此，就有个情况值得我们注意，在澄清存在的道路上哲学走向了关于存在者的**思想之思义**（巴门尼德斯）。柏拉图对观念的阐明以心灵和自身所进行的**自身**

---

① 该导论与第一部分至263页为止，为海德格尔所编辑。

言说（逻各斯）为导向。亚里士多德的范畴乃是在顾及**理性**的表述性认识的情况下产生的。笛卡尔明白地将第一哲学奠定在我思之物上面。康德的先验问题游走于**意识**的场域。从存在物的目光转移到意识是偶然的吗？或者终究被一种特质所要求，而此特质是在作为哲学的问题场域之存在的称号底下持续被追求的。回溯意识之必然性的本质的原则性澄清，回溯意识之路与步骤的极端和明确的规定，那个关于回溯纯粹主体性的揭示场域之原则性的划定界限与系统性的详细研究，便是现象学。哲学的存有问题之最后澄清与对于科学完成的哲学工作（wissenschaftlich erledigende philosophische Arbeit）之方法性回溯乃克服了传统哲学思维的未定义的普遍性与空洞性。就其所有种类与阶段来说，提问、方法性的研究与解决乃是追随着实证性的一般存在物之原则上的区分。不过这同一个任务不是已经自洛克以来由心理学所执行了吗？哲学的极端奠基所要求的难道不就是一项在方法上最终限定在内部经验中的有关于纯粹意识主体性吗？不过关于对象的根本思义以及纯粹心理学的方法可以表明，这项心理学本质上无力为作为科学的哲学提供基础。因为它本身就是实证科学，而根据实证科学的研究方式，它完全使得那些在相同方式底下相关的问题就其存在领域的存在意义而言都未被触及。所有带着变换着确定性与明晰性之所有哲学所追求的回溯意识因此越过纯粹心理之物而延伸回到纯粹主体性的场域。因为在此主体性中所有对于主体以不同的方式可被经验者，也就是在最广义的超越者的存在乃是自我构成的，而它便称为超越论的主体性。作为关于意识的实证科学之纯粹心理学回头指向关于纯粹主体性之超越论科学。该科学是作为科学性的哲学之现象学理念的实现。反过来说关于意识的超越论科学才创造关于纯粹心理学之本质的完整洞察，以及其根本功能与其可能性的条件。

I. 纯粹心理学的理念

那些在其中我们直直朝向对象而去的行为（经验、思想、意愿、评价之体验）都允许目光转移，透过这项转移体验自身乃成为对象。那些不同的体验方式都自身揭示为那些自身"显现者"，而这些也都是我们的行为朝向者。因此这些体验被称为现象。朝向他们的目光转移，纯粹作为这样的体验经验与规定乃是现象学态度。在这样的谈论方式中现象学的表达仍会在一般常用的意义下被使用。随着朝向现象的目光转移一项普遍的任务便展开了，系统性彻底地去研究体验的多样性、体验的类型、阶段与阶段脉络，并且将它当作一个封闭的整体去加以理解。在转向体验的情况下我们乃将心灵的行为方式，那个纯粹的心理之物当作对象。它之所以被称为纯粹心理之物乃是在考虑作为这般体验的情况下它是与所有在身体机能中的所有心灵作用，所谓的心理生理之物并不相干。所谓的现象学态度促成了朝向心理之物的途径并且使得在纯粹心理学的意义下这样的主体研究得以可能。对于纯粹心理学理念的理解之澄清要求回答了下列三个问题：

1. 什么隶属于纯粹心理学的对象；

2. 就合乎其本有状态来说该对象要求了何种的途径与处理方式；

3. 纯粹心理学的根本功能是什么。

1. 纯粹心理学的对象

究竟那个透过现象学的目光转移而成为对象的存在之物的特质该如何被显示？在所有纯粹心灵体验中（在感知某物之中、在回忆某物之中、在形成某物幻象之中、在畏惧某物之中、在某物的判断之中、在意愿某物之中、在希望某物之中等）从来就存在着朝向什么的存有。体验都是**意向性**的。这个自我关联并非额外地加在心理之物上面，更非作为偶然的关系而已，仿佛体验可以在不具有意向性关系的情况下仍旧是体验那样。毋宁是在体验的意向性之中宣告了纯粹心理之物的结构。一个体验脉络，一个心灵生命整体总是在一个自身（自我）的意义下存在着，并且作为这般的他现实地与他人在社群中一同生活。因此纯粹心理之物既在自身经验中，且在他人心灵生命的交互主体经验中是可及的。

于自身经验中自我宣告的体验首先具有其本有的本质形式，而后又有隶属于它的变样的可能方式。例如感知对一个骰子的感知在起初掌握的目光中具有这**一个**物体自身。同样地就它作为体验那方面来说并非只是简单的物体之空洞的在此而已。在感知中它毋宁是透过多样的"显现方式"自我展示。这个构成感知的脉络具有其本有的类型以及其流程的本有类型规律。在对于相同物体的回忆中的显现模式乃是相同的，但却也合乎回忆地产生变样。他更进一步地显示差异及清晰的、相对规定的程度以及掌握的不确定性，时间视角、注意力等的不确定性。所以例如那个在一个判断中的被判断者时而作为明见的，时而作为非明见的被意识。那个并非明见的判断可再一次地作为单纯的想起而呈现或可以逐步地自身拆解。相应地，那些意愿和评价的体验总是基于被隐藏的

"显现方式"("Erscheinungsweise")而来的统一体(Einheit)。在这样的体验中那个被体验者却不只是显现为作为同一的与差异的、个别的与普遍的、存在的与非存在的、可能方式的与极为可能的存在之物,作为有用之物、美丽之物、善良之物,它自身也证实为真的(Wahres)或非真的、真正的(Echtes)或非真正的。但个别体验的本质形式乃是嵌入一个可能综合的类型以及一个封闭的心灵脉络中的流程。作为整体它具有个别自我的心灵生命之本质形式。它是基于持续的信念、决定、习惯、性格等而存在着。而自身的习性整体再一次地显示发生的本质形式,其每一可能的活动,该活动将储存在联想的脉络中,而该脉络的特殊发生形式又与那些透过类型的交换关系的发生形式相互一致。现实而言自身总是在群体中与他人一同生活。社会的活动(转向他人、与他人协议宰制他人的意志等)不只具有其作为团体、氏族、社团、结盟的体验的本有形式,更具有其发生、其效用(有力与无力)、其发展与颓废(历史)。此一逐渐在己意向地被构造之可能群体中的个别生命的整体构成了纯心理之物的全体场域。那么通达此一场域的道路何在?又如何才算适当地阐明它?

2. 纯粹心理学的方法

方法的本质情况取决于对象的根本状态以及存有种类。如果纯粹心理之物本质上是意向性的,并且首先在个别的人之自身经验中可触及,则有关于体验的现象学之目光转移便必须以如下的方式发生,这些体验都在其意向性中自我揭示并关联于其类型之情况下可被掌握。达致意向性存在之物的根本状态之途径是发生在现象学心理学**还原**的道路上。处于还原的态度,也就是说揭示体验种类的本质结构,其脉络形式以及发生的形式。只要在自身经验以及交互主体经验中心理之物是可及的,还原便相应地区分为自我学的与交互主体的。

a) **现象学心理学的还原**

从例如关于一个自然物体的非反思感知到该感知自身的目光转移有着如下的特征,那个先前向着物体而去的那种从非反思的感知而来的掌握倾向自我撤回,以便朝向作为这样的感知而去。从感知回过头来发生掌握倾向的回溯(还原)以及朝向感知而去掌握转移,该动作并未改变了感知自身,还原正是使得那个感知作为感知本身变得可及,也就是作为有关该物体的感知。自然物体自身固然本质上从来不可能是心理学反思的对象,然而它却在有关于感知的还原目光中显示自身,毕竟它本质上是**有关**物体的感知。物体以作为被感知者而隶属于感知。感知活动的意向关系并非一个自由漂浮并因此陷入空洞性的关系,反而是作为意向它具有一个本质上隶属于它的被意向者。无论在感知中被感知的物体自身是否存在于当前,感知的意向性意指却总是朝向着它自身的掌握意义,也就是朝向作为活生生当前者之存在物。每一个欺骗性感知都清楚地显示这一点。只有因为感知是意向性的,本质上它才具有其被意向者,它才可以变样为出现在某物**之上**的欺瞒。透过还原的施行那个体验的完全意向状态才首先是可见的。因为所有的纯粹体验及其脉络都是意向性的被构造的还原乃保证朝向纯粹心理之物的普遍途径,也就是朝向**现象**。所以说还原是所谓的现象学的。但那些在现象学的还原施行中首先可及的乃是那个作为一个现实上每一自身的唯一体验脉络的纯粹心理之物。是否在每个独一无二体验流程的叙述特质之外有着关于心理之物的真正科学的、客观有效的认识是可能的？

b) 本质的分析

假如意向性构成所有纯粹体验的基本状态并且随着体验种类的不同而有所不同，则关于例如属于感知、意志的完整意向性结构情状的阐明便成为可能且必要的任务。所以对于纯粹心理之物的还原态度（这首先是产生于个人事实上的体验脉络），必须无视于所有心理的现实性。这只是举例式的作为可能性的自由变异之基础。所以，例如关于空间物体的感知所进行的之现象学分析绝非关于实际上出现或在经验中可期待感知的报导，而是关于必然结构系统的阐明，要是缺少这个系统，作为关于一个相同物体的多样感知的综合便是无法设想的。在还原的持态中所完成的有关心理之物的指明（Aufweisung），据此指向那个在种种变异中所呈现的**不变项**，亦即那个体验的必然行事风格（埃多思）。据此在有关于现象的本质分析之方式下那个朝向心理之物的还原态度乃发挥作用。有关于纯粹心理之物的科学研究，即纯粹心理学，只能在作为**还原-本质的**以及作为现象学的情况下才能被实现。现象学心理学是**描述的**。这意味着：心理之物的本质结构会借由变异的方法直接而直观地被揭示。所有现象学的概念及命题都要求着对现象自身直接指明。一旦在被标示意义下的还原仅仅提供朝向每一本我的心灵生活之途径，该还原便称为**自我学的**。但每一个自我都与他人处在移情的脉络中，而这又在交互主体的体验中被构成，于是便有必要透过**交**

互主体的还原而对自我学的还原进行扩充。在此一框架中被处理的移情现象学不仅仅导向作为这样的我的心灵之综合的类型之描述而已,亦即在其种类的澄清当中我纯粹心灵的脉络之移情现象如何可以借由一致证明的模式在进行着。在此以一种特殊的明证形态被表明的乃是始终一贯而具体的他人之**共在**(Mitsein),此他人总是借由一个新的规定内涵而被表明——此一他人在我本有的意识领域中原初一致地带有被经验的躯体性而共在着。但另一方面此一陌生的自我并非原初地在此,好比他与**其**躯体性是处在原初的关系中那样。针对我实际与可能的使之有效的他人心灵生活,并在明证形式中一致的移情之现象学还原的贯彻乃是交互主体的还原。在自我学的还原基础上,原初而可证明的他人心灵生活乃在于他的纯粹心理脉络中成为可及。

3. 纯粹心理学的基本功能

还原开启了朝向这样的纯粹心理之物的道路。本质分析阐明了在其本质脉络中这样还原的可及之物。那个乃是**必要之物**,这个则是带着那个充分之物而作为纯粹心理学的现象学方法的情状。在关于纯粹心理之物还原的本质研究据此产生了隶属于作为这般纯粹心理之物的规定性,也就是心理学的基本概念,只要这个作为具体人的心理、生理整体的经验科学具有其在纯粹心灵生活中作为这样的中央领域。纯粹心理学就纯粹心灵之物来说提供了经验心理学以必要的先天根基。正如同为了奠定"精确的"经验科学需要有关于自然本质形式的系统性揭示,万一缺少自然,更特定地说,要是缺少空间与时间形态,运动、变动、物理实体性与因果性便无法被设想,所以对于科学的精确的心理学来说乃需要先天类型的阐明,要是少了这项阐明自我(或我们)意识、意识对象性以及心灵生活便全然无法设想,带着所有差异与本质可能的综合形式。这些差异与综合都是与个别心灵及群体心灵的全体性是分不开的。假如作为这样的心理生理脉络有其自身的先天性,该先天性仍未透过纯粹心理学的基本概念而被规定,则那个心理生理的先天性乃需要一个有关于纯粹心理之物的先天性之原则性导向。

II. 现象学心理学和超越论现象学

纯粹心理学的观念并非从心理学自身的需求而来的,亦即满足其系统性建构的本质条件。它的历史可以追溯到洛克的有思想价值的基本著作上以及追溯到休谟对由这些著作中产生之推动所做的具有值得一提影响力的发挥上。休谟的赋有才气的人性论已经具有以严格一贯性为依据的对纯粹体验领域的结构研究的型,因而在某种方式上可视为"现象学"的首度显现。在这些初期阶段已经由心理学以外的兴趣对这个纯粹主体之物的限制做了规定。心理学是为由笛卡尔重新唤醒的、在新形态上的"理智""理性"问题而服务的,或者说,是为真正意义上的存在之物而服务的,这个存在之物是指那些仅仅通过这些主观的能力才可以被认识之物。用我们现在的话来说,心理学关系到一门"超越论的哲学"。一种合理地超越认识主体的认识的普遍可能性受到笛卡尔的怀疑,在这个事实中还包含着另一个事实的萌芽:作为客观实在者的存之物的真正存在意义只能在主观的体验中作为被意指和显现出来的东西，这件事变得不可理解。素朴地、合乎存在地被给予"超越"的世界成为"超越论"的问题，它不能像在实证科学中那样作为知识的基础，笛卡尔认为，它必须得到在超越论的提问中被预设的无疑的"自我我思"的支持，但是对这个我思的把握需要纯粹的把握。在笛卡尔的沉思中经获得了这样的洞察，即实在之物以及最终包括这个世界对我们来说只是出于我们的经验和认识才存在着，甚至以客观真理为目标的理性成就连同它们的"明证的"特征都是在纯粹在主体性中进行的。尽管笛卡尔的普遍性怀疑的尝试的方法带有所有那些草创性，却是第一个像纯粹主体性还原的彻底方法。但后来是洛克首先直观到这里的具体任务的广大领域，并且对这个领域进行了研究。如果理性认识完全只是在认识主体性中进行，那么对认识的先验有效性的超越论解释就只能作为对在纯粹"内在经验"中显现的体验、活动、能力的所有阶段的系统研究来进行，同时，这种研究是由素朴产生的经验世界的基本概念和它们的逻辑加工方式所导引的。所以，这种研究需要内向的描述和对纯粹心理学起源的研究。但原则上洛克未能将此一伟大的思想内容维持在笛卡尔提问的高度上。那个在方法上经过还原的笛卡尔的"自我"——即使经验世界不存在，它也存在着——在洛克那里再度成为普遍的自我，成为世界中的人的心灵。在洛克想解决超越论的认识问题的同时，这些超越论的认识问题在那里变成了心理学问题，即活在世界中的人如何获得有关于外在于心灵的世界之认识并加以证成。所以他陷入超越论心理主义之中，这种心理主义（尽管休谟避开了它）一直延续了几百年。这里的悖谬之处在于:洛克是将超越论的认识研究作为自然实证意义上的心理学认识研究来进行的,他因此始终把经验世界的存在有效性地设定为前提,同时,就存在的意义和存在的有效性来看,经验世界连同所有与它相关的实证认识都是超越论的可疑之物。他将实证性中的自然的正当性问题(所有实证科学的正当性问题)与超越论的权利问题混为一谈,在前一类问题中,经验问题是普遍的和无疑的前提,而在后一类的问题中,世界本身、任何带有"自在"意义的东西对于认识而言都是受到怀疑的,我们可以对超越论问题做这样一种彻底的理解,亦即不去追"它是否有效",而是去问这样的有效性具有何种意义,而其范围又有多大。正因为如此,所有实证性中的认识问题(所有实证科学的问题)从一开始就带有超越论意义的问题。洛克的心理主义在历史上始终无法被克服,这个事实为我们指明了一个深刻的、可以被超越论地利用的真理意义,在一门认识的和理性的纯粹心理学的任何一个仔细地被实施了的部分知中都必定包含着这个意义,即使在这种超越论的要求中含有悖谬。在超越论现象学中(我们在这里追求的是这门现象学的特殊的观念)才表明,相反的东西同样是有效的,即在认识的真正超越论理论的每一个具体的部分中,以及在它的每一个通过具体探讨而得到阐述的部分都包含着一个可以为心理学所利用的真理意义;一方面,任何真正的,但却纯粹的认识心理学都可以"转变"为超越论的心理学(即使它本身并不是一门超越论的理论),而反过来,任何一门真正的超越论认识论(即使它本身也不是一门心理学)也都可以转变为一门纯粹认识的心理学,并且双方的任何一个命题都可以作为对方的命题而有效。

人们起初无法获得这样的洞见。人们还没有准备去把握笛卡尔在揭示纯粹我思的过程中所表现出的极端主义的最深刻意义，并通过强烈的一贯性来发挥这种笛卡尔极端主义的影响。实证研究和超越论研究的观点还未被区分，因此人们还没能限定实证科学的真正意义还没能积极努力地创造一门科学心理学，一门在有效性和严格性方面不亚于作为榜样的自然科学的心理学，并没能对这门心理学的要求做出透彻的思考。这种状况一直持续着很长一段时间，在这种情况下，超越论哲学和心理学都无法进入到"一门科学的可靠进程"之中，进入一门严格的、原初产生于它所特有的经验源泉中的科学的可靠进程中，而且，它们之间相互的交织情况也未获得澄清。经验主义者的心理主义在此具备优势，只是它不理会反心理主义的指责而遵循这样一种明证性，即任何一门提出认识问题和认识所有的形态问题的科学无论如何都只能通过从直接"内在"的直观出发去研究这些形态，这些问题才得以回答。如此所得到的有关认识本质的认识不会因为对客观世界的存在意义之质疑而丧失，也就是说，不会因为笛卡尔的观点改变和向纯粹自我的还原而丧失。对心理主义的指责无法获得有效的结果，因为反心理主义者由于担心自己会落入心理主义之中而不去对认识的系统进行具体的研究，并且在反对19世纪盛行的经验主义的日趋激烈的反应中最终陷入一种空泛的论证和诡辩之中，它们只能通过从直观而来的转借获得其单薄的意义。另一方面，尽管在洛克的《人类知性论》中以即在此后的有关认识与心理学的文献中已经有许多并非毫无价值的纯粹心理学的预备性工作，但纯粹心理学本身却始终没有得到真正的奠基。不仅它作为"第一心理学"，作为关于心理之物的逻各斯的本质科学之必然意义始终还未被揭示,也就是说,它的真正指导性观念还未获得系统性的研究;而且,个别心理学的研究的巨大努力无论它们是否具有超越论的兴趣,也都尚未得出适当的结果,同时,普遍流行的自然主义恰恰未能看到意向性,未能看到心理领域的本质特征,并且因此也未能看到在这个领域中所包含着的纯粹心理学问题和方法的无限广度。在原则意义上的纯粹心理学是在一般心理学之外产生的。他是超越论哲学方法上新发展出来的最终成果,在超越论哲学中,这门心理学成为一门严格系统和具体地、从下而上地建构起来的科学。但是,纯粹心理学当然不是作为超越论哲学的目的以及作为属于超越论哲学本身的学科而产生出来的。纯粹心理学的产生基本上使得解决心理主义问题得以可能,随之而来的是,在方法上将哲学改造成为一门严格科学的工作便得以告一段落,并且,哲学已可以摆脱那些由传统遗留下来的混乱而持续造成的障碍。这种发展之得以可能的前提是一项伟大的发现,这项伟大的发现在于:布伦塔诺将中世纪经院哲学的意向性概念重新评价为作为"内在感知现象的心理现象"所具有的一个本质特征。布伦塔诺的心理学和哲学对现象学的产生具有历史性的影响,但肯定不是内容上的影响。布伦塔诺本人仍然受困于一般自然主义对生活的误解,包含他对"心理现象"的误解,他无法把握对意向性描述及发生的揭示之真正意义,他未能有意识地运用"现象学还原"的方法,亦未能通过这种方法正确而始终地关注作为思维的思维。对布伦塔诺来说,就上述意义而言的现象学的纯粹心理学观念始终是陌生的。对他来说同样始终陌生的是超越论哲学的真正意义以及与超越论主体性有关的本质超越论基础学科的必然性。基本上由于受到英国经验主义的影响，布伦塔诺在哲学方向上采纳了将所有特殊心理学学科建立在一门纯粹出于内部经验的心理学之上的要求；只不过根据他的发现，这门心理学必须是一门意向性的心理学。他和所有经验主义者一样都认为这门心理学是且始终是一门实证和经验的有关于人的心灵存在的科学。有关于心理主义的原则性指责在此仍未被理解，最初的笛卡尔沉思的意义也仍未被理解，在这些沉思中，通向超越论领域的彻底方法和超越论问题本身已在最初草创的形式中被发现。在笛卡尔那里已经显示，他拥有对实证科学和超越论科学之间对立的洞见，也拥有对实证科学进行绝对超越论论证（没有这种论证，实证科学就不可能是最高意义下的科学）之必要性的洞见，布伦塔诺未能采纳笛卡尔所获得的这些洞见。布伦塔诺研究的局限性还在于，尽管他与洛克等早期的温和经验主义一样，提出建立一门先天科学的建议，当然并未说明它作为本质研究的更深刻意义，但他——在他从未脱离的实证性基础上——未能认识到，对所有的本体论领域的超越论研究对于严格科学之所以可能的普遍必然性。因此，他也没有认识到关于纯粹主体性的系统本质科学原则上具有的必然性。与布伦塔诺有所关联的现象学所遭受的推动力不是来自心理学的兴趣，更不是来自实证科学的兴趣，而是纯粹来自超越论的兴趣，在对布伦塔诺的批判中，我们已经描述了对现象学发展具有决定性作用的那些动机；必须要注意的是，洛克—休谟哲学的传统动机仍旧是有决定性的，这个动机便是：认识理性与其他理性的任何朝向的理论必然是从对相应的现象本身的内部直观所产生的。所以重点在于揭示意向性的真正意义的内涵的真正方法，并揭示对最深刻的动机及对笛卡尔直观的视域，这种揭示最主要是在"超越论还原"的方法中进行的，在一门首先是自我学的，再者是交互主体性的还原方法中进行的。随着这种揭示的进行，超越论领域作为超越论经验的领域也就获得确定。我进一步还要提到对实证性和超越论性的区分，提到对各种带有严格实证科学的普遍性观念的实证性原则内涵的彻底展开，这些实证科学共同组成一门关于被给予的世界的总科学，并且与承载这个世界的先天学科的总体性产生关联，它们共同组成为一个普遍实证本体论的整体。此外更要把握所有这些科学的实证性所提出的超越论问题之具体总体性；认识到超越论哲学根据其首要的意义是一门本质科学，它与超越论的可能经验领域有关；还有，一门首先是普遍描述性的，其次是发生性的科学，必须在这个基础上得到论证，这门科学是由（在本质意义上的）可能经验所构成的，这些经验是与特殊科学以及社会文化的所有形态相关的所有超越论问题的根源。在这个发展过程中，最初是莱布尼兹的哲学，之后通过他的中介是洛采和鲍尔查诺的哲学，再对先天"本体性"的纯粹阐明上产生了推动的作用。与"形式本体论"（作为普遍数学模式的纯粹逻辑以及纯粹逻辑语法学）相关联的意向性分析是最初阶的教程。

当然很快地，一门先天心理学的特有领域及其实证构成的必然性被认识到了。但它首先消失在对超越论领域的意向性结构的研究兴趣中，以至于全部的工作仍旧在纯粹哲学的、在严格的超越论还原中进行。直到很久以后才获得了这样的洞见：在随时都开放着的从超越论观点向自然观点的回复中，超越论直观领域内的全部超越论认识都转变成了在心灵实证性——个别心灵的实证性和交互个人的实证性——领域中的纯粹心理学(本质)认识。正因为如此,才出现了一个教育学上的想法,其目的在于使人们了解现象学以及它具有的奇特的超越论观点的困难性,这个想法就是:由于从根本上说任何哲学都必须从实证性出发,并且必须通过一种远离自然生活的动机说明来澄清超越论观点和超越论研究的必然性和意义,因此,作为实证科学之系统构成的纯粹心理学首先便可被用来当作教育的初级阶段。意向性本身的新方法以及包含在主体性本身之中的巨大任务体系(给我们的研究)带来极度的困难,这些困难可以在先不接触超越论问题的情况下被克服。然后建立在实证性基础上的整个科学教义却通过超越论现象学还原的特殊方法而获得超越论的意义,这种还原将全部实证性提高到哲学的基础上。正是遵循了这种方法,我们在第一部分中才把现象学作为纯粹心理学来加以探讨,也就是说,我们赋予现象学概念以一种在教育上较低层次的,但还不是真正的意义。

在超越论问题的本质意义中还包含着普遍性。只要理论的兴趣转向这种意识生活,而在此意识生活中所有实在之物对我们来说都是"现存的",那么在整个世界之上便充满了不可理解的乌云,我们所谈论的这个世界是我们所有理论和实践活动的持久的、作为自明的现实而在先被给予的领域。接着我们看到,这个世界对于我们而言所具有的任何意义,无论是它的不确定的普遍意义还是它的根据个别情况的不同而确定了的意义,都是在我们自身的感知生活、表象生活、思维生活、评价生活等内在性中出现的并且在主观发生中形成的意义;任何我们本身之中进行的存在有效性,每个对它进行论证的经验明证性和理论明证性在我们本身之中都是生动的,并且习惯地成为我们行为的动机。这涉及带有任何规定性的世界,也涉及带有自明性的世界,这个自明性是指:包含在这个世界中的东西本身是"在己为己的",无论我或谁偶然地认识它或者不认识它皆如此。[1] 如果我们把事实的世界变更为一个可随意想象的世界,那么我们不可避免地也随之变更了这种意识主体性的相对性。因而,一个在己存在的世界之意义便基于其本质上的意识相对性而变得不可理解。任何一个观念世界,例如以他自己的方式"在己"存在的数字世界也同样会变得不可理解,也就是说,同样会成为先验的问题。现象学的纯粹心理学观念之提出指明了这种可能性,亦即在彻底的现象学还原中揭示出在本质普遍性中的心灵主体所具有的本己本质,揭示出这些主体的所有可能形态。这些形态也包括那些合理论证的和证明的理性形态以及所有在意识中显现出来并表明自身是"在己"存在着的世界形态。尽管事实的人的经验心理学不能胜任,但现在这门现象学的心理学却似乎可以做到具体地并且彻底地澄清世界一般的存在意义。如果我们思考现象学心理学还原的方式以及做出这种还原的进程中显然只包含着这样的东西:如果心理学家的意图在于提出纯粹内在的经验领域和判断领域的心灵主体性,那么他就必须将每个心灵视为存在着的世界"判为无效",他就必须在现象学判断的过程中放弃任何一个与此世界有关的信仰。例如,在我作为心理学家对我自己的作为纯粹心灵

---

[1] 〈海德格尔对于最后两句话的评论:〉揭示它乃是超越论哲学的任务所在,而正是在此必须作为这般地被表明。

事件感知的描述中,我不能对被感知的事物进行像自然研究者所进行的那种判断,而只能对我的"被感知之物本身"进行判断,也就是对于感知体验本身不可分割的因素进行判断:在各自意义上的显现之物在显现方式的变幻中被意识为同一个,被相信视为存在着的,如此等等。在进行一般的和与要求相符严格彻底的、向我的心灵和其他人的心灵之还原过程中,悬搁得以被执行,这是对在先验提问中受到怀疑的世界所做的悬搁,也是对始终被这些心灵视为有效的世界所做的悬搁。仅仅应当将纯粹的心灵本身的存在和生活当作研究课题,它们显现在这些存在和生活中,它们在其中通过相应的主观显现方式和信仰样式而为它们的自我主体保留了意义与有效性。但这涉及"心灵"与心灵之间的联系,涉及始终以心灵为前提,偶尔涉及被置于理论考察之外的躯体之间的联系。① 具体言之,这涉及一个被设定为前提的、存在着的空间世界的存在着的人和动物,人们应当对它们的纯粹心理方面进行明晰而彻底的研究,(得到改成被)如同物理的躯体学一样。与所有心理学家一样,我们在纯粹心理学仍然站在实证性的基础上并且始终是这个世界的或某一个世界的研究者,也就是说,我们的全部研究仍然是先验素朴的:尽管纯粹心理现象是纯粹的,它仍然具有世界实在的事实的存在意义,他针对一个世界中的可能事实进行本质洞察,而此世界虽被设定为普遍可能,但从超越论的立场来看却是不可理解的。对于一个本身仍处在实证性中的心理学家来说,彻底的心理学现象学还原及其对世界的悬搁仅仅是一种手段,这种手段

---

① 〈海德格尔的评论:〉何谓不予理会?是还原吗?假如是的话——则我在**纯粹的心灵中正好不拥有心灵的先天性**。

可以在那些对他仍然有效的、对他始终存在着的世界的基础上,将人和动物的心灵之物还原为它们纯粹的本己本质。正因为如此,从先验角度来看,这种现象学还原不是真正的先验还原。如果超越论的问题涉及仅仅从意识成就中获得其意义和有效性的这个世界的存在意义,那么超越论哲学家必须对它进行现实的无条件的悬搁,实际上仅仅将意识的主体性设定为有效并且保持这个意识主体性,这个世界从它之中汲取存在意义和存在有效性。因为对我来说,世界的存在只是由于我的经验生活和思维生活等,所以从一开始就必须回溯到我的自身的绝对本己本质性上去,以及回复到并且还原到我的纯粹生活上去,就如同它在绝对的自我经验中所经验到的那样。但这种还原与那种向我的纯粹心灵的还原实际上有所不同吗?这正是区分真正的超越论现象学还原与(对于实证的研究者来说是必然的,但不是真正先验的)心理学还原的关键所在。根据先验问题的意义,我作为现象学家将整个宇宙都完全彻底地置于先验的问题之中,我在同样的普遍性中禁止任何一个实证问题、任何一个实证的判断,并且禁止作为预先有效的可能判断之基础的普遍自然经验。我的提问一方面要求,避免超越论的循环,这种循环是指:将包含在问题本身一般性之中的东西设定为在问题之外存在的东西。而我的提问另一方面要求,还原到被这个提问本身设定为前提的那种有效性基础上去,即还原到作为意义和有效性源泉的纯粹主体性上去。因而,作为超越论现象学家我所具有的自我(ego)不是心灵(这个字本身的意义已经预设了既存或可能存在的世界),而是超越论的纯粹的自我,在这个自我中,我的心灵及其超越论的意义从隐蔽的意识成就中获得其意义和它对我而言的有效性。① 当然，作为心理学家，如果我将自己当作纯粹心理学的课题，那么，我将揭示所有纯粹心理之物，同样也会揭示这样一种心理现象，即我如何将我自身"表象"成为一个在世界之中的我的这个肉体所具有的心灵，我将揭示，我如何证明这个表象的有效性，如何进一步规定它的有效性，如此等等。甚至于我可以并且必须如此来获得所有那些纯粹主观隶属于我的东西。但被我们称之为心理学实证性的心理学观点所具有的习惯性正是在于，随着我们向前迈进的每一步，对世界的统觉②都会重新地、潜在地得以进行，或者这种统觉始终就在进行之中，这种统觉将特殊的新生课题都作为世界性的课题收编进来。当然，所有这些，所有统摄的成就和有效性都包含在心理学的领域中；但这种包含始终是以这样一种形式进行的包含，即世界统觉仍然具有有效性，新出现的东西再次被统摄为世界之物。对心理之物的揭示是一个无限的过程，但也是在世界性的形式中心灵的自身统摄。超越论还原的原则性特征在于：它带着一种普遍理论的意志，首先并且果断地禁止这种在纯粹心理学中还占主导地位的超越论素朴性，它带着这种意志③来概括整个现实的和习惯的生活，这种意志要求，不进行任何超越的统觉，不承认任何现有的超越有效性，将它们"加括号"并且将它们仅仅作为它们自身所是，仅仅作为纯粹主观的统觉、

---

① 〈海德格尔的评论：〉世界不正是**自我**的本质？参见我们在托特瑙山有关于"在世存在"（《存在与时间》第一卷，§12，§69）以及"内在"于一个一般世界中的现前存在之本质上的区别的谈话（1926）。

② 〈海德格尔的评论：〉现前之物！但人类的定在尽管也是存在之物，却从未"只是"现前存在而已。

③ 〈海德格尔的评论：〉而这个意志自身呢？

意指,仅仅作为世间有效的设定来看待。如果我为我自己这样做了,那么我便不再是人的自我(menschliches Ich)①,尽管我丝毫也没有损失我的纯粹心灵(即纯粹心理学之物)的固有本质内容。被加括号的仅仅是我在"我,这个人"和"我在世界之中的心灵"这种观点中所进行的那种[作为体验行为之结果的]有效设定(Ingeltungsetzung),而不是作为体验行为的设定活动(Setzen)和有效拥有的行为(Ingeltunghaben)。这样被还原了的自我当然还是我的自我,它还具有我的生活的全部具体性,但这个自我是在超越论还原了的内部经验中被直接直观到的自我——而这时它才真正是具体的自我,他是所有那些对"我"来说有效的超越的绝对前提。明证无疑的是,在还原之后,这个自我的特征在于,它是一个自身封闭的经验领域,带有其所有的意向相关物,这样,它便为我提供了超越论研究的最基本的和最原初的经验基础。超越论的经验无非就是超越论还原了的世界,或者可以与此等值地说,超越论经验无非就是超越论还原了的纯粹心理学经验。现在,我们所具有的不是心理学的"现象",而是超越论"现象"。如果我们对纯粹心灵的经验事后进行超越论还原,使他从世界意义中纯化出来,那么每一个个别的纯粹心灵的经验都产生出一个内容上相同,但却摆脱了其"心灵"(即世界实在)意义的超越论经验。正是借由同一方式,心灵的自我便成了超越论的自我,只要我们对超越论的自我进

---

① 〈海德格尔的评论:〉或者也许**正是**这般在其最属于自身的,"令人惊叹"的存活可能性。参见第 27 页下方〈= 第 276 页第 36 行〉,当您论及一种"生命形式的改变"之时——〈海德格尔的第二个评论:〉何不呢?这个动作难道不是人类的一种可能性?正是因为它从来不是现前的,所以其**行为**是一种存在的类型,该类型是出于自身地塑造了自身,但从未隶属于现前之物的实证性。

行揭示性的反思(先验的反思),就会发现它始终具有先验的特征,正如心理学的自我——只要对还原观点加以改变——始终具有心理学特征一样。这样便明显地形成了奇特的心理学之物和先验之物的平行,这个平行延伸到所有那些在这两者各自所坚持的观点中所获得的描述性和发生性的确定上。同样的道理也适合于下列情况:我作为心理学家进行交互主体性的还原,并且通过这种还原而在不考虑所有心理物联系的情况下发现一个可能的人的团体的纯粹心灵联系;然后我进行第二次的先验的纯化,这种纯化因而不同于在自然的实证性中心理学家们所坚持的那种纯化,不同于那种在不考虑与纯粹心灵相共存的肉体的情况下而产生出纯粹心灵的联合的纯化。这种纯化在于:对交互主体地存在着的世界进行彻底的悬搁,并且还原到交互主体性上去,交互主体的现有存在正是在这种交互主体性的内在意向性中形成的。这种纯化的结果是,我们大家成为一个先验的交互主体的联合生活的先验主体,在这种生活中,自然实证性的交互主体的世界成为纯粹的现象。但如果人们(根据历史的道路)从一开始就一举进行超越论的还原(作为自我学的还原和交互主体的还原),那么就根本不会产生作为中间环节的纯粹心理学,而是立即产生出超越论现象学,这是一门纯粹来自先验直观的关于先验交互主体性的科学,并且,得力于必然的本质方法,它也是一门先天可能的并且与作为意向相关物的可能世界有关的科学。所以心理主义之所以具有如此强大力量的最深刻原因现在便不难理解了。事实上,任何纯粹心理学的认识(例如,逻辑学家、伦理学家等所提出的那种尽管是不完善的对判断认识的心理分析,对伦理生活的心理学分析等),从它们的全部内容来看,都是先验地可利用的,它们只需通过真正的先验还原而获得纯粹的意义。同时,我们也可以理解,纯粹心理学对于朝向先验哲学的提升具有导引的意义。出于显而易见的本质原因,人类,以及每一个个别的人,首先都仅仅生活在实证性质中,所以,先验还原是对整个生活方式的一种改变,它完全超越于所有至今为止的生活经验之上①,并且因为它的绝对陌生性而在可能性上和现实性上都难以为人理解。一门先验科学的情况也与此相同。尽管现象学的心理学相对而言在形态上是新的,并且它的先验分析方法也是新的,但它却具有所有实证科学的一般可理解性。如果在它之中,纯粹心灵的王国得到系统阐述,那么人们就蕴含地并且在内容上具有与先验领域相平行的内容。人们只需要一门能够对它做朝向超越论的意义转化②的关于先验还原的学说。当然,由于先验的兴趣是人类最高的和最终的兴趣,因此也许更好的做法在于,在先验哲学的体系中历史地以及现实地建构出一门出于最深刻的先验原因而具有两重性的主体性理论。心理学家便可以通过相应的观点变化而为了他的目的将超越论现象学"读作"纯粹心理学。先验还原不是一种盲目的观点变化,它本身作为所有先验方法的方法原则可以反思地和先验地得到说明。人们可以说,在此方式下,"哥白尼转变"的谜题便完全解开了。

---

① 〈海德格尔的评论:〉仍然停留在"内在"层次的提升(向上扬起),是人类的一种可能性,人正是于此之中走向了自身。

② 〈海德格尔的评论:〉然而这个"解释的异动"不正是只是超越论问题的"补充性"应用? 这是您在纯粹心理学未曾完整地发现的,因此随着引入自身作为超越之物的心理之物,所有的实证之物便都在超越论上面显得问题重重——所有一切——心理之物自身以及那些**在它之中**被构造的存在物(世界)。

"现象学"最终版本(1927)

"现象学"标示着一个在19世纪末、20世纪初在哲学中得以突破的新型描述方法以及这种方法产生的先天科学,该方法和这门科学的功能在于,为一门严格的科学的哲学提供原则性的工具并且通过它们始终一贯的影响使得所有科学都可能进行方法上的变革。随着这门哲学现象学的产生,一门新的、在方法和内容上与它平行,但开始时尚未与它区分开的心理学学科得以形成,这便是先天纯粹的心理学,或"现象学心理学"这门心理学提出变革的要求,它的要求成为原则性的方法基础,只有在此基础上,一门科学上严格的经验心理学才能够成立。对这门距离自然思维较近的心理学的现象学之解释可以被看作一个导引。我们可以从这个初级阶段进一步上升,达到对哲学现象学的理解。[①]

I. 纯粹心理学,其经验领域、方法与作用

1. 纯粹自然科学和纯粹心理学

近代的心理学是关于与时空实体性有着具体关联性的"心理之物"的科学,亦即关于在自然中可谓自我之类(ichartig)的事件连同所有那些作为心理体验(如经验、思维、感受、意愿),作为能力和习惯不可分地包含在这类事件中的东西之科学。经验揭示了心理之物仅仅存在于人与动物的层次。因而心理学是具体人类学或动物学的一个分支。动物实体从其基本层次来看是物理实体。作

---

① 参见附录 XXIX,关于第三份手稿以及与版本问题相关的附件。

为物理实体，它们被包括在物理自然的封闭关联性中，这个物理自然是第一意义和确切意义上的自然，它是一门纯粹自然科学的整体课题。对动物肉体的科学研究也被纳入这门科学之中。与此相反，假如动物世界在心理之物方面成为课题，那么首先要问，一门纯粹的心理学在何种程度上有可能与纯粹自然科学平行。在某种范围内，纯粹心理学的研究很明显是可以进行的。我们应当感谢这种研究为我们提供了根据心理之物的固有本质规定而得出的那些心理之物的基本概念，这些概念必定深入到心理学的其他的、心理生理学的基本概念中去。但一开始并不能明显地看到，纯粹心理学作为一门自身严格划分的心理学学科以及作为一门纯粹物理自然科学现实平行的学科，在何种程度上它的观念具有合理的，并且必然可以实现的意义。

2．自身经验和共同经验的心理之物。对意向体验之整体阐述

要想论证和展开这个主导思想首先需要澄清经验的特殊性，尤其是要澄清关于心理之物的纯粹体验以及这个由经验所揭示，并且应该成为纯粹心理学课题的纯粹心理之物本身的特殊性。当然，我们首先要澄清那些为我们揭示了本身的心理之物最直接的经验。

朝向我们心理之物的经验性目光必然是作为反思，作为对原先朝向其他事物的目光之转向而来的。对任何经验都可以进行反思，但任何经验也可以采用任何其他方式进行，我们以这种方式与实体对象及观念对象打交道，例如思维方式、在情感和意愿中评价和追求的方式。故而，我们有意识地去从事的那些东西仅仅是处于我们目光中的各种事情、思想、价值、目的、手段，却不是它们在

其中被我们意识到的心理体验本身。反思才使它们显示出来。通过反思,我们不是去把握事情、价值、目的、有用性,而是去把握它们在其中被我们"意识到",对我们在最广泛意义上"显现出来"的那些相应的主观体验。因此这些体验都叫作"现象",其最一般本质特征在于,它们是"关于某物的意识""关于某物的现象"——关于各种事物、思想(判断行为、原因、结果),关于计划、决定、希望等的意识或现象。所以在心理体验这个日常用语的表述意义中包含着这样一种相对性,即感知某物,回忆或思考某物,希望某物,畏惧某物,决定某些事情,等等。如果这个"现象"王国表明自己是一门纯粹的,仅与这些现象有关的心理学学科的可能领域,那么现象学心理学的称号便显而易见。对作为意识,作为关于某物的显现的存在的基本特征的术语表述来自经院哲学,即意向性。在非反思地意识到某些对象的同时,我们"朝向"这些对象,我们的"意向"指向这些对象。现象学的目光转向表明,这种朝向是内在于相应体验中的本质特征,体验是"意向的"体验。

在这个概念的一般性中包含着极为多样的种与类。关于某物的意识不是对这个某物的空泛拥有,每一现象都具有其意向的总形式,但同时具有一种结构,这种结构在意向分析中可一再地被分解为各成分,而这些成分本身是意向的。例如,在感知(如对一个骰子的感知)的出发点上进行的现象学反思会导向一种杂多的,然而却是综合统一的意向性。随着"方位",即或右或左,或近或远及其相应的"角度"的区别的变换,显现方式也不断地有所差异。此外还有在当时"本真地被看到的前面"和"非直观的",相对来说"不确定的"却"一同被意指的"后面之间的显现的区别。在对显像方式的河流和其"综合"方式的关注中可以发现,这条河流的每个阶段和段落都已经自为地是一个"关于什么的意识",但是,在新阶段不断出现的过程中,关于这同一个对象的综合统一的意识得以形成。一个感知过程的意向结构具有其固定的本质类型,倘若一个具体物素朴地被感知的话,则其本质类型便必然要在特殊的复杂性中被实现。如果同一个事物在其他方式中,如在重复回忆、想象、图绘的展示方式中是可直观的,那么感知的所有意向内涵在某种程度上又会回来,但是所有这些内涵都在相应的方式上有了特殊的变化。这也适用于心理体验的任何其他的种属:判断的、评价的、追求的意识不是对各自判断、评价、目的、手段的空泛的意识到。毋宁说,它们是带着一种与它们相符目的,并且固定的本质类型而在流动的意向性中构造起自身。——心理学在这里面临着一项普遍的任务:系统地研究意向体验的典型形态,意向体验的可能变化的典型形态,意向体验向新形态的各种综合的典型形态,由基本意向性所组成的意向体验的结构构成的典型形态,并且从这里出发进而达到对体验的全体,对心灵生活的整体类型的认识。——显然,要是这项任务彻底被完成,则不仅仅只会提供给心理学家本身以心灵存在有效的认识而已。

我们不仅可以通过自身经验,也可以通过对他人的经验来了解心灵生活。这个新型的经验来源不仅提供与自身经验类似的东西,而且还提供新的东西,只要它合乎意识地论证"自身之物"与"他人之物"的区别以及论证对我们所有人而言的共同生活,特别是经验。恰恰是这种论证为人们提出了一项任务,即从现象学上根据所有相关的意向性来说明共同生活。

3. 纯粹心理之物的封闭领域——现象学的还原和真正的内部经验

现象学的心理学的观念是包含在整个产生于自身经验以及产生于奠基在自身经验之上的对他人的经验的任务范围中。但不明确的是，一个单一的和一贯地进行着的现象学经验是否会为我们创造这种封闭的存在领域，以至于一门单独与此有关的、纯粹摆脱了所有心理生理之物的科学能够得以形成。实际上这里存在着困难，这些困难使得心理学家们即使在布伦塔诺发现了意向性之后仍未看到这样一门纯粹现象学心理学的可能性。这些困难涉及真正纯粹的自身经验以及真实的纯粹心理素材的形成，人们需要一种能通向现象学领域的方法。**这种"现象学还原"的方法**因而是纯粹心理学的基本方法，是现象学心理学所具有的所有特殊理论方法的前提。所有的困难最终都归结到心理学家的自身经验如何处于外在经验，与外在的实体之物，与心理的实体之物相混淆这种方式上。被经验的"外在之物"不属于意向性的内在性，尽管经验本身作为关于外在之物的经验属于这内在性。对于其他各种朝向世界之物的意识来说也是如此。所以，如果现象学家想获得作为纯粹现象的他的意识，即个别的，但却是作为他的纯粹生活的总体的意识的话，他便需要有一种前后一贯的"悬搁"。就是说，他在进行现象学的反思过程中必须制止那种随此反思一同进行的、在此反思意识中活动着的客观设定，并且避免在判断中引进"存在于此"的世界。对这座房子、这个躯体、这个世界的经验从其自身的本质内涵来看是并且始终是"关于"对这座房子、这个躯体、这个世界的经验，就是说经验与被经验之物是不可分割的，对于所有具有客观朝向的意向来说都是如此。不可能只描述一个意向体验,哪怕是一个虚构的体验,一个不正确的判断等,而不去描述在这个体验中被意识之物本身。对意识到的世界的普遍悬搁(对它的"加括号")将对相应主体而言始终存在着的世界从现象学的领域中排除出去,但取代这个世界的位置是这样或那样被意识到的(被感知、被回忆、被批判、被思考、被评价等)世界"本身","括号中的世界",或者,取代这个世界或个别的世界事物的位置的是各种类型意识的意义(感知意义、回忆意义等)。

这样,我们对现象学经验以及存在领域的第一个定义便得以说明并加以补充。人们从在自然态度中设定的诸统一性回复到这些统一性在其中显现的诸多意识方式上,在这个回复过程中,这些与杂多性不可分割的统一也可以——但是作为"加括号的"——被归给纯粹心理之物,归给这些统一在其中显示的显现特征。因而,现象学(向纯粹"现象",纯粹心理之物的)还原的方法在于:1)对无论是在个别现象上,还是在整个心灵存在方面出现在心灵领域的客观设定进行方法上的、严格彻底的悬置;2)对杂多"现象"和统一性的方法上的把握和描述,这现象是指其对象性的统一性的显现,这统一是指在这些显现中形成的意义存在统一。因而这里表明了现象学描述在"意识活动"和"意识对象"方面的双重方向。——在现象学还原的方法形态中的现象学经验是唯一真正的"内部经验",是在任何充分论证了的心理学科学意义上的内部经验。在其自身本质中显然包含着这个可能性,即在方法上保持纯粹性的前提下连续地导向无限。只要在他人的当下化了的生活中可以进行相应的加括号并且可以进行对显现和显现者主观状况("意识活动"和"意识对象")的描述,还原的方法便可以从自身经验转到对他人经验上。然后，在共同经验中被经验到的共同性不是还原到心灵个别化了的意向领域上，而是还原到交互主体的、在其现象学的纯粹性中将所有这些领域联系在一起的共同生活的统一性上（交互主体性的还原）。于是关于"内部经验"的真正心理学概念变得到了充分扩展。

每个心灵都不仅包含着它的杂多意向生活的统一以及它作为一个"客观"朝向的所有那些不可分割的意义统一。与这个生活不可分割地结合的是在这个生活中体验着的自我主体，他是一个同一的、集中了所有特殊意向性的"自我极"，是它在这个生活中形成的各种习惯的载体。所以，纯粹地和具体地看，被还原的交互主体性也是一个交互主体的纯粹意识生活中活动着的、纯粹的个人所构成的共同体。

4. 本质还原和作为本质科学的现象学心理学

现象学经验领域的统一在多大程度上保证了一门仅仅与这个领域有关的，即纯粹现象学心理学的可能性？而不仅仅是保证了一门经验纯粹的，从所有心理生理之物中抽象出来的事实科学的可能性？先天科学不同于事实科学。在每一个封闭的可能经验的领域中实际上都可以从事实性普遍地过渡到本质形式（埃多思）。这里也是如此。如果现象学的事实性不重要，如果它仅仅示范性地作为从事实的个别心灵和共同心灵向先天可能的（可想象的）心灵自由直观地变更的基础，并且如果现在理论的目光朝向在变更中必然保持的常项，那么在系统的进程中，一个特殊的"先天"的王国于是产生了。随之而来的是本质必然的形式风格（埃多思），只要这个存在"在想象上是可能的"就是说是可以直观地被想象的，这种风格便必然贯穿于所有可能的心灵存在，包括个别的、综合联系的、封闭整体的心灵存在。这种类型心理学的现象学无疑可以作为"本质现象学"被建立起来，它仅仅朝向不变的本质形式。例如，物体感知的现象学不是一份关于事实性地出现或者事实性的可期待的诸感知的报告，而是对不变的结构体系的揭示，没有这个结构体系，对一个物体的感知以及感知作为对这同一物体的感知所具有的综合一致的杂多便无法想象。如果现象学的还原已打开了通向现实的以及可能的内部经验"现象"的通道，那么奠基在这经验之上的"本质还原"之方法便打开了通向纯粹心灵的总领域的不变本质形态的信道。

5. 纯粹现象学心理学对精确经验心理学所起的原创性作用

自近代初期以来人们便根据精确的纯粹物理自然科学的典范去寻求一门"精确的"经验心理学，而这门经验心理学的绝对必然基础在于现象学的纯粹心理学。这门自然科学的精确性的原则意义在于，它是建立在一个先天的、在自身的学科中（在纯粹几何学、纯粹数论、纯粹运动学等）展开的整个可想象的自然形式系统之上。将这个先天形式的系统用于事实性的自然，模糊的、归纳性的经验便可以分享本质必然性，而自然科学本身便可获得新的方法意义，亦即它可以从方法上将所有模糊的概念与规律改造成那些必然作为这些概念与规律的基础的理论概念和规律。尽管自然科学的方法与心理学方法之间存在着本质上的区别，它们仍有其必然的共同之处。心理学和任何一门科学一样，只能从"合乎本质之物"的合理性中获得其"严格性"（"精确性"）。没有先天的类型论，自我，或者说我们的自我、意识、意识对象以及整个心灵的存在都是不可思议的。随着对这门类型学的揭示——这里还包括与个别心灵和共同心灵的全体性观念不可分离的所有那些本质必然的和本质可能的综合形式——一个巨大的精确性领域得以形成,这个领域在这里甚至是直接地(不需经过边界的观念直观的中间环节)延伸到经验的心灵研究中。尽管,现象学的先天并非心理学先天的全部,因为心理生理的联系有其自身的先天性。但显然,后一种先天性是以纯粹现象学的心理学先天性为前提的,正如这种先天性在另一方面以整个物理的(尤其是生物的)自然的纯粹先天性为前提一样。

建立现象学的纯粹心理学之系统有下列几点要求:

1) 描述那些包含在一个意向体验的本质中的诸统一,包括综合的最一般规律:意识与意识的每一个结合都产生出一个意识。

2) 研究那些带着本质必然性必然或者可能在一个心灵中出现的意向体验的个别形态;与此相一致,研究与此有关的综合的类型论,包括连续性的或不连续性的综合,有限封闭的或在开放的无限中持续的综合。

3) 指出整个心灵生活的全部形态并进行本质描述,这个全部形态是指总的"意识流"的本质类型。

4) "自我"这个名称(乃抽象于这个词的社会意义),就其所包含的"习惯"的本质形式来看,它标示着一个新的研究方向,即自我作为恒常的"信念"(存在信念、价值信念、意愿决定等)的主体,作为具有习惯、具有良好的知识、具有性格特征的个人的主体。

这种"静止的"本质描述最终总是导向发生学的问题,导向一门普遍的、根据本质规律而贯穿于个人自我的全部生活及其一贯发展的发生学。所以,在"静态现象学"基础上建立起更高阶的动态现象学或发生现象学。它探讨被动性的发生，这是第一性的、基础性的发生，自我作为主动的自我尚未加入这个发生过程。这是一门普遍、本质的联想现象学的新任务，这是对戴维·休谟的伟大的先前发现之重新提出，他提出了对先天的发生过程之证明，在这个发生过程中，一个真实的空间世界在习惯的有效性中为一个心灵自行构造起来。然后是个人习惯发展的本质论，在这个发展中，纯粹的心灵自我在不变的结构形式中是作为个人的自我而存在并且是作为不断构造着的自我而在习惯的持续有效性中被意识到。静态的，而后是发生的理性现象学构成了一个有着特殊联系的更高研究层次。

II. 现象学心理学和超越论现象学

6. 笛卡尔的超越论转向和洛克的心理主义

一门纯粹现象学心理学的观念不仅对于经验心理学具有如上所述的改革作用，基于深刻的原因，它还可以被当作一门超越论现象学在本质说明的前阶段。从历史上看，现象学心理学的观念并非出于心理学本身的需要而产生的。它的历史可以追溯到洛克的值得深思的基本著作并且可以追溯到洛克那里产生，而由贝克莱和休谟所发出的冲击所带来的重要影响上。洛克已经出于心理学以外的兴趣而把目光限制在纯粹主体上。心理学在当时是为由笛卡尔所引起的超越论问题而服务。在笛卡尔的《沉思录》中，如下的思想已经成为一门第一哲学的指导思想：所有实体之物包括整个世界是为我们存在的，并且只是作为我们自己的表象之表象内容，作为我们自己体验生活的合乎判断地被意识之物、在最佳条件下证明地被证实之物而如此存在着。这是对所有的，无论是真正的,还是非真正的超越论问题的动机说明。笛卡尔的怀疑方法是揭示"超越论主体性"的第一个方法,他的"我思"导向对超越论主体性的首次抽象掌握。在洛克那里,笛卡尔的超越论纯粹的理智(mens)变成了人的心灵(human mind),洛克带着超越论哲学的兴趣通过内部经验来系统地研究这个心灵。所以,他是通过内部经验的心理学来创立作为超越论哲学的心理主义的。科学革命的命运取决于对任何心理主义的彻底克服,这种克服不仅在于展示心理主义原则上的悖谬,而且也在于发挥心理主义的超越论的、重要的真理核心。心理主义是从所有关于主体之物的概念所具有的双重意义中获得其始终不断的、历史的力量源泉的,而这种双重意义则是随着超越论问题的出现而一同产生的。对这个双重意义的揭示意味着对纯粹现象学心理学(作为纯粹产生于内部经验的心理学的科学的、严格的形态)和作为真正超越论哲学的超越论现象学的明确划分,同时也意味着对这两门学科的相互比较。同时,纯粹心理学的先行证实自己是一种达到真正哲学的手段。我们以对真正的超越论问题的说明为开端,超越论问题所具有的在意义上的模糊不稳定性常导致人们(笛卡尔便是如此)把它推入歧途。

7. 超越论问题

超越论问题的本质意义中包含着它的普遍性,世界以及所有研究这个世界的科学在这个普遍性中成为问题。超越论问题产生于对那种"自然态度"的普遍改造,现在整个日常生活和实证科学都仍停留在这种观点中。在这种自然态度中,世界对我们来说是自明存在的实体的全部,它始终被认为是一种无疑的现存

(Vorhandenheit)。所以，这个世界是我们的实践和理论活动的普遍领域。一旦我们的理论兴趣放弃了这种自然态度并且在普遍的目光转向中朝向意识生活，在其中世界对我们而言只是为我们现存的"这个"世界，我们便处于一种新的认识境界之中了。这个世界对我们所具有的意义（我们现在将了解这个意义），它的不确定的一般意义以及他根据实体个别性所确定的意义，是在我们自己的感知的、表象的、思维的、评价的生活的内在之中被意识到的意义，是在我们主观的发生中形成的意义；每个存在的有限性都是在我们自身之中形成的，每个证成（Begründende）这个存在有效性的经验和理论的明见性都是在我们自身中活跃着，且不断地从习惯上促使我们做出证成。这对任何定义上的世界都如此，包括那种自明定义上的世界，即这个世界是"在己并且为己"地存在着，无论我或谁是否偶然地意识到它。一旦这个在完整的普遍性中的世界与意识主体性发生联系，在这个主体性的意识生活中，世界作为各种意义的"这个"世界出现，那么它的整个存在方式便获得了一个不易理解的和有问题的维度。世界是作为一个仅仅主观上有效的、作为一个已经成为并应当受到证成的明证性的世界而出现的，它的这种"出现"，这种为我们的存在需要得到说明。对在空洞的一般性（leere Allgemeinheit）中的世界与意识的相关性的了解并不能使人理解，这个杂多的、稍纵即逝的意识生活如何会做到这一步，因而某些东西可以作为在己存在的东西出现在他的内在之中，并且不仅仅是作为被意指之物，而且是作为在一致的经验中自身得到证明的东西而出现。显然，这个问题也延伸到所有的"观念"世界及其"在己存在"上（例如纯粹数字的世界或"在己真理"的世界)。人们由其感到不可理解的是我们的存在方式本身,为我们而现存存在着(Vorhanden)的真实世界在我们(单个的和团体的)的意识生活中获得其意义和有效性。我们作为人本身却属于这个世界。从我们的世界意义上来说,当这个世界意义在我们的意识生活中为我们形成时,我们又再度依赖于我们和我们的意识生活。要想说明这些,就必须询问意识本身和在它之中被意识的"世界"本身,因为这个世界恰恰是作为被我们意指的世界而唯独在我们之中获得了并且能够获得其意义和有效性,除此之外,是否还能用别的方式加以说明呢?

我们再向前推进重要的一步,这一步将把"超越论的"(与相对于意识的"超越"之存在意义有关的)问题提高到一个原则性的阶段上。这一步在于,我们要认识到这里所指明的这种意识相对性不仅涉及我们的世界的事实,而且在本质必然性中涉及所有可想象的世界。因为,如果我们在自由想象中变异(Variieren)我们的事实世界,将它过渡到任意的可想象的诸世界中去,那么我们也就不可避免地要变异我们自己,因为这个世界是我们的周遭世界;我们将自己转变成为一种可能的主体性,它的周遭世界便是被想象的那个世界,这个世界是可能的经验、可能的理论明见性的世界,是这个被想象的主体性的可能实践生活的世界。这个变异显然没有触动那些纯粹观念的世界,即存在本质一般性之中、其本质包含着不变性的那些世界;但是,认识着这些同一性的主体的可能可变性却表明,这些世界的可认识性,即它们的意向的相关性不仅仅涉及我们的事实的主体性(faktische Subjektivität)。随着对这个问题的本质把握,这里所需要的意识研究也成了本质的意识研究。

8. 心理学主义的解决方法是一种超越论的循环

现象学的纯粹心理学观念的提出指明了这样一种可能性,在彻底的现象学的还原中揭示意识主体在本质一般性中的特有本质,揭示意识主体的所有可能形态。这也包括那些进行合理论证和证明的理性形态以及所有显现着的,被当作自在存在的、通过一致的经验证明的并在理论真理中规定的诸世界的形态。在此之后,这门现象学的心理学在其系统的贯彻中似乎在自身中把握了存在与意识的相关性研究,并且这种研究从一开始便是在原则(同样是本质的)一般性中进行,就是说,现象学的心理学似乎是说明所有超越论的场所。然而,反之却不应忽略,心理学在其所有经验学科和本质学科中都是"实证科学",都是在自然态度中的科学,而在自然态度中,始终现存的世界是研究的基础。无论心理学想研究什么,它的对象都出现在这个世界中的心灵和心灵共同体(Seelengemeinschaft)中。现象学的还原作为心理学还原,其作用仅在于获得动物的实在之物的心理之物及其纯粹特有本质和其纯粹特有本质性的联系。这些心理之物即使在本质研究中也仍保留着世界的现存之物(Vorhandenes)的存在意义,只不过它是与可能的实在世界相联系。心理学家作为本质现象学家也仅仅是素朴超越论的,它完全按照相对的词意,把可能的"心灵"(自我主体)当作一个可能空间世界中的、始终被视为现存的人和动物。但如果我们不是使自然的、世界的兴趣,而是使超越论的兴趣在理论上占主导地位,那么整个心理学便获得了超越论问题的特征,就是说,它不能为超越论哲学附加任何前提。心理学的课题是作为心灵之物的意识主体性,超越论问题不应回溯到这种意识主体之上。

为了清楚地阐明此一关键之处,我们必须始终关注超越论的问题的课题意义,并且考虑,如何根据这个意义来区分问题区域和非问题区域。超越论哲学的课题在于具体地和系统地说明那些杂多的意向相关性,这些相关性本质上属于一个作为相应可能主体性的周遭世界的可能世界,对于这个可能的主体性来说,这个可能的世界是现存的,在实践上和理论上是可及的。就所有对于主体性而言现存的世界客体和世界结构的范畴来看,这种可及性对于主体性来说意味着它们的可能意识生活的规则,这些规则必须首先在其类型论中被揭示。这些范畴是"无生命的事物",但也可以是人和动物连同它们的心灵内在。从这里出发,一个可能现存的世界的完整存在意义应当普遍地,并且在所有对此世界而言构造性的范畴方面得到说明。正如同每个有意义的问题,这个超越论的问题也设定了一个无疑存在的基础,这个存在必然包含着所有解决问题的手段。这个基础在这里便是那样一种意识生活的主体性,在这个意识生活中,一个可能的世界将自身构造为现存的世界。另一方面,理性方法提出的一个自明的基本要求是,这个被设定为无疑存在的基础不能与超越论问题在其普遍性中提出质疑的那些东西相混淆。超越论的问题王国是超越论素朴性的整个王国,它因而包含着作为在自然态度中被运用的世界的任何可能世界。据此,所有实证科学连同它们的所有对象领域都必须受到超越论的悬搁,心理学以及所有在心理学意义上的心理之物也同样如此。所以,如果根据心理学,无论是经验心理学还是本质现象学心理学,来回答超越论问题,这都是一种超越论的循环。因而,超越论问题所依据的那种主体性和意识——我们在此面临着这个悖谬的相关性——确实不可能是心理学所涉及的那种主体性和意识。

9. 超越论现象学的还原和双重的超越论假象

因而人们据此会认为,"我们"是双重的,在心理学上,我们是在世界中现存的人,是心灵生活的主体,同时,超越地看我们又是一个超越论的、构造着世界的生活的主体,这种双重性可以透过明见的指明而被澄清。心灵的主体性,即在日常用语中被具体理解的"我"和"我们",是在其纯粹的心理特性中通过现象学心理学的还原方法而被经验到的。在本质变化中,它为纯粹现象学的心理学提供了基础。在超越论的问题中受到询问并且在其中被设定为存在基础的超越论主体性也并非是一种不同于"我自己"和"我们自己"的主体,但它却不是我们在日常生活和实证科学的自然态度中所发现的那种"我"和"我们",后者已被统摄为对我们而言现存的客观世界的一个组成部分;超越论的主体性毋宁是指这样一种意识生活的主体,在这种意识生活之中,这些现存性和其他所有的现存性——对"我们"而言——通过某种统觉而"创造"自身。作为在心灵上和肉体上现存于这个世界之中的人,我们是为"我们"而存在的;我们是一个杂多的意向生活的显现之物(Erscheinendes),是"我们"的生活的显现之物,在这个"我们"的生活中,这些现存之物统摄地连同它们的所有意义内涵"对我们"创造出它们自身。现存地(被统摄地)我和我们以一个(统摄着的)我和我们为前提,前者对于后者来说是现存的,但后者本身并不在同样的意义上现存。我们可以通过超越论的经验来直接达到这个超越论主体。正如心灵的经验未达到纯化需要还原方法一样,超越论的经验也需要还原方法。

我们在这里将引入"超越论的还原",它是比心理学还原高一层次的还原,心理学的还原是随时都可以进行的,并且同样借助于悬搁来进行的纯化,超越论的还原完全是普遍悬搁（universale Epoché）的一个结果,而普遍悬搁则包含在超越论的问题的意义中。如果每个可能世界的超越论相对性都要求对这些世界进行普遍的"加括号",那么,他也要求对纯粹心灵和心灵有关的纯粹现象学的心理学加括号,通过这种方式纯粹的心灵便成了超越论的现象。因此,心理学家是在把对他来说自然有效的世界之内将出现的主体性还原为纯粹心灵的主体性——世界之中的主体性,而超越论的现象学家则通过他的绝对普遍的悬搁把心理学纯粹的主体性还原成为超越论纯粹的主体性,还原为这样一种主体性,这种主体性进行世界统觉并且在其中进行对动物实在之物的心灵的客观化统觉,并且它使这些统觉在它自身有效。例如,我的各种感知体验、幻想体验等在实证观点中是心理学经验的心理学被给予性。如果我通过彻底的悬搁而将世界,包括我的人的存在都设定为仅仅是现象并且探讨在其中构造着整个对世界的统觉,尤其是对我的心灵、我的心理学的真实感知体验的统觉等的意向生活,那么,那种心理学的被给予性便会变成我的超越论体验。而同时,我的真实感知体验的内涵,它们的特有本质则完全保留下来,尽管这个内涵现在被看作一个在心理学上一直被运用,但却未被考虑过的统觉的核心。对于一个已经通过首先进行的普遍的意志决定在自身中给固定的习惯"加括号"的超越论哲学家来说,这种在自然态度中始终存在的对意识的世界化过程（Verweltlichung des Bewusstseins）永远被制止了。与此相符,彻底的意识反思为它展示了超越论的纯粹之物,并且这种展示是以一种新型的、超越论"内部"经验的方式直观进行的。这种经验通过方法上的超越论悬搁而开辟了一个无限的超越论存在领域。它与无限的心理学领域是平行的,正如达到这个领域所需要采用的方法与达到纯粹心理学领域所采用的方法,心理学现象学的还原方法相平行一样。同样,在超越论生活的完全具体中被理解的超越论的自我与超越论的自我共同体超越论地平行于习惯意义上和心理学意义上的我与我们,它们在这里同样被具体地理解为心灵和心灵共同体连同其相应的心理学意识生活。因此,我的超越论自我与自然的自我有着明显的区别,但绝不是第二个自我,不是一个与自然自我在自然词义上相分离的自我,相反它也不是一个与自然自我在自然意义上相结合或相交织的自我。它就是(完全具体的理解)超越论的自身经验领域,这种自身经验随时都能够通过态度的改变而转变为心理学的自身经验。在这种转变过程中必然会产生自我的同一性;在对这个转变过程的超越论反思中可以看到,心理学的客观化是超越论自我的自身客观化,如此一来,超越论自我便会发现,它在自然态度的每一时刻是如何承载着统觉的责任。一旦人们理解,超越论的和心理的经验领域是一种由于态度的变化而产生的存在意义相互交织的同一,那么人们也就会理解由此而产生的超越论和心理学的现象学的相同的平行性和它们所包含领域的相交织状况,超越论的现象学和心理学的现象学的全部课题在于双重意义上的纯粹交互主体性。这里只需考虑到,纯粹心灵的交互主体性一旦受到超越论的悬搁,便也会导向它的平行物,超越论的交互主体性。显然,平行仅仅意味着理论上的价值相同性。超越论的交互主体性是具体的、独立的、绝对存在基础,所有超越之物(包括所有实体现实存在之物)都是从这里获取其存在意义的,它只是在相对的,因而不完善的意义上的存在之物的存在,次一个意向统一的存在意义,这个意向统一实际上产生于超越论的意义给予,产生于一致的证明和本质上与此相应的持久的习惯信念。

10. 纯粹心理学作为通往超越论现象学的入门导引

通过对意识主体性以及与此主体性有关的本质科学的合乎本质的双重含义的说明,人们可以理解心理主义在历史上的不可克服性的最深刻原因。它的力量在于一种合乎本质的超越论假象,这种假象必定在暗中继续发挥作用。人们通过这种说明同时也可以理解,一方面,一门超越论现象学的观点以及它的系统实施不依赖于现象学的纯粹心理学的观念及其实施,另一方面,纯粹心理学的预先设想对于提升到超越论的现象学有着入门引导的有益作用,这一节便是对此有益作用的阐述。一方面,很明显,对超越论的相对性发现可以立即与现象学的还原和本质的还原结合在一起,如此一来,超越论的现象学便直接地产生于超越论的直观。事实上,这条直接的道路是历史性的。因为,纯粹现象学的心理学作为实证性的本质科学在以往还不曾有过。另一方面,就通向超越论现象学的间接道路在入门引导方面的优越性来看,超越论的观点意味着一种对整个生活形式的改变,它完全越出了迄今为止所有的生活经验,因此,超越论的观点由于其绝对的陌生性而必定难以被人理解。超越论科学也面临同样的情况。现象学的心理学尽管相对来说是新的科学,有着新的意向分析方法,却仍具有所有实证科学所具有的那种可接受性。一旦人们哪怕是从其精确严格的观念上理解了现象学的心理学,人们便只需弄清楚超越论哲学问题以及超越论还原的真正意义便可以明了，超越论现象学只是对现象学的心理学的学说内容的超越论改造而已。在这两个阶段上存在着进入新的现象学所要遇到的两个障碍：一个困难在于对"内部经验"的真正方法的理解，这种方法可以使作为理性的事实科学的"精确"心理学成为可能；另一个困难在于对超越论的提问和超越论方法的特殊的理解。超越论的兴趣从其自身来看当然是最高的和最终的科学兴趣，所以，正确的做法是：像历史上的情况一样，在超越论哲学的独立、绝对的体系中构造超越论理论，并且，随着对相对于超越论态度的自然态度的本质类型的指明而找到将所有超越论现象学重新解释为自然实证学说的可能。

III. 超越论现象学和绝对建立起来的作为普遍科学的哲学[①]

11. 作为存有论的超越论现象学

从对超越论现象学的范围的考虑中产生出了令人瞩目的结果。在对超越论现象学的系统实施的过程中，超越论现象学实现了莱布尼兹的普遍存有论的观念，这门普遍存有论在莱布尼兹那里是作为所有可想象的先天科学的系统统一而被提出的，但是这门存有论在这里得到了新的论证，这种论证用超越论现象学的方法克服了"独断论"。现象学是关于所有可想象的超越论现象的科学，并且，这些现象都具有综合的总体形态，只有在这些形态中，这些现象才是具体可能的——这里包括超越论的各别主体以及与此相连的主体共同体——现象学作为这样一门科学同时实际上也是

---

① 〈关于这一小节，参见附录XXX，第519页及其后。〉

关于所有可想象的存在之物的先天科学；但这不是指关于在自然实证观点中的所有客观存在之物的科学，而是指关于所有那些完全具体的存在之物，即所有那些在相关的意向构造中汲取其存在意义和其有效性的存在之物的科学。这也包括超越论主体性本身的存在，这种超越论主体性的可实证性的本质在于，他是超越论地在自身中为己的构造起来的，所以，相对于那种只是表面上普遍的实证存有论而言，这里实行的现象学才是真正普遍的科学——也正借助于此，前一种普遍存有论的独断论片面性以及不可理解性才能够被克服，同时现象学却必然在自身中包含了前一种普遍存有论所具有的那些在意向构造中原初地被论证的合理内涵。

12. 现象学和精密科学的基础危机

只要我们思考上面所说的这个包含的状况就会知道，这个包含是指每个先天性都在其存在的有效性中作为超越论的成就而得以确定，与此一致，这些构造、它们的自身给予和证明以及与此相关的习惯这些本质形态也获得确定。由此可以得出，在对先天性的确定中以及借助于这种确定，这个确定的主观方法得以让我们明白，因而对于在现象学之中得以建立的诸先天学科（如数学的科学）来说不可能存在"悖谬"，不可能存在"基础危机"。就历史上的先天科学，即带有超越论素朴性的那些先天科学来看，可以得出这样的结论，要有一门彻底的现象学的论证才能使它们变为真正的、在方法上得到充分证实的科学。随着这种转变，它们不再是实证的（独断的）科学，它们成为这门作为普遍本质存有论的现象学的非独立自主的分支。

13. 对事实科学的现象学论证和经验现象学

阐述先天性的整个总体,它与其自身的超越论联系以及它的独立性,它的完善的、方法上的明晰性,这是一项无限的任务,这项任务对于获得一门普遍的,然而受到充分论证的经验事实科学的目的来说具有方法上的作用。在实证性的范围之内,真正的(相对来说真正的)经验科学要求相应的先天科学在方法上奠定基础。如果我们要求对所有可能的经验科学的总体做出彻底的、摆脱了所有基础危机的论证,便会导向建立在彻底的论证基础上的,即建立在现象学的论证基础的全部先天性。因此,一门总体的事实科学的真正形态是现象学的形态,它作为具有现象学形态的科学是一门关于事实的超越论交互主体性的总体科学,这门科学建立在作为关于可能的超越论主体性科学的本质现象学基础上。据此,一门随本质现象学观念之后而来的经验现象学观念便是可理解的并且得以被证成的。它的实证科学的完整的、系统的总体是同一的,只要我们从一开始就考虑用本质的现象学从方法上对它们进行绝对的论证。

14. 完整的现象学作为普遍哲学

如此一来,作为普遍的、产生于彻底的自身证明之中的科学的哲学,其原初的概念便借此而得到了修正——在老的柏拉图的意义上以及在笛卡尔的意义上,只有哲学才是科学。在前面已扩充意义上的、严格系统地实施的现象学与这门包含着所有真正认识的哲学是同一的。这门现象学可分为作为第一哲学的本质现象学(或普遍本质论)以及第二哲学,即关于事实总体的科学或关于综合地包含着所有这些事实的超越论交互主体性的科学。第一哲学对于第二哲学来说是方法总体,并且第一哲学在对第二哲学的论证中回溯地关联其自身。

15. "最高的和最终的"问题是现象学问题

在现象学中,所有理性的问题都有其位置,那些传统的带有特殊意义和哲学标志的问题也在其中有其位置。它们在现象学中才得到了真正的阐述并且获得了可行的解决方法,这些阐述和解决方法都是来自超越论经验,或者说本质直观的绝对泉源。在现象学的普遍的自身关联中,现象学认识到它自身在可能的超越论人类生活中的作用。它认识到了那些可以从这个生活中发现的绝对规范,但也认识到了这个生活的原初的,在揭示这些规范的方向上的有目的、有趋向的那种结构以及这结构的实际上、有意识的影响。它认识到自己是一种(超越论)人类在普遍的理性实践的工作中普遍自身反省的作用,这种理性实践是指,它透过揭示而得以自由地向处于无限之中的、绝对完善的普遍理念所进行的追求;或者,换言之,向一个——处于无限之中的——完全存在于和生活于真理与真实之中的人类的理念所进行的那种追求。它认识到它的自身反省对于第二种意义上真实的人类生活(它必须研究这种生活的本质形态和实际规范)的相关性实际理念的相对实现所具有的作用,此一第二种意义上真实的人类生活是指一种有意识和随意地朝向那种绝对理念的生活。总而言之,形而上学的目的论的、伦理学的、历史哲学的问题,理所当然地,还有判断理性的问题都处于现象学的范围之内,同样地,所有有意义的问题,所有在内在综合统一之中和系统之中的超越论精神的问题都包含在现象学的框架中。

16. 现象学对所有哲学对立的解决

在现象学的系统的、从直观被给予性向抽象高度不断迈进的工作中，古代遗留下来的模糊的哲学立场对立，如理性主义（柏拉图主义）与经验主义的对立，相对主义与绝对主义的对立，主观主义与客观主义的对立，本体主义与超越论主义的对立，心理主义与反心理主义的对立，实证主义与形而上学的对立，目的论与因果性的世界观的对立等，这些对立都得以自行化解，同时不需任何论证性的论辩艺术的帮助，不需任何虚弱的努力与妥协。所有动机都是合理的，然而却是片面的，或者都只是相对的、抽象合理的片面性的不合理的绝对化。主体主义只有通过最普遍的、最始终一贯的主体主义（超越论的主体主义）才能够被克服。在超越论的主体主义的形态中，主体主义同时又是客体主义，因为它代表了所有通过一致的经验而可证实的客体性的权利，当然也使这种客体性的完整的、本真的意义得以有效，实在论的客体主义正由于其对超越论构造的不理解而犯下错误。相对主义只有通过最普遍的相对主义，即超越论现象学的相对主义才能被克服，超越论现象学使人们理解了所有"客观"存在的相对性，它们都是超越论地构造起来的存在，但它也使人们与此一致地理解了最彻底的相对性，即超越论主体性对其自身而言的相对性。但恰恰证明了它是唯一可能的"绝对"存在——对所有相对于它的"客观"存在而言——的意义，即它是超越论主体性"为己自身的"存在，再者，经验主义只有通过最普遍的和最彻底的经验主义才能被克服，后一种经验主义用得到必然扩展的、原本给予性直观的经验概念取代了经验论者的有限"经验"，这种直观在其所有形态中(本质直观、无疑的明证性、现象学的本质直观等)通过现象学的说明证实了它的合理性的种类与形式。另一方面,现象学作为本质论又是理性主义的;但它通过最普遍的,与超越论主体性、自我、意识以及被意识的对象有关的本质直观的理性主义克服了有限的、独断论的理性主义。其他一些相互交织在一起的对立也是如此。还应提及的是,将所有存在归结为超越论的主体性和其构造的意向成就的做法正好为目的论的世界观提供了开放的可能性。但是现象学也承认自然主义(或者说,感觉主义)所具有的真理核心。现象学使人们看到,联想是一个意向现象,是全部关于被动意向综合形态的类型论连同超越论的和纯粹被动发生学的本质规律,透过这种方式,现象学在休谟的虚构主义(Fiktionalismus),尤其是在它关于事物、持久的生存、因果性这些臆想的起源的学说中指明了他所做的预先发现,在此之前它们一直被掩盖在那些荒谬的理论之中。

　　现象学哲学将它的全部方法看作那些方法意向纯粹作用的结果,即在哲学开端上就曾推动过希腊哲学的那些方法意向;但这首先是指那些至今仍然活跃着的方法意向,这些意向从笛卡尔开始在理性主义和经验主义的两条路线上越过康德和德国唯心主义一直延伸到我们这个混乱的当代。方法意向的纯粹影响意味着现象学具有真正的方法,借此方法,问题可以被带到具体的、切实可行的探讨轨道上来。这是真正科学的轨道,是无限的轨道。因此,现象学要求现象学家们自己放弃建立一个哲学体系的理想,作为一个谦逊的研究者与其他人一起共同地为一门永恒的哲学(philsophia perennis)而生活。

阿姆斯特丹讲稿[①]：现象学心理学

I. 纯粹现象学心理学其经验场域、方法与功能

§1 作为心理学现象学与超越论现象学双重意义的现象学

世纪之交，当哲学与心理学为严格科学方法搏斗时，一门新的科学诞生了，它将哲学与心理学之新的研究方法融为一体。这门新的科学自称为**现象学**，因为它或者说它的方法早在之前就已存在，是从各个研究自然与心理的学者所要求与从事的现象学方法之激进化产生出来的。对于马赫（Mach）与赫林（Hering）而言，该方法的意义在于对"严格"自然科学带有威胁性的理论思考之无基底性的一项反动；这是一种针对远离直观之概念建构与数学玄思的理论思考之反动，在那种理论思考当中人们无法对合法的意义与理论的成就有清楚的认识。

与之相平行的是，在一些心理学者身上，首先是布伦塔诺，我们发现一种企图，试图以系统的方式创造一门严格科学的心理学，也就是建立在纯粹内部经验与针对被给予性（心理性）进行严格描述之基础上的心理学。

该方法倾向的激进化（它通常已经被称为现象学式的）结果是，尤其是在心理的领域以及当时跟它普遍交织在一起的理性—理论领域，导致了心理研究的新类型方法，并也导致了处理特定哲学问题的新类型，于是如前所述，一种新类型的科学性乃

[①] 参见附录 XXXI、XXXII。

开始显现。

它在后续的发展中显示出值得注意的双重意义来,一方面是**心理学的现象学**,作为激进的基础科学它必须为心理学一般(Psychologie überhaupt)效劳;另一方面则是超越论的现象学,它在哲学的脉络中具有第一哲学的巨大作用,也就是作为哲学的源泉科学。

在首次的演讲中我们将把哲学的兴趣先搁下。我们所为之事无非是专注于心理学之物(Psychologisches),如同物理学家专注在物理之物上那样。纯然就事论事,以实证科学的姿态,我们将衡量科学心理学的要求并发展现象学心理学之必要理念。

§2 纯粹的自然科学与纯粹的心理学

近代的心理学是关于出现在客观—真实世界的具体脉络中而被称为心理的真实事件之科学。"心理之物"的最原初而典型的表征在于我可以称为我,以及显示为与一个我不可分离的,作为我的体验或是心理的体验(如同经验、思想、感觉、意愿),但也是作为能力与习性的活泼的内在存有。经验把心理之物看作一个在人或动物身上的非独立存在层次,就基础层次而言,人或动物都是物性的真实存在。所以心理学乃是人类学或是动物学的非独立分支,毕竟后者是比较具体的,既涵盖物性也涵盖心理物性特性。

假若我们整体地去看经验世界,则显然其本质在于,可在开放的无限性中区隔成具体而个别的实在者。本质上,物性的躯体性无不隶属于每一个个别的实在,至少对于那些建立在物性躯体之上的那些非物性特质而言,物性躯体乃是相对而具体的基础层级,例如那些经由躯体而成为艺术作品的特质。我们终究可以一贯地抽离所有那些非物性的特质，而把每一个真实存在物以至于整个世界都仅仅看作物性的自然。于此之中存在着经验世界的一个结构法则。不仅每个具体的世界或真实存在者都有其自然，其物性的躯体，而且所有世界的躯体无不形成联合的一体，一个直到无限延伸的相互关联之一体，而此一全自然（Allnatur）则带有时空的普遍一体形式。以方法的相互观点（korrelativen Gesichtspunkt）来表达：它终究可以一直是以及仅是以物性为标杆的抽象经验，而在这个物性经验的底层之上，一个自我封闭的理论科学是可被认可，物性的自然科学，在最广义之下的物性，也就是化学，还有普遍的，抽离掉任何精神性的物性动物学及生物学都包含在内。

  现在逐渐浮现的问题在于，就单方面的兴趣导向来说，如何可能理论地去研究那个从来不会独立出现的动物的心理之物，以及那些在世界中持续一贯涌现的心理之物，既然这些理论从来不把物性当作主题而加以研究？该项问题很快就导到另一个问题去了：如何可能有一个彻底而纯粹的心理学能够平行于彻底纯粹而不断向前迈进的经验自然科学？正如平行性所要求的那样，后面这个问题明显否认了，在惯常意义的经验事实科学底下的心理学不可能在完全不涉及物性之情况下纯粹地去处理心理事实，犹如经验的自然科学不可能完全不涉及心理之物那样。

  不论延续的一纯粹的心理经验可以延伸多远，也不论借由该项经验一个理论可以延伸多远：首先可确定的是该理论所针对的纯粹心理之物在真实世界当中总有它的时空特质，而它只有在其真实的事实性（in seiner realen Tatsächlichkeit）之中，如同所有的真实物，经由时空的在位特质才能够被确定。作为归位系统（Stellensystem）的时空性是所有的事实存在，那个在事实世界中的存在之共同形式。此中意味着，所有真实的事实性质无不奠定在时空的归位特质中。但时空性也是原初而直接地隶属于作为物性自然的自然。所有那些外于物性者，特别是所有心理之物只在奠基于物性躯体之情况下才取得时空位置。如此一来，不难理解的是，就理论上来说经验心理学的纯粹心理学研究从来不能忽视心理物性。换句话说：内在于作为客观事实科学的心理学不可能出现一个自我封闭的学科，也就是确立起关于心理之物的经验科学。人们不能不顾及物性或心理物性，不能对此一主题弃之不顾。

另一方面，显然地，就某种程度而言，纯粹心理的研究同样是可能的，而且必须在每一个追求严格科学的经验心理学当中扮演着它的角色。若非如此，人们还有什么其他途径得以获致有关心理之物的严格科学概念，就其自身的本质性而不理会它与物性之间的纠缠关系？让我们想想，必然有些内涵是属于这些概念的，就其本质特性而言包括心理之物的普遍而必然的本质形式——它必须涵盖所有那些心理之物之为心理之物的必要条件，于是在此，一门关于纯粹作为心理之物的可能本质先天本质科学乃得到展望。于是我们视之为主导理念。它并非平行于作为经验自然科学的物理学，而是就其纯粹本质而言，平行于关乎可设想的自然一般（Natur überhaupt）的先天性的科学。虽然并未提到先天的自然科学，但根据伟大的单一学科我们对它仍是相当熟悉的。亦即作为先天的时间论，先天的几何学与机械学，等等。

§3 纯粹心理学的方法（直观与反思），意向性作为心理之物的根本特质

诚如先人所言，先天的真理得之不易。作为在绝对洞察中的真正本质真理，它只能产生于直观的原初泉源。而这个泉源必须透过正确的方式被揭示。唯有透过方法上的掌握及视域的全面开展它才能变得丰硕（fruchtbar）。所以为了让我们的主导观念获致真正的论证基础，我们需要一门能够回到经验直观的先天而纯粹的心理学，它能够方法地回到被处理而全面揭示的直观，在此直观中心理之物能够原初而具体地走向我们，于此之时，我们也未尝不可以说，心理之物在其本有的本质自身中被显示。呈现在眼前的个别物往往具有例证的功能。目光从来都是朝向那个在自由转换中依旧被普遍保存者，而非那个偶然的变化者。

在此，非遵循不可的方法之特质将会慢慢地向我们揭示。因为奠基性的缘故，首要的乃是例证性的、真正的与可能的经验。而纯粹的心理经验迫切需要这些方法。

1) 各个经验着的朝向存在（Gerichtetsein）或其他朝向心理之物的存在无不以反思的方式去进行。作为自我主体而生活着，无非就是持续存活在多样性的心理之物中。但我们这个持续存活的生命可说是匿名的，它只是流动着，但非我们所朝向者，既然经验意味着某物在其自身中（in seiner Selbstheit）被掌握，因此这样流动着的生命可说是为被我们所经验。在清醒的生活中，我们或是专注于此或是于彼，在最低层次与非心理之物打交道着，例如对风车磨坊有所感知，朝向它们而且只朝向它们，在记忆中记忆着某物，在思想中思想着某物，同样在感性评价的生活中评价着美或有

价值之物，在意志的追求中追求目的或手段。这样的生命直端端地运作着①，我们却对展现于其上的各种不同特征"一无所知"，这些特征都是合乎本质地隶属于生命，也是我们之所以能够拥有各个活动主题的缘故，也就是为什么处在活生生的当下中的事物(Dinge)、处在合乎记忆地作为过去的事物、被思维之物、价值、目的等才都能够位于主题的视线中，而让我们能够与它们打交道的缘故。唯有反思，那个从直端端的主题转回来的视线，才能够把心理生活本身，把那些极为不同的"忙着打交道""具有主题""具有意识"以及所有它们的特征与总之背后的原因都带到主题的视线中来。在一个反思的感知以及种种经验中它会被掌握着，而且让它变成不同活动的主题。理所当然地，这种新的经验以及另一方面所有反思的主题化都是潜在的，但可以在比较高的反思中再度得到揭示。

2) 那些总是借由反思才得以被我们接近者，具有一个值得注意的普遍特质：那个对某物的意识，那个被意识到的某物，或相应地说，被意识者——我们所谈的是意向性。直截了当地说，那是心理生活的根本特质，也就是与心理生活完全脱离不了关系的。反思揭示给我们，例如就拿感知来说，不可避免地，它就是感知着某物，而回忆的体验本身则包含了回忆着某物，回忆着这个那个的，而思想则相应于被思想者，害怕某物，爱着某物，等等。我们还可以援引这样的说法，而指出显现就是显现了某物。任何我们谈到显现的地方，我们将会回溯到相对于这些显现的主体，但同时也会

----

① 忙碌的存在本身是隐含的流程。

回到那些心理生活的各个环节，依据这些环节来说一个显现才显现了某物，而这正是那个在其中显现着的。

就某种方式以及有点夸大地说，针对每一个心理体验我们可以如此说，在它之中某一些东西对着每一自我显现出来，只要该物正以某种方式被他意识着。如此一来，就其最广的意义而言，作为显现以及作为这般显现者的特征之现象性（Phänomenalität）将会是心理之物的根本特质所在。现在，那个依据其可能性而被考虑的纯粹心理学将会据此而被标示为现象学，尤其是先天的现象学。自然而然，它也会处理自我主体，个别的以及在群体当中的，纯粹作为这般的现象性的主体以及那个在先天学科方式下的主体。

进行完这些名称上的讨论之后，我们会回到那个纯粹现象学经验与揭示的方法产生这个问题上。"现象学的经验"——自然地这无非是作为那个反思，在此之中心理之物在其本质当中被我们所触及，并且这个反思是在理论的兴趣中被完成的，并终究被视作彻底执行，所以那个活生生地不断流动的特殊自我生命，那个意识不只是被看作流动的，而是也在它的自身本质性的情状（Bestandstücken）直观地被阐明，而且，如前所言，在其视域的全面性之中。

§4 纯粹性概念的含义

但这里的问题首先在于，此一经验在方法上是如何运作的，以便作为纯粹的经验它能够有效地揭示那个在心理之物之中、真正属于心理之物者而能够被明察者。

a) 这里所说的纯粹性，首先所指的自然而然是排除了所有那些心理物性者。心理的体验在心理学的态度中称得上是动物的,而且首先是作为人类真实存在的真实环节,在具体的动物经验中它们总是和躯体之物纠缠在一起。存在于该物性与心理物性经验中的终究必须被排除在外,不该让它运作,我们应该完完全全操作纯粹现象学的经验,只专注在它所提供给我们的,在它之中自我明示的。我们应该将那些心理之物以外、在真实的自然中找得到位置而与之有所关联的那些都排除在主题之外。显然,这点适用于所有可设想的心理学可能性之考虑,这些可能性在消除实际被经验的真实界之后仍然是真实的心理可能性,也就是心理学可能经验的被给予。

这里存在着这样一个困难:人们究竟能够真的操作纯粹现象学的真实的,特别是可能的经验到何种地步,并借此从自身给予的心理之物往前迈向一个统一而纯粹的经验场域,这个场域不会引入非心理之物,从而得以明察纯粹直观脉络、亦即现象学直观的可能封闭领域。

b) 另一方面,纯粹经验自然而然意味着免除所有偏见,那些从别的,特别是从科学所偏好的经验层面而来的偏见,这些偏见不免导致我们无知于在现象学反思中真正显现者,现象学的反思首先提供给我们在直观中不断前进的知识,首先是例证式的说明,其次是蕴含在所有层面中的纯粹心理环节。

这两项困难相互连结起来便产生很大的作用,以至于人们胆敢提出悖谬之说,在整个近代心理学里面从来未能真正达到对意向性分析的突破。虽然几世纪以来心理学已经是奠定在内部经验基础上,并且有时候也意图成为一门关乎纯粹意识给予性的描述心理学。在此,我甚至不能把布伦塔诺及其学派排除在外,虽然他具有划时代的贡献，引进意向性以作为心理之物的描述性根本特质。于此，他呼吁将经验心理学的构成奠定在一个系统而首先是纯粹描述的意识研究之上。但他对纯粹意识分析的真正的意义及方法却仍一无所知。

首先就持续存在的偏见来说吧，这项偏见使得我们无力感受在此所谈论的主题，而它正是以自然科学为师的结果。实际上，从那里产生了迄今为止都还深具影响力的心理自然化以及那个被看作理所当然的心理学与自然科学在方法上没有根本上的差别之想法。从历史来看，这些偏见在近代心理学的萌芽阶段，在笛卡尔与霍布斯那里，在洛克深具影响力的对意识生活的白板解释以及休谟的心理学数据的凑合那里就已露出端倪。布伦塔诺突破了人们对意向性普遍无知的情况，但却没能超克自然主义，该自然主义可说是强占了意向体验，也构成了迈向意向性研究之真正任务道路的阻碍。这样的情况在随后的时代里并不见好转。针对"心理原子主义"所进行的热烈争论还远远谈不上从心理自然主义解脱出来，正如同时下流行的回到"格式塔性质"以及"整体形式"只不过显示了自然主义的一个新形态而已。当一项现象学的经验严肃地被执行时，心理自然主义一般的原则（在最广义的有关外在与内在感知性的感觉主义全部都包含在内）才变得可理解并且也丧失其迷惑人的力量，在此现象学的经验之中，意向性的生活终究全面而明证地揭示自身，之后并纯粹地被描述着。

在稍后方法论地导向这个经验之前，我只是做个预告，混乱的最深根源首先当然存在于：好比将内在的时间性理所当然地看作等同于客观真实的时间性那样。

客观的时间是客观实在的扩延形式，特别首先在于贯穿整个真实世界的而作为结构性背景的物理自然。心灵的体验，个别的而且是连结起来的整体，就在己与为己而言已经不具有真实时空性这类所具有的共存与延续的真实的元素形式。隶属于意识之流整体的流动形式或流动着的存在绝非此一时空性真实的平行形式。流动的图像带有巨大的瑕疵。当内在时间性的意向性分析把正确相应的意义弄清楚以后，它实际上同时也摧毁了这样的图像。如同一般而言在意识及意识我的存在类型与另一方面自然的存在类型之间的模拟，每一个拿意识分析来与自然的，不论是物理的或化学的，本身也是生物性的分析所做的真正、实在模拟（sachliche Analogie），无不落在里面。物与性质的、整体与部分的、结合与分离的、原因与结果，诸如此类的自然逻辑概念，完完全全都是植根于原初实在界，都是植根于自然，因而也是在扩延世界的根本规定中。它们根本就失去了接近心理之物的途径，也就是作为心理-逻辑，其意义的基础本质所在，所剩的仅只是对象、性质等形式逻辑概念的空洞外壳而已。

§5 自身经验与社群经验的纯粹心理性：意向性体验的普遍描述

让我们换到别的、实际的困难去，这些困难基于与物性经验相互纠结的缘故而跟一贯的与纯粹的现象学经验之养成（Ausbildung）有所关联。让我们与所有传统的偏见保持距离，甚至那些传统逻辑的最普遍自明性，从自然来看它也许已经具有不被留意的意义内涵（Sinneseinschlag）。让我们坚定的伫留在现象学的反思所提供给我们的作为意识与被意识者,纯粹仅伫留在那些实际上于明证的自我给予性当中所呈现给我们的。这等于说:我们完全只探问现象学的经验,也就是对我们来说完全具体地在一个对意识反省的经验当中做深入的思考,而没有兴趣对实际上出现的事实做确认。这般经验无非都具有**自身经验**的虽非唯一,却是最为直接的构型(Gestalt)。意识与意识自我只有在该经验中才在其完全原初自身中被给予,如同当我在进行感知时能够反省到我的感知那样。身为现象学家我揭示我本身的生命(在现象学的态度,在具体的可能性),在这个和那个具体实在与具体可能形态中的具体可能的生命。既然是显而易见的道理,所有其他有关心理之物的经验(总是被理解为经验的直观)无不奠定在这个自身经验的直接性之上,纯粹的经验他人以及经验群体,所以极自然地,纯粹自身经验的方法首先便被当作现象学自我揭示的一贯方法。在此我们在意的是把所有从外在物理性经验而来的情状(Bestand)都排除在外,据此,所有他人心理也自明地被排除在外。"外在"经验(明确地说物性的)本身是一种心理的体验,只不过意向性地与物性相关。当然那个被经验的物性本身,那个作为世界的物理实在被预设着——那个真实物以及所有其真实环节——原则上并非经验着的体验之本属情状。这一点适用于所有每一个意指真实世界的存在并视世界为有效的意识,例如我的那个自然实践生活的意识之各个意识活动。

§6 现象学还原与真正的内部经验

假如作为现象学家我要运作(betätigen)心理经验而且仅仅

这般运作，假如我要让我的意识生活在其纯粹的本属性中成为我的**普遍**而一贯的主题，并首先是纯粹现象学经验的一个场域，我便必须以主题将整个实在的世界，将这个在我自然的平淡生活中无论过去或现在都持续具有存在效力的世界当作外在于心理的存在加以搁置。这意味着：作为现象学家我不可以在运作描述时，在运作纯粹心理经验时用自然的方式运作我的世界信念，而是我必须在接下来的阶段搁置所有那些在我的自然实践意识生活中扮演着自然角色的所有执态。

另一方面，清楚的是，我们曾明确强调，隶属于作为意向体验的感知，与它无法分离的特质是，感知乃被感知者的感知，所有的意识无不如此，无不是关于被意识者的意识。我们如何能够不针对某一特定对象的感知或记忆，而是针对一个感知、一个记忆等，就其内在于这个具体体验的本质部分来进行描述？显然地我们不必再去追问，例如被感知的地景是否真实地存在着，或者后续的经验是否证实它"本身"根本就是幻觉而已。就算在幻觉之中，迷幻的地景也是显现出来，只不过当它被我们体认到是幻觉时，它显现在一种被改变过的相信模式里，根据这个模式它是以这样的方式向我们显现，非带着一般真实的有效性显现，而是带着一种否定、否定的真实之有效性而显现。

让我们将这个论断与先前所获得的论断结合起来。这么一来，一个纯然意识的反省仍然产生不了在自身本质性与纯粹性之中的心理之物。我们还必须搁置存在的信念，那个使得世界在自然的意识生活中与对其所做的反省中之得以有效的信念，身为现象学家我们由不得让这些信念一起产生作用（那些使得世界对我们而言是素朴有效之其他执态）。作为现象学家我们可说必须成为不参与意识生活的旁观者，唯有如此它才能够成为我们纯粹的经验主题。并非生活于其中，以在世的方式对它感兴趣，而是我们必须只对我们自己观看，看它自身如何是关于这个和那个的意识，并且它是如何对自身感兴趣。否则那个外于心理的世界将会总是我们描述的主题，而非我们对它的纯粹意识。另一方面我们现在说，这个中止，这个"悬搁"，并未改变下列事实：每一个意识在己而为己地都有其显现的与如此这般被意识的对象性。现在我们说的更好一些，正是经由这个现象学的悬搁，作为这样的显现者，它在每一个意识当中都是作为这样的被意识者，并**作为属于它的心理情状**而呈现。据此，这样的外在被经验者，任何一个这样的被意识者不是那个对我们来说总是单纯的存在者、可能者、有可能者、不存在者，而是那个在各个观看或未被观看的形态中作为存在者，作为揣测者，作为未被意指者。据此，那个在现象学中关于**置入括号**（Einklammerung）的通常说法是可理解的。精神上，加上括号是悬搁的索引。

但在括号中存在着被括号者。值得注意的是：那个在各个意识当中运作着而且正是未被主题化、未被揭示的存在信念，伴随其所有执态的模式之经验的信念，自然而然一同属于体验的现象学内容。但是作为这般它只能被揭示，而不是被作为现象学家的我"一起制作"，作为体验的环节它将借由我而进入现象学的态度并成为主题，亦即我从素朴自然地运作这个执态到搁置它们，成为作为单纯观看它们的自我。

如此一来必要的、根据主要实事（der Hauptsache nach）来说完全有意识实行的,并接近纯粹意识现象领域的方法便被描述了,也就是说作为真正的态度转换它被描写了,它称为现象学还原。在此我们朝向纯粹意识现象的主要实事所进行的观看,称为能思(关于这一点,传统心理学完全一无所知)。对我们来说,透过现象学还原这般意向性的对象便首先被揭示了,它被揭示为意向体验的本质情状(Wesensbestand),而且是一个无限丰富的现象学描述主题。

但同时我仍要补充,那个普遍性,在此普遍性中从现象学家这方面来说一开始就是被运作的现象学悬搁,或者说那个普遍性,在此普遍性中他变成只是对于自己的整个意识生活的不参与的旁观者,该普遍性不仅是在个别意识体验的主题纯化方面展现其影响力并借此揭示其所思的世间情状;它更在意识自我的方向上展现其力量,由此所有的真实的人的(alles real Menschliche),所有动物真实的(alles animalisch Reale)都与意识自我脱离(abgefallen)关系。假如整个自然都变成只是所思的现象,只要其真实的实在性被弃置不顾,则那整个还原到纯粹的心理存有与生命的自我便不再是那个自然客观的经验态度与说法中的真实的世间人-自我(das reale Menschen-Ich)。这样现在就变成了这般被意指的真实者,那个所思的现象。

所有这般被意指者及在其中我在世之人的存在与我的世界生活都被包含在内,但它是一个我的生命的被意指者,一个借由现象学态度而来到纯粹心理的被还原的生命,被他当作与其意向性不可分离者。当然这个运行意指的生命同样而持续地位于现象学的反思场域中。

§7 自我极作为自我活动的中心·意识的综合特性

所指(Noema)前后一贯的展开,每一被意指者可以在相对被遮蔽的能指,即每一次的具有意识的观看及分析之中自我转换。但还有特别的一点是自我中心,那个在我思之中的本我(das ego im cogito),我指的是那个在诸多自我活动中现象学地同一的自我,它被掌握为那个发散中心,诸多发散特定活动的自我活动无不是从这个作为自我极的自我发散出来的。例如,我运作看一个东西,我经验地解说它,理解它并对它下判断,等等。

但自我极并非只是自我活动的发散点而已,而也是我种种感受的收摄点。从这两方面来看,那个现象学上的纯粹自我中心,乃巨大而最终与所有其他主题相互交织的现象学主题。对我来说,这明确说明了所有意识无非即自我的意识。此中也意味着,意识在各种形态的意向性以及主动与被动的自我参与模态中进行了所思的成就(noematische Leistungen),并最终进入成就脉络的统一中——在此已表达出,所有的意识分析同时且最终,即便只是隐含着,都与中心的自我相关。

此外能力与习性也都属于特定的自我主题,而且是真正的现象学主题,只不过在此不拟做进一步的解析。但现象学研究首先必须面对的(固然首先仍是作为向前迈进而阐明的经验)无非是那个纯粹的自我生命本身,那个作为一直向前流动着的"我感知""我记忆",简言之,"我经验""我以非直观方式回忆"或"我活在自由想象中""我正在怎样"等多样的意识生活,也是在评价着、欲求着、行动着的意识中忙碌着。无处不在而前后一贯的主题是意识与作为这样的被意识,能指与所指之本质上的双面性。

在其现象学的纯粹性之中的意识的存在类型，跟在自然态度中被给予的自然的存在类型，两者间的根本差异首先表现于在每一意识中的所指情状所包含内容之理想性（Idealität des Enthaltenseins der noematischen Bestände）。我们也可以说，它在综合的独特性之中表现出来，此综合将每个意识统合于自身，并将一意识与另一意识综合地统一在意识中。所有综合的方式最终都将回溯到同一性综合（Identitätssynthesen）去。而各个意识体验也都是关于某物的意识。含藏其中的道理是：伴随着每一个意识体验的是诸多其他作为真实或可能之意识体验（理念上来说一个无止境的别的如此这般的体验之多样性）预先被揭示，并与之合一，或可能与之合一而形成关于一个相同事物（Etwas）之意识。例如，假如我有感知一幢房屋的体验，则在这当中"存在着"（一旦我们对它加以"探问"便不免留意它），这个被意指的相同房子（那个相同的所指）是在隶属于它的别的感知之多样性并且除此之外别的意识方式之下被意识到的房子。这也适用其他情况，任何意识都是关于其所指对象的意识。据此，意向关系正是表明了其根本本质。这个与意向性相关者，或者与每一个意识所相关的"某物"，或者我合乎意识地所相关者，都是一个所指的极（noematischer Pol），它指向一个总是不断出现的在别的意识体验中的开放多样性，为此他本人则是绝对地同一。据此，意识的根本特质在于，这个对象极（Gegenstandspol），也就是每一个所指的同一性是一个**理念上的同一者**（ein ideal Identisches），包含在其综合多样性的所有非实项而是"意项"（ideell）的体验之中，我说包含在意项之中。实际上，具有多样性的意识一般而言乃是在意识之流中**相分离的**，它不具有个别同一实项环节(reelles Moment)。但显示在明证性当中的是,一栋相同的房子是合乎感知地或依其他方式被意指着,以一种或其他方式被意识到,所以这幢相同的房子,就所指而言,是相同的被意指者,同时也是不折不扣的作为实项的环节而不可分离地归属于多样性环节当中。换句话,我们可以说,它内在地作为意义。实际上,凡是我们谈及意义之处,便不得不涉及一个意项的,该意义可以在实际的与可能的意指体验的开放无限性中是被意指者(Vermeintes)。与之相关地,每一次的意识分析固然都是阐述性的触及具体的个别体验,并在它之上运作指向性——它却总是而且必然地从个别的意识体验引导我们向着相应的意识体验的综合全体(das entsprechende synthetische Universum von Bewußtseinserlebnissen)而去,要是不对在意识中所思地出现者有任何要求的话(它是作为意向的对象性而指向这个要求),是不可能做任何解释的。

据此,意向性的分析天差地别地(toto coelo)有别于分析真实被给予者的方法与成就。例如在现象学目的底下去描述作为这样的被感知者,亦即首先就所举的例子而言,如同被感知的房子,从它的不同的描述维度去加以探索,尽管在不同的特殊性底下(in verschiedener Besonderung),它仍必然属于每一所思。首先将目光放在所思的存在者情状(ontischer Bestand)上。注视着房子的同时,我们探查着房子的种种特征,当然尤其是那些只在此一感知中真正自我展现者。但让我们这么说,我们视之为不言而喻,所感知的房子在实际被感知的环节以外还有更多其他的环节,只是当下尚未被掌握,于是这个关于追问根据的问题(die Frage nach dem Grund)之言说乃是指向下列事实:视域的意识属于被感知房子的所思,此即是说,就其意义而言,真正被见者乃指明开放的更多的规定性,指明未被见者,部分是已知的,部分则是不确定—仍未知的。这个分析不能就此打住。下列问题马上浮现:究竟是怎么回事,如何明证地说明那属于意识现象的预指(Vorweisung),亦即视域意识实际上指明更多的,根本是未被经验的特征?这已经是一项诠释,越出了"视域意识"的体验环节,可轻易确定的是,"视域意识"完全是非直观的,是在己而为己空洞的。我们马上将关联到一个从自身被给予的感知,正是作为明证的揭示(Enthüllung),或者经由一系列提供当下化的多样性作为可能事先被标示的新的感知之充实:一个综合连结在一起的与相连的当下化的连锁(Vergegenwärtigungskette),在此之中我们将会明白,那个连结在感知意义中的空洞意向性实际上而且潜在的带有感知的意义;它实际上是预先地指明新的与新的合乎存在属于被感知者的环节的指涉,仍然未确定但可确定,等等。

在视域阐述(期待的阐述)之标题底下,意向意义的阐述已经从具有直观意义的阐述导向合乎本质地属于自身可能感知的综合多样性的建构。我们建构地产生可能感知的锁链,借此显示,当我们感知地进一步考察对象时,它总是将会看起来如何而且也必定看起来如何。于此,显明的是,同一栋房子将持续不变地①被谈论,相同的存在者(作为在可能的多样的所思的锁链中的同一者)以及那个在直观的如何中实现的"房子";相同房子的每一个个别

---

① 译者注:原为 unterscheidet,疑应作 ununterscheidet,方符合前后文之义。

感知在一个主观的如何中带来相同的，并带着一个关于它的实际上被看的规定性之不同情状。类似的情况适用于外部经验之所思的其他描述维度，例如那个被称为**视角**者。就被感知的事物来说，那些真正被直观者是这样运作的，每一个真正的直观环节都有**其**被给予方式，例如，在每一个个别的视角中视觉地被给予。此视角一再即刻指明自身之物的可能新视角，而我们将再一次地，只是朝不同方向看去，关联到自身之物的可能感知之系统。

另一个描述维度会再度涉及**显现的模式**，这模式经由对相同之物的感知、滞留、再回忆、前期待等之间的根本差异而被规定。如同即将显示那样，这也导向意向性的阐释，该阐释透过方法上的澄清建构地越出每一被给予的体验之外，而该项澄清则处在隶属于建构的综合多样性中。再一次地，相同情况也适用于那个透过意义材料与效度模式所标示的描述维度。所有这些维度都是合乎视域地被规定，而且需要视域的揭示与那个借此细磨（Märenden）的意义维度、意义阶段。

为了使得它成为明证的，那个隶属于现象学的心理学并实质上隶属于意向性分析的不可穷尽之任务有着一个完全不同于在客观中，或自然范域中的寻常分析的意义，前述做法将是足够的。意向性的阐述有着诠释性的能思——所思解释的独特本性。就扩大的意义来诠释，而不只是在直观具体性的特征剖析之单纯意义中来解释。

仍有一点是运行地被完成。截至目前我们是专注于性质分析（eigenschaftliche Analyse）。但分析通常意味着在字面意义底下进行剖析。但具体而纯粹地说，于内在时间性、意识之流当中的意识体验也有着一种实项部分化与相应的实项连结之方式（eine

Art reeller Teilung und korrelativ reeller Verbindung）。但若想要将意识的连结与部分化（Bewußtseins-Verbindung und-Teilung）完全放在整块化与分块化的角度下来看，例如，将一个具体的感知看作由可区分为部分块状与阶段之内在流程所构成的统一体，将会是可笑的。每一个这样的部分及阶段本身又都是关于某物的意识，本身又有着关于某物的感知，作为这般而有其感知意义。但千万别这么以为，个别的意义会整合成那整个感知的统一意义。在整个感知的每一个阶段中所进行的部分感知中有着对象被感知，其整体意义贯穿各个阶段意义（die Phasen-Sinne），可说是接近了充实性的近距离规定，但绝非凑合而已，就其意义形态种类而言不亚于整体性的连接。就此种类而言，并非任意意识综合都是持续的综合（而且作为相应阶段-部分分析的基质）。一般来说可以肯定的是，意识作为意识不允许作为这般的意识再与一个意识有其他的连结方式，作为这般的综合，以至于每一个部分都在诸部分中又产生意义，好比每一个连结又产生一个综合地被奠基的意义那样。意义综合——理想存在之物的综合一般是处在作为真实综合，真实全体的其他范畴下。

意识生活总是以作为在己构成意义的生命而流转，而意义又是从意义构成的。在纯心理主体当中总有对象的创生与转型不断在新的阶段中运作着，这些对象显现于意识-自我，总是以这样或那样"接近的"或"别种的方式"而确定或有效；但在有效性的极不同模式里。一个经常而必然属于特别的相互关联的意识生活的本质的前进综合方式是一个所有经验的综合朝向经验统一的。在其中，一致性经验的综合固然会被非一致性给中断，但总是一再地经由纠正而恢复普遍的一致性。所有认识的理性之类型与形式都是那个认识主体的综合的、同一与真理成就的形式。对它进行意向性的澄清是现象学心理学研究的一项巨大任务。

那个我们至今所谈作为在己优先的描述现象学,乃是自我学的。我们思考一个自我,揭示其自身的纯粹心理,他的在严格意义底下的心理的原初经验之王国(Reich)。充分地进行自我现象学研究之后将可能扩大现象学的方法,以至于他人经验及群体经验都包含在里面。于是一项洞见被展开来,一个普遍的心理学在其前后一贯的纯粹性中被执行,而且仅仅只有意向性的心理学才可能让综合的统一性越过主体来到交互主体的现象学。

不仅是一个个别的自我的意识生活是一个在自身封闭而且在前后一致的现象学经验中流转的经验领域,普遍的意识生活也莫不如此,那个越过个别自我的每个自我将与每一个自我在实际上或可能的沟通当中连结。人们可以从自身的内在生命出发并透过其自身的意向性以一种方式去穿透,该方式产生了并纯粹获得了从一个主体到另一个主体的纯粹现象学的经验-延续(Erfahrungs-Kontinuität);这种方式不同于在心理物性经验的主题运作中从人到人们以及动物的过渡(übergehen),这些人或动物无不被看作透过自然而传递与连结的世界实在。在本己自我中导向陌生自我的意向性乃是所谓的移情,在这般现象学的纯粹性中人们可以引进它(ins Spiel setzen),而自然则总是保持其被搁置在外的状态。

§8 本质还原与作为本质科学的现象学心理学

到目前为止我们所谈论的,事关一种纯粹心理经验领域借自我展开的方法,该领域乃是一个在持续的意向性阐明中自我展现以及纯粹心灵被给予者之描述领域。我们也一般地论及对我们来说展现于其上的那些该领域一般的基本特征。倘若我们单纯伫留在经验里,也就是停留在单一事实及其一般性之上,去看它们如何在经验过程中自我形塑,而我们对它们的描述只保有经验特质,则于此之时我们还不拥有科学。

我们已经明白,一个作为真正事实的科学的纯粹现象学心理学是不可能的。对于这样一门学问来说,经由现象学方法所开展的纯粹心灵事实需要一个方法学,它能顾及它们的真正意指,也就是它的物性,因而能够进入心物领域(das Psychophysische)去。这绝非我们的主题所在。但之前我们已经提过,借由揭示此一纯粹交互主体性之领域,正如它在现象学的始终一贯以及纯粹被运作经验中的统一体中所揭示的那样,尤其作为实在性的与可能性的,一项本质科学得以被确立,此即封闭在自身的本质纯粹现象学心理学。

那么现象学的先天性是如何达到的?人们千万不可以把它当成一种过度热情的逻辑密教(eine überschwengliche logische Mystik)来看待。反之,获得一个纯粹先天性的方法全然是清醒的,人人可知的,在整体科学中被使用的方法,无论它是在反思性的澄清与该方法的最终的意义诠释中如何缺席——犹如所有的认识方法,它只能借由纯粹的现象学来完成。这样的方法必然可洞察到纯粹一般性,它无关于任何事实的设定,而只关联到作为纯粹可能事实的自由被设想的可能性之无限场域,该场域正是必然预先规定了作为可能事实的可设想性的规范。一旦显现了,这样的纯粹一般性便是纯粹的理所当然,就算它们不是透过严格的逻辑方法显现的。在纯粹一般性之上,那"无法被设想成别种可能者"便一再地可借由矛盾的显现而被试炼。如同在自然领域的那项洞见:那个关于每一个作为纯粹可能性直观地可想象的,或者每一个可设想的物体都具有扩延物的时空因果基本特质、空间时间形态、时空位置,等等。

我们如何得知这些?现在我们从随便任何的物体例子出发,例如事实性的经验,也让我们把事实性搁置一旁,而让我们在任何一个例子中演练自由想象—变异,去产生自由随机的意识以及可如此随机产生的变异项之界域。但这仅仅是粗略的开始而已,更深入的研究表明,这仅仅在相应的精确诠释中适用于局部的一般性。在变异的持续自我重叠里出现了一个贯彻的一般本质形式,一个必然保留在所有变异项当中的不变项。而且不仅仅是作为事实上在实际上直观地被产生的变异项的普遍者,而是"所有"在随意前进而产生的变异项。只要它是这般直观地自由变异的主题,每一个经验的物体事实都有一个在这个非常自然的方法论中自明呈现的、必然无法摧毁的形式风格——那个所有物体领域。

如此一来,我们正是可以公开地从现象学经验或经验可能性的例子出发,演练自由变异,纯粹而必然地朝完全(Überhaupt)向上提升,并勾勒现象学主体的全然不变风格,也就是作为一个纯粹自我的主体与整个自我群体的主体,即一个具有整个能思与所思等的意识生活。也就是在这种方式底下,现象学家乃持续地不仅演练作为揭示经验方法的现象学还原,而且还演练"本质还原"。在相关于现象学经验持续而统一的场域之情况下,现象学于是成了普遍科学。其主题在于：去研究这个场域的不变形式风格，这个无止境的丰富结构—先天自身，身为在交互主体中的个别主体之纯粹主体的先天以及交互主体的先天自身。没有任何一个自我可在欠缺自我意识的情况下被想象，也无法在欠缺感知、自我回忆、期待、思想、评价、行动等情况下被想象，同样不能没有那个所有这种意识都转换成"仿佛"的想象。而没有一个感知本身不是作为具有其形式风格者。同理适用于其他的意识范畴。

所有这般浮现的概念及命题都是先天的，其意义相同于纯粹逻辑与数学的真理。真正的先天无处不预设了变异与达到无条件完全普遍的转换，那个自由随意性的意识模式，并非只在字眼空洞的模糊思想中运行，而是在实际的直观、实际例证直观的产生中运行，而当该直观是作为纯粹的普遍化被要求时，正是必须在运作的经验中被揭示的。就带着意向性含义之视域的现象学经验而言，我们可以说，通往真正先天之途径往往十分艰难。明示的现象学经验本身就已经是方法成就上的困难实事。在本我学态度中去运行变异方法，首先便产生了自身**本我**的不变异系统，完全无关于该先天性的交互主体可及性与有效性之问题。一旦人们带进关于他人的经验圈，便会明白，它先天地属于其对象意义（也就是属于他我），本质上可模拟于我的**本我**；亦即，别人必然具有与我一样的本质风格。所以本我现象学（die egologische Phänomenologie）是对每一个本我完全有效的，而非仅对我及我的想象变异有效而已。在还原扩大到现象学的纯粹交互主体之后，一个普遍的先天也自我显示了，而此先天性正是对于还原到内在-现象学与纯粹统一性之中的主体社群而言的。

§9 纯粹现象学心理学对于严格经验心理学的原则上的功用

透过本质还原产生的本质概念都表达出必然的风格形式,所有可设想的实际自我的存在与意识生活莫不与该风格形式紧密相连。所有的经验—现象学概念都在它们之下作为逻辑的形式,如同所有自然科学的事实陈述所借助的经验概念同时也参与了先天自然概念那样。因此那个奠定在先验概念上的先天真理,其无条件的规范有效性对于所有隶属于相应的存在领域(在此是纯粹心理的)之经验(Empirie)来说都是不言而喻的。

依据自然地,为了许多不断丰富的心理学全体我们连结到一个现象学心理学的意指的讨论上。现象学心理学是严格科学心理学的构成之无条件地必然基础,这仿佛可说是(wäre)严格自然科学的真正而实际的模拟。后者的严格性是奠基在先天性之上,在自身学科的先天性之上,虽可能并非被完善构思的一个这般设想的自然之形式系统。经由经验事实之理性回溯到形式的这个先天模糊的经验便参与了本质必然性而使得整个自然科学的方法获得了意义,让所有的模糊概念及规则都屈服于"精确"的概念及规则之下,也就是说,只要该形式是"客观的",便这般地为全体自然之内的所有经验预示了必然性①,在这里,先天性是就量的方面来说的,是用大小及数量来表达的,这点是依自然作为自然的本质而说的。

就一般意义来说,精确性是被每一个真正的事实科学所要求的,心理学自不例外。心理学也是有其主要的基本概念;或者,相

---

① 这里存在着回归观念化以及观念化之假设的必要性。

同地，心理学的经验领域也有其先天结构类型，而特定意义下的心理之物结构类型自然而然地就被放在首要位置上，要是没有该先天性的话，一个隶属于意识的自我（ein Ich zu Bewußtsein）（以及一个自我群体）是全然无法设想的，尤其是实际上的现象学经验之偶然性。此一本质-心理学的现象学揭示了先天性所有面向及维度，而这些面向与维度无不属于能思与所思。它因此创建了**理性的基本概念**，这些基本概念穿透了所有的可设想的心理学，只要它是不折不扣与心理之物、自我及意向性等相关的心理学。

当然，虽说这个心理学是关于心理之物的科学，但倘若这个心理之物在被给予的世界中是作为真实的环节出现，而且本身隶属于自然或归类为心理生理的被给予者的话，那么尽管它本身是精确的首要基础科学，却仍不是完整的先天心理学（die gesamte apriorische Psychologie）。如此一来，心理学也一同奠定在自然的先天性之上。因此它也是立基于经验的以及先天的自然科学而且是奠定在自身的先天性，那个作为这般必须隶属于心理生理之物者，但也是从来未被好好研究过者。①

如同我们先前展示的，纯粹的现象学心理学只有在作为本质科学时才是有意义的。另一方面，现在我们看到，在良好意义下的精确心理学，更好地说，每一个应该获得根据理性（这里是数学的）自然科学的种类理性事实科学的形态的心理学，只要它是在比较广的意义"现象学心理学"来说，也就是说它并非基于模糊的经验或在模糊的经验概念建构中去处理那个真实的心理之物，而是基

---

① 逻辑上理想地被思维之物都只在世界和才能在其同一性中可思想，（一般而言）反之亦然。先天性并非四处游荡的，而严格必然性则必须真正地被产生出来。

于一个普遍的现象学经验以及一个建立于其上的本质现象学本质教义,则我们便可以说,这是基于在心理学的先天逻辑基础上,根据其自身本质性所做的处理。

我们的说明可能会令人以为,仿佛心理学就是众多严格的实证科学当中的一门,也是众多本质科学当中的一门。就在心理之物是作为世界的众多真实情状之一而出现时,它具有那种令人讶异的特质,这些在现象学当中被纯粹探究的特质,可意向地自身关联于或使得关联于所有非心理之物领域与所有任何可设想者。人作为众多实在物之一而存在于世,但人却也有着关于世界的意识,本身融入其中,也因为这个缘故"我们"才可能有一个为我们并作为存在着的世界,该世界在个别情况底下也许有时理据不十分充分,但整体而言却证实为有充分理据,在理论上它或是好的或是不好的,有洞见的或是出错的,等等。对我们来说世界就是从我们自身意识成就来看的那个样子。每一个阶段的科学尤其是意向性的构成体,其真理的意义乃是从个别主体或是交互主体的证明成就所获得的。在科学上有效的理论是一个互为主体成果的体系,它拥有在主体性自身当中构成而不断丰富的客观性的意义自身。作为普遍逻辑、作为关于这般科学的先天形式以及从先天预先显示的科学类型(领域)的科学之科学理论坚守科学的寻常意义,也就是作为理论、作为产生真理的体系。① 于此,那个使得整个真理及科学之得以主观形构的生命是不在主题范围之内的。明显地,一个完整而全面的科学理论将会要求,那个作为主体所成就的构成

---

① 它是关于理论的理论。

体之最终的成就将探究：所有科学（因此任何一个）理性的形式与形态都将被纳入研究中。明显地，该研究将完全隶属于普遍而纯粹的现象学，该学问将包含各个认识理论、科学理论、理性理论于自身。

这看起来像在恢复心理主义。但这仅仅是说，一个普遍的现象学，只要它是作为本质必然地属于能思的所思之科学理论，将会使得我们明白，便同时包含一个**普遍的理性心理学与其成就**——当然在非理性的与整个带有联想称号的意识被动性现象学之旁。但这个理性的现象学心理学就其根本态度来说仍是非哲学的。就算它是朝本质而去，它仍不是哲学的，正如同几何学也不会因为在思考空间时重视空间的先天性便成为哲学那样。在实证性中的理性-理论，理性的心理学理论仍是属于实证科学。然而同时，不仅这个心理学的认识理论离哲学很近，就某方式来说，整个现象学心理学都离哲学很近。一旦它是有理据地被确立而且在其完整的普遍性中被确立，则为了让这整个现象学和理性教义具有超越论的含义，它只需要**哥白尼的转向**即可。此一极端的意义转变由此而生，也就是透过悬搁将那个持续的预设判为无效，这是整个科学实证性，还有那个经验与现象学心理学所依赖的预设：这项预设是有关于依据一般经验而被视为理所当然的前给予而存在的世界。换言之：非事先设定一个世界，这个预先被给予的世界，而是只问，这个被理所当然视为存在的世界实际上究竟是如何自我确立的，这个世界只会被当作所思来处理而已。主体将被纯粹地如此被设定，在其中世界乃自我构成着，主体不再被当作在世界中的动物主体（animalische Subjektivität in der Welt）。一言以蔽之，现象学心理学的还原将被转换成超越论现象学的,如此一来心理学的现象学将转变成绝对的或是超越论的。

II. 现象学心理学与超越论问题

纯粹现象学心理学的理念并不只有对于经验心理学的到目前为止所展示的改革作用而已。从深一层的理由来看,它可作发扬超越论基础科学的、超越论现象学的观念的前阶段。

§10 笛卡尔的超越论转向及洛克的心理主义

就历史来看现象学心理学也并非从自身心理学的需求发展出来的。尽管到了本世纪之初才有了真正的突破,它的历史却会把我们引回到洛克的值得深思的基本著作去,也来到那个受到他开创性的启发而来、经由贝克莱与休谟而形成的重要的下一个结果。在后者的《人类理解研究》一书里我们看到了第一个朝向系统性的现象学前进的推力,一个第一次朝向纯粹体验领域的系统性突破研究的尝试,当然不是在本质的方法和此外在充满矛盾的作为如此的意识生活的感性连结里。在古典的英国哲学里(在洛克那儿)限定于纯粹主体的想法是被心理学以外的兴趣所规定的。

那个朝向内在的心理学是服务于超越论问题的,这个问题虽然由笛卡尔所开启,但没能被他自己依其真正的形态所充分认识,也未带出成果。在第一个笛卡尔沉思中已经可被感觉到,未得到发展,但已经为发展做好准备,那个人们可看作近代哲学的基本动机之想法已经显示出来了,那也是人们基本上可以看作其特定风格的想法。该想法也就是:所有客观的真实物和最终是整个世界对于我们来说都只是作为我们的思维（cogitatio）的真正或可能的所思（cogitatum）而存在（seiend）或如在（soseiend），作为我们自身经验的可能经验内容，作为随着这个内容进入我们自身的思想或是认识生活中，最理想的情况是在我自身，在我们自身的（交互主体的）证实为有效的成就中以最优异的形态获得其明证地被奠基的真理。对我们来说真正的存在也就是真正或可能的认识成就的称号。

这里存在着朝向超越论问题的所有非真正以及真正的动机。在笛卡尔身上这个想法很快地就朝向一个误导他以及误导几世纪的形态去发展了。在看似自明的想法里他用底下的方式转移了自身：那个经验着的以及认识着的主体是依赖其自身的。认识活动在其纯粹的内在性中展示自身。那个纯粹主体内部经验的自我我思（ego cogito）的明见性必然地先行于所有其他的明见性，被所有的明见性所预设。每一次进行认识的自我如何可以超越那些只有被直接明证地提供给我的自身体验情状之外？不言而喻地，只有借助于间接的钥匙！这个间接的钥匙看起来又是如何呢？究竟是什么赋予它们那种神奇的负载力量，使得它们能朝超越意识之外的世界而去？

真正的超越论问题经由那个几个世纪以来误导的实在论连同那个谬误的有效力的终结理论（Schluß-Theorie）的"理所当然"而被曲解了。但超越论问题却同时也被准备着并被预感着，目光是朝向普遍的意识主体与其世界拥有（Welthabe）而去，而笛卡尔的怀疑方法可以被看作开发超越论主体的首要方法，至少是自身本有的超越论本我及其思维生命的方法。人们可以说，那是第一个作为超越论理论与客观科学批判之基础的超越论理论与针对普遍世界经验所进行的批判。

在错误的演绎以及错误的超越论问题转折之情况下,在笛卡尔那儿这个**本我**便成了作为**我思实体**(substantia cogitans)的纯粹的精神(mens),作为真实的、为己存在的心灵(animas),一个只经由因果规则跟物质实体相关的再次为己存在。

洛克完全不具有在第一沉思所开展出来的深度,更不知经由它我们得到对世界以及对心灵全新的洞察能力,于此情况下他打从一开始便把纯粹自我当作真实心灵,当作人类心灵(human mind),对他来说,从明证的内部经验出发对它所进行的系统性与具体的探究应该是那个能够解决知性与理性之问题的手段。无论他的划时代贡献有多大,无论他如何在一个系统性的科学理论的界域中具体地而且在与内部经验的最终基础之关联上提出了这个问题——其真正的超越论意义却因为这个作为心理学内部经验的经验概念给偏离了。

所以他变成了心理主义、理性科学的奠基者,或者如同我们一般也可以说的,也是建立在从内部经验而来的心理学基础之上的超越论哲学之奠基者。

科学哲学的命运仍然仰赖于作为真正的超越论哲学的理据上,过去如此,现在亦不例外,或者说,与之相关地,在对于每一心理主义的极端克服上,这个极端的克服,也就是与这样的一个克服意义相同的是,将原则上的谬误与其超越论上重要的真理核心加以显露。将显示的是,它的持续的,经由几个世纪以来无法克服的力量的根源乃源自合乎本质的意义双重性,这是主体的理念以及所有主体概念所涵摄的，也是随着真正的超越论问题之提出而展开的。心理主体与超越论主体相互关联而且不是偶然的合一的双重意义，对于这点的揭示将和现象学心理学与超越论现象学之间的裂缝一起发生，一者作为理性的心理学之基础科学，另一则是作为在超越论哲学的必然形态中的哲学的理性的基础科学。与此相关，并可被充分说明（rechtfertigen）的是，现象学心理学会被评价为超越论现象学的预备以及入门途径。

我们从澄清真正的超越论问题开始开始谈起，该问题有其不稳定性，故而以往非常适合在偏离的轨道上进行讨论，于今亦然。

§11 超越论问题

超越论问题标示着一个关乎世界以及所有世界科学的普遍问题，但这是一个如此这般完全相对于自然的普遍问题的全新维度，其理论性解答自身朝实证科学伸展而去。

超越论问题是从对自然态度的一般翻转产生出来的，整个日常生活在此自然态度中进行，而实证科学也停留在其中。在此态度中，基于持续的经验，真实世界对我们来说是理所当然地前给予地存在着（vorgegeben），持续不断地呈现着，从每一被感知者出发在向前推进的经验中被认识，而且理论地被研究着。所有那些对我们来说是存在的、曾是或仍然作为存在者而有效者无不属于它，不单单是心灵，就连总是被我们化为己有的非真实的对象，例如语言的意指、科学的理论或者是艺术的理念构造物也无不如此。在世界中它们都是真实物的非真实属性，在这些真实物之上它们是作为物理性的字音或是物理的记号，或真实的大理石之类物体的意义(Sinn)或意指(Bedeutung)。

伴随着所有这些真实的和非真实的属性,那个对我们来说持续作为现前有效的世界乃是所有自然的实践与理论兴趣的普遍主题,就理论兴趣来说是实证科学的主题。直到一项动机发生效用为止是有效的,而且就历史来说也是适切的,乃是让这个自然态度被判为无效(从根本的理由来说,无论是个人或是历史,都必然是第一个出现者)并一举推向一个新的,我们称为超越论的态度。一旦在哲学的名称底下一个事实上普遍的理论兴趣成长起来,在此理论兴趣中作为存在者整体的普全之世界被置入问题,一项这样的动机乃兴起了。它是由此兴起的,哲学的目光朝向意识生活,并觉察到这一点,世界对我们而言就是"**那个**"世界,那个对我们来说现前的,存在并且如在的,就**在**此意识中,作为显现的、被意指的、被证明的,等等。只要我们觉察到它,我们便实际上处在一个新的认识情境中了。对我们来说它所具有的每一个意义,我们必须这么说,它的不确定一般的,如同它的根据真实的个别性之自我规定的意义是在我们自身经验的、思想的、评价的生活之内在性中意向性地被揭示,而且自身在我们主体意识中构成的。存在的每一有效性都在我们自身当中运作,每一个确定它们的经验与理论的明见性都是在我们自身活跃着而且激励着我们习惯性的向前。这牵涉到世界的每一个特性,当然也包括所有属于它的如同其自身的"在己与为己者",虽然我或任何其他人只是偶然地知道它或是不知道。

只要在其完全的普遍性的世界是与意识主体相关的,在其意识生活中它正是作为每一个意义的"那个"世界而现身,则它的存有方式乃获得一个不可理解或是有疑问的维度。这个世界的此一

"现身"(Auftreten)以及"为我们存在",这个世界只对主体有效与只对主体具有奠基的明见性,这一点是需要作解释的。在其空洞的一般性中,对于这个世界原则上的意识相关性之首度认识并未能解释,多样性的意识如何在其不止息的流动与自身转换中可说是完成了,在其之中,例如在感知的形式中,一个坚实的真正物体被当作活现地存在着,但却又是作为一个超越感知的对象,作为一个可以被意识为根本存在着的对象,它很快可以在明见性当中被证实着。要如何去理解一个被称为回忆的当下意识体验使得一个不在当下,特别是作为过去的体验被意识到,而又如何去理解我之前的感知可以在我回忆当中被揭示为明证的。它该如何被理解,亦即一个合乎感知的,也就是作为具有活生生当下特质的当下可以包含一个共同的当下(Mitgegenwart),在那个超越被感知性的可感知性的意义之下。它如何是可理解的,整个真实的感知当下并不穷尽世界,而是永远涵盖无限的多余(*plus ultra*)的意义。但倘若我们不再素朴地在实践或理论的实践中过活,而是将我们的兴趣调整到意识生活是如何运作上面去的话,那么我们整个世界生活之为意识生活与该世界生活处在所有关联中便是不可理解的。

那个在鲜活的功能中将匿名的意识置入目光中的自然反思,仍旧未能让这项似乎回复到被遮掩的脉络的不知名的无限成就(Leistung)变得可理解。

明显地,该问题可以被转移到任何一个"观念"世界去,这是许多科学借由抽象的、与既有世界脱离关系的方式所揭示给我们的,诸如纯粹的数字世界,在其真正"在己"或"真理在己"的世界。

该项不可理解性以特别敏感的方式触及了我们自身的存在方

式。无论是作为个别的或是认识群体的,我们都应该是这样,在我们的意识生活中每一个真实与每一个观念世界都应该根据其所是的模样去获得意义及有效性(作为预先给予我们的,对我们而言现前的,而且是在己与为己的存在的)。但作为人,我们本身却应该属于世界。根据我们世界的意义,我们的意识生活会一再地向我们及我们的意识生活指明,这个特别的意义是在何处才自我形构的。是否还有一种有别于追问意识生活本身以及阐明在其中变成如此可意识的世界之道路可设想?既然它已经获得了,并且总是可获得的无非是被我们所意指的意义以及存在的有效性。但另一方面小心地,如同它所追问那样的,不使得我们卷入到意识的真实性之漩涡里去。在我们继续推进之前,我们还要踏出重要的一步,这一步会将超越论的问题提升到原则性的阶段去。这是建立在这样的认识上,被指明的意识相关性不仅仅涉及我们的世界的事实,而且涉及每一个可想象的世界。因为在自由的联想中我们不断变异我们的实际世界,将它转移到随便一个可设想的世界去,如此一来,我们也毫无疑问地跟着变异**我们自己**,既然我们的周遭世界是该世界。我们在任何一个可能的主体性中转换我们自己,仿佛该主体的周遭世界就是那个每一次被设想的世界,作为其可能经验的世界,可能的理论明见性,在任何方式底下对它加以处理的意识生活:则超越论的世界问题乃从事实脱离出来而变成一个在本质(先天)理论中本质地有待解决的问题。

用另一种方式来说它同样适用于纯数学种类的观念世界,例如数字世界。关于这样的世界我们不能合乎想象自由地思考它会变异着,任何一个努力都会导致排除其等同于真实界的可能性。

也就是说不变性(Invarianz)属于它们的存在类型。但同样地,它们也都明证地不与对我们来说实际上的认识主体相连。作为认识主体我们可以这样变异着,亦即把自己设定为任意可设想的理论主体。任何一个作为能够自由产生理论对象的理论主体能够在其明证地认识构作当中执行,可以产生作为其认识结果的相同的相关观念性以及任何观念世界,诸如数字系列,等等。也就是说,那个与这般非真实者(Irrealitäten)相关的超越论问题自始就具有本质意义而且要求着本质的解决之道。

§12 超越论问题的心理学解决

先天心理现象学的理念之揭扬(Herausarbeitung)为我们指出一个可能性,在前后一贯的现象学还原中依其本质一般性(in eidetischer Allgemeinheit)去揭示心灵主体的自我本质。这涉及了所有明见性形式的本质类型,先是一致性经验的本质类型开始,之后是奠定与保存正确性(Recht)的人类理性的整个结构系统,进一步是可能经验世界或者一致性经验的可能系统之所有本质形态,以及奠定在其之上的科学思想,在其内在性中每一可能的主体性为自身建构起一个在客观真理中存在的世界之意义与有效性。据此,现象学心理学似乎在其系统性的运作中就其原则上的普遍性处理了整个客观存在与意识的相关性研究。它似乎是整个超越论阐释的处所。

相对而言,不容忽视的是,心理学就其整个学科而言,仍是隶属于"实证"科学的。换句话说,它完完全全是在自然态度中的科学,在此态度之中,"那个"世界总是持续地被前给予着,作为完全现存的,并作为一般主题的根基而进行运作。心理学所特别研究的对象,乃是在这个被前给予的世界中所出现的心灵与心灵群体。作为心理学的方法的现象学还原帮助我们就其自我本质性与纯粹在自身的根本脉络中获得动物真实体的心理性(das Psychische der animalischen Realitäten)。

另外,在现象学的本质研究当中,心理性获得世界现存的存在意义——只不过关联于可能(可设想)的真实世界。心理学家就算是作为本质的现象学家也是对超越论一无所知。就算他在纯粹心理兴趣的朝向中将所有的心理生理之物(alles Psychophysische)皆判为无效,它们也都还是真实的或是可能的"心灵",而且完全是根据这个字的相对意义而言,作为被设想的身体心灵,或者在一个空间世界中的具体的人的心灵。

让我们不以自然—世界的,而是以超越论的兴趣为标杆,则整个心理学如同每一个其他的实证科学都获得了超越论问题性的印记(Stempel des transzendental Problematischen)。超越论哲学不能够预设任何前提。意识的主体性,这是它的主题,心灵性(die seelische)不是那个被我们超越论地回溯探问的对象。

在此关键点上,一切都取决于人们在其不会出任何差错的清醒状态下是否持续关注超越论提问之主题意义。

我们曾经从自然的单纯生活之素朴性挣脱出来;我们也可以这么说,我们曾经觉察到一个不折不扣的裂缝(Spaltung),那个贯穿我们整个生活的,也就是在匿名运作着的、为我们构建客观性的主体性和在每一借由这个运作而被前给予的客观性、世界之间(zwischen der jeweils und vermöge dieses Fungierens vorgegebenen Objektivität, der Welt)。这个世界也包含着富有心灵的人们及人们的意识生活。在对彻底而不可免除的与前给予世界之关联性,对自明存在着的,对世界起运作作用的主体性的关注当中,人们以及我们本身显现为意向性的构成体,根据该意向性的构成体客观-真实的意义及其存在的有效性乃自我构成。还有那个相对于偶在的意识而言客观的"相对应"存在以及"在己与为己"存在便显现为一个在意识中自行(selbst sich)构成的意义。

§13 超越论现象学还原与双重性的超越论假象

现在的新任务在于,把这个构成性的主体与被构成的客体之间的相应性弄明白,也就是不在空洞的一般性中去谈它,而是根据世界性的所有范畴类型,根据世界的普遍结构去澄清它——如此一来,我们的工作便在于将被动性与主动性的构成意识成就真正地搬上台面,对我们而言,该意识成就使得意义具有明证性,也使得一个对我们来说有效世界的自我证明之存在具有明证性——所以这项任务显然完全不同于所有实证科学,相对于它们来说完全是新类型的。对于这些科学来说,一个世界之可理解的定在(das verständliche Dasein einer Welt)是前提,尤其是其原则上可认知性的前提。两者都是外于主题的。它的普遍问题在于,这个世界以及一个世界是如何在客观的真理中被规定的。世界是否在客观的真理中,此一问题已经超过任何实证性的问题,而要如何去为它论证的批判性问题,这些都不是我们首先可面对的问题,尽管后一问题已经触及原初的超越论问题了。原初在己的首要问题毋宁是那个被提及的,纯然针对如此这般构成所有可能客观性的意识之澄清揭示，并且相应地针对在其中（以及那个客观化的主体性）出现的结果，针对世界以及作为如此对我们而言产生存在意义（also für uns entspringender Seinssinn）之可能的世界。

如同任何有意义的问题那样，这个超越论的问题预设了一个未被询问的存在，于此存在中所有的解决手段都必定被确认。倘若我们针对我们的实际世界（faktische Welt）提出问题，则我们便预设我们的存在以及我们的意识生活，特别是将之理解为在其不被认识的成就里，世界对我们来说获得了意义，获得了这些经验主体们的世界的整个特定意义。借由本质的提问，我们便在先天的一般性中与一个可设想的世界产生关系，特别是关联于我们主体性之自由可设想的变异，该主体再一次地被预设为作为构成其世界者。当然不可分离地我们的实际我们也在背后扮演其角色，只要我们是这样的存在：把可能的世界设想为构成主体已经如此这般地构成着。明证地说，这个丝毫不被疑问而预设的存在根基（或者，被预设之可能性的根基）不可以与超越论问题在其普遍性中所致力研究的对象混为一谈。

这个超越论提问性的普遍领域是超越论素朴性的整体，这是整个理所当然定在的世界整体。据此，就其整体的有效性这一点而言，毫无疑问地，无论有理或无理，总是要进行悬搁，对于任何真实物我们都不可以多发一语，没有任何现存性可以供我们所使用，无论它是多么具有明见性。这将是悖论——与超越论的提问之意义相违背。据此，所有的实证科学都要受到悬搁的制约，那个被称为"超越论悬搁"者——如此一来，仿佛将产生一个超越论的循环，把超越论哲学，亦即，那个属于超越论问题的科学，建立在心理学之上,尽管那不只是作为经验的科学,而是作为本质的、实证的科学。或同等重要的是:那个建构所有(真实且观念的)客观性的主体性不能够是那种心理学的,也不是那种在现象学的纯粹性中本质地作为现象学心理学的主题者。

但现在我们如何去克服我们的与所有的可能的主体的双重性的吊诡?我们应该是双重的,就心理学而言我们是人,一个在真实世界中的心灵生活的身心主体,而另一方面却同时是超越论地作为一个超越论的、构成世界之生命的主体。为了厘清这项吊诡,让我们做如下的考虑:心灵的主体,那个在日常言谈中被具体掌握的自我与我们,是透过现象学心理学还原的方法在其纯粹的自身本质中被经验地加以掌握的。它的本质的变异(在其先天可设想性的态度中)为纯粹现象学的心理学创造了根基。那个作为"心灵"的心理学主题的主体乃是那个在自然态度中被遇见的世间人主体(Menschensubjekte)。这些都是为我们在此,而我们本身作为人都是身体—心灵地为我们在此,透过客观的外在的统觉,而且最终经由外部感知的主题活动。我们得注意,每一个对个别真实物而且是被我们当作独立的环节的外部感知都是一个经由我们整个清醒生活持续存在的普遍外在统觉;透过此一统觉,整个感知当下(Wahrnehmungsgegenwart)连同其开放的过去与未来之视域都被意识着,作为从活生生的时间性而来的定在的空间世界之不断变换的显现方式(Raumwelt)。

让我们在反思当中朝向这个普遍的外部感知,然后朝向那整个奠定外部感知的意识生活,那它明显就是作为那个整体而在己定在的主体存在与生活,在此之中那个为-我们-存在,那个世界的以及对我来说每一定在着的真实物对于-我-存在——在此可说都是自我构成。这个世界——这个我们所谈论的,对我们而言可以想象的,对我们而言是直观或逻辑地相关者——无非就是这个普遍意识主体性的所思相应者,而且是作为这个普遍外部感知的经验世界。它跟这个主体性是如何相关?它是那个作为自我-世间人(Ich-Mensch)或者作为我们-世间人(Wir-Menschen)而被经验或是可被经验吗?那个现存的,在空间世界中是作为空间世界而现存?但作为人们(Als Menschen),我们对于自身来说是现存的,个别的而且是在群体中,在普遍的外部感知中,而且本身仍是借助于外在的特别统觉。在外部感知中,我本身对我而言是在空间世界的向整个宇宙无限延伸之整体感知当中被给予的;所以在外部经验中我将自己经验为世间人(Mensch)。并非大约我的躯体的身体性是外在地被感知;这个纯然的自然躯体乃是一个抽象态度的对象;作为具体的人我反而是在空间中,犹如每一个这样的其他人也是在空间世界中被给予那样,而且也如同每一个文化物体、每一个艺术品,等等。我的心灵主体以及每一个其他的心灵主体在这个外在(空间世界)经验的态度中都是这个具体人的存在之成分(Komponent),因此是所思的显现者,而且是一种方式的被设定者,一些在普遍世界统觉当中(innerhalb der universalen Weltapperzeption)的外在统觉的相应者。

现在自明的是,那个统觉的意识生活,在此之中世界与在此之中人的存在也是一再地而特别地被建构为真实地存在着,不是那个在其中被统觉或被建构者,也就是并非心灵之物(nicht das Seelische),那个作为人的心灵存在与心灵生活而属于真实世界的统觉情状(apperzeptiver Bestand)。然而为了要最为完整的确保超越论与世界性真实意识生活(例如超越论与真实的主体性)之间的区分,以及为了让超越论主体具有明证性,以便之后得到奠定在其上的绝对而超越论的科学,还有一些动作是必要的。为此缘故,我们还要更精确地处理"超越论现象学还原";系统性的从必然首先被给予的外在经验世界的经验场域出发的入门的方法,向上提升到普遍地构成它们的绝对存在——达到超越论主体。为了让这个提升变得简易,我们不直接执行超越论还原,而是先提升到心理学还原以作为前阶段,也就是作为一个运行于自身之上的进一步还原。让我们再一次回顾心理学家的现象学还原之种类。作为实证研究者的心理学家把心灵的主体当作他的研究主题,对他而言该主体是在自然有效的世界中持续被前给予的。作为本质的心理学者他研究心灵的逻各斯,他的主题根基就是一个可设想的世界整体,同样被当作完全预先被给予的定在着。

现象学心理学的还原对他而言是一种方法,把真实心灵与首先是意向性的生活圈定在其自身本质(das Eigenwesentliche)之中,并将在这个生命中运行的超越设定判为无效或不列入考虑。为了首先获得在普遍-统一体现象学直观形式中的纯粹心灵整体,并由此开始朝向纯粹现象学主体的本质心理学挺进,每一个"不列入考虑",也就是现象学悬搁都必须事先一般地和在一个习性的意志中被完成。在此,心理学者从未停止作为实证的研究者,从未停止对世界统觉之有效性的依赖。一旦他彻底中止该统觉,便执行了哥白尼的转向,该转向会影响其所有生命与整个心理学思考。他变成了超越论的现象学者,他不再有"那个"世界(例如一个作为被预设为存在的可能世界），不再研究隶属于真实体的世界的现存者。对他来说世界以及每一个可能的世界都**纯然只是现象**。不再拥有世界，如同他之前作为自然的人所拥有的那样，他现在仅仅是超越论的旁观者，他观看着这个拥有世界（Welthaben）本身，看着一个世界以及这个世界是如何根据意识显现出意义及有效性，并在经验与经验分析中去揭示它。

若说心理学的内部经验，就其纯粹被当作现象学式的来思考，仍然是一种外在的、世界的经验，则在彻底的悬搁之后，就世界的有效性而言，从心理的内部经验而来的一种新类型的、超越论的经验便形成了，于此之中完全没有任何真实的、空间世界的存在被直接设定着。若说作为心理学家的现象学家总是作为在世之人而处在统觉形式的主题中，则另一方面现象学家对自身而言便非自我，这个人，他作为人的这个身份"被放入括号"了，本身成了现象。他是他的超越论自我的现象，也就是他的自我存在与自我生命，那个在彻底的悬搁中可被证实的，正是那个最终进行运作的主体，其之前的潜在成果无非即普遍的世界统觉。

超越论的悬搁，彻底地针对任何"定在的世界"有效性的运作之判为无效，从此刻开始那个习惯而终究坚决的意志抉择便使得现象学家变成为超越论现象学家并使他开展出超越论经验领域以及超越论的本质。

现在很容易看得出来，那个本有的心灵内容，也就是那个心理学的现象学还原所造就的而且是心理学的现象学所描述的，将经由最高阶而彻底化的悬搁而作为**超越论的**内容被保留住，只不过那个曾经具有心理—真实意涵者转成了现象罢了。作为人的意识、人的心灵等的每一统觉意义给予的内容都在扩充着。

假如那个采取超越论态度，也就是在彻底悬搁的习性中生活着的自我运行意识的反思并且不断地重复这项反思，则纯粹的超越论之物将一再地产生，特别是在一种新类型的、超越论意义底下"内在的"，或说得更好一些超越论经验方式下的。但平行地也可以说：一旦运作那个采取现象学心理学态度的意识反思，不断重复地将反思置于反思之上，则无论它是具有何种现象学之物，它仍旧具有心理学的意义。

正如超越论还原的入门方法，超越论的存有场域是平行于现象学心理学场域的，后者的入门方法在于心理学还原。我们也可以说：超越论的我及超越论的我群，具体而言也就是带有具体的全然超越论生命者乃是超越论的平行于寻常意义底下的自我-世间人与我们-世间人的，后者具体而言就是作为带着纯粹心灵生命的纯粹心灵主体。平行在此意味着：一个根据所有以及每一个跟个体单元及联系平行的相应，一个在完全独特方式底下不同的但又不是在自然意义底下的外在于彼此的、相分离的。这点必须被正确地理解。我的超越论自我是作为那个超越论的自身经验明证地"不同于"我的世间人-自我，但一点都不亚于一个在寻常意义底下的第二个，与之相分离的，在自然的相分离之下的双重性。明证地说，它只是一个态度的转变，一个经由超越论悬搁之中介的态度转变，这项转变把我从纯粹心理自身经验（在心理学意义底下的现象学）转移到超越论的自身经验。相应而言，所有我的心灵所事先遭遇到的那些都将在保存其本有特性的情况下获得崭新的、绝对的及超越论的意义。

§14 现象学心理学与超越论现象学的平行关系

内在于超越论反思,自我同一化乃必然地在其过程中产生了。在我的绝对与最终存在完完全全不是客观的,而是绝对主体——本我的自我在我的构造所有客观存在的生命中,我发现自身是作为在一个统觉的形态中作为世间人-我(Menschen-Ich)的有效相应项,有效地作为客体,也就是作为一个自我客体化(自我统觉)的内容,这个我是作为自身的成就——作为一个加在我自身之上的真实意义的成就——正是属于我的绝对存在。假如这个相互缠绕(Ineinander)是借由态度的改变——但它是内在于超越论的态度进行的——而变得可理解,并因此那个直到个别层次的经验领域的独特重叠也是变得可理解,则那个如此而产生的结果便是不难理解的:那个令人惊奇的平行性,某种程度来说现象学心理学与超越论现象学之间的重叠(Deckung),两者都是被理解为本质学科。其中一个可以说潜在地穿透到另一个里面去。束缚在自然实证性之中的我们建立了一门前后一贯的普遍交互主体的心理学的现象学,一门从纯粹心灵直观所获得的普遍本质学,则一个独特的意志脚步,那个朝向普遍而激进之悬搁的意志,将带领着所有现象学心理学的成果向着超越论转向而去。当然作为主题它还需要一些导向超越论提问的一些考虑。相反地:假如我们停留在超越论的基底而进行一门超越论的科学,我们便能够回到自然态度,并提供所有被超越论地针对可能超越论主体的结构形态的提问者以那些现象学心理学结构的本质意指。当然这些作为超越论研究成果的知识对于那些素朴的实证心理学家而言是陌生的,亦即所有的,特别是现象学的实证性乃是超越论成就的所思构成体(noematisches Gebilde)。

我必须一再提及,如同我们将明察的那样,本质的现象学心理学不仅是个别**本我**的本质学,更是现象学交互主体的本质学。借由引进超越论还原,这个交互主体心理学的本质亦发现其超越论的平行。这一具体而完整的超越论主体确是从内在而来,纯粹超越论地有一些而且唯有如此才有具体而开放的自我社群的整全(das konkrete All der offenen Ichgemeinschaft)。

超越论交互主体性是那个绝对的,那个唯一独立的存在基底,由此出发所有的客观真实存在之物,以及每一个客观的观念世界,无不获得其意义及有效性。在真正的、相对的,因而也是非整全的意义下,客观的存在者简直全然就是超越论构成的存在者,而这项构成在自然态度中不曾被留意而遭遮蔽,因此未能看见那个客观之物不过是意向性的有效统一体,而客观之物只有从一个超越论的意义赋予、唯有透过在超越论中进行的证实以及合乎本质地由此产生的伫留信念之习性才有其真正的"在己-与-为己的-存在"(An-und-für-sich-Sein)可言。

§15 纯粹心理学作为超越论现象学的入门

经由澄清意识主体本属的双重性以及与之相关的本质科学,我们不难理解为何历史上之所以无法克服心理主义的原因。它的力量存在于合乎本质地超越论假象上面,只要没被注意到也没被揭露,它便会持续发挥影响力。

从笛卡尔开始到我们的时代为止,超越论的问题一直都无法真正获得原则上的纯粹性以及科学上的规定性。只有针对无所限制的普遍性所进行极端的思索,在此之中所有可被设想的存在者都是先天隶属于我们,以及从我们每一个人出发总是可设想的主体(而且在此之中它是在其意识成就中完成每一个存在意义以及真理)的意向性领域,才能够导致真正的超越论问题以及针对主体之存在意义与掌握(Erfassung)主体的方法进行激进的追问。而直到借由超越论-现象学还原的建立,下列的认识才得以产生:超越论(在问题中被预设着)意识主体不是一个空洞的形而上学设定,而是一个自身的超越论经验的被给予,但当然是一个诸多特殊经验的无限领域,因此也是无限描述与分析的无限领域。

由此开始一个基本重要的步骤乃是认识超越论现象经验的作用范围,亦即其范围不仅仅限于自身超越论纯化的哲学思考者的本我,更及于在这个本我自身透过超越论移情所开展的多样的他我,甚至及于超越论开放无限的自我群体,在每个本我之中、在本我的相互导向之中它超越论地自我宣告着。

于是,作为严格科学的一门超越论哲学[①]乃会在绝对的存在基础或超越论交互主体的经验基础上成为可能,而不是转向毫无根基的(也就是不曾依据任何相应的经验)玄思,那个总是准备转向神秘形而上学的玄思。

基于对超越论主体的极端的无力掌握,或相同地,基于对超越论还原方法的欠缺,超越论主体与心理学主体之间的裂缝便不曾发生过——这个可说是超越世界、作为构成世界者,同时也是超越论哲学的主题,前一个是本质超越论哲学的主题,另一个则是内在

[①] 严格科学——当然这个概念会从还原那儿透过整个现象学的努力而自我转变。产生可能认识之总体(Universum),并以最终的责任为职责所在的意志,体认到原则上所有在这个理性类型的实证性上的"严格科学"都是不足的。

于世界，作为心理学的经验主题，作为现象学心理学的本质主题。所以认识论的心理学必须在不被注意的情况下（unvermerkt）转变成超越论的认识理论，而评价理性与实践理性的心理学则转变成超越论理论。心理主义因此必定维持不被解释之状态并维持其效力——我说的是那个原则上**超越论的**心理主义——对于一个可能的科学的哲学来说，那是致命的，它完全不会受到纯粹命题逻辑对心理主义的反驳的影响，也不会受到平行的在形式的价值论与实践论的心理主义的影响。

传统的超越论哲学固然不缺辩论的反心理主义，但所有那些对想当然而不够深入的批评加以忽视的人，他们追随明见性，也就是说，肯定超越论的科学理所当然地要回到意识的经验去，在这个基础上，于真正的描述、分析与本质工作当中必定得以成就一个在其特殊形态里的所有理性的原则性解释。只要人们激进地前后一贯地遵循这条路前进，将会有一个纯粹本质现象学的被建立起来（Ausbildung）。在对心理学与超越论现象学（以及其中的现象学理性学说）之间原则上必要的区别有所认识之前，至少将完成那个主要的工作，尽管这个实质上充满意义的解答只有在这个区别之后才有可能。

相对地，反心理主义者陷入了一种空转的形式概念区分与论证里，它与真正科学性的精神相抵触而只能带出极少的成果，这是因为对心理主义充满畏惧而避开了系统而普遍的意识研究，并把这样的研究推给了心理学家。对于例如超越论哲学及超越论心理论的本有意义之最终解释，以及对其终极的克服唯独经由建立本质现象学的双重理念以及经由隶属于它的那种如同我们之前所陈述的激进思义（Besinnungen）才是可能的。

§16 超越论哲学之建构

尽管在那个我们已经熟知的原则上超越论现象学与心理学现象学两者之间就其完成阶段，以及就其意义、同一性的完整自我理解来加以思考的话，是相互蕴含着，然而超越论现象学之建构某种程度地独立于心理学现象学，反之亦然，却是可理解的。1）首先，清楚的是，人们在不涉及心理学（更不必涉及其他的科学）的情况下便可以思考所有客观性的意识相关性，阐述（formulieren）超越论问题，朝超越论还原迈进，进而达到超越论经验及本质研究，因而直接完成超越论现象学的工作。实际上，这正是我在《观念》一书之中所试图依循的道路。2）另一方面，正如我们在这些演讲中所提过的，人们也可以先不理会超越论哲学的兴趣，而从一个作为实证科学的严格科学的心理学的要求之提问出发，指明一门有关于心理之物的本有本质以及一个纯粹心理脉络之普遍性的学科之必要性，而此学科既在方法论上得到奠基，更是纯粹理性的（本质的）的学科，也就是说在交互主体现象学的完整普遍性之上系统性地构作一个本质的现象学心理学的理念，且为它说明理由。然后这个必然现象学还原的特征正是提供了对整个世界的"放入括号"，而就在有效性正是作为自然世界基础之时，一个要去彻底化这个还原的动机产生了，欲在其最为纯粹的形态中唤起超越论问题，进而借由哥白尼式的翻转产生了对现象学心理学的超越论翻转。这个经由经验与本质的心理学的实证性之间接道路拥有其巨大的引导优越性。

a）实际上，透过原则上的一贯性与有意性的超越论还原而产生的超越论态度所代表的意义无非是对于整个生活形式（Lebensform）的改变，而此一生活形式曾被各个自我和我们，此外也包括历史上的所有人类所执行过的;这是一种细微的、绝对普遍而彻底的一种改变,这种改变是针对在既存世界中自然而平淡的存活方式而言的,这些生活不仅表现在经验的、思想的、任何其他活动的方式上,也表现在所有理性方式上。彻底禁止这样的生活与行动,以及将生活的所有态度都建立在超越论经验的基础上,基于绝对异样(Fremdartigkeit)之缘故,必定让所有那些向来习惯那样生活者以及新人感到很难理解。同样一个纯粹超越论科学的意义也是如此。

b) 另一方面,心理学现象学固然也是历史上新的,在意向性分析的方法上,尤其是意向意涵的揭示上全然是新类型的。但就其活动于自然的世界态度当中来说,它毕竟拥有通达所有实证科学的途径。就其理念而言,一旦它达到精准的明确性及清晰性,并至少在一些基本部分上面得到阐述,那么它只需要一些比较深的省思,便可让超越论问题从它本身出发而显得可感受而清晰的,并可进行那个被标示的超越论还原以及现象学心理学的本质学说内容之转变。

在切入新的现象学的这两个阶段中分别存在两个根本困难:就第一点而言,该困难涉及对纯粹"内部经验"的真正方法之理解,而此一方法已经是属于一个心理学的现象学和一个作为理性事实科学的心理学之所以可能的条件,而第二点乃是超越于所有实证性的超越论提问与方法的理解之困难。[①]

就自身而言,超越论兴趣当然是最高与最终的科学兴趣,而且

---

① 从历史来看,超越论现象学是如此发展起来的,首先展开为本质现象学,在其新的形态中它被认为是与历史上的心理学相对立,而且从一开始就是作为对所有超越论解释的最终的基本科学,但首先并未解释真正的意义,正是未能对于超越论问题有彻底的掌握;也就是还停留在超越论的双重性当中。

超越论现象学不仅仅在一个特殊意义底下是哲学学科与哲学的基础科学,而且也是普遍而绝对的科学,它使得所有可能的科学终究成为科学性的科学。在其系统性的开展中它导致所有本质科学之形成,透过这些本质科学,那些旧有的事实科学乃自身理性化,但同时又超越论地被证成着,且自我扩展,以至于它不再对饶有意义的问题置之不理,就如那些被视为过时的哲学问题。据此,于一个科学的系统中,正确的事在于——或说的更好一些,在一个普遍科学的建构中,所有的个别科学将因此不再是枯枝而是活干——自主地在其超越论理论中建立超越论现象学,而且借着指明自然态度有着相对于超越论态度的本质方式,在心理学的实证性当中揭示转向超越论现象学教义之可能性。①

---

① 计划中的第三部分之综观:Ⅲ 超越论的现象学、哲学作为在绝对证成中的普遍科学。第17节:作为存在论的超越论现象学。第18节:现象学与严格科学奠基的危机。第19节:事实科学的现象学证成与经验现象学。第20节:完整的现象学作为普全哲学。第21节:"最高与最终的"问题作为现象学的问题。第22节:所有哲学对象的现象学解消。

B. 附　录

附录Ⅰ　（关于§1）:〈关于近代心理学的发展〉①

姑且不论洛克在基本观点上如何受到霍布斯与笛卡尔的影响,他算是新的心理学鼻祖。尽管主流经验心理学的研究方式以物理学的有效典范为师,但至少多数的心理学家认为在一个重点上心理学毕竟不同于客观的自然科学。就自然科学而言,描述仅是客观方法的单纯过程而已。描述实际所涵盖的,并非客观性本身,客观性在描述过程当中仅仅是间接现身。但根据该心理学的基本概念,感觉材料以及所有那些内有的(innere),心理学的感知中的其他心理生活都在其自身本有的存在中实际地(wirklich)被给予,即便它瞬间消逝而需要心理学的回忆过程才得以被科学地把握住。长久以来主流的经验心理学并不将心灵存在看作超越者来加以研究,而是间接地在理论上被规定。② 于是我们必须概括地认识心灵生活如何实际进行,并就其具体的形态去探讨心理学

---

① 1928年。
② 因此需要一门描述的心理学。这更多涉及从休谟到密尔的心理学发展。

家及其同胞的心灵生活是如何在其已发展状况下被遇到。此外，我们必须以所谓自然科学的方式将复杂，但又具统合性的材料构成体加以类型化及归类，而为了可以认真进行描述的缘故，我们另一方面也必须尝试一项基本的分析，亦即去研究基本的材料如何构成了复杂的统合形态，如何融合成所谓的化学统合单元，这些不再使得奠基性的元素能有所区别的统合单元，并探讨在其本有本质中的心理之物的本有法则性。由此引出了朝向整体心理生活，也就是个别心灵的统一体（Einheit）的内在（immanent）发生之探讨的道路，这是关于发展的类型之探讨，另一方面则是借助于心理生理的脉络走向全幅的心理生理解释。然而以纯粹心灵内有性（Innerlichkeit）以及在其内部经验中进行的成就为前提，所谓心理生理的成就无不是以内在描述的方式去进行的。

于是整个近代心理学的一般风格便在其所有型构（Gestalt）中，首先是到布伦塔诺为止被描述。

一个对于心理学的自然主义风格来说被消解的发酵元素（feimentierendes Element）便位于认识理论发展动机的逐渐深化的效力当中，这是笛卡尔一开始便透过他对感官性以及将世界认识还原为本我我思的批判提供给了近代哲学的，而本我我思正是作为唯一直接而不可怀疑的基础而被客观知识所默认。在我思当中那个被我们称为意识者乃被引入哲学并同时对于未来的心理学来说是作为规定着的心理学的心灵概念而变得醒目，也就是那个纯粹的精神（mens），这是绝对为己的本我，封闭于我思的思维活动，其意识体验中。

他的感知分析也是饶富意义的，在其中单纯的感官材料有别于与这些材料相混杂的判断信念之环节被区分开来。但他是有意而发生的，以便使得下列事实可被理解，它在外感知中所做的，也就是作为纯粹心灵中的内在体验（immanentes Erlebnis），它毕竟可以作为外感知而被给出——质言之，它已经在关联于其外在者的正确错误与否的问题之前。这是判断性的意指（Meinen）所成就的，它是借助于感官材料的一项向外意指活动（Hinausmeinen）。

认识论的基本问题因而以这样的形式现身：这个内在的判断体验如何变成被奠定的判断？而客观世界的存在又如何因此对于本我能无疑地被证明？于是作为超出封闭的心灵的向外而去，朝向客观性而去的意识乃成为近代的主要问题。在莱布尼兹的单子学说中与笛卡尔的动机产生更深的作用，不过都是在形而上学的世界诠释，而非系统性的认识论之形式中。直到康德那里，意识的问题才彻彻底底地被探究着——从根基起规定了未来的哲学运动。于是如下的问题便成为哲学的核心问题，意识——如同康德在著名的致马库思·海尔茨（Marcus Herz）的信中所提出的问题那样——如何可以表象与客观对象的关系？客观有效的认识之可能性如何变得可以理解？①

在自然主义—感觉主义式的认识论中，这个从洛克便已开始而事后在休谟那儿获得回响的认识论，该问题固然同样是个问题，然而在别无其他可能的情况下，这个问题却得到怀疑论的结果；意识的向客观性而去的外向动作欠缺理性的理由，而客观性自身则只是在意识生活中生发出来的虚构。

---

① 基本上这里存在的问题是理解那门素朴的心理物理学——该学问所预设的自然躯体都只能从外部经验的心理体验才取得效力。

针对休谟的理论，康德提出了先验的观念论学说：就算是直观显现的世界的对象，日常生活的对象，那些被自然研究者视为真实客观世界的纯然表象图像的经验对象本身就已经是一个在想象力的先验综合中的构造体，而在高阶段中牛顿物理学的真实对象也已是一个在必然客观有效性形态中受逻辑-范畴的影响而来的先验主体的构造体。无论这样的学说多么不容易领会，也无论它的理解如何优于休谟的怀疑论，它不可能对心理学毫无影响。包含先验而深沉隐藏的成就的先验我可以跟一般意义的自我及心灵保持分离吗？所有这些成就不都必须在极不易触及的每一个心灵生活深处展示吗？这本身不正是一种新类型的心理学吗？凡是关于康德的理论理性之理论所说的，不同样也适用于其平行的，被模拟的构思的提问所引导的伦理理性的理论，以至于一般的理性。不过古老的自然主义式的心理学依旧存在，它依旧在康德思想中保留了一些效力。心灵生活（Seelenleben）一方面作为素材的丛集，另一方面作为意识生活，两者都是从一开始便具有效力，而两者之间所存在的内在张力则未受到重视、取得应有的阐述。直到19世纪那些前设条件才透过在整个世界考察（Weltbetrachtung）中的自然科学思维方式之后续单方面的影响而被充实。

德国感官生理学的伟大动力，那个由穆勒（Joh. Müller）及其追随者的启动的动力，同时便是新的感官心理学之发展的开端，与此同时也重新唤起了对于科学心理学之奠基的认真追求，期待该心理学可以取得与自然科学相等的地位。依据此心理学的脉络，主流的态度乃是自然主义式的态度，如此一来，直到斯图亚特·密尔为止的英国经验论一直被引述，便不足为奇；更不足为奇的是，人们从另一方面寻求各种努力开始引进实验的方法。就在新的生理学与实验心理学得到开展的同时，人们也复兴了康德的认识论以及洛克和其英国后继者的经验主义的认识论。就在想办法避免后康德时代的形而上学式的德国观念论的一般偏差之心态中，人们致力于寻找一条新的严格的科学式的哲学，他们回到18世纪去善用所有未走入德国观念论之歧途的各种资源。

首先出现了这样热情的努力，想奠定一个严格科学的认识论，这是一种关于理论的，但也是关于实践以及美学理性的严格科学。包含康德在内的18世纪的伟大知识论努力，在其自然主义的主流态度中被看作心理学式的；而且那个认识论也被当作心理学的理论来对待。心理学与理性批判的火热关系很快就被察觉了。无论如何，那个认识的意识，那个进行美学价值判断的意识，那个实践-伦理的应然意识以及任何种类的意识都无不被视为心理学的事实而科学地加以处理，它们被放在那些被生理学的心理学所偏好的感官感觉材料以及感官感受之旁或之脉络中去处理。一个判断心理学，一个判断认识思想活动的多样形态之心理学分析与描述应当可为传统的规范逻辑奠定基础并导向其全面而严格的科学塑形；同样地，一个有关情绪及意志的心理学可以分别为伦理学及美学奠定基础，等等。在此历史处境之下由布伦塔诺所开创的转变是可理解的，该项转变是从亚里士多德经院哲学的研究所推动的。在《经验观点下的心理学》(1874)一书当中他构思了一项改良的心理学，该心理学采取一项完全不同的开端，全然有别于混同着生理学的心理学，故而与他同时代的心理学截然不同。对布伦塔诺的心理学而言，感官的感觉及感官的感受并非首要的，该心理学不让所有的心理之物都被视作由这般感官材料所组成的复合体或融合物。如此一来不依循经验主义的感官主义论调，而是在肯定意识体验乃相关于意向对象的情况下，试图阐明内部经验的所有被给予性之一般描述本质。心理学的经验场域就布伦塔诺看来无非内有感知的现象之场域。这个特定的"心理现象"在所有其多样形态中有着一个最一般的，在其中直接可证明的特质，该特质以在一个上一层次的种类中的方式将这些心理现象统合起来并从中促成合乎本质的封闭现象的自身领域：此即意向性。更精确地说，凡是内部经验内有而直观所提供的——所有的特定的心理现象——都有着本有的存在种类，在关于某物的意识之形式之中：表象是对某物的表象，判断是对某物的判断，等等。

就对照地加以表达来说吧，好比在一个物理现象上那个空间的扩延是一个最一般而合乎感知的，单独专属于它们本质特点，在心理现象上乃是对某物有所意识。

附和经院学派所言，布伦塔诺也提到了意向的或内在的非存在（intentionale oder immanente Inexistenz）。

我们的对某物有所意识之方式在此是一个不同的；对某物的表象意识不同于思想的意识；对愉悦之物、希望之物、喜爱之物的方式之意识，等等。意识当然不必被发现，然而布伦塔诺对意识的描述性根本特质之阐明却是具有重大发现的意义在。说任何人都具有与之相关的本有心灵事实之意识，仿佛老生常谈。意识这个字也是有助于标示这些事实的统整之流，这些事实总是位于内有经验中。不过自洛克以来人们便将该领域看作犹如自然种类般的材料之场域,而在关于作为这些材料的意识拥有的内感知这方面,人们丝毫没有担忧。

附录 II （关于§2）:〈关于狄尔泰的讨论〉[①]

如我们所知那样,对于新类型的心理学之绝妙的推进是与他那个时代以多种样貌出现的,对于其奠定在内部经验的描述心理学之要求是息息相关的。而他的描述分析心理学(beschreibend zergliedernde Psychologie)则落在这一般的类型当中。但它还是有其值得一提之处,使它大有希望地突出于其时代之上,并特别地有别于布伦塔诺的有效力的描述心理学。布伦塔诺所重视的是就其心理元素而言与躯体的肉身性之身心混同无所关联的心理体验,如同它在纯粹内感知中被体验那样,而且有其积极元素中反思地被分析(zergliedern)那样。将内在被经验的体验分析或其元素并进行基于对分析有所忠实的描述,后续地又对如此纯内在描述性研究的现象进行描述性的分类,就布伦塔诺而言,这些是必须预先被执行的任务,如此一来,心理生理的研究以及理论解释的工作方可进行。

狄尔泰固然也不缺这些想法,然而他却有新的动机,毕竟他所看重的是历史性的精神科学之普全(Universum),由此而来的主要问题是去建立一个能够适合成为精神科学之基础科学的心理学。那个理所当然随即产生的回到内部经验的要求可以满足这个

[①] 1928年。

目的，于此经验中精神性在其本有的内涵中可自我展示，所以目光从一开始便透过作为关于社会历史世界之科学的精神科学主题而超出了历史生命的个别主体之上，而且指向了在每一个人之中内在统一体地并超乎个人的历史生命自身。

他们了解到新的重点在哪儿。传统的心理学基本上都是个人心理学式的，并且不免受到笛卡尔二元论的左右（也受到心理生理取向的自然主义左右），它致力于探讨个人心理体验及以与自然-躯体相关的个别生理事实间接相混合的体验。所以无论是对于比较新的描述心理学反应，还是对于在内部经验之基础上的心理学之要求或是关于个人的个别体验之方向，莫不以讨论心理的因果关系问题为主。它朝向了内在分析（Innenanalyse）与对这些个别体验或其种和类的描述。他当然欠缺了对于整个较高的问题阶段的理解，亦即对于那些人的作为其生命中的存在的问题阶段之证实。但狄尔泰的兴趣主要在于精神科学的整全领域，故而对他来说首要的奠基之作为在于：从一开始个别心理的个人便被看作在群体生活中的人格主体，也就是在其统整的历史，在其自然而然的历史之中。对于个别的世间人主体（Menschensubjekt）来说这已经产生了一个被改变的主题方向，亦即并非朝向纯然的个别体验，而是打从一开始便朝向了体验之流的整全性，并朝向作为人格的任何心理个体性之纯粹心灵存在的具体之整体，该人格的存在在其行为方式、其行动、其创造活动中自我展示——狄尔泰重视并强调那个内在的"目的性"，那个具有目标（das Zweck-haben）以及总是有效的精神活动着的生命——我们会说：作用于世界之中，活在其中并"受困"于它。如此一来，更进一步地说，该主题并不涉及一个受到枷锁所困的人格，它关联到在其人格心灵生命中的整体性之个体性的被拘束的自由，而在比较高的整体性中又关联到无所不包的历史生命的统整性。现在狄尔泰所触及的是，这历史生命及成就的整个脉络是被当作好比精神科学之普全主题场域那样，彻彻底底是一个内在地可理解的脉络之统整性，之外也触及，就可能产生精神科学的"理解"①来说，那个心理生理的认识方式是完完全全毫无裨益的，所以可完全被精神科学家弃之不顾。他体认到，普全的精神性是处在精神生命的统整性当中，该生命于内在精神经验的统整性当中内在地可被触及，并在此之中，所有的精神脉络，特别是所有动机的脉络，那个特殊的精神因果性，本身都可作为隶属于该生命的生命环节而被看见。② 当然，这个生命，也就是体验脉络的普全统整性首先是被遮蔽的，但就作为其自身而言，却是可以揭示的，可被带到真实的直观中。故而逐渐地，正如同在个别的人身上他自己的生命过去首先是被遮蔽的，却可透过回忆而被揭示。于是，也在完全被揭示的回忆脉络中，我们发觉了那些触动我们的，那些在精神上规定着我们的，以及它究竟得出什么后果来。

从这个新的态度开启了狄尔泰的巨大问题，对于这些问题狄尔泰不知道如何定型，而这些问题都是精神科学的原则性阐明之

---

① 精确地说，理解是对成就，对个别意图、理解的理解，这些成就等等都是人格所意欲的，另一方面说，也是他所苦恼的——这些都未被狄尔泰原初地表达出来。

② 狄尔泰谈及精神科学的脉络——他重视历史生命的交互主体之统整性。但一个人如何从他本有的心灵脉络及其封闭其中的动机出发——我的生命如何被别人的生命所触发？狄尔泰一开始并未看清楚活在群体中的人格性之问题，他毕竟是看到了群体性，只不过仍胶着于体验之流。

本有问题,也是精神心理学之现实树立的本有问题。狄尔泰偶尔触及其中一两个问题,但很快又让它们石沉大海。这些当然在心理学的整个历史中都被遮蔽起来,也一定是特别难以捉摸。

让我们思考下列问题:现代人所熟知的自然主义的传统包含下列见解:人们自然而然地把人看作心理生理的统一体,看作一个自然的躯体,在此躯体过程之上心理材料以其因果的规律方式出现在自身的心理流程中;有多少动物和人,就有多少的心灵,这些都是心理材料的复合体,彼此相分离,既然躯体在空间中都是相互分离的。就精神关系而言,世界无非是一些相互分离的精神的堆砌,而这些精神在此被设想为纯然是体验的脉络。只有透过身体,它们彼此之间才建立起真实的因果关系。其间并不存在现实的联系以及统整性,好比说内在于一个心灵之中并不存在内在统整性于其不同的心灵体验之中,也就是一个持续生命的统一体。心灵与身体之间的现实关系只是生理与心理两方面的纯然有规律之隶属关系,而间接的不同的人之间的现实关系也借此被建立起来,只要从躯体性的身体到另一个躯体性的身体之间存在着生理的因果性流程在流动着并因此将它们自然地联系起来。那么如何会有一个内在的纯然流动于精神与精神之间的纯粹精神脉络会被建立起来?据此自明的是,那些朝着内部经验中的诸体验之统整性看去的人,以及要求将一门描述心理学理所当然地看作心理学科之首要学科的人,只会意指一门描述性的个人心理学并将它看作可能的。

在狄尔泰看来,相同的情况也要求着精神科学的一项奠基任务,毕竟社会-历史的精神性终究将我们指引到参与的单独的个人中去。就他关于描述-分析的心理学的任务具体所说的以及透过范例性的分析所暗示的,他以这样的方式展示,精神科学的每一个别主题总是必然回溯个别心灵之内在性之过程与脉络去。就我所知,没有任何迹象透露,他对隶属于个别心灵的内在脉络之理解是那个他的同时代熟知的自然主义的心理学。

另一方面,他的目光是朝向社会的交互主体性及其精神脉络而去的。这里所欠缺的,正是带着纯粹精神结合的群体生命的纯粹精神社群的真实问题(wirkliche Problematik),该事实自身的明确指明在于,对精神的自然主义式的撕毁①之错误指明了个别精神的堆砌,如此一来,也使得其问题显而易见。② 让我们深入地了解任何一个具体的精神成就,则将会发现,该成就会完全满足一个独一无二类型的认识兴趣,例如,假如我们想了解拿破仑三世与俾斯麦之间的政治对立关系,或者,一个在有创造性的人格及其历史阶段中的艺术或科学的有创造力之精神构成物的形式,又或者,在欧洲生活的形成过程中,那个诸如当代的中产阶级或劳动阶级之类的人民阶级之形成。无论选取任何范例,我们将会看到,所有

---

① 重点不在于,传统上自然主义式的,特别是19世纪心理生理学取向的实验心理学想要成为"精确的",以精确的自然科学为典范的心理学带着不可被经验的假定元素等等而进行操作,但也正因为如此而对精神科学毫无益处。而那个布伦塔诺以及所有其他同时代人的描述内在心理学也都没益处。——主要缺失在于自然主义,这是连狄尔泰也看不透的缺失。

② 每一个参与社会生活的人都有其自己的生活。如果用传统心理学的眼光来看,将它看作所谓单子式的封闭整体或是心理素材的分离脉络,则这样的单子如何可以与其他单子合成社群?一个单子如何促使别的单子去行动?客观精神如何出现在世界上以作为社群而成就?又如何能去理解那个将社群中的所有心灵连结起来的内在脉络?

依据自然主义的方法之解释方式以及借此所有被引进或对于心理生理的因果关系以及因果法则之追寻都是被评价为一种后设基础。我们看到,我们将仅仅被引向那个纯粹人格——精神场域的脉络去,也就是那个一般精神流动的、历史的场域脉络去,并且,所有历史的精神性都构成了一个透过所有人格而统合起来的封闭脉络,它事实上可被纯粹的精神经验所企及。

个别人格以及历史精神性的内部经验表明不同于传统意义下的"内部经验",亦即我在自身中所发生的那些经验,假如我反思我的作为在我的生理身体性之上的客观时间之附带事实的心理生活并就此描述之。

现在人们会说:我们之所以都是相互对待的存在之物,只是因为外在的感官经验,这些存在于我们的身体之间交互作用的经验。也就是说,在此之中心理生理之物扮演了它的角色;所以要是没能跟心理生理的因果关系拉上线的话,要如何能建立起一门真正的精神科学?这里存在着一个巨大的吊诡,一个莫大的难题,这会使得精神科学的认识理论遭受挫败,也导致每一个心理学都走上回头路,让它们都错失其完整而本有的任务。因为吊诡地说,完整而令人满意的精神科学成就是不需要用到心理生理学的,所以完满意义地也容不下该学问的共同作用。吊诡是全然可消解的。但这要求一个新的对于精神性的掌握方法,透过该方法,精神性将以纯粹内在的精神性被掌握。此中的前提是:完完全全免除了历史上的偏见。为此我们又来到新的现象学之前了,它提供给我们一条导向在其纯粹性与统合性之中交互主体性的道路,而基于这项纯粹而普全的精神经验,一个先天的结构学说乃被奠定了。

与该历史的心理学之巨大缺失，也就是无力处理心灵存在与生活的统整性，也无力处理群体精神生活与经验的统整性不可分离的是，一项同样未被狄尔泰掌握并克服的缺失。未被看见的是那个有关于精神构成物之客观性的激进问题，这个精神构成物是在个人的生命中作为其个人的成就而出现的，也是群体化的人格性之这般构成体。

无论我是认识一项真理，提出一项证明，建构一个理论，构思一个目的理念，抑或作为美学的作品诸如此类，这一切都是在我的心理生活中，在我这般被组织起来的活动中所形成的"构造物"①。然而一方面我进行构成的活动是在我的流动波浪的生命之流中前进，这些构成物却是一个具同一性的持续存在者，在其相关活动的"重复"之中，它并不仅仅只是多样化地保持相同而已，而是具有同一性，且具有交互主体的同一性，例如一个理论或一般被产生的旋律等。在保持其同一性之情况下它们都是我的延续性生命当中的持续资产，不仅如此，其他与我在社群中共同生活的人也会视之为同一的，且加以内化；社群化的人彼此之间会认识到它是相同者。

所有这类的精神构成物在其种类之中都是客观的，一旦它成立了，就是在我们之间作为对所有人都可触及的精神资产（Geistesbesitz），那些内在地相互联系着的，能够执行相同的活动并确实执行该行动的人。

作为文化科学的精神科学是和精神构成物以及与之相关的社

---

① 这些"构造物"可都是"心理素材"的复合体吗？意识之流乃是内在心灵的素材流程；人格生命的时间流程创造了这般的精神构造物，它因此并不创造了该生命（该"意识之流"）的新素材，而是超越了它们。

群息息相关的。在该社群之中这些精神构成物具有同一性,而人们彼此之间的意识生活结合在一起。要是不对这些精神构成物的精神意义进行解释,则无法使之被理解,例如在艺术学问中对雕像、图画、文学艺术作品等之美学意义的理解。

另一方面就它们作为精神作品来说,如先前所言,都是精神构成物。它们皆回溯其具创造性的人格性,这些作品无不是从他们的精神活动产生出来的,另一方面也可以说,它们是从历史周遭环境中的多样人格性,也是从国家的人格普全群体及国家的群体之统合性（Totalität）产生出来的。这个统一体是处于历史生命的统整性,在其中这些精神构成物乃是作为对人们来说可触及并且可掌握的构成物而成为精神上有效用之物,它们最终规定了往后的历史阶段并且革命性地改造了历史阶段。① 在此也有新的原则性的问题被提出：关于精神客观性的本有种类的问题,关于和精神经验有关之统整性的问题,该问题不仅仅涉及历史共同体中的个别主体之人格体验而已,也涉及处于该体验的内在融合性之中的群体化人格,在这些体验当中精神作品乃是作为这般而在群体之中,并且是为群体而存在,每一个共同精神的客观性总是在历史的精神世界之统整性中。意义经验也在此之中扮演了其角色,并成为问题,这指的是,这般精神经验的统整性毕竟并不一并涵盖就自然科学类型来说的自然经验,而就任何方面来说一门精神心理学现

---

① 精神作品皆有某诉求的对象,其人性视域（Menschheitshorizont）,于此视域中它们获得意义,而这些意义则指向相应的社群,非仅个别的人而已,每一个人就其自身来说,例如艺术作品乃是针对个别的人之美感体验而发的,仿佛许多个别的人都具有相同的体验那样。

在是被要求着,而且也必须是可能的,它完完全全不是一种心理生理的或自然主义式的心理学,而是纯粹关于普全精神性的心理学,关于其纯粹精神脉络的心理学,该脉络既是处在个别人格之间,也处在这些人格与其构成物之间,更处在各个构成物之间,于是所有这一切莫不组合成一个唯一的精神统整性。另一方面,那个作为生理及心理生理的自然也作为统一体而持续存在并合乎正当性地保持其效力。

我还没有提到一个问题,这是在惯常意义下的与精神科学紧密相关的一个问题,但必须被特别地提出来:关于理性之理论的问题。

附录 III （关于§2）:〈人格心理学的问题〉[①]

狄尔泰在催生一门心理学之同时,这门能够真正实实在在符合社会历史世界之本有本质的心理学,也提供了一项饶富意义的推进作用。他毫不倦怠地致力于澄清被他所透视的自然科学与精神科学之间的区别。只是他未能达到真正激进的,从最终的理论明察而来的是以克服现存的困难的清晰度。这些困难必定是特别根深蒂固,一旦研究者未能就这个意义来说胜任此事,我们或可补充说,它一定是牢不可破了,如果那整个近代的心理学一点都无法就其本有的领域,其本有的问题场域及方法取得明晰性(近代心理学可是在过去将近三百年被不少伟大的人物所认真经营过!)。被

---

① 1928年。

狄尔泰看作特殊的精神科学式的心理学者，被他描述为专属于它的本有问题群者，我们看到，并未超出其同时代的描述内在心理学，这门学科仅仅止步于个别的人的单子内在性中。然而我们未能明了，该心理学如何能得以成为有关社会历史精神的普遍科学。因为我们终究跟随狄尔泰的脚步——透过精神科学直达研究场域，那个社会历史世界的场域——并让我们自身（于此之中当然已经超过了狄尔泰）清楚于该世界以及该世界的彻底歧义性，如此一来我们便看到，将目光局限在个别的人以及他的内在生命之上，那个同一人的纯粹意识生活是极不可能的。依据本质普遍的环节所进行的系统性分析以及描述对于一个完整的、系统性的、带有深度的有关于社会历史精神性之本质科学乃是不可或缺的。它多多少少建立在个别的人上面，而这些人都是在社会化的生活当中塑造了一个人格周遭世界。所有作为个别的人之本质本有之部分，包括其意识内在性，莫不必须被系统性地掌握。要是这些内在性皆为现实的，正如一般人所想的作为一个具体的存在物而被掌握那样，则将会现实地有一个纯粹内在经验，它不同于外部经验而全然是一个人格的内在之物，它与任何外在于人格者皆无所关联——那么它就在有关"精神"的普遍科学当中，在社会历史世界之中必然有项任务要进行，仅仅从内部经验出发去研究人的内在性。如此一来，那个描述的内在心理学乃被规定了。只不过我们未看出，我们该如何由此出发以达到完整的精神科学，那个有关于特定人格的科学。透过这样的描述心理学甚至连个别人格的科学都无法获得，毕竟，如我们所知，作为这样的人格只有作为人格周遭世界（personale Umwelt）的一部分才是可理解的，而且还不是从外在来看，而是从内在来看。因为在其内在性自身中,合乎意识地关联于外在性,人格的存在(personales Sein)乃是作为活入周遭世界,在其中产生作用,被周遭世界所触发,承受其种种影响,诸如此类的。所有一切的人格特质莫不在这个兼具内外的场域获得其经验意义。为了去掌握它,我们虽将人格视为意识的自我,作为在己之自身意识、感知、表象、思想、感觉等而持续存活,但作为在这样的意识生活中它却是关联于显现而有效力的周遭世界,这是在其意识生活中自身被意识的世界,或是思想地,或是实践地相关着。于此之中关键的并不是使得外在现实被忽略的内部经验之意识生活;详言之,那种与所有的身体之外的真实之物脱离关系的意识生活,该意识生活之得以产生,完全是依据心理生理学家的观点而来,意识生活被看作仅仅是人类躯体生命的真实附加之物。于此一意识生活中,人仅仅只是其个别的"世界表象",这是他所表象出的关于世界的每一经验确定之物,他的每一关于他的判断,其中包含他对其他人的"表象"(其经验,判断、评价等),透过表达、知识分享所得知的有关他人的经验,并在此基础上与他们进行协商诸如此类。但所有这些他的表象以及绝然的意识生活,无论好坏都是相关于客观存在的世界,真实地有别于世界而又是真实躯体性身体的真实情状(realer Bestand),它是真实地在己封闭着。"内部经验"之意义所指的完全是那个抽离于外在世界观点中的真实人的经验。我们应该将人的经验限定在作为躯体性身体的真实附加物之意识生活上:无论此人在其意识生活中所执行的世界表象或判断是正确或错误,恰不恰当,都不会对其心理生活的真实性产生改变。它们的有效性是不被过问的。与之相反,精神科学家则这么看意识生活,看人格自身如何存活于周遭世界,如何在其生理性的劳动以及社会性的行为中持续而有效地生活,并在其直接确定性的持续过程中进行着,由内而外去作用,而且在内在性中去拥有及掌握外在性。在此一确定性中我们作为观察而研究的精神科学家将自身设置进入人格的有效性中,执行特定的精神经验,尤其是就下列意义而言,它们对我们而言都是事实,亦即这些被观察的人格本身是在其意识中直接关联于现实的周遭世界,只不过该世界当然是被他们这样或那样地在其生命群体中统觉着,而其人格种类则是奠定在此一内在外在(Innen-Aussen)的关系之上。

因此,所有那些我们到此为止所看到的心理学以及那些尝试用新的方式被改造的心理学,就其自身的主题而言,无不陷入值得留意的模糊性中。它想要成为有关心灵的学问,但非关乎人的躯体,而是其心灵。但它究竟是什么样子呢?当我们说,心灵激活着身体之时,究竟意味着什么?是指人格主宰着身体或是谁,作为意识之流的心灵受制于真实的外在因果性?心灵与身体二者究竟是否同一回事,无所分别,但都有疑问?

但仍有一个对于心理学概念是重要的以及人格性和人格的意识是必要的补充。我们曾说过——暂且跟狄尔泰再一次搭上线——他对精神科学充满兴趣,并因此都被此一兴趣所主导。在心理学的问题架构下他也曾提出有关知识的理论,尤其是作为"描述分析"的理论。他指出,相对于精神科学,这个有关知识的理论具有自身的地位,但又接着指出,知识论的奠基与执行是仰赖于精神科学式的描述分析心理学,该心理学是不会采用实验及心理生理的心理学作为其理论基础的。这里需要提出的问题是:包含一般科学的逻辑（对于逻辑的科学来说具有"澄清"功能的知识论）在内的知识论乃是一门精神科学吗？它可以因此完成精神科学的理论，精神科学的知识论，精神科学理论逻辑的阐明吗？

假如一门纯粹的内在心理学事实上是有所可能的，在此心理学中每一个人都被赋予单子的意识生活，该生活不能从外在于该生命的现实世界而加以理解，又假如这个心理学提出透过所谓内部的经验去展开单子意识之要求，则此一内部经验便不能是那个寻常意义下的反思性自身经验。它不能是不言而喻的事情，而必须是一个本有方法的构造产物，毕竟不能只看到那种素朴地不言而喻的自身反思而已。但所有这一切都仰赖于，人们对此一方法有着科学上的清晰了解，该方法规定了心灵意识内在性的全新意义。对于一个完整的心理学来说所有一切都仰赖于人们将朴实的外在与内部经验之优先性（这是人们必须这么认可的）在正确方式底下与这个单子的内在性产生关联。

传统与现代的心理学都欠缺了这个关联性，就任何必要的自身理解来说都是如此，因为就算描述心理学也不免建立在内部经验之基础上，这个内部经验尽管大受欢迎，却是不清不楚。据此而言，其结果乃是不清楚的，而且严格说来不够科学——那个奠定在激进的自身思义之上的现代现象学算是例外。

以上所言涉及整个近代以来的所有心理学，非仅限于自布伦塔诺和狄尔泰以来所尝试为描述心理学所做的努力以及从此展开的诸多描述性内在心理学。传统的心理学所做的努力以及从此展开的诸多描述性内在心理学。传统的心理学总是借由单子式的封闭心灵生活以及直接被涵盖的"内部经验"。但我们在精神生命中所拥有的现实直接经验却是展现为与世界的外在性无所区别,二者互相关联着。严格说来,我们还缺乏对于被预设的单子心灵领域之源泉和权力的方法之思考,所以说整个传统的心理学本身是不清楚的,其方法基础、内部经验等全都大有问题。

附录 IV （关于§3）:〈作为科学理论的激进逻辑〉[①]

逻辑的任务:成为方法的科学,作为规范与实践的科学理论而起作用。就基本概念与方法而言,它所引起的疑惑不曾较少过。模糊之处:有关逻辑与数学之间关系的争论。正是在此科学处境之中有需要一项新的、全然激进的科学理论。一个普遍的算术结果之任务,这是在历史的"科学"构造物之中已经被追求以及被渴望的,在这是理性的目标,也是其道路。相对于该普遍任务它自身开启了对于特别科学或科学群组,例如自然科学的特别任务;澄清其目标:在有关自然的真理之标题底下什么可以而且必须作为目标而被提出?而从该目标而来的特殊性又会产生哪些方法?

自然学认识论成就的理论——精神科学的理论——这同时产生作为科学的认识理论的"认识理论"之首要概念。这是一个古老的任务。这正是一个普遍而具体特殊逻辑的任务。只不过迄今为主的逻辑未曾激进地彻底思考过这个任务,遑论在方法论上以正确的方式处理它。但被要求的方法之激进主义又意味着什么?究

[①] 1926年。

竟意味着什么？这是下面要思考的问题：这整个努力的目标在于，对整个科学的认识成就做出总结，因此从一开始下列的事实便是毋庸置疑的，而此总结报告的结果息息相关的是，人们是否能够在其事实上不完善的过程中赋予这些预先被给予的诸科学以完整的权利，人们是否不能得出下列结果，亦即某些概念、命题、方法会变得不同，必定会这样或那样地被纯化（gereinigt），这些对于结果自身来说当然是可以并且必定带有被改造过的结果。事实上这些自身一本有的逻辑探究，这些探究是诸如数学家与物理学家一再感到有必要的（作为关于其基本概念与方法的事后产生的批判性反思），而这些探究又是往往已经导致其理论产生转变并且本质上改变了就有结果的真理价值。类似的情况也出现在精神科学中。兰布莱希特（Lamprecht）。

现在所产生的不言而喻的结果是，一个带有疑问意义（im fraglichen Sinn）的逻辑或科学理论原则上不可使用既有之科学的概念、命题或方法。与之相反，我们看到了19世纪下半叶的逻辑急于透过认识论的心理学（Erkenntnispsychologie）为其奠定基础，并以此之作为改良的手段。其动机可谓不难理解。该动机涉及认识的计算结果，而该认识又是有关于在科学标题下所要获得的成就。认识乃是一项人类的精神动作。而今我们拥有的是一门自古以来流传已久的心理学，它是有关于人的，包含其所谓的心灵生活，自然也包含其认识活动在内的精神性之科学。不言而喻，它为逻辑提供了科学的基础，然而该项论证却是毫无价值可言。科学已成为问题所在。原则上必须厘清的问题是，逻辑的职责何在？它不应该只是现存科学的纯技术及方法论而已，仿佛科学本身毫无疑问是清楚自明的,但让我们感到迫切的却是一门激进的科学理论,唯有它才有担保科学可能具有的正确意义。所以这样一门真正的科学理论之原则意义要求我们不能将心理学当作预设。

反过来,如前所言,我们却是发现,在"自然主义"与"心理主义"的时代,逻辑却乐于将自身奠定在心理学的成果上,并认为唯有如此,逻辑才会变得像科学。具体的逻辑也是有相类似的情况。就自然科学,尤其是就其物理学预设而言的自然科学之逻辑而言也不例外。那个有关于从心理学以及从其他科学完全脱离关系,以便为逻辑进行证成的要求,至少对于普遍的"形式"逻辑而言并非新鲜事。这个要求在康德以及近代以来的一些康德追随者那里已经出现过了。

至此仍未有一门激进的纯粹方法被规定着,亦即依据逻辑之真正意义的方法。让我们首先作如下的思考。所有科学的真理价值都被画上问号了,科学究竟可以追求什么?究竟哪些方法可以理性地去指引它们?这些问题都能透过下列方式回答:难道这不等于说,人们必须以非科学的方式前进?人们必须取材于日常生活中,也是源自凌乱不堪的传统习惯中的那些概念、意见和理由,亦即采用非科学的日常知识?就在这样的方式之中,想去建构所谓的激进逻辑,亦即科学理论,将显然是极为可笑的。于此之中人们想要获得有关科学性与非科学性的决定,亦即获得可终极证成之真理的决定之最高论坛。但其绝对的有约束力之法官要求应该除了日常生活的意见之外,别无更佳的基础,只不过这些日常意见不正是因为没价值而受到科学的排挤?毕竟科学是成功而有效地运作着。正是这项动机促使头脑不清楚的人回过头去求助于下列看法,即唯有透过科学的心理学才能够为作为科学理论的科学认识理论进行证成的工作。

那么如此一来,面对这样令人困惑的困难,才刚起步的现象学能够走在什么道路上? 我已经说过,澄清逻辑以及数学之基本概念的激进问题,以及为逻辑以及数学进行真正的激进证成乃是现象学之所以被启动的起源所在。我重复一遍:在逻辑的证成这点上,现象学的方法起了什么样的作用? 在《逻辑研究》的第二卷之导论部分,这是现象学首度在文献上呈现新的意义,我谈到方法,并称之为(在1901年的第一版中)描述心理学的。此一对于现象学方法的首次工作报告结果(Rechenschaftsabgabe)并不十分令人满意。凡是一个精神上新的事物,总是动作在先,而后才有针对所做之动作的自我解释,这并非一件稀松平常的小事,特别是一个仍在强力形成过程中的意义性之需要在完成之后才获得澄清。许多有关于被操作的现象学方法之本有特质及其影响范围之事后的反思往往在此后会导致方法本身在根本上的扩充及深化。

今天我想就有关透过描述心理学的方法上的本有特质所进行的逻辑的激进证成(Begründung)提出下列说明:

让我们衔接上先前所说的部分。将迄今为止的所有科学,其中包括逻辑及心理学,包含其科学概念、命题、方法等带回原点并针对它们提出疑问,并不意味着,就它的任何方面都弃之不顾。假如要为一项信念进行辩护,该信念被自己所持有,但被他人所非视、所质疑,也就是我们把该项信念当作问题来看,则我们便是将注意力都放在它上面了。但就在它被当作问题来看时,之后当它被证成或有必要对它进行改造之时,自然而然我们不可将它当作有效的信念来加以使用，否则便会陷入循环。接下来我们也以此方式来面对各种科学以及同样地那个意指科学的普遍之物（das Allgemeine），只不过，当我们进行激进逻辑的研究时，不会将之视作已然确定的、有效的普遍之物。对我们这些研究逻辑者来说，所有科学，尤其是有关事实的科学现在都变成了仅仅是现象而已，这些都有待我们对它进行批判性的探讨，有关于可能有效性目标及方法的合法意义之探讨。在普遍的逻辑中我们眼中只看到最为普遍者：究竟什么可以在理性的方式下作为科学而被追求？被设为目标，又在何种合乎目标的途径底下？在被给予的科学以及其个别内容中，我却具有一个丰富的范例作为材料——但从未预先被视作确定、有效的前提来使用，而仅仅只被当作意见及被意指者，或者实质上被当作目标而看起来像是严肃地朝目标而去的动作。这将可以十分有利地被当作真正证明的清楚的、普遍的观念之构想的范例内容。

尽管如此，作为逻辑学家的我们现在却不拥有具有有效性的科学，我们千万不可从它们所认定的真理出发，并预先驻留于此，如此一来我们清楚认识到，作为激进逻辑的初学者，我们是不科学的，假如一般对"不科学"的认定是，每一个思想内容、思想过程都意味着，它不借助于那些既有科学的既成方法和理论。就我们的情况来说，在此被要求的非科学性实质上是被绝对的明见性所要求的，因此它不可能具有非理性的意义，也就是说，我仿佛不再受到那些传统迷信的图腾思维（Totem-Meinung）的影响那样，不再使用任何日常生活中的模糊思想了。那么，剩下的会是什么？在什么方式底下我们可以说去利用那些仅仅被看作现象的科学及其个别内容？再说,在现象学或描述心理学这个标题下所进行的研究能成就什么？

让我们思考的更仔细一点,它究竟关联着什么、又必须关联着什么？当一位考古学家遇到一幢对他来说科学意义不明确的古老建筑物时,很明显地,他在意义之标题底下想探究的是什么？一幢建筑物的意义位于它的目的规定性里,犹如任何一个人造之物那样。该目的观念在脉络秩序的实现与部分之物的聚合之中规定了整个建筑物。这里的实际情况是,我们看到建筑物,那个作品构造物以熟悉的方式带着相应而为我们所熟知的目的观念被构造起来,而且明显是材料在合乎目的地适应最终目的,也就是在明见的适当方式底下。诸科学也是建筑物,都是人类的目的构造物,只不过是从精神材料构造起来之物,并且带着客观真理的本有目的。

然而,如同科学的情况所示,我们不免有所疑虑。我们固然可以设想,这一类的构造物是如何变成精神性的,而且我们自身或许正是科学的建造者。但这些被产出的构造物,这些客观真理的构造物都是从根基开始在真正的有效性中一步一步从有效的效力中产生出来的吗？那个在客观科学称号底下者不是有着一个十分有争议性的,模糊的而最终是涵括性的目标吗？在此我们并不受到下列事实的引导,这样的科学已经作为实际上受到祝福而且毫无疑问作为清清楚楚者而呈现在那儿了,以至于我们只需要从其中抽象出那些构成一个真正科学的本有本质来即可。人们可以说:这便是19世纪的逻辑改革者们所犯下的基本错误。

然而当我们必须将现有科学的有效性放入问题中时,亦即探问其科学的真实存在,探问其意愿,目标之设定以及整个构造的风格,在其中该意愿寻求得到满足,并认为已经得到满足,但在被给予的构想之中却明显地被当作现象,我们可以对它善加利用。无论怎么说,它都是精神性的构成物,我们置身于精神领域之中。我们虽缺乏可帮助我们的心理学教义,但却拥有精神之物摆在眼前,这是我们在自身的精神中可带到原初而直接的直观之中的那个精神之物。首先而具体的,我们可以在自身中就我们所发现者去考虑它。实际上:作为初学而激进思考的逻辑学家,我可以内在地进入任何一个所谓的科学之中,投入科学的活动,亦即在合乎意识的生活中,我可以贯彻地经历科学研究的生活,期许自己达到科学研究的目标,并且特别地,例如作为自然科学家愿意研究自然,透过我所要求的所有特殊的目标及特殊的工作贯彻地去研究自然。对于任何科学来说莫不如此。当我这样开始时,我可持续这么说并明显地视之为最必要的,亦即我意愿作为谨慎的观看者,想要在我自身所进行的科学成就中去观察,谨慎地让自身保持在做与被完成之作品,意愿以及真实被完成者之间。我不会想要从开始,从上面,也不会从外在去编织知识与真理,处理科学方法及其结果,理论活动与理论,科学的聪明想法与表达之间的关系。科学是精神的成果,而且不仅科学整体如此,而且每一个个别的、每一个最个别的被构造出来的科学无不是精神的构成之物,那些被意指以及被制造出者乃是原初的,亦即作为自身,它只是鲜明精神性的产出中被给予。这是一个不言而喻的事实,明显地对于所有科学而言皆如此,无论我们所探问的是哪一类的作品。想去理解它无非即是去探问完成作品之师傅的想法、目标及生产的行动,并自身去设想(如同我们在未反思的生活中已做过的那样),内在地去模拟。

特定的精神构成物都具有本有之物（das Eigene），而这对于所有的真理皆适用，这些真理都是在与其首先的实现同一之情况下于设身处地的动作里被实现的。如同我们将听到的那样，它的存在类型乃是一个理想意义的存在类型，只不过化身于一个感官的形态中；但意义相同而且可重复，特别是在一个进行实现活动的精神主体之中。假如我们一遍又一遍的计算，2×2真的等于4，该是如何？在此我们所拥有的乃是作为精神构成物的这个真理，2×2与4之间的等同性是内在地一再产生，但同时也是一度自身产生出来的。我们现在拥有了真理自身。

如此这般地进行着，在科学如何内在地一再被产生的例子上我们有着许多值得考察之处。首先，我们创造了一个自身独立的存在领域，它固定地存在于有关科学有效性的决定之前，亦即在科学所创造的概念构造物的正确与否之决定前。我们以特别方式停留在我们的本有生命之内在性之中。我们所意指的以及我们拥有的被意指对象，它们都直接在眼前被我们所拥有，正如我们所拥有的那样，我们便愿意接受它们、坚持它们并描述它们。当然，那些科学家所执行的相同结果严格地说并非等于我们所执行的结果，尽管我严格地跟随他的动作的意义，并自身行动地在我们的本有生命中实现了它们。因为科学家直接地思想并研究其主题，无论是自然或任何其他对象。但在追随他去做这些动作之时，我们是自身的成就活动及成就内容的考察者。我们的主题不再直接是那个自然，而是有关自然的认识与知识等。现在，我们将认识的成就纯粹当作这样来看，如同我们自身去体验它那样，就核心来说或更多来说，如同它在我们自身的注视中被给予那样，严格地去做而不以其他方式。亦即，在任何一个相关的科学活动中作为成果构成之物，作为结果所呈现的，并非只是单纯如此，而是我们反思自身的行动以及其形态，并严格地视之为如此，如同它是在注视的态度中主观地而且是可掌握地，在实践性的行动中可自我形塑；在此我们不厌其烦地深入研究所有那些在认知功能上加工者：也就是持续的纯粹自身认知。所以我们便直接地针对下列事物追求创造清楚之特性：在科学的行动中作为行动，那些位于科学的生命中作为成就者自身之物。在这个完全主观的场域我们愿意栖居其中、进行描述，并附带地创造描述的概念。创造所指的是：并非从心理学挪用概念，而是原初地以新的方式创造它们，将那个朝我们而来者带到忠实的普遍之物的表达之中。

首先让我们从一个概观开始，之后慢慢地带着内在直观（Innenschau）越挖越深，达到普遍的概念建构以及对更新的深入阶段之描述。在所有的科学之中都有理论，被意指的真理，在原因与结果的相互关系中被追求，而所有一切莫不是基于直接或间接的明见性而被获取。现在清楚明白的是，无论我们进入什么样的科学里去，无论这些科学具有何种良好意义，我们都不能利用它们。我们可以再次强调，在所有的科学当中都具有一系列系统地相互构造的表述被提出，它们应该具有被证实之真理的特质。首先它具有一个出名的、好的、可被体会的意义，尽管它是仍待厘清的。这里我们马上具有对一个普遍逻辑而言的考察场域，而该逻辑乃是非科学以及这般极端认真所开始之处。在表述之中，我们理解了表述是什么以及真实情况是什么。

在前一次演讲中我们清楚地了解到，一个激进地被证成的逻辑将会放弃其本有预期的本有意义，假如它要使用那个历史地发展而成的这样的精确科学作为其本有的逻辑主张的话。假如这些科学都是如其所愿，是客观有效科学的系统性结合。都是透过能保护真理的有效性之方法而证成的话，则一个普遍的逻辑将会以别的方式被提出。它可能只是就诸科学具体能够完成者提出这样的任务，亦即带出普遍的概念；它便只需要从持续进步的科学之既有结果去抽离出本质的普遍之物即可，而那个科学以及科学方法的普遍种类便会被提升到原则上的意识。如此一来，一个科学认识的记忆便毫无困难地被奠定下来，就被前给予的科学之完善方法论而言，它将会抽离出普遍的实用规则，以便知道如何贯彻一个严格科学过程，也知道如何避免会导致诸如错失终极真理的主观危险。此一科学的思想技术将会宛如一项战争的技术，后者从被前给予的已完成的战略性及策略性之成就的杰作所引导，在系统性的方式努力提出完美的作战方式并加以证成。

但我们并非在如此有利的情境下。并没有一门被前给予的科学是相应于那个有洞见的被证成之终极有效性的成就一切的理念，没有任何一门科学可以提供我们以一门有助于完成只是普遍化的并在实践上可资利用的理论性及技术实践逻辑的具体抽象之材料。它所需要完成的完全是另外一种激进的逻辑，它将所有的被前给予的诸科学都"放入括号"。或者转换成人格的说法吧：我们认为这样的科学情境是令人难以忍受的，这将促使我们更想弄清楚，在科学的活动中被追求的是什么？在"科学真理"的标题之下被追求的知识目标又何在？而为了达成这样理性的目标有哪一些方法是必要的？这么一来，我们便不再能够预设任何的科学以及其命题、方法等是有效的,遑论以之作为基础,我们首先必须对这些设定有所保留。这些科学对我们来说,在我们的激进的逻辑思义之中都转变成为只是现象而已,但这是我们无法忽视的现象,就算我们对其有效性的要求有所保留,反之,我们将之视为研究的主题来对待。那么这些研究将是怎么回事?而现象学的描述又是存在于何处?这些描述是从最初阶段的现象学出发而获得激进的逻辑确定性者,而这些确定性又可被称作描述心理学的确定性。

现在科学被我们仅仅当作现象。那么,我们如何可以或必须研究这些现象?当然,必须完全不同于其他方式,仿佛我们仍旧是这些科学的学生或有助于推进这些科学的研究者。这么一来,我们便依据科学的明见性而行,它的效力及适用范围才是问题的重点;我们将会把它们的论据以及结果视为有效而加以接受,并在此基础上建构新的有效性,不再从现存的有效性出发,而是将它带到普遍怀疑的新形式中去。我们对科学的激进研究(就科学性的视线而言)将走向另一个方向去,而且在我们也称之为悬搁的那个新的态度中进行着。

让我们思考,也让我们使用人格自我的说法(die personale Ich-Rede),则任何一个对激进逻辑之物感兴趣者都会追求那个完全人格地是为己的清晰性。他会执行相关的思义,什么是在科学、科学判断、追求科学的真理并以之为目标,构造科学的基本概念,确立科学的根本真理、科学的推论、证明,建构理论等标题下被意指的、被追求的、可被理性地获得的。那么我必须如何去执行这些思义?显然我必须从科学如何透过语言及文字自我表现的外在性转移到内在兴趣,在此内在性之中,那些被说出者、那些透过文字表达而成为客观存在者是根据其意义即意指而内在地被实现。这样相同的过程也是对于包括科学在内的客观文化的任何形态（Gestalt）来说都是必要的。其外在的实现可说是一个内在意义的肉身化。就作为精神构成物来说，它们必须在精神中以及当下进行再次理解的精神中可回置于活生生的形塑及自我实现中。我不会只专注于单纯的感官音调或书写和印刷的符号之上，而是在我本有的内在性质中去再次产生那些使得被听到的语音、被看到的文字符号以及隶属于它们者得到被激活起来的意义。首先我将自己置身于科学思维，研究探索，论证的、证明的以及理论性的活动等的姿态中，正如同有意义地与合乎意指地有任何一位科学家当中所发生的那样。在某个方式下我变成了科学家，我说出来，我思想着，我制造概念与命题，得出结论与证明，等等，我是科学家——就在改变态度之后。因为我并非认真地想成为数学家或物理学家等之类的。我的主题并非在于自然，我的目标并非有关自然的真理，我的主题也不在于艺术或宗教，或作为历史事实的科学——仿佛我是精神科学家那样。我让自己置身于一个或另一个科学的种类里去，进入其特殊的活动或是特殊的信念，以便去理解它们，并且弄明白，假如真的去操作任何一门科学的话，我会想要得到什么？什么样的结论可以理性地被获得，又哪些途径是相关于目标的。我所要获得的是范式性的材料，以便透过它直观到，科学究竟如何可以获得理性的意义，而哪些原则性的形式又可以就其目标设定、方法、其结果的真实性、其真理与理论来说可以被固定下来？

清楚的是，我首先至少必须全然在我自身之中，在我的本有内在性之中具有我的研究领域，我必须从科学的客观外在性转向内在，并纯粹研究精神追求，行动与产生（在此之中这些被意指的真理与理论都成为人的产物[personale Erzeugnisse]）之内在性。仅仅当我不再只是外在地、间接地去研究其科学动作、其思想以及思想的构造物等，而是自身执行科学的动作并在自身中产生科学的成果时，我才可以直接看到，是什么在进行着，是什么被欲求着，又是什么真正地以及透过何种途径被达到；我可以直接验证，那些被获得之物在何种程度上相应于我自身的科学意愿——正是透过它我才根据真正的目标做了揭示。假如我不是在自身中原初地体会那些相同的意愿与动作，则我如何可能去解释别人的欲求与动作？有关精神成就的最原初的清晰性仅存在于我自身也执行一次该精神性的成就，并在我反思的态度中，在我对于我的动作以及进行过程的阶段。假定我真正明确达成了这样的成就，并在反思态度中，考察性的追踪之中达成了对于所有我的动作各阶段以及过程的直接直观，则我便不言而喻地解释了别人的带有相同成就的同一类动作，可以根据其构造环节而加以分析并描述。

作为一个新的起始的激进逻辑学家，我将我的目光转向了我内在地所发现者，这时我体会到那个科学的追求活动；如同在我自身被给予那样，我在原初的明见性之中纯粹地掌握到它，也就是在纯粹的经验中，在不被我逾越的情况下我对它做了解释，并就其可资区别的元素加以描述。我并不将这些描述性的普遍字词及概念当作如下这般，如同它们在一般的用法中是被不稳定又不清楚地使用着，也不是如同在我满足于其实用目的的情况下而去使用它。只要我不能够从纯粹的经验去验证它，我便什么话也不说，关于这些普遍概念的字词我一概构造出新的意义来，以下列方式来进行，亦将这些相应的普遍之物自身带到我的直观来。举例来说，假如我描写作为判断的某些科学领域中的内在显现之物，则我便一再地执行这些判断的动作，并在任意一个作为被判断者之中发现某个在判断之中自行形塑的构造物。就在我发掘它、确立它之时，一个普遍之物对我凸显出来：这类情况总是随处发生，只要我遭遇它们，只要从此开始它是被视为"判断"作为同一地被确立的普遍之物的个别性。反之：假设将来在我的科学生命与成就之纯粹内在呈现之领域中我利用判断这个字词，那么我便会牢牢固定住那个原初地被获取的普遍概念判断，并使自己确信，就我的现象而言除了将出于原初直观者表述出来之外，我不再说其他的，也就是那些在日常生活的模糊语言中附带显示的那些意见都不是我能说的。无论怎么说，我都只会执行一项纯粹的描述，这些描述乃是奠定在纯粹内部经验与直接分析和直觉的普遍化之基础上的。

假设在朝向本有主观被发现之物的方向底下我将一切都称作心理之物，尤其是那些属于我的本有心理之物，则我可以去论说关于描述心理的过程，只要不忘记，作为客观科学之一般心理学，它是研究人与动物之心灵生活的，此外，它也研究那些在别人的以及我的内在性之中所呈现之物。值得留意的是，作为激进的逻辑学家，如前所言，我理当不能依赖任何科学，心理学也不例外。无论我在科学认知，亦即首先是在我自身中所带出之领域中所进行的激进逻辑描述与客观的心理学有无任何瓜葛，也无论该心理学是否完成或必须完成类似的或相同的描述，都与我无任何瓜葛；因此假若在我的《逻辑研究》一书中老早避免使用描述心理学这个名词，而早已如同在第二版中使用现象学一词，那便会更理想一点。

我所追求的，纯然在于，弄清楚，科学究竟可以具有什么样的可能而合理的意义，尤其当我首先思考科学性的探索之前。我也可以说：我给自己设定如下的任务，透过激进的思义去弄明白，我如何成为真正的科学家，如何在我科学的动作中可以带出真正的科学来（这是一个对我而具有实践上以及理性上可洞见的成就之科学）。其成就显示，我可以事后透过对其他科学家的动作之移情式的解释认识到，所有这些科学家莫不想要追求相同之物。这一做法一点也不稀奇，反而是极为平常，因为人们无不怀抱这些目标，只不过最终未能明白，其目标以及达成目标之途径的被理性规定或限制之形态之可能性究竟是如何？

基于从开始以来的思义（这些思义都是刚刚被我们一同完成的），我非常明白，我必须在自身之中将被带到科学之路的人格内在性以直接反思我的科学生命及直接描述之方式带到清楚的自身被给予之中，也就是，在科学之物的称号底下，是什么在产生作用又怎么被作用。

我注意到，当我专注于逻辑的态度时，是活在真正的自我分裂之中。为了能够直接观察以及描述科学的生命，我自身必须活得像个科学家；另一方面作为逻辑学家我则必须就这方面而去朝向我自身，朝自身看去，并且针对自身的意愿、行动及其体验提出批判性的问题，批判地查看它们，以便明白，哪些优先的性质被证实为某些思想结果并因而能够确证为真，相对的与终极的真理之间的哪些区别可能出现，哪些杰出的目标可能当作终极的真理，如此这般直到科学的完全目的理念。因此一种自我分裂的种类乃发生了，于此之中那个在上位的我是特定的逻辑自我，它的主题乃是那些活在素朴思想生活中的在下位的我,而他自身又激进地克服了所有的认识上的素朴性。

那么在对我们必要的过程来说经过一般的确定之后我们如何能够以有条理的方式达到真正的描述？在我们的前进过程之本质中哪一些秩序是必然要被赋予理据(begründet)的？在此之中又有哪些新的事物会产生出来？哪些事物对于每一个科学的活动来说都并非是十分熟悉的,并非理所当然的？质言之,我们的出发点在于究竟什么是每个科学家在踏出科学研究的第一步之前,在进行理论性的论证之前预设了什么？他如同与他一同活在可能生命形态的社群中的一般人那样,明白自己或他人都是活在与世界相关的情境中,尤其是,他知道他跟任何人一样,都在感知着世界及其多样的实在性,可以透过回忆再度回到过去曾经体验过的世界,他也可以在思想中,在感受的评价中,在任何形态的实践的自我活动中合乎意识地与世界相关。所有这些与世界相关以及知道与世界相关的人格方式,其中并包含与自身及他人相关的部分,都是作为在个别人(einzelne Person)之中的作为其经验、思想、感觉、欲求、意愿等活动而发生。让我们特别感兴趣的是：在意识生活之形势下我们也理所当然的发现无论是科学之前或科学的思考,与思想一并发生的是表述(das Aussagen),如人们所说,一般各式各样的意识或意识拥有莫不在语言上有所表述——透过语言表达出想法、愿望、命令等。只要我将自己往回拉,我便发现了人格的、与自我相关的,那些原初地在我之中的被动及主动意识生活的所有相同方式,也就是说作为这样的、我自身活过的,可以专注地、考察地、掌握地直接朝向而去者,尽管它有可能这样去进行,我只是活在其中,却没能为了描写它而带着反思的兴趣朝向着它。

在我之内我也总可以发现思想活动与语言表述(Aussage),于此表述中我以多种不同述词形式说出被我思我经验以及因此被我期待者:现在起雾了,我期待好天气,太阳被遮蔽了,诸如此类。但其意涵可以很广,而所有的科学表述都隶属于此。

在生活当中我们把表述当作活动,当作体验,针对这些表述我们有的评价为恰当的,有些则否,有些是真的,有些则假的,有些违真理。这些都原初地出现在生活中。但就如同所有的科学家,无论我们对科学的意义与成就所知如何有限,也理当明白,在科学的生命中,我们是志在取得如下的表述,那种真的,而非凌乱的,那种可在某个方式底下系统地相互构造的,并最终可合成一整体,而被称作理论者。当然我们都把这些自明之理回归到那个我们在自身中可原初而直观的发现者。并因此它是首出的,我们已经在提出有效性或真理的问题之前抛出了厘清的问题:究竟什么是"表述"?那个表述性的自我活动即表述这件事该如何去描述?而表述语句的持续结果如何产生?就此两个方向而言,要被描述的是什么?

附录 V (关于 §5):〈现象学作为绝对的精神科学〉[①]

过去实际上发展成熟的精神科学无不限定在特定的精神科学主题之上。然而过去从未曾被充分设想过,一门普遍的精神科学

---

① 1926年。

可以达到何种广度？这样的精神科学当然不仅仅是传统留下来的个别奠基性的特殊科学之外在联集而已。过去也未曾被设想过，从所提出之任务的普全性如何可以系统地产生特别的任务，一门普全的世界考察（Weltbetrachtung）可以在己之中成长起来，它将排除作为素朴单面性的自然科学，并透过排除方法论的逃避现实（scheuklappen）而提升到精神的层次。所有特定的精神科学无不相互比邻而立，而所有的科学相对而言都具有相等而同样合理的有效性。特定的科学总是相信能够认识这个世界，尽管只是以少量的方式，但都是完整的。而普全性的考察方式只是作为补充而有效力，普全的研究只是统合，只是将个别的科学研究成果，尤其是那些具有相同合理性的自然科学及精神科学给联结起来。所有特定的科学免不了（eo ipso）都带有素朴性，不论它的方法有多么花俏。在针对醒目的专门领域所采取之主题态度中存在着一种绝对化的倾向，也就是将自身独立的存在者看作自己的专属领域，但实质上该领域只不过是普全具体性的一项非独立环节而已。当然这项说法的前提在于，该主题态度并非先前成为主题之普全性的一种有意识的缩减或限定而已。个别的自然科学学科知道将自身看作朝向带有完整性的普全自然的一个相对自主的领域之研究。

然而精神科学的学科则非如此。当自然科学将自然给绝对化之时，精神科学在其未能洞察此一绝对化的同时，都将世界中的精神现象绝对化为多少依赖于绝对自然的心理生理之附带产品。人们唯有以激进的一贯性采取精神态度，并且不预设自然科学之立场，而且就在普遍的自然经验中采取纯粹精神的态度并且不把自然当作主题，而是把精神当作主题，因为作为在精神经验与精神认识之中的自然自身是作为精神而被揭示的——唯有此时,人们才明白,在自然科学及自然主义的世界考察之中,被绝对化的自然其自身乃是精神的"构成物",并且人们在精神领域当中获得了作为自然科学之基底,也就是精神的构成物。①

克服素朴性的阶段过程正是在相对素朴性之进程中的一个阶段过程。

无论是被期待成为关于精神的精确独一普全科学之心理学,抑或那些至今历史地作为教育(Ausbildung)的具体精神科学,都未能从素朴性走出来,唯有真正而完全成熟的科学才得以走出这素朴性。另一方面素朴性是属于这些自然科学的本质,正如至今为止我们拥有它们一般。素朴性乃是其方法论的根本,这也是它们最终之所以没能走上有效的科学性之原因所在。另外一种表达方式是:至今为止所有的科学都在实证性之中进行理论思考,在带着单面性的明见性之单面性态度之中,它们未被厘清且相应而主题地未被留意者,并往往停留在未确定状态方面之视域,使得它们无能理解理论成就的真正意义。

一个特别的困难在于,每一个这些"单面性"都带着相对的必然性。在精神以及我们的构造性成就之本质中存在着,任何时候首要且必然首要的视线方向是,就理论来说,朝向关于任何一个引起兴趣的对象统整性之研究方向,其次才可以是在追随笔直方向的素朴活动之中的反思活动,这是在构造性现象上,也是在反思视线方向中所证明的。然而正是在此一再显示反思的游戏及阶段的必要性,

---

① 但这是说,朝向"自然中的精神"之态度不同于朝向精神的绝对态度,而在此精神之中,自然正是作为周遭世界的(umweltliche)的自然。

并最终借由所有精神的普全交织,在普全的精神科学中普全的精神性(对于我这个活在公开社群脉络,也就是移情脉络之中的精神科学研究者而言是环绕性而且是接纳性的)是主题所在,所以在激进的一贯性中被设想为已执行完毕的,它涵盖了所有可能的存在,可能的真理,可能的价值(它在存在及价值的脉络中作为自身存在者而出现),所有可能的物品、目的、工作构成物等,这些都应该是为我而存在的,而有其价值的,并可证明其效力。普全的精神科学不仅仅涵盖着自然与自然科学,而且涵盖了所有可能被设想的科学及其真实的存在。为此缘故精神科学自身以及在其真实存在之中的普全精神也都被涵括进去。但这并非套套逻辑地被理解,而是带有构造性的。精神科学本身将成为精神科学本身的主题,而其精神本身则是作为在认识及生命中走向自身经验,走向对于达到自身的精神之认识与评价等的构造性的构成物(konstitutives Gebilde)。精神是关联于自身的,它并非单纯存在着,而是意向性地回溯自身,是为己地显现着、被意味着、被认识着、被证实着,等等。那种质朴活着(Dahinleben)的素朴性以及未注意到自身(而是注意到作为透过其构造活动而完成的对象或价值等)的状态都属于精神生命的一部分,那个多多少少从许多方面克服了素朴性的反思活动也属于精神生命的一部分,同样属于该生命的是那个在社会社群成就中自我构造的任何类型的科学及其科学性的真实存在。

带着隶属于自身的普全方法的终极而普全的反思是透过朝向普全而具体的主体性之可能目标方向(根据其一般的本质类型是作为本质的主体性而可被研究)而被规定的。该主体则又是作为一个原初带着可能构造系统的,并且在其构造性的形成中于系统性的发生当中而可被认识。

要是欠缺关于精神的普全研究（此一研究指的是以普全的现象学还原作为基本方法的纯粹现象学）的话，便不再是真正的科学了，当然，可想而知，也得不到真正科学的系统。在此一系统之中出现了所有必定为相对者，所有必定是研究的实证性之单面性，但是，这些单面性无不被克服了，从一开始人们便不再可能犯下那些实证的错误，只要人们秉持那个隶属性的、绝非迟来的相应性研究。真正的科学肯定不是一开始出于素朴性，之后才透过下列方式得到改善，例如透过事后的现象学及精神科学之阐释，透过对于其原则方法的事后阐明，或透过有关于其素朴产生的基本概念与原则、形式及论证。真正的科学是不需要那些事后才出现的方法的、认识论的、形而上学的阐释，无论是就理论的内容而言，或是就理论的"真正存在"而言皆如此。它必须是从一开始，而且在整个研究过程中都透明而澄清，同样在构造反思的方向中亦无不如此。唯有在普全的现象学里，也就是那门普全而且在绝对态度之所完成的有关意识、有关意识主体性或根据所有相应的脉络环节来说的超越论纯粹精神性之中，才存在着那个使得所有精神科学之得以可能的原则及理论，也因此使得所有的科学终究得以可能。在本质的普遍性之中它预先完成了构造，所有可能存在种类及所有可能科学的观念，它同时与绝对的解释结为一体，在它之外便不再有什么还需要被解释的。

那些被给予的实证科学需要超越论批判所给予的"批判"，关于其主题、目标与途径、意义、存在种类，在其对象领域的构造成就中自我展示的精神意涵。也正因为如此，在其最终的态度中它并不单纯只作为科学而有效力，而是引导我们朝向在绝对普全科学之框架中的新科学观念,这是一门在最终极的精神科学态度中的科学,它首先以相对于自然科学所执着的实证性的精神科学姿态呈现。

但在此一考察中欠缺了有关从精神科学到超越论现象学以及超越论地被奠基的科学去的过渡说明,而精神科学是一贯而自身提升到主题普全性的精神科学,它并且也是自始便在具有效力的被经验之世界的基地上。

附录 VI （关于§11）:〈自然性经验的本有特质〉①

到目前为止,我们探讨了那些精神构成物向我们呈现为实际的经验统整物以及证实为经验的确定性之经验,其中显示了,这些经验对我们来说从来不会具有本有感知的性格,只要它们是客观的经验,那个对于每个人来说都是实存的精神对象之经验。所有这些经验都回溯到某些主体去,这些经验必定是可以被分享的,唯有如此它们才称得上是经验。让我们再补充一点,主体显然是作为交互主体的主体,也就是对于每个人来说只透过移情才可被经验的,而非透过客观的,对每个人来说都是可执行的感知。所以所有从主体产生而作为对象的主体相对统整性都要回到那些并非对于每个人都可触及的直接感知去。另一方面:每一个对象莫不是作为世界对象而被感知,无论那些不可感知的规定性、解释的规定性,这些解释的变更是如何不稳定或凋零,我说,总是还存在着感

---

① 1926 年。

知被给予性的核心，而这指向了自然。

顺着我们所说的路往下走，我们已经降低对精神性的兴趣，亦即对任何与主体意义有关者皆无兴趣的方式描绘了自然性的态度（naturale Einstellung）。

与此同时我们也可以用别的方式描绘自然性的态度以及与其相应的纯粹自然（reine Natur），只要我们让自然的正面基本性格，那个作为空间性的自然，来引导着我们。

具体的世界对于人人来说都是真实而可经验的世界，且终究在原本的感知中给予每一个人。每一当下出现的感知从来不会穷尽被感知者，原因不仅在于我们对于整个世界的感知是极度受限的，而此一感知自身不免都带着那些无数多的未被感知，尽管可能被感知之对象；原因更在于，每一对象自身便必然是无法被完整地感知，被他所感知者仅仅是其客观内容的一部分或一个面向而已，这其中的意识表现为，在真正的感知当中持续前进并总是可以感知到同一对象的新的部分。现在我们确信，对象具有可经验以及交互主体地可经验之规定性，这些规定性并非在最准确的意义上是可感知的：如同所有那些客观的文化性质（Kulturprädikate）。让我们停留在这点上面，那些在具体的对象上对我们以及任何人来说都是透过真正的经验而可及之物，或者，假如我们就世界之作为整体来看的话，对于每个人来说都是合乎感知的（wahrnehmungsmäßig），那么我们就论及自然了。

但我们不能只是在这样空洞的方式下透过交互主体的可感知性去描绘它而已，毕竟透过这样负面的描绘仍未能凸显，自然是统整性经验的一个普全而正面的主题。我们仅仅将这一描绘看作一次实际上会立刻导向正面意涵的成就。让我们普全地考察世界，一个真实而可能感知的世界，去看究竟什么是实质上对每个人而言都是可感知者，则将发现，它不仅仅是时间性的，更是空间性的。就在其时间存在以及任何时间段落中，它总还是空间性的。空间性必然隶属于世界，无论我们如何去设想它，它总是空间性的，尤其是作为对于人人来说都是可感知的世界，或者，让我们换个说法，只要我们伫留于感知之中，并具有被感知的世界，那么空间性在感知内容中就是不可或缺的。康德曾说，空间是直观的必要形式；我们则宁可说：是感知的必要形式，但这项说法是奠定在先前所说的那些内容上的。这里所说的感知是对象感知，普全的世界感知，也称外感知。它所相对者，我们稍后会认识到。对于世界有效力者，对任何个别对象也都有效。对象就是空间对象，空间性隶属于其可感知的内容，它是感知内容的激进部分，毕竟它所有可被感知者无不是奠定在空间性的根本规定性上的，也都与空间形态及位置相关而不可分离。作为这样的空间对象具有不同的性质，在感知中它是能被看见的，或是有温度的、有重量的、有弹性的，等等。但无论我们说的是什么，总少不了空间性，必须回到空间兴趣。用笛卡尔的话来说吧，但并不完全按照他的意思，每一个对象都是合乎感知的，并在持续的感知中总是具有统整性的，是种种性质的基底统整性，扩延之物，是在空间之中扩延的对象。它固然也是作为时间性的存在，是具有时间流动性的。但同样根本的是，它不仅具时间性，更具空间性，而所有的感知内容无不相关于空间性的根本结构。让我们在真实而可能的感知当中从对象到对象停留着，并且从所有其他的经验中抽离出来（abstrahierend），那我们便在世界空间的普全架构之中活动。

作为这样的扩延物之连结性与关系同时进入我们的考察之中，作为真实而因果的关系它进而导向了世界的普全统整性，而这是在其普全因果性之中的空间性的真实世界。

据此我们可以这么想：自然的态度是朝向世界的态度，只要该世界是可能而一致地被客观感知的世界，也只要该世界并非仅仅对我，而是对每一个人莫不如此，曾已被感知或曾可被感知，等等。因为唯有如此感知才是客观的。需一再明确强调的是，该态度是一个抽离的态度，只要世界具有客观的规定性，只要该态度对于这些规定性不加以注意，它们便不是在此意义下的客观可被感知者，它可以做得到，因为正是在此一抽离的态度中总是一贯地可得出新的可经验之自然性（Naturale），而在此一自然的态度及一致的感知中我们可以确立一个理论科学，正如我们可以补充的那样。

于是我们来到了阐明自然这个观念的关键点上了。一个纯粹的自然物体或是作为纯粹自然物体的空间物体在一贯的经验被给予性中来到了一个特殊的主题态度来，这也被我们称作纯粹的自然经验（reine Naturerfahrung）的态度。对于这个客体被主题式的给予我们的态度，我们之前是将之描述为一种朝向其本有自身（Eigenwesentliches）的习性理论兴趣的态度；而且在朝向连结或关系的持续发展中，这些连结或兴趣是奠定在被这个理论兴趣所涵盖的对象之本有自身当中。[1]

---

[1] 那个在世界中作为具体的物体被给予者，是以作为它的同一的基底而被给予的，它是加在该同一物之上的规定性。在之前的演讲中我曾说过，在关于被还原的知觉领域之态度中我们发现那些作为实在规定性之稳定基底（实体）的物理实在之物，它是作为因果关系以及真实因果性质的基底。

所以音乐研究者的有关于处在音乐之类型的本有自身上面的文化构成物的主题态度，就关于连结与关系来说，它是完全朝向那些奠定在这一类的构成物之本有自身内容者。所以它是经验者的态度，它提供给研究者以知识的经验材料。

相对而言则是那个主题的，我们亦可说，朝向自然的方法态度，此态度可以被这样标示，在其之中，那个经验着的研究者被一种习性的目标所宰制，在对象上面及主题性的观察到那些对我来说是陌生的，那个只会成为研究对象者。换句话说，那些我们在世界中所遭遇的，乃是理论兴趣取向的可能主题对象（无论朝向其自身或是其相同者）。但我们不会毫不迟疑地往前推进，把它当作被提供给我们的，因为我们并不执行那个自我涌现的兴趣，例如对于那个出现在我们眼前的艺术作品；反之，我们将理论的兴趣全都放在那些不强迫我们之物上面，随便一个主体性带到我们的主题来；因为某些规定性的经验性实现——这里说的是文化描述词——是将它们指明地理解为相对而带着目的及构成性的主体。这一主体相关性是在这些描述词的意义中被带进来的。一旦我们下定决心，不考虑主体性，多少不去理会它，那么所有这些规定性便会从这些主题经验的内容中脱离出来。

同样地，那些在主体的偶然处境中对经验者所显现，以便作为客体的主观显现方式而呈现的经验规定性也被脱离了，而那些依据其偶然处境而与陌生主体的显现方式有关之规定性也不例外。这个在普全的一贯性当中被执行的态度从世界的普全主题那里构造起纯然的自然（blosse Natur）。作为普全主题的世界意味着，使得客体对任何人来说都以不折不扣的方式在主题式的经验之中护卫其权力，使得每一个一再且一贯出现的主题经验都有效运作也都能追随所有可能而具体的兴趣方向而去。

对于自然以及自然整体的主题态度多少将所有朝向具体的态度给切断了。〈它〉不再追问，是否还有具体的自然可言，〈它〉不再过问具体的世界认识，它无时无刻不将主题的经验兴趣放在对主体而言陌生的事物上。纯粹的自然现实把世界给去精神化了，它的兴趣几乎对于所有发生在人的世界，也就是对于任何主体性有意涵的那些事物都盲目以对，尤其是对于人的、人的心灵生活、人格、人格的社群、价值、美感、实际之物等。但是这个盲目现象也不尽然就是严重的精神盲点，它只意味着一个抽离式的主题态度之有意的后果，它仍让我们做出预言，那个宰制自然科学的研究者，并构成了该方法的基础。或这个有关精神现象的抽离会如此被规定，也成为普全具体的世界考察之基础，作为方法上的手段，以便首先在自然这个称号底下为己地去研究世界的普全基底。无论如何，相对于古代对自然的研究而言，近代自然科学所凸显的特性在于，它的主题态度彻底是关乎自然性的经验（naturale Erfahrung），或者这么说吧，它的理论科学研究是彻底建立在这类经验的基础上。如果之前自然的态度已经逐步证实，也规定了理论的思考，则新的伽利略自然科学，那个关于世界的普全理论研究彻彻底底等于是只在自然性的态度（naturale Einstellung）中的，想成为一个对这样的自然科学家来说从来不离开的态度。

人们在此会遭遇一个困难，我先前将自然的经验描绘成一个主题地抽离了所有主体性的经验，而这项描绘又被等同于朝向扩延物的态度。这个在此被要求的主题限制是不可能的，它不容许任何经验内容被剩余下来。与主体性的关系是与所有可设想的客体以及其规定性密不可分。我们总是在那里，作为那个世界之得以具有不确定性之泉源的所在。任何隶属于它的，没有一样东西是让主体真正感到陌生的，要不是被我们实际所经验，具有对它们的当下意识之内容，也就是作为与我们的意识之当下的被意识者与主体相关，就是作为世界的客体，尤其是并非在直接的当下中与我们主体相关，但都是在间接的方式底下。我们之所以能够谈论超出当下经验以外的世界，理由在于，我们当下的经验促使我们这么去做，毕竟在这些经验的内容及过程之中预告了可能被经验，但仍未被经验的客体之开放视域。在我们感知的当下总是而且必然如此地拥有一个视域，在此之中我不断地向着间接的归纳之远方及可能性推进。

一个包含所有客体的世界全体只有作为被经验与可经验的客体之全体才是可被思考的；也就是合乎意识地来说与所有的主体全体相关联，该世界全体是相对于他人来说的全体，这是他们的可能生命的场域。若非主体被一并思考的话，客体完全是不能被思考的，主体总是其相关项。

在这里所谈的一切无不正确。但在此谈论的相关项是普全地就客体概念来说，本质上与主体相关，对所有的客体来说，这都是同样有效的，这些客体无不与主体相关，可以说，从一开始这个与主体的相关性便是从客体的每一特殊规定内容而来。固然：任何客体对于每个人来说都是可能经验之对象（对于所有那些这个世界是同样被给予的人来说）。朝向客体的经验，朝向作为其自身的客体，乃从来是朝向其个别的本有本质，而现在要问的是，在我们经验地探问其本有本质时所出现的,在其特殊性中,是否已然要求了关于特殊主体或主体活动的主题式的内向收纳?让我们用一个相对于主体的描述词,就其本有意义而言,这无非是说,它相关于一个特定的人或人的阶层。所以整个文化作品的客体领域都是与主体相关的,例如相关于生产它们的主体,而一些诸如"美的视野""右边""左边""我的手"等无不关联于特定的主体。接下来的问题便是,将这些与主体相关的规定性抽离之后是否在客体上面还有一些规定性的场域,这场域并非仅仅相对的,而是指,它相对于所有可能经验的主体。但在此所显示的必然情况是,正如每一个客观的时间或空间描述词那样,每一个自然的性质都被显示了。

在此所言者,我们无意加以质疑。但正是因为在此涉及普遍而必然隶属于每一客体的主体相关性,只要它是对于经验者作为客体而可经验的,正是因为如此它不能进入客体的本有本质之内容中。客体经验是朝向客体自身的经验。在一贯的认知活动中该经验是探问在其自身的客体。不容否认地,主体在此可说是匿名的,其他朝向客体或可能朝向客体的主体也同样如此,是在主题之外,尽管经验者心里总是明白,它并非孤独的。唯有透过特殊的反思目光转移,其他主体以及经验着的主体才一起现身于经验主题之中;他们与相关的被预设的客体一起成为对象。但对于这整个复杂的客体性来说,有时同样地复杂。因为当我将自身主题化时,这个将自己给主题化的自我和与此相关的我的意识都又成为匿名的。所有的客体经验可说都有着自我在其背后,而非在其前面。以此作为预设,现在要问的是,究竟在每一客体内涵中含藏了些什么?而一旦追问下去的话,于什么程度底下这些内容又不是主体相关的？或者甚至本身就是主体？实事是否并非呈现为如同含义的描述词那样，或者作为具体的客体如人或动物那样？因此那个与主体相关的真正概念乃是可理解的。它涵盖了客体的所有描述词，这些描述词可以作为客体的描述词来到经验中，一旦主体自身成为经验的对象，或是这些描述词主题地与主体相关联。那些先前所举的诸如美的事物或目的论的描述词之例子当然也包含在内。但那些作为可能直接或实际原本经验的普全领域之自然则不在此列。固然，就与特定的感知性质而论，它首度显示出，它是隶属于扩延物的，就在透过对于真实物的详细分析之中，而此真实物是被我与任何人在其同一性之中可感知的，此中并显示了，特定的感官性质都是与主体相关的，亦即，某些身体的变动会导致这些性质的改变，但只限于带着该身体性的主体而言。为此缘故，自然研究者的那个只愿立足于纯粹物理经验之要求，将特定的感官性质当作仅仅是与主体相关并进而探问，在这些性质当中，主体或交互主体的一致性经验透过扩延物这个基础宣告了些什么。

附录 VII （关于 §§15, 36）：〈胶囊式的心灵之误区以及透过意向性加以排除〉[①]

假如我们要对人的心灵如何相关于实在的认识之正确性进行判断，并且持续存在的相对意义之障碍有所认识，那么我们便理当

---

① 1928 年。

立足于经验之上，在此之中人是原初地给予我们，并且可以就其原初意义加以质问。

传统的心理学也认定自身在依循这种经验，但或许，它太过于草率地求助于这种经验而未能在方法论上多做思考。固然没错，我们是可以把人当作一个时空之物来看，它犹如一般的空间物体，可存在于此或彼，可以用某种方式去运动或变化，好比说一颗石头；所以当我们把人的身体纯然当作躯体加以描述或理论地加以研究。

但现在让我们把焦点摆在人的心灵生活之上，把它当作自我主体（Ichsubjekt），也就是具有自我行动、自我习性、精神能力之类的主体。我们发现它处在相同的历程（Dauer）之中，这是其躯体性的有机生命得以自我展示的历程。完全正确；但如前所言，我们却发现到，它是在我思（*ego cogito*）之多样方式的形式值中运作的。在布伦塔诺以后我们再也不能忽视意向性所带来的后续效应，并且可能追随布伦塔诺，在素朴经验的基础上面认定〈人〉具有双重面向，一方面它是生理现象的存在，另一方面则是布伦塔诺意义下的心灵现象之存在。

由此出发我们将可轻易过渡到下列看法，把人看作一个统合的真实之物，就上述两个面向来说，他具有真实而统合的因果混杂状态。

但只要我们更精准地朝真实被经验之物作描述，便很快会发现一些先前提过的困难。这些困难涉及在就作为自我主体的每一个人的世界相关性之脉络中的内在感知与经验的概念。所谓"我思""我感知""我回忆起""我评价、欲求、追寻、行动"，这些是被我经验为心灵之物，而且是透过移情可在他人身上经验到的等，都是被经验为每一个意向朝向之存有,它是自我与世界的相关存在(Bezogensein),该世界是对我们来说普遍共同的、毫无疑问存在着的。假使我这样经验这个世界,并在任何我经验人之处都是如此,则我必须使其被经验的方式具备有效性。我并非每次都将构成我心灵生活的那些思维活动之体验复合体经验为好比我的躯体活动之过程,亦即如同不过只是世界的所有其他实在之物及其活动过程之一特定现象而已。如同在"真实"这个概念所显示那样,作为真实之物的人应该被如此这般看待,它是在具有相互外在(Aussereinander)的时空世界中的一个不同于所有其他物的一个实在物,亦即就其改变的状态而言,它是全然有别于所有其他的实在之物。就其躯体性的身体来说,这样的说法是成立的,但就其心灵生活来说,就不是如此,只要我们接受经验所呈现给我们那样去看事情。假设我现在去看一幢房屋,则"我看见"之体验固然是我的体验,是我这个人在看,而非其他人,然而却是对于这个真实的房屋的看,此看的动作同时看到更多其他的,它共同地关联于这个被给予的真实性(diese gegebene Wirklichkeit)。①

首先我们发现与躯体性的身体一起的是一些与世界相关的自我体验,该世界同样也是与其他具有躯体性身体的主体自我相关并总是可以相关的世界。该自我体验的自身相关性存在于它们自身之中,而真实的对象自身则被意向性所环绕。每一个自我无不具有持续向前的意向体验之变化的复合体(Komplex)。虽然不容

---

① 同样一般地说,假如我们看见许多其他人经验他的存在,意识到他并且指出他们是如何在看、在听,有着什么想法、做了什么决定、采取什么行动——这一切总是源自于,身为主体、人格、心灵之物,它们的活动是与真实存在的世界有所关联。

否认也会有幻象被当作意向的对象,但这些幻象都是可以被纠正的,只要它能坚持作为被意指的对象而存在下去。每个人在对其而言自身存在的世界中免不了总有一些在真实世界中并不存在的对象。但我们早已明白,这些与世界客体只存在幻象相关性(Scheinbezogenheit)的意向体验并不改变下列事实,也就是我们在自身的意向生活中并不改变与"该"世界的相关性——这些世界总是普遍地被预设着,透过交互主体经验而被给予——只不过我们偶尔以欺骗性的幻想方式个别地误会它,而且在许多方式下只得到关于它的一些不充足的经验与认识。

尽管我们不免埋怨我们的模糊、我们的误置、我们的幻想以及我们的世界经验与认识的不尽完美;虽然我们也不得不承认,就这个总是在一致的真理中呈现的世界而言,从来不能够将它当作终极有效的真——但在这些说法里,我们却都预设了世界是真理的世界(die wahre Welt),不仅仅只是假设,而是总在我们的交互主体经验中或出于该经验作为被经验的世界——只不过是非完美的,被模糊性给遮蔽了,被表象给掩盖了,被错误的意见给蒙蔽了。去感知一个被掩盖或掩盖的物体,这乃是对于它的感知,只不过人们还需要进一步的经验以便能主体地看它。这有可能会无限制地进行下去,但终究是实事本身在视野之中,而非一个所谓的图像。就幻想式的假象来说也是相类似的:无论有多少的假象,也无论有多少因此被掩盖的存有,只要我们指向未来的经验,以及产生于其中的一致性,我们便能够揭开那个被遮盖者。不可能全然只是假象,毕竟假象是预设了存有,亦即其一致性的经验以及那未受到冲击的存在效力,如此一来,可能揭蔽的意义也就随之产生。

所有这一切都源自对真实世界及主观显现世界的经验及意义之纯然解说，这个世界在其每一个别的显现中无不挟带着这样的可能性，即便世界自身表明为充满假象，它依旧无处不预设着真理。

我们万万不可被传统哲学的成见给误导了，这些传统见解皆非产生于对经验的解说，而是来自理论的解释，并且想令我们相信，世界自身从来不会进入我们的经验，而只能显现给胶囊式的心灵以图像或符号，而这些图像无非是在己的认真的主观世界之间接产物：它们基于外在的因果性而在我们之中呈现为图像，从这些图像出发我们为了解释它们何以会出现，于是又必须，在我们之中塑造出与一个被设定的外在世间的归纳性相关的因果锁链。于是人们说服自己去相信，不仅我们的所有感知、想象或思想，就连我们的行动都纯然展现在我们被设想为胶囊的心灵之中，而任何在世之行动（In-der-Welt-handeln），在世之作为和创造成果不过都仅仅是假象而已。但所有这类看法都是根本错误的，假如那个内在于经验生命的意义不至于变成无意义的话。我们是坚持对生活本身以及生活的世界本身的执问和述说并试图阐明，那个直接在我们的群体生活中揭示的世界关联性，连同其直接可及的世界确定性预先给了我们那个世界自身，而该世界则是那些近身或比较完美的诸如前科学之生命及所有科学之认识所相关的在实践科学的工作中，从一开始，这个经验生活之世界（diese Welt des Erfahrungslebens）便是作为真实的世界而被给予，或者说，它是在真实世界的显现之个别形态中被默认着，是在好的原初意义下的显现，作为显现者自身的呈现表明了，它是自身表征（Sich-selbst-zeigen），只不过在不尽完美的形态下。

　　这点一旦获得澄清,则另一方面一个特定的权利,或是一个特定的必要性便必须赋予任何一个世间人的自我主体(jedem menschlichen Ichsubjekt),亦即唯有他拥有一个封闭的纯粹异相体验之流,它多少将与世界的所有关系都甩开。这么一来,胶囊式的心灵或自我生命所导致的荒谬不复存在,这种观念下的心灵意味着它是扎扎实实地自我封闭着,并仿佛背着带有心理体验的背包,它从来不能向外触及外在世界。现在成为问题的是,心灵的意义在多大程度以及何种意义底下是在己而为己的,每一个心灵如何是为己地封闭在绝对的自我性(eine absolute Eigenheit)之中,与每个其他作为为己存有的心灵所具有绝对自我性相分离。只要人是具体的,是身体——心灵的像个实在之物的存在,则他便可被看作外在的世界当中的某物(载体),是互为外在的存有之物,不仅仅身体如此,心灵也是如此,彼此都是相互分离的。在经过胶囊理论如何荒谬的阐明之后,这一切还如何是可能的,可设想的? 只有当它是可设想的,一个普遍历史意义的心理生理学才是可能的,这门学问总是对心灵生命做了好或糟的解释,它把心灵看作在新的存在之时间流程中兼具身体与精神两方面的存在之流(Seinsstrom),这是与所有外在于人的存在之物有所隔离的。

　　但我随即补充,这并不意味着,即使条件满足了,也不表示历史意义下心理生理学就有可能成立。说不定它仍旧是荒谬的,假如纯粹心理之物之取消是合理地被执行的话,为此只是证实为并非原先为感官之物,而那个主导着自然主义式的心理学或心理生理学的惯常任务意义之额外的意见,亦即,在世界的心灵的、人格的存在就其正确意义来说无非就是像躯体的存在那样。所以说,在每一个层级之上以及在两者之上无不都关联于统一的因果规律,而在互相外在的周遭世界里该因果性便应该有着外在的因果情境——只要我们忽略身体与心灵都是互相作用为情境。

这样的因果考察或对人的这样的实在性解释究竟具有何种程度的经验基础?① 澄清这一点等于是对于我们才刚提过的问题再问一遍,那是关于人的本有本质之问题,也正是有关于心灵,或更准确地说,关于其心灵生活的问题。首先我们便已衔接上我们所熟悉的部分:每一个作为世俗人之我的自我都有着意向性的世界相关性,但每一个作为世俗人之自我都有着我以其自己的方式,以其本有的意向性,于此意向性之中他有其主体的周遭世界,作为真实世界的一种显现,该显现正是与其意向性相关的,为此该世界正是被这样或那样模糊的,片面的对象所规定着,这些对象是他感兴趣的对象,他被这些对象理论地或感觉地影响到,也与他的行动相联系着。要对自我有所影响只有当产生影响者被自我所意识时;也就是进入作为主题的自我之操心当中,例如作为想象的主题、认识的主题、意愿的主题等,也就是只有当它进入自我的意识范围时,并且借由位于该意识范围内的感官与显现的内容。当然,在其中每个自我都不同于其他的自我,每一个人的意向体验都是他自己的体验,尽管有可能一个自我的意向体验与另一个自我的意向体验会在相同的意向真实对象里重叠。这并不奇怪,反倒是经验的一种理当如此,当它涉及与他人共有的存在时,我的感知属于我

---

① 人的存在是与物体之物的存在一样,都有时空的真实因果性,所以都只能是奠定在物体之上的存在而已。

而他人的感知属于他，但我的感知自身可以掌握到别人所掌握到的同一张桌子，这张桌子同时既属于我，也属于他的意识范围。

附录 VIII （关于§15）：〈关于客观世界的身体感知结构〉①

作为经验的世界之世界结构。

1) 自然的结构：绝然地作为时空世界的世界。

1A) 在其显现方式样态下的自然结构之世界。

a) 就幻象而言，在抽象的时空形式中的映射结构。

b) 就幻象的质性而言。本有充实的、伴随的射线。

c) 就因果性而言。

ad 1) 对于非有机的与有机的同一性或实在性之区分。联结多个实在物为一个实在物。拆解一个实在物为多个实在物。物理的分解与有机的分解。

2) 世界的身体感知结构。

A) 作为自然世界的世界是一个可通达之物的整全——作为一般通达形式的空间。

B) 作为"实践的"世界之世界，在此一世界中主体们可以对之进行实质的干预而加以改变。

ad A) 作为经验之客体的客体对于经验者而言有一个身体感知的结构。作为感知的对象，它们必然具有这样或那样"映射"的

---

① 1925年夏季。

显现方式。每一个映射莫不具有其身体感知的关系，与感知器官，"感觉器官"或身体有所关联，身体乃诸感知器官的本有综合，于此综合之中进行感知之自我的个别的器官乃被自我联系起来，或可被联系成一个被整合的器官去，并因此所有器官都整合起来。不过该自我不必然是一个主动的自我。

每个器官就其本身而言都是一个主观"运作"的封闭场域。多个器官有可能一体地产生运作，主观地结合或运作之整体，如此导致所有的器官都成为一体。

就运作的功能而言，让我们先看看各个体感（Kinasthesen）。主观地说，我们有着体感的多样系统，可综合地结合为一个体感的复杂系统。一个作为空间客体的客体之所有可能的映射构造了一个系统，该系统归属于一个体感的系统，进而归属于体感的整体系统，为此缘故，"只要"发生任意体感便"必然"随之出现某些映射。

身体的体感部分系统以及生理器官——眼睛运动及手部运动等的系统。身体本身区分为各个体感的器官，作为感知的器官而机械地活动着。

身体是体感的统一体，质言之，是体感地自我分派的统一体，并因此而作为感知的器官，作为感官身体（Sinnenleib）而运作着。器官的体感配合相隶属的统觉机械运动产生了作为这样的身体运动，特别是器官的运动、眼睛的运动，等等。

但我只提到了映射与器官之间的关系而已——相对应的是侧面的被给予之物。与体感的主观运动以及随之而来者一起显现的乃是同一对象时而这个，时而那个的侧面，带着这个或那个构造的特质而进入感知中。

B)"实践"的身体,透过身体"实践地"产生作用的主体性(在合乎自我的转型、目的之方式底下自我投身于周遭世界中)。身体是作为对这个被前给予的世界产生影响的器官,透过感知性的能力与动作,也就是器官的不运动或运动而接近这个世界(透过身体的感知性运作)。主观地对客体加以改变:人格的客体改变之双重性。

ad A 与 B)作为经验的客体之世界的客体总是被经验为在时间流程之中的非改变与改变的同一之物。尤其是:它要不是进入感知之中,并从它离开,"从它那边",或"从我们这边",亦即透过我们感知性的"做",透过置入性感知而运作的体感。当然,二者一起同时发生也是有可能的。(那个"反射运动"可都是带有主体的双重面向的。)

再者:客体是"从自身出发"或者"从我们出发"维持静止状态或是进行改变,后者意味着因我们的介入而导致改变。当然还包括:客体同时既从自身出发又从我们出发而经历了改变:体感于此之中总是扮演了它的角色,或者从主体方面来说有着体感上的静止或转变。作为合乎感知的运作之主体性运动要不是没有为改变感知的客体(犹如眼睛的运动),就是改变它们(犹如撞、拉、挤等动作)。无论如何"主体的运动"与非运动要不是非随意的就是随意的——(随意代表几种可能:体感维持不变;让体感静止下来;从体感的静止状态进入体感的运动状态)。每一次有关于客体的主观上或实践上的改变都预设客体的感知,于此之中我们特别留意借助合乎意识地被给予的客观因果性间接地实践,在其影响中客体彼此之间在没有主体的介入之情况下彼此互相影响,相互传递或持续发展。就此而言客体本身并不需要被感知，自我并不对它进行干预，但有些客体则是直接被主体所影响。

1）自我主体的目的性地、行动性地对其周遭世界产生影响——它是朝向表象着或被表象的目的而去。

2）非目的性的主观的影响，直接而带有身体性的或间接的。

3）混杂地朝向一个目的而去的，却产生了不可预期的持续后果。

如同任何一个可能的感知对象，身体也是一个客体，尤其是，它是唯一的，对于这个身体的主体来说总是被感知，而且必然被感知的客体。（在最广的意义底下说被感知之物，该物是在主观地关联于主观体感之情况下透过映射而显现，即便不是被注意到，也不是透过实际进行的感知活动而成为主体的认知。）

任何客体作为空间客体无不相关于体感，如前所言，它是透过运作的身体性而主观地被给予。身体也不例外：对于我们的所有身体性客体而言，它是运作着的感知器官，对于他自身而言它也是运作着的器官，特别是透过下列事实：它是诸感知器官的综合，而这些器官都是作为感知器官可以彼此关联地运作着。

客体也是又近又远地导向的世界而且是透过身体的感官性而被经验，身体自身乃是以绝对的统一体客体作为特征；我完全是贴紧我自己的身体，它是零点对象，以它为中心外在中心（作为外在的空间世界）以它为导向。我和其他的客体都保持一段距离，相应地与我的身体有一段距离；于此之中有着整个身体与个别器官之间的差异。要补充的还包括身体的不可分离性，尽管它作为自然物体是可以被切割的。一个被切割的器官不再是我的器官，它只是我身体的一个块片而已。身体是自然的躯体；但作为身体它是一个自我主体性，也就是被那个作为身体的主体之自我所"主宰"着；如此一来它具有从主体而来的一些特质，全然不同于其他客体而专属于它的特质，也就是透过终究是由主体相关性而来的一些特质。与之相反，我这个主体以如下方式区别于所有其他主体，亦即我主宰着我的这个躯体，透过这个躯体的运作我拥有一个作为空间世界以及实践之世界（Welt der Praxis）的周遭世界。于此之方式下任何主体都与他的身体不可分地合而为一。世间人的统一体乃是世间人自我以及躯体性身体之间的功能合一。

c) 在作为沟通的主体性知识界的共同世界中的体感之物：透过此一体感之物被经验的世界对我而言是原初地被给予。他人的身体对我而言并非器官，它们并非出于自身身体的体感经验而原初地被给予，每一个身体都只有在对于该身体的主体是真正的可感知（原初地可经验）之情况下才算是身体。对我而言，他人的身体是作为自然的躯体而原初地被给予，而且是对于他的立义来说原本的解释根基，是隶属于"另"一个人的具体的主体性之他人主观身体。原初的解释乃是奠定在自身身体性的持续原本经验上，而两者的结合乃使得那个原本的"我们在社群中"的经验意识成为可能，原本的解释乃是作为情状块片而隶属于它。

那个活在空间世界中真实存在的世间人乃是一个自然的躯体（身躯）以及在其中主宰着，并透过这一主宰而经验地相关联于客观世界以及对之产生实践作用的主体性。这一主宰乃是那个直接地而且只有对于身体主体的身体来说才可能的主体客体关系，于此之中所有其他的主客关系（与作为空间世界之世界的意向关系）

才变得可能。

这些意向性的关系乃是真实的主体以及真实的客体之间的关系——所有可能的真实客体都是透过真实的意向关系而可被触及。

但我们当前有客体的双重意义需要留意，尤其是作为世界客体，而在其中存在着位于世界空间之中的客体，这等于是空间中的真实之物。

1) 空间世界乃是基于我自身的感知以及感知的变形而原本地（后来被称作原初地），在首要的原本性当中被给予。所谓感知的变形指的要不是我曾有过的经验或感知，便是对未来的预期，此一预期有些是透过新的感知可实现的（对期待的充实），有些则是我的应该可能获得的感知，这个原本可感知而且可经验的世界是相关于我的原本被经验的身体，以及在其中执行着的而且在一次原本地被经验的主宰。我可以经验地而且认识地活动于此一世界，并就其客体而言总是将此一世界经验为以及认识为同一个世界。

2) 但一般而言，"客观"的世界意味着交互主体的同一以及可同一化，被经验以及可经验的世界：客观无非就是交互主体之物而且首先是透过交互主体的经验可被证实的。交互主体的经验预设了解释，透过该解释他人的身体以及主体性乃对我而言是可经验的，尽管并非原本的经验。属于我原本可经验的世界并不包括世界中的其他世间人，无论就"身体"或"心灵"来说。在我的首要原本性中被经验的原本世界就一完整的意义来说仍不能算是世间人与动物所隶属的世界。在我的原本世界中只要一个身体（一个作为身体的自然躯体)以及一个"心灵",或说得更好一些只有一个自我,作为主宰的身体的主动性。(当然,作为自然的客体这个身体透过其整个世界经验的必要媒介以及透过我的运作着的身体,在其被给予的方式中有其局限性,并因此与区别于任何一个"外在的"世界客体。)让我们再加上他人的身体性以及人性(Menschlichkeit):透过解释,我在我的世界中有了动物性以及人性,而整个世界也作为被所有人所经验或可经验的世界,作为普遍性的以及作为对于所有人的行动来说是同一个世界,也就是透过实践的社群化所结合起来的行动而来的同一个世界。"那个"绝然的世界乃是对所有人来说共同的世界,并且在这共同性之中每个人都以共同的方式被其他人所经验,亦即要不是透过对他自己来说的自身经验,就是透过对他人的经验。但自身经验如此一来也是客观经验,它是透过原本的解释而可以被同一化,特别是就其与他人经验相关的经验来说,这是其他人可能对我有的经验也是我必须衡量(zumessen)他们的。①

在沟通之中我不再只是有自身经验(作为原本的经验),属于自身经验的是自身经验的比较广义的统觉,这对于所有其他人来说都是可经验的,尤其是,透过我们的经验的间接的综合我和我们总能够将同一性据为己有(innesein)。

我想说的是:在那个从一开始便具有客观(交互主体)的世界

---

① 心灵与身体的说法在此仍适用,它指向了统觉,但远离了自我学的态度:动物的统觉与身体性的躯体(Leibkörper),特别是透过定位而与躯体合而为一,它并与所有其他躯体皆处在同等地位上。如此一来,一个全然具体的主体性乃空间化了。但二者却在自我学的领域里缺席。

经验的正常的世界经验里,每一个作为对象的被经验者以及我自身就其与开放的交互主体性来说其不具有统觉的立义。就算我对他人并不具有明确的表象,他人的存在也总是持续地具有共同的效力以及统觉的功能。统觉意义的开展以及客观世界、物体、世间人等的构成导向带有相隶属的构造结构之交互主体性,正如先前所述那样。①

当然,要充分说明构造地隶属于世界经验的不同的原本性阶段并不容易。在一个好的意义底下我也可以说:我具有对于物体、世间人、自我的感知,而感知是原本的意识。但仔细看来,那个真实原本地被经验者从来不会是交互主体的形式,作为"原本"的经验(原本性的次级形式)它是包含了解释的。

还有一点具有特别的重要性,世间人(动物)的本有的真实的"心身统一体"只具有这样的客观意义,也就是在身躯中的主体性之主宰的统一体,该身躯正是透过这个主宰而变作主观运作的器官,并作为这样而具有其主观规定的有效性、形式与特质。在自身经验中我将自身经验为主体,它主宰着这个身体。

但有疑问的是,相对于这个身躯我这个主体经验到了什么?这里还不存在着映射以及所有那些客体的被给予方式的"仅仅是主观之物"。另一方面,那个主宰着身体的自我是与其意识生活是不可分的并因此与其关于世界的显现方式不可分,等等。②

客观世界包括了世间人,被心灵化的身体、主体,它们莫不透

---

① 这也属于视域,它是可能原本解释的一个视域,为此缘故那些被我所经验者同样也可能被他人所经验。

② 人们应该把此方式底下进行心灵化的自我称作"心灵"吗?

过有经验与实践中的身体而与世界相关。世间人主体,作为主体的世间人彼此间也都相互具有主体的关系与联系,他们共同组成人格生活的统一体之社群。社群在世界、文化与被文化化成的自然(kultivierte Natur)及人格性之中乃是客观的。

附录 IX （关于§16）:〈语音的结构以及奠基在其中的双重研究方向的可能性〉[①]

今天我将延续系统展示的道路前进,于此之中我们将标示必要的关于科学的本质与可能性,关于将科学设立为真正的科学之理性的整体目标,关于必须创立自身为符合目标的道路自身思义的道路。这关联于得以产生客观的理论真理之精神构造物之种类,也关联于相应的产生方法。我们的必要态度在于纯粹主观的态度,我们不可以预设任何预先被给予的科学,仿佛我们知道,它们是真正的科学,而且其成果是真正的科学成果。所有的科学都被置入疑问当中,都被置入括号里。我们所唯一遵循的方法是,我们将自身置于不同的科学或是科学的思想图像之中,成为那些必须被完成的旁观者;而不让自身成为科学家,也不在正常方式下平白接受那些科学所提供的据称是有根据的真理。我们的主题应该是在于科学动作与效力之意义与种类,而非配合已经在进行中的科学研究之演出。

为了要阐明这些被改变的态度以及工作方式(其首要意义是

---

① 1926年。

现象学的），我们首先将从事有关心的主体态度之工作。科学固然发生于内在的独白的思想，但也在于外在的，可说是被客观化的言说中，它们所提供给我们的现象首先是语言的构造物，作为感官语音或印刷及书写符号和理论意义之间的独特统一体，它们出现在不同的主观形态之中，沟通的与非沟通的，同时它们有时是客观的世界、文化的构造物，有时则否。首要的描述出现在字词（Worten）当中：随着某些感官字词符号而来的乃是这个或那个被意指着，那个理论性的思想内容。过去两个小时以来的讨论已经将我们更加往前推进一步。我们有意地跨过了那些首先是科学现象的发展领域，在义理比较丰富（lehhrreicher）的方式底下我们考察了语言的一般性，甚至包括了非科学的语言，理由在于我们必须首先带出语言特性的最普遍部分。但我们目光从透过语言进行的科学以及文学艺术的语言形态转移到科学以外的文学以及共同生活的一般言说去；我们还注意到那个非文学的艺术构造物之模拟去，音乐的或是造型艺术，而我们也可以加入那些其他客观文化的形态。无论如何我们都有着感官的面相以及超乎感官的面向，在感官之物中总有着非感官之物被意味着；虽然如同在先前讨论中所感受到的，这些统一体的种类以及自身内在于语言文化的比较狭窄的范围内并非到处都是相同的，毕竟下列的情况显得十分突出；在一个艺术品之中感官之物，也就是艺术品的感觉形态并非属于其本质部分，犹如在一个科学的工作或是相关的语言构造物之中，感官之物是非本质的，好比在翻译的可能性之中，特别是在理论内容的全然同一性情况底下更是如此。这点还会显得更加清楚。首先让我们结束之前出现在讨论中的想法。其主题是一般的,它标示了科学及语言构造物,或整个文化构造物的真实性以及观念性问题。

相应于它的双面性,这个问题乃是双重的,它触及了感官的底层以及加在它上面的文化意涵。让我们停留在语言性的文化构造物之上,就算任何随意的、不重要的简短发言都包含在内。(请注意,当我们说"不重要"时并非指它全然没有任何含义[Bedeutung],意义可以有双重的含义。对我们来说,"意义"全然不涉及重要与否或有价值与否的问题。一个再怎么不重要的、愚蠢的表达也总是包含了语言和意义的统一体,所以也是有意义的,而在其内容之中存在着我们赋予它新的意义之可能性,对它进行评价。文化这个词通常也具有价值上的意涵,只不过我们必须先把它排除在外。)

就语言的表达之感官面向来说我们提出了有关真实性的问题,就在我们首先把表达看作是客观的被实现之物时,例如,将它用书写方式固定下来,为此缘故它能够存在于客观世界中,让它能被任何人,甚至千年以后的人所接触。口说的语言至少对于所有在场的听众来说是客观地存在那儿。现在的问题是,这些真实的物理声音或真实的书写或印刷符号,就其物理的真实性而言,就其作为"感官部分"而言,便是属于语言的形态(Sprachgestalten)自身吗?这点我们会加以否认。物理性的符号乃是客观地存在于那里,对于表达的人自己来说,对于听的人或读的人来说莫不是合乎意识地存在于那儿:它们显示为在空间中的实在之物,好比是那些总是环绕着我们的自然之物那样。

对于物理的实在之物的经验展示为空间的形态、颜色、平面、重量等，所有这些规定性莫不以合乎客观经验的整体意义而属于它，亦即，那些是我们得以获得真实之物及其特性之知识的主观的经验活动，我们却不主张，它仅仅只隶属于我们主观的经验而已。而且我们不仅仅认为，我们总是确信，那些物理的被经验之物，并且是在经验的自身活动之推进中是在己为己地存在着，不管是否有我们或任何人去经验它。

很显然，那些带着感官性的字词符号的意义并不隶属于空间世界存在物的物理的字词符号之物理性质。难道我们应该说，被视为物理性统一体的字词符号或语言整体都是与作为在心理生理方式之下的心理之物的意义相衔接？这显然是错误的想法。在客观的经验中我们当然不仅仅是经验到物理的实在物而已，而是包括心理生理之物，也就是那些我们称为动物或世间人者。此中心灵之物与相关的身体是真实地合而为一并且共同隶属于客观的空间与时间之情状。

很显然，那个感官的字词声音并非现实上与一个心灵的情状真实地合为一体的生理性身体。就算一个存在于空间世界中的物理性的声音构造物或一个物理的印刷符号未能心理地实现其意义的话，也不会是一个死掉的身体。诸心灵乃是展现在物理实在之物上面的个别化的时间现象。要是发生在文化构造物之上，则意义也必定是时间的个别之物，而且与例如作为一个心理活动的主观地发生的意指行为之说法相吻合。但容易看出来的是，字词语音及意义的双面向统一体以及同样对于特定的精神文化之所有文化构造物来说，感官的显现以及意义的内容之相应统一体乃是就双方面来说都是一个非真实的统一体，或者，相同的是，一个观念式的统一体。让我们说得更清楚一点：每一个科学的命题，每一个科学的语音构造物都可以被我们随意地重复。同样地，我们可以随意地或说或写地思考那个被思之物，每一个音乐作品都可以随意地经常被演奏，等等。重复这个字是异常贴切的，在重复的活动中我们带着明证性认识到，被思之物是同一的，音乐作品是同一的，几何学命题是同一的，等等。精神的构造物只是一度呈现在那儿，在音乐的作品中，"那个"《英雄交响曲》(Eroica)是唯一的一次(ein einziges Mal)，无论它是多么常被演奏以及它是否曾被演奏，无论我们如何一再补充说明。在几何学的理论系统中一度(eimal)存在着多元的几何学理论(Lehrsatz)，在算术中一度是数学系列以及其中的数字"2"等。让我们现在采取那个双面向的统一体，并确信那个感官的字词是一个观念的同一个，无论它如何被重复着，无论我怎么说"2"这个字词，它总是同一的，虽然这个字在重新被表达的时候总是需要被加入新的声音。但同样地随着字词而来的正是这个意义，对算术来说是本质性的，只是一度的，尽管它可以被我无数次的实现或者在别人的思想中被实现。我进行科学思想内容的思想体验，无论这些内容是多么复杂或单纯，都总是真实的物理体验。它们来了，又去了，正如所有的时间个别物那样。然而这些诸多的思想体验中那个同一个思想内容，隶属于同一个字词的同一个意义却实现了，被时间化了。所以那个感官之物也好，那个精神构造物的，任何种类的文化作品之合乎意义之物也好，总是观念式的。观念性并非捏造出来的，它是被经验的；我们直接直观到了那个我们在意指的重复动作中所意指之物的同一性。同样地，单纯字词、单纯言说的同一性纯粹就其感官面向来说是如此的，无论在言说及显现的语言或书写及印刷符号的重复来说都是如此。对语言之外的文化构成物来说也不例外。这个或那个声音是属于《英雄交响曲》。但它并不是那种物理声响的构成物，这些声响在每一次再显现之时总显得不同，而是这种声响它们在音乐的意义当中总是维持观念上的同一，每一个声响与每一个节拍，每一个有韵律的声响系统总是一度之物（ein Einmaliges），它可以被"实现"无数次，亦即，被听见。这个听的动作是一个心理的真实之物，所以每一次都是新的动作。在这个听的动作当中显现了作为物理现实之物的物理的声音，假如它不只是主观的幻想而已的话。但伴随着这个物理之物而来的心理显像活动乃是音乐性的聆听活动。它不仅仅只是发生在这里的一个寻常的、完全只是转向物理之物的一种"听"的动作而已。在此方式下那个声音的过程毋宁是被动地意识到，那个音乐性的意义整体性被摊开来摆在眼前。声响的意识方式之本质上的变动方式显现为，就声响韵律的第二次出现来说，我们必须指出，它是同一个，只不过是第二次发出声音；同样的情况发生在当我们重复地听到谈话：它们是相同的字词、相同的谈话，只不过是第二次被说出来。

两种可能经验与经验态度在此相互混合：我们有可能将注意力摆在个别的物理及其物理的共同存在物之上，注意到它的客观真实的语音、书写符号、声响，等等。该经验便是物理的[①]，如同我们对一般的物体、物理的或心理生理的世界之经验那样。或是我们将注意力摆在文化经验（Kultur-Erfahrung）之上，此时我们便

---

① 就精确的含义而言，它指的是所有我们所朝向的经验，当它被我们意识为定在的实在界之时。在此一例子里，实在的等于物理的。

不再注意到真实之物，而是观念之物了。经验概念的意义也因此有所改变。它进一步意味着：相应的观念构成对我们而言乃是合乎意识地存在于直接的现实中；正如我们一般在生活中直接论及对观念作品的听和看的动作那样。真实之物的现象在此仍旧扮演了它们的角色，我们仍旧听到现实的物理声音，看到物理的书写符号，等等。然而为了要将它们经验为这样的物理真实物（就其最确切的意义来说），我们必须将注意力摆在其物理的真实环节面，而这很显然是内意向性当中的一种改变。但对现实性的"观念之物"有所意识的意识可能具有极为不同的形态。关于观念之物的意识不仅仅是在重复这个标题之下多次在认识的意识活动中明见地统一起来：它是同一而相同的。重复不必是现实上的重复，亦即不必是现实上完全相同的意识——大声或小声，我的声音或别人的声音，声音的位置，等等。在内在的言说思想中这些显现的感官语音声响被意识为想象的语言声响；在我们也可以执行的朝向物理之物的态度中，我们自然不说，我们将它们经验为客观的物理真实之物，而会说，它们在我们眼前浮现为主观的虚构（Fiktion）。尽管如此，一个观念式的意识却发生了，在其中那个相应的语言思想构造物在其双重的观念中呈现于眼前，而该观念物可不是一个虚构物。假如我们在内在思想中有所发现，例如洞见地为一个科学论题进行论证，则那个构造物事实上是在我们意识当中的观念现实物，它比虚构之物还多，另一方面它也不只是偶发的心理之物而已，不是那种随即消逝的意识体验。我们可以在这个被给予方式中随意地不断重复我们的思想及语言构造物，我们可以借由物理的真实记号事后再去书写它，借由人的物理的真实声音而使得它被听见。在这些新的实现化当中它变成了可被一般地接近，但透过这一切媒介所传递的却是同一个观念的现实物，而且它已经在我们的独白思想中现实地被给予了。只要我们是内在地产生这样的观念的构造物，在通常的情况下这个后续的目的规定性也都归属于其观念性，以便它之后以此方式得以客观地被表达。但也可能是，情况并非如此，使得我们只能自我满足于这样的内在的创造。同样的情况发生于一首诗、一首乐曲，甚至是造型艺术——这些已经出现在之前的讨论中，但现在才被更清楚地阐明。

据此假如每一个文化精神性的对象（每一个观念的精神性）都具有一个感官的以及超越感官的面向，则我们可以将它比拟为感官的身体以及赋予心灵的意义之关系；但只是这个比喻有点误导。

透过上述的思考我们完全清楚了，凡是我们遇到科学的、艺术的构造物、观念精神文化的构造物，我们便不免有两种经验的态度类型，可以直接说，两种感知类型，依照我们所采取态度的不同，那些被感知的对象便随之显得不同，它们为具有不同存在和意义种类的对象。当我们执行其中一种感知类型时，便有某种实在物摆在我们眼前，那是物理性的声响、墨汁堆积而成的符号、心理性的大理石之类的。但之外还有着属于人的看、听之心理体验，那些与声响、字词、说话、表达相关的意味活动，朝向他所进行的说话，等等，此中有部分是身体的，有部分则是心灵的过程以及存在于我们的感知场域之中的具体的世间之人——那些人有时是生理性的，有时是心理性的，有时则是生理心理性的存在。

在另一个态度中，则是观念的对象性被感知了，它们固然与实在之物相关,本身却并非真实的,只要真实性总是共同呈现在那儿,并且也总在相应的态度中可被掌握。

附录 X （关于§§16,28）：〈实事的以及不同的主观（反思）的兴趣方向〉[①]

在生活中谈自然基本上大大不同于科学所具有的意义,而且是极为不同的意义。但就算是科学中的自然,基本上也可再区分为近代自伽利略以来的自然概念以及古代科学中的自然概念。无论如何我们需要一个概念上的明确性,以便稳定我们的思想。但我们并不需要一般的概念分析,进入不同的传统概念之比较,毕竟这些在取得稳固的自然概念之前已经具有了意义经验性态度的对比,它已经指引了我们获得真正纯粹的主宰科学的自然概念之道路;我们可以这么说,这个概念的构想,亦即其发现,已经提供了新的科学以真正的意义。在最广泛的意义之下世界与自然有时会被看作等同。所以首先让我们理解所谓的自然态度,那个直接看向世界的具体对象之态度,无论是什么样的对象。

在最广的意义下自然与世界有时被当作等同了。所以我们首先要从我们称为自然主义态度这里开始,它是一个纯然朝向世界的具体对象之实事态度,无论其形态为何。我们总是发现自己以合乎感知的方式被一个世界所围绕,对我们而言它总是随着多样的具体对象而持续在此,我们以经验着、思想着、评价着、行动着的

[①] 1926年。

方式与它打交道。

我们总是发现我们是合乎感知地被世界所围绕,对我们来说它总是带多样的具体对象而持续在那儿,我们总是带着它去经验着,同时也思想着,评价着,活动着而忙碌着。在世界的客体这个标题底下我们首先感受到一些混杂性,我们发现各式各样的东西例如天体、地上物体、星球、山岳、森林、植物、动物,还有我们自身、世间之人、人的群体、国家、城市,带有房舍的街道、艺术作品、书籍以及一般性的文化对象,等等。所有这些莫不属于我们的共同世界,并透过现实及可能的经验而总是如此。

现在我们可以一般地说:无论是何种种类的对象,我们固然意识它们存在于那儿,却可能不注意到它们,或者,当它引起我们的注意时(触发我们),我们才与它们打交道,首先以经验的方式去认识它们。

这可能是双方面的:我们的认识活动会朝向它们,将它们当作其自身,并在持续前进中维持这样,如我所言,以它们自身去认识它们。这种完全朝向对象自身去加以认识的习惯性兴趣(habituelles Interesse)被称为纯粹实事的兴趣(rein sachliches Interesse),如同那个持续扩充的经验认识被称为纯粹实事那样。之后会发现一种对比,此一兴趣以及经验随时都是偏离了实事之物(den Sachlichen),偏离本有本质的客体,而朝向作为外于实事的主观相对的规定性。

让我进一步思考,在实事的兴趣中会产生什么来,在相应的经验中又有些什么会被我们所经验,则首先要指出,对我们而言客体是存在的现实之物,并且是透过作为主体的我们对它们有所意识,并且这些客体不仅仅被我们所意识,更是在"现实存在"的方式下被意识着,被意识为具有存在的确定性。这个我们有意识地存活于其中的世界并不被意识为一种幻想,好比美人鱼或人头马那样,而是这些物体是作为存在者,现实地环绕着我们。但还要注意的是:在对它们的意识之转变中那个相同的意识(Bewusstsein vom Selben)彻头彻尾存在着。意识方式可以是多样的,有时感知,有时回忆,有时前期待,有时有好感,有时反感,有时带着希望,有时则是恐惧,等等,可说各式各样有着不断改变的忙碌状态。但无论如何改变,相同的意识总是有着统一的约束力,它们是有关于同一物体及其他客体的意识,显现为或是感知,或是回忆,或是好感,反感的经验中。我们要是凸显经验性地察看或认识,好比一株植物吸引了我们,令我们着迷,则我们会一会儿从前面,一会儿从其他角度看它,忽远忽近不一而遂。我们不仅仅是看而已,还意会它,感受它,等等。它不只视觉上,也在触觉上显现出来,透过这些意识方式或是显现方式的改变那个对同一株植物的意识持续穿透着。在纯粹的实事意识中我们专注于同一而本有的部分,纯粹地专注于同一之物,针对那个每一被意识的、合乎意识而合乎感知地被给予者,而在持续的经验中总是有着对合乎意识的相同之物的客体有所意识,并心系其中。而凸显出来的每一特质也都是多样地被意识着并且同一在己而构造地属于其同一性。除了在视线中是客体为同一之物以及出现于其中并理所当然地有效之外,其他的都不算数。我还注意到,假如不同的客体只是纯粹实事地被考察的话,也包含实事的脉络考察以及相关的考察,群组、联系以及关系有可能凸显出来,而那些伫留在纯粹实事兴趣当中的相对规定性也是如此。所以说,假如在与职务相关的兴趣之整体中将不同的植物种类之关系相互拉近,例如系统发生(phylogenetisch)的考察,或其为外在生存条件而"抗争"的表现。

那些新的兴趣方向,也就是那些在被描述意义之下的非纯粹实事之关于世界或不同客体的考察方式究竟可能会是如何?先前已提示过了。每一个纯粹实事的考察都允许一个超出每一客体及其实事关系的内涵之外的经验性的歧出,它导向在一个特定意义之下的主体之物。我们已经论及一个同一对象得以可被经验以及在特定情况下实际被经验的那种不同考察方式以及显现方式。我们曾说:同一个客体有时显示为这样,有时为那样,有时从这个面向,有时从那个面向,有时从这个,有时从许多面向显现;同一个物体在不变动其所在位置的情况下,显现为在左边、右边、上面或下面,之后消失在我们的背后,等等。在不注意一个对象自身以及同一性内容也不根据自身本有的特质及关系而加以描述性拆解之情况下,我们也可以反思地转向其变换着的主观显现方式上。它之所以被称为反思乃是因为每一个朝向它的视线方向都默认了一个前行的(自身是较早的)将客体经验为自身的方向。让我们的视线朝向自身,让它从经验的背景出发刺激自我去转向自身,则首先出现的便是对于自身及其本有的特征之掌握。其次则是,作为直接经验方向的偏移,那是对于显现方式的兴趣以及考察。所有这些主观的,作为客体的被给予方式的如何(Wie),都有着一项基本特质:每一个显现莫不是关于某物的显现,一建筑物直接显示给我的那些视角无不是自身给予为关于这幢建筑物的视角或者说关于它的表面形态,以及相隶属的颜色等。视角的本质还包括了(只要我是实事地朝向它们,便是明见地如此),它自身带着与之不可分离的"关于空间对象的视角"这一点。同样地在对一个物体的感知中也具有这个我对它现实看见这个面向,也就是"关于什么的面向"这个模态特质,据此而有"关于什么的表面"之表面。从术语来说,这个主观的模式便是具备了"意向性"之特质。基于这样的反思,尤其是在同时相关于自身以及显现方式之关于客体的经验当中,除了客体的本有规定性(这些都是在一贯地未反思的经验者中)之外还包括了反思的规定性。请注意,当我们把反思的规定性带回到意识的主体性,其每一经验或是其他的意识方式,这是附加在客体之上的主观显现模式,只要它是在其个别的意识拥有之中在此方式或彼方式底下直接地被经验的自我所意识。当然,在关于客体的显现方式之反思中,就正被阐明的方式而言,自我无须被带入反思之中。我注意到了视角上的缩减,但并未注意到我自身以及显现活动本身。但当然,透过反思,我当下究竟是如何经验客体这件事也可以透过反思被自己所经验。我总是可以在不如同平时委身于客体之情况下,例如盯着眼前的这棵树看,我可以反思地回顾自身而后说:我看见这棵树,摸到了它,等等。

此一主观反思的特质可能具有极为不同的主观根据;所以说,关于物体的视角显示方式乃是特别属于其感官上的感知,尤其是观看这个动作的感知。一个作为这样被看的客体乃是在某些视角下光学地显现之物。所以显而易见,这些可能的视角都构造了一个系统,而没有那一个物体可以在不基于该系统的特定视角之情况下显示出来。

其他的主观模式都是从其他的根源而来并同时终究是从更多

其他不同的根源而来。例如，假设有一个物体对象，就说一座山吧，它从我的立足点出发出现在我的视野中以某种方式显现，引起我的舒适感受，而就在它令我喜悦的同时，便带着令人喜悦的主观反思特质。讨人喜欢、美丽、引起刺激，这一切无不指向主体的意识方式去，它是对某物单纯的喜欢，对某物有情绪上的经验。于此之中我们有着一种外于实事特性的新类型例子。隶属于山的本有特质，其纯粹实事内容包括了比如说它的地质学特质或是其生物学特质，亦即它总是被这一类树木给覆盖。然而，它之为美，也就是那种从我（或许对任何人）的立足点出发所看出来的美丽"图像"，可就不属于它的本有自然了，而是属于经验的主观意识方式，而且是从情绪的，同时是感官的根源而来的。功能的特质也是如此，假如在我认为苹果因为好吃而对我是有价值时，此一价值却又是与实事的特质不可分的。

让我再多举几个这一类的例子吧：那些联想到其他对象或回想起自身的特质，例如，某些对象以熟悉的特质出现，其他的则以陌异的特质出现。针对前一个情况我们说：我早已认识了这个对象或这一类的对象。而且事实上，从认识活动产生了熟悉性以及反之亦然。在对象被认为是熟悉之处，我们可以透过回忆回想起之前的认识活动。（清楚的回忆自身无非即是作为一种再次体验感知的意识活动，仿佛我们再一次地感知了那样。）但那个即刻显现在客体上的熟悉特质并不包含任何当下回忆之物，也不包含与早先被感知或被回忆之物与当下被感知之客体的同一化运作。在被经验的对象之上具有这样单纯的特质，它与过去之物之间有着晦暗的唤醒联系关系，假如有必要的话，我们可以产生相应的再回忆以及同一化作用。对象并非只能个别地显现为熟悉之物,而也是大多合乎种类地显现为熟悉之物。在我们熟知的周遭世界中的那些客体的种类特质也是一个外在于其实是内涵的主观上的特质。我们直接地将这些客体掌握为草地、农作物、门、房屋、小提琴,等等。这些种类的特质,或许更好可说是类型的特质都不是原初地从比较的活动,也不是普遍之物的抽象结果。而是被动地从客体以下列方式产生:以往相类似的客体被认识了,尽管有着个物的陌异性,但却有着熟悉的类型作为熟悉的特质而被认识。由此出发,我们可以回到对于相类似的个体的个别及对它们的经验去,并且事后进行比较以及凸显合乎种类之物,进而构造逻辑形式的相应思想内容,那个关于个别普遍性的不确定多数,如同"同一种类的个别特质是已经被我遇上了",等等。在较高的阶段那个"熟悉"以及"合乎种类的熟悉"乃是在经验着的主体之意识生活中的自我类型化之物,而陌异的特质则是对比的特质。但这一部分我们不需要进一步深入讨论。

我们在之前的例子群组之主观特质所注意到的乃是,就别的意义而言,它们都是客体的显现方式,如同视角的感官之物,关联于主体以及相同之物的导向被给予性。同样的显现方式必然地在作为相同之物的客体上面之每一持续的认识当中自我转变;它们都是首要的必然性,以便一个客体可以对我们而言是存在的并且可被指认。另一方面熟悉性是事后从下列的认识方式所产生的:合乎种类之物是从类似之物的经验对于其他类似之物的经验之影响而来的。它们皆是对于主体而言已经存在着,所以它在其实事的存在以及非改变和改变的实事特性中并未加以置之不理,而是在主体性的往后的生活和经验中被动地增加主观种类的新特质，将它们当作同一之物，而在主体性之中一度发生地成长，停留在它们之中；于此之中并不属于客体的本有特质，毕竟例如，同一个客体在不改变其本有特质之情况下会被主体获得熟悉性的整体特质，等等。

不同的例证已向我们显示，外于实事的那些主观性质都是隶属于客体的，只要它们是在不同的意识方式下被意识的，无论它们是感官的特质或是情绪的特质，或是那些随时可以被意识到的联想特质。（在一般的生活中经验的表述已经从这个反思的经验中产生了，这里所说的表述是超出纯粹的实事描述之外的。）所有至今为止的例子无不属于一个在己封闭的类别，它可以这么被标示：作为主体而且体验着变化着的客体之意识拥有的我们，不仅仅在行动中产生了那个相关的特质，也就是透过执行特定的自我活动。它们并非透过一项行动产生出来的。只要我们感知着时空世界中的客体，则它们必然是在某个视角中显现出来，无论我们于此时刻究竟是完全处于被动或采取主动。如果它们借由其感官的显现而引起我们的好感或嫌恶，这也是已经发生在被动的情况之下。它一点都不需要最低限度的主动性，那个主动完成的经验，故它又被称为接受性。一个刺眼的汽车号志引起某种感受，即便我们当下的思考完全不曾参与其中。

我们现在转移到另一个巨大的，与我们的兴趣特别靠近的主观特质种类，它正是在作为这样的**行动主体性**之中，或同样地，在被我们称作**自我行动**之特别的意识体验中，亦即在行动着的主体性中。

假如我以行动的方式和客体打交道，并且从其中形塑出一些结果来，则它们不仅只具有变换着的显现方式，亦即不仅是基于光学地以及其他的感官的显现方式，而是于内在行动中以及从这些行动得出一些特殊的性质来。让我们首先只看这些我们作为个别的人采取私自的行动这类的例子，亦即没有和他人一起参与群体，作为社会组织的一员。假如我将一块木头削成一支箭或将它弯曲成一把弓，则那个对于客体自身的改变过程之客观发生的纯粹实事考察会产生向着新的对象形态之过渡，假如一块木头变成了箭或弓。但这整个过程在我的目的性行动中带有一项新的特质，该特质超出了客体以及客体发生的自然性质，它是合乎目的的一种转变过程，它发生于每一阶段皆追求目的意义的外在行动，这些阶段皆为中介性的，并且对我来说都是具有这些特质。同样，这个具有收纳其他行动之最终形态的意义最终形态的自身乃是目的理念的完全实现。箭的整体形态以及所有隶属于它的部分形态，诸如圆柱形的改变，箭头的形状以及那个被挑选的材料——所有这些都带着目的的意义，那个"为了"（das Dazu），"为了"的被规定存在以及适用存在。

在实践性的行动中行动者显然从一开始就不是实事地看向物体的自然及过程而去，而是看向成为主观脉络之中者，在其新的产生出来的性格中。例如，在目的理念引导下的目的论规定性之多样性不仅是在目的活动及产生结果的过程中隶属于客体，而是就产生者而言未来也维持这个状态。对我来说客体具有箭的持续而可一再被指认的目的形态，我不仅仅将它看作客体而已同时也看到它的合目的性，看到它带着富有目的性。我是根据所有这些相应的特殊形态而理解其客观形态并且多少就其合目的性而看它们。我可以随时对自己清楚的解释这个富有意义之物,一方面在设身处地设想当下的射击活动中以及另一方面在为此目的而造就出来的箭之形状。

这些可能的目的以及据此而来的客体之目的形态乃是极其不同的。比较容易理解的乃是个人相关的目的活动,这是只一度发生于当下现在的目的形态以及发生于一般意识当中的目的活动与形态,亦即那个总会一再发生的物体特性。也容易看出来的乃是,个别目的客体向着普遍目的客体的发展。我们称之为槌子的东西,它具有特定情况下的目的形态以及目的作用性,这些特性乃是总会一再出现的,例如可以敲打钉子,等等。除此之外,一个工具还有着社群的性格,也就是它不仅仅对我这拥有者具有目的上的作用,而是对于拥有此工具的任何人皆是如此。我们姑且略过这一部分。需要略过的还包括了,我们在最原始的情况下带着完全是偶然的目的规定性所进行的思考。①

同样属于这里的还包括许多其他主观上的构造物,这些构造物引导我们进入精神文化而且我们首先同样地在个别构造主体的角度下来看这些文化物。有时候客体会因为其优美的显现方式而使得人在被动性中对它有好感,随不同的情况,一个原始的动机乃多多少少产生出来,以便终究改变被前给予的客体,直到它们具有

---

① 个别的榔头:例如基于眼前的需要而被取来使用的棍子在当下被认为适合敲打钉子,于是它便被这个目的给规定了。就其当下而言,为己的特征及其他特征在其一般性当中被随意地形构及使用,重点不在于这般的记号是如何不属于客体的实事本性,而在于主观上的目的需要以及其构造。

一个优美的以及尽可能优美的显现方式,至少就处在被动状态中的主体而言是如此。客体自身于是(持续地)拥有属于美的形态以及好的感觉之规定性,为了绘制别的物体的目的而存在的图画也无非如此,它们是为了这样被看才被创造出来的。(附带要说的是:在被动的领域也存在着例如水中倒影之类似图像。作为另一个显像的影像[Abbild]则不具有目的论的特质,但因而也是主观的。)自明的是,在既有目的形态之外总可能一再出现新的形态。凡已经合乎一个特定的目的者总是还可以为其他目的服务,适用于新的、比较高的目的,并且透过相应的新的目的活动而被塑造出来。这项指示足以表明,个别观之,每一个主体总是重新再塑造被前给予的世界,而且透过它及因为它而使得那些客体不仅仅会自行变化,更受到主体的目的性行动的改变,为此这些目的性的意义似乎持续地成为这些客体的外衣一般。

在此要强调的是,文化主观之物之于主体的关系并不同于熟悉的联想特质之于主体的关系。熟悉性只不过是主体的整个特质,是主观整体色彩的一个种类,它无关于客体的特殊性质。相对而言:目的性以多种特殊形态烙在客体之上,形塑其感官与非感官种类的特殊性,构成其不同种类与性质的构造等。你们姑且想想任何一个农业机械或任何一个手工器具,或小提琴,或其他的乐器等的构造形态吧。随便一个目的性的特质:这一类的客体无不首先都是原初地从我们人自身所塑造出来的,并因此现实而原初地被理解而事后又是理所当然地如此,可能在事后一再地被理解,只要它是作为已完成者而出现在我们的视线中并且从背景出发对我产生触发作用,随即合乎其目的意义地产生了相应的立义。我们马上便能一再地指认出它们来并且看出其目的性，普遍地作为有助于实现该目的的作用而存在。我们不能只是考虑零星的客体数量，而是应该如此，正如客体是纯粹实事地作为统一体那样，在实用特质中的客体也具备了自身的实用脉络，一个目的论的形态综合以及一个相关于目的的甚至包含无目的之物的整体意义。我们的视线完全直接紧随在其特殊意指性当中的目的分支与形构；为此缘故对于那个进行立义活动的主体来说存在着两个层次的对象：所有那些出现在经验者的特殊目光之中者都部分地具有其原初而本有的规定性以及奠定在其中的目的规定性。①

这一点不仅适用于将客体塑造成一个合乎目的的对象而且将这些对象带到目的的脉络中之主体，而且也适用于邻人。亦即适用于所有那些与我们一起在实践的情境中共同生活的人，甚至已经构造了相同的或相似的目的客体之所有其他人，即便他们不是旁观者，毫无疑问地将客体统觉为目的类型的对象，正如他们不会将个别的被看之物立义为茶花、无花果等之类的。客体一旦被界定为共同周遭世界中的对象也就是那些可被生活在社群中的所有主体所发现的对象，作为这样的存在物而可被经验，则最终这些客体的规定性便可被称作客观的，假如它们同样在同一性中可被"每一个人"所经验。如此一来我们必须说，普遍而言，那些透过目的活动的形构而附加在客体上的那些目的规定性自身总是一再归属于被给予的客观规定性之情状中。固然是源自主观，但却总是变得客观。

对我们所有人都总是存在那儿的客观世界乃是一个出自行动

---

① 比较海德格尔所说的意义脉络（Bewandtnis-Zusammenhang）！

主体的主观源泉之世界,它总是不断带着新的客观内容而变得丰富起来,带着新的意指之述词。这是一个总是变成新的客观世界。它是对"每一个人"都是如此的共同的周遭世界。社群性乃存在于,它完全不仅是存在于个别的人的私有文化工作之中,而是许多个别的人可以结合起来塑造一个客观的工作成果,正如同每一个房屋建造所展示的那样;它也是特殊意义的人格社群,正如同城市社群、国家社群、共同体的工作成果可以基于社群自身的目的等而被产生出来那样。进一步可以指出的是,个别的人以及社群的行动及工作效用不会是处于孤立的状况,只要存在着人与人之间的相互影响关系,而最终所有那些在世间人生活的统一体中于个别的文化形态之上产生作用者,乃是存在于历史脉络的统一体中。此外主观的特质显然也是从这里产生的,亦即那些历史性的传统特质。所有的文化物自身莫不带有历史向度,其意义特质同时也是被标志为历史性的,它指向了每一世间人的社群生活之全面性脉络。那些在一般语义底下所谓的"历史"之"发生"并非在已存在之纯然实事的客体世界之被动发生而已,也不仅仅是主体自身之内的被动发生,而是社群生活中的世间人主体性在其多样的交互关系中透过行动的活动而导致的发生。而它总是出现在每一共同被前给予的,可被所有人都通达的那个周遭世界。在历史生活的统一体中,在透过传统的统一体而相互结合的世代之结果中每一新的世代乃继承了那先前客观化的文化世界之成果,并基于自身的能力与作为而将此成果传承下去。但文化世界可不是世界中的一个世界,对"任何人"来说这个世界都带着所有隶属于它的,亦即对每个人揭示可经验的规定性之客体的普全(Universum);那些根据目的论种类而产生于主体的那些规定性也隶属于它。如同我们所理解的那样,只要它们是进入了社群的生活之中,它们便是变成了客观上可理解的。

附录 XI （关于§24）:〈活动、意向、兴趣及拥有〉①

在上一次的演讲中我们已经就作为人格主体的、作为活动主体的自我进行了自身思义,自我并非在体验之流中的苍白流动意志而已,而是经过其每一个首度执行过的活动之后必然采取立场,并且持续地如此。于是作为自我,他重新规定了自身,为自己的未来做了决定;所以他带有多样性决定、信念、存在信念、价值信念以及意志信念,等等。相应于此的则无非是对自我有效力的对象、价值与目的等。在这些信念的轮转中主体努力维持自我,与自身维持和谐关系,总是一再产生普全的统一性风格,与此同时倾向于放弃任何旧的信念之复活。彼此间的冲突都是人格性内在的冲突,假如他能够在此一较高的层次解决这些冲突,他便能够维持其自身,例如,固然有些存在信念或心目中的真理证实有误,但这些错误同时都可以被新认定的真理取代,使得这些新认定的真理和其他真理或存在有效性完全和平共处。

我们说过,一旦我们留意作为持续追求活动者的自我之根本意义,则总有一个特定的追求环节存在于任意活动中;每一自我的

---

① 1926年。

活动（actus）都是自我的意向性朝向活动，是朝向内在目的的活动。意向性可以是空乏的、被压抑的，或多或少是广阔的，也可以在不同的完整及本真模式中被充实，直到被其他强力的意向方向或活动方向给阻挠。这一点适用于任何活动类型，无论是最广义的认知活动，感知、回忆、期待等，任何类型的表象活动，甚至远一点的述词判断、推论或评价活动，亦即情绪活动或意志活动。一个活动不仅仅是在生命之流中的向前流动，也并非只具有外在特征，它乃是一个具有意向统一体的过程，只要是透过它而通达一个目标的统一体，便是朝向自身。作为流动之主体的自我乃是透过其活动而持续地朝向对他而言有效的目标而去，意旨他朝它而去。我们一般称目标为活动主题（Aktthema）。在感知当中该主题是作为存在者的对象。主题是存在-主题（Seins-Thema），而在一般流动的感知中我们同时具有活动意向的向前效用之例子，尤其是在活泼的实现之杰出模式里。在持续向前的知识接受里意向性被充实了，在活泼地被拥有的规定性之中被实现了。整个过程带有规定性（那个已经充实着的过程）。这里的规定性是存在的规定性，是存在的主题，目标在规定性中规定着自身，作为规定性的基底，那个活泼地被获得的存在乃是当下的存有。

于再回忆之中主题则是过去的存在，回忆的意向之效用中实现着，在清楚的回忆中作为自身，如同它曾是那样。在期待的表象中，或在一个被启动的（motivierten）对象性之共同当中，例如那个不熟知的黑森林某角落，其最普遍的风格（Stil）最起码是被预示了，一个预期性的关于山、森林、草原及其他规定性的前表象产生了效用；而当我们真的前去漫游时，便会透过原本的感知活动而得到新的、真的实现。在评价的意识中情绪的主题是价值，自身以相类似的方式本真或非本真地在规定性价值中加以实现，等等。在意志的领域则是以目的为主题，而真正的实现则是达成目的的手段之过程。非本真的效用在此乃是处于内在投射中的目标设定。

在每一活动中自我总是持续而合乎意识地设定目的[①]以及所有那些属于规定性的过程。之间存在(Inter est)——实际上，假如在最宽广的意义下去说"感兴趣""兴趣"，则所有活动的本质将在一般字面意义的适度扩充底下获得表达；"自我总是对什么感兴趣"——这和"他是意向地朝向它"这句话有相同意义。

我曾经说过：在一般字面意义的适度扩充之下，因为一般而言还意指更多内容，亦即自我的习惯或是一个意志的决断，总是在隶属性的生命脉络中朝向一个主题，在被兼顾的情况下回溯并因此持续专注于追踪它或是在与其他的主题相混合的情况下去进行追踪。

这将会同时引导我们到相关的以及严格的主题概念中去。它并不标示一个暂时活动的目标点，而是一个习性地贯穿整个人格的兴趣方向，该去向最终总是刻意被强化。[②]

我们随即看到，一个人格，一个穿透其时间而驻留的自我如何

[①] 自我的"相对于意向对象之存在"是具有双重涵义的，视情况，要不是作为期待，就是作为实际存在。后者是本有的在此存在。任何活动只要欠缺任何的充实便是期待性的；而具有充实之模式的活动，作为带着实现的一项真实性，则在它尚未被实现的情况下，也仍是预期性的。

[②] 这是三个极不相同的习性，第一是习惯，相同的情况下出于单纯的联想执行相同的行动，第二是普遍意志的习性，总是追随某些效应并做出产生效果的相应行动来，第三是信念的习性。

在其维持住的兴趣方向以及主题的情况下拥有同一性结构。在每一种这样的方向中,它最终追求与自身的一致性,而所有这些一致性都必须朝更高的共鸣而去。

一个自我不仅只有个别的兴趣,而且还有一般的兴趣。在一般的兴趣中主题性地涵盖了真实及可能的特殊主题。凡是一个一般兴趣落脚之处,暂时性主题的转换不会不牵涉到兴趣与主题的转换。一般性的主题会存活下来,在所有隶属于一般性主题的特殊主题当中发挥作用。个别性之所以引发兴趣是由于作为一般性的个别之物。例如,爱花的人不仅只是对于迎面而来的花朵个别地、不具脉络性地喜欢而已,重点在于,他是爱花的人,他的情绪习惯性地被爱花的心理所推动,一般性涵摄于此一爱花的意义,正如同爱的活动也标示着最严格意义下的情绪兴趣。同此,对于爱花者而言,从一次的赏花活动到另一次的赏花活动之间并无主题上的间断,他可说是在相同的主题之统一性中合乎意识地移动着。

其他的活动项同样如此。那些不对花的美而感兴趣,而是对花的植物特性感兴趣的人有其持久的存在兴趣(Seinsinteresse),对花的存在以及存在特性以至于对植物的一般特性有理论上的兴趣。理所当然也适用于意志领域,自我对其持久的意志方向,在其相应的持久的意志目标上有其目的。这里存在着意愿以及意志自身的一般性,每一个人在其生命的长期阶段中都有许多个人独特的,以及一般的目的作为推动力。一般目的之实现显示于下层的特殊目的之实现上面,意志主体的一致性自身要求着其各个目的之间不存在冲突矛盾。

既然每一个追求活动,也就是每一个意向活动都可能取得意志的形态,亦即一个观察者的意识性的感知,意志性的回忆、生产、评价等,我们可以理解一个关于自我的持久、一般的主题领域之意欲性的以及随之而来的习惯性的意志形态。一个选择数学作为职业的数学家,选择音乐作为职业的音乐家亦无不如此。经过仔细考察之后我们还要做其他十分重要的主题的区分,尤其是主导性的辅导性的意向分别,一方面是在其意向追求中真正想达到的,另一方面则是只作为手段的价值而被追求。这一区分不仅仅适用于特殊的意志领域,而且适用于所有的活动意向种类。故而对一个自我来说,彼此关联以及内在被引发的兴趣领域会自我组织起来,部分地在被动性之中,部分地出于一般被设定的意志之统一体中,是相互关联的主题以及主题意向之领域,该领域被惯性的一般主题意向之统一体所穿透,而该意向则又持续在自我的生命中产生作用。故而对于数学家来说,数学成为他生命中的普全而无限的主题,该情况同样发生于爱花者与花之间的关联上。显然他的人格的某一面向是相应于每一个这样透过相关的自我而带到普遍有效性的主题。该自我不仅创造了数学的构造物(而且源源不绝),并且从中创建了数学的自我,透过学习及研究不断地塑造自身,每一次新的知识都变成自我的信念,而信念的系统则是作为数学家的自我规定性。

　　许多这样的人格面向(并且正因为如此我们可以如此称呼它们)在相同的人格自我中相互混合,但不使得他的人格统一性受到影响:同一个自我可以既是数学家、热爱自然者、家里的父亲、城市公民、热衷参与祖国政治的爱国者,等等。①

------

① 但欠缺这种人格的特质学,更欠缺特质的概念。

并非所有这样的层次都是从自身的普全意欲产生而来的,在被动性之中或被动性与主动性的连结中也可以产生人格的习惯性面向。

显然没有相对稳定的有组织的主题就不会有人格的统一性。这样的主题会提供人格以及生命的统一体,随之而来或许可说,人格的不同层次、分项可都是隶属于每一个世界人自我的,也就是每一个带有许多人格性的一般的自我。当自我充分开展其中的某个层次,而使得其他层次脱离眼前的注意力时,这不表示这些层次便与自我全然脱钩。

附录 XII （关于§§24,40,41）:〈关于心灵的统整性〉①

1) 在内在流动时间形式中的体验流程——统整性。

2) 暂时-当下的构成。作为领域的原印象领域——与隶属于暂时-当下领域正好成为过去的实时"映射（Abschattungen）"。

3) 在暂时-当下中的"无意识"之可唤醒的视域。存在于意识的当下者是那些在滞留中被显示的整个过去,而这些在一个新的当下之意识情状中获得澄清,而整个过去自身也会变成过去。a) 显现那个在原印象的流动中借由滞留而自身构造着的内在时间对象性——于作为再构造的在回忆中那个相同的"显现",亦即相同的时间对象性乃再度返回。这是第一度的内在对象化,在此一对

---

① 1925 年。

象化中,在"意识之流"当中,在全然诸多现在(Präsenzen)的流动之中,"心灵"是自我的对象化;

b) 这个意识流自身——"内意识"之流程——并非被内在时间地对象化的"内有对象"的内在延续,更非质素素材或活动的内在延续。

作为内-时间统一体(immanent-zeitliche)的心灵之物乃是作为构造着的流程之时间性的心灵之物的显现统一体。但它自身也是一个内在时间地被组织的统一体,自身又表现在时间性的映射中,以至无穷。

心灵的统整性,就所有隶属于心理之物而言,乃是从它本有的,只有它自身得以触及的原本经验而来的统整性;唯有在本有被自身体验的经验中,心灵才是原原本本地(originaliter)而且只有被它自己所触及。

所有带着其心灵之物的心灵(单子)无不隶属于一个交互主体的世界,该世界是所有心灵的普全,它可被所有可能进行经验的自我主体所触及。这个以世界为对象领域的经验并不具有当一个心灵、一个自我主体对其本有生命加以经验时的意义。

意识流程是具有统整性的过程。什么是持续存在者?在它之中究竟含藏着什么样的统一体,该统一体与自我处在何种关系中?

1) 在任何时刻我是意识到外在世界,此外也意识到我的"主体之物",我的感觉情境、思想、抉择、情绪、等等。就这些体验的意义而言,意识是一个统一体,一个相互关联的过程,被包含在持续的河流中。一个流动之物在此乃实时的当下(aktuelle Gegenwart),但它总是作为一个新的这般当下,而又有着一个幽暗的过去视域,那个下沉物之类的。**意识统一体**。

2) **不过该统一体却不即是自我**:那进行思考、感觉、意欲等活动,那个"拥有"这样和那样显现者,那个相对于外在事物者,或者那个能进行回忆、具有回忆者,等等。

3) 但自我也是拥有**能力**者,它有才能、有倾向,有稳健的人格,更有持续存在而带有习性的活动意向:a)我爱我的朋友们、仇视敌人(这些都不仅仅是暂时性的活动而已),我拥有信念、观点、知识,我可以提出证明,我明白理论;b)我具有完成数学作业的能力;c)我是活力充沛的人,我带有原罪。我是粗心大意的、冷漠的或热情的,等等。

自我的统整性可模拟于物体的统整性吗?我们能这么说吗?就好比在物体的各种变化中有着统整性贯穿其中(实体),所以在自我的各种变化中也有着一个规则的统整性贯穿其中?

让我们想想吧:

首先:所有那些我们现在及过去的活动都具有统整性,而非仅仅是被捆在一起而已;作为同一极的自我,它在判断 a 即判断 b 时都是相同的自我。

那么这样的一个同一极意味着什么?它是在体验之流中进行构造的统一体吗?我如何能够认为,我的一个体验可以与另一个人的体验相混合?正如不同的体验(首先是活动)会分配到不同的自我去?要是不理会自我的问题,便很可能产生意识流程可被分裂的想法。每个体验总有个晕环绕着它,透过再造而形成,一而再,再而三等。先天地我们得到意识流程的唯一的脉络,及其统整性。

但什么是自我的统整性呢？它并非一个穿透流程的同一之物，前句所说的流程是我可以为自己重新构造的流程（或者可以根据其本质的形式类型而使其先天地可被直观）。仿佛体验都是僵化的体验那样，好比说一个持存的情绪、感受，透过整个流程而僵化起来（比较 K. 厄斯特莱西［K. Österreich］，他在操作这些）。

一般而言我们具有三个问题：1）在"意识"被理解为所有我的主体之物的化身之情况下，是什么以统整性提供了我的"意识"？这个我称之为透过我的体验而作为我的内在时间之持续充实的统整性究竟为何物？它是所有一切吗？所有我的体验都真正构成一个过程的统整性吗？就好比我在谈论一个声音过程等那样？也就是说，一个同一之物在相同意义底下必然发现其自身，以使得当某物发生时，在其变化中有其不变者等。2）如果存在着这样的统一体，假如我们可以证明有一个使得内在时间中的各项体验统一起来的"实事"统一体的话，那这就是自我统一体（die Icheinheit）吗？而这是主观时间中的内在统一体吗？3）那么，那个说着：我，这个世间人（Mensch），是众多人（Person）之中的一人，这句话的人，他的统一体又是如何？

我们谈论意识流程的统整性，那个全然是我自己的而非他人的意识流程的统整性。是什么位于意识流程的图像中？我存活其中的意识，亦即我的主观生命自身，也是不可分离的元素之流动是关联于发生过程的统整性吗？只有作为这样的发生过程才是不可摧毁的吗？除此之外便可摧毁成元素及元素群组，而这些元素正是可组合成发生过程之元素。

无论我们如何去描述一个发生过程，总是必须有个僵化者在那儿,以便使得事件得以发生,好比说在河流中水的一小部分是同一的,但这一小部分不断向前推进,与其他的水交互地融合起来,等等。人总说,"在"主体性之中总是发生了什么,而所有个别的发生过程无不相互形成一个完整的过程,形成一个主观生命的统一体。但这个"发生过程"却有其问题。

所谓的发生过程与过程究竟包含些什么?我所拥有的内在时间的统一体形式中的"主体之物"。我们在此也将感觉材料(材料之物、声音、材料等,但也包括那些与之"相连"的感官乐趣或苦恼)称作主体之物。那些材质性的声音材料具有一个声音过程的统一体:内在时间的段落是持续统整地带有相同或不同的声音材料。但在其中也有一个统一体在主导支配着,在此统一体当中那些材料的持续性自身包含了一个共同的本质,因而使那个声音的个别同一性得到证成,而该声音是透过这个充满声音的时间流程而有时改变、有时不变。所有阶段的共同本质是那个合乎种类的(在此自身个别化的)"声音"一般,质言之,是唯一质量 C 的音(这可能会因强度而有异,质言之,但也包含了"那个"强度)。那个声音 C,随着强度的不同而有所不同,也依音色的不同而有所不同。

多样的材质之物隶属于主体生命、生命流程的领域内,在此方式下材质性的过程带有统整性的实体,而这些实体在内在时间流动着,无论在改变或不变的状态下。

这些统一体乃结合成完整的统一体(Gesamteinheiten):结合成总是被充实的意义场(Sinnesfeldern),亦即带着具有统整性的实体而构成具体的、统一的、材质的过程,以视觉场来说,这是具体的、穿透整个生命的一个改变统一体(Veränderungseinheit),而它自身带有这个个别的统整性实体。同样,声音场等也是如此。

对于内在时间的结构内容的认识来说非常重要的是,人们将提出疑问:我们还需要区别什么样的过程统一体?

要是有个外在世界被构造了,则明显地流程中的角度(与同一显现之物相关)乃会构成过程统一体,而现在我们拥有了双重的统一体:过程的统一体以及那个在流程中改变者("那个"角度)以及该超越对象(或也是过程),这实质上并不改变,它具有其过程,其超越的过程,它所有显现在主观过程中的改变与不变之方式正是一个别的,并非其自己本身。事情将会变得困难,假如我们引入活动领域以及提供多样问题性的意向性,而把所有那些都当作在内在时间中流动着。在此我们还要将作为活动极的自我抽离出来。

终于到了内在时间及其统一体的构造了! 流动着的生命乃是这么一回事,那个材质性的过程及其实体统一体(Substrateinheit)在每个阶段中自我构造着。内在时间是一个同一性的形式,该同一性在时间意识的原意向性之流动着的滞留中自我构造着并因此是"持存的统一体"("bleibende Einheit"),它会变得总是一再地可被再造,并使得再造的锁链透过同一性的叠合相连结。一个被充实的时间点之活生生的构造之持续性乃一般"过程",它具有一个原时间的形式,即于此之中过程的统一体以及基底(借助于本质的共同体),然而正是在其中意向地构造了一个内在的时间点,作为在其中同样地自身展示。是以那个具有统整性的生命乃向我们证明自身是极度卷入其"过程形构"(Vorgangsgestalt)的。

重要的是,要对下列事项保持密切注意,在一个主体性当中以及对一个作为经常性的僵化存在者(Verharrendes)的自我来说，某种程度上可说扩散于流程的统一体之上或与之相关而总是被意识着。

1) 意义场域；

2) 一个客观世界作为经常被经验者；

3) 作为所有、行动，所有持存的信念之极的自我——人格的统一体，它具有其性格、热情、多样的能力（我能）以及倾向。

但人格的统一体却也是一个客观的、隶属于客观时间而被构造起来的统一体。人格是客观世界的一分子。它有自己的生命，位于客观时间中的意识流程，该生命与生理性的身体紧密相连，而它同时又是一个在时间中的被构造者（就一个发展成熟的人而言）。而带着所有主观之物的人格使得自身这样地被"还原"，它可在自身中操作这样的还原，意即在其自身当中发现自身是作为纯粹自我，并且发现其纯粹的体验之流等。它在其自身中发现，一个客观世界在自我显现，其主观内在时间是一个外在客观时间的显示，等等。

附录 XIII （关于§25）：〈自然科学-抽象；人格科学-具体〉[①]

人格科学(personale Wissenschaft)，"精神科学"会随着一项关于人格（无论个别或群体）的前理论的生命之理论兴趣的成长而

[①] 大约在1928年。

成长，并于下列事项产生作用：将人格当作人格，将人格生命当作人格生命加以研究，人格性的特质乃是从这个人格生命产生的，从他原初的个体性，从他获致的习性，相互的内在生命及相互影响，从而产生相互结合起来的高级人格，以及随之产生的社群生活，他们在个别或群体的生活中完成了以周遭事业为目标的构造性成就，这些成就是周遭世界地从人格生命中产生而且带有在交互主体中可辨认的同一性之意向性意义之特质。

然而针对人格总是可以支配其周遭世界的前理论生活，还可以产生另一种形态的理论兴趣，它不指向人格之物（das Personale），而是指向被前给予之物，那个隶属性的物理之物，如其真实所现，对于任何人都是透过一致性的经验及规定着理论洞见的真理而可接近的世界。该兴趣固然是人格性的，而经验所提供的认识也是人格性的，进一步来说，在理论的自身努力以及认识之中所获得的真理乃是理论成就的构成之物；然而就算如此，无论人格及人格生命如何规定理论研究的经验与认识，它们全都不被考虑在内。

自然的认识者朝自然看去，他们并没看到对自然的认识是怎么回事，看不到自然之前给予的以及将自然给理论化的生命，看不到表现在这个生命中的人格的特质，看不到这样的科学研究对生命的整体以及人格性具有何种意义，而此一意义是人格的生命会追问的，诸如此类的情况往往被忽视了。

自然科学固然是人格的成就，但它却不是人格科学，如此一来，就其自然的结构来说，被前给予的世界容许双重的研究方式。一种是直接把"客观的"自然当作唯一的主题，另一种则是固然明白自然可以被自然科学所研究，但它在前理论生活中却是有其种种的现实与可能的"显现"，其现实与可能的意见，呈现出不同种类的主体活动，自身根据不同面相而进一步构造的相关项，作为带有自然科学自身规定的自然之相关项的特殊认识工作之出发点或预设。

第二种研究自然的方式则是人格科学式的自然研究，因而属于普遍人格科学之一环。它涵盖了整个作为被揭示的自然研究，涵盖其所有的成就，这是作为构造物的自然科学真理与理论，它也涵盖了这些作为建造的构造物（Gebilde der Bildung）；作为自身与首要主题成就的被成就之物。透过仔细的考察，我们将明白，直率的自然科学——那个实证科学——乃是在一个好的意义下是抽象的，只要被理解为构造物的系统、理论，它便提供了成就与结果；但在成就的活动中，在原初产生的或事后产生的（后理解的），自身作为匿名的，则作为单纯存在，就其作为现实与可能的成就之单纯的存在意义而言，正好并非理论生产的结果。精神科学式的自然科学恰恰是具体的，它恰恰给予了自然存在之物，作为理论真理的基底之自然，正如同作为主观经验之基底的自然存在物在其具体存在的充盈之中那样，它被归入那个恰恰是具体的存在普全（Seinsuniversum）之中，这无非即是精神的现实性之存在普全。

但并不只是自然而已——世界自身也莫不具有双重的研究方式。这意味着什么？世界就较广的意义而言无非是最普遍的（allgemeinsam）被前给予的周遭世界。时空因果世界——"真实"世界。人是作为心身统一体而活在外在性的世界中，在经验归纳观点下的世界。

附录 XIV （关于§28）：〈关于意向性综合之意义〉[①]

在那个"关于某物的意识"之主题内的主题，特别是那最普遍的，属于起始阶段的诸项主题。本我—我思—所思。一方三方面的标题，让我们将被思考的自我仅可能搁置一旁。"意识的内容"：在每一个特别会提到的意识体验例子里，总是不免带有通常被称作，但又不被称作，只是一同被设想的提问式相关项，带着"被意识到者"之标题："我感知到"，等等。感知、回忆、判断、感觉，等等。那个"什么"被布伦塔诺称作"意向对象"。这是"相关于"意识的"对象性"，但它同时也是无法与意识相分离地作为意向的对象性而隶属于意识。

问题在于：诸多例子显示，关于意向对象的谈论并非全无困难，也不会多义性。1. 有可能是对于同一而相同的意识而言，有诸多的对象作为其意向对象，而且并非每个"对象"都在相同的意义底下被称作意识的对象。在判断之中相关的个别对象或诸多对象，或是常态并不尽相同。同样的差异出现在作为被判断之对象的主体以及只作为相关性客体之规定性下的诸多客体之间。它们固然都包含在常态中，但只涉及整体与部分之间的区别，而非作为对象性之意识的意识自身的方式之间的区别。人们"可以"马上补充：物体的感知，是具有部分的。我们不是说过，我们有时专注于特殊感知的各个部分，有时则否？它们总是意向性的对象或只有

[①] 1928年。

在我们专注于它们时,它们才是,也就是只有作为特殊感知的对象时才是如此?那么,那个意识内容究竟是什么?亦即,被意识所意识着的那个某物是什么? 2. 可轻易指出的是,问题将会变得更加尖锐,透过每一个意识将会相应的"视线"得出许许多多的对象来,例如在感知的例子中,无人可以就喜悦的例子说出那个喜悦之物究竟为何。① 所谓一个意识具有作为这样的"意向"而该意向的意向之物是一个特定的、一个"对象性之物",究竟意味着什么?这个意向自身是多义的,只要它"意涵了许多的意向性",而此意向性是要从意向获得阐明,我们可以这么说吗?但这么一来,不是改变了意识之作为意识着某物之涵义了吗?无论如何,"意向的对象性"本身便是一个问题。另一方面,意识不应该仅仅是意向的对象性而已,而是说,这个对象性只有透过意识或在其之"内",它方才如此,这么一来,在作为"具有"这个某物的意识之标题底下究竟会藏了些什么?

如前所言,意识拥有的可能差异甚大。意识具有许多种模式。"分类"应该依照这些"极为不同"的意识方式来进行。我们似乎有必要进行综览,考察哪些意识方式可被区别。但也可能是,所有一切一开始看起来都相同,所以关键并非在于被意识到的对象性,真是如此吗?就方法论来说:假设对象是同一的,那么我们是否就可以追问它们的意识模式也如何是同一的?在相同者互相交换的情况下,意识拥有的普遍种类也跟着变明显。但事情可不像表面那么简单,不是那么快就可以被"归类"。意向的对象性可不是凝固

---

① 例如,那些隶属于通常作为被标示为被知觉的对象之知觉的感觉材料。

之物，仿佛是被置放在所谓"意识"的袋子里，而归类更不等同于放进不同的袋子。那么，这个像谜一般的自身相关，该如何被解读？那么人们所着眼的未被厘清的与自身相关的意识者能穷尽所有被称为意识拥有的模式之涵义吗？人们所着眼的可说即是语言所着眼的，也就是懂得使用语言的人在"感知—被感知""回忆—被回忆""喜悦—被喜悦""意愿—被意愿"之标题下所理解的。然而不容易被清楚理解的是，那个位于视线者或许有许多正是有被剔除的必要。比如说：我们应该如何衡量被感知的同一物体的远近，侧面被给予方式以及视角的多样而持续变换之感官"显现方式"。它们可都是合乎感知之意识的模式呢；而相对于感知的当下化模式以及空洞的想象模式又该如何？另一方面，我们又必须不谈到下列这些意识模式，诸如"我相信、我斟酌理由、我做出决定、我喜欢、害羞地避开、渴望、欲求、断然决定"等，在"自我反思"中变得可见的模式，而这些可都是语言所偏爱的。①

那么，我们该如何在意识模式的令人困惑的多样性中，在其主动性与被动性的模式、注意力的模式、清楚以及不清楚的模式等之中自适应，以便获得其发现与描述的特性？人们可以跳过意识、自我以及被意识的对象性，好比自然研究者跳过事态那样？人们可以把这些都看作物体的种类来考察，也就是将它们看作整体是部分的总和，所以在时间的变化过程中这些部分又可以再次相互结合，而其间的变化组合无不是依照因果法则去进行，真是如此吗？人们不是处在全然不同的存有领域之中，在意义与出于意志的被

---

① 但这里又有些差异：在专注方式底下的模式，在自身朝向方式下的以及在注意力方式下的，等等。

意指存有的意义给予之领域,在其中原因与结果（Weil und So）、结合与分离意味着全然不同之物,在此起支配作用的是综合以及综合的本质法则,或者说,此一领域就其原有及拓展的涵义而言全然是目的性的,除了"动机"之外再无其他的因果性可言。

就方法而言:在现象学的还原中,还原到纯粹主体之物上,这时视线方向完全在于对作为这样被感知之物的感知,就其如何被我意识而言,或就其如何是我的体验而言。假定现在我进行一些真实而自由可能的转化。例如纯粹现象的转化,于此之中"作为这般"的对象之物保持统一,而我问,当我赋予对我来说只是作为纯粹现象的同一性以有效性时,我遭遇到了意识与意识之间的综合的问题,这是同一化的综合,我遭遇到了在显现方式底下的对象,以及在某个意义底下作为意识方式的显现方式,每一个显现方式基于其本质可能性莫不具有其"关于"之特性。让我们不在意识与意识的综合中四处活动,该综合是同一化的综合或是持续的整体意识之综合——然而他首先究竟是如何与使得意向性对象之说法得以合理者亦即布伦塔诺所成就者相契合?

综合促使意识的统整性建立起来,这个综合的统一体乃是已经位于一个与自身"重合"的连续性之中,亦即持续前进的感知之中,或者,说得更恰当一些,在作为正式持续综合的流程之内在时间流程的持续性中。每一个纯粹主观的体验开始了,透过纯粹主观时间延伸着,该时间乃是所有我的原本体验之普全形式,或长或短地"延伸"着。每一个体验都具有隶属性的主观模式,第二层次的主观性,当该体验在其原本存有,例如作为感知流逝之后,并非直接结束而是还保留一些滞留,它是"关于"先前原本意识的移动性空洞意识之种类，它朝着一个不再显得突出的空洞性而言，但却又并非全然虚无一片，如事后所显示的。所以说内在时间以及其具较高层次的主观模式乃是研究的一个本有主题，这些研究最终皆为有关综合的研究。

让我们就停留在一个综合当中并反思地专注于在作为统一之物的综合统一体之中是什么在自我构成，我们将会具有一个意识及其作为它的一些对象性之"内容"。那属于贯彻（同样地整体来说）持续或不连续的综合的整个对象之物乃是意向性的对象。唯有如此我们才得以规定什么是"意识的对象性"。有多少新的意识可以综合地归属于一个已经进行构造的综合之"持续进行"，亦即与它处在全然的综合重叠之中，到此为止对象性都保持不变，仍是相同之物，只要那个重叠不会仅仅是部分的而已。一个部分〈重叠〉的例子在于：一个对象会被把握为，合乎意识地维持其相同之物，而新的对象就会合乎意识地现身。

我们已经说明，什么是一个意识带着"其"对象性，而什么又是许多意识带着相同的对象，如此一来便出现新的问题：感知一个带有各个部分和特殊环节的对象而该环节都"隐含地"或"显明地"（在阐明的连结中）被感知着，这是何谓？于阐明之中，我们具有带着其意向对象（其部分，其本有环节）的特殊综合。每一个特殊综合莫不与持续前进的整体综合处在综合的重叠之中（部分同一化），该整体综合则又在相关的部分综合之前，于别的模式底下含藏了隐含意向对象的部分了。

那么就位于对物体的感知中被意识到的感觉素材来说又是如何？它们可都不是物体的环节。"它们"的综合并非与物体的综合处在"意向的重合"之中。但它们毕竟是奠定了这些比较后来的综合之基础。①

透过"表现"分析意向性的形式

感知的体验,具体而言作为内在时间的素材在其构造综合的时间性中是时间性的,而这个内在的综合同时又是"在"其之中,一个物体在物体的时间中"显现"。假设我们说这里的综合奠定在别的综合之上的话,那将是谬误的。如此一来,感觉素材以及那些"在"其之上反思地可见的立义(促使这些素材成为显现者)便显然不会相同。感觉素材是与那些透过素材而表现出来的对象环节相"重叠"的。② 那个将素材构造为内在材料的意识进入到那个构造空间材料的意识(被称作物体感知者)之中,由此人们必须以及在真正被感知的面向之后的奠基。那么什么是奠基者？正是那个所谓的"立义为"(Auffassung als),尤其是：那个进行构造感觉素材的"内时间意识"乃是对于新类型的,比较高阶一点的立义意识是奠基的,与之相关的则是作用为颜色之映射等的感觉素材。在关于感觉素材的反思之态度中它并不起作用,但立义却是以模态化的形式呈现于此;会进入它们并攫取感觉素材,所以在关于相应的对象性上面他便自身被给予了,尤其正是借助于构造表现形式的奠基的统整性,作为在相关于"表现什么"的关系上。

意识——意向性体验——在己自身就是综合,首先是持续的

---

① "展示"的问题,映射,透过感觉(时间构造、内感知)而进行的展示性意识的奠基性意识活动(外感知)。

② 但这完全是关于重叠的另类说法！一点都没有同一化者。

综合，它在意识诸阶段的持续全然重叠之中在己地"构造"一个意向对象性的统一体。每一个意识阶段自身都是抽象提炼出来的意识，它在这个脉络中总是关于相同"对象"的意识。

然而为己"封闭"的，在内在时间之流中凸显的意识——慎重的，并在己具体的——可以与其他的这般意识形成综合的同一统一体，而其中它给出一个意识的统整性，该意识乃是奠定在慎重地相结合的意识之上。作为这样的统一体，它拥有一个对象，它构造一个新的对象，那个奠定在一些意识对象上的对象，端看是什么样的奠基性体验。综合并不总是重叠的综合，同一性的综合，虽说这些综合四处扮演了它们的角色（当然是在变换的形态中）。集合的动作会产生出集合体，个别的意识会和个别的意识相结合而形成一个意识，它与个别的意识重叠，以至于它仍自身地带有意识，但另一方面则构造出作为带有一个新形式的（这是语词本身所共同标示的）意向统一体之集合。

意识可以合乎本质地自身与意识结合成一个意识，这是一项基本法则，只要人们设想，意识之为何物。最终将会证明（仔细执行完其细节当然是一项困难的任务），自我生命的统一体乃是一个普遍综合的统一体，于此综合中所有特殊的对象性莫不结合成一个对象的统一体——人们于此当然必须显示，那些不一致性、矛盾，甚至杂乱无章都又是结合的模式，并只能因此加以主题化以及使之变得可说。

在最普遍的意识概念以及意识综合当中的一个普全而常被质疑的主题乃是**意识的模式化**。任何一个意识的体验理当皆是在转变中的持续综合，而只要那个在此中自我构造的对象性自身在姑且不论其同一性之情况下可以自身模态地"转变",无论是变化的模式,还是在别的方式底下,例如进入涵盖性的整体之方式,在关系特质等的假定底下,自然地产生任务,去研究这些意向性的模态变化,而该意向性是相应于意向对象的模态"变化"的。而这些本身都是巨大的任务。于此之时,在该任务能够被掌握之前,有必要去回顾模态变化的多样性,它属于意向对象的每一意向体验,而且它属于别的完全不同的路线,有些部分是必然要进行的,有些则只是可能的,对每个体验来说是可能的。假设我们观念地持有一个意向对象,也就视之为同一个而不顾虑其对象变化的可能性(这些都是我们自身可加以固定的),则任何一个关于这对象性或对象变化的意识都可被设想为另一个意识,以至于虽是同一个对象,但却可以在别的"方式"底下被意识到。一个意识总是可以从一个模式走向另一个模式,而模式上的变化却不会导致意向对象变成多个对象——尽管透过这样的模式化总是带出某些有关于对象的"主观被给予方式"的某些效应来。就以被回忆的对象作为例子,那些回忆的清楚模式之改变并不会使得作为意向对象的被回忆者也跟着改变,会改变的部分顶多是清楚或模糊的被给予方式。

同样地,假如我们把眼光放在对象的多样性上面,它们对我们而言是合乎意识地意向性的,我们在过程当中分阶段地去注意它们、考察它们,多样的被给予模式以及在其中的每一个个别性都持续地自我变化着,但因此并非意向对象自身——虽然它因此与时常与之相连结,只要在朝"它的"个别成分看去时,注意到在过去的整体立义未被意向到的新的成分。无论如何,这两个模式,也就是对象意义的"最近的规定"和意向的模式,两者相互交织。如此一来，人们将会考虑到，从自我出发，有时采取这样的执态，有时则是那样的执态，事关一个已经"被表象"的特定意义，并持续如此，例如，相同的对象，首先令我喜欢，但下一刻则否——但也在不同的可能执态方式中，这些执态相互替换，但都隶属于意识脉络的统一体，就算这些模式都与构成意识对象之所以被意识者有所区别。我们可以说，在一个意向体验上面存在着边线、层次以及环节，这些都是在不改变意向对象的情况下可以被设想为不同的，并且在与不同对象的体验相较之下我们还可以发现，就其对象来说它们具有不同或是相同的模式，正如同一个对象可以在不同的模式中被意识到那样，并且它总是有必要在一个模式当中呈现。

在此之中令人瞩目的是，这样作为意向对象的被给予方式的模式在它自身身上现身了，但并非作为"对象自身"的环节，而其他则在反思自我自身中作为从自我散发出来的，隶属于体验的自我之侧而给出。另一方面，直观的模式（其中包括原初性的模式、再回忆的模式、前图像化模式、空洞的表象模式等，所谓的作为一般负面直观的模式），此外，隶属于它的还包括与它们的本有特质，诸如在意向对象之上的被当作真实者相互连结的过渡性综合，而该综合拥有在充实模式之下的同一化特质等，它产生了综合的统一体，过渡到自我决定的过渡，问题过渡到回答问题等。只要我们拥有所有这一类跟一个随意但维持同一的对象性相关的模式，而且这些模式总是相互综合起来，于此之中同一之物是在不同的方式底下被意识着，则显然，我们必须向对以及所有隶属于它的问题都加以抽离的情况下起去研究它们：这是一个谈及对象的自由变异的抽象性。意向的对象是所有意识方式之统一体的一个观点

(Greicktspunkt)，而这些方式都是透过对象的同一性及作为同一性综合的肢体而被结合起来。所有一切都隶属于它，并且有本质社群。换句话说，意识拥有双重的变异性并容许双重的一般描述性及分类性的考察：那个依据意向对象的世俗性的，以及依据意识方式的模态性的。两者在相同方式底下是现象学式的(或心理学式的)，而前者只要是意向对象乃标示着一个不可分离的隶属于每一个具体意向对象的本有本质。至今为止，人们所表示为心理体验的分类者，所依据的显然是后一方面，只不过缺乏观点上的清晰性以及欠缺考虑，究竟模态上的分类与世俗的分类处在何种关系底下，这些都将是深刻而困难的问题。但现在也是该问这些问题了，有哪一些模态上的变化对于一般的分类来说可以被提出来？既然明显地并非所有都是(例如并非那些注意力的，并非对象的显现方式)，而后是，为何并非所有一切都被考察，而什么是构成了决定性的过程？为何视线并非随意的以它为优先，而在何种方式下所有其他的模态变化都可被看作回头与之相关而被当作它的变化。

意向对象(作为"对象意义")的形式论，"表象对象"的形式论，纯粹逻辑——文法形式中的判断意义，较高地被奠基的情绪与意志领域中的意义。对象意义的所有类型之构造——其中包括"真正存在者"之形式，但它首先总是被排除在外。真实，真正存在着的对象之问题，以及其构造。所有意识的模态之回溯，于此模态中对象的意义乃是真正存在者的基底，在于明见性或明见性的系统之模态上。

所以就理性活动而言的理性现象学。自我的习性的现象学。带着习性特质的自我。

附录 XV （关于§28）：〈论意向性〉[①]

首先探讨由"自然态度"出发所展示的"我思"。在前面给予的世界之中人们（动物）作为自我主体"朝向"这个世界——被它所触发，在"意向性"的不同模式中注意着它。对于自我主体来说世界的前给予性所意味的是，人这个主体总是"朝向"世界而去。人的生活具有活向世界而去的形式，不仅如此，他预先便具备拥有世界的习性。世界不仅仅在统觉之中被构造，而且人的生活也是一个朝向性的、追求性的、在活动中前进的生活，在自然性（Natürlichkeit）之中的生活指向世界之物，而世界自身则是习性地作为开放的客体视域（Objekthorizont），时空性的、物体的，等等，作为存在视域，其中存在着所有的目标以及与之相关的手段。就在人们被触发的背景之处，那个触发者也具有世界客体的意义，它们"客观地被统觉"：在朝向的动作以及最终的经验活动中，这个统觉在追求的活动中展现其最初的形态；在此所展现的乃是首先不被完整规定的，但却稳固形成的意义之单纯期待。当然所有这一切所表明的意义仍然不被人们预先知道。我们只能说：作为沟通性的我们（kommunikatives Wir）的自我主体以及我们都是朝向世界的。毕竟对我们而言，尤其是就"合乎意识"而言，世界乃是现存的（vorhanden），并且是作为对我们而言依个别的物体、场域、脉络情况呈现的世界，它是我们在主动的意向性中朝向的世界，尤其是作为背景的世界情状——就其不同的意义而言——它并非这般主

[①] 大约是 1925 年。

动意向性的目标所在，非我们的经验场域、我们的感知场域、回忆及期待场域的客体，这些客体固然是位于"我们的视线场"中以某种方式被意识，却未被留意、被掌握，全然处在我们的主动勤务（Beschäftigung）之外，但那个位于我们视觉场之外的模糊领域也是部分地被知道，只是未被唤醒，所以是部分地不被知道，从我们出发，在可能的自由前进的经验以及实践中可触及的客体可以出现在视野中，以至于我们可以真实地被它们所影响以及与它们处在活动性的勤务关系中。

现象学还原导向了"纯粹意识"，但作为纯粹的客体意识，在其不同模式中的纯粹世界意识，导向了主动意向性的优先形态，其后续直到经验的实现形态，这是作为在客体自身周围的在彼存在（Dabeisein），掌握其自身，等等。作为世界生活的主体之意向生活处在单纯（相对地未被充实）的意向性之持续相对性中，并首先表象为充实的实现，但也是评价的与实践的。首先存在的是一致性与非一致性的综合，这些都总是具有对象的意义，它是在一个世界中作为被意指为在己的"世界之物"（Weltliches）。

在此一领域里，我们做了所有的区分，其中最重要之一的是手段与最终目的之意向性的区分，前者是朝向目的而去的，后者则是就其最简明扼要的意义而言的。例如，一个记号意味着某物，一个路标指向道路的目的地等等，记号是一个朝向性的意向性之对象，但它并不终止于此作为终极对象的对象；奠定在此意向性之中的是一个第二的、具有意指性与指向性的意向性，这是说，只要记号是作为记号而运作，它便具有一种首先虽朝记号本身而去的倾向，然而紧接着透过其锁定目标的特性（或者透过那个相对在其中的终结，有时只是模糊而空洞的表象)它却朝着"最终"被意指的对象而去。

正常的记号意识自身承载了一个中介性的意向目标,并且就整体而言它具有结合该目标以及奠定在其之上的意向性之统一体的特色。它正是"透过某物而通达另一物"。当然啰,有些意向性是素朴的,意即,在此被奠基的,一开始便是终结性的(terminierend)。

所以我们有必要区分中介性的与最后的(letzte)不同端点,假如我们将对象端或对象看作端点的话,或将之视作意向性的方向端点的话。有关意向的谈论,亦即有关意味,有关朝向某物之意味,这似乎是个同语反复(Tautologie)——如此一来便具有双重意义;就最简明的意义而言,那个中介性的、终究而言多样的中介性端点并不代表那个被意指(gemeinte)或被意向的端点,而是只有终极目标才能算是端点所在。所以就表象对象而言如此,就价值对象及意愿对象而言亦不例外。在实践当中的中介就其简明之意义来说不算是意愿的目标,并非人们最终想要的。不过广义而言它们却具有过渡阶段的特质,也是人们在追求过程中希冀获得之物,故而它以此方式同时在己地作为被意指的终点而被意指。

该主动意向性有其非主动的在"背景"中的意向性作为其对立面,无论它是否透过中介。明显地,人们不会把中介的意向性视作背景的意向性,毕竟它只是过渡而已。

所有一切莫不因此相关于预先被给予我和我们的世界。其预先被给予之特质意味着被给予性的某些优先潜在性。被给予性可以是有效力的或无效力的,就后者而言它是作为一个或内在于一个"视场"的被给予性,只要世界总是(直观地)显示为无效的或附带被激起。除此之外,我们拥有一个空洞的视域,它不仅是非直观的,而且是不被唤醒的,缺乏自由可产生之经验以及预先直观的任何征兆。

如此一来那个特定地被认定为具优先地位的被给予之潜在性,也就是位于世界的"先给予性"之中者,那个毋宁构成其意义者,该会是什么？一项对照将有助于厘清问题。那个作为客体之总体(das All der Objekte)的世界是与对象形成对比,这些对象并非客体,而"仅仅是主观的",它被现象学还原所揭示。活在世界之中的人们自然地保持的自然态度乃是一个持续朝向对象的情状(Beständigkeit),无论它是直接或中介地指向对象,从一开始它就是被客体的意义形式给预先规定——空间世界"的"客体。这是说:它们不被意识为个别的对象,而是不免总挟带着一个开放而无限地不被规定的,但却又能被充实的视域,在其中只有客体被遭遇,这些客体与其他客体透过普全的脉络形式相互交织,但预先被意味为一个世界的客体,其必然的行事风格会透过视域并依据其多种可能性而被揭示。

因此随着每一个有效被意识到的客体领域之被意识,世界总体(das Weltall)自身也是透过普全统觉之统一体而潜在地被意识到,它所意指者乃是合乎视域地超出那个有效地被给予者之外,而潜在性之意义(Bedeutung)则具有作为预先被期待的意义形式之自我掌握的可能有效性、可能用处及可能经验。它是被预先标示的潜在性,它在事后的充实之中证明自己确实如此,所以进一步说,一个开放的无限性虽是不确定的,但却在被结合的可能性之稳定形式中一同被意味着。质言之,被意味为在自由前进到新的经验中自我规定着,作为那个对每一个人都存在的空间实存性,那是必然隶属于每个作为主体的人之现实或可能的经验场域,从他的有效经验来说是随时可以实现为同一的相同者。

附录 XVI （关于§34）:〈真正的与意向的对象〉①

每一个感知都指向自身之外,但这只是说,其自身的本质在于,它是在己地作为被意味的外在性之定在意指(Daseinsmeinung)。甚至那个被标示为感知的鲜活显现以及那个自身拥有的确定存在(Gewiss-sein)只不过是一个位于其自身本质之中的特殊种类之意味,该意味当然还是处在其意指的意义是否有效之疑问当中,也就是那个被意指的存在之物是否为真理,以及如何是真理之疑问中:超越(Transzendieren)所指的是,从一个感知指向其他的感知,尤其是,在何种状态下的被感知之物,以及在特殊的经验中,以及因此终究在一再地被构造的认识活动中,尤其是在与同一对象相一致的意向而在此综合性统一体中将会成就了对于相同之物的存在证实(Seinsbewährung),该证实自身再度带有相同的区分,并同时有着总是比较丰富或清晰、可完整透视的真实出现于对象上的性质。真正的对象无非相同于那个总是个别意向的,于其本有本质中被意味的,客观的或在己真实的。真正的对象并不是在一个神秘的外在和在己之中——也就是那个完完全全超越意识,原则上不为意识所思及的外在,外在于每一经验以及认识的外

---

① 1928 年。

在，而总是那个同一地持续被意指的，相对被证实而又持续将被证实之物；它无非即被意指之物、实现地被意指之物，在最有利的情况下正好被感知之物或潜在地被意指而可感知之物；但这并非在一个空洞的潜在性中，而是作为在开放的非确定的世界视域之中的隐含共同被意指者。以上这一切都是基于我们意识对于客观世界的本有意义，尤其是经验世界之物的意识而说的。从每一现实被感知之物出发，我们可以在感知活动之自由活动的前进中揭示这点；新的明白的感知被给予我们新的、至今仍不熟悉的对象，但却是揭示于视域的意向性中。每一我们所已经感知的对象无不可以被更好地感知到。只要我们朝着更好的方向持续向前，则我们便追随了感知的意向自身，产生更多的充实，并因此而更佳地接近真正的对象。我们活动于证实、真正的对象自身的实现之中的统一体行列（Einheitszng）。就算某个世间之人有种绝对的证实能力，仿佛他的意识能力可一劳永逸地完成存在与如此存在之证明，那么这将会是统一性体验之脉络，不论它有多么繁复，于其本质中，那个客观的存在将会被内在地实现。这时，意向地内在与超越的客体之间便无所差别，只不过千万不可将此一体验环节视作体验的实项块片（reelles Stück des Erlebnisses）之一而已。

　　与此同时我们作进一步的思考，这般绝对的证实不仅仅实际上不可能，更是先天上不可能。客观上的证实往往只能是相对的，原则上每一次的证实莫不先天上具有一个可能不断被证实下去的无限视域，这不免导致既有的证实被推翻而遭取消的情况。进一步来说：客观的真实存在并非只是对个别自我有效，对于在其本有本质性中前进的证实而有效而已。先天上它更是超越个别的自我而进入可能的交互主体证实的脉络之中。但此一证实也总是有其开放而无限的视域,并总仅是相对的。然而存在于这个不断前进的证实之相对性,此一存在于每一个感知中(在其环节的连续性之中便是单方面证实的其中一部分)的相对性却也是非常错综复杂的,远比原初所设想的来得复杂,也因此真实存在的相对性便是如此。

　　先前提到,赋予所有客体以意义的外部经验之意向性自身带有正常与相应的不正常之多样区别。一个真正客体之相对理念莫不相应于每一这般的正常性,并在最简要之客观意义下作为对每一个人来说皆是交互主体地真正的正常性。为何这种彻头彻尾的相对性并非生活中的实践真理,并且使得科学的真理无从可能?或可严格地说,为何那个追求客观真理的科学保有那个良好的意义,而它总只能相对去证实该真理,这当然会是个问题。

　　我们不必进入该问题去,而只要指出,不会有科学家坚信,任何一个在其科学领域中的被良好立论的理论可以永久保持其有效性。他心里明白,每一个新的世代莫不对旧的理论提出改造,人们放弃旧的、曾被视作真理的理论而拥抱新的理论,赋予它以科学真理的头衔。但是人们并不因此看轻自己的工作,视之为徒劳无功而加以放弃。在所有的实证科学中往往存在着认识论,或质言之,哲学上的素朴想法,该想法类似于活在日常实践中的人们,不断提出新的行动目的,而后加以实现,认为其目的性具有一种自然的明见性,而全然不顾及对其行动至为关键的与整个行动过程至为相关的时间意义,可能性及所涉及之范围等,它们最终的清晰性何在？仍是个问题。所以说,世界最终的存在意义仍是隐而未显的,无论它在每一时间中如何显得自明、相对,皆是如此(理论的实践自不例外)。

同样的情况适用于所有的心理学。如同别的实证科学,心理学也预设了预先被给予的世界存在。世界总是作为我们共同的交互主体以及整个相互协调经验的世界而预先被给予,它是作为存在着的以及挟带着开放而无限的视域穿透所有的相对性而存在着,尽管作为提供其实在性的经验成就的合法性和效力仍是含糊不清。于此之中特殊的主题乃是作为精神性存在的世间人(der Mensch in seiner Geistigkeit)被当作世界中的一个事实,这个事实存在于交互主体的经验之中以及奠定在此经验上的交互主体科学知识,只不过它首先不过问知识上的批判问题,遑论哲学上的提问,也就是丝毫不介入那个有关于所有开放的视域极可能性的普全性问题。据此而论我们已经对近代的心理学进行了整体的批判,进而提出新的心理学观点,将人的精神生活作为意识生活,作为意向体验之流的生活、精神生活之经验重新做解释,并将之放入这个实证性之框架中来加以解释。

附录 XVII （关于§36）:〈关于意向性的学说〉[①]

"感知"依个别情况来说,是完善与不完善、充实与空乏,进而言之,在其流程中向前延伸,整体而言,它可以是朝合乎感知的显现之较大完善性或较小完善性迈进的意向对象。这种可理解的说

[①] 1928年。

法明显奠定在下列情况之上,我在正常持续的感知活动过程中,总要求着意向性该得到满足,在持续获得知识活动中,终究有些新的对象而透过实际的直观向我展示并且因此达到实际的自身把握(Selbsterfassung)。

现在让我们把那个有关贯穿感知活动的追求与自身充实的迫切问题放一边,则以下两者之间的对比有待被研究,亦即一方面是作为充盈的本有直观之物以及仍非直观之物而作为空洞意向者,以及过渡现象的本有类型,从直观的空洞到充盈的过渡以及反之,从充盈到空洞。

但接下来是那个隶属于每一充盈的值得留意的逐渐性,这是关于完善或不怎么完善的清晰性之逐渐性,但它自身却又是呈现为充盈空泛的混合形态。例如我们说在感知之中:我看见物体的这般造型(Gestalt),这般颜色,但还不尽确定,它"实际上是何种模样"。接着下来:我看清楚它了,而且极为确定。那个实际上被感知的面向,那个在被感知对象的每一整体统一体之中清晰地被给予者,固然是隶属于被我们自身所掌握的物体,然而这个自身拥有就其本有的意向意义而言却是一个自身仍未真实拥有与自身已经拥有的一个混合侵入。追求活动的实用之物仍然未被完全得到满足,而继续朝着提高清晰度去追求,这是就其兴趣种类而言的清晰性。只要不是纯然被充实的清晰性或直观的自身拥有出现了,只要那个直观显现者在己地带有一个未被确定,但可确定的"视域",而该视域总是在朝着极度完善的自身拥有之不断改善的自身拥有之情况中。则那每一个成为直观的感知对象之面向仍带有我们称为内视域之特质。它相对于我们所谓的外视域。在感知的意向本质中存在着,实际被直观的物体面向只作为物体的一个面向而有效,并且它指向了多重的新面向,最终是所有的规定性,它们被共同意指着,只要物体并非仅只作为一个面向而有效,而是那些空泛而未被确定者可以在某些可能向前活动中被我们所预见,它指向感知的过程,可将未确定者进一步加以确定,那个不可见之物变成可见。但当然那个典型的分析以及对于必然隶属于感知活动的不断扩充之形构(Ausgestaltung)的考察将显示出,新的直观性,亦即新的面向之获得,就另一方面来说乃是损失,那个刚才的直观之物乃变成不在直观之列了。于此之中,新的描述主题自我展开了。此一获得与损失的替换游戏并非扬弃对物体认知的过程;换句话说,它自身仍然是一个获取的活动,甚至是持续带来获得。那些堕入不可见的面向就描述内容而言,不同于那些只是被意指者,尚未成为直观者。后者仍是未被熟知者,前者则是以被熟知者,并已佇留在作为感知者的自我之中。首要的差别在于,被看过之后的面向,刚刚已经被看过,它是带着确定的意义而"仍被意识着",而在认识性的观看当中它"仍然在掌握之中",至于那个首先在感知活动过程中被获取的知识如何变成习性的获取,也就是在事后,甚至于在睡眠之中还在获取?这又是一个新的、更高阶的主题了。因为情况是这样,当下的认识可以形成作为持续的精神资产的习性的认识。该资产就算没有在当下的经验被关注,却是随时可被取用的,也就是像藏宝箱那样,随时可取用,而且还可以跟其他的获取经验产生混合作用。当然,人们不可将个别的感知视作仅仅是一个统一性感知过程的扩充而已,因为它本身总是感知的统一体。只要我们停留在该框架之中,则一个新的描述方向便会再度自我展开,就在我们于每一感知活动中明显地执行可能的视线转换时,也就是我们将视线从刚才被感知的对象换回到他的视角中。这些视角在持续进行的感知活动中不断变换着,而维持不变的可能性只会是一个极端例外。那个刚才被看到的形态,在其被意识为不变者的情况下,也总是在新的视角模式中展示自身,颜色亦然。就其他的感官而言,我们多多少少也有相关转变模态。该转变是伴随着而向被给予性的变化而来的,它的发生不能没有视角呈现的某些改变作为前提,而且也伴随着仍未提及的方向之显现变化(Erscheinungswandel der Orientierung)。同一个感知对象以及同一个特定的对象规定性都在不同的导向中给予自身,亦即左右、上下、远近之间的不同。

　　随着关于这些不同的,但总是内在相互渗透的、隶属于每一感知活动的描述环节之指引,显示了下列事实,那个被称作物体的意识拥有之感知,就心理地描述而言,并非一个"意向对象"之质料空洞地介入意识之中。毋庸置疑,感知乃是自身察看(Selbsterschauen),也就是对于一个物体的有特质的意识拥有之自身掌握。但作为感知物体之物体总是在自身察看的心理模式中作为被意向之物、被指向之物,另一个作为隶属于指向活动的被指向之物,或者,亦可说,是内在于感知的感知意义。它也是——就我们从反思的意向分析所得到者来说——诸多维度之意向性的统一之极,它需要一个多样的,导向聚合的意向性之意义成就的统一体,以便能够作为被意指的对象而被构造,特别是在这个自我察看的意向模式之下。在不同的反思性视线方向中揭示了那个必然意向成就的构造物体意义的多样性,于此成就之中皆有一个相应的媒介意义,如同每一面向、导向、视角那样，在我们朝这样的特殊意义去进行反思之时，这些便扮演了媒介的角色，例如，朝面向看去。那个在直接的态度中才刚刚仍被我们掌握到的物体自身再也不是我们原初（primär）所朝向的那个物体，就在我们再度执行回顾刚刚才经历过的事物之掌握时，我们明察到，在这之中总是有面向，尽管未被留意，但总是在那儿，作为物体之面向而发挥作用。我们明察，作为被感知之物体的物体只能从特定面向呈现自身，而面向则只是作为展现的方式，于此方式中物体自我呈现。严格说来，那个合乎感知而对我们存在的物体乃是一个在感知的转换中作为自身之物，属于这点的还包括，在面向的转换之中，物体乃是合乎面向地在转换中作为维持相同的呈现者，就在它透过其意义而作为最终意义（Endsinn）自我"呈现"之时。就导向与视角显现方式来说同样如此。在相类似的情况下，我们察看了作为显现为近的近在之物（das Nahding）自身，而它在远近的显现中乃呈现为同一之物；这对于视角也同样适用。在一般的察看中我们可轻易掌握到，先天而言，一个物体、一个自然物体只能是被感知之物，是自身被给予的直观的意向内容，假如它正是在相互关联的意向成就之先天类型中自我构造，或相应而言，这样反思的可能性总是先天地存在着，而这样作为感知意义的自然对象之合乎感知的被给予方式之心理模式的揭示之可能性也是如此存在着。

意向分析的碎块，如我们所认识的那样，显示给我们的是意向提问或在意向研究中所追求的以及得出的结果。特别值得我们留意的是，心理体验的意向分析以及特别是在感知领域当中的意向分析与大脑分析或化学分析截然不同，意向分析总是指向每一个别的体验之外,假如它要揭示每一体验的本有本质意向情状的话。只要是关联到任何一个感知的意向分析,首先便需要阐明,纯粹作为意向的感知对象,作为它实际被看见的面向,以及那些在空洞的方式底下作为外视域究竟被意识到的是什么,是什么进入了意向的内容。有关阐明或分析的说法当然并非没有原因。但是,这个外视域如何自明地作为被展示的感知之规定性?只是如此,我们从这里往新的可能的感知过渡而去,作为时间-对象的感知,但总是有关于在新的面向中自我展示的对象,也因此是在持续地变化着的导向中及视角中展示着的对象。此外还包括,我们设想,我们在经验着,对象要不是在空间中移动就是我们自己作为感知者移动我们的位置,或者两者一起动。一旦我们这么做,并且截至目前在我们朝意向对象,即变化着的意向内容看去的观看方式中,在我们的明见性中呈现了下列事项:许多持续变换着的意向内容彼此之间存在着内在关系。它们一方面在明见性中表达出,就在此一转换当中,无论我们是如何借助于想象力去投射出,同一对象被感知了,而这个持续在每一感知的不同面向中直观地自我呈现者(并且是在导向与视角的不同模式当中),在每一个并且已经在初始的感知中仍非面向自身,但对这些面向已有着空洞的前指向了,尤其是关于共同的意指(Mitmeinung),这意指会在新的感知的流程中及其面向中被充实。还有,那个被给予感知以及每一个新的可能感知莫不意指比每一的面向要来得更多,它自身便已挟带了其他面向的视域意指(Horizontmeinung),而且作为隶属于相同对象的还包括,归属于感知的持续建构之新的感知的可能持续性,加上在其中出现的所有变成可见的面向之综合,使得〈对象〉展示为一个而相同的意向对象。

就其自身观之,每一个感知也都是自身直观(Selbsterschauung),它同时既是前意指(Vormeinung)也是前指向(Vorweisung),预先指向了多样的,亦即,人们随即会看到,系统地相关的相互隶属的可能感知。但其相互隶属性正是一个内在的透过在必然自身形成的持续意向综合之流程而形成的相互隶属性。它们并非仅仅是可能的感知系列而已,而且本身也不只是持续相互镶嵌的感知现象而已,犹如持续的声音不仅仅是诸声音之间的相续,反倒是综合意味着多样的意识彼此相互结合成一个意识,并且在此,作为统一性的综合,它是多样意识的连结,每个分别的意识皆有其内在意指之物,这些意指之物形成作为对同一之物的意识之意识的统一体,作为这样的统一体乃使得每个个别体验都已经有其意指之物。但当然每一个个别的意识体验莫不拥有其不同的意识模式。每一个别的感知,如同人们可以随即看到的那样,无不承载了一个这般在己的综合,只要它是透过时间进行自我延伸作为处在此一感知流程的部分阶段和片段,而且在其持续的前进当中它是对相同之物的感知,它有时这样,有时那样地显现出来,并随即从这个面向或从那个面向显现出来。在这些片段感知以及同样在每一个可设想的感知之前进当中出现的对象之同一性原则上并不意味着,所有这些特定感知中总有一个同一的实项材料被给予。真要如此的话,那便将回头坠入将感知看作意向对象的空洞拥有这样的见解去,对象处在感知中,仿佛跟处在袋子里没什么两样。意向对象毋宁说是在感知中合乎显现地自我呈现,总是一再地在新的感知中,在新的显现中自我展示,并且可自明地在显现方式的诸变化中被看作同一之物。那个在多样展示中之同一的统一体以及所谓的展示自身都只能在"总是在新的面向之中的相同之物"之明见意识（Evidenzbewusstsein）之中被说清楚。而此一相同之物又有时或近或远地显现出来。唯有在这样展示及其综合之流程当中才会有一个这类的同一之物，那个被称为感知之物者，在其自身拥有及自身经验中被给予。另一方面只有在感知的系列中，在此作为展示的系列可以使得那个隶属于它的前意向与充实、空洞与充盈之间的游戏变得可见，变得可见的并非仅仅在于，那些被称作感官显现直观的内容，例如面向、视角等具有直观地可追踪的综合，而是在于具体感知的综合总是在己地涵盖了那个空洞的视域，那个在过程中自身充实地与那个每一本有显现者相互重合的视域。

然而由此却散发出许许多多的特殊问题及研究来，以便给予那个相关于综合的复杂意向性一个交代。意向分析任务的无限性并不在于对实项材料进行分析，而是在于综合的脉络所具有的无限性，这是每一个赋予我们的意向性随即引用的脉络；一个关于刚刚被感知的过去之物的必然伴随的意向意识自身是隶属于感知的过程，但还有一个预先被设立的前摄期待之意识，亦即那个即将到来的意识。如此一来那个主观的时间延展或者说那个使得感知的意向对象作为透过时间段落才得以作为流程之延展者而自我构造方才成为主题所在。于此之中很快便明显可见的是，并非仅仅只以那个作为范例的物体对象是作为时间对象而意向性地自我构成，而是那些在意向性成就中必然作为中介而被构造的对象，诸如面向、视角、其感觉材料等，最终而言，所有以及每一个在反思中自我揭示者莫不如此。凡是心理之物，那个在主观的时间性中自我延展之物,无不具有当下、刚才及即将到来等主观的时间模式,对时间对象性来说它总是本质必然地在意向性之中,在这些模式中作为统一体的意义而构造起来,并且充实了预先被意指的意义。

附录 XVIII （关于§37）:〈透过现象学还原获得纯粹自身经验的场域〉①

容易阐明的是,那些朝向自我所进行的自然反思(natürliche Reflexion)未能有效地带出纯粹自我来。进行这般反思的自我在其意识生活中仍旧与世界紧密相连,也就是仍对所有世界之物还设定了效力。一旦阐明了这点,接下来的问题便是,我们如何改造自然的反思,以便将它带到纯粹的反思去。

让我们以最细密的方式处理这个事态:我把自身当作主题看待,也就是说,我把自己分裂为进行反思的我、对自己进行考察的我以及那个该被考察的我——也就是那个在尚未分裂前素朴地活在对这个讲堂进行着感知活动的我,而当下仍持续进行对该讲堂以及其他物体感知活动,自然地朝向世界而去的我。那个在上位的我,那个专注于考察活动的我自然而然是匿名的。他充分活在反思的活动中,而此一反思本身却也是一项感知活动,只不过不同于外感知,而是朝向我自身以及我的意识生活,就当下而言,是特别朝向我之对于讲堂感知的感知。作为感知,它是一种执行存在有效性(Seinsgeltung)的意识,尤其是对于原本实际存在的意识。

---

① 1926年。

借此,这个作为世间人-自我(Mensch-Ich)的自我乃拥有了那个对我来说原本全然被直接察觉之存在的有效性。而属于在下位,那个被主题化的自我则一同被主题化:我感知着讲堂。当我只是这样感知着而未被察觉时,我曾是素朴地活在外感知中而拥有鲜活呈现在眼前的讲堂;这个"曾经拥有"表明:作为感知者,我激活了原本的有效性(originale Geltung)。这个合乎意识的拥有有效性会不间断地进行下去,就算我在反思的方式中把自己确立为旁观者(Zuschauer)时亦不例外,尤其是针对这个感知而言的旁观者,则对我来说同时存在的是,在合乎感知的原本性中是那个作为我的体验以及外在被感知之物的"我感知了外在之物"。假定我以此为满足,我便会在所有我的意识活动的自我观察中进行自我行为,亦即完全这般地,好比我总是在对于自然的生活进行反思这般——则我将会带出一贯的自我观察,但与我的意识不可分离的是,我将持续地设定这些存在,或者也设定与我以及和我的意识不可分离者存在着。因为这个讲堂,这个在世界中的存在之物并不包含在我的存在之中,作为我自身的构造环节。说服自己精准地去接受这个自明的道理并非必要的。为何我不能把其中一个考虑到另一个去?现在清楚明白的是:任何客观,朝向空间世界之物而去的感知处在这样的可能性之下,亦及尽管被它所感知者是作为鲜活的存在者而被意识到并且具有明见的有效性,但却失去其有效性;从来不能被排除在外的是,在经验的持续过程中自我对于为先前明见有效者提供有效性乃是必要的。随便举个例子,当我以感知者的身份拥有对象的鲜活存在之清楚意识时,我在持续进行的经验中必须执行那个有效性的著名转化(die bekannte Umwertung der Geltung),姑且让我用如下的字眼来标示它:我被一个感官上的假象给蒙蔽了,过去的感知并非有效的感知,而仅仅是一个幻象。则在此感知中所执行的存在有效性在事后被注销了。我自己这么说,也做了解释,究竟是什么缘故使得那个我原先设定为存在者化为乌有。

但这是否等于说感知的存在自身也被取消了?我不是应该坚持,我确实有过感知体验?对我来说那个在感知中的相应客体仍是作为实在而有效?那些存在于属性中者仍在视角之中显现?假如我们将它摆在眼前,则我们必须说,每个人也都必须这么说:无论我在空间世界中所感知到的是存在或非存在,我自己的存在,那个作为感知主体的存在以及感知活动的存在却从来不被外在客体的存在与否所困扰,就算外在存在必须被我注销,我却不被我自己给注销。是的,就在我感知或对感知的有效性加以质疑之时,就在我不论执行何种意识之时,例如对自身加以否定,我也必须对我自身的存在加以怀疑吗?我的存在以及意识的存在是在意识当中不可注销地被决定了。任何对事物的感知有效者,对任何朝向自然世界的意识也是有效的。无论使得该意识之为有效者,是稳固或非稳固的,也无论被认为有效者之权利的问题持续存在与否,我的存在以及所有我的主观体验,无论它是否具有这样或那样的意识类型之形态,它总是在己地如它所是。

所以,作为主体的我在这样或那样的意识中对作为客体或客体性质者加以设定为有效的那些事物并不隶属于作为我的规定性的我自己以及我的意识;总是根据这样的论证:凡是隶属于我的,凡是以明见的自我感知之方式作为我的而必须视之为属于我的,这些都是我自己的,这是优先于所有关于客体的存在或非存在问题之前——尽管我之前曾在我的意识中将这些事物设定为有效。这尤其关联着外感知。无论我是如何直接看外在客体,而感知又是如何持续运作着,那个我必须分配给自己以及自己主观生命的存在有效性必然是先行的有效性,它的优先性不可置疑,如同先前提过,先行于关于被感知者的存在之有效性的权力之问题。①

倘若情况真是如此,那么便必须有个方法可以去获得我的包含纯粹意识生活在内的纯粹主体性;在这之中存在着下列事项,那个作为反思者的我可以说不把所有客观的有效性考虑在内,那些我作为素朴朝向世界的自我所设立的有效性。对我自己进行反思,我便将我自己确立在自身的意识生活中专注着、运作着自我的经验与自我观察,如此一来我便发现,我固然持续是世界之子;我却发现,我在我的外经验中,朝向世界的判断、评价、行动之中固然总是为世界之物设立有效性,并拥有该有效性;然而一旦我要获得纯粹的自我经验,也就是只有我的而与我不可分离者而且除此之外不设定任何有效性,则我便不能将我在素朴状态下所执行的世界有效性作为有效性而概括承受。毋宁说作为纯粹经验主体的我必须将那个世界有效性加以注销。发生在任何外在感知者,例如那个被我执行的对讲堂感知便是如此,而且该情况四处皆然。但我如何能够这样做?你们或许又会重新提出问题来。

作为观察自我的我应该将自身当作观察的主题加以探讨,并终究描述地表达出其存在与这般存在(Sosein),我究竟如何存在?

---

① 因此现象学还原的方法被演绎出来。

如何合乎意识地活着？我的主题性行为,我究竟是如何实际行为,也应该成为观察的主题。我现在是,也曾是世界之子,总是主题式地赋予世界之物存在有效性,现在如此,过去也如此,例如就在我感知这个讲堂时将它视作实际存在的讲堂。但我如何可以将自己描述为感知者并描述我的感知,却对我所感知的对象无所理会?也就是这个呈现给我的这样那样的讲堂?

凡此所言,无不极为正确。毫无疑问地,那个感知对象必须被共同考察而且共同描述,如其属于感知体验的那样并且不可分离地作为其规定性而隶属于它。对于任何其他意识体验而言亦莫不如此,例如,我决定要去意大利旅游的体验,须经过瑞士、热那亚等地,之后到罗马。所有那些体验所经验到的世界之物都是在它之中作为其意义内容而被意味着,而这些都必须共同被考察,如同那些被意味者以及在它之中被设定为有效者,也如同那些对其体验而言的本有本质者而且与它不可分离者。但另一方面,这个"正如同"颇耐人寻味。人们必须弄明白,在对于这样被感知者的描述当中,亦即作为感知的本有本质环节,被感知者的存在有效性必然要被注销,正如我们对它所期求的那样,或者在比较鲜明的对比之中:这里有必要去做基本的本质区分:

1) 对于所有被感知者的描述,作为基于感知的素朴过程之理由的描述,也就是在素朴的存在有效性之中的描述。

2) 纯然只将被感知者的描述当作相应感知的被感知者,因此纯粹作为感知的本有本质之规定性环节。这样的描述预先做了描述,并且只是对于"感知"这个主体体验的纯粹描述,假如被感知者的存在有效性被注销的话。这点对于任何意识体验皆同样有效,该意识体验应该被描述为如其在己自身的模样,并且是纯粹主观的。

我们在此将自然的描述与现象学的描述做了对比。纯粹的描述会仅仅将那些在每一经验中对于经验着的自我来说作为其经验主题与被给予者,也就是被他在经验当中视作存在着而设定为有效者给表达出来。作为外在对象的一般感知的素朴外部感知,以它作为主题,并将它设定为一般地存在着。但作为纯粹的自我感知它正是只将下列视为存在着,是我将这个和那个对象在感知中设定为有效,而非也将外在客体设定为有效。

一旦我将意志上的决定带到经验,这些经验并非零星地,而全然是我自己的,以及在其纯粹本有本质之特性中是我全部的自我生命,也就是我在一贯的习性中作为纯粹自我观察的自我而将所有的有效性都一笔勾销,那些我作为在下位的我,也就是那个有待观察而且有待描述的我所设定,而且仍在设定中。我正是借此而在我之中创建了在己封闭的人格习性,但具有特殊的类型,完全不同于所有那些在我的整个自然生命中成长出来的人格面向,并且正是我部分地为自己有意所创建的。为了给它名称,这个现象学自我的人格习性是对比于任何所有自然我的人格习性,作为后者的我意味着它仍未屈服于被一贯描述的排除在外之方法,并因此有着如同以往的多样的但自然人格的习性。作为自然的我,我过去如此,现在也如此持续地将世界视为有效,并在持续的习性有效性当中我拥有我过去关于世界所赋予的有效性,无论就存在的现实性、价值或目的等而言。就关联于过去有效并持续有效的世界来说,我拥有我的职业、我的嗜好、我的不同的稳固人格面向,好比我的当前的认识目标、目的,等等。这就是我的自然我,或者,如前所言,世界之子。但现在我创建了自己作为现象学自我,并且一下子整个态度都转变了;特别是,就这个朝向现象学的自我来说:这个透过反思而从自身分离出来的我变成了完全属于它自身的习性的中心(Zentrum)。

作为这个特殊的反思自我,我必须在不间断的一贯性中剥除整个世界以及与之相关的有效性,一贯地与这些保持距离,也就是操作悬搁。用现象学的语言来说,整个世界就被我放入括号了,那些自然、那些我以自然的方式设定为有效的纯然客观经验再也不被我设定为有效了,我不再去进行那些从一般的经验中获得有效性的判断了。作为自然活在世界中的自我,我过去具有作为对于所有认识活动、评价、意愿等活动之有效性基础的普全客观经验,并且在回溯到其核心结构之情况下不具有普全的自然经验,而现在,经过一贯的排除之后,一个完全新的,同样可一贯无限制地去追求的经验场域乃被开启了,这是纯粹主体经验的场域,我自己本身的经验以及流动的纯粹本有生命之场域;并非仿佛只是划界限,一个透过现象学的放入括号所产生的旧有经验场域之纯然限制而已。我现在必须将客观的经验完全注销。就此而言再也没什么可留下。

只有透过下列情况我才能达成作为带着纯粹生活的纯粹主体性之目标,也就是我将整个在我生活中所经验的(包含与之相关的任何种类之有效性的)世界就其致力而言判为无效。对我而言透过下列方式一个新的主题乃跃然而生,这是我的纯粹自我,这是绝对在己封闭的新类型之经验领域的主题,是纯粹现象学经验的主题,也是隶属于我有我的纯粹自我之本质本有(wesenseigen)的主题。这个包含作为人间我的我在内的世界借由现象学放入括号的方法,或者又称为现象学的还原,与我的纯粹自我处在一种极为值得注意的相关性底下。

这是一个使得下列态度成为可能的方法,也就是纯粹的自我以及纯粹的经验场域可以被主题化。在它被具体操作的情况下,他先是从自然反思(natürliche Reflexion)的运作开始的,它首先排除了那个被素朴地献身于其主题的自我之匿名性。如是乃产生了,例如,反思的意识,"我在感知着这讲堂"。这个"我感知"将透过下列活动被还原到现象学的纯粹体验去,该活动被我们比喻为对于任何客观有效性内容"不加考虑"或"判为无效"。任何回溯自身的体验以及任何带着"自我"之语句对于任何现象学家来说预先都有着精神上的引导作用,可比喻为带有引导性的括号或引号,也就是作为方法论要求的指引,在其中任何自然的有效性都被判为无效。预先存在于所有自然意识(natürliches Bewusstsein)的想法乃是:世界之物(Weltliches)是有效力的。于是有必要去执行使之被判为无效的动作,这就是悬搁,它将对于世界的持续的存在信念都加以中止,而在后续的发展中任何其他的态度也跟着改变了,这是预设了自然的(natürliche),也就是执着于世界之物的信念之态度。

该动作必须正确地被了解才行。这不仅仅关联到一个习常的判断上的中止而已,仿佛世界的存在被质疑了,之后才终于又被证成了那样。这里所思考的并非这样的问题,也就是针对作为任务的世界之有效性提出经验的普全批判,仿佛我们针对极端的怀疑论而要去为客观世界的存在进行辩护那样。悬搁也并非这样的一种活动,犹如皮浪主义(Pyrrhonischen)怀疑论者所主张的实践原则那样,对任何客观真理判断一概不予接受,毕竟他们从一开始就不认为人们对于客观之物可以有所知。我们的悬搁是一种主题上的中止。现象学的自我，这个针对作为世界生活的自我自身进行观察的自我被要求去注视、去描述世界，但却不参与任何与世界生活有效性相关的活动。只要我将自身确定为在上位的我，并习惯性的扮演现象学家的角色，则我将得以考察，那个在下位的自我（那个该成为我的主题之自然自我［das natürliche Ich］）是如何这样那样地带着世界的兴趣活在世界上。但身为现象学家的自我不可参与这样的兴趣，我乃是自身的不带着兴趣的考察者。所有自然的兴趣现在可都变成我的主题了，这些关联于自然我如何身为带着兴趣的存在者的主题乃被观察及被描述着。然而在此，我却一点也不参与该项兴趣。或者，再用别的方式来表达，我专注地看着，那个自然的我究竟是怎么做事的，它的意识究竟如何活动，什么是主题，什么是有效力，这些都被我描述着。但所有这些被描述活动的主题都只是被描述为这些活动的主题，它们并非我的主题。身为不参与兴趣的自我观察者，我唯一的普全主题在于自然我自身及其意识活动和能力，而不去执行任何意向或共同赋予有效性，也不去追问这些有效性的有理或无理，更不追求做成决定。

还要做些补充，以便说明这个阶段的现象学为何还不适合被当作一套逻各斯、科学或理论。

在回到纯粹主体性的还原当中，世界固然是被经验的世界，而且以许多方式作为具有实在之效力的世界；但它毕竟是"被放入括号"，亦即就其作为有效的执行主题活动而言是被悬搁的。但只要这个被放入括号并未排除相关于世界的意识，甚至这个意识正是主题所在的话，再说，正是在此意识中世界必然是在意识中被悬搁着而成为纯粹主体之不可分离的情状。这是极容易明白的,毕竟我们曾说过,对于我们现象学家来说,世界正是变成了我们纯粹主体性的纯然现象(blosses Phänomen)。

对于自然的世间人来说,世界是个一般存在着的世界,对他来说一般有效。而对于未参与的观看者而言,世界则显示为纯然现象,这个现象对于在下位的自我来说固然保有其效力,却只被在上位的自我考察着,后一自我并不参与设定其效力。拿个比喻来说:它是被放入括号的世界,就好比对于认识论的批判者以及怀疑论者而言那样,世界是处在疑问之中或是被质疑的。"现象学的"意味每一普全的认识论,而首先乃是普全的经验态度,它将世界整体转化成为只是在主体性之中现象的整体;被普全地执行的现象学的认识论于是包含了就与它相隶属而全然不可分者来说的纯粹主体性,并且也包含了所有的世界现象,另一方面也包含了作为极之自我(das Ich als Pol)与作为其意识体验的习性我之自我(das Ich als habituelles Ich),并且这些意识体验自身乃是根据所有的情状,也就是透过这些情状世界现象乃在意识体验之中成为可能。

附录 XIX （关于§37）:〈关于原本经验领域的系统性描述〉[①]

作为在原本经验(originale Erfahrung)领域之中的回溯,纯粹主体性之还原的关于自然的悬搁可以意味着两方面:

---

① 1925 年到 1928 年。

我在达成普遍确定只将原有经验设定为有效的目标之后，规定了我将会于原本经验中实际执行一项不会被颠覆的次序观念。更确切地说乃是：

在原本经验领域当中，我做一项普全的区分：自然以及对我来说陌生的领域。前者是原本经验的一般称号，在其本有本质的规定性中除了有关自我的意识主体之外不出现其他的。后者则包含了作为自然躯体的我的身体在内。另一方面，假如我将我的身体当作我的身体加以描述，则这项分析将显示，自我、自我活动存有以及不言而喻自然之物都将隶属于其本有本质的规定性内容。但我提出下列问题：我不能够将自我及我特定的自我之物都当作主题经验吗？也就是使它完全免除于自然性的主题共同经验（thematische Miterfahrung von Naturalem）？一旦我这么做，一旦我现在及接下来都这么做的话，我就会完全在此一纯粹性中执行经验，并进行描述活动。

但要紧的是，详细去规定，我所理解的执行经验，朝向自然的主题经验所指为何。正是这一些在其中我纯然经验自然的经验，它这般地进行，在任何自然的规定性中都不出现相关于我之物（Ichliches）。假如我仅仅把自己当作主题，并于此发现，那个经验着自然的我是与我自己不可分离的，并系统地去研究，我是如何去经验那些对我来说陌生的自然物体，以及其完全是令我感到陌生的内容，甚至验明其为存在着，则再也不会有任何自然物体及其一般的规定会出现，这难道不就是在我的主题经验中出现对我而言的陌生之物吗？不过事实却是，那些无处不出现的自然的经验主题无不是以相关于自我以及他的主观如何（subjektives Wie），不是作为与自我不可分离者而现身。换句话说,自我以及自我之物正是我们的主题所在。

　　从描述焦点的角度来说是这样的:一旦我执行一项关于我的原本领域的系统性描述,我便可能将客体锁定在纯然自然性中,也就是对我而言陌生的规定性之中。我可能会得到一些完全不关涉我的自我或所有自我之物(allem Ichlichen)的语句。自然性的态度(naturale Erfahrung)说的是同一回事,无论我是一贯地或一步一步地做,而假定我是带着理论兴趣的话,带着这样的意向性而去做的话。就算我带着自我之物的,也就是反思主体的成分去执行自然性的经验,情况也不变,也就是在我的当下与过去的自然的经验之自然的视域中,我保留那个有效性,据此我是这般投入该兴趣中,并随时合乎这般兴趣地向前推进,我总是可以一再地在纯然的自然经验中加上主体的反思。在此之中,那个将自然当作自然的经验与描述兴趣被终结了,自然一般是有效力的①,而在它之旁或是在关系中以这样或那样的方式出现的,而与之交织在一起的乃是主体性(das Subjektive)。

　　相对而言,我的兴趣可以纯粹完全是主观的,其意义是,只有自我以所有规定着自我者是最终的主题。当我在追踪考察"纯粹"主体性的主题研究时,自然自身,就其所有的规定性而言,也必然隶属于主体性而作为其意向性的相关项。质言之,自然虽再度被带到经验中,却不是全然地(schlechthin)作为它在己自身,被放入与我无关的陈述之中,而是全然作为主体的,作为意向性的相关项

------
① 什么是"一般有效"? 我秉持这样的态度,我的最终主题在于追求自然对象的同一物及其规定性。

的。这里会藏着相同的自然，之前被我当作陌生而被给予的，这是说它曾带着一个与自我之物全无关系的主题意义而被给予，如今却得到一项意义的补充，据此，其意义乃必然是非独立的，以抽象之方式出现的，并表明自己是在具体的主体氛围中现身的，进而是与具体的自我主体性不可分离的，在此主体性显示为一个主体性的，并且只是构成的环节之一的。

自然对我是陌生的，所指的是：它实际上是存在着的一贯主题，一贯地在自然经验的态度中被经验为具有这样的意义，它不包含任何"主体"成分，根本不理会主体性，不将它纳入考虑。这个一直同在的主体之物并非在自然之旁存在着的主体性，而是如同作为具体自我主体性的主体整体脉络而成为主题那样，这个主体之物（das Subjektive）显示自身为与具体的主体性一同揭显的自然之物（das Naturale）的抽象补充，而该自然之物则是一个透过抽象的态度而作为被绝对化的主体之物，该主体之物由于主体性的匿名特质而在这个态度之中，在其主观的性格中未被看见。

附录 XX （关于 §37）：〈关于原本经验的问题〉[①]

I) 每一个人都有一个"原本经验"的领域，任何人都可以在经验的一贯活动中全然专注于此，这是对他而言合乎感知地带着感知的意义而被给予的，该意义在下列基础之上表白自身：

---

① 1926 年。

1）当下的感知；

2）回溯其先前感知的再回忆；

3）他透过置入活动而重新设定的现实感知之可达到的可能感知，也就是作为其感知而可被触及者，而且是从他先前的期待出发便仿佛可被实现者；

4）基于作为被预期感知到的期待；

5）在原本经验的领域我拥有许多的指针，我的经验对象，我的经验过程都指向了别的对象和过程，它合乎意设地处在一个客观的脉络中，在其中存在着指向性的作用，指向作为共同当下者，指向那个作为共同过去的存在物，带着对我而言合乎回忆地被给予的，或是被我的回忆所触及的过去等。每一个在经验中的因果被给予性都居于它。我们将它限定在这样的指向活动上，借此我会再度指向那些曾经被我所感知的、我可感知的、可期待的等。故我还原到那些不相关的普全经验去，假如没人在此可一同经验我所经验者。同样地这意味着，我从所有的移情抽离出来，也从那些交至主体的"客观之物"的经验抽离出来。

II）我自身隶属于我的原本经验领域。我现在也从我的主体性抽离出来，而这正是对于我的可能原本经验的对象形构有所贡献之物。在我的原本经验领域里，我的主体之物与对我而言的陌异之物（Ichfremdes）是有所区别的，后者乃是作为对我而言陌异地可触及之物（Ichfremde Zugängliches），但却只存在于我的原本经验中。在总量隶属于我的自我极之我的本有主体之物的，亦即我的真实与可能的、感知的或当下化的生命之可经验领域中，我发现了那个作为可经验者的我的周遭世界，它还原到对我来说是原本可经验之物，那些对我来说是陌异的属性之多样的基底统一物，它是对我而言陌异的，只要它是从所有那些透过反思而对我这个主体而言是述词者脱离出来的。在我的周遭世界中的那些并非"我"的陌异主体对我来说只有透过主体之物的指引才来到经验中，也就是透过附现，它设定了并非位于我的自身原初经验的普全领域的感知。

交互主体的世界还原到对我而言的原初经验世界（在严格意义下的客观性）——自我陌异之物

在此一过程中，出发点乃是那个作为对我们来说都存在于一致性的经验当中的客观世界，但我们都却把这个客观世界还原到对我而言的原本周遭世界去，亦即，那个交互主体的客观性，将透过下列因素而失去效力：我将不再把那些我不能直接感知者，不能在我的脉络，我的生命的脉络中，也就是作为可感知，或曾经可感知等而加验证者视为具有效力之物（或者说，从这一切抽离出来）。

III）在演讲之中我将客观世界当作出发点，它是一个对任何人来说都是透过经验，并在其规定性的内容之同一性中可证明的，也是最终透过感知以及由此出发的后续经验一般经验可证明的。其中包括：就客观之物而言，透过经验每个人都有共通达到管道。每个人都可以还原到它的原初而因此纯粹的经验去，尤其是就每个作为客体的被经验之物。

所以，在此我做了预设：每一个作为客体的被经验之物对于任何人来说都是原本可经验的（"可感知"、曾经可感知等），但这可不是说，所有的客体环节都是原本可经验的。所有对于客体的感知莫不是透过附现而进行的经验，所以那个被附现之物对于经验者来说可都是在原本经验的形式中而可被触及。要是我将我的经验世界还原到那些对所有人而言都是在相同的方式下实在地原本可经验的情状去,则我便获得了只是(一般正常)的自然。对于我以及任何人来说,凡是具有原本可经验的情状之客体乃是突出的,而这些情状仅仅对于我或任何一个世间之人都是原本地可经验的,亦即我自身是作为世间之人每一个也都是如此。假使任何人都可以用相同的方式加以经验的原本可经验之物是被质疑的话,我便将自身还原到那个对任何其他人同样都原本可经验的情状去——还原到我的自然体(Naturleib)。就我的周遭世界之所有主体而言,其特殊的主体性莫不掉入此还原去,因为这些主体都不是对于任何人来说确实是原本可经验的,尽管每个人的主体对他本人来说确实是原本可经验的。只要那个自然领域,那个扩延之物的领域对我来说是原本可经验的,则会发生如下的情况,透过对他人的移情我可以确认,每一个其他人都具有此一相同的原本经验领域而且自然乃是对任何人来说无不是在同样方式底下,在同一性之中作为原本可经验之物的普全领域。

所以说:

1) 对于每个人,对于所有人都是在相同方式底下,原本可经验到世界的部分来自自然(对于所有一般正常的人或至少对于许多人来说)。

2) 对于每个人,但并非对所有人来说,都是在相同方式底下原本可经验的。

自然以及其本身的主体性。所以有两项相关的邻近的相关事项:

1) 从不言而喻的普遍的客体世界出发还原到所有那些在对

象之上或是所有那些对象之规定性之上,这些并非只是能被许多,而是尽可能被所有可设想的主体在原本经验中所触及的规定性。便是还原到自然之上。

2) 从可被我经验的对象世界还原到对象或对象的内容去,这些内容是在原本经验中被给予我或是可被给予我。

a) 在此领域之中,所有在世界中的主体之物在对象内容中之排除,导向我的主体之物(在客观的领域中)以及所有在对象上的所有意向述词,并因此导向作为不同于我的对象性之自然。但首先只是对我来说。

b) 另外一方面我可以从自然中抽离出来。我最终可以如何朝向我的主体生命和在不(主题地)朝向自然的情况下,朝向在自然中被客体化的精神?

但那些相应的问题将会产生出来,假如我并非如同这里在对我而言全然是原初可经验之物的首先是局限的领域之中(在其中从一开始就不存在陌生主体和被客体化的陌生主体之物,也不再是那个形式……〈文字至此中断〉

附录 XXI （关于§37）:〈心理学的还原与超越论的还原〉[①]

我将第一种态度和第二种态度对比起来,以便从自然的世界态度(natürliche Welteinstellung)出发获得我的纯粹主体性。我

[①] 1926年1月28日。

是从自然而具体世俗的态度出发的,而且是经验的(erfahrende)态度。我处在世俗的经验之中并主题地(thematisch)朝向世界,视之为被感知且有待感知的,被经验的且有待经验的,既被我,也被他人这样经验着。那个透过我对别人的经验而归属于我并被我视为有效的他人经验也隶属于我的经验。客观的世界乃是在"客观的"经验中被我所经验,是交互主体的,其中还包括被我及任何人以这样的方式所经验。在此有两种态度或还原相对比着:

I) 我将此世界经验还原到自身经验;现在我将自己经验着的兴趣限定在自身之上,这个人并在抽离我躯体性的身体之情况下还原到我的主体性来——这是我的"心灵"。

在此一进程中我打从一开始便把心灵当作主题,身体与心灵的区分,作为自然物的残余之心灵首先是从客观的经验那里被我所知的。

II) 取而代之地,我将自然的客观世界经验(natürliche objektive Welterfahrung)(这个被我在交互主体的态度之中所执行的经验)还原到"原本的经验"(originale Erfahrung)去。那么有哪一些内容会从世界来到我的现实或可能的感知来?在一致的自身经验中,在纯粹的验明(Ausweisung)中。哪一些是其规定性的内容?

我在下列意义底下执行悬搁,除却我自身所感知者,所能感知者或早该能够感知者(hätte wahrnehmen können)之外,都不引入我的经验去。

我将世界,那个作为可能交互主体经验的世界之效力加以搁置,而将它当作普全或任意一部分理论兴趣的主题。但无论从哪一个动机来说,我现在创建了一个一贯只对自身的原本经验感兴趣的习性。如此一来我是否获得了一个具有统整性的经验脉络以及一个这样被经验的存在之统整性？让我再度执行自然客观的世界经验，让我再度考察被经验的客观世界，也让我将（整体或部分地）还原之前的世界被给予性以及还原后的被给予性加以综合起来（借由我同时拥有未经还原以及被还原后的世界两者一起），那么我便同时获得了相互对比的两者：那个作为客观之物自身而在交互主体"客观"的经验中作为如此这般存在的显现者，以及那个在我的原本经验中如此这般显现的相同之物。让我不去执行那个客观经验（objektive Erfahrung），或者，只在我还原的情况下执行，于是一个仅仅不被现时化的相叠出现了，依此而言，凡是我所获得的还原成果，以及那整个被还原的领域莫不与"那个"客观世界取得意义上的联系，该世界及种种物体乃是作为我原本的经验的那样。

如果我只在原本的经验领域以及只在隶属于该经验领域者之中活动，在它之中验明正身，并透过实际的验证加以论证，则如其所示地我所获得者无非是我必须有意地在别的态度中获得的，也就是，将我的本有心灵之物带到封闭的经验中。**我的原本经验的可验明之被给予性的整全（Universum）乃是等同于我的纯粹心灵，特别是本有心灵经验的可验明之被给予性之整全**。作为在原本经验中可验明的自然并非那个客观的自然（虽然二者在客观经验的进入设定中自身重叠地合而为一，只是未加以融合），而是一个隶属于本有心灵与无法脱离于它的综合情状。但在此可注意，隶属于我心灵的并非只是那个在从经验到经验当下的持续过程中实际合乎感知与合乎回忆而被实现的，再者，并非只有那个在可能自我回忆的整全中作为从当下到当下直直向前流动的生命（内在时间地被安置或统整)之流程才可以再度被唤醒,并作为整体在观念上持续地可被证实为有效。另外,我实际做不到,但却在我能力范围之内者也可以与我的本质不可分离的可能性之形式而隶属于我:这也关联到被我设定的外部经验之可能性以及那些在其中作为这般而被经验者。下列的假定是一个关于隶属于原本经验的假定:我在空间物体(本原地)所经验者,在往后的经验中也会再度被运作,或者,这些相互隶属的本原经验在此会相互连结成关于"实际存在"的空间物体之统整性。在其中所显示的无非是一个有关被预见或"可能"的经验之假定,特别是关于我可以设定或将可设定的经验。

Ad I. 让我相反地透过经验去获得我的纯粹心灵,则我针对外在世界以及我自身的客观身体性进行悬搁,我完全只执行自身而原本的经验,也就是与我的意识生活相关者,毕竟我不再能够把其他人考虑在内。抱持这样的态度,我不仅在这样的意识生活中发现了在自我极(Ichpol)之中成长的习性,而且也发现了作为这样的被意识者,被意味者以及这里底下作为这样的被感知者,更进一步在我关于感知客体的原本经验之脉络中发现了与它的存在相关的假定,这个属于我的主体或心灵领域的假定,只要它是可被预见而且在我经验的可能一致性之中,也就是那个在被假定为一致存在之模式中被设定的事物自身。在对于具体实存的人以及自我之心理生理考察中我自己也是对于纯粹心灵过程以及隶属性的物理身体性之时空交织性(反之亦然)特别感兴趣,亦即对于相应的因果性。但如此一来纯粹心灵并未还原到实存地被实现的纯粹心灵过程去,更不会回到那些归纳性心理生理考察去加以建构。下列的事实是无法经由归纳的心理生理经验去加以确立的,诸如我是一个实践者的我，一个带着多样我能的我，一个具有它的纯粹朝向主体经验之方式的我，以及具有经验活动的我。而对我来说，从内在的假设而来的那个自身是纯粹心灵而可预见者，并且无论何种可能性隶属它，这些全都只内在于心灵的经验及经验思索。所以我的心灵的实存性(seelische Faktizität)已经是逾越我的内在时间流程及其心灵内容，而该心灵实存性是透过纯粹的心灵经验而可被确定的，就算是不能完美地在实存上加以确定也不打紧。此外也包括作为一般心灵，而非归纳的考察中与被经验的其他邻人实存的心灵相比较的我的心灵之必然结构的本质自我研究的可能性。我是可以思考地去看我的心灵的本质可能性，在其能力中举例，但并非透过它而归纳地加以证成（我是不必将它带到具体而面面俱到的建构中来），而且去思考作为我的随意被转化的一般心灵之本质，并在抽离所有的实存性之中去进行考察，我可以这般加以研究。另一方面，这个作为我的本质思想的构造物之本质也是在我的心灵中决定为规定它的，作为一个隶属于它的构造成就之潜能并且是在其中被构造的构造物。

现在该追问的是朝向原本经验领域的限定之动机所在。这里出现几个知识的尊严问题。

在任何主体的经验进行过程中，客观的经验显示出了朝向着这个客体性去经验的主体，让我们客观地说吧。关于这些我只能从我的经验来说。只要我原本地经验一个对象，而原本的经验与原本的经验彼此相互应证，而且只要在我的移情经验中并非只有相关的他人之存在验明自身，而是那些移情在他们之中的经验终究透过其他我也共同认可的他人之经验也一同应证，我对该相同客体的经验,则一个客观之物便能在我本身的经验中验明自身。客观世界的意义在于那个可以交互主体地验明的同一性是对任何人都有效的。对我来说(对任何人也都一样),就证成的结果来说我的经验是优先于其他人的经验的。因为我明白,假如那个原本被经验者自身不能自我验明,则那个对我而言原初的存在以及可验明存在(Bewährbarsein)便不具有效力,而是也根据他人之身体性的主观空间物之存在,或根据其作为在我的原本经验领域中的"被构造物"的存在。

被任何人原本地经验的自然与世界作为客观自然与世界自身的"显现"

人们或许会说:那些对于真实物(das Reale)的多样的可能主观"显现"(Erscheinung)是从作为统整之物的客观实在物而来的,显然指的是,去经验任何可能客观实在物的主体可以在其自身现实而可能的本原经验之领域中验明这些物体是其主观的真实之物。每一主体有其自我与自我之物(das Ichliche),但亦有其主观的周遭世界,这是完全基于其意识以及意识之质料内容而被构成者,因而与主体不可分离,并因此而隶属于他的心灵存在。他人的身体也是我的领域作为原本的被构造而属于我的主观真实性,该身体是我的主观的自然物(Naturding),它仍不是客体,而是客体之显现于我(meine Erscheinung des Objektes)。固然这个表达方式已经算是超越了(transzendierend),毕竟我的主观真实物只能在他人对我来说是可设定之情况下被称作显现。对我来说(仍然没有理由被称作他人的身躯),这是一个"意义"的载体而作为他人的身体,一个多少是超越的统觉,作为经验,它具有其具一致性的验明方式,并于此方式下证实为可靠的(在批判的思考之前,它被理解为一致的经验过程,它带着持续的经验有效性,同时也带着将来不会有什么改变的期待)。容我这么说吧,于此方式下经验自身者乃是对我而言他人的存在的现实与习性的意识,质言之,是作为直接的被附现者(Appräsentiertes),作为直接的鲜活的(身体性)而在此。但清楚的是,只要我的主观真实之物停止了,对我而言不复存在了,为此那个持续向前的超越的统觉也停下来了,失去其效力了。

这个统觉的结构是够清楚的;移情的阶层明显地奠定在下层的主观事物感知上面,而同样属于它的还包括在新的主观感知体验之移情中的一致性中持续保证之假设,以及在后续的充实之意识中的假定:每一这样的感知都是存在的事物的确定性——但此一物体完完全全是带着总是朝向可被原本地加以体验之假定的我的原本体验。正如透过生理的感知那样主观之物体乃被构成了,同样就对于"他人身体与他人"的带着移情的具体感知而言也是如此;同时或者首先建构地隶属于它的还有那个在我的主观物体与作为在其中自我表达的他人主体之间的关系。而表达与被表达之间的关系首先是这样的,一方面我所主观构造的空间之物"他人躯体"站一边,具有作为"他人"本我性(非我的)的主体性则站在另外一边。但它如同我一般也是带着身体在存活,并且透过身体在感知,等等。而在其主体的原本领域中的他人身体与这个具表达性的身躯是同一个。这里有着在向外而去的他人与我的身体之间的传达性的自我覆盖。

无论如何，所有这一切无不建立在原初经验的有效性之维持上。

转向超越论的还原

假如我揭示我是如何在我之中与他人共处于社群之方式，以及揭示我如何感知他人以及执行对他人的习惯性信念，如何与他人一起将这个同一的世界经验为所有我们相互共同协调一致的经验之综合统一体，并于其中我拥有一个"客观的"世界（作为与他人一齐认可的客观世界），则我便认识到，我以及我的生命是先行于客观的世界以及其他的人，而我的自我与生命所预设的作为在世界中的人，作为与他人有所关联的有灵魂的身体则只有在我的本有主体性中才是对我而言有着经验的实在性。在所有的客观存在以及自我之世间人存在之前有着作为意识生活的自我，于此意识生活中其他人只有透过我所执行的统觉对我而言才是具有效力的统一体，基于这个主观的，被我所执行的有效性才存在着一个被执行的客观统觉，透过此一统觉那个被我经验为主观的自然才获得客观自然的经验意义，而我的透过自身反思而原本地被经验的自我以及我的整个主观领域才获得对于被我主观（前客观地）所经验的身躯而言的心灵意义，此身躯自身则又被统觉为客观之物。

我们区分了心理学的以及超越论的还原——前者需要一个哥白尼式的转向。在心理学的还原中我固然获得了我的纯粹主体性，但此主体性却是世间人的心灵，是客观统觉的情状块片（Bestandstück）。固然我也必须将这个客观的统觉当作涵摄在我的普全的纯粹主体性中，但它是这样发生的，那个客观的统觉总是可以罩住该主体性，而且总是可以一再地被执行。因为这个统觉便是世间人，以至于整个合乎存在意义被执行的纯粹主体之物（而且超越论的悬搁自身在其中被揭示）乃透过移情而成为其身体的心灵。完整地理解它需要深入的分析，正如同在作为超越论纯粹主体性的我之中得以存在客观世界的经验那样，如同它并非以发生学，而是以静态的意向性被结构化那样。

那么从心理学的心灵研究以及从纯粹心灵研究的主题角度如何进行哥白尼式的革命，以便走向超越论的研究方式或是态度的转换？也就是从一个普全的纯粹心理学的自身经验出发去造就一个普全超越论的自身经验呢？

在心理学的纯粹态度中我固然主题地将我的世间人本质（Menschentum）还原到我纯粹的心灵之物，那个被我所经验的世界是绝然地存在着，然而我依然把纯粹主体性统觉为心灵而预设了世界统觉的有效性——只不过我赋予我的心灵及其世界的统觉以主观的事实，而非作为被有效设定的客观性。

附录XXII （关于§37）:〈经验的与理性的心理学作为获得超越论现象学的起点〉[①]

心理学家说：心理之物是在实在原本性中整个直接被给予我，而且只是在我的自身经验中——我自身以及我的自身心理生活。

[①] 1925年。

这里通常特别被强调的是"内经验"的明见性（例如布伦塔诺）。在《人性论》一书中，休谟已经指出来，要是欠缺了回忆的明见性，便完全没有认识可言，而迈农（Meinong）则在我们的时代重新拾起这项说法。内部经验的批判通常是基于该项信念，亦即外部经验（基于自身身体性的经验）缺乏客观有效性的可靠性及无疑性。对心理学化的认识论理论家而言，外部经验是奠基在内部经验的批判上的。然而作为实证研究者的心理学家不将激进的、奠定在理性批判基础上的心理学当作自身任务，如同自然科学家也不将激进被奠基的自然科学当作其自身任务那样，故而心理学家不必对于内部经验与外部经验进行激进理性批判意义下的批判。在某种程度的素朴性之下他满足于揭示作为客观的研究者所能考察的那些优势现象（Vorzüge）。不言而喻，移情的本原感知占优先地位。不过，自身感知涵盖面不够广，它只能透过回忆而被同一化。但自身经验也有犯错的时候，自身回忆仍会与同样作为当下化的移情进入同一阶层。心理学家在意的问题是，如何尽可能有把握地获得客观经验，为此缘故，打从一开始他便需要移情或是相互理解的经验可靠性，如同自然研究者那样。同样地：心理学认知的批判性问题多少不同于自然的认识。因为自然之物只有在也能被别人以合乎感知的方式接近之情况下才是真实的。但心理学之物却在不必预设可被他人所感知之情况下即为真实，对他人而言，真实与否是透过告知而得知。因此人们看到，心理学家在处理批判性的问题上要比自然科学家付出更多的努力。

　　心理学的生命是意识的生命，尤其是某物显现的经验性拥有之经验，该物并不仅仅是实项地内含于经验中罢了；一旦被经验者被设定为真实的,在其真实存在中并不作为一个部分或环节而实项地隶属于经验,则那个作为这样的被经验之物乃作为在经验中的被意指者而作为其不可分割的环节隶属于自身。这点极为重要,心理学之物在其自身中看到了,并学会了描述如何排除下列两者之间的混淆:一是纯然属于被相信之物,另一是在轮替的活动中被实现的知识之规定性。因此它需要持续进行纯粹性的批判,将心理生活中的纯粹心理之物揭示出来,这是心理学家理当知道的,而且也自然而然当作(他人的)现象而加以诠释的。纯粹性批判的正确方法是一项困难的任务,它只有经过首先是关于心灵生活的素朴研究以及与之相连结的明证性反思才有所可能。对心理学家而言要紧的是,从最开始的客观经验,那个前科学的心理生理经验(世间人的经验),过渡到纯粹心理经验,关于"纯粹"心灵的经验,这是先行于内在而纯粹的自身感知之整全性分析的那种经验。纯粹在己的心灵应该成为经验场域,纯粹的心灵经验活动应该前进成为纯粹被经验的心灵经验活动,只要是心灵被主题化研究之处莫不如此。既然出发点在于心理生理的统一性经验,而个别的心灵之物往往打从一开始就表明是心理性的,则假如这里产生一般系统性地去研究心理生理的关系的趋向,则同样会产生一般将心理之物全然看作唯独与生理性的身体相连结才算恰当的趋向。但再怎么说这都是艰难的任务,去提出关于一个心灵的多样性心灵之物的内在统一体之问题,并就其作为在己的不可分离之整体而加以描述。另一方面而它也是这样的任务,去描述世间人这个客观现象以及在其统一体中去描述心灵与身体的现象的统一性。对于任何科学的客观化来说,该项描述必定构成共起始点,该客观化是使用了自然认识以及特殊的有机自然（只要它自身已经被客观化），并追求一个客观的心灵之学。

　　假如人们在现象学心理学的还原中拥有纯粹心灵（单子）的具体统一体，那么便产生了作为这样的心灵单子之先天本质之学的任务。在我身为现象学心理学家的自身心灵生活之原本形式中我发现了不同的现象。我凸显它们，亦即我将它们从盘根错节中抽离出来，让它们未被规定，我可以合乎感知或合乎回忆地拥有它们，等等。我把这些现象当作例子并且为我自身形构纯粹的单子可能性，在其本质变异中获取本质的普遍性。为了相对的批判，我在单子的体验脉络中获得了基本的类型，努力找出其元形构，并从该形构（元现象）找出新形构的构造方式之本质类型，这些都是我在本质描述中根据其非独立的环节之结构性构造出发而加以阐明了。我追求那些在每个单子中必须先天地出现的形构，而另一方面我也即刻遇上提供给整个单子以统一性的那个普全结构性形体（universal strukturgestalten）。进行的次序具有一些困难。所有那些被我在超越论的态度中当作现象学的结构之学以及绝然作为现象学所处理的一切，在此于自然基地上仍显现为单子的心灵之先天描述心理学。

　　构造性的问题当然是属于这里的一切，因而每一个作为个别单子以及交互单子的脉络，对纯粹心灵之物的索引而言的可能世界亦无非如此。所有可能的客体性无不进入心理学之中作为纯粹单子主体性的意向相关项。精神性的客体性透过内在动机而构造自身，关于这一切的理解性阐明仍是作为现象学单子论的心理学之工作，它正也是精神科学的基础所在。

所以现象学心理学是相关于实证科学的脉络，并固以自身作为自然态度的科学。

在这个实证态度中，心灵不仅只具有其本质结构，它还是在世界的自然脉络中的身体之心灵。这也有其先天性，也就是心理生理之物。作为结构之物它出现在单子心理之物的构造系统之中。

从纯粹的心理学态度过渡到超越论态度的动机

进行心理学的本质之学之后，人们终究不免遇上谜一般的情况。就纯粹的心理学脉络而言，人们在构造的标题底下拥有作为现象的每一可能世界以及就所有的证明形式以及客观化理论的形式而言自身证明为观念的真实。假使人们从实证科学出发并回到世界经验以及世界理论活动（Welttheoretisieren），于其之中，相对于主体性而言，世界取得了存在意义，则人们将会因此也遇上这些谜题。一切真实或可能的世界及科学无不回头关联于心理之物，亦即相关于纯粹的心理学。尽管实证研究者对此一相关性仍无所知，因此他们也不曾留意，透过纯粹心理学，以至于更广的超越论的纯化这些科学会遭遇何种程度的改造。

让我们从纯粹心灵出发——在实证态度之中，亦即作为一个世俗本质学的情状。仔细想想：既然它与描述的本质学有关，则我们便处在和谐地被经验之世界的自然实证经验中，也就是，用我的方式来表达，自然世界的超越感性论。单子的心灵在此显示为从它所胶着的无限整体中抽象地凸显出来。但它也是在绝对的封闭性里就其本有本质被考虑——正是纯粹单子式的；我们或可说，其纯粹性可相比于作为世界之结构的自然，而对于自然而言纯粹空间则是作为具有完成之形态的场域。

若我们就其纯粹性进行考察，则我们作为构造成就者，在纯粹单子的生活中遇见了所有可能的经验以及和谐一致的经验系统，并且相应地作为自身在其之中构造地遇上所有可能的经验世界，同样地遇上所有可能的思想成就，尤其是相关于经验世界的理论成就，以及所有的可能科学。所有真实而可能方式下的客观存在之物以及随之而来相关的客观真理都在心理之中表明自身为"构造之物"，科学乃是建立在直觉基础上的理论构造物。

随后是每一门先天的本质之学也包含在作为纯粹单子的心灵之科学中——每一本质学，每一个作为"主观面"而来的存在论，作为可能的理性意识的可能成就。

值得注意的是，我们从中以两种方式、两种不同态度获得了每一世俗的本质论，例如，可能自然之本质论，随着几何学及运动学（Phoronomie）等而来的本质论：I）我们例证性地从自然的经验世界出发。我们发现它们是作为互相隔离，具体的个别真实性之无限多样性，其中每一物莫不是具有空间形态，扩延之物，被无限开放的时间空间的统一体形式给包围。让我们向前推进一步，则纯粹的自然标示为对于在自然经验世界中的所有具体个别真实之物的普全结构形式。

若我们探讨具体的实在物之类型，则它们首先仍是时空性的并且就其内容（扩延）而言，无论如何莫不具有一个物理质料性的结构层级。若我们具体的掌握它们，则会遇上纯然的物理之物，人以及动物，等等。人类与动物而言都有作为结构上层的心灵。若我们过渡到本质变异以及本质考察去，则在心灵的本质之前，在隶属于它的本质学之前有其空间的、自然的本质形式；当然并非那种关联于精神社群、社群构造物以及一般精神构造物（例如各别化的人们之工作构造物）之本质学，毕竟它预设了单子心灵的本质学。但无论如何我们在此预示了下列的次序：1) 作为所有具体物的普全形式之时空。2) 作为物理自然的自然——每一具体物都有其自然态度，只要它不仅仅纯然是自然之物而已，而所有抽象中的自然（Natur in Abstraktion）都具有自身的自然整全的统一体（naturale Gesamteinheit），自然是一个普全之境。如此我们来到了涵盖个别物之本质论的普全自然的本质论。于此我们不谈精神之物，它完全从精神之物抽离出来，该先天性似乎完全独立于那个精神性的后至的先天。3) 单子的先天是位于其心灵之物的多样性之先天，犹如世界是为己那样。4) 作为精神世界的世界之先天当然是奠定在自然的存在论之基础上，它是为己存在，继而奠定在单子的存在论上，该单子存在论似乎是再一次为己而存在。

II) 但只要我们来到心灵并在单子的纯粹性之中考察它，并根据其本有本质地开展它，则在下列情况下我们又再次来到可能的自然，来到时空、运动以及作为纯粹自然的自然。该情况是：当我们在构造成就和谐一致的综合成就之意识的理想可能性时。当然，我们遇上了移情的可能性以及动物性的经验，此外还有自然客观心灵之物的可能性，根据其本质发展该心灵之物的可能性，并且因此再遇上心灵的本质学；继而是相互交往的、社会行动的以及将人们连结成社会关系的可能性，以及在其中特别是透过特殊的单子的统一化，透过自我与你之间的行动以及奠定在它之上而作为深入影响的交互影响等。

因此单子本质论的特殊之处在于,它涵盖了所有的先天科学于自身,而本身却是种种先天科学当中的一种。它同时也是回溯地关联于自身:它是作为这样的单子之中的可能形构之普全科学——它出现在其可能的形构底下(在此同样被构造的构造物之形构)。

在此世界本质论之构造中,假如我们也敲定好工作的次序,则作为合乎自然的自然存在论才会被提出来,并且清楚的是,在我们推进到单子心灵的本质论之道路上,尤其在心灵这个标题底下,已经抽象地获得奠定在生理有机之身体性上之物。但另一方面,在还原到单子的纯粹性之现象学还原中,一个封闭的经验场域或是可能的经验之可能场域被揭示了,以至于,本质论地被指出的是,全然独立于有关空间、时空、自然物之或许可能的论断,亦即,单子的本质存在之某些前提可能会依据其内在结构的可能性而位居于此。当然只要单子是激活任何可能生理性身体之物的话,身体的先天以及"激活"的连结形式便都属于单子。然而此一带着基本概念以及基本法则的先天并不进入单子心灵的先天。当它从自然之物抽离出来时,它便是在完全本质独立性中建造其自身的概念——但接下来它又从自身的元本质(Urwesensbestände)建造其构造物并遇上自然的整个本质论以及任意本质论,最终遇上自身。其独立性显示于我们得以洞见下列事实:自然经验的世界确实是空间世界,那些在可能经验中凸显出来的具体真实之物确实是在空间被给予、在空间被配置,而那些心理生理之实在物,文化对象与世间人的社会性等也无非如此。但与其朝向这个涵盖所有具体实在物或遍及所有自然之物的普全之境(das Universale)看去,并视之为本质研究的主题，倒不如让我们直接看向动物性这部分，不是以生理之物，而是以心灵之物为单子的主题。为了在最原初的被给予方式中、在一个真切的原本性中为纯粹的单子找例证，我们没有必要再走得更远：我们每一个人都朝向内在并且在还原当中回到自我我思（ego cogito）。在对其自身进行纯粹变异之时，他发现了一个可能性的世界；而且首先在此一还原中他翻转了整个世界以及在其中他的身体成为其自我的纯然现象。我的"内在性"固然可以是我隶属于全自然或全世界之身体的内在性，或激活者（Beseelendes），然而我却可以将此一内在性从该关系中解放出来，我可以用无关系的方式（irrelative）来考察其纯粹作为自身的自身，根据我所抓取的它们的本有本质——我绝对地抓取了我的每一个体验、体验脉络，作为其自身的意识成就——一点也不抓取除了单子之物，特别是除了"我的身体"之外的其他物，亦即不须设定任何的存在物以及这般存在之物。

进入超越论现象学态度，超越论悬搁的过渡

我对自己说，从这里出发所踏出的一步是：世界对我而言仅是作为在我经验中的对象性而存在，并在其综合的一致性中证明自身为存在者，并在真实的实在形式中只有作为我的（或我们社群的）科学努力之主题以及作为至多是被称作理论的洞见地形成之构成物之主题之情况下才是这般地存在着。当我将整个世界"加以中止"时，没有任何阻拦存在，这时我将存在信念看作世俗的信念加以放弃（该信念贯穿了经验活动以及理论活动，无论它是否具有明证可靠的主观形式）。如此一来再没有剩下什么了，我与这些信念保持距离，而这些被改造过的信念是我的体验，而在其中被相信者以及世界经验的整体过程则保留下来，只不过我在回溯地掌握它们或追随经验的后续过程中并不以新的态度之主体去共同坚持这些信念(mitglauben)。前述的被相信者指的是那些存在于未曾中断，亦未被改变的信念之中者，而前述的世界经验之整体过程所指的则是在我至今为止的世界信念之基础上的那些思想、评价、行动的过程，所有那些包含于其中或奠基于其上的期待、可能的经验，等等。当下那些迄今为止以及往后的世界都不是以合乎存在的方式对我有效，而是作为现象而有效。

　　这一切都必须被正确了解才行。我所要求的乃是将我的经验的主体性，那个思考着以及评价意愿着的主体性纯粹就其意向性而当作主题去处理，而世界则只作为在其中被给予者，直言之，被意指者、被相信者、被评价者等，亦即，只作为在主观的意识模式及显现模式中而存在。我们可能都是世界之子，我们站在"世界的基础上"，我们在世界之中——这一切都是不言而喻的。我们质朴地拥有世界，而所有那些于新的经验里以及新的思想期待中，在开放不可知的视域中被新加入之物，这一切莫不是单纯地如此这般存在着——我们活在信念中。如今我们不再愿意作世界之子，"不愿意继续只活在世界信念中"，我们"不活在"所有那些被动的信念动机以及信念的主动思想活动中，并依据这些活动而在存在着的世界之普全基地上而"拥有"这个或那个存在物。该存在着的世界乃是带着所有那些从前被完成的（对我们来说有效力的）特殊意指，透过这些意指我们拥有带着存在的内容以及意义的周遭世界，这些存在内容和意义都是以前被我们所获得而又成为习性的一部分，我们只有在将它们当作早已熟悉之物才可能回溯地加以掌握。

这全部的信念在某种方式下被我们判为无效，但我们并非进行怀疑的怀疑论者，而是作为从根本上设定另一种态度的研究主体，该态度从根本上开展了一个新的研究方向。在前一个自然态度中，在自然生活中、全然实证科学中，在新态度的可能性认识之前的世间人生活当中，我跟其他人一样地活在不断往前推进的空间世界经验里，在其中我的周遭世界，首先是那些每次真实地在就近的周围被感知的物体就单纯地存在于那儿，为此我的身体也是在那儿，其他物体也环绕着它；与此同时，我拥有那些"被隐藏的"熟悉物体的共同存在之多样性期待，或我有可能看到的物体，只要我转身，或那些超出当下的范围之外而不被看见的，透过我持续向前行，透过开启更多的周围环绕而使之变成可见。然而在不执行对合乎记忆的再制造之共同信念之情况下总有些新的回忆被唤起，并且透过再制造的先前经验我回到了那些对我来说有效之物，并毫无疑问地对我仍然有效，也回到我之前获得的存在之物，这些对我持续仍旧有效之物，它们虽然属于过去的经验，但却在随意可重复的回忆中重新被召回，或者毋宁是作为我可以回去的一个存在资产——这是相对于新获取之物而言的，后者不会只是短暂性的存在而已，而且会获得具有长期有效性的定在。所以处在一个氛围（Milieu）之中；我总是加入了新补充的有效性设定（它创建了一个对我而言新的存在有效性，或者，在朝对象之物而去的视线中它创建了对我而言"定在的"经验对象），而总是预先存在了已经被感受为有效之物，这是我透过回忆以及透过对预期的唤起而必须回去的，其中预期是隶属于这些先前之物（diesem Früheren）。这一切都在一次我素朴地设定有效性的真实省思中变得明朗化，正如同先前在素朴地追随内在动机之设定活动中并为自己创造了一个持续有效性的场域，而且不止息地创造，我透过底下方式离开这种状态，亦即只在其普全性中反思这个活动，并将作为对我而言的结果带到意识去——"该"世界是具有多样性丰富及变化内容的我的周遭世界，对我来说其存在只出于我的经验拥有以及经验活动，该活动带有内在而总是经由被触发而产生的内容，它被设定为有效而且持续有效。当然这个有效设定以及回到有效之物去，还有经验的信念以及所有其基础莫不是多少以"被触发"的形式出现——但现在只取决于该不言而喻之物，我当然是在这个普遍被改写的方式下从一个信念走向另一个信念，但同时基于先前的信念而拥有持续的获取，并透过这些新的获取而拥有，从主观的角度来看，终究是对我有效的存在的世界。这是作为向前推进的感知之流的生命之流的首要之处，于此之中，那个世界存在的"原创造"乃对我展开来，带着隶属于感知的种种变异，感知乃是经验这个字所共同含括的（在不同"可能"感知与其他可能经验形式中的回忆、期待）。其次则是奠定在经验之上的其他活动，那些思想性的、评价性的以及实践性的活动，带着信念及设定有效性的新阶段，接下来是归属于经验世界的新的规定性层次，例如所有那些文化属性。

属于这世界的还包括其他人，如同所有世界之物，我的身体以及作为世间人的我，世间人意味着我带着身体活在世界上，"在身体"之中，透过身体进行各项活动；这一切首先被理解为不具科学性的意图，我活在世界上首先就是作为活在身体中的存在者，透过双手、双脚去进行各种活动，例如触摸、观看等，因而有遇到阻碍或顺势推动等经验。这样的世界完全是从我的统觉以及隶属于它的那些自我组织的有效性来的世界。

在这样的生命流程当中固然一再地出现下列情况，亦即我放弃了那些我曾经拥有的存在物，它们不再可靠，必须被毁灭删除，如同以往，这样或那样的存在物对我来说变成可疑的，它下降成只具有纯然的可能性或或然性，它终究后来会走向确定的"这般"或"非这般"。但无论如何作为无止境场域的世界对我来说却一贯地作为有效而存在着，它穿越了所有的怀疑、猜测、或然性及所有那些产生于我的模态式的信念生活之过程的虚无性，穿越持续期待的形式之含括性的信念：怀疑必须自我了解，疑问必须被解答，或然性被引导至确定性，而任何的虚无存在（每一个幻觉）都必须被认定为或证明为世界中的另一种存在。正如同存在着对我而言的预期信念以及特定的表象意义之形式下的不熟悉性，但所有的不可知都必须变成可知，假如可能的经验在我自由的经验前进中真的被实现了。所有这一切当然都只是表面地被描述而已，但它必须满足，以便在首先的思考中将那个总是对我被给予的周遭世界加以认清，借由我的信念生活的某种主观风格而使之成为被给予的，如此一来，世界的存在只有在如下情况才是持续地先行于每个出现在我的感知中的个别物的定在，亦即，它是作为在原初的、创建信念中的自身先前所获取之物的统一体，也就是在我之中被获取之物的场域，作为已经是有效的固有资产，我只需要在生产的信念中便可"回到"这场域去。

为此缘故我拥有了存在的世界，这是我已说而总是可说（无论过去或未来）的世界，它是从我的有效性成就而成为可知的。假如我说的不单只是我的——而是我们的、所有世间人的——我们之间相互理解，无论是个别的或全体的我们彼此之间进行主观的信念的交换，并奠定了交互主体之间的有效性，那它便成为客观有效之物：人们可能这么说，值得思考的仍是，其他人首先只有存在于我的经验信念中，在我的经验世界中遇到他们，这世界是在我的经验中，才会被带到原初的有效性来，而在这世界中他们才具有其定在。于是乎，所有他们的那些与我具有一致性的意见都只从我自身的，但也与他们分享的信念出发才具有意义，所有那些对他人有效的信念都只有从我自己的有效性出发才是有效的。

总命题与普遍悬搁的意义

一旦我清楚了，便说：每一个我拥有的信念都可以被我舍弃。将它转变成非信念（Unglauben）不是出于我的随性，而是说，不将自己放在对我来说"定在与这般存在"的基础上。所谓"我具有一个信念"是否意味着，现在我执行这个信念，例如，我感知眼前这张书桌，考察它、描述它——对于一个不在现场的人，以至于眼睛看不见的人都同样有效力。该情况也适用于我有一项认识，我首次看到一个新的对象而对它有一个经验性的信念。这张书桌，经验的对象只有在活生生的、自然直接被完成的信念中，从我看它的那一瞬间才是存在的，而本有的阐述之前提是一连串有层次的有关于这样和那样规定着的对象之信念的统一体中的个别信念活动。"我有一项信念"通常还有另一个意义，甚至是首要的意义。假如那个我所经验到的活生生信念过去了（而且假如那个当下意见[俗见]过去了的话，则会在信念的另一种方式底下），那么我毕竟还拥有这个信念。那张桌子在我经验过以后、当我不再看到它以后、当我不再和它有任何瓜葛以后,毕竟对我而言是出于我的信念。对我而言,它毕竟是所有以前那些透过阐明而获得的规定性之基底,在一个不是当下但却持存的信念中,它是在当下的有效性之后还对我而言持存的有效性,后者的有效性建立在前者之上。让我再看它一遍,则固然它重新被感知,但却并非全新知物,它存在着并且对我来说长期以来便已是存在之物,我只不过是回头朝向那个已经是这样或那样被规定的有效力之物,而且无论我多么常执行这些新的感知也莫不是如此。为此缘故,对该信念的搁置也就具有一个特殊的意义了。假如我走开并只是挂念着,我不再去想那个存在物,这还算不上搁置。无论我如何在正常情况底下去经验或意指某物,都有其世界视域,这不是在当下被我展开的普全的共同意指,也不是在回忆中,不是在总是重新被唤醒的再回忆;更不是在总是新的可能预期中展开,而是将对我而言有效的存在之内容揭示出来,但正是有着一个对我而言有效的统一化的多样性包含于其中,这才是重点所在。只有在下列情况下我才能将我所执行的当下信念加以搁置,亦即我将现在活生生的有效性予以停止,也就是那个我在首次的信念活动中所获得而依然加以相信的有效性,这便是"搁置"。举例而言,假如在我看过桌子以后,那张桌子连同基本之规定性以及相关的认识都不被我当作存在者,而是加以模态化,亦即在我规定的过程中,在我将它转化成"对我而言的存在"之另一主观中加以模态化。让我往前推进,则它便可以作为在评价以及行动的比较和区别之规定性中出现。其间它可能从当下的意识退出而再次进入——总是作为这样或那样对我持续有效的桌子。只要这个处在原初被带到有效性的持续有效性中之自然的信念以及生活持续进行着,我便伫留"在基地上",这是我的信念所产生而一再产生出来的,而该信念乃是创建具有持有存在效力的对象性之信念生活。它尤其是关联于"世界",它是我在日常实践与实证理论中的世界生活之普全基地。只要我不言而喻地持续保持该状态,我所设定的这一有效性便会被持续下去(只要不出现断裂的情况,但这是我必须修补的,以便完整地重新获得这个具有统一性的基地)。假如我"检查"它们,对它们提出批判性的问题,例如,它们真的是如此这般没错吗?则我便是搁置了部分的有效性,不过这确不影响那整个无限背景的习性的前进效力(habituelle Fortgeltung)。它自身维持其效力,每一个对它的观看,每次对它揭示情状的再造莫不是自然的信念,是对于已经是有效之物的再活化,使之仍然有效。

我们或我去谈论世界,则无论发生于何时在真实经验中它只能落实于物体与相关脉络的有限情状中。就我们不言而喻的意见看来,这情状并不等于世界自身。那个真实而统一的被经验之物,在"经验图像"的统一体中有着一个"视域",一个空洞但并不是空无意指的共同意指(bedeutungsleere Mitmeinung),这是我在自由的我能中可加以揭示的。一步接一步,但借此自然地进入经验,新的经验以及对旧的有效性之复活之无限性中。这个事态始终维持如一,只要我一再具有真正的被经验之物和视域意指。但持续向前进,有时是具衔接性的当下感知,有时则是非衔接性的透过唤醒被带回来的对过去之物的回忆,有时则是对未来图像的投射——无论如何,我总是通过纵览而发现"相同的"世界,在当下的经验中有时我对它有这样的经验，有时则有那样的经验，并且总是具有可能被揭示的前进或回忆之视域等，夹带着不同形式的有效性之开放无限的多样性。

根据这样的阐释，我们明白了何谓世界，在最完整意义下的世界全体，以及对这个"对我而言存在着的有效性"加以中止之涵义，加以搁置之后，使得作为世界生活之基地的世界全体也不管用。综言之，操作了普全的搁置。关乎所有那些个别之实在物与真实物环节的"命题"，亦即，那些总是在我的当下信念生活中被视为有效者，总有着普全有效性的统一体；在我当下所看到的物体之外有着一个世界信念，它延伸到我当下所操作的物体以及所赋予的稳定信念之外。虽然与我当下所看见的信念不具有同一意义，这是我特别赋予它们而将之认定为定在之物的，它毕竟总是活生生的作为未被阐明的视域信念，并且夹带着一个潜在的可以在新的当下信念中被揭示的意义内容。

透过悬搁，我执行了一项新的信念或判断的中止之原创建（Urstiftung），并且，如其所示，这是有关于带着一个真理及真正存在的封闭无限性的新的认识领域之原创建，这项创建一旦出现便必须不被舍弃，它是绝对的固有独立的，并如其所示那样，是相对于自然的存在领域而显得"绝对"。这个悬搁意指，我在一项普全树立的意志中舍弃了世界信念（Weltglauben），也舍弃任何其中包括了对于这一类信念的舍弃，亦即对于自古以来被创建的存在有效性以及那些隶属于它们的模态化的和其他变样的有效性（在一些可能经验中）的有效性之舍弃，无论这些有效性在重新被激活时具有何种程度的普遍性。舍弃在此意味着对普全信念的某种普全模态化，这是任何个别的信念都有可能经验到的。

感知的过程一如往昔持续前进，人们想说，我究竟能改变什么？回忆将会被唤起而浮现，将我带回以往，带着我过去的感知系列，在此之中以往的世界如过去所显示那样被我经验过。我回想起自己过去对世界所抱持的意见、期待；或者我过去有过下列的斟酌"我想去这里或那里，想做这个或那个"，曾想将所经验之物来个改头换面，决定去采取哪一样行动，等等。

在这之中该有些什么改变？例如，不直接把作为再造的感知之回忆所提供给我的过去的事件概括承受为存在着的，我舍弃这个想法，不接受它，不承认它对我的效力。正常的情况，亦即自然行为的情况表现为：作为现在的我毫无保留地（在完全没有表示不同意的情况下）一同接受了对于一度被感知之物的信念，该信念位于再造的感知中而再造地被激活，这些过去被设定为有效者当下"仍然"有效。所以说，我不是只有在过去才感知地相信了它（精确地说：我想，在回忆之时，并非只感知地曾相信那个相关的真实"事态"而已），而是现在依旧如此相信，对我而言，它曾存在过。现在我让这个一同相信失效，在此及在任何情况下我都只保留了那个相信的动作，我仅仅去执行了那些关于感知，曾有过感知、期待，曾有过期待、共同意指，曾经有过共同意指等的相信，它们都是我的体验事实，就算我不再继续那些曾相信过东西，我成为现象学的我，并且只要我愿意持续保持这样的我。就算是关于当下鲜活的感知我也不视之为存在，既不怀疑，也不加以否认，等等。然而我在反思"我正在感知着这个或那个"，以及"我正在相信着这个或那个是存在的"，身为现象学的我是舍弃自我的，亦即除了这个"我感知""我相信"之外别无其他信念,换言之,我在此让感知的信念失效,反思的对象亦然,该情况相似于我让回忆的信念失效那样。①

在悬搁的普全中那个对我而言真实物的整全,亦即,世界整体无不变成仅仅是世界现象而已,变成真实现象的全体,无论它的在我的自然态度之信念生活中是以何种环节出现的,这些都曾是我所认为的存在真实物,总是这样地被我所相信,并这样地显现。我并未抛弃我的信念。它依旧属于我的体验,只不过我不愿再使它生效而已。

假使我在我的判断领域中不再"拥有"世界了,那些真实物的全体都不再具有被执行的效力了,所以我不再拥有任何具有效力的东西了。在还原的态度中我毋宁看见了我的主体性的整体是在持续性的有效性中存在着,并总是被预设着,并环绕着"我在""我思"之形式。我是普全世俗之见的意向性之主体,在此意向性之中"世界"是作为存在着而面对我有效并一再地有效,只要我常回到自然态度去的话;对于进行评价与实践的意向性来说亦无非如此,它们都是奠定在世俗之见的意向性之上,这类的意向性使得身为自然我的我对世界进行诸如美、不美、善等的判断。在我从事还原时,我并没有捏造自我,我为我的纯粹本质设定了纯粹而毫无例外的有效性,并在原初的明见性中,我看到了,我必定曾是这个纯粹的自我,以便能设定这个世界。这个我就是超越论的我,这个使得

---

① 每一个关于真实之物的统觉,尤其是作为原本的,作为感知,都是一个透过视角所展示的意旨和相信。就在显现之物显现之时以及可以说让我引起存在的信念之时,我可以毫无困难地共同相信或是不予相信。但毕竟值得一提的是,人们是否可这么说:在注视当中姑且不去看那个作为过度要求的背景意旨(Hintergrundmeinungen)。然而经验本身的向前推进不正是持续的提出过度要求以及实现这种过度要求吗?

有效性之得以成立或者在其场域（超越论场域）中作为原初的存在者之整个生命就是超越论的生命，而属于它的则有作为它的相应性，作为那些在其所有形态中真实的被意味者之超越论现象。隶属于超越论现象的除了所有的世界现象之外还有其他世间人（die Menschen），那些被在自然态度中的我看作如我一般都是身体性的人，都是带有包含心灵的身体的人。

普全的悬搁提供给我机会去研究我的那个在其普全的封闭性与纯粹性之中的超越论生活，部分而实项地就其部分与环节去分析那些自我凸显的体验，亦部分地去注视这些作为意向意义的体验，作为真实"存在之物"或存在着的被揣测、被怀疑等的实在物之意义如何在己地被构造，如何"综合地"这样或那样进入它而作为一个相同的实在之物而被意识，等等。我现在了解到，"那个"被我一再谈论的世界，无非就是一个特定的意义，它带着那样的特质而存在着，亦即让我及我的同胞都可以一贯地加以证实为有效（konsequent bewährend）。

作为被构造的真实之物我在此发现自己是在自然世界（natürliche Welt）之中的世间人，并发现，这个相同的超越论我在其超越论的生活中有着关于其他物体以及对我来说杰出的身体之经验，我的心灵生活是与该身体有关的，心灵激活着身体。我接着又发现，我的整个超越论生活，如同我在进行自然经验时那样，是取得了一个有心灵生命与自然身体化的生命之意义，而在超越论的生命中自我以及具体的超越论单子（die transzendentale Monade）乃客观化为自我-世间人（Ich-Mensch）之形式。这可是非比寻常的一项分析任务。但首先来讲，同一性是明显可见的，同时可见的是超越论者(das Transzendentale)就其存在而言先行于所有的客观-真实存在。

不该忽略的是，悬搁在我思的每一阶段，对于超越论的我思来说总是一再如此，在超越论的生活与自然的生活之间总是存在明显的裂痕，就前者而言，真实的世界是被构造为在其中被相信者，而就后者而言，自我是有一个周遭世界，人则以世间人-我身在其中。那个透过内省(Introspektion)而被揭示的自然的自我将每一个主体之物无不视为对身体的心灵化，而超越论的自我则在比较高的阶段则在构造脉络的普全脉络统整性当中掌握自我，自己的身体属于这个脉络，而且该身体被当作主观的现象。这里并不阻碍现象学朝向自然态度走去（如同稍后在其周遭世界中的现象学家亦然），发现自身作为世间人主体(Menschensubjekt)，自然地作为自我，这个人，特别是作为现象学家，其现象学的考虑现在被客观化为心灵的体验。

现在，要去区分现象学心理学的还原与超越论现象学的还原便不再是困难的事了。要是我视自己为世间人，并进行心理学客体的研究，那么便有必要去获得我的纯粹的心灵脉络，也就是在其在己而为己的存在之中的封闭性去获得"该身体之心灵"的单子统一体(die monadische Einheit)。在此我自然会遭遇真实世界构造的问题，看它如何在我的纯粹意向生活中去自我构造。我从不停止，让真实的世界作为我的经验的世界而有效。优先存在的，除了世界、我人之外，更有其他的邻人(Nebenmenschen)。除了在我的心灵当中发生而且已经发生的我的世界之构造是一个在被预设的世界中呈现（Vorkommtnis）的世界，与之一同呈现的是我的身体以及特殊的脉络,于此脉络中我的身体存活着,正如所有的单子-主体(monadische-Subjektive)也一并被实现那样。

身为心理学家要操作悬搁,为了要对于我的心灵内在性的多样性加以研究,要在避免与被我内在地经验并意识到的真实之物的真实形态相互混杂的情况下去获得相关的知识,我必须于此之时,让我的整个经验世界及相关的知识保持有效性。这些知识乃是身为科学家的我可以确证的。就在我将目光朝向某个人(或动物)之时,我是纯粹地去掌握其心灵生命(Seelenleben),当然是在与合乎移情之方式下被给予,并表明的身体合而为一的情况下进行掌握的。这个心灵生命被我掌握为世界在彼地"显现"给这个人,在此之中世界是这样或那样地透过其经验及知识,或者意指而有效地这样或那样存在着。此中不涉及下列问题,例如"事实上"如何就客观科学的角度去评价其意见,究竟那些被他所意想的实际上是否确实如此。此时为了净化的缘故我甚至于禁止自己对他的意想加上自己的意见,素朴地接受他的意想,不做批判性的表态,既不加以认可,也不加以否定。在心理学的态度中,我将所有的心灵之物以及所有心灵莫不当作纯粹心理学的主题加以对待。对于所有心灵的主体或我来说,现象学的还原乃是思想地移情于所有之中并可说在我之内与他们合而为一(innerlich identifizierend)。我也属于其中。我有着原本的经验,原本的感知、回忆、期待,等等。

吊诡的困难

我们在此处在一个令人瞩目的情况底下:心理学家,或作为心理学家的我并不执行普全的悬搁(universale Epoché),毕竟我还让世界维持其效力，并愿意持续如此。作为实证的研究者，我仍是世界之子，要对世界，特别是对位于其中的心灵进行研究，其中包括将自己也当作我自己的自然身体的心灵主体进行研究。在这样的态度中下列的想法离我甚远：让我自己脱离世界之子的状态并操作超越论还原。另一方面，也正是身为心理学家身份的缘故，我必须将世界判为无效，以便准备好去对于作为纯粹心灵的自己本身加以研究，也预先对于我的整个在其纯粹性中的心灵现象之整个内容进行纯粹心理学的研究。如此一来我确定了普全的习性，在每一被给予的情况下，涉入我的心灵现象的有待描述的内容之中去，这是超出那个每一真实的现象（dasjeweilige reale Phänomen）之外，而是就其所意向者而加以研究的。

与此同时当然并不存在自相矛盾之处。我停留在既存的世界之基础上，世界的信念依旧保持其效力——我固持着我所有的有效性。透过这些效力对我来说，在这世界上存在着其他人，而另一方面也同样透过这个效力，我们所有处在相互理解、交换意见和互动中的人们都共同具有一个相同而客观的世界。此外我还可以说，我处在一个我的普全超越信念所提供给我的基础上，在一个特殊方式底下媒介着客观世界的基础，该世界乃是对所有人来说都是相同，都是可以共同被经验并依据其真实的存在而自行证实的世界。然而为了能够获得某些人，首先是我自己的纯粹心灵，我必须在对我来说有效力的基础上，而且对我有效的经验之中，特别是我作为世间人（Mensch），对于这个人来说，执行着向其纯粹心灵之物的还原，并且在我之上，在其意指的整体之上操作悬搁。这同样作用在我之上。固然就效果而言，可区分向他人进行还原以及向自己进行还原根本上的不同。毕竟他人之所以存在只不过是基于位于我身上的有效源泉才如此。因为假如我真正在自己身上执行普全的还原,并禁止所有我的真实的与因此是客观的存在有效性,则我便实际地放弃了客观世界这个基础,这个基础乃是我的心理学研究之得以进行的基础。只要我想对自己纯粹的心灵生活进行研究便不能不这么做。那么我实际获得的,无非就是(尽管我仍不了解它)我的超越论主体性。让我将这个超越论还原的态度当作一个走向自然与客观态度的通道,只将它看作一个方法,如同反向操作般地,作为一个传递从客观态度到客观态度的超越论态度,我便明白,这个世界的客观真实部分(Glied),这个在一般人的意义之下被我称为"我"者,有着一个带着身体的心灵存在,在其纯粹性之中是等同于超越论我的,这个心灵存在是作为被意指的世界之意向法则而被这样或那样规定的。回到自然态度去,重拾被我制止的有效性,恢复对我而言素朴的有效性,于此之中,那个总是带来经验与其他意识活动的新的事物(das immer Neue),与那个时而中断的素朴有效性乃合为有效性的一体。我于是乎回到了"那个"世界去,那个从我而来并为我有效的"存在着",在此通过所有的还原之情况下单一的相同世界。这些在我身上完成的还原虽然暂时将我带离世界之子①的身份并将我指引为所有我的有效构造物的主体,作为这个主体,在此之中,也在信念之中,世界是作为对应的相关项,而该世界也是作为对我而言的存在着;但我对世界

------

① 关于世界之子的说法适用于自然性的(naturale)以及实证科学之上,这些科学对于超越论之物仍是一无所知,但在超越论主体性一旦(所谓)成长起来之后,并且任何种类的世界科学及世界生活都重新被启动的话,情况便不再如此。

是如何这件事并不感兴趣，而是只对于下列事情感兴趣：在我回到自然态度去之后，就应用到在其中的被给予者来说，可以获得与超越论生活相等同的纯粹心灵生活。

那么关于下列这个问题我们该怎么看，假如我们说，我可以从来都一贯地活在平常的生活中，从未离开过自然态度，我从来没有必要去禁止我的世界有效性可否这么做？作为心理学家，我是也可以这么做，我固然偶尔基于使用世俗科学方法的必要去改变了态度，但同时总是保持着一种习性，去坚持固有的知识并且在还原完成其任务之后，重又拾回这些知识，亦即，我依然在自然的基础上去执行我的判断。同样的情况是，当我拥有一些信念时，坚定地相信它，但为了论证它，我于是不免对它提出疑问而后做出决定。相类似的情况也出现于，世界对我这个心理学家而言一直维持有效，就算我暂时地沉入我自身纯粹的主体性去，当然此时的目的不见得在于进行论证，更不是要对它批判地提出问题。不过就兼顾我的目的以及我的自然态度之习惯得以保持而言（这是我必须一再拾回的），所有的本有心灵者以及这整个纯粹单子从一开始便总是具有了我的身体的立义性格的心灵（den Auffassungscharakter Seele meines Leibes）。

一门纯粹的心理学是否足够去操作在心理材料之上的若干还原

自然态度与普全的悬搁之困难的交织情况，这情况产生于心理学的兴趣想要在普全的脉络中强力获取纯粹的内在性，并不存在于主题的意识中，因而不会产生困扰，一旦那个活在内观察（innere Beobachtung）的心理学家只对自己说：为了纯粹地获取我的心理体验，我必须这样对待我所观察者，我只将这些体验所意指者纯粹当作所意指者，在任何有意向性活动出现之前，只看它如何被意向（在观看中去看被观看者，以及任何在其中的被给予者），而不对它进行判断，不采取是否真有其事的判断态度，最后，也不援引任何科学来对它进行真理问题的探讨。

与此同时，从任何人在其周遭世界中所发现的自我（他作为世间人而被掌握，而后是作为相对于其外在于世间人的世界，外在世界者）之主观情况出发，一个合乎道理而且或许十分重要的心理学家的任务是，去弄明白，这个自然而世俗的"自我—外在世界"之对比，究竟那个作为世界生活的普全生活（universales Leben）之统整性是如何"内在而来地"自我构造的。此外也要弄清楚，他的整个被观察的纯粹内在生活之个别类型风格在普全性之中究竟至少是如何与其所有的意向性一起流动的。假如这项任务事实上从未曾认真被提出，并从超越论现象学取得其完整的意义，则它是一个必要的尝试，以便获得在其为己存在的整体普全性中之心灵的原本表象，这个表象是心理学家只有在其纯粹心灵生活的普全当中才能够获得的。则当然地单独几个作用在从一个人到另一个人的少数体验上的还原是不足够的。只有在下列情况下才算足够：心理学家让心灵的统整性处在不确定之中，并从经验的心理生理提问出发将自我身体性的几个生理过程以及将隶属它的个别心灵之物加以关联，并在此关联性中加以研究。

清楚的是，一旦本质心理学的任务以及必然地纯粹"内省"现象学的任务被认清楚了，那么对它来说前提便是普全的考察方式了，而此考察方式只在我这个心理学家身上，对于我的普全心灵来说,并因此在移情到别的主体之上的情况来说只操作了某些变样的还原,并因此在一个整体的心灵生活之随意的假想变样中达到其纯粹自身存在的可能性。

超越论还原的本有特质在于:它排除自然的有效性,并且不容许将自然的基础(natürlicher Boden)当作事先被给予的。所有自然态度及其构造物都被当作只不过是超越论现象学的构造现象(konstitutive Vorkommnisse),而超越论哲学或超越论观念论则是这个带着认识的态度之研究成果,亦即,凡是对它进行研究的人一贯地执行这项研究,并在超越论主体的唯一基础上进行科学活动,则便不会再有什么理由可以放弃这个态度,只要过渡到实践生活之态度不再持有旧的形态——诸如对于素朴的存在之世界之坚持,在此世界中所有我及他人都单纯地存在其中并行动着,而所有可能的认识则莫不以实践姿态而出现。世界整体被超越论的认识看作超越论交互主体的特定构造产物,亦即作为在其中被启动的内容(motivierter Gehalt)的构造有效性之统整性。所有的自然生活都要从它的绝对源泉而获得解释,这个解释就算在被他所揭示的自然世界与自然世界生活之意义中也从未被忘记。这样的结果就与阿芬那留斯(Avenavius)的学说彻底相反了,尽管他在下列这点上不失其道理,即没有任何超越论哲学可以放弃经验世界的存在,它的工作反而是,让后者在超越论层次变得可理解。

在本质目的中的现象学还原要求关于所有可能世界的现象学还原

假使我将对我有效的世界"放入括号",假使我将产生于我自身的意识传统以及在有效性中被维持的世界设定加以禁止,则在走向超越论场域,也就是纯粹可能性的本质考察过程之中,一个可能世界的拟有效性在拟相信的可能性中也必须被制止。一个可能的超越论主体,从其作为生活的意识生活中获得其可能的存在有效性,而该超越论主体是隶属于每一个可能世界的。作为超越论的研究者我可说将所有可能的世界都透过悬搁而还原到构造它的可能超越论意识去。

于是关于普全的世界存在论的所有学科莫不必须被悬搁,我并且从现实的世界出发透过其可能性的自由变异而获得其整个先天性。

于是只有一门在其种类当中完全是封闭的本质超越论科学,也就是一门"纯粹意识"与可能一般超越论主体性的存在论。但在其中所有可能的构造形态都是在任何一个超越论主体被同意的,所有的存在论也在其中被同意。所有可能一致的经验之系统莫不在此可能性中出现,在此系统中任何一个可能的世界都来到一致的经验给予性中,而所有可能的有关世界的科学,或者,所有可能一般世界的存在则都与之相关。

另外一种说明方式:

假使现象学家在排除先被给予性,亦即所有被设定与预先设定的客观性都被排除之情况下将意识当作纯粹的意识而加以研究,则他将不仅研究若干意识的本质类型以及属于这些意识的本质法则,而且也研究了普全意识的本质类型与本质法则。除此之外,那些作为其相应项与属于意识的无限性的观念也隶属其中,而作为有效的理念自身也必定在经验及科学的脉络中自我揭示。纯粹的意识研究将导向所有那些被称作客观存在与客观真理的观念去,作为一门本质的意识研究它将导向所有本质的领域以及存在论。若运用在经验上则它将得到如下的认识,亦即所有的客观之物都不是先行于主体的绝对之物,仿佛主体只是在绝对之物之旁或之间而已,反之,客观之物之所以存在只是因为它是意向性的规则,而此规则又无非属于具体的主体性之本质。

排除世界意味着:凡是不在纯粹意识直觉的系统过程中从意识自身取得者,凡是不作为位于其中的实项环节者或作为被意味者、自身验明者等,便不加以设定。只要在开始阶段仅仅只有若干例证的类型被研究着,便欠缺其存在的客观性,但在下列情况下便不至于有所欠缺,亦即理性的脉络以及在其目的论结构中的无限性也被研究着。这样的情况一旦发生了,世界也就跟随而来了。世界并非预先被给予,而是从意识生活的普遍意向目的论而被规定的,它并非预先绝对地被设定,之后才有意识的设定,反而是,意识是绝对地被设定,并且世界并非作为与之相关的脉络,而是在意识自身中被设定为某种意义:无非即一种具有内在性特殊形式的超越性。

附录 XXIII （关于 §40）:〈自我与时间〉[①]

1) 持续前进的当下——存在于此——流动状态之中。

2) 所有那些透过从这个流动着的当下阐明而来的一切,在

[①] 1925年左右?

"明见性"之中。

所有我的过去莫不存在于我之内,在流动着的当下,再回忆产生于此当下,并且再回忆隶属于当下。作为这个同一化的自我的过去,在流动着的当下之中的自我以及同一化本身和它的意向性极(intentionaler Pol)都显示于其中。意向性极在当下之中具有其时间性的现身(Auftreten)——当然是作为一个我在当下的行动中靠拢接近的理念。我维持自己之为自己的模样,而且是作为在流动着的当下而活着。

我曾经也将存在,透过自我揭示而发现(我的存在)并以认识的方式朝我的"我活着"而看去,并试图不去追随那个流动状态,而是让它维持其同一性,那些沉入过去的当下以及再回忆无不朝向同一之物,如此一再于新的经验中表现为如此——那个再回忆之中的同一之物延续到另一个回忆脉络的回忆当中。时间及其作为过去当下的被充实的诸当下,每一个都是同一之物。在还原到纯主体之物之还原中我获得了我过去的生命(mein vergangenes Leben),每一阶段都是一个沉到过去的当下,它不再存在了,但却是曾存在过;任何一个都是作为曾经流动着的包覆的(bergend)过去的曾在。

这个现在流动着的自我,这个曾经流动着的流动的自我,它"结束"于现在,并且活生生地持续流动下去。我于是将我的流动着的当下认识为在具同一性的诸过去之场域中,而自身作为时间的一个同一之物,亦即作为诸过去的同一之物,该诸过去乃是同一之物进入之处,如同我也是就其同一性去加以掌握。

不过,我还有另外一个同一性,这是流动着的当下之同一性,它处在流动状态并如此被看待,且不会被一个内容给固定下来。一旦我想干预已掌握其内容,并非就其流动状态加以掌握,而是视之为"是什么",那个我便已将它看作过往的,进入时间且已进入时间中,而在其中作为同一之物而存在并且可一再地被唤醒。但我一旦在下当谈及这般可被回忆进行一再唤起的自由,那么我便已经设定了未来,并且是在固定的过去之前加以设定,只要我获得了被我当作可一再回忆的同一之物的过去,并且当我进行回忆时,我总是可一再加以确认为同一。所以说时间乃是从过去而被获得的,而过去则又是从未来而来的。

这个处在流动着的当下的自我乃作为载体,作为在"我能"的模态中朝一个未来的视域而看去的载体,并且在我能再回忆的情况下,是我的过去视域的拥有者。唯有在我拥有未来的情况下,只有在我曾经是的情况之下,我才是我。

我拥有如下的明见性:在我总是拥有一个新的现在的情况下,我是存在的,并且在活生生的现在里原本被给予地我拥有绝对原本的整体现象,在此一整体现象中那个被变化者乃是作为被变化者而原本地被给予,并且那个刚过去者是作为刚过去者而被给予。于现在的每一时刻我都拥有原本被给予的那整体现象,但我却也在每一个被揭示的整体现象中拥有在刚刚成为过去以及即将被把握到的模式下的过去整体现象之连续体(Kontinuum):那些尚未原本地在其"存在"中被给予,但却在其已过去即被当下化之存有中原本地被给予。但不仅如此而已,我还发现了现在,以及在现在中的"我是",视之为既是一个同一之物,又是一个流动之物,自我乃变化着,持续变化着,将它视为一个不间断的过程,而自身则不停过渡着。

这意味着：那个滞留的而可改变的视域在持续的内在感知之河流——就在其流动之中——透过相应的视线转换而持续地被给予，换言之，在其一再地"被持存地掌握着"中。我明白地看到，那个掌握自身的内在感知持续不断地过渡到"掌握自身的持存者"，亦即滞留之物去，在此我可以说：1) 并且只有那个持续前进的特定我思，亦即那个我内在感知地朝向者，是绝对的被给予；2) 那个注视着的视线之扩充中的持续流动之模式乃绝对地被给予，而在此模式中这个现象是自我构造为"总是新的现在"，它总是持续带有新的过去与未来视域；在此一般给予方式的河流中存在着"客观"的设定。所有这些都是必然被设定的，是不容取消的。在我思的存有之中存在着必然的存有、过去的存有，等等。

无论如何我们在此已经有了一个关于意向地被揭示为滞留的已存在者之标题下的纯粹现象之延续，该滞留的已存在者都不被感知，而是被滞留，而且我必然地设定它，假如我在现象学的还原之中排除了所有的超越之物，而只忠实于那个绝对的确信者。

我也是有再回忆，而还原会将我引领回到"意识流程"去，回到持续而又无止境的内意识之纯粹印象的流程去。每一个再回忆无不是当下的感知现象，那个被再回忆者还原回到纯粹现象去，而该现象可不是感知的现象。我是现在，刚刚曾经有过，也早已有过，我有过现象，我曾活过，而正在当下活着，我活在生命的当下，在其中有纯粹生命的流程，有纯粹现象的流程。作为这样的过去是被给予的，而再被给予也是一个被给予，一个次阶段与第三阶段的被给予之原本性，该原本性具有其原初的权利，其指示的本有方式，并且我合理地（rechtmäßig）将它的过去设定为其体验流程，而完美指示的理想则在此一同被给予。但唯独就过去的内容而言可以这么说，就未来而言，固然形式是预先被揭示的，但就内容而言，只是"经验"的预先揭示，而非透过完善规定的预先直观的个别内容的预先规定性。

意识的流程乃是（尽管就其曾在而言的非本原的被给予）本原的被给予。本原被给予的当下并非我的生命一般，它是带着过去的视域而被感知，并且是在一种有待证实的共同-感知之方式底下。人们或可称之为时间的感知，该时间是具体地被充实的时间，人们也可称之为"本己"（eigentlich）的感知，那个自身一再最本己的感知乃是对于现在来说的，而对于刚才而言则是非本己的；本原地被感知乃是作为现在的现在，而刚才曾存的领域作为曾在，以及一同被感知，但在其中被指出者，则是那个早先的过去。然而"感知"当然是如此吗？关于时间的本原意识，那个时间才出现在本原的被给予性之中的意识方式。一个本原的意识可以在很多方面自身并不包括本原的意识。

我们具有于内在性之中的超越性或是预期；那个处在"刚成为过去"的确定性论题乃是不可抹除的，而这并不是感知体验的，而是一个极的实项环节的论题。再回忆与同一个极之间的可能综合就这个极而言乃是不可抹除的，而且是就其特定的极之结构（部分、本性）而言不可抹除。但这里又已经有了一个充实中透过其一再自身给予的而不是自身绝对必然的再回忆，并且包含或可包含一个不确定的领域，因为在此清楚明白者、过度偏袒以及过度偏袒的融合有可能是错觉。

当然再次自身给予乃是一个自身给予而具有其可被发现的不可被抹除者,这是说,一个不可抹除的正当性。

附录 XXIV （关于§41）:〈关于自我主题化的功能〉[①]

不言而喻的是,主题化的功能并不属于主题的内容。经验活动不属于被经验之物,描述不属于被描述之物。

什么叫作主题化的功效? 自我的感受与行动,内摄与外放等,这些可都不是单纯之物,普遍而言,它们都是多曲折的。作为一种形式的感受或行动之"曲折",它们包含了感受之所以产生之根源或自我之所以采取行动的源头。那个自我的模式就其自身而言有着不同的模式,例如,在感知物体之中带有针对物体的朝向。自我在其整体的动作中朝向物体而去。这是有所奠基的,从光学上来说,不断变化着的光景(phantom)都扮演了过渡阶段的角色,自我是透过这些光景或在朝向光景,透过光景而指向物体。但此一自身针对光景自身朝向只在过渡中发生,就在它是朝向那个显现的,本有地感知侧面之时,并透过它而在真实与可能的感知中,在持续相互涵摄的意向性中,在合乎视域的预期中朝向其他侧面;这个方面是指向那个综合的,在其特殊同一性结构中的同一性统一体(Identitätseinheit);或者还透过眼睛运动所激起的过程。

我们不是显然必须在此做出区别的吗? 我们有着一个带有

[①] 1928 年。

"内容",带有对象意义的自我方向射线的一个奠基。但例如透过感觉这些自身朝向乃使得它们自身是属于最终意义。同样地那些感觉材料,感觉到的红色或蓝色并未进入光学的最终意义去(它自身仍非最后的物体意义)。不同于此,那个光学光景或其自身的内容,光景的面向同样都进入了完全的光景去(那个表面的光景),不是"作为侧面",而是如同自我作为内容,作为中介的目标内容而"在意义中"拥有它们那样。换句话说,为了引出论题(Thesis)与主题的用词:我们在此看到了作为论题的方向风格(感受被感受到以便实行论题),而且内容、意义乃是主题所在。在处于问题之中的论题之奠基当中,也就是在透过中介性的最终论题当中,那个中介性的主题乃进入了最终的主题去。在中介性的奠基之道路上那个主题,那个相对的、奠基性的主题乃取得了新的"主义"。这些并非空洞普遍性的新的论题,它们不是空洞的自我朝向,而是富有意义的自我朝向,于此之中方向及方向之所指并非互相隔绝的,不是仅仅外在地相互结合而成的。假如它显出不同的样子来,只要它能够预先令人有所感受,而且在自我的反应中,在自身的所向之中,那个所向之物已于呈现在意识的朝向之动作里,则要注意的是,在感受之中那个"形式"与"内容"的结构已然在此。两者都是我的关于什么的意识,那个自身朝向乃是自身仍未朝向的一个意向性变形,那个自身朝向乃是明白的执行模式,在实证知性之中的执行。那个未执行仍有不同的模式,感受(引起兴趣,引起自我成为论题的动机,刺激,最终,在与其他刺激相竞争的情况下——这引发了模式上的差异)以及非感受却都是在活生生当下的被意识-存在(Bewusst-sein)——伴随着一个"无兴趣性",这是一个与之相关的自我模式,自我可以说因此是睡着了,在此意义下它是"缺乏意识的"。

我们总是具有作为最普遍结构的作为自我之意识——意识——被意识之物,在不同的模式之中,其中最显著的乃是那个当下论题的揭示模式,或说得更好一些,双重的觉醒模式,一是活生生的现时性,二是感受性;那个"无意识者"就其模式而言是一个自身的研究场域。所有这些无疑皆是关于"活生生"当下的基础性研究之起点。

意识乃是有关于什么的意识,并且是自我之意识。关于什么的意识——那个作为意识之主题而作为被设为"意识"者,乃是对象之同一性的被显示之综合的同一之物。相应而言,那个自我的同一性综合则穿透了这些综合,穿透了自我的同一性综合之所有意识体验,也穿透那些无意识的部分。多样性的意识是隶属于作为极的每一对象的,在那些时间化的综合持续性之中,觉醒的或非觉醒的。

那个觉醒的当下之物有着一个方向,但并非所有的奠基之物,如前所述,都是带着它的意义而被置放于统一体的方向中,只要那个最终意义在己地取得了那个隶属性的(同等被朝向的)中介意义。但也存在着外在于此方式的而且是在另一模式下的过渡之统一体的奠基性当下,并且最终我们又在另一个意义下具有一个非当下性的意识背景。

我们总是有统一体与多样性,所以多样性自身总是多样性的统一体,至少就意识的连续而言是如此,这个连续性就其任意阶段而言莫不是对某物的意识,而且在其连续性当中持续地构造了综合的统一体。现在我们不仅只能顾及同一性的整体,而不仅顾及"正常"的情况而已,在针对一个世界上的真实之物例如一颗石头之整体论题(total Thesis)中,我们并非具有奠基性的中介之前后相随,尽管它是在内在时间(作为"体验")之中"流动",自身持续地延伸。于其内在段落的每个阶段总是存在着石头的整体论题,另一方面在持续向前进的感知当中,在"个别前进"的形式中,在明确化之中,那个感知的意义,感知的对象乃是作为明确化的,从一个规定性到另一个规定性的向前推进的,并在其中进行规定的对象之统一体中构造自身。潜在的感知取得了明确化的方式,在向前推进当中自身明确化——作为同一的对象,相同的主题之物,它有时以潜在的方式,有时则以明确化的方式,并被意识为"向着"明确化的方向前进。这个过程在其任意阶段莫不具有潜在之物以及明确之物。这个过程指的是能在其不同的规定性阶段的基底之同一性综合的统一体之中提供一个作为个别之论题的意义之明确之物的系列之相勾连的后果。对象的意义具有同一性的目标意义并在其中已经有对于形式结构的预期,在此结构中所有的规定性自身游移着(进一步规定着,但不仅仅是产生那个已经熟知之物)那些已经被熟知的,自身被给予的,但非明确被给予、被前给予的整体统一体,而是带着非规定性的视域而被前给予——本有地被前给予,在此一过程以及该过程的多样"可能"之综合中"有待产生的",那个理念地有待成就的明确化之同一之物,以及最终在"其自身",作为明确的感知者。

模式化与立场性(Positionalität)和中立性之区别或类立场性之间的区别丢到眼前来,就区别是穿透在感受与行动的所有现时意识(aktuelles Bewusstsein)。从自我极出发立场(论题)乃自我朝向于意义；意识的体验，首先是那些觉醒的体验，在己地"带着"双重同一性之极，一方面是意向者，另一方面则是被意向者。自我极是在自我的综合中被构造的，他将所有的现时的与前在的活动都持续地，在没同一化的活动之情况下导向统一体式的重叠，也就是所有那些活生生的当下作为本原(primordiale)的当下而可能出现与真正出现者，以及那些已经在时间化的活动中持续呈现的活动阶段带向统一体式的重叠。其他那些与对象极产生关系的同一性综合乃是那些使得意识之所以为关于某物的意识之根源，它在任何情况底下都是现时地作为在活动的持续性中的统一体综合中，它是内在地时间性的，更精确地说，内在地当下流动着的体验(而后是那些在其持续的再当下化的曾在之模态，作为当下化的持续当下以及在想象中的再当下化)，这些将会成为活动的综合，在被奠基的综合性活动之形式下的具体活动之综合，在此活动中那些有所区分的活动乃在不醒目的情况下形成综合。但它也可能是一个奠定在不醒目活动上的范畴的同一化活动(在其中那个对象的意义"a 与 b 是同一的"乃被构造为比较高阶的个别意义)。

具体而言，觉醒的自我是那个觉醒的自我极，这是在现时的同一性重叠中带着体验而被构造出来的自我极，这便是"关于"某物的完全是现时的意识方式。但这只是在完整意义下的现时当下的核心，因为时间化的视域也都是隶属于那个被积淀的底层。实质上所有一切都属于作为被持续着的"主题化的"觉醒自我，在活动成就中运作着，作为活生生的当下自我(lebendiges Gegenwarts-Ich)却也在被动的成就中运作着，在联想中，被动地构造着综合。

附录 XXV （关于§§41,43）：〈关于单子的本质〉[①]

心灵是在自然之中，外在性的范围内，作为被自然化的，可被归纳地定位的，它参与了自然，参与了作为外在性的存在之本有特质。作为心理生理的具体之物，作为那个生命之物（animal），它具有真实而自然的本性，亦即可被归纳地加以考察。在其纯然的自然考察中，亦即在其纯然看向归纳-因果之物，纯然因果-真实的本有特质中，世界整体（das Weltall）严格说来乃是一个抽象的统一体（Einheit）。从那个为己封闭地并且为己归纳因果地被考察的自然出发会延伸出一个关联于自然的精神性之普全的归纳因果脉络来。朝向该被扩展的自然性之态度中我们可是从未遭遇过缝隙，为此缘故，世界中的所有一切无不具有自然的、外在的、归纳因果的本有特质。不过如前所言，这是极为单面性的一种观看方式，它是抽象的。

要是我们抽离了那些与自然相关的部分，则精神之物便维持住它的内在性；任何的心灵，只有不顾及其激活（Beseelen）的部分，便都是一个本有的"单子"脉络，该脉络已经被所有的还原考察给预设了。这个脉络并非来自归纳联想的构造，而是完全来自本有本质的源泉，亦即意向性的源泉。但脉络这个字不可被误解（毕竟它是从外在性而来），单子可不是根据自然"实在"之种类的多样存在之物的连结而已；那些实在本身不可分别，非独立存在，在心

[①] 1926年。

灵的状态及活动的本有种类中是非独立存在的，这些状态及活动仅仅是它们之所是，在精神规定性的本有种类中，只有根据自身的范畴才有"具体的"单子（但并非如"具体"这个字所意含的，它们首先一同成长并相互融合）。但并非仅仅如此而已，并非每一个单子都是多样状态行动、单子环节的统一体。那些在时空世界的具体而客观的统一体之中激活地运作着的所有单子莫不具有自身本有，纯粹内在、纯粹精神的脉络，姑且不去看那个带有自然化意味的外在的、归纳的统一体。就此而言，脉络这个字具有自身本有的意义。

底下首先要留意的是：精神的（单子）都是一个精神（心理）生命的具体统一体。但这样的生命能够提供一个统一体给生命的不同脉动之所有形式的统一体，这是具有自成一类的概括性自我统一体，它产生于生命之所有活动莫不聚焦于一个数量上同一的自我极。一个世间人的所有生命活动无非就是人格的生命（personales Leben），它是处在"我活着，我行动，我受罪，我有所注意或未曾注意"的无可比拟的独有方式底下（因为我就算并非在现场，也是有所注意，就算不是特别被触发，受影响，但也多少受到影响：我，这个相同的我）——所有的以及相同的生命，这是我自己的，也总是我可以是的生命，它具有一个穿透我的同一的，所有以及每一中心化的我之极化（Polerisierung），尽管就如先前的例子所显示的那样，自我关系（Ich-Beziehung）有可能是极不相同的，而此一自我关系并不只是一个逻辑上相关的旁观者的偶然性而已。我们还可以说，精神的生命乃意向性的生命，而我的所有意向性莫不在同一的自我极当中有其焦点。另一方面，意向性的生活本质上是主动与被动"综合的生活",就广义而言,它是我的生活,带有意见看法或意义者,在多样性的意想中去意想同一之物,赋予它的有效性、存在的有效性、价值的有效性、目的的有效性等,以便在不同的模态变化中去进行判断。无限多的意义给予以及在总是新的综合中产生的意义有效性之多样性成就以及一个客观化的成就无不相应于作为生命中心的纯粹自我之同一性。在上述的成就中,自我在其生命中构造起相互融合的对象性之多样性,自我并且持续地建构出一个同一的并一再持续重新规定的对象世界,以作为其周遭世界。这个持续进行的,持留的统一体之构造并不受限于构造的前行于内在时间(immanent zeitlich)之活动:习惯性会创造出持续存在的人格自我以及相应地为自我而存在的持续性客体,这些客体是相对于自我的活动而在己的。

我们可以这么说,一个无限多样的对象多样性相应于这个单一的自我极化(Ich-polarisierung),该对象的多样性乃是一个被同一的自我在其多样性中综合地组织起来的生命所造就的。假如我们为己地考察一个自我及流动着的生命或者为己地考察一个单子般的具体存在,便是这样的情况。在生命的全体中,自我无不相关于对象性,而此一关系是内在的,从每一生命的自身意向性成就出来的关于在任意相隶属的有效性模式中之对象意义的意识拥有或意识作用。此外,该对象意义的那个在某些综合起源脉络之中所产生的生动存在对象性之构造乃是多重种类的。它马上在被动发生中展现,正如那个经验进行中的生命,时而主动,例如在思想的生命中以及在所有"范畴"行动的相互交缠种类中,其中也包括那些价值的,设定目的的以及手段设定的范畴行动。

现在让我们的考察超越个别的单子层次,并且让我们驻留于一个抽离所有自然之物(von allem Naturalem abstrahiert),我们将不仅发现那些给予单子的多样性以内在统一体的本有特质,尤其是自我的统一体,其生命意向性的多样性的统一体,该多样性包括关于实在与理想的世界、实事世界、价值与善的世界之构造等,毋宁说,我们更发现存在于特定单子之间的交互单子脉络,而该脉络总是创生着新的形式与阶段。意向性或意识不会止步于个别单子的成就而已。显现于个别单子的意识乃拥有创生对象的意义及存在有效性之成就,然而这不等于说,一个单子只能意识到自身,仿佛只能创生其生命中连结着其他新的环节的实项环节(reelle Momente)。意向性的本质包含了理想观念的构造,一个在成就性生命(谈生命是产生于内在时间形式)中被意指的实项内容,一个显现的超越之物的构造,一个非实项"意义"与终究有效性意义的构造,一个对象意义的构造,而该意义是在"证实的"综合当中一贯地作为存在着而自我证实的(sich bewährt)。所有被自我意识到的对象性,无论是真实或理想观念的,无不以超越的形式而作为存在的对象被构造着——这等于说,任何一个作为实项意识而存在的对象无不超越了任何意向体验,相对于该体验它是理想观念的,就在它每每被意识或可被意识之时。在作为杰出的经验形态,那个所谓的移情中,在一个单子之内构造起另一个单子(具有他我之意义)的意义与存在形态,而这是在存在的意指以及证实的持续进行之综合中进行的。但移情的经验对于社群建构的多样形式以及特殊的社会化是基础所在。谈社会化是指不同的单子之间以及这些作为意向主体的单子的不同自我主体之间可以产生一个纯精神的脉络。谈脉络有其特殊意义,它可被称为一些相互关联的单子之间的关系之环节。因为内在于一个单子之中的诸环节具有非独立环节的统一体,它们都一体地隶属于一个具体的整体。确切地说,脉络有其具体性:单子拥有精神脉络。① 这等于说,作为纯粹单子的脉络,只要其中一个单子的意向性进入另一个单子的意向性去,而不同的单子又在被个别的单子所成就的对象意义之同一性中相互照面,也就是当其中一个单子的意向行动,无论是提出问题,表明其目的,做出决定或下判断,进行价值判断,进行带有目的的意志决断等,这些都被另一个单子或更可说是另一个我接收,进入另一个单子当中,而导致回答问题、满足愿望、承认判断的有效性或反之,只要自己的意志能为另一个单子效劳,另一个单子在自身之内有效地产生作用,而变成服务于另一个我的工具(Funktionsglied)。

自我极的同一性与对象性意义的同一性以及被设定为有效的绝然(schlechthin)对象使得下列事项得以可能:自我以及其他自我两端在某些意向性的成就当中有所叠置,自身作为自我而穿透着,朝相同的周遭世界而进行判断、评价,在行动上彼此关联,一同行动地结合成社群的行动,等等。

世间人于是在社会的共同体中变成为功能性的肢体,他们在超出透过自然的归属与结合,透过心理生理的因果关系之上的情况下拥有多样而纯粹内在的统一体。于是乎在相对于自然性空间时间、物理性传达的相依与分离之情况下一个互为单子的自我生

---

① "脉络"并非外在分离的对象,非外在与内在相互分离,而是相互意含。

命与有效行动（Wirken）之相互渗透（Ineinander）乃被构造起来。特别值得留意的是，例如其中显示，在一般的社会意义下我满足了他人的愿望。这并不只是说，他说出了愿望，而我所做的事则恰好符合他的期待。反而是，那个被他所说出来的，朝我"表达出来的"愿望进入了我的生命——他的愿望这个动作不仅只是他自身生命的某个环节而已，他的愿望之意向相关性，也就是愿望本身会透过他的告知（Bekundung）而被我移情地意识为他的，被我接收而同时叠置地成为我的愿望，但情况是，这是我所接收的愿望，这是我在满足他所表达出来的意向，我在有意地做出他期望我去做的事。虽然是我在做，但是他作为朝我表达愿望的自我现在都与我的自我相重叠了，只要他的愿望以及他期待这个愿望从我这里得到满足的话，但话说回来，我的自我毕竟只是为他效劳。在上述相互重叠的自我，也就是重叠的意识中他的意向性和我的意向性乃是来到统一体的状态，姑且不论我们的体验之间有多大的鸿沟。除非像主人与仆人之间的关系那样，唯有在那一类的生命形态中才存在前后一贯的意向性。尤其是那种并非出自我生命的前后一贯的意志与行动之意向性。仆人的种种服务性行动，在所有他作为仆人而表现出来的举止中，都算是主人的行动。他的意志延伸到另一主体的意志生活去了，后者在其服务性行动的相应层级中，表现出的特质是，他的行动并非仅仅产生于自我，而是只具有另一个意向地共同生活的意志之意义。

在这般且总是新的方式中一个从自我到自我的社会精神性乃自我编织起来，也是从单子的成就到单子的成就。但并非只有那个作为特殊活动的射线中心点的自我，以及作为我们称之为人格以及在一般意义底下作为自我主体的习性统一体会进入我们的视线中。

相对于那个透过特殊活动而建立起来的社会性乃存在着从幽暗的交互主体的直觉反应(Instinkt)而来的交互主体的精神联系；上述的直觉反应所具有的意义显示于满足的揭示(Enthüllung der Befriedigung)。而这些直觉反应又不亚于由外而来的交互主体事实，那些所谓的联想的、归纳的连结，而它们也标示着纯粹精神脉络的特殊方式，而该脉络是产生于原初被动而原先未被揭示的意向性。

在这些考察中显示出一个自然性的世界考察(naturale Weltbetrachtung)，这些基于自然性的视角所进行的对世界之考察，相对于这些归纳而真实的外在性有着一种纯粹的内在考察，这是有关于纯粹精神与纯粹精神脉络的考察。①

附录 XXVI （关于§43）：〈关于单子〉②

每一感觉素材都是一个在意识中以最复杂的方式（在原初的时间意识中）作为构造者。每一自我的活动以及每一都是一个只源生于自我的或作为朝向自我的存在而可设想的。依此类推，所有的每一"心理之物"也无非如此。单子也是透过视域而拥有其必然的被给予性。

---

① 假如人们一贯地执行抽离自然的活动，或者，一贯地去研究意向精神性的话，那将是什么样的一种情况？
② 大约1925年。

要是缺乏一同被意识的直观的彼岸，便谈不上有任何东西可被给予，一个不再直观地被给予者，那个空洞的滞留，那个可再被回忆的场域，那个非再回忆者，都还比较强，也就是每一个持续进行的再回忆本身都是透过视域的被给予视域，毕竟那个刚发生的直观被回忆者仍只是空洞滞留地被意识着。就未来视域来说亦同样如此。无论它如何被意识，它是带着期待的视域而被意识，而人们可以如是说，我是如何处在当下，如何有着过去与未来。

单子意识的开始与结束意味着什么？唯有在某些情况下，单子的意识才从不同的意识走向无意识，作为迟钝无区别的意识，所谓某些情况是指，单子处在极度迟钝的状态，不再有任何刺激与被刺激，不再有分别，不再有任何新鲜事，被期待或不被期待之事发生。而"我被创造了"：那个"不可理解的冲撞"出现了，那些特定的感觉，对自我的触发、反应、自我活动等，联想的形成，意义构造物的构造，带有触发性的被构造之对象，等等。同样不可理解的是特定生命的流程，那个本有多样性的体验遽然而止，它不在体验任何的特殊性。然而单子可不是什么都不是呀！它固然有迟钝之时，却也总是可以再"醒"过来的。

在某些方式底下单子是自身被给予的，其自我进行反思，并且在反思当中发现了这个自身的单子，亦即该同一自我，有更进一步的反思中作为这个刚进行反思动作的自我分离出来了，它是这个反思活动的轴心点，并且在单子之中作为这样的自我先前并不存在，而那个在此一反思中被掌握的带有其他活动或情绪之自我：关于单子的经验着的被给予性只能够在单子当中发生（作为十足本原地），并且在其中必然是不适切的，作为这样经验着的被给予是不能够自身被给予的,而是只能事后被给予的,只要它在内在时间(immanente Zeit)中自身被作为过去而加以构造,触发主动的自我并可以引发反思。

所以它要求确认一项自身的研究:凡是处在本我者,亦即笛卡尔式地被掌握为"绝对被给予者",更进一步说,"单子"的埃多思是如何自我构造的,而那个本质普遍的自我单子又是如何自我构造的? 于是问题在于,在此一普遍性中,材料种类(die Gattungen hyletischer Daten)的普遍性是可被接受到何种程度? 无论如何在此诞生了偶适的普遍性之原则的分离,而此一普遍性相对于必然的普遍性,亦即单子形成的普遍性而言可保留其不确定状态。上述单子的普遍形式包含了质料的一般性,但不包含这些质料一般性的种类和种类规定性。

理性主体的理念以及理性自身的理念是如何构造自身的?

附录 XXVII （关于§44）:〈主体性与自然的世界概念〉①

主体性作为主题〈这里产生〉两项任务:

1) 能够一贯地认识一个主体性,如同在己自身那样作为这个个体(individuelle),首先是单数,接着是主体社群。

2) 主体可以是一般的主题,其局部本质在于那个主题,亦即那个每一主体能够认识到在无条件的必然性之中属于一个主体之

---

① 1925年10月。

本质者,那个在任意的本质变异中作为其内在本有者。

对于第一点的补充说明:

设想我们是聚在一起的主体,之中的每一个都是成长于完全不同的分离开来的历史人性(historische Menschheit)之中。要是他们对其他人而言是作为世间之人而存在于此,则就某个意义而言他们是作为一个同一而相同的周遭世界中的世间人;或者说,作为被他们所经验而且可经验的相同世界。但首先他们共同可经验者乃非常受限,在某方式底下只是具有局部的普遍之物,它们可还原到那个无条件的共同状态,这是每个人在其自身的世界经验中可直观实现的,并作为持续实现者他在己地带有该共同状态,并且这是每一个在移情于他人时不得不预设的,以便能将他人经验为世间之人,或者,这是他从这个本质必然性出发毫无困难地能够进行移情的。所以那个他人的身体(作为直接的实践的物体或器官)可毫无困难地被经验,眼睛是进行观看的器官,随处观望等,相关地,周遭世界的自然则是作为被感官所经验,被掌握为纯粹自然。

就世间人主体,那个作为人格的世间人(die Menschen als Personen)而言,每个人只原初地经验其自身,且在具体的规定性中,而且他只对从他个人的历史原本地理解其自身,或者,同样地,人格地经验其自身,以达到本有的,实现人格的经验的直观,同样地,每个人只能为己地将他个人的历史带入其群体的历史中,以便获得深度的历史理解。但作为自身揭示的自身经验对每个人来说都可为对其他人的统觉进行辩护,并必然在其中揭显同样作为一个陌生的内在生命之主体的统觉,带着陌生的人格与历史发生源头——它们的可被知全然依于其生命构形(Lebensgestalt),该形态作为直观的核心是必须既在本身,又在任意主体被实现的:也就是带着自然性的经验世界而作为经验被给予性的主体,他是不可分离地隶属于经验的可能性,也是生理与身体的可能性,在此一可能性当中作为一个自我的身体性之他人身体性乃被经验着。①

　　必然有个核心层级在那儿,同样有个极为充足的不确定视域立义(Horizontauffassung)在那儿,以便使得一个局部性的观念得以被构作(既然每一个自我都能自由地变异其具体性),但先天上它是不充足的,倘若要去规定他人的个别性及其历史群体的话,唯有透过这些个别性等他才拥有了具体可经验的存有。一项真实具体的对他人经验认识只能透过下列方式去获得,假如那个经验者与那个被经验者处在相同的历史传统之统一性中,这是一个具体的统一性,对双方来说是共同的文化世界,带有种种的文化对象,这些对象对双方来说都不言而喻的在那儿,并可透过经验性的揭示而被澄清。两人都必须处在一个部分被熟知,部分不言而喻地随时准备变成群体化之人性的群体生活之整体性中。情况若非如此,则所有那些认识都必须被获得才行,透过这些认识那个陌生的历史以及那些陌生的历史性才得以向他开放。

　　质言之,以模拟方式被理解的移情(见第 448 页脚注)阶段乃相应于有关其他人、其他族群、其他文化的理解阶段。这些阶段会透过产生真实或模拟的群体生活而被克服。

---

① 人们必须论及经验以及透过经验的揭示之原初性的不同阶段:1)我自身以及我的"现在",以及由此出发,我的过去与未来;2)我的家庭,我的最初环境,我的族群,我的文化圈,历史的统一体;3)其他人,其他文化圈的人。这些不同阶段都是移情的显著模拟物。

Ⅰ. 就个别具体地作为一贯在单独有关主体性之理论兴趣中被执行的经验认识是如何可能？主体性是世间人的，世间人是意识主体，他是人格，所以必然（否则就不可想象）是合乎意识地朝向着他标示为世界者，以特定的方式朝向对他而言合乎意识而存在的，可触及的而最终是合乎感知地存在着的客体；这其中包含其他人，他们也都与相同的世界有所关联：合乎意识地与非孤立的，世界反而是为所有人存在的，是共同的世界，普遍地呈现的并且是从世界的当下来说是可触及的。私有的当下之物乃是以下列方式而让每个人都可触及，亦即它是成为他私有的当下（Privatgegenwart）。与任何人来说，那个被他所意识到的世界具有一个对他而言是绝然特别突出的对象，即他的身体，该对象总是作为当下之物（das immer Gegenwärtige），总是直接地可被经验，并且依据那个非直接被经验的环节与部分（nach den nicht unmittelbar erfahrenen Momenten und Teilen）而直接经由其自身而可被触及。每一个身体对他而言都是感知的器官，是所有其他客体之得以被触及的器官。所有东西无不或远或近环绕着他而存在。每个身体都是直接参与周遭世界中的器官，而且也是主体的中心——就所有的实用——外在可能性的实践中心。若想要将世间人加以论题化，那么无非是，去描述"该"世界，并在周遭世界此一标题底下去描一个与其人格性无分离的主体之物。上句所言的世界乃是对世间人而言在经验中被给予的，实事地而实践地被导向的，并且如同它被意识为同时作为他人的相同的世界而被给予那样，对他人来说，该世界也是这样或那样显现的，实践地导向的世界。

想要对个别的世间人进行描述，便不能不顾及他作为在其周遭世界中作为共同主体(Mitsubjekt)的存在,他从自身出发与其他人在共同的世界中一同生活,并且在不同的相关性之中,去描述自我(个别主体)与我的周遭世界,我是我所在群体(在我们之中)的一分子,而我们和我们的周遭世界之间又具有普全的具体性(universale Konkretion),该具体性是与所有作为主体的主体不可分离的,它并不外在于各个主体,而是自身合乎意识地存在于他们之中。所有作为意识生活的自我生活,所有那些自我经验、自我承受、自我行动,凡是那些属于自我的、人格的种种都并不指向一个超越的不可及的假设性的领域,而是指向我的或我们的意识领域,这个领域是全然可及的,就在其活生生的当下里它是一个对我和对我们这些存在者而言的领域,它是如此这般地被我直接经验、感知、被我这个作为身体性的自我所直观、所掌握,附带地有着那些尚未被掌握,但在自身活动中可被掌握的情状,接下来带着相对远或近的差异性,但这些距离上的远却是可以透过"我能"等而被带到近处。

凡处在直接可及的近处者,便可被我的实质行动施加作用,并且不只是我个人在行动,而且可与其他人联合起来行动,于此之中每个人都依据对象所给予它的方式而直接直观地操作朝向其目的之行动,带着透过合乎意识而预先被展示的方式之可能的支使与干预(进而在经验方式的变动之下,直到他能进行干预为止)。每个人就其处在经验中之时都认识到,那些对他来说是可行的方式,每个人都在其实践的"我能"当中,依据其方式挑选可预见的改变之可能性,设定其目标,说出其启动(fiat)。就每个人来说所有的实质的行动无不是从作为那个实践性的零点客体(Nullobjekt)之身体性而来的行动,该身体性也传递了移情的经验,透过此一移情的经验对每个人来说才存在着其他人,基于其他人的共在(Mitda)从自我到他人社会行动的各项路径才被编织起来,也可以说从一个中心到另一个中心,非从一个躯体到另一个躯体,一个身体到另一个身体,总之,是人格与人格之间,乃至人格的团体之间的过渡。

在纯粹人格兴趣中的人格考察乃是历史的考察,它必然是从人格的当下回溯该当下的缘起发生,从人格自我的当下模样回溯他曾经是的模样。他的存在位于其自我生活中,而其特定的人格之物(Personales)的存有则位于其人格的习性之中,每一项习性都可以回溯到原初地创建该习性的活动抉择去,其法则是,每一个抉择都必然留下其后续结果,只要它不被新的自我动机给"扬弃"。没有哪一个人格的存有不是从回到原创建的缘起发生(urstiftende Genesis)以及最终那个生命的整个历史脉络去获得说明。这也就是说,将那些在未被澄清的统觉中的首度被给予之存在带到原初清澈的自我被给予性,也因此是真实的"经验"中去。个别人格的生命,在其仅仅相对的自明性中,终究回溯地导向了共同体的生命,进而导向了在一般意义下的历史。

那么一个作为述词性认识的普全历史描述又如何可能?倘若我们考虑到持续存在的转向脉络(Wendenzusammenhang)以及该脉络自身的无止境多样交织情况的话?而一个带着系统性的自我构成的有关人格存有之阐明,如同它处在缘起发生的统整性,处在一个历史中那样——这是对于真实与普全历史经验的阐明——这是额外的问题,这个问题攸关该任务如何有限度地能够具有一个理性的实践目的,而哪一些限制的原则可被取用,从一个普全历史的理念开始直到一个个别人格的历史。

II. 让我们多多少少去面对下列这个问题,亦即在标题2)之下的有关人格的本质学(personale Eidetik)的问题。作为一个活着的世间人,在我的周遭世界中,在我的社群中采取实质行动,汲取了充足的例证性直观,这些直观是就我的完整而至少是持续阐明的个人经验来说可逐步实现的。那些例证之物可被我进行自由想象的变异,也就是观念性的变异着,而后一般地掌握到本质必然性与本质普遍性的纯粹可能性,我可以直觉而原初地认识到那些使得我"土生土长"的同胞以及我本人为世间人的本质因素。除了对于世间人的本质普遍性有所认识之外,也对人的社群和人的周遭世界都分别依据其区域性的结构而有所认识。这无非说,那个普遍之物连同其相应的"质料"被实现了。所谓普遍之物乃是对于每个被设想为可能或实际存在于纯粹可能性中的人或人的世界而言不可或缺的必要形式,而所谓的"质料"则是指那些使得抽象的普遍之物得以具体或总是现实地存在之根据。(有点类似于康德所寻找的时空形式对于实在界所起的必然作用之证明,只不过他并未涉及真实本质的态度。)纯粹形式可说提供了关于世间人的,人的社群,人的世界的本质定义。

一门本质学将证明要比那个共同于所有可被设想的可能性之无条件的普遍性有更多成就;该本质学在这个区域的普遍性之框架内以及在合乎种类的可能性之纯粹一般形式之中也都可以再细分,亦即可以是关于人的、关于群体的、关于各种生活世界的普遍一般特殊形式之构造,并且是在系统性的方式底下。所以说就事实而言,巴布亚人及欧洲人,这种人和那种人尽管都一样是人,但却属于不同的发展类型,他们分别提供了极为不同的模板,对于本质类型来说的直观性的本质模板,其重点并不在于是否对于巴布亚人的主观种类之诠释实质上正确与否,而是仅仅在于该诠释是否导向内在于直观发生当中的实际直观,又是否导向了一个根本上不同于我们欧洲人的现实历史的实际直观(但相同者却同样对该历史有效)。它攸关着一种作为特别化(Spezialisierung)的特殊化(Besonderung),而非事关个别的特殊化。作为我们的文化构形(Kulturgestalt)之科学可不必然属于任何人性的必然情状,但它是一般本质可能性的情状,这样的情况便是属于人性的理念了,更属于他们可能的文化发展以及文化类型之理念。任意这样的可能性就某意义而言,非本质地隶属于人性,不过从另一方面来看,它却又是本质地隶属于人性,只要它是必然的可能性,亦即必然地在可能特别化的特殊化、具体化之本质类型中被揭示,而这些特殊化与具体化则是包含世间人本质(Menschentum)与人的世界之形式当中的。人类本质的稳定普全形式必须能够特别化、特殊化,以便能够成为具体的存在,它也具有能够特殊化的必然形式。

　　形式与形式上的特别化之概念仍有待说明,那个形式上的埃多思是如何反过来产生了那个形式上的普遍化？形式上的埃多思"世间人区域"(Region Mensch)当在自由的变异中被获得。我在此全然不去理会为主体而存在的世界的现实性,不去理会那个使其作为当下存在的个别的现实性,我根据所有的一切进行变异,而且只在变异的重合中执着于自我-世间人的同一性。我不去执着于那些偶适者(Kontingentes),那些质料的种类,而去获得自我的一般形式领域,它是作为一个世间人的自我生命的生命之主体,而该世界的一个随意变异乃隶属于它,该世界对我而言存在于此,而其形式的转变则使得具体的种类有不同的变化。那个规定着形式者,那个使得该形式成为特定的埃多思乃对于它们来说是构造的概念,是纯粹的普遍性。但它的特殊化带出了作为特别化的那个在区域本质中被揭示的特殊的世间人之形式的可能性。前述特殊化总是在经验过程中直观地存在着,它使得偶适者得以产生各种变异形态。这一些对于每个人来说不都是其发生与往后之发展的可能形式?所有局部区域的特质之形式化因此都必须允许一个有待展现的分析的形式数学化。

　　仔细来看,人类本质的普全性是乃是相衬于作为每一世界之一般概念的"自然的世界概念"。此中的每一世界乃是对于所有可被设想的"世间人"之世界而被遭遇或可被遭遇。自由运作的世间人必然是在作为一个对他的而言是周遭世界的世界中运作的人,世间人无论如何都必须考虑到周遭世界的存在。在最自由的想象之中,我们可能构思无限多的可能性世界,但所有世界莫不具有世界之形式,它可透过"自然的世界概念"获得阐明,它无非是一个世界的纯粹本质概念。它自身理所当然地包含了个别世间人的本质概念,人性的本质概念,在此一人性中个别的人才是个别的人,此外包括了那些他必然要求的,文化的(就其被理解的最广意义而言)、物理的与有机自然的本质概念。自然(纯粹自然)与文化之间的分野是隶属于其中。但有哪一些本质的形态(作为属于普全形式者)是区隔了这些概念?这是进一步探讨才要做的,同样地那些属于自然的自然之普全形式的时空特殊形式要如何被规定,而非仅仅素朴地接受几何空间的观念，这些都是可立即被研究的问题。

从主体性的本质问题出发，我们已经来到自然的世界概念中。世界是该主体的世界，主体则是该世界的主体，主体并在世界之中发现自己处在客体之中。一旦我们不将主体当作主题加以推出，而是将那个作为客体整全之世界加以推出（当然，诸对象向我们主体产生作用），多多少少从我们出发而走向外在世界，将世界拓展为全幅的世界（zur vollen Welt），并在其中发现我们自己，则将是有另一种态度产生。如此一来，我们才得以将物体（Dinge）当作主题来看待，这些物体包括了文化、动物、人们、客体，而后才是作为这样的主体，首先是朝向那个作为理解其他自我之经验的基础之我自己本身，而后将我自己看作身处世界之中。但无论如何，对于我们主体来说，世界总是已经被构造；在世界之中我们环顾自己，无论我们是如何开始又如何前进，都没什么分别。

那么仔细想想，究竟将世界，那个作为客体的整全之世界向前推出（voranstellen）是意味着什么？另一方面，将主体性推向前又是意味着什么？

我可以这么认为：世界态度（Welteinstellung）便是外部经验的态度（die Einstellung äußerer Erfahrung）。这其中包含，我经验，首先是感知地将空间实在仍加以主题化，带着躯体朝向它们，只不过这不表示，仅仅如此而已。所有世间之物，任何一个世界客体莫不具有躯体性，并作为有关世界的首要者（das Primäre）以及可感知者（das Wahrnehmbare）。世间人乃是客体，是外部经验的对象，其躯体性的身体（sein körperlicher Leib）可主体地被感知，而其心灵生活则是附现着（appräsentiert）。就我自身来说，我必须将我的身体优先经验为躯体等。就在世界的态度之中我将自己环视为处于空间与时间之中，而无论我所经验之客体为何，它总是处在空间中。无论是动物或是人，对于我这个自我主体（Ichsubjekt）来说，它们首先就其第一原初性来说，乃是空间之物，是处在那儿的身体性躯体（Leibkörper），而同时又是附带地有其心灵之物（mit da ist das Seelische），就这方面来说我还不必进一步去澄清它。就在我这么做之前，我已经有着一些具体的世界之物——那些躯体性者，那些占有时空的扩延之物及其他隶属于它者。这便是其首要的原本给予之物，就算是对于动物来说仅仅是最底层的，也就是自然。

要是我越过对于自然的描述并在本质的态度中越过对于自然的本质描述，那么我便来到作为"心灵"的主体性，那个附属的，与生理之躯体性合而为一者。透过生理之物某一些心理之物会被揭示为附属的，这其中有些是我所能够当下化的，只要我置身于那个被揭示的具体主体去。所以说正是内在于那个外在的经验直观中我具有个别地去追查那些隶属之物的可能性，而这正是去执行心理生理之经验，于此之时，当然只有对于我的身体性来说，那个共同隶属于感官的躯体被给予之物是带着原初地被启动的隶属性之特性而原本地被经验，而该经验对于其他人来说乃是一种透过这个原本的经验方式而在隐藏性地作为一种被启动的次要当下化（sekundäre Vergegenwärtigung）。理所当然地那个心理生理学乃是奠定在此一心理生理经验上的。我不去探究这一类经验的某些隶属性，于此隶属性之中假如我在真实的经验中想获得那个共在（Mit-da）的被启动之直观的话，便不得不需要对他人之主体性的整体直观(在有关于自身主体性的反思性直观之启动的进一步揭示之中)。反之,我可以在别的方式底下将主体当作主题来思考,也就是首先在我试图于外部经验中将他人的主体性当作心灵来加以具体地直观并加以主题化之时,尽管该做法是在受到他人的躯体性引介的情况下。所以我深入到作为人格的他人主体之经验去。无论它有多么不完整,随着证实与充实的不断积累却可获得其新的充盈——也就是如同我在 I) 这个标题底下所进行的那样,处在人格,周遭世界之行为中的世间人;对其他人或自我来说皆是如此,无论是我如何看自己或其他人如何看我。

但我也可以首先这么表现,不是从自然出发视之为隶属性的,而是我直接这么设定(setze),如同我可以直接反身地(reflektiv)将自身经验为自我主体(Ichsubjekt),将我的身体看作内在身体(Innenleib),同理,将他人的身体经验为在我的经验领域之中者(正如那整个空间世界是透过经验为内在于我地被意识着),陌生的自我乃是透过其身体而被指明的——在我的意识领域中被指明,而作为自我,我可以直接地作为一个自我,如同我自己可以自我认定那样。

假如我们更仔细地思考的话,那么便有必要再对两种不同的可能态度做区分:

1) 外部经验的态度。在此之中乃是生理的自然被当作主题,尽管它并非抽象产生的,自然之物(das Naturale)依旧在主题之中,就算我面对精神客体之时,将兴趣完全集中在精神层面上。去探究那个心理生理的脉络以及那个生理与精神环节之特殊的协同性,这种做法乃是一种可能性,而后探究其归纳性,在生理心理之物中,在心理之物中持续着的经验指引。另一种做法乃是在其人格生命中去探讨具体的**主体性**,去看他如何人格地自我关联于其周遭世界,而世界的人格性又如何在其人格的相互关联及世界关联中自我展开——历史性地。这便是普全的人格经验并且产生了基于经验的描述,但在外在经验之态度中却具有空间世界中的心理生理之世间人。假如我的兴趣分享了"理论的",也就是分享了经验的,情况无所改变。依旧是一贯的自然经验,一贯的精神经验,以及结合二者的心理生理经验。这将为作为世界科学的诸可能科学奠定了基础。

2)与之相对的是纯粹的主体态度。没有任何外部感知或外在的经验会被执行,世界不曾预先存在,自然绝非优先存在的而作为真正被感知者,以至于它可产生那个作为主题式的整体基地之空间世界来。

反而是,我设定了我的自我,我执行了纯粹的内在态度(Inneneinstellung),而在我之中我遇见了那个作为意向统一体的自然,但在我之中亦透过导引而遇见了陌生的主体——作为在我之中的被导引者,只不过并不是在我之中原本地被给予,而是仅作为意向的构造之物。所以说借由自身经验我执行了那个透过导引媒介的有关别的主体的经验,而共同的世界则变成纯粹交互主体性的相关项。

这便是超越论的态度。

但人们可看出,就在世界的态度,在对于处于世界的主体之考察的外部经验中,尽管是奠定于外部经验的基础上,却是必须执行内在态度,而它便是一贯地被贯彻的历史经验以及精神科学之态度。人们似乎也能执行本质态度，是以一门本质心理学以及一门完整的精神本质学(Eidetik der Geistigkeit)便似乎因应而生——它具有超越论的(现象学)相同的内容，唯独它是相对于自然的设定。

那么在我那既有的自然科学态度与精神科学态度之区分以外还有何剩余呢？只有这些事实上以及仅仅被我所看见者：那个朝向自然的态度，也就是就其本质而言使得纯粹归纳的经验和理论之为可能者，之后便扩展了对于世界的归纳脉络之态度以及朝向作为归纳主题的世界之态度。就其广义来说，自然乃是归纳可经验之物之普全领域，而且纯粹地基于归纳经验而发生。

朝向主体性的态度是人格的态度。

自然的世界概念问题对于所有人来说，是在其不同的周遭世界中而皆有效的同一性结构(Identitätsstruktur)。

世界是预先给予我们的，每个人都活在世界里，就此世界而言每个人都在他的经验中带着无限性的开放视域而经验到其有限的周遭世界，就坠入他的经验中的世界客体(Weltobjekten)而言，每个人都有其主观的经验及意见，这些意见有时与同样经验这些对象的他人的意见相一致，有时则否。就在我们进行交流之时，对这些意见不一致的情况了然于胸，但我却总还是相信存在着共同的客观世界，它总是它，无论它如何被我们做了不同的解读(所谓意识到不同意见是指我们有时候在社群关系中不免意识到意见上的分歧，进而导致见解的差异)。虽然只是透过我们的经验，我们却总是相信着，在我们客观的见解之形式中，以及作为其意向的对象性,"那个"世界对我们而言是具有存在并总是存在着的意义,虽则就算是相一致的经验就其宽广的社群经验而言可能也"只是主观的"。

然而要留意下列重要的区分。只要我们谈到我们的世界或是世界,谈到这些或那些围绕着我们的物体(Dinge),那些近距离的透过实际经验与熟悉之物,那些远处的,当下无法触及或无论如何也无法触及的非熟悉之物,则下列的问题便产生了,这个与我们的世界所相关联的是一个什么样的我们?关于该问题我们并不多想,但仔细看来这是一个并不包括所有经验着的主体,所有世间之人的相理解社群(Verständigungsgemeinschaft),而仅仅是得以构成现时与潜在的生命社群的那一群人(该生命社群具有其特殊意义;它是一个历史的社群;但要加以规定,目前仍有困难!),我们可以跟这一群人进入意见一致或不一致的综合中,我们和这些人拥有一个共同的真实周遭世界,这是一个我们的实践的共同周遭世界。这疑点将会透过对比与进一步的阐述很快被澄清。

我们可并不与所有人共同享有同一个生活世界,并非所有"在世界上"(auf der Welt)的人都拥有那些构成我们的生活世界之所有客体,这些客体共同地规定了我们的人格性行动与追求,就算让这些人与我们一同进入当下的社群中亦然,这是随时都有可能发生的(只要我们去他们那儿,或是他们来到这儿,假设他们并非身在此时当下的话)。这些对我们来说不断改变着的,时而为真,时而不为真的客体就他们这些外人来说可并不存在,这意味着,关于这一类的客体他们根本就一无所知,无所经验:就算让他们给看见了,如我们所说的那样,让他们看见了我们的这些客体。这意味着什么呢？来自科学、艺术与宗教文化客体性的最广泛领域都可提供例证，此外，作为在我们的共同周遭世界中被预设的"文化构成物"（Kulturgebilde）之高阶的人格主体性，亦即"我们的"世界就在那儿作为这些那些的文化作品（Kunstwerke），作为"那个"德意志文学（关于这些是我们德国人和"受教者"有所经验的）。同样地，我们的科学及其理论亦然。关于这些理论我们都可接近，或是直接的，或是间接的，假如我们本身是受过相应的高等科学教育的话，便是直接的，要是我们只是科学的初学者，只拥有间接的，但内容也够丰富的知识的话，便是间接的。这些间接的知识都来自别的"专家"以及学有专精者能够一致认同的，他们拥有那些这样或那样在书中被指称、被展示的理论。我们有着直接或是间接的经验，但也有着透过直接经验的媒介所建立起来的意见，该意见在我们人格的圈子里（就拿欧洲文化来说吧）可以被证明或否证，于此之上有着一个作为意向相关项以及作为真理及证明之相关项的对我们所有人皆存在的世界。要是我们将这个圈子和一个班图黑人（Bentuneger）串联起来，则他将明显地在瞧见我们的文化作品时固然看到了一个物，却看不到我们周遭世界中的客体，在他看到一个艺术品的时候，他可是对这个艺术品没有任何相关的意见、概念，例如对于"我们"世界中的米开朗琪罗的大卫雕像所具有的种种"客观"规定性一无所知。每一个存在的对象都是某些一般地隶属于它及其客体种类的"统觉"之相关项，而每一个起共鸣与不起共鸣的区分以及最终正确与非正确的区分无不预设了统觉的相应种类与特殊性，这是他必须回溯地加以关联的。

据此我们乃必须区分对于世间人来说皆不相同的"诸世界"，

那个欧洲人的世界、班图人的世界等，而这些存在于某人格（"我们"）关系中的诸世界乃是自身可改变的。在我们的世界中可以彼此争论真假有无，但与班图人在一起却做不了这些事，毕竟身为他的"我们"的一员他可是有着别的周遭世界。为了要产生对于相同的存在者的关系，统觉以及习惯性的意向方向是必要的，这些方向在一般意义下都具有客体方向，无论该方向是正确与否，肯定或不肯定皆然。就算是有关于一项艺术品的错误意见也仍是朝向该艺术品而去的，于其意向性之外可说还有所意图，而该指名的过程（或之前那个进一步规定着表象的不确定部分）要不是导向了那个作为其自身，作为那个自身被实现的真实之物的被意指者，就是反之导向了带着自身被给予之模式的另外之物（ein Anderes），但此另外之物正式与被意指之物产生"冲突"而它则扬弃包含虚无的特质（Charakter der Nichtig）的自身。

假如我们有了相关于作为生活社群许多不同的人格社群的许多真实世界（viele wahre Welten），我们便不免面临下列的困难，在这些不同的世界之中是否仍还有一个客观世界？让我们合乎意识地来看问题吧，任何无论来自哪个社群的人不都能够相互理解，并共同一般地关联于同一的世界？这相同的太阳、星星、大地，等等。同样清楚的是，假如人们彼此相互争论，不论他出身于何种文化，他们自身都会客观地变成对其他来说的世间人，而共同隶属于客体世界（Objektwelt），对于他们来说这可是普遍存在着的世界，对所有的世间人莫不存在着。同时，如我们曾说过的那样，它自然而然也是持续存在的。假如近一步看的话，那么我们这些世间人固然将其他人经验为世间人，但却一点也不是在全然的客观性中，犹如我们在对象领域中意指我们的欧洲世界，而那个处在一个别的生活共同体与文化世界中的世界则自然又是另一个世界。班图人（或是任何一种未能取得"通达"我们世界之管道的人）固然将我们看作世间之人并因此将我们经验为与他们有实质上或可能上的相互理解的主体，然而他们并未经验到我们之所是的欧洲人，那种身为科学家，特别是数学家、地理学家等，或是身为工厂员工、工程师，身为地主、年轻贵族等，简言之，作为我们实质上的样子，我们的性格学种类（charakterologische Art）所赋予我们的样子，而其相应项乃是我们的周遭世界，这个我们的存在种类之相应项。与那些本身不作为主体的客体之关系亦是如此。班图似乎是"看到"了我们的"公园"、我们的房子、教堂之类的存在物，这些在他们眼中似乎都是空间物体，而一些物体似乎也莫不具有建筑物或花园的特质。但总是有所差别。就时空的规定性而言，就那个纯粹的自然而言，一定是存在着共同之处的，但是为什么那个建筑师会想这么盖那幢房屋，相关地，为什么这幢房屋会具有这般美学或实用上的"意义"？这便不是班图人可理解的了。

从一开始便有下列的观念有待区分：

1) 那个穿透所有的绝对客观之世界结构乃是那个任何人都可以在无条件之普遍性中可掌握而且必须掌握的，如此一来人们方可作为相互的存在，也是应该可以在松散的社群中（就算仅仅是相互的存在着或可以被此理解着）被构造的。既然这个绝对的客观性是共同普遍之物（die Allgemeinsame），而每一个作为特定人性之一份子的世间人都有其具体的周遭世界，而且可以只有这个具体的周遭世界，则明显的是，这个绝对的客观性只有在作为于所有周遭世界中的抽象结构形式之情况下才是可思想的，这也就是说，该抽象的结构形式使得相对于种种差异的统一性经验成为必然的或是可能的。

将此同一性结构开展出来，也就是去必然地认识、去证明一个先天的同一性结构是共同于所有人之"世界概念"所涉及的问题，此一世界的差别化与具体化乃展现于各个具体的周遭世界中。那个，从此依基本的考察出发会得出哪一些科学的任务以及科学的区分？

2）那个以无条件客观性的结构为主题的诸科学是志在研究对所有人皆具有无限制的有效性。

此外，那个依据所有无条件之客观性的规定性去针对特殊人性的个别具体被给予者进行研究者，亦即带着那个于其意义中只意图掌握那个无条件的普遍有效性的附加概念。

这里有些值得留意之处。我们所涉及的并非感官上的正常与否问题，亦非个别主体，以至于特别人性之周遭世界与变换着的正常性之间如何关联的问题。这个问题首先是存在于另一个方向，它与那个普遍客观的世界考察有所分歧。为了方便起见让我们姑且预设所有人的感官都是正常的，那么人们便拥有正常人的极客观（allobjektiv）之世界结构；由此出发而有心理生理的，感官的不正常之种种变异情况。

个别主体之物，个别人性之物，以及由此产生的周遭世界之间的差异性莫不相互隶属着：它是一个从极客观的结构之合乎法则性而来的自我阐明者。我们有着隶属于普全地结合起来的人们与同一地隶属于它的"世界"之间的相关性的先天性，这些人当可相互理解并应可进入生活的社群中(in Gemeinschaft eines Lebens treten)。

这里存在着所有可能的差异,对于所有特别的世间人个别性来说的可能性,个别如个体也好,人性的结合体也好,并且相对地对于所有可能而具体的周遭世界来说,再一次是个别主体的以及人性主观的:他的以正常及不正常的风格转变着的感官性(Sinnlichkeit)乃是属于每个作为全人性(Allmenschheit)之世间人的人。在此仍要去区分空洞形式的风格以及那个带有充分质料的风格之风格——所有那些可以与一个作为同一的被经验的世界意向的相关联的人们莫不必须与相同的,就质料的种类来说的特定感官系统相关联——就形式的极普遍性来说它本身乃是形式先天领域的一个法则。无论如何是存在着一个属于作为全体社群的全人性的先天感性,这是被偶适的质料种类以及其形式的规定的先天感性——作为身体的感(Leibessinnlichkeit)。更一般地说:一个极普遍的身体性(allgemeinsame Leiblichkeit),也就是作为这样的身体性之功能作用的类型,一个外在世界的正常与不正常之感知显现之极普遍性,而在此一外在世界中有着一个物理自然的统一性结构,该结构乃是在时空之普全形式中的扩延之物与质料(因果的自然之物性)的全体(Universum)。

作为人格的世间人已经进一步将一个先天的形式风格以及此风格给特殊化了。隶属于此一作为这般,作为人类社群以及终究全体社群之一部分的人格性之形式风格者乃是一个有稳定形式的意向性,一个生活世界是透过该意向性自我构造起来,带着时空自然的一个必然的基底结构,而它更是属于主动意向性的风格,透过此一主动意向性作为社会的社群化乃随之形成,而一个总是处在新的构成与阶段之中的文化世界乃自我构造起来。那个与一种特定人性相关的文化风格,或者,在文化系统中的自我分配(Sich-gliedern)都有其形式上的先天性,并相应地有其能识的先天性(ein noetisches Apriori)。每一个特定人性表现都不仅仅是暂时性的而已,而是持续存在于生活社群,该社群的持续存在乃是透过持续的社群生活以及世代的相传所形成的。某社群生活乃是一个历史的统一体,于此历史当中那个在人格方向中的特定人性乃是朝向个别的人格性以及社群之人格性而发展的,相应地从人格社群生活中的相互理解动机出发乃发展出了个别的文化,而且是在现有文化的基础上发展起来的。在前述所谓的社群生活中人们或社群都会被他们所在的周遭世界的激发而采取某些行动。我们作为活在世间人群体中的一员我们有此认识,所有一切对任何人来说无不在其周遭世界之范围中:对每个人而言每一个其他人都是出现在其特定的社群里,而这些人的特定人格也是可触及的;可触及不仅是近身之物,也包括远物,不仅包括个别的人,还包括群体的周遭世界,这个包含着具体之物的周遭世界,再者,其他人的内在动机以及行动本也是可触及的,基于这些行动世界本身乃不断地取得一些新的文化特质。最后,一个陌生的特定社群也是间接地可被认识并可一般地被理解,就如每一个具体的周遭世界都是相对于其特定人性那样——作为其日常世界,其生活世界,它乃是一个特定人性之主体性的相应项——但必然有一个共通于所有人的共同世界,个别世界穿透所有这些相对性。

那么,在此标题下无条件地产生的一般在己存在的世界是为何物？什么是科学的主体？

1) 物理的自然①，那个纯然的空间物体结构。在每一个特定人性的周遭世界中它是抽象地可被抽离出来的结构，它具有其抽象的并在其唯独的后果中可追踪的显现系统，相对于经验者的生理身体及其生理结构而显得正常或不正常。真正的感性自然是穿透所有这般相对性的经验之一致性的相应项。感性的自然研究——朝向那个自我证实的同一之物的具体态度——从所有人格的意义赋予之中抽离出来，且是透过对每一当下每一预先被给予的世界或自然。

2) 世间人与动物。

a) 世间人"有着"身体，他们随时主导着其身体——身体作为身体学（Somatologie）的普全主题。身体以及显现的多样性。然而在这之前仍存在一些课题有待讨论：

b) 世间人是多样意识的自我主体。在不同阶段的意向性，被动的与主动的，在其行动与成就当中的世间人，尤其是作为成就文化者，在其作为首先而且总是在被动的意向性之中自然的存在总持续的自我构造"之后"。另一方面：

c) 世间人是每一"固定化"的周遭世界与全体世界（Allwelt）的对象。世间人是"自然客体"，他们具有心灵的层次，世间人的生命是具有在己的心理生活；生理的身体是客观地与心理之物合而为一。客观的空间时间性、客观时空的因果性、客观时空的共存与

---

① 首先，一般之物（das Allgemeine）必须优先于那个处于外在关系的世界，世界的真实之物结构以及而后才是真实之物世界的近距离结果。不被说出的预设乃是那个纯粹的而终究一致的构造了一个真实的感官自然之经验。

延续，于此之中生理身体之物与相隶属的，位于身体之中的心灵之物乃共存者。真实的世界，那个所有真实之物的整全，每一个真实之物都具一个处在时空延续性之中持存之物（verharrendes Sein）——在时间中持存着，带着它时间性的变换状态以及在空间中的位置改变（静止或运动）。① 普全的全人性之物（universale Allmenschheitliche）包含着下列特质：每一人以每一特定人性都发现或可发现所有那些对他们来说是在真实之物当中的实在之物及其规定性。到处总是有着作为一个真实之物世界的世界预先被给予，而世间人也发现到自己是真实之物的一环，是多少带着持久特定，也就是相对于那些变换着的时空状态与本性之时空持存之物（raum-zeitlich Verharrendes）。②

但是难道说真实之物就是一切了吗？文化客体也是作为物体的一种真实之物。一个时空同一的存在物也在关联于它们的特殊的文化谓词（Kulturprädikate）之情况下拥有真实性。一幅画真实地存在着，只要它是一个物体，透过其物体的真实性，而且只要它是在其真实的运动与变化之中作为相同的感官物体而显现，并包含那些对于这些特定的图画谓词（Bildprädikate）来说是具有奠基意涵的显现方式。只要这些特殊的美学谓词依然保留其"实现"，

---

① 补充说明：在那些依赖于状况的状态中，这乃是属于别的真实之物；亦即真实之物有着持续性的因果性质。

② 在此，原始人的问题又被遗忘了。原始人与我们以及对其周遭世界而言的陌生人而言之间的沟通——每每总是奠定在他们的世界被给予性之核心领域，那个知觉当下的领域。更往前一步地说吧。他们并非活在纯粹感官经验的一贯练习当中，它并不完全地拥有其一致性。我们是那群能够在其被我们所理解的该结构之存在中理解他们的人。

也就是对于每一个人来说这些谓词都还能被给予客观的存在(至少是在相关的文化人身上)。这些谓词总是附加在真实的物体之上,并在这些物体上被发现。一个艺术作品的变化,就以逐渐毁损来说好了,乃是物理性的真实底层的这般保存,亦即就真实面来说乃是一个修改、一个意义统一体的修改发生了,除非,一个持续的其他修改发生了,除非它是一个毫无凝聚力的意义多样性或毫无意义。但这项修改并非"实质上"的变动。

在这个意义下,所有的客观之物莫不是真实的,透过一个作为真实性质的"实体之物"而被给予,真实之物它才是首要真实的,其次,只要这些非真实的性质透过其真实的底层而实现并因此是客观的。于此方式下,所有客观之物,所有的世界之物都是真实的。只有透过原初真实性之层次,一个客观性才可以被交互主体地触及,对所有人而言皆是存在的——就扩充的意义而言——真实界,一个世界之物(Weltobjekt)。世界乃是具体的世界,于此之中所有的具体之物皆是依时间空间而被规定或是规定的,而存在于时空之存在具有真实的(实体性)存在,它可以在状态的改变之中仍旧维持相同的面貌。

不过那些文化谓词却尤其是非真实的谓词。为了要成为客观的,它们需要真实的基层,也就是说无论它们显得多么真实,毕竟有别于真实。它们都是真实对象的谓词而且在第二层意义底下是真实的谓词,假若我们正是处在那个使得例如艺术品作为在世界中的真实之物,作为规定性的实体之规定着的态度当中。于此这些非真实的谓词却具有一个本有的统整性,自身作为非真实之物,它必须在己为己地如此被考察,而它又有着基地以承载那些非真实的环节。这个在己封闭的非真实之物并不具有纯然真实的存在,作为每一真实的基层之规性部分,反而是除此之外它还有着"在世界中"的一个非真实存在。它可以出现在许多的真实之物内保持同一(数量上的同一),亦即观念谓词的统一体,举例而言,一个艺术品可以具有在文化世界中的非真实存在并透过下列情况而拥有其独一性,例如一本小说可以出现在不同的印刷品当中,一首交响曲则可以被随意重新印制,而它在不同的并存的乐谱当中则具有对任何人皆可及的理想存在,它从来不曾与那些个别规定的、真实呈现的真实被产生之物脱离关系,而它们自身也从来不曾是真实的。

假如说就其本有的真实性而言真实的世界乃是那些具体周遭世界的纯然结构,则真实性的观点对于一门科学来说固然是普全的、涉及所有世界之物,甚至是全人性的、纯粹而普全客观的,属于全人性世界之同一性的观点,不过,一个有关本有而纯粹真实之物的科学可不能穷尽所有的科学,只要我们认识到,文化就算夹带着再多的相对性也可以成为世界科学的主题。世界绝非仅仅是真实之物的总和而已,那个纯粹的真实之物,而再外加一些非真实的谓词,反之,世界乃是对于一个人性,一个作为当前周遭世界的可能沟通之社群的被构造,其预先被给予之物的总和。还有"观念的特殊世界"亦属于世界,尽管这些世界还有待落实在实际和可能的情况中。到目前为止,我们仅仅论及文化上的观念之物。

那么,它与作为真实之物(或动物)的世间人有何关联?"心灵"的层次以及躯体之身体性与心灵的具体统一体是在真正意义底下为真吗?人们或许会说,除却躯体性的底层,世间人乃是不言而喻的真实之物，整体而言也具有真实的属性。真实性乃是归纳经验的被给予性，它是一个归纳的统一体。归纳经验的观点以及经验研究本身是否为穷尽有关世间人之研究的观点？在这样的研究中将世间人看作人格脉络中的人格，看作文化活动意向性的主体，看作透过其社会活动而与其他人结合在一起，是恰当的吗？又假如把心灵生活看作自我成就着的生命，作为自身在其被动性中构造着的生命，亦即在己构造地完成其意向世界者，这样的做法恰当吗？

当然，人们可以回想起，世界一点都不是在主体们之前；而是在主体的生命中，在主体自身的意向性之中作为被给予的一切以及有待思考的在己存有。谈论世界自始以来便预设了经验一个社群者以及世界自始以来便是预设了经验一个社群世界者以及世界的生活者，但自然地因此也预设了这些为世界的主体（diese Subjekte für die Welt）必须发现那些作为在世界的主体（diese Subjekte in der Welt），作为存在于其中者，也就是作为对象的其他人。我们以及我们的周遭世界之先天性乃优先于所有的先天性并最终包含所有的一切。

在此揭示了一个隶属于被构造的归纳世界之先天性，但也作为构造者的主体先天性，作为在己被动地为他们而存在的存在的真实之物，世界是作为构造周遭世界者，但此外也在其评价性与行动性的活动中构造着其人格性且有意蕴的文化周遭世界，如同每一阶段的世间人本质无不于构造的进行中，于其社会形态中也自行组织着并人格地自行内在地形构着。

所有这一切都是对于高阶问题的基础，亦即有关于贯穿所有世间人之生命及周遭世界之发展意义的问题,而且是贯穿了历史的统整性。这些本身无非就是那个统整地穿透所有阶段而构造着我们及我们的周遭世界之生命,附加上有关于呈现其中的周遭世界形态及人格形态的鲜活构造,一个生活的统一体以及一个关于相对持存之形态的鲜活自我形构,该持存的形态可被处在我们阶段的生命之已发展之人性(Menschheit)所触及,透过不同于该生命的方法揭示与描述意义下的历史所触及。

人们必须强调:人格的发展本身,以及相应地,那个作为人格统一性的相关人性本身的及人格地产生的周遭世界之发展,其文化之发展等,在较高意义下真正的人性生活之发展。

但我们必须区别[①]:被动性的先天性,作为真实性之底层的自然之感官构造的先天性。被动主体性(联想)的先天性,那个向来被隐藏的生命之先天性,该生命并非自我所朝向者,反之是作为其基层。之外就是移情的先天性,一个共同世界的构造,文化以及所有模拟的世界层次之构造先天性。

在世间人生命之中我们总是隐藏地构造着真实之物的世界(Realitätenwelt)以及那个从归纳而来的与该世界相关的统一之物。但同时作为独特统一体的人格也持续地被构造着,并相关于一个已然现存的生活世界(eine schon vorhandene Lebenswelt),一个从自我活动而来的世界。所有的回忆莫不回溯至这些结构。一般意义底下的历史莫不追问那个为主体存在的自然之得以可能的主体之物,而是只追问人格及其活动与活动所带来的成就、感受、

[①] 这里出现了不清楚:在对自我作为自我而前给予的世界(我们对它有方向性,而且这是到目前为止所讨论的部分)以及那个环绕其间的联想构造。

动机等，从这里产生出那些被隐藏的周遭世界，特别是在被给予世界的现实性（Faktizität）之中。正如同在日常生活朝向真实之物的态度与朝向人格及人格活动、感受的态度往往互相转换，同样情况也出现在一方面是纯粹真实之物的科学，另一方面则是精神科学的科学中，而精神科学所指的尤其是作为"精神"周遭世界的发展历史之历史。①

那么关于普全先天的研究之主题该如何着手进行？那个有关隶属于一般全人性的并因此是个别人及每一特别人性（Sondermenschheit）全先天性之研究该如何进行？所谓的个别人及特别人性格的乃是那个在活进"该"世界中的人性，并因此在最广的意义上是实践的。

人们或许可以这么去做。首先，在自由变异中去研究我们的，包含我的在内，那些研究者的现实普全经验，假如一个客观的世界可以被经验的话。其次，将所有那些主体的意向性附加上去的谓词予以抽离。如此乃得出一个纯粹的实在之物世界的理念，即首先是自然的理念。于是人们首先会说：

执行自我学的还原乃是有必要的，亦即，首先将客观世界还原到我的可能经验去针对其先天性做研究。如此一来乃存留了物理的自然，尤其是作为纯感官的，但也是关联到生理身体性的。（人体学的身体性[die somatologische Leiblichkeit]被揭示为透过意

---

① 这是不充足的。在主观显现中出现的自然乃是相关于感知着的身体，对我而言——交互主体的，在主观的显现中关联于所有的主体身体，既是被动也是主动支配着的主体，作为人格相互交错的人格主体及其"行动"，其自我的"活动"（将情绪感受考虑在内）。所有这一切无不是被构造的，之后则是隐藏的意向性与其综合的隐藏主体性。

向性的谓词而规定的,经验性的作为乃被进行着,但该进行的动作却非主题所在。)

自然而然这里随即出现朝向作为自我运作的,作为感受(Affektion)与行动的焦点之主体性的转移,接着下来是移情,其他人、共同世界、共同的自然,主动成就的共同性,行动经验的共同性等。再接着则是双方面的先天性,普全生命的先天性,发展的先天性,在人格意义之下先天性,以及作为先天可能性精神科学之先天性,这些先天性都有待研究。必然产生的归纳结构之先天性,归纳的世界研究及其先天性也都在研究之列。①

自我学的还原是否可以不被执行?是否可以直接就共同被构造的世界看作预先被给予,亦即在不预设任何反思的情况下便可研究经验的先天性?

在我们的经验中,尤其是作为个别的以及相互经验着、相互告知的经验中,我们发现了一个世界,我们发现,一个证明即告知总是曾经可能而且当下也是可能的,我们可以认识到该存在之世界的同一性,无论各个主观上的认知与假象之间的差别有多大。我们可以提出疑问,究竟什么先天地是属于作为自身这般交互主体相一致的可资证明者的世界?那一些普全的结构是这般必要的,以至于它们在主观看法的所有交换中莫不必须被保存下来?为了做到对于将主观的模式完全视而不见,我可这么论证吗?亦即主张每一个作为可能经验的对象之可设想的具体对象,就其自身而言,都必然具有时间上的流程、其稳固的存在、扩延、性质等。但无

---

① 但不尽清楚的是那些存在于自然周遭世界的先天性、自然的预先被给予性以及较深一层构造的隐藏先天性之间的不同层次。

论我如何必然地共同经验到性质,颜色终究不能属于其中,毕竟我们总是可以设想,一个颜色可以借由身躯性的相对性而任由其他颜色所取代。①

这里仅仅涉及关于真实实在的讨论。假如我问什么是必然属于世界的?假如我自由变异经验,并且在交互主体的经验中总是应该保留一个可证明为同一的世界,则我在世界中发现理想的对象性,并在其中发现诸个主体。世界可以被我不断地变异,以至于它不包含任何的主体、任何的身体吗?假如主体是必然的,那么身体之类的存在物也是必然的。

值得一提的是,交互主体的世界,亦即作为存在着的被经验和预期地先被设想的预先给予性之持续的普全有其下列构成:经验着的主体(一般世界意识的诸主体)伴随着世界的显现(首先是自然结构的显现),伴随着作为因应感知与行动之需要的个别主体的器官,伴随着其相关于在近和远的主观模式中的客体之活动(相关于它们而活动,承受它们,自我地朝向它们)。诸主体也是在移情和社会行动之特有方式中朝向其他人——但那个朝向我的照面者之情况只有在我将注意力转向他时才发生,等等。可区分下列情况:我经验他,他经验我,我将自己经验为他所经验我的样子,当然是在不同的主观模式之下,不同的人格乃是在不同的人格"取向"之中显现。作为自然的实质行动之行动,在个别的,多少是某个个别的,在群体中的行动,朝向他人的实质行动将我的意图分享给他

---

① 在经验的一致性中自我证明的真实之物之存在,并非取决于就第二性而言的一致性。自我证明也在其不一致的情况下被保留。若以笛卡尔或康德的思路来说,只有第一性才必然地隶属于作为自然的真实之物。

并因此而规定他,等等。相对于所有这一切,亦即相对于这些预先被给予的结构,作为总是在这些预先被给予结构中有所感触并作为稳定的拥有而做好准备及可备用,那个流动的意向生命,在此生命中每个预先被给予者都作为统一体而被构造。

例如,过去之物的转变,在时间性的导向之转变中的过去之物——但"之后"却是揭示内在时间的构造之深入的主体之物;随后无处不是如此。

强调该深入的层次并厘清进入该层次的动机途径,这是我最近才体认到的任务。

附录XXVIII （关于§45）:〈关于"意向性"心理学演讲的综合回顾〉[①]

让我们对于迄今为止所进行演讲之整个过程做个回顾。我们关于现象学导引的主要问题乃是数千年以来的问题——如何为哲学,以及关于存在者的普全科学在激进的明晰性当中做最彻底的说明。这必须是一门关于一般的存在者,关于存在者的完整普全性之科学。这诉求不可沦丧于特殊性之中,仿佛一个专门的存在领域可以孤立地独立为自身取得辩护那样。每一个特殊性都是在完整具体普全性之中的特殊性。脉络规定着独立性,带有不可被阐明的预设性。无论近代的科学有多么辉煌的成就,在其特殊性当中,在其自我辩护的整个方式中,都不曾提供给我们有关于最终

---

① 1927年。

的存在者的激进的真正而清楚的知识；它们不相应于柏拉图以及所有正牌伟大哲学家所在哲学的招牌底下所想的那种知识理念，它们欠缺激进的明晰性，它们充斥着有关基本概念及用来描述其领域及方法的最普遍概念的根本意义及争论性问题。一旦下列这些最普遍的概念沦丧掉了，诸如自然与精神、空间、时间、真实性、因果性、动机、人格性、人的社群等，则我们的科学便会陷入泥沼之中，假设我们意欲求得真正的、完完全全清楚的知识的话，便不该有如此作为。

科学绝对不能停留在素朴的理论实践之状态当中，以此为自满，不能以技术上的成就粉饰之，以此为自己辩护。它只能够从毫无疑问的明晰性出发来取得辩护的有效性。它需要取得有关科学之前而使得科学得以被建立的普全经验基地的激进自我省思，并且需要对于下列事项进行省思，亦即在科学的名称之下真正被欲求者，而且可被欲求者，以及被阐明的目标如何预先描述了清楚而有利于目标的道路。

以此看来，位于开头的是所有至今为止的科学之普遍的置入问题，关于科学的整体的普全悬搁，带着对于研究成果的辩护要求。简言之：回归那些科学以外以及前科学的人性生命进行活动的普全经验基地。无论这个生命的特殊形态如何，也无论追求及效用的形态如何，它总是一个清醒的生命，它经历了普全世界经验的流程。

为此我们着手于那些对我们而言必定是最重要的事：迫切地去省思关于世界的普遍结构，而该世界乃是经验的世界。这牵涉到我们的世界，我们现实地活在其中的世界，这个在其不断变化的形态中对我们的现在与过去所呈现的世界——作为纯然由经验而来的世界。要注意的是,并非在那些由科学所带出来的规定性中,不是那些我们在学校学来的,后来又在科学研究中得来的规定性。这意味着对于所有科学的悬搁。此外还有,对于我们欧洲的文化人(Kultur-Menschen)来说还有那些早已构成我们的多形态文化的世界的一部分之科学,亦即我们的技艺,我们的科学技术,等等。一旦我们让这些科技的有效性停摆,一旦我们也对它们提出质疑,它们便成为对我们而言的我们活在其中的世界经验中的共同事实(Mit-Tatsachen)。不论是清晰的或不清晰的,完全有效或完全无效的科学,正如同人类的所有好的及坏的工作成果它们都是属于作为纯粹经验的世界之世界的情状。为此它们可以提供世界的纯粹经验考察之亲近的起点给我们,也就是那些能导向精神文化的普遍领域之描述,并深刻地使我们所注意到经验世界的对比性结构区分之隶属性经验的具体内容,好比人与动物的主体性,自然那些首先原则上仍为清楚出现的文化构成物。

在做好完全准备之情况下,我们现在要进入关于经验世界的系统分析,于此之中我们要厘清该分析之得以进行的纯粹实事态度的特性。我们将此实事态度对比于审美的、宗教的或其他的在最广的意义底下属于行动生活的实践纯粹实事的兴趣应该带动我们的经验,这是纯然关于世界或在其中的具体存在者之存在与这样存在(Sosein)的兴趣。对于我们来说客体乃是对象的称号,它是纯粹实事经验的对象。

让我们综观作为对象整体的世界整体(也就是可能纯粹经验的对象),则我们拥有一项可能性,在每一个对象以及作为整体的世界之上一贯地执行一项本有的抽象性，透过它一个纯粹自然或自然经验的层级乃显示为一个在己封闭的世界结构。在此一抽象中每一具体的对象乃个别地凸显为作为纯然的扩延之物之层级。人们可以一贯持续地停留在这个抽象的态度中，从一物到另一物，这其中蕴涵着一贯地不去理会所有的精神特质。同样意味着，人们可以一贯地仅只运作纯然的自然性（naturale）经验，接着获得那个作为世界的一个普全根本结构的普全自然。

对近代自然科学的粗略考察显示，所有近代科学无不相关于这个具有统整性的，在己绝对封闭的经验根基。纯粹由自然性经验而来的自然乃是提供所有自然科学以实事统整性的抽象的普全领域（das abstrakte Universum）；为了这个自然它寻求一个正是被称作自然科学的真理，这是纯然的经验（blosse Erfahrung）依旧无力达到的真理。那个将被经验者纯粹作为被经验者而加以表达的纯然描述，应该仍旧不够充足。为何不呢？毕竟在一致而持续的经验中自然不是已经鲜活地给予了我们吗？这已经是对自然科学知识进行阐明的根本问题了。为了向前推进，我们必须再度完成两项任务：1)一个仍是前科学的纯粹自然的理念之普遍展开，不言而喻这只是开端，也就是就其自然所本有本质的结构而言的必要的系统性描述。这项工作首先必须被完成，以便进入下一个任务，亦即：2)将那个持续压迫直观而可描述的自然之动机明确化，以便去求得一个自然科学的自然，这是一个在直观自然中自我表白，但却只能透过理论的工作而被获得的自然之存在真理。

这些任务将我们带回原点去。我们原先停留在纯粹经验的世界之形式地来说最普遍的结构考察中。我们曾讨论过有关将世界分作"有心灵"与"无心灵"之存在物的具体世界客体之态度，或相同地说，分作具有意识方式特性的客体（它们得以和世界具有合乎意识的关联性），以及一方面，缺乏这一类联系的客体，另一方面是生物——人与动物。如同所有的客体，它们都具有生理的躯体，亦即假如我们不去理会其意识生活的话。但在此产生了一个问题，一个反向的抽象不是可以一贯地被执行，使得并非纯粹的自然经验，而是一贯地纯粹的心理经验可被获得？一个纯粹的主体性难道不同样是一个绝对在己封闭的经验领域吗？其世界结构正是相应于纯粹自然的世界结构吗？

自然而然地我们首先以"自我学"（egologisch）的方式处理该问题，亦即，每个人在其为己的纯粹自身经验中，毕竟实际上每个人只有对于其自身及意识生活有着原本经验，尤其是就自身感知而言。我如何在完全的纯粹性中并在其同设立自然（von Mitsetzungen des Naturalen）的情况下将自身设定为主题加以探讨？我如何能够一贯地执行纯粹的自身经验，亦即除了纯粹我自身，除了带着纯粹意识的主体之外，不做其他设定。

显然马上就会出现巨大的困难。唯有透过现象学还原的新方法才得以解决该项问题，这是有关所有对我来说合乎意识而有效的客观性之一贯悬搁的方法。这是我得以获取纯粹自身经验的方法也是获取我的纯粹主体性以及作为意向性一贯经验主题的纯粹主体生活的方法。这个习常的、自然的（natürliche）自身经验乃是双重面向的，混合了自然之物（das Naturale）与心理之物（das Psychische）。在此之中我视自己为世间人（Mensch），我的生理身体与真正的主体存在皆隶属于它。因为身体的缘故我拥有了整个客观世界的有效性，正如该世界透过外在的经验被给予那样。但透过现象学的还原我将世界判为无效，唯独我的世界经验、世界信念、世界证明，我的整个相应的习性等正是作为纯粹主体而保持有效。

用于他我及交互主体性之上的现象学还原。充实了纯粹自我经验的方法之后尚有与纯粹主体的经验他人，对于其他人与动物的纯粹主观性经验相关的方法。我将其他人经验为与我相同；即使缺乏关于其意识生活的原本经验，我却不缺关于理解其身体表达作为主体生活的表征经验。我可以将此理解带入一个清楚直观的当下化之形式中，将自己清楚地置入其感知、自我、回忆、思想、欢愉、愤怒或满足之种种状态中。显然我可以在此方式下"进入"他人并几乎是共同体验其生命，以类似的方式在他及他的意识生活之上进行现象学还原，犹如在我自己原本的活动之上那样。

固然跟我对自己的经验认识比较起来，我对他人的经验认识首先是极为不足的。但随着后理解经验的进展，那个原本不怎么可表象的存在却变得越来越完整了，而在此进展中随着持续的现象学还原我也得到他的作为一贯主题的纯粹主体性。（随后我从对他人的认识得到不少有关自我的认识）一旦我在整个生物的领域向前推进，我便在纯粹的经验中只拥有其纯粹主体，该结果也被采用相同方法去考察所有人及动物的人所肯定。

不过人们以及在某些条件限制下的动物都不是只个别地活着，而是在社会中活着。而每一个社会性都可以在纯粹主观经验的视角下被主题化，而社会性不会只是个别纯粹主体的凑合而已。

在我唯独朝向纯粹主体之物的态度中我不仅仅设定我是为己自身的纯粹主体,而且该主体也是为其他主体的,我与这些主体相互为伴,与他们共组社会,我作为共同的公民与他们社会性地连结着,等等;就在他们作为主体与被还原为纯粹主体而与我一同为我在那里时,他们是与我在一起的,这明显是属于社会性的,而且透过意识的关联合而为一,而这些都是透过现象学的还原而还原到纯粹交互主体的关系。要是我有义务履行他人的期待,则这个作为我的自我行动的我有义务(Mich-verpflichten)便属于我的主体性而且现象学地可被还原到我的纯粹主体性。同样自然而然的是那个从该行动产生出来的习性意志活动,我的直到未来延续着的决断性,他在新的行动中会发生效果,也作为我有意采取的行动之相应结果。我的纯粹的主体当然地包含这样的意识,亦即他人是在这样或那样的客观脉络中存在着,而这个人就他那方面来说是合乎意识地关联于我的,他对我提出了相应的要求。

所有那些隶属于我的意识生活之范围内者只在现象学的还原之中提供给我本有者(Eigenes)。于此之中那些被我意识到的其他世间之人以及整个客观世界之存在莫不落在现象学的悬搁之外。纯粹属于我及我的意识生活者乃是经验的确定性以及那些透过间接告知而产生的有关他人之定在的确定性——这些纯粹作为这样的确定性体验乃是我的主观之物,但并非存在的其他人,这些人的存在都必须被我搁置或不列入考虑,假如我要的只是我的纯粹主体性。假如我从如下的方式扩大我的兴趣,如我可以那样,将我的以及他人的纯粹主体及主体生活结合并同时赋予有效性,那么这表示我首先将所有显现在意识的那些客观性之有效性都予以免除，而凸显我在封闭统一性之中的纯粹整体意识生活。然而，在受到显现给我①的作为他人主体性之表达的他人身体性之引导，我将他人的主体性也一并设定为是存在的。假如透过现象学还原我将所有客观之物排除出去，并只为我的纯粹主体性以及那个被我意识到的他人之主体性保留有效性，则我将不会只得到两个个别化的主体性，而是在任何情况底下，如同那个开始的例子所显示的，我和他人的纯粹主体都处在纯粹的主体关系中。我要求他人去实现我的意志并非只是在我之内的意志而已，而是，他人对我来说，是存在于彼处而未被还原给搁置，则我的意志与他人的意志仍处在统一体的关系中；同样地相对于那个隶属于他的意识而言，我的存在以及接受其意志，实现其意志的人是一个由他流向我的关系。社会的结合便是形成于往返的活动里，又将我及他人带到交互行动的统一体中，这个关系涵盖了从自我到他我的合乎意识之往返流动着的个别主体行动。我的意志合乎于意识地同时存在于他人的意志中，反之亦然。特别明确的是显现在主人及仆人的联系性创建中。仆人并非为己地对于被自己或他人所做之事拥有期待与意志。两者并非彼此相邻，而且有隶属于一般所谓"主人"与"仆人"之称谓的社会性的进入彼此之关系。仆人的所作所为并非孤立的或仅仅是私己的动作，而是在满是主人的意志要求所做出来的动作；主人的命令是进入了仆人主体性的意志，它透过仆人的动作得到实现。这件事合乎意识的发生在主仆两面。为此缘故主人可正确地说：仆人的行动乃是我的意志的表现。故而在所有社

---

① 在我看来，这是在自我学中自然证明的——这是很快就完成了。

会性中一个主体性延伸到另一个主体性去，个别的主体生命并非只是为己而已，而是合乎意识的与他人的主体性生命在经验统一体中交融，两人的生命皆隶属于作为互相交互关系的每一相应的活动。我们也可以这么说：只要那个在我的纯粹主体性中显示的交互主体性经验创造了从我到对我而言存在的他人之间的桥梁的话，从他的方面来说也相对创造了该桥梁的话，而且只要我们两个人是合为一体，那么便不是其中一方知道另一方的情况，而是两个人互相知道，则任何类型的活动，管他是思想、爱慕、仇恨、愿望、意愿等都是将两人作为主体的主体互结合起来。回到纯粹主体性的还原可以这样被操作，那个作为还原者的自我只是将纯粹的主体性设为有效，而且不仅仅是我自身的（尽管首先在著名的自我学方法中是如此），而且也设定他人的主体性为有效的，尽管他人的主体性并非我自身的主体性，并非在我的意识生活中基于我的经验确定性而来的有效性。但我不仅仅将那个在我的意识中透过表达而被给予的他人当作纯粹主体而设定为有效，而是在对所有纯粹主观之物的扩大的兴趣中也将那些意识的交织视为有效，该交织会把我的自我以及他人的自我从他们额外的孤立之中救赎回来。随着对于所有非主观之物——那些在我之中以及在他人之中的自然以及限定在自然当中的客观性——的排除，所有社会活动乃变成纯粹主观的，而且在自我与你的相关性种类中他们将我的纯粹自我以及相关的他人之主体结合成纯粹主观统一体。

我们现在看，关于人与人之间的"连结"，所谓把多数的人连结起来的说法乃无稽之谈。在这些词汇被使用之处，人们眼光所及的都是个别的心理主体，以及在那个社会活动中，在心理上只奠定在纯粹主观之物中的那些被结合起来的整体。生活的实践并不渴求现象学的还原。一旦付诸行动,我们便可看到纯粹的个别主体以及那个从纯粹个别主体而来的,而且是基于社会的自我与你之关系而塑造出来的主体整体,从纯粹个别主体聚合而成的比较高阶的主体性,复杂的主体性。

原因在于近代心理学及哲学的自然主义(Naturalismus)以及无力处理主体性的极端本质,亦即,无力赋予意识生活,其意向性以该有的权力,这个心理学是多么无知于相互聚合的,共同组成主体性整体的个别主体。受到德国观念论的影响而在一百多年前建立的新精神科学乐于讨论共同精神(Gemeingeist)。再寻常不过的情况是,该说法被污蔑为神话或是纯粹虚构的理念。但这是彻底的谬误轻易地便被相关的物质主义的反论给超越了。后者主张,就严格意义来讲世界上唯一真实之物非自然莫属,所有心理之物被设想为奠定在物理之物上的鬼魅般的想象附带现象。这种主张可说是一派胡言。不容否认,物理之物不乏重要性,尤其在客观世界的经验中,物理性的身体性是重要的;亦即,只有透过它一个特定的主体性才是可被每一个人所经验,主体性毕竟是在其自我学的经验场域中透过表达透显出来。在经验的前进中显现的身体转变成只是幻觉(Illusion),为此那个在其中自我表达的主体转变为假象(Schein)而已。但这个隶属于客观世界的在物理性以及进一步来说有机的身体性存在奠基并未扬弃,也不有损于主体的客观真实性。假如人们学会就其本有本质去看这些主体,作为纯粹交互主体经验的直接事实它也产生了导致主体全体之社会融合体(Verbundenheit),作为一个真实而在纯粹主观之物中自我创建的社会整合体。

在此我还可以指出一点,这样的整合体并非仅仅透过社会活动而产生。正如同个别的主体在昏暗、盲目的被动性中展开其行动那样,这情况同样适用于社会的行动。不过被动性,那个直觉的冲动生命已经可以产生交互主体的脉络了。所以性别的社群已经基于性别的直觉生命产生出来,无论它是否在得到满足之时才会揭示其本质上的交互主体性。值得注意的是,这个被动性也隶属于纯粹主体性的领域而在现象学的还原中加以研究。

　　除此之外我还想指出,每一个被整合的交互主体性固然都是主体全体之物（Subjektganzes）,在某个意义底下是一个从个别主体聚合起来的主体性——仿佛一个物理性的整体之物乃是一个物理性物体那样,也就是由部分组合而成。另一方面却不能说每一个交互主体性都是一个由个别的人聚合起来的人格性。严格说来:那个本属于个别主体的自我中心化在社群化的交互主体性中不必然是一个真实的模拟物。就社会的人格性而言,似乎可以说,相对于个别的人而言它也有同一种类型的自我中心化,而可以讨论关于被中心化的社群之持久的习性。一个俱乐部、一个被市政府群集起来的市民团体、一个透过统一体的宪法及政府而统一起来的国族,这些都是高阶的人格性。因为在一个真实而非无稽之谈的意义下一个国家的意志是属于国家或说得恰当一点,国家民族,它有别于每一个公民的个别意志,而此一个国家意志又是一个持久的社会意志方向以及一般的行动方向,习惯性地发挥着作用,并可模拟于个别的自我而如同自我那样的中立化着。国家或多或少是国家自我（Staats-Ich）。在一个松散的社会里,例如舞蹈团体就缺乏这样具有涵盖性的人格性,同样地在那些只具有过渡性质的社群行动及成就,一个统一性的同情心等,虽然这样的"我们"表现出自我化的趋势,但终究只不过是暂时性的。

在纯粹实事的具体世界考察之态度中,我们获得在抽象自然态度中的普全世界结构。在抽象的相反态度中,我们能够从自身出发去遭遇那些主体与主体社群,而在操作扩大的现象学还原的情况下运行纯粹主体的或同等而言纯粹的心理学经验。有一项差别是颇敏感的,对于纯粹自然的最概略之结构考察已然显示给我们以统一化的普全形式,诸如时空性以及与持久的自然真实物相结合的以及将它们结合起来的普全自然因果性。自然是在己地统一的,无论它在前进的经验是否逐渐成为知识。那么就此而言它与遍在的精神之间是什么关系?客观地以及在己而言,每一个个别主体若要让每一个人在可能的经验中接近,便不能表达在身体的躯体中。但凡是涉及我们在从主体到主体的经验中所发现的那个结合性,则它必然是透过交互主体的行动,那个社会性的行动而来的结合。不过并非所有的主体都是与社会相结合的,那些将世界整全融入自身的主体们(Subjekte)都不是透过直接或间接的社会行动成为统一体的,社会行动的预设是,它直接或间接透过主观经验而相结合。这一点对全体地球上的人们是成立的,但并不对些"非"地球的人们(〈ausser〉irdische Menschen)而有效,也不对那些或许存在的其他星球上的人有效。此外,还存在那些透过直觉而来的结合。但我们从何找到能获取到基于意识被动性的昏暗底层中的所有世界普全结合之经验根基?

我们只能这么说,在围绕着我们的无限敞开的周遭世界里,以及从纯粹的主观角落来看那个以我们为中心的统一化之中都存在着多样的社会联系,同时在主体性的本质中存在着对此统一化进行无限扩展的可能性。

516　　毕竟随着纯粹属于客观世界形态的我或任何人的主体性之产生(在被主观经验所通过的场域中),就观念的结果而言某些不同凡响的重要性被获得了。自古以来我们就有了一门关于心灵以及心灵生活的科学名为心理学,其任务与自然科学相平行。但为了真正满足这个要求,它显然首先必须与心灵之物的纯粹经验,亦即关于意识以及意识主体性的纯粹经验相关。假若心灵的经验终究是可产生的,则一个关于纯粹主体之物的普全描述也是可能的;不言而喻,这至少产生了一个纯粹的描述心理学,亦即一个普遍的科学描述,对于它进行知识性的探讨任务当然仍涉及科学描述的正确方法。打从一开始就很明显,假使一门客观的心理学持续要扩展成为关于纯粹主体性的心理学,这门首要而基本的心理学无非是真正的纯粹心理学。就平行而言也理当如此,亦即就自然科学而言。作为世界纯粹层次的自然指向自身之外,主体之物与自然之物是相互交织的;它也必须给出研究以及科学的研究,这将关联于以具体性现身的自然之物与主体之物(或同样地,物理之物与心理之物)的真实脉络。我们于此也将来到心理生活的脉络,来到一个既预设纯粹物理又预设纯粹心灵的结合性研究。然而在假期之前我们曾说过,在真正平行意义下的心理学在历史上未曾获得开展,直到现象学透过其现象学还原之方法的开展才使得一门纯粹而首先是纯粹描述的心理学有可能得到实现。这般心理学的不可度量的意义远远在于,它为心理学提供了真正而必要的方法。因为由此出发可以导向现象学还原的相近的变异(Umgestaltung),

朝超越论的世界之义去改变，假如一个普全而激进的科学性世界认识要成为可能的话，这将证明自身为唯一的可能性。

只要我们首先停留在自然的世界考察之地基上并且是纯粹心理学领域内，则这里出现的问题是，模拟于奠基在纯粹经验地基上的自然的这个纯粹心灵究竟可以做些什么？除此之外，这门科学追求的是什么样的真理？特别要问的是，是否一门科学式的心理学可以用类似的方式越过经验真理（Erfahrungswahrheit）之范围，如同近代的自然科学所使用的数学方法？两方面都叫作敞开的纯粹经验地基，而首先是对个别经验事实的描述。两方面不都应该有一个必然的、新的描述概念，借以达到超越个别必然性以及容许先天性的描述？

假如我们进行这样的思考并将纯粹经验的世界结构之整体学说都提升到比较高的水平上去，则我们还必须进一步完整化这个学说。

附录 XXIX （关于第278页）：《大英百科全书条目》的第三个文本之导论〉[①]

作为真实现实界存在物的全体性（Alleinheit）之世界乃是一个多样实证科学之所以取得一研究疆土之场域。在率直地朝世界而去的情况下，这些科学在其聚合起来的整体性中似乎以完整的

[①] 大约1927年秋季。

世界知识为目标，也就是取得攸关存在的疑问之解答。哲学似乎不再拥有自己的专属领域了。但是希腊的科学不正是在其最严肃的决定性开端把目标指向了作为这样的存在物？对他们来说那个基础的存在科学之主题不正是作为"第一哲学"而有效？直接去规定存在物自身，个别地以及甚至普全的整体，如同它在每一方面都具有的特性，对它们而言并非叫作理解这样的存在者。作为存在者，就其存在来说，乃是充满迷惑的。其提问及回答莫不长久以来陷入模糊的境地。同样地，在哲学的发展初期已经显示了有关存在者之疑问之得以产生的源泉。巴门尼德斯试图透过思考存在者的意义之途径来阐明存在之为何物。柏拉图对理型揭示以心灵的自身说话（逻各斯）为导向。亚里士多德的范畴论则着眼于理性的陈述性认知。近代哲学开始于笛卡尔的将第一哲学奠定在我思的明显动作上。康德的先验论问题游走于意识之场域。目光从存在者转向意识这个动作使得存在者与意识主体性之间的根本的，涵盖存在意义的相关性变得敏感。普遍说来，无论就存在物的特殊形态或阶段来说，它都有必要被说明清楚，假如那个攸关全体实证科学的认识任务不应该停留在素朴的单面性的话。在近代初期，认识的非纯粹形态首先爆发了，第一哲学需要一门攸关意识主体性的科学，尤其是作为如下的形态，所有的存在物莫不是在自身的意识成就当中以每一主体的形态及有效性方式而展示自身。新的现象学乃是一门原则上被带到观念的纯粹构形以及系统展示之轨道的科学。在其全方位的构形中它将科学是哲学的理念给落实了。它从真实意义的根本厘清产生而来，此意义必须被意指为回溯意识的主体性。它也从对于这个回溯的道路及步伐法则之激进意义而来，而最终它也是从针对那些被看作不必追问而被预设的"纯粹意识"之直观场域的绝然脱逃之所需的方法而来。所有关于这些的系统性研究便是作为科学的现象学之理论任务。

然而心理学的存在不正是在于呼应该任务？它不正是有关于意识主体性的科学，而在此主体性之中存在物在主体的各个形态中呈现自身？就比较严格的一贯性而言，除了限定于内部经验的"纯粹"心理学以外，还有其他什么哲学可扮演这个角色？

此时一项对于该领域的深入思义以及这般纯粹心理学的必要方法很快便可洞察其基本上的无能为第一哲学提供基础。毕竟那个纯粹从内直观（Innere Anschauung）而来的心理学理论依旧保存了与现象学的特殊哲学理论非比寻常的内在关联。"意识"及"意识科学"夹带着立足于本质理由的歧义性，若是不对之加以阐明，则哲学的扎实奠基将不可能。为了不使哲学产生混淆，同时也为了让作为精确的实证科学之心理学获得有限的奠基，我们有必要建立一个关于纯粹意识主体性的本质之极度扎实的心理学科。就算它还称不上是哲学，正如所有的实证科学那样，它却可以在现象学心理学的称号底下扮演了迈向哲学的现象学之预备阶段的角色。其观念、方法以及课题分别处理了 I. 特定哲学的，"超越论"问题的讨论及纯化，于是导向 II. 解决的方法，并且透过如下的方式，亦即揭示作为真正的现象学的意识科学之场域"超越论纯粹意识"，而该意识乃是在处理此问题当中被预设的。有关于纯粹心理学与哲学的意识科学之间的对比之观念使得其内容学说之间的平行论（Parallelismus）显得自明，这也使得一个特殊系统性的建造显得没有必要。为所有实证科学奠定现象学的基础之必要性表明,在最后被奠基的科学之未来系统中现象学必须拥有首要的地位,而且在此一系统之中心理学只不过是以现象学的应用而现身,它不必寻求自身的独立地位。

对于当代实证科学的基础危机之最深层原因以及对于其充足的奠基之本质要求两者之澄清表明了,这些科学莫不必须回溯先天的现象学,后者是在方法上唯一自身独立的,可以在自身寻求绝对理据的科学。在此一科学之中存在着所有可能的先天性之整体系统,也就是每一个可设想的方法之系统,或者随即到来的,在绝对奠基之中的所有可能先天科学的整体系统。从埃多思到事实的过渡最终将明确显示,实证事实科学之最终奠基的系统性整全之理念与作为实际超越论主体性之科学的普全经验现象学(universale empirische Phänomenologie)是具有同等价值。

附录 XXX （关于第 296 页）:〈从《大英百科全书条目》的第三个文本的结语部分而来〉[①]

超越论的现象学是有关在综合整体形态中的所有可设想之超越论现象之科学,只有在这些综合形态中那些现象才是具体可能的:在诸多被结合成主体社群的超越论主体的现象中。正是因为如此该现象学才是理所当然地成为有关所有作为来自意向性构造

[①] 大约 1927 年秋季。

的存在意义存在者的绝对普遍科学。这一点对于主体自身也适用，它的存在是合乎本质地为己自身存在。如此一来超越论的现象学便不是诸多特殊科学当中的一门，而是，在系统性的展示之后，它是作为绝对普全的科学之理念的实现，特别是作为本质科学。作为这样的科学它必须在系统性的统一体中包含所有可能的先天科学于自身，尤其是借由先天脉络的全方位照应而进行绝对的证成。在引用并扩充传统表述方式之下我们也可以说：超越论的现象学是自18世纪以来便被追求，但未获得实现的真正的、实实在在的普遍存有论。它不是一门停留在自然实证性的素朴片面性之中的存有论，另一方面它也不是停留在形式普遍性之中的存有论，就鲍姆加滕—沃尔夫意义下的远离实事的分析概念讨论式的错误存有论。它是诞生于一个普全的、细查所有的本质脉络之直观的原初的源泉，它揭示了完整的形式系统，它全然隶属于每一可能存在的兼容普全整体，在其中包括了隶属于现前真实之物的可能世界。莱布尼兹已经具备了下列根本洞见：对于真正的理论性认识及科学而言，对可能性的认识必须先行于对现实性的认识。据此他对于任何一个真实及观念的存在领域皆要求了隶属于它们的作为关于纯粹可能性的先天科学（如纯粹的文法学、纯粹的法学等）。他因而掌握到了精确自然科学的本有成就之意义以及该成就对于所有的实在科学的方法形构之典范性。那个在实在科学（Realitätswissenschaft）自近代的培根以来根深蒂固的对于普遍的世界认识之追求，假如认识是真切的科学认识的话，乃是应该从理性的洞察方法汲取而来的，实际上只有在下列情况下才是可充实的，亦即假如那个系统地隶属于整个世界的具体性之先天性被追求着,并且在所有先天实在科学的系统性结合中被展开。固然在康德对莱布尼兹—沃尔夫学派的存有论提出批判以后,莱布尼兹的伟大意图丧失其影响力,甚至于自然的先天性也不再系统系地被完整构造起来。但之前早已存在的物理学的精确方法形构毕竟仍在发挥作用。于此之时,这个过程并非意味着该学科原则上具有完善的方法形构。处在与之相近的脉络中,数学方法的原则之物总是在极大程度上不可接近的,那个总是被赞扬的数学明见性自身显示为有必要被批判而需要进行方法上的改良。今天的所有实证科学陷入其中的基础危机就其最敏感的部分而言,涉及为精确科学奠定根基的纯粹数学科学。针对"悖论",针对量的学问、数学、几何学、纯粹时间学等的基本概念之可靠或不可靠的明见性之抗争,同样地,针对经验的自然科学的权力所进行的抗争,为了不接受它,而是根据其需要而加以改造,以上这些抗争导致如下的结果,所有这些科学就其整个方法类型来说,仍然不能作为完整而真正的意义而有效:作为能更达到最终的在方法上明澈的,对每一个方法的步骤都能完整地辩解的科学。莱布尼兹的意图,透过相应的先天科学之建造以便为所有的实证科学进行理性的奠基,其实现并非意味着一个具备充分理性的事实科学之实现,假如这些先天的科学自身只在素朴的实证性之纯然明见性之中被建造而已,例如依照几何学的模式。所有实证科学的真正基本概念,所有关于真实之物的科学概念都必须从这些概念出发而构造起来,这些必然同时是相应的先天科学的基本概念。一旦对于合理的构造欠缺完全洞察的方法(真正而必然的意义之认识都奠定在此一方法之上),那么该模糊情况便传递给整个先天性,而后是经验科学的整个理论情状。唯有透过现象学的改造这些近代的科学才得以从这样难堪的境况中脱身而出。当然莱布尼兹所提出的创造先天科学的基本要求仍然是有道理的。但包含于其中的普全存有论的理念的发现本质上必须透过下列方式而完成,亦即认识到出于素朴的实证性,或出于在绝对独立与绝对普全的现象学之脉络的隶属性而导致的存有学之根本上的非独立性以及方法上的非完整性。就在存有学的学科转变成具体完整的构造性存有论之时,所有激进的方法乃创造为具有洞见的,而该方法在实证性之中是有所欠缺的。超越论的现象学在其普全性之中主题地涵盖了所有展现在主体性之中的所有可设想的成就;正如同所有习惯性的态度以及在其中被构造的统一体构造物,超越论的现象学也涵盖了自然态度,连同其纯然存在着的经验世界,更包括与该世界相关联的实证科学,无论是经验的或先天的。但超越论的现象学在连同处理构造的多样性之情况下掌握与处理这个以及所有的统一体构造物。在其系统性的理论中,在超越论主体性的所有可能内容之普全先天中,自然态度的整体也必须包含可通达的先天,但不仅仅只是被提出而已,而总是与相隶属的超越论构造之先天相结合。但这是说,其产生与每一不完美的或在完美的构形中理性地被洞察的方法有关。

　　让我们再说得更清楚一些。所有实证的事实科学的具体主题场域乃是实在之物的世界。就其普全结构来说,诸科学或诸科学群组有本质上的区别。这样的结构显示为例如自然与心灵的精神性,而内在于自然则又有空间和时间被区分或结合为有待处理的普全结构。纯然的自然研究或心灵研究在下列情况下是抽象的,当它们纯粹停留在其个别的普全结构并使得共同混杂的结构保持不确定状态。作为出自原则性的科学之理性科学,这个先天的结构洞见要求对具体世界的完全先天的认识,换句话说,产生合乎本质的整体形式及隶属于它的普遍结构,最终,对于该结构的每一部分而言产生所有在其中被揭示的特殊形式。所以例如那个掌控所有自然材质的可能构形之整个先天形式系统应该可以被获得的,只要它隶属于并总是可能隶属于一个可能自然的统一体,或者在另外的例子中心灵的可能构形,这个应该属于一个可能心灵的统一体并在较高阶层中隶属于心灵群体,在其中它们应该也是"并存的"。

不论是什么形式阶段的先天,其取得的方法普遍来说总是一样的。这点先前在关于心理学的先天性这点上已点出来了。经验的个别出发点都被视作"不相干的",它们在合乎想象的自由变异中只是作为一个开放无限的合乎想象变换的出发点,这些变换是出现在自由前进的随意性("如此这般")系列当中。掌握性的目光以在随意变换流程中突出的稳定形式为圭臬,以之作为在无限变换的随意性当中,在必然绝然不变的不可毁坏的意识中突出的本质结构。所以它将会从事实的经验世界或世界结构出发,又或者从个别的事实上被经验的实在物出发被认识,少了它没有任何世界或实在之物可被设想。

如同任何带有目的性的活动那样这个活动也需要本质的认识,只要它想作为一项理性的认识,它也需要批判,也就是关于在洞见的目标与手段合法性之意义下的方法以及改变形态之反思。方法以及所有一切的基本部分皆涉及了可能的经验自身,透过它那些经验对象的可能性乃被获得,而它也正是作用为变异项。那个本质的认识所仰赖的合乎想象之变异,应该产生具体而真实的可能性，例如可能存在着的物体。它不可能是一个对于那些物体得以被表象的每一个别的感知显像的纯然合乎想象的变异。每一可能的个别感知就其存在与这般存在而言都是推定的（präsumtiv），它只提供物体一个面向，包含在可预见的其他面向之新的可能感知之不确定的推定中。正如从单面到多面，再到全面，正如具体的整个物体在直观呈现为存在之物可能经验的流程所显示那样，这个开放的可能性不会转变成虚无的幻象。

于是我们需要有一门系统性的关于现象学如何构造可能的实在之物的研究，以及关于在可能经验的多样性之中涵盖所有一切的世界之研究，假如一个本质的认识要被看作真正的或合乎规范的话；又或者，如同人们所说的，经验性"理性"的一项理论。除此之外尚有第二点。可能世界的先天性是一个理论性的，一个述词形态的先天性。只有这样它才获得客观的形式，亦即交互主体地被评价的、被证实的、被记载的真理。这里需要一个方法上的新基地；揭示一个在经验着的理性之路旁边的"逻辑"理性之道路。一方面比较高阶的先天性之需求上升了，该先天性相关于在判断与真理之标题下所呈现的观念的客观性。这里需要一个可能的前述词构造物（判断）的形式理论，无论是个别的或是综合一致地相结合的判断，尤其是可能的真的判断形式理论，最终是那个无限的真理系统，该系统在相关联于同一领域之情况下，被称作诸科学（被理解为理论的统一体）。相对应而言，一个形式的多样性理论是相应于它的，其主题乃作为透过单纯被设想为真理形式的一个领域之形式观念，并由它们出发去作形式的规定。这个这般被改写的形式逻辑就其最广的意义而言乃是普遍方法（mathesis universalis），所有我们时代的分析数学学科应不隶属于它,它本身也是实证科学,只不过具有比较高的等级。与此同时,那些新类型的非实在的客观性,那些判断、真理、理论、多样性等无不是主体地自身构造的,而且就其掌握来说需要理性的方法(明见形构的方法),则我们便因此来到了现象学研究的新层级,它对一门真正的科学存有论是有必要的。既然现象学自身是科学,它形构为述词的理论,而自明的是,该逻辑的普遍性宰制了所有这样的理论,于是现象学的完全回顾自身的一个面向乃完全显现在自身之上。针对必要性所进行的普全思义被素朴地执行着,于此之时固然在主体的确定性中产生了突出的先天性(例如作为几何学的),但作为被含糊掌握者它在关于其现实必然的内容以及广度上却可能遭到误解。一门科学可能成功到某个程度,而另一门带有目的性的努力则可能在方法的原则部分处在不尽完美的状态。一个对其所有步骤的激进辩解之可能性也属于科学的自身意义,而非仅仅是肤浅的反思或批判而已。其最高理想总是对于那个出于绝然(apodiktisch)原则的每一方法步骤之最完整的辩解,就其方面而言对任何时刻以及任何人而言无不适用。最终,那个先天学科的构造乃为科学的世界认识做出贡献,而同一件事对于普全的存有论也同样适用,假如它满足莱布尼兹的必要条件已完成建构的话。但如我们所见,每一个先天性都又需要一个激进方法上的辩解,特别是在涵盖了所有先天的相关性的现象学之中。故而那些透过实证科学的基础危机而被揭示的方法研究之必然性都是这样被理解的。它们都欠缺了对于绝然构形与方法的辩解有重要性的方法,但对这个问题却又十分茫然。那些无懈可击的基本概念以及最终基础可以说都是从这些方法而来的,而且带着明见性,它完全不容许任何模糊性存在于其产生出合理的意义和广度之中。这样的明见性可不是轻易获得的,它不只是在素朴的活动当中仅仅被"感觉到"而已,而是出于现象学的揭示,亦即对于特定的,就个别相关的基础概念来说有所关联的经验着以及逻辑的理性,换言之,透过了一个极为艰难而纠结的现象学研究过程。当然这个研究首先可能是纯粹心理学式的——只要这个纯粹心理学是在先天科学的意义下被构造。但人们不可以只停留在这个阶段而已。因为如我们先前指出的,在这般心理学的理念之一贯构造中它具有强烈的亲近超越论的问题。并最终体认到只有超越论的认识才可以是最终的认识。从这里可清楚看出,实证科学的基础问题之完全的效用及存在于其中的倾向乃是转化为一个激进的、透视的,能为自身绝对辩解的科学,并首先投射出现实世界的整个先天性,该世界乃是处在先天学科的完整系统之中,也处在作为最广义的形式逻辑之普遍方法的可能学科之完整系统中,但所有这些学科都必须转变为奠基于现象学之上,并在激进的真正形构中进而成为绝对的普遍的存有论,亦即得以完整发展的超越论现象学。它本身是最终的,在其辩解中回顾自身而与自身相关的科学。在一贯的前行中我们由此出发到达普全现象学的观念(Idee einer universalen Phänomenologie)之必然扩展,达到那个将所有本质科学以至于经验认识集于一身的绝对普全科学。在普全的先天性(im universalen Apriori)中经验的所有可能性,也就是包含所有可能历史事实科学者都是观念的可能性。关于这个经验世界的事实之诸科学无不透过普全的存有论就其能思与所思而属世的方向而言各有其本质形式,它们被预先指出并且只有在回溯于这些形式的情况下它们才算得上真正的科学。透过将实证存有论转移到超越论的，以及透过将实证科学奠定在超越论的存有论之上，这些实证科学乃在现象学理解之意义下自身转变为关于事实超越论的主体性（faktische, transzendentale Subjektivität）连同所有其"存在物"之科学。结果是到最后也产生了一门经验的、事实科学的现象学（empirische, tatsachenwissenschaftliche Phänomenologie）。理念上它是呈现在所有实证的事实科学之系统中，而这些实证科学都是在本质现象学的基础上而成为带有激进的科学性。在此一方式底下，本质的现象学乃是首先必然要成为奠基者以及系统地被贯彻者，以便继而导致事实科学的理性化，毕竟这些事实科学的最初形态必然或多或少是素朴的。这些被理性化的诸事实科学之完整系统自身乃是事实科学的现象学。其中包含，本质现象学乃是现实的超越论主体性之方法，以此方法达到普全的自身认识（universale Selbsterkenntnis），并达到一个理性的、全然透视的自身认识，于此之中主体性充分理解自身并理解自身之所对。普全而最终的科学乃是绝对的精神科学（absolute Geisteswissenshaft）。作为科学的本质现象学，如同所有的文化，存在于现实的超越论主体性之中，它是其自身的产物，并对于自身而言，去理解其自身，因而得以理解世界是在其自身当中被构造的。

现象学的普全性（Universalität）明显地涵盖了所有可被设想的科学问题；所有的问题无不在主体性当中获得其意义，那些对于该主体性表述总是能够具有的意义。其中它区分为理性的与非理性的，最终是科学的与貌似科学的问题。所有那些在哲学的标题底下被总括的问题群组就其真正的意义与方法来说无不被包含在现象学之中,故而理所当然地那些关于历史的"意义"或是关于"历史认识理论"问题也是如此。这些问题,质言之,乃是绝然地从相应的先天源泉而来的,有关于理解人格世界(personale Welt)的个别事实的形塑方法。同样地被涵盖的乃是整个理性的实践以及每一个隶属于它的实践的周遭世界之范畴形构(kategoriale Gestalt)。认识活动固然不等同于在情绪中进行的评价活动,亦非根据价值所进行的形构活动(只要认识的目标自身并非作为目标而被评价与追求),然而每一个评价性以及意愿性的意向性之成就却是可以合乎认识地被转向并因此为认识和科学创造主题。如此一来带着某些理想意义的自然的精神化,尤其是与创造文化的人格性相关联的所有文化形式无不都成为科学的主题,在比较高阶的普遍性中那些带着实践理性、带着绝对应然的课题(Problematik)之整个追求性的以及意愿性的生命也都成为科学的主题。属于它的还包括本质上隶属于人格存在及人性(在超越论的意义底下)之生命的朝向真实而真正的世间人本质(Menschentum)之追求。所有这些问题都只有在普全性中才获得其全面的意义以及明见的方法。全然是作为普全问题的哲学问题的,任意单面性以及个别化会被不可理解性所报复。在其回到自身的关联性之中现象学在其完全发展成熟的观念中阐明了其自身的功能。在其作为绝对普全科学的现象学中展示了人性(Menschheit)的普全的自身思义,无论就规模或完整性皆有所增长的结果,理论与学科无不最终被召唤,以便将对于真正的人性生活之洞察加以规律化。就形而上学来说吧,现象学的哲学只有在下列的意义中才是反形而上学的,它拒绝接受任何汲取自外于科学的资源之形而上学，反对那种活动于洞穴般的下层结构之形而上学。然而那个古老的形而上学传统以及真正的问题都是必须在超越论的基础上被提出来，而在这里发现其纯粹表述以及其解决问题之道的现象学方法。普全现象学的观念之完整形构将引回到哲学的古老概念去，这些普全而绝对的概念，这样才算得上是全然得到辩解的科学。出于根本的原因笛卡尔的哲学思考已经有着如下的强烈信念：真正被奠基的个别科学只有在作为普全智性（*sapientia universalis*）之分支才是可能的，这个唯一的普全科学，在纯粹的明见性中开展的观念必须去引导所有真正的对于认识活动之追求。①

附录 XXXI （关于《阿姆斯特丹讲稿》）：〈现象学心理学与超越论现象学〉②

我们如何才能越过以世间为导向的心理学及精神科学的人格态度？它有可能不同于人格经验的种类以及随后的经验科学吗？

为了获得新的经验种类以及认识种类，我们使用了称作超越论现象学或朝向超越论——非世间性主体的方法上的转换。

执行最激进的态度转变之动机在于，我说：那个总是作为我的以及我们的被给予的世界乃是只从我自身的经验而来才对我而言被给予，它也是从任意正常的经验所要求的——只要不被其经验

---

① 〈这个版本的其他内容是被放入作为第 16 节的第四次修改的文本中，参见第 299 页及其后。〉

② 1926 年复活节。

所反对——习惯性效力而来，该效力对我而言是在与其他到来之物的持续效力的关联性当中被维持住。我的经验以及我的带来持续效力的经验乃是优先于世界自身。总之我之为我优先于对我来说存在着的这个世界。

这个自我是借助于一致性经验的明见性世界才得以作为世界的自我，亦即，世界是出于自我的有效性获得，所以自我可不是那个存在于世界中的肉身之人——该世界是唯一对我有效存在着的世界。我的自我优先于存在于世之人，犹如优先于在世之物，自我是经验世界者，也是经验我的肉身以及肉身之人者。

我所能够要求的不是都优先于那些我的对象之物，那些被给予而存在者，我对它们的经验，也就是我的纯粹而超越论的自我不都优先于世界以及世间人-自我（Mensch-Ich）？

确实如此，而且总是如此，就在我经验"我"之处，经验着的自我是有别于那个被经验者的。但这些显然都是必然隶属于自我的区别。我可以朝自己进行反思，并且再一次针对进行反思者进行反思，之后我可以将自身区分为运作着的自我（例如，具有经验物体的作用，而未经验其自身）以及借由后来的反思经验而经验着的自我，之后又一再地将运作着的自我区别于在较高阶反思中被经验者，依此类推，但只要我将这个经验着的活动之锁链加以综合性的综观，则我会在绝对的明见性中掌握到，我是同一个自我，依此而来的是语言的表达方式。

人们会反对：就算我将自身经验立义为世间之人，我仍然合理的说是"我"（mich）并且将自己看作同一个自我，如同任何其他与自我相关的活动那样。这也是正确的。只不过这里出现一个巨大的差别。就在我将自身立义为这个世间之人,视之为肉身-心灵之存在,肉身的人格,对我而言自然是被设定的,而肉身则是在自然之中作为我的人格肉身而进行经验。自然肉身(Naturleib)于此被设定为我的基底(hypokeimenon),就像在别人之上的我所自然地经验的自然肉身,对我的经验来说乃是过渡与预设,于此之中我设定了它的人格与心灵之物。透过肉身经验,我才作为被经验的世间之人,它是属于经验的世界而且也是作为合乎经验的存在者。我自身的肉身经验必然有其外部经验的周遭环境。也唯有透过我的被经验的肉身,我才是被经验的世间之人,而该肉身是唯有在其空间、物性及因此是世界的视域中才算是在经验中。然而世界及自然就其根本结构来说是非我(Nicht-Ich),对我而言它只能作为我的一致性经验的统一体,亦即在我的媒介中,才算是被给予,少了该媒介它什么也不是。所以说,它是在一个媒介之中被给予,该媒介并非自然,而是纯粹自我的。

也许该补充的是:只有当我超出世界"的"个别之物(包含有着身体躯体在内的个别之物)时,以及将整个世界普全(Weltuniversum),特别是整个自然一体观之,并阐明,这普全自身无非是从普全的经验而来的统一体,而该经验自身并不是世界性,唯有在这个时候我们才洞察了带着世界经验的纯粹主体性,隶属于他的感受等,在此经验及感受中存在着的世界对我们而言乃是现象,乃是多样经验设定之同一性统一体,一致而相关的形成当下而潜在的有效性之统一体,作为这般在纯粹的主体性自身中自身构造的同一性及有效性之统一体,自身主观之物,"在"主体性当中的现象。

一旦我们朝向纯粹的主体性以及经验内容看去,其中包括我们的世界现象，我们理当可视之为纯粹主体地被经验之物而追问其主观上的被给予方式，也追问这个进行经验活动的自我。但这么一来我们自然是从一个纯粹自然之物来到纯粹自然之物，我们活动于纯粹的主体性之中。

从这个考察而来的是回到纯粹主体性的"还原"方法。我们拒绝了"自然态度"，我们执行一种独特的悬搁，也就是有关于经验着的信念之中止。① 尤其是，假如我们已经将纯然的自然（die blosse Natur）当作经验世界的根本结构产生出来，关于此一自然的悬搁。因此关于作为世界判断及所有世界科学的实证性判断都落在悬搁底下。这也适用于所有那些朝向世界的，包含自然的世界设定在己之内的人格生命。不再将世界看作预先存在，不再具有预先存在的自然的一般有效性，我们将它们只看作现象，尤其是看作统觉的有效性构造物，作为在主体性之内的经验或设定构造物。现在的我们预先不再有任何东西，但是我们在普全的经验转换中执行那个使得悬搁成为可能者，也就是主体性的经验，这是纯粹的，并且所有那些从自身的成就而被设定者，但作为它并在其中被设定之物，同样，所有其自身的情状——我们的统一体设定都隶属于这些情状，在其之中，我们都只重复纯粹的态度，我们这般所获得的纯粹自我是我的纯粹自我，该自我抱持现象学的执态并且进行研究。一项新的成就乃是在我之中的超越论他人之意涵的澄清，以及交互主体性的现象

---

① 经验便是统觉。统觉是富有视域性的——它是前判断。作为自然统觉的经验信念预设了在自然态度的习性中总是富有视域而有效的世界中的经验对象性（普全的统觉），它终究加入每一个新的被经验之物。悬搁的意义在于，把存在于持续向前推进、综合地相连结而沉淀于习性的经验之中的那些前判断（偏见）加以扬弃，使得它全然作为前判断（偏见）而被认识，并且使它被搁置。

学还原,透过它我们获得了纯粹的社群主体性。

对超越论还原的发现存在于,进行经验的人对自己说,正如它可以随时对自己说那样:世界是可以在一个预期的统觉之中被我所经验! 这点必须作为世界经验的本质特性而被阐明,打从一开始就必须被引申出来的,世界对我而言并非只是在被我所经验以及被我在经验过程中设定为存在的实在之物的特殊物体之形态中呈现而已。该设定意味着,它们在现实的经验中是有效力的,它们对我而言是直接的,位于感知之中的定在信念(Daseinsglauben)中而成为有效力的。但不仅如此,对我而言,它们就算在我的注意力转移到他物时也仍维持效力。并且相反而言:我以前所经验者对于当前的我并不丧失其效力,只要我在经验的过程中不必把先前的感知贬低为幻觉。我所执行的每一个新的经验,就在它们为新到者带来存有效力时,且有一个普全而习性的持续效力之基础,该基础是以作为"背景意识"以及"未明说的空洞视域"而在现时的方式底下成为达到经验效力的"存在之物"。但不仅仅是,那个当下的特殊经验的新的个别定在(Einzeldasein)从过去的经验获取仍旧具有效力的定在之视域,而且也具有那些并非在特殊方式下被掌握的,位于特殊信念以及特殊经验(直观地掌握到)之中的醒目的对象所构成的视域。这些对象只是共同显现,共同定在而已。此外另有一个共同被意指的视域,透过预期而被意识为共同存在者,尽管并非被经验以及并非表明在一个被设定的对象性之特殊信念。遑论被预期的未来之视域,关于它能说的部分是相类似的。正如同对我来说过去的,透过所有这些经验性的生命而来的乃是一个普全的世界信念之统一体,这是总是带着新的特定的经验对象之视域,或带着特定的被预期的、占有性的世界——这是一个不仅是在其内容持续变得丰富的有效性,而且也是带着预期性的对未来有效的视域而有效。所有那些我所"设定"者,那些我因经验之故而重新使之有效者,那些我因经验之故而重新使之有效者,是配备了一个超出自身的经验的意义,它进入一个世界,我的世界,该世界并非因一个特定的经验被肯定才充实的效力,而是总是一个"前判断",一个超出新的经验之特殊信念(例如对眼前这张桌子的经验)而被指向之信念。无论我何时反思我的经验,我总是发现这个经验的"前判断",我发现这个作为每一个新的信念之信念基础,该新信念所带来者正可嵌入世界信念中。在对所有一切有效性提出批判之情况下,我持续相信着,我完全相信,我可以超出当下这里而调整我的信念方向,可以超出个别所掌握者而来到共同的当下,到过去,到未来,我总是在一个世界周遭环境中发现我的个别性,在一个我可认识的世界中,我可以将之再度回忆为那个我已经认识的世界,我对它已认识多深,又将在未来有什么认识? 我可以肯定我的预期或否定之? 无论如何透过关于"那个"只在比较好的方式底下能被认识的世界经验。我制止了所有那些世界统觉的整个普全世界信念,整体而言其意义是我所遏止的,但对其效力却不加以批判。[①] 这便是,我不会去肯定它,或等价的是,我不会肯

[①] 假如我做了这件事,则我必须考虑这般批判的前提。在这个批判的态度中我可能会提出有关世界有效性的合法性问题,从下列的考虑出发,世界只有透过持续的世界统觉,亦即持续的"前判断"而被给予。如同我认识的那样,我必然会起心动念想这样普全的悬搁而获致新的经验种类,在这个经验中我将悬搁中的普全统觉当作主题;在考虑到有效性的成效以及有效性的证实之下。这随即要求潜在于世界统觉之中的统觉及有效性之紧缩。

定任何自然的经验,也就是被经验之物、被感知之物,但也是直观地回忆之物或其他在存有信念中被设定之物,总之在自然的素朴方式下所设定的经验,它合乎意义地同设定了一个世界的视域,就在普全的"前批判"之意义下,那个如同我在《观念》中所说的总命题(General Thesis)。

现象学的悬搁是一项重点,但当然并非所有的一切。在我将自然的有效性一并判为失效,使不起作用之时,什么仍维持有效?

首先我要澄清的是,就世界而言,并非随着悬搁的执行,所有的存有便都被悬搁掉。相对来说,固然每一个自然的世界信念(关于世界整体)是被抑制了,但在此一抑制中"包含"了一项信念,即便它未非必要的,显然也不是被肯定的。显然它是如此,假定我这么说:我制止了我的自然的世界信念。在此显然的是,我的自我以及制止活动是被设定为存在的,被当作有效的,我对世界信念的制止,我对此一在此时此地物体之经验,该经验及其背景不起作用之动作,使得我的习惯性的意志,每一个回忆,期待以及任何其他世界性的设定等皆从此以后不起任何作用——连同其自然而素朴的信念之方式。

然而,假使我将自我设定为制止世界的自我,则我不是重又设定了世界,或至少是世界客体(Weltobjekt)?我不是因此将我设定为这个世间之人,并因此在视域之中也再度设定了世界整体?不是这样的。因为正如有关于世界设定与世界悬搁的意义之考虑所显示的,我想使得下列的有效性皆不起作用,诸如从过去的自然世界经验而来的统觉转移,以及每一个新的归属于某自身的有效性,还有每一个被假定的世界有效性和可能重新被设定的世界性,它总是仿佛特殊规定了那个已经被预设的,事先被相信的世界。我的肉身-世间人之定在也隶属于其中,那个自然的自我-世间人-存有。一旦我让这一切都归于悬搁,我所拥有的自我便不再是那个世间人-自我,此一自我是执行悬搁的自我,该自我将世间人-自我加以世界地统觉(weltlich apperzipieren),如此设定他,而又将此设定以悬搁的方式加以扬弃。正是悬搁使得我得以显示,使我首先注意到,我是一个在任何经验世界的"时刻"都会"合乎经验地"指向特殊的经验之外,将自我区别于那个作为经验以及指向世界的自我,除此之外,我总是随着这个指向(于此中我是意指着世界)而合乎意识地作为"该"世界的"拥有者",我是可设定的,即便在我出于任何理由将世界置入疑问中或者说我不想在自然的方式下维持该项设定。我也会注意到,这个自我并非一个新的发明,而是总会如此这般,这个世界被他所经验,在其有效性的生活中世界是有效的存在着,只要世界是对我而言存在于那儿,而这一切都只在我的意识生活之脉络中才是如此,世界在意识生活中带着意识以及变化中的直观内容而主观地被给予。

现象学的还原让我学会看见这个带着生命的纯粹而超越论的主体性,而现在我可以经验地完全专注于活动的设定,而且操作一种新种类的经验——一个不是接受的"经验活动",而是在前进中构造一个新类型的经验场域,在其之中世界终究被中止设定,只有作为使得一个世界得以显现的超越论主体被设定,当然在此世界之中主体性是在经验中进行活动,在世界的基础上进行思考,从事科学研究,等等。在此要注意的是,现象学悬搁的新颖之处在于它为自然的反思加了一些元素而使得它获得新的尊严。所谓的自然反思包含了初阶的自然经验活动,包含反省的态度以及如下的判断方式:"我经验了这个和那个",更普遍地说,"我经验了这个世界"。因为新增添的元素而使得对自身经验的反思信念有别于对在其中被经验之物的信念之素朴执行。它建立在下列的事实上,后一个信念可被制止,而前一个则仍维持其确实的有效性。对于任何一个出于我的指向莫不如此。该制止所意味的无非是,它不同于那些出于特殊兴趣而规定自身于特殊的制止活动,于是最终我只做出纯粹主体种类的判断并且不会用到我作为世界意指的意指内容。这便是现象学的无预设性,它不具有作为被前给予的判断基础的世界,而只有经验着世界的主体性以及它的关于世界的经验及意指。世界不再是直截了当地在那儿,在那儿的乃是纯粹主体性以及作为其现象的"世界",以及作为主观意指(经验、假设、判断等)的主观意志,而作为意义的被相信之物,或被感知之物、洞察之物、证实之物等。我们这些现象学的研究者不再作为世间之人,而是作为纯粹的自我主体,活在纯粹的自我生命中,它总是相信着世界、经验着世界、评价着世界、在世地采取行动等——于此之中我们不再能够直截了当地执行在这般形式中的世界设定,也不能在其之上建立任何什么。现象学的世界是构造性的体验所相对应的那个单纯的意向内容,在这些体验当中世界乃是意义的设定内容,而且在此方式之下仅只作为现象。

接下来,还原可以这样地被执行。首先我在自然态度中执行自然的反思以及进入时间视域之同时,也遍历(durchlaufen)我的普全的世界经验,我的过去以及其中的经验多样性,将所有的共同设定都考虑在内,也就是有关过去的那些预期,也包含有关当下及主观的未来视域之预期。前述时间视域使得世界由现在出发呈现为我的经验世界。一旦我执行还原,我便获得了我的处在内在时间生命流程中的超越论主体性,在其中我的整个实际而可能的经验被确立(beschlossen),而整个与之相关的俗见意指(doxische Meinungen)和其他活动,伴随其世界现象以及在其中进行综合构造以及总是越来越近、越来越丰富的规定着的世界自身作为现象。我操作着一个普全现象学经验以及一个普全的,总是自身新的特殊信念,伴随隶属于它的当下感知、回忆、假设等彻彻底底是超越论的。我不再拥有一个世界整全(Weltuniversum),而是一个新的整全,那个超越论主体的整全,这是在我设定新的执态为有效的过程之同时所拥有的。这一切都是在任何认识批判性问题之先,这些问题一旦被提出来便会激进地相应于超越论的主体认识。

附录XXXII （关于《阿姆斯特丹讲稿》）：〈个人心理学与交互主体心理学〉[①]

1) 作为有关心理之物的科学之心理学至今为止只打算作为关于个别的人或是个别的动物的心理之物,也就是出现在个别的实在物之上的心理之物的一门学问。这便是所谓的个别心理学,是相应地隶属于有待理解的个体生物学。

2) 但它也有意成为在最广意义下的社会心理学,它总是只包

---

① 在1926年之前。

含了个别-心灵现象,与人的社群生活及社群成就之形式有关。一个真正的心理学必定也是真正的社群心理学,它以社群意识生活和其成就为主题,例如,科学社群的成就,尤其在其完整的意义下,该意义涵盖了认识的所有心理学,作为科学,它是社会性地被形构的,在社会中被证实为有效的,在社会的共同理论构成体之中才得到结果(社会结果)的。心理学的整个认识理论也莫不如此,因为它所处理的是被人们判作有效的知识(也是严格地有待理解的知识)——这是有关特定理性与非理性的心理学。就算美学与伦理学也不例外。我们所说的不只是那个"纯然"心理学之物(全人类之物),而正是那个理性的心理活动等。

假如我们首先把心理学看作个体心理学,问题便出现了,它能处理的专有领域是什么?个别人的心理之物只真实地奠定在生理的个体性上面,而这个隶属于一个动物的存在物,特别是人的可能经验之类型的(也属于普遍的经验意义)真实奠基为心理学研究的必然性确立了基础。不过一个科学的心理生理学预设了一个心理之物的经验,尤其自身那样。这衍生出的问题是,一个纯粹的心理之物,就科学角度而言,能够在多大程度达到纯粹的心理经验,特别是就个别的心灵而言。

这里出现一个问题:纯粹自然主义式的抽象(naturale Abstraktion)的可能性是什么?既然该抽象是纯粹自然科学(在一般狭窄意义下的物理、自然科学)之基础所在。与此相关的问题是,在多大程度上一个在"个别心理"之标题下的一贯纯粹心理经验能够产生自身的经验场域,有什么样类型的研究(就其在己封闭的"个别心理"之经验被给予性来说)中就可能是一个纯粹的心理学研究(相对于纯粹身体之生理学的、身体解剖学的研究)。究竟是作为经验的研究还是作为本质的研究?

在此意义下的心灵自身显示为具备一个在己封闭的结构系统,那个隶属于首先是人类心灵的心灵整体结构。包含在心灵理念,或经验理念之中的,还包括所谓的个别心灵的基本文法学,基本个别形式、类型(例如像"感知",回忆或带有其典型特殊性的感觉、意志等)。但包含其中的还有基本的语构学(Syntaktik),也就是一套相关形构的高阶综合之典型构成方式的规则系统,透过该系统心灵统一性才得以建立。就发生的形式(in Form einer Genesis)来说,心灵存有的普遍本质包括:该语构学也涉及每一发生的种类以及就典型的普遍者来说的处在形成中的心灵存有自身。(典型这个字只能有助于说明这里所谈论的普遍之物,它是自我呈现在经验中的,并且在可能经验的转换中持续不变地作为直观的普遍之物保持不变[invariant])。

于是在心理之物的每一经验中必定存在着伴随任意面向的整个结构类型的语构学,而且假如一个朝心理生理经验看去的心理学思考自身构造起来了,并借由想要涵盖所有可能心理之物的个别心理学领域的普全性而使得科学的概念建立起来,随时备用,以便能掌握所有个别心理之物(alles Individual-Psychische),则显然地,一般心理之物的结构概念必定具有基本概念(Elementarbegriffen)的特质,这些概念将进入所有的心理学理论之中,这是所有的心理学理论最终奠基之处。不过事先仍然要顾及下列事项。

自然科学透过客观理论所研究的物理之物固然是"透过"经验,首先是感知,然后是回忆而被给予的,但那个每次实际上被经验者总是就其经验规定来说只是一种透过理论才出现的"真正自然"之表白(Bekundung)。直接的经验概念都不是理论上可被使用的概念,因为那个直接被经验者就所有的直接经验规定性来说都是自然的原初告知(originale Bekundung der Natur),而并非自身被经验的自然。心理之物则有所不同。人们可能会针对自我或人格的特质有所争执,究竟它与心理学经验的关系是什么?是否有一个"形而上学"的底层结构在作祟,等等,不过,无可争议的是,那个通常被人们唯一当作心理现象的心理体验之当下生活自身是隶属于心灵的,正如它在具体的经验中被经验那样。只要不去管那些出现在感知、想象等以其特殊的呈现及流程之种类可能自我呈现者的话,则每一个感知与每一个想象都是作为心灵的实项情状而直接被经验,正如同经验自身所提供的那样,心灵自身是属于心理学的主题。对于心理学这门科学来说该"心灵生活"是首要的主题,而假如人格的统一体以及其惯性的特质也要成为主题的话,则自明的是,它首先要回顾这些体验自身,它们在其种类和过程中自我阐明,但是它们又不仅仅是仿佛可被放在主题之外被观看的主观上的过程环节而已。进一步的考察将显示,自我及其人格性无非也是一个纯粹心理经验的统一体,只不过它是在与其他经验的综合当中被奠定的比较高阶的经验。

　　如此一来那些从经验汲取的体验概念,也就是与其体验类型以及综合类型相关而从结构之物的直接经验汲取的概念便是在任何情况底下都是所有理论之物的基本概念,对于所有的体验以及所有理论的整体脉络来说莫不如此。就高一点的层次而言同一道理适用于基本概念,如同自明的道理那样,这些基本概念都说明了个人人格的本质意义。但这些都已经比较高阶的概念了。

　　据此而言,个体心理学的首要科学任务无论如何便在于,构造出那些就此来说有疑问的概念以及首先将那些体验概念回溯到那些所有的心理学概念中去,在从经验的直观而来的科学概念形态下：我已说过"所有概念"——因为显然并非只是所有个体心理学的概念,而且所有的社会群体(soziale koinologische)的概念,也莫不预设这些概念。就后者而言,自然概念可能会作为其基础概念而呈现,这些是作为特定社会性的真实新种类之物的概念,假如它们也在个体心理学的被奠基之物当中产生出来。

　　于是一个"独我学"的结构论之理念就从纯粹真实及可能的经验中形成,这些必定是心灵生命的所谓文法学之产物,作为基本结构的概念确定化之基本概念的总体,以及不言而喻地隶属于它的合乎结构法则性的整体,该法则性借由基本(一般)可能性的类型也探讨了它们的必然性、法则,包括发生的法则(Gesetz der Genesis),只要它们被预示为作为形式的纯粹的心理之物——正如我们所能说的那样。这牵涉到一般的形式系统,特别在概念和法则之中,该系统就其形式普遍性而言自身含了所有的事实法则,尽管它在其事实性(Faktizität)方面保持开放的状态。

　　将"纯粹"个体心理学限定在结构物之上仍然留下一些方法上的问题,也就是关于有待找寻的结构普遍性之意义的问题。(这里是否意味着一个事实科学或本质普遍性或是两者从一开始便都算在里面,二者之一为可能或两者皆可能：事实科学与本质科学?)

　　让我们回到纯粹心理之物的经验去,则从它自身出发那个个别心灵的纯粹结构心理学便在一个纯粹意义之下标示为自我学

(Egologie);亦即在单个主体之中他的体验以及其人格在可设想的最原初方式下是可接近的,它具有作为在回忆的再造（Reproduktion）,原初的前置性的预期,以及原初的作为自身想象或出于最原初的想象所获取的作为心理学可表象的当下化。他人的心灵生活是透过对他人的身体性之经验而在我之中引起动机,而只有透过这般作为特殊地被引起的当下化的指引①,我才是最终可以直观他人的心灵生命,这是一种从来未能变成感知,变成原初自身拥有的直观。（所有与此相左的见解都是错误的。）那个被指向的他人心灵生活是一个原本被意识之物（original Bewusstes）以及原本可经验之物（original Erfahrbares）,但同时都是对我而言原则上不可作为原本可经验者——不是作为我的,而是另一个人（Anderen）的可经验之物,它是一个共同被指引的我之意识生活,该生活在缺少"我"的情况下是无法想象的。没有一个我所拥有的当下化（就算它是作为经验也可能是错误的,就其被当下化地被意指而成为假象）在它成为直观之时,可以提供那些不能作为原初可能性的东西,它虽作为相比拟之物,但却有所不同。

我透过直观所经验到的他人主观之物（Fremd-Subjektives）就其整个直观内容来说（就其直观意义的整体结构来说,姑且不论他人主观之物的存有模式）可能自身经验领域,正如透过可能的自身想象之领域而被标示那样。②

当然,并非所有属于我的想象都可以任由我产生,它总是需要

---

① 指引是一个不好的用词。它涉及"当下化"一个模式,与回忆相似,其充实形式乃是作为他人的他人之自身给予,亦即作为"自身"的模态化。

② 自身想象给予自身之物,他人经验和他人想象则提供他人之物。

特别的动机,导致在我之内产生。一个特别之处是,例如诗人在其诗作中所提供的,这是一种特殊移情(Einfühlung),无论正确与否。无论从客观来看,它是否正确,我总是将它掌握为心理之物的可能性,当然也不过就是一种可能性——但它并非同时是我自身心灵生活的可能性,并且对我来说理当如此可直观地获得的。每一个自由想象都是一个可能性,但非"真实的"存在于实践的存有与经验关联性之中,而仅仅是一个可设想性,每一个心理学的可能性都是在我自身可能的存有框架中的可表象性——但它却又总是他人的,只是合乎本质地是同一之物,因为在可能方式底下也是相同的。

就理念而言,个体心理学的本质学说只停留在我的可能性之整全中,在我自由想象之心灵生活的诸种可能变换之整全中。我的每一个实际上的生命转换都变换了我的自我(例如我或许该这么说,而非如实际上所说的那样,或者我该这么判断,而非实际所下的判断那样,诸如此类的情况),但并非将我变成了他人的自我,使之成为我的自我之另一种样貌而已,毕竟自我还是自我,虽然看起来有所不同。

于我的**本我**(mein *ego*)之中的每一个结构的概念构造都是在此意义下表现出来的,即便就举例而言从诗人或是另一人的经验学来的那样。诗作的虚构性,亦即就客观而言并非真实,另一人的存在以及它是否跟另一人相关(就被设想的诗人而言),在此都无关紧要,只有那个有可能成为我的直观的内容才是要紧的。重点在于,从直观我汲取了,而且借由其原初性那个自身感知具有最佳明晰性的优势,我将会挑选自身感知当下范例性的出发点,此外并且以我感到最舒适的方式得出例子,从诗作、神话等获取他人的经验。

那些我所获取者不仅对我作为心灵的存在之个人有效,也对一般人的心灵有效,这项说法当然预设了移情的经验原则上在特定的形式中是有道理的。作为心理学家,我预设了,我并不专注于原则上的认识论批判,如同研究自然者那样,而是我以独断的方式进行我的经验,至少是,只要我以身为实证研究者为满足,因此会预设世界的存在,并承认经验以及经验认识在其自然证实中的自然权利。

在我的作为真实与可能的自身经验当中我具有一个在一贯的可能经验中展开的心灵之统一体,它带着所有属于它的心灵的结构,而且他透过一个系统性封闭的前进的经验而同时带有各种变换的整全。所谓向前推进的经验会将我的心灵实现为具体的形态,形成另一个又是封闭的经验系统,该系统的特性是它又必定会为我的心灵提供新的可能的具体形态。

任意另外的心灵对我的心灵而言都是在一贯移情经验之方式底下作为一个心灵的动机性的指引(motivierende Indikation),该心灵可在我能设想的方式下揭示为处在一贯的经验中,其形态又必定具有这般与我自身的可能性相重叠。任何我的可能性同时也就是任何一个自我的可能性。

隶属于我的(如果可以设想的任意其他一人),还包括那个我自身"天生"的可能性,亦即出现移情的经验,详言之,该经验一贯地相互呼应,并可提供另一个人的存有以明见性。任何明见性自身乃是我的可能生命的一个环节,它也存在于别人的一贯经验证实中(in der konsequenten Erfahrungsbewährung von Anderen)。

纯粹个体心理学(纯粹自我学)的概念构造具有本有之,对于其科学内涵来说,自我并不需要利用移情的可能有效性,而该有效性只有在我要求对我的概念构造方法中的心理明证性而言的客观—交互主体有效性之情况下才成为问题。但就后者来说它却不需要特殊的心灵学的提供根据方法,毕竟移情的有效性从一开始就已被预设为无可争论而且是不必有根据的。

从另一方面来说,一个自我学的超越论哲学之意义与必然性乃是交互主体(社会学)的超越论哲学之出发点。

后记:特殊的执行自然而然是有必要的,以便澄清,我可以对我自身来说保持在纯粹而一贯的自身经验中,而任何一个被当作体验的移情不能被当成对他人主体性的经验。因为自明的是,它不叫作"利用其有效性",假如人们把那个心灵的直观内容据为己有,当作犹如自身本有的心灵的一个可能性那样。

只要我去利用移情经验的可能性(作为有效的首出者[als geltend Primäres]),则我将看到,凡是对于一个我及生命是可能的,便是对于任何一个自我或生命是可能的,而任何一个有关于心理之物的可能经验都产生了对每一个心灵存在都有效的可能性,但另一方面,为了获得一个可能心灵的普全形式,我必须一贯地构造存在于一个可能自我的一贯经验,无论它是作为一贯地被向前设想的自我经验抑或作为一个被设想发生在别人之上的一贯经验。

那么如此一来,它与一个意向的共同体心理学之根据那个作为人的可能的一般共同体生活及其共同体"成就"之普遍的社会学的本质学说之关系又是如何?

概念译名索引

（德—汉）

（概念后的数字为原著页码，即本书边码）

A

abgekapselte Seele 胶囊式的心灵 385,388

Abschattung 映射 158,159,160,162,164,165,166,167,172,173,180,185,390,391,392,395,414,415,424

Apperzeption 统觉 36,107,108,109,208,213,215,274,292,293,294,338,339,340,341,343,394,427,428,430,453,454,455,463,488,490,497,529,530

Apriori 先天性 18,38,39,42,43,46,49,50,51,70,71,72,86,87,93,225,253,263,285,297,298,305,322,324,325,326,327,458,459,474,499,500,504,505,519,520,521,522,523,524,525

apriorische Psychologie 先天心理学 38,39,40,43,45,270,326

Auffassung 立义 56,57,163,195,393,394,409,424

B

Bewußtseinsstrom 意识流 177,286,415,416,418,477

D

deskriptive Psychologie 描述心理学 10,13,19,27,31,32,33,34,40,309,354,361,363,366,374,457,516

E

Ego 本我 209,242,262,315,324,330,343,344,345,351,420,454,487,537

eidetische Phänomenologie 本质现象学 284,290,298,326,346,525

eidetische Reduktion 本质还原 284, 321,323,324

Eidos 埃多思 72,73,74,75,76,77, 78,79,80,81,82,83,84,85,86, 92,93,98,123,245,254,262,487, 492,519

Einfühlung 移情 217,229,246,262, 263,321,345,377,379,447,449, 452,453,454,455,456,460,473, 484,485,488,489,504,505,506, 537,538,539

empirische Psychologie 经验心理学 3,38,40,41,45,50,52,247,263, 271,278,285,287,305,309,324, 328,350

Epoché 悬搁 232,233,243,249,272, 273,276,282,292,293,294,313, 314,328,338,340,341,342,343, 371,442,444,445,450,451,455, 461,464,467,468,469,470,471, 473,474,508,510,511,528,529, 531,532

Erfahrungswelt 经验世界 49,55,57, 58,59,60,63,64,65,66,67,68, 69,71,87,90,91,92,94,98,104, 108,110,111,113,118,119,121, 130,133,144,146,147,150,155, 204,206,207,223,225,226,230, 232,249,251,265,303,335,339, 340,458,459,463,464,470,474, 488,508,521,522,525,533

Evidenz 明见性 52,254,288,290, 329,332,333,334,335,346,367, 370,371,377,427,432,436,455, 468,475,476,520,521,524,526, 527,538

F

freie Phantasie 自由想象 86,289, 315,322,537

freie Variation 自由变异 72,262, 323,474,505

G

Gegenstandspol 对象极 196,206, 208,211,316,481

Gemeinschaftsleben 社群生活 128, 410,418,500,533

H

Habitualität 习性 111,130,136,140, 206,211,259,303,315,342,344, 386,418,427,442,451,472,490, 510,514

Horizont 视域 62,63,64,66,81,88,
89,96,97,98,102,106,113,120,
153,161,177,181,182,183,185,
186,195,196,202,269,306,308,
317,318,319,324,339,377,383,
414,428,430,431,432,433,436,
438,446,462,465,466,467,476,
477,478,479,481,486,496,528,
529,530,531,533

I

Ichpol 自我极 206,209,210,215,
283,315,448,451,481,482,485
idealer Gegenstand 观念对象 23,24,
25,279
Ideation 观念化 76,81,83,84,86,87
Identisches 同一之物 178,179,180,
391,402,406,416,476,477,480,
481,501,537
inneres Bewußtsein 内意识 415,477
innere Erfahrung 内部经验 3,6,8,
10,13,14,15,16,29,30,31,40,
45,248,257,265,275,281,283,
284,287,288,296,302,309,312,
329,330,341,348,355,357,358,
361,363,373
intentionale Erlebnis 意向体验 36,
171,172,173,175,178,179,279,
281,282,286,310,312,314,387,
389,425,426,432,484
intentionaler Gegenstand 意向对象,
32,244,423,424,425,426,427,
436,437,438
Intentionalität 意向性 31,32,33,36,
43,45,46,47,114,154,167,175,
181,184,190,192,196,197,198,
201,204,205,206,207,209,222,
230,246,247,252,258,260,261,
267,268,269,270,276,280,281,
283,306,307,309,318,321,325,
354,385,386,387,389,403,411,
417,421,423,425,427,428,429,
431,433,435,438,455,461,468,
473,475,479,482,483,484,485,
486,498,500,501,503,507,513,
526
Intersubjektivität 交互主体性 216,
234,242,246,276,283,284,294,
298,322,344,357,359,394,495,
510,514,529
irreell 非实项的 171,174,175,176,
187,484

K

Kinästhese 动觉 197,198,205

Körperlichkeit 躯体性 106,107,110, 111,114,117,119,262,263,304, 493,494

Kulturobjekt 文化物 110,112,113, 114,115,116,118

L

Lebenswelt 生活世界 111,240,491, 496,500,504

Leiblichkeit 身体性 105,106,107, 108,109,110,129,131,132,134, 135,137,140,143,144,198,199, 200,217,229,241,339,358,385, 392,393,394,451,452,453,455, 460,473,488,490,500,503,505, 512,514,536

M

Metaphysik 形而上学 3,39,52,73, 139,193,253,299,345,351,353, 378,526,535

Monade 单子 216,217,253,351,361, 363,364,415,457,458,459,460, 461,469,470,472,482,483,484, 485,486,487

N

Naturalismus 自然主义 4,140,142, 143, 267, 301, 310, 353, 355, 365,513

natürliche Einstellung 自然态度 48, 56, 74, 149, 189, 192, 193, 206, 208,216,239,282,288,290,291, 292,293,294,316,331,332,335, 338,343,344,349,427,429,458, 462,468,469,472,473,474,515, 521,528,532

O

oberes Ich 上位的我 374,438,444

P

personales Ich 人格自我 136,371, 414,483,490

phänomenologische Erfahrung 现象学经验 237, 281, 282, 284, 308, 311,312,321,323,324,325,326, 443,533

phänomenologische Psychologie 现象学心理学 52,217,246,262,278, 280,281,284,285,287,288,292, 302,303,321,322,324,326,327, 328,331,335,338,343,344,345, 347,348,458,518,527

phänomenologische Reduktion 现象学还原 187, 189, 190, 192, 194,

198,205,216,218,232,243,245,
246,263,268,271,273,282,283,
312,314,323,335,336,340,345,
378,428,429,438,460,474,510,
511,512,515,516,529

Protention 前摄 140,200,202,203,
204,438

R

reell 实项的 171,172,173,174,175,
176,177,179,180,185,189,190,
192,194,200,208,216,316,317,
319,431,437,438,475,478,484

rein transzendentale Psychologie 纯粹现象学心理学 281,284,285,287,
288,302,322,324,328

reine Psychologie 纯粹心理学 193,
194,217,241,242,243,244,245,
246,247,248,252,257,258,260,
262,263,264,265,266,267,270,
272,274,275,276,277,278,279,
282,288,294,295,305,306,307,
344,455,458,470,471,516,518,
519,524

reine Subjektivität 纯粹主体性 187,
192,195,198,201,203,204,206,
210,216,217,218,233,234,248,

249,253,256,257,264,269,273,
440,443,444,445,449,455,510,
511,512,513,514,516,528,532

reines Ich 纯粹自我 208,217,323,
418,443,483,529

Retention 滞留 319,414,418,423,
477,486

S

Seinsglaube 存在信念 245,313,443,
461

Stück 块片 153,154,161,179,182,
184,223,392,431

T

transzendentale Intersubjektivität 超越论交互主体性 298,344

transzendentale Phänomenologie 超越论现象学 42,44,45,47,188,
222,237,247,249,250,252,266,
287,293,294,295,296,300,302,
303,328,331,343,344,346,347,
349,379,455,461,473,474,519,
521,525,527

transzendentale Subjektivität 超越论主体性 250,254,268,287,292,
297,298,300,471,474,519,521,
525,533

transzendentales Interesse 超越论的兴趣 46, 267, 269, 291, 296, 336

transzendentales Reduktion 超越论还原 250, 269, 270, 274, 275, 276, 293, 296, 340, 342, 344, 345, 347, 348, 449, 454, 471, 473, 529

U

Umwelt 周遭世界 12, 56, 96, 107, 113, 127, 132, 133, 210, 215, 216, 220, 221, 227, 228, 229, 231, 232, 233, 289, 334, 361, 362, 389, 391, 392, 405, 409, 410, 419, 420, 448, 453, 462, 463, 464, 469, 473, 483, 485, 488, 489, 490, 491, 493, 495, 496, 497, 498, 499, 500, 501, 503, 504, 505, 515, 526

unteres Ich 下位的我 374, 442

W

Wesensschau 本质直观 45, 72, 84, 254, 300

Wiedererinnerung 再回忆 319, 405, 411, 426, 447, 465, 475, 476, 477, 478, 486

人名译名索引

（人名后的数字为原著页码，即本书边码）

Aristoteles 亚里士多德 3，21，23，
　　44，52，256，517
Avenarius 阿芬那留斯 474
Bacon 培根 520
Baumgarten（Wolff）鲍姆加滕 520
Becker，O. 贝克尔 255
Berkeley 贝克莱 287，328
Bismarck，O. v. 俾斯麦 258
Brentano，F. 布伦塔诺 31ff.，36f.，
　　39，41，246，249，267ff.，281，302，
　　309f.，351，353ff.，357，363，386，
　　420，422，455
Bolzano 鲍尔查诺 22，270
Conrad-Martius，H. 康拉德-马悌尤
　　斯 255
Descartes 笛卡尔 3，119，242，248f.，
　　256，264，266，268，287f.，301，309，
　　329f.，344，350f.，381，517，526
Dilthey 狄尔泰 5ff.，33ff.，391f.，53，
　　354ff.，359ff.，363

Ebbinghaus，H. 埃宾豪斯 20，34
Fechner，G. Th. 费希纳 4
Galilei 伽利略 3，383，401
Geiger，M. 盖格尔 255
Heidegger 海德格尔 239，245，247，
　　253，255，271f.，274ff.
Helmholtz 赫尔姆霍茨 4
Herbart 赫巴特 52
Hering，E. 赫林 4，302
Héring，J. 海林 255
Herz，M. 海尔茨 351
Hobbes 霍布斯 3，52，309，350
Hume 休谟 246，264，269，286f.，
　　310，328，350，352，455
Husserl，G. 胡塞尔 255
Ingarden，R. 英加尔登 255
Kant 康德 7，39，41，94f.，208，256，
　　301，351ff.，365，517，520
Kaufmann，F. 考夫曼 255
Kepler 开普勒 3

Lamprecht 兰布莱希特 365

Leibniz 莱布尼兹 22,27,39,270, 296,351,520f.,524

Litt, Th. 里特 255

Locke 洛克 3,30,52,246,248f.,257, 264f.,267ff.,287,309,328f..

Lotze 洛采 39,270

Mach 马赫 302,250

Mahnke, O. 曼科 255

Meinong 迈农 455

Michelangelo 米开朗琪罗 497

Mill, J. St. 密尔 350,352

Misch 米施 20

Müller, J. v. 穆勒 4,352

Napoleon 拿破仑三世 358

Newton 牛顿 352

Odebrecht, R. 欧德布莱希特 255

Österreich, K. 厄斯特莱西 416

Parmanides 巴门尼德斯 256,517

Pfänder 普凡德尔 255

Platon 柏拉图 3,256,507,517

Reinach, A. 莱纳赫 255

Salmon, Chr. 萨尔蒙 255

Scheler 舍勒 255

Schreier, F. 施莱纳 255

Spinoza 斯宾诺莎 3,139

Stavenhagen 施塔文哈根 255

Stein, E. 施泰因 255

Volkmann 福尔克曼 4

Weber, E. H. 韦伯 4

Wolff 沃尔夫 139,520

Wundt, W. 冯特 4

译后记

瓦尔特·比梅尔在本书"编者引论"中指出,现象学心理学是本质现象学。本质现象学是胡塞尔在发展超越论的现象学之前对现象学的主要理解。对现象进行本质描述是胡塞尔在《逻辑研究》中所获得的理论突破,而作为现象学前身的描述心理学正是在不离意识之情况下对本质进行的把握。现象学心理学与描述心理学既然如此亲近,胡塞尔在1925年的学期演讲《现象学心理学》一开始便进行对于《逻辑研究》一书的回顾,便不足为奇。然而,与此同时,我们不禁要问,开始于1923年的《第一哲学》,被胡塞尔于1925当作整个学期的课程来处理,并于1928年重复讲述,而在1927年、1928年,甚至在最晚期出版的《危机》一书中都占有相当分量的现象学心理学难道只是其早期思想的翻版而已吗?倘若并非如此的话,那么还有些什么是特别值得我们重视的?

比梅尔指出:胡塞尔在此演讲中提出的"经验世界"概念,是生活世界概念的前身。我同意比梅尔这个看法,但"经验世界"除了作为生活世界概念的前身之外,也有不同于生活世界之处,毕竟基于现象学心理学的背景被提出来的"经验世界"概念是不同于以超越论的现象学作为背景的生活世界概念。依此看来,二者之间的差异不容忽视。

比梅尔看到胡塞尔花不少篇幅讨论狄尔泰,说明狄尔泰如何反对当时蔚为风潮的自然科学式的心理学,以及狄尔泰如何寻求新的心理学类型以便为精神科学奠定基础。胡塞尔之所以致力于现象学心理学的研究,就出发点而言,可以说与狄尔泰用意一致。胡塞尔自己也不讳言受到狄尔泰极大的启发。当然,胡塞尔认为他的现象学,尤其是现象学心理学,才真正落实了精神科学的奠定工作。比起狄尔泰,他无疑向前跨进了一步。

现象学心理学的特质何在?它如何不同于超越论的现象学?为了回答这个问题,让我们将目光转移到还原与自然态度的关系上。简单说来,胡塞尔在1925年的现象学心理学讲稿中明确指出,现象学的还原并不等同于超越论的还原,现象学心理学有自己的还原方法,其特质在于:现象学心理学对自然态度的处理是含混的,它既放弃又不放弃自然态度。

现象学心理学的任务在于阐明存活于世间的人,其世界生活是如何构造的。胡塞尔试图针对世间人如何进行其生活做本质描述。存活于世的自我在日常生活中有种种的素朴想法,现象学自我有必要使之判为无效,中止种种素朴的信念。放弃他们在自然态度中所坚持的一切,心理学家制定自己纯粹的主体性以便做好研究的准备工作。排除那些信念之后,现象学心理学家仅需专注于存活于世者的心理活动及其对象之间的相关性。

但经过还原之后,现象学自我是否从此断绝与世界的任何关系?现象学心理学针对在世界中的个人或社群进行研究,这些存活于世的人深入参与世界,以至于若没有世界的相关部分,将难以解释这些人的心理现象。在这个意义上,研究必须预设世界。而这导致关于自然态度的含混性,也就是说,一方面世界是通过还原的操作而被悬搁起来,另一方面它却又被保留下来。这种含混性在超越论现象学中不存在,因为它借由将整个世界变成现象而加以克服。透过不同于超越论现象学还原的现象学心理学还原,胡塞尔阐明了现象学心理学与自然态度之间既相合又相离的含混关系。该含混性确立了现象学心理学本身的特征,使之异于超越论现象学而取得独立地位。

游淙祺

2017年1月1日

图书在版编目(CIP)数据

胡塞尔文集.现象学的心理学:1925年夏季学期讲稿/(德)埃德蒙德·胡塞尔著;游淙祺译.—北京:商务印书馆,2022
ISBN 978-7-100-20176-6

Ⅰ.①胡… Ⅱ.①埃… ②游… Ⅲ.①胡塞尔(Husserl, Edmund 1859-1938)—现象学—研究 Ⅳ.①B516.52 ②B81-06

中国版本图书馆 CIP 数据核字(2021)第 145960 号

权利保留,侵权必究。

胡塞尔文集

现象学的心理学
1925年夏季学期讲稿
〔德〕埃德蒙德·胡塞尔 著
〔德〕瓦尔特·比梅尔 编
游淙祺 译

商 务 印 书 馆 出 版
(北京王府井大街36号 邮政编码100710)
商 务 印 书 馆 发 行
山东临沂新华印刷物流
集团有限责任公司印刷
ISBN 978-7-100-20176-6

2022年5月第1版　开本 787×960　1/16
2022年5月第1次印刷　印张 43
定价:220.00元